복 있는 사람

오직 여호와의 율법을 즐거워하여 그 율법을 주야로 묵상하는 자로다.
저는 시냇가에 심은 나무가 시절을 좇아 과실을 맺으며 그 잎사귀가 마르지 아니함 같으니
그 행사가 다 형통하리로다. (시편 1:2-3)

마틴 로이드 존스의 빌립보서 강해

D. Martyn Lloyd-Jones

The Life of Joy / The Life of Peace

마틴 로이드 존스의 빌립보서 강해

마틴 로이드 존스 지음 | 정상윤 옮김

복 있는 사람

마틴 로이드 존스의 빌립보서 강해

2011년 3월 15일 초판(기쁨의 삶) 1쇄 발행
2012년 2월 6일 초판(평안의 삶) 1쇄 발행
2013년 12월 3일 재조판(합본) 1쇄 발행
2022년 10월 19일 재조판(합본) 8쇄 발행

지은이 마틴 로이드 존스
옮긴이 정상윤
펴낸이 박종현

(주) 복 있는 사람
주소 서울특별시 마포구 연남동 246-21(성미산로23길 26-6)
전화 02-723-7183(편집), 7734(영업·마케팅) 팩스 02-723-7184
이메일 hismessage@naver.com
등록 1998년 1월 19일 제1-2280호

ISBN 978-89-6360-123-6 03230

The Life of Joy / The Life of Peace
by D. Martyn Lloyd-Jones

일러두기

· 로이드 존스 박사의 독자들은 2부 '평안의 삶'의 14, 17, 18장이 『영적 침체*Spiritual Depression*』(1981)에 이미 실린 내용임을 알아챌 것이다. 원래 빌립보서 연속설교의 일부였으나, 영적 침체라는 주제에 적합하다고 판단한 박사가 앞서 출간된 책에 포함시킨 것이다. 그렇다고 세 편의 설교를 제외할 경우 2부가 불완전하게 될 것이 자명했기에, 편집자는 마셜 피커링 출판사의 허락을 받아 원래 순서대로 재수록했다.

· 이 책에 실린 찬송가는 통일찬송가를 사용했다.

차례

서문   8

1부 기쁨의 삶

1. 주 안에서 기뻐하라   13

2. 그리스도 예수 안에 있는 성도   29

3. 하나님이 하시는 일   45

4. 사랑과 지식과 총명   61

5. 복음을 변명함과 확정함   77

6. 넉넉히 이기느니라   93

7. 그분, 오직 그분   111

8. "그리스도와 함께 있는 것"   127

9. 천국 시민   145

10. 복음을 대변하라   161

11. 평화에 이르는 유일한 길   177

12. 주 예수   193

13. 하나님의 주도권   209

14. 너희 구원을 이루라   225

15. 자기 백성을 향한 하나님의 특별한 관심   239

16. 본질적인 차이   257

17. 생명의 말씀   273

18. 죽는다 해도   289

2부 평안의 삶

1. 참된 기쁨　307

2. 참된 예배　323

3. 모든 것이 그리스도 안에　339

4. 그리스도인의 삶　355

5. 하나님의 의　369

6. 바울의 큰 열망　383

7. 최종목표　399

8. 오직 한 일　415

9. 믿음과 행동　429

10. 천국 시민　445

11. 교회의 삶, 교회의 일　461

12. 항상 기뻐하라　477

13. 관용　493

14. 하나님의 평강　509

15. 히브리 정신과 그리스 정신　527

16. 하나님의 평강을 누리려면　543

17. 자족을 배우라　559

18. 최종해결책　577

19. 모든 쓸 것을 채우시리라　595

20. 나의 하나님　611

21. 성도의 교제　625

22. 주 예수 그리스도의 은혜　639

서문

마틴 로이드 존스 박사가 1947년 11월부터 1948년 7월까지 웨스트민스터 채플에서 전한 이 설교는 40년 전과 똑같이 오늘날에도 유효하다. 무엇보다 이 설교를 들은 이들이나 우리나 그 마음은 하나도 다를 것이 없다. 인간은 언제나—2천 년 전 빌립보에 살았던 사람들이나 20세기 서방세계에 사는 우리나—동일하다는 것이 박사가 전한 메시지의 핵심이었다. 그는 자신의 생각이 아니라 하나님의 흠 없는 말씀이 제시하는 영원한 진리를 선포했으며, 그 진리를 논증하고자 했다. 그렇기 때문에 1세기 로마 감옥에서 처형을 기다리던 한 유대인이 2천 년 후 낙담과 혼란에 빠져 있는 런던 사람들에게 이렇게 말할 수 있게 된 것이다. 바울은 오늘날 내면의 기쁨과 평안을 구하는 모든 이에게 자신의 비결—자기 삶 속에 그리스도를 모심으로써 기쁨과 평안을 얻는 비결—을 알려 준다.

박사는 역사상 가장 끔찍한 전쟁이 끝난 지 2년 만에 이 연속설교를 했다. 회중은 전쟁을 고스란히 경험한 사람들이었고, 웨스트민스터 채플이 폭격을 받아 부서지는 광경 또한 목격한 사람들이었다. 1947년은 세계가 이미 냉전체제에 돌입한 해였는데, 박사는 '평화에 이르는 유일한 길'이라는 설교에서 제3차 세계대전의 발발 가능성을 언급하기도 했다. 핵기술의 발전과 함께 우리는 계속 불확실한 시대를 살아가고 있다. 국제간의 긴장이 과연 완화될지 여부도 예측할 수가 없는 형편이다. 남녀노소 모두 긴장이 완화되지 않을 경우 벌어질 상황에 촉각을 곤두세우고 있다. 이럴 때 서로 간의 친선을 결의해 봐야 궁극적인 도움이 되지 못한다. 박사는 다시 한 번 우리의 유일한 참 소망인 그리스도의 복음을 지목한다. 참 평화에 이르는 유일한 길은 죄인들이 그리스도 안에서 거듭나는 것뿐이다.

1988년 10월
크리스토퍼 캐서우드

1부

기쁨의 삶

이로써 나는 기뻐하고 또한 기뻐하리라

빌 1:18

그리스도 예수의 종 바울과 디모데는 그리스도 예수 안에서
빌립보에 사는 모든 성도와 또한 감독들과 집사들에게 편지하노니.

빌립보서 1:1

1. 주 안에서 기뻐하라

저는 이 위대한 서신이 전하는 메시지의 도입부인 1절에 여러분의 주의를 환기시키고자 합니다. 대부분 동의하는 바, 이 편지에는 바울의 다른 편지에 없는 독특한 특징이 있습니다. 사도가 쓴 편지들, 적어도 현존하는 편지들 중 가장 서정적이고 편안한 편지가 바로 빌립보서입니다. 이 편지에는 기쁘고 편안한 분위기가 묻어납니다. 다른 편지에도 기쁨이 전혀 없는 것은 아니지만, 특히 이 편지에 두드러지게 나타납니다. 물론 몇 가지 경고도 있기는 하지만, 아마도 이 편지를 쓸 무렵에는 딱히 교회를 질책할 만한 일이 없었던 것 같습니다. 바울과 빌립보 교인들의 관계는 아주 우호적이었습니다. 예컨대 고린도 교회처럼 서로 간에 유감스러운 사건이나 언짢은 일도 없었고, 골로새 교회처럼 꼭 써 보내야 할 말도 없었습니다. 사도는 이처럼 유난히 행복하고 조화로운 분위기 속에서 아주 흡족하고 즐거운 마음으로 편지를 썼습니다.

그러나 우리가 이 서신을 살펴보는 것은 단순히 이런 장점 때문만이 아니라 현재 우리가 들어야 할 메시지가 있기 때문이기도 합니다. 이것은 성경의 독특한 특징이자 가장 눈에 띄는 특징입니다. 어느 정도 개인적인 동기에서 썼을 법한 편지가 만인에게 적용되는 것입니다. 이런 일이 가능한 것은 당연히 진리 자체가 변하지 않기 때문이며, 영적인 삶의 법칙 또한 절대 변하지 않기 때문입니다. 동일한 조건이 다양하게 표출될 뿐, 조건 자체는 달라지지 않습니다. 그렇기 때문에 신약 서신서의 권면이 당대뿐 아니라 오늘날에도 유효하게 적용되는 것입니다. 성경이 그리스도인의 삶에 꼭 필요한 이유가 여기 있습니다. 그리스도인이 겪을 만한 경험은 전부 성경 어딘가에 나와 있고 설명되어 있습니다. 성령의 영역에 새삼스러운 경험이란 없습니다. 전부 이 책이 다루고 있습니다. 영적인 법칙은 상존하며 영속합니다. 그래서 사도가 오래 전 빌립보 교회에 했던 말이 현재 우리에게도 아주 긴급하고 절실한 메시지가 되는 것입니다.

먼저 이 서신의 배경부터 살펴보도록 합시다. 빌립보는 유럽 최초로 예수 그리스도의 복음이 전파된 성입니다. 사도행전 16장에는 바울이 밤에 본 환상에 대한 재미있고도 놀라운 이야기가 나옵니다. 그는 마게도냐 사람 하나가 유럽에 있는 마게도냐로 건너와 복음을 전해 달라고 요청하는 환상을 보았습니다. 성경은 연이어 바울이 실라를 데리고 유럽으로 건너가 빌립보에 도착했고, 기도하기 위해 강가에 모여 있던 여자들을 만났다고 말합니다. 두 사람은 빌립보에 머물러야 함을 알았습니다. 그 성에는 이미 하나님께 기도하는 경건한 무리가 있었습니다. 두 사람은 그들에게 복음을 설명하고 설교했습니다. 그리고 하나님은 자색 옷감 장사 루디아의 마음을 열어 복음을 받아들이게 하셨습니다. 다른 이들도 루디아와 함께 복음을 받아들였습니다. 그들은 빌립보 교회의 주축을 이루었고, 바울과 실라는 계속 그들과 왕래했습니다.

그 다음에 나오는 이야기는 귀신 들린 한 불쌍한 소녀가 바울과 실라를 따라다니면서 "이 사람들은 지극히 높은 하나님의 종으로서 구원의 길을 너희에게 전하는 자라"고 소리쳤다는 것입니다. 잔인한 자들이 불쌍한 소녀를 돈벌이로 이용하는 것을 보고 심히 부대꼈던 바울은 귀신을 책망하여 쫓아내 버렸습니다. 그리고 결국 그 일로 실라와 함께 옥에 갇히게 되었습니다. 그런데 그날 밤 큰 지진이 일어났고, 모든 죄수의 사슬이 절로 풀려 버렸습니다. 죄수들이 다 도망쳤으리라고 생각한 간수는 칼을 뽑아 자살하려 했습니다. 그때 바울이 소리쳤습니다. "네 몸을 상하지 말라." 그리고 자신과 실라의 발 앞에 엎드려 "선생들이여, 내가 어떻게 하여야 구원을 받으리이까?"라고 묻는 간수에게 역사에 길이 남을 대답을 했습니다. "주 예수를 믿으라. 그리하면 너와 네 집이 구원을 받으리라." 그 말대로 간수와 온 가족은 주 예수를 믿고 세례를 받아 주 안에서 기쁨을 누렸습니다. 바울과 실라는 빌립보의 관리들과 면담을 한 후에 성을 떠났습니다. 이 편지의 수신인인 빌립보 교회는 이렇게 세워졌습니다.

바울이 죄수의 몸으로 이 편지를 썼다는 것 또한 우리가 기억해야 할 아주 중요한 사실입니다. 그는 로마의 죄수였습니다. 이것은 군병과 연결된 사슬에 양손이 묶인 상태로 일종의 지하감옥에 갇혀 있었다는 뜻입니다. 사도행전을 보면 그가 어떻게 로마에 가게 되었는지—어떻게 체포되었고, 타고 가던 배가 파선되는 우여곡절을 겪으면서 로마까지 범상치 않은 여행을 했는지—알 수 있습니다. 이처럼 바울은 로마에서 사슬에 매인 죄수의 몸이 되어, 자신이 10여 년 전에 복음을 전하여 세운 교회에 편지를 쓰고 있습니다. 또한 그가 이 편지를 쓴 데에는 특별한 이유가 한 가지 있었습니다. 빌립보 교회는 2장에서 언급되는 에바브로디도라는 사람 편에 선물을 보냈습니다. 그런데 이 사람이 로마에서 중병이 들어 사경을 헤매다가 회복되는 일이 있었습니다. 바울은 그 사람 편에 이 편지를 보냈습니다.

이것이 이 서신의 배경입니다. 사실 빌립보서는 모든 면에서 놀랍고 특별한 편지입니다. 이 편지의 주제는 '그리스도 안에서 누리는 기쁨', 다시 말해 '주 안에서 기뻐하는 법'이라고 할 수 있습니다. 이 편지를 읽어 보면 바울이 계속 이 주제에 대해 이야기하는 것을 알 수 있습니다. 예컨대 그는 3장 초두에서 "주 안에서 기뻐하라"고 말한 다음, 4장에서 다시 한 번 "주 안에서 항상 기뻐하라. 내가 다시 말하노니 기뻐하라"고 말합니다. 이 말이 편지를 관통하고 있습니다.

또 다른 각도에서 보면 그 어떤 편지보다 이 편지가 예수 그리스도 복음의 능력을 뚜렷이 보여 준다고 말할 수 있습니다. 이 편지는 복음이 우리 삶에 어떻게 역사하는지 아주 구체적이고 실제적으로 보여 줍니다. 빌립보서는 복음에 대한 이론적 논문이라기보다는 실제적 설명서에 가깝습니다. 어떤 의미에서 바울은 처음부터 끝까지 어떤 편지에서보다 사적인 내용을 쓰고 있습니다. 이처럼 자기 이야기를 통해 복음이 개인의 삶에 어떻게 역사하는지 훌륭하게 설명해 주고 있습니다.

그뿐 아니라 바울은 복음이 공동체의 삶에 어떻게 역사하는지도 아주 분명하게 보여 줍니다. 이 편지에는 사도의 사적인 이야기뿐 아니라 빌립보 교회의 상태에 대한 이야기도 나옵니다. 바울은 행복하고 조화롭게 사는 빌립보 교회의 상태와 모습을 보며 기뻐했습니다. 그것은 전부 복음의 역사였습니다. 회심하기 전의 바울을 생각해 보십시오. 아주 똑똑하고 유능하고 경건했지만 성도들을 박해하는 우를 범했던 다소의 사울을 떠올려 보십시오. "위협과 살기가 등등"했던 그 모습을 생각해 보십시오(행 9:1). 증오의 영에 사로잡혔던 그 모습과 지금 이 편지를 쓰고 있는 모습을 비교해 보면 복음이 개인에게 어떻게 역사하는지 알 수 있습니다. 또 빌립보 교회도 생각해 보십시오. 간수 같은 사람을 생각해 보기 바랍니다. 필시 거친 사람이었을 간수나 그보다 상태가 더 심각했을 법한 이들이 교인이 되었습니다. 바울이 그들을 얼마나 아끼는지, 그들에 대해 무슨 말을 하는지 보십시오. 이 모든 것은 예수 그리스도의 복음이 개인과 공동체의 삶에 역사한다는 중대한 표시입니다.

저는 이 점이 빌립보서를 함께 고찰하는 일이 중요한 이유를 분명하게 설명해 준다고 생각합니다. 세상은 빌립보 교인들이 살았던 고대사회와 점점 비슷해지고 있습니다. 오늘날 생각 있는 사람들 대부분이 관심을 쏟는 중대한 문제는 '어떻게 조화롭고 평화로운 관계를 맺을까?' 하는 것입니다. '개인 간의 반목과 경쟁을 해소할 방안이 있을까? 사회생활을 파편화하여 세상을 불행하게 만들고 더 큰 재앙을 불러오는 이 여러 가지 문제들과 혼란을 일소할 대책이 있을까?' 하는 것입니다. 세상은 지금 그 대책을 찾고 있습니다. 그래서 회담도 열고, 정치적·종교적·사회적 회합도 갖습니다.

기독교회는 이렇게 조화로운 사회를 만들 방법이 딱 한 가지 있다고 선언합니다. 각 개인의 삶에 역사하는 예수 그리스도 복음의 능력이야말로 개인과 집단을 공히 조화로운 상태로 만들 수 있다고 주장합니다. 오늘날 세상의 전체적인 상황을 고려해 볼 때, 빌립보에 있었던 이 기독교 공동체의 삶 속에서 어떻게 어려움이 해결되고 불일치가 해소되었는지 살펴보는 것보다 중요한 일은 없는 듯합니다. 다시 말해서 '어떻게 환경을 극복하고 다 함께 행복하고 조화롭게 살 것인가?' 하는 것이 바로 이 서신의 주제라고 말할 수 있습니다.

1장만 조금 읽어 봐도 이것이 중심 주제임을 확연히 알 수 있습니다.

이 편지를 쓴 사람은 감옥에 갇힌 죄수입니다. 어떤 의미에서 모든 상황이 열악하다고 할 수 있습니다. 그런데도 이렇게 서정적인 편지를 쓰고 있는 것입니다. 그는 자신의 환경과 주변상황을 완전히 극복했습니다. 반복을 싫어하고 동어반복을 경멸하는 이들이 있는데, 바울은 동어반복의 명수였습니다. 그는 "기뻐하라. 내가 다시 말하노니 기뻐하라"고 말합니다. 1장에서 자신이 어떻게 환경을 극복했는지 밝힌 다음 그 이야기를 내내 반복하다가, 4장에서 마지막으로 "내게 능력 주시는 자 안에서 내가 모든 것을 할 수 있느니라"라는 결론을 내립니다. 어떤 이는 이것을 "진지함에서 나온 동어반복"이라고 표현했는데, 아주 적절하고 합당한 표현이라고 생각합니다. 복음을 믿는 사람은 반복을 피할 수가 없습니다. 복음을 정말 진지하게 대하는 사람, 세상의 상태를 알고 복음이 유일한 진리임을 아는 사람은 그 진리를 반복하고 되풀이하지 않을 수가 없습니다. 사도도 3장에서 "너희에게 같은 말을 쓰는 것이 내게는 수고로움이 없고 너희에게는 안전"하다고 말합니다. 다른 사도들도 마찬가지였습니다. 베드로도 같은 이야기를 반복하는 것에 대해 일종의 미안함 같은 것을 표시하면서도 "내가 이 장막에 있을 동안에—살아 있을 동안에—너희를 일깨워 생각나게 함이 옳은 줄로" 여긴다고 했습니다(벧후 1:13). 베드로가 이렇게 반복한 이유가 무엇입니까? 사람이 워낙 잘 잊어버리기 때문입니다. 복음의 진리를 한 번 듣고 영원히 기억한다면 굳이 반복할 필요가 없습니다. 그러나 잘 알다시피 우리는 천 번을 들어도 잊어버립니다. 그래서 바울이 같은 말을 하고 또 하는 것입니다. 그는 환경을 극복하는 것이 아주 시급하고 실제적인 문제임을 알았기에 같은 말을 반복하고 또 반복했습니다.

현재 우리 형편이 어떠한지는 다들 뼈저리게 알고 있으니 굳이 상기시키지 않아도 될 것입니다. 우리는 앞으로 무슨 일이 닥칠지 알지 못합니다. 그러나 그리스도 복음의 이름으로 말하건대, 바울과 빌립보 교회 안에 일어났던 불길이 우리 안에도 일어난다면 무슨 일이 닥치든 능히 맞설 수 있다고 확신합니다. 허세를 부리느라 하는 말이 아닙니다. 실제로 그리스도인들이 그런 삶을 살고 있습니다. 각자의 삶 속에서 주님의 능력을 맛보고 있으며 경험하고 있습니다. 이것은 아름답게 지어 낸 이야기가 아닙니다. 감옥에 갇힌 자의 실제 경험담입니다. 이 사람은 "내가 안다. 내가 경험했기 때문에 확실히 안다"라고 보장합니다. 그는 승리했습니다. 그리고 빌립보에 있는 많은 그리스도인들 또한 승리했다는 것을 알았으며, 그리스도와 복음 안에서 그 승리를 계속 누리도록 격려하며 돕고자 했습니다. 다 함께 행복하고 조화롭게 사는 길을 보여 주고자 했습니다.

타인과의 갈등은 대부분 내면의 갈등에서 비롯됩니다. 자신과 불화하는 사람은 대체로 남들과도 불화하게 마련입니다. 내면과 중심의 삶이 편치 않으면 불안해지고, 따라서 쉽게 성을 내게 됩니다. 그러면서 모든 상황이 악화되고 어그러지는 것입니다. 여기에서 벗어나는 비결은 내면에서부터 하나님과 관계를 바로잡는 것입니다. 그러면 나머지는 저절로 해결됩니다. '그리스도 안의 승리'라는 주제를 가능한 한 모든 관점에서 살펴보는 일이 중요한 이유가 여기 있습니다. 우리는 개인적으로 승리해야 합니다. 살다 보면 언젠가 어려운 환경에 처하게 됩니다. 이를테면 감옥에 갇히는 것과 같은 상황을 만나는 것입니다. 앓아눕기도 하고, 입원하기도 하며, 사고를 당하기도 하고, 탄식하며 슬퍼할 일을 겪기도 합니다. 그런 일이 닥칠 때 우리는 마치 감옥에 갇힌 사람처럼 옴짝달싹하지 못하게 됩니다. 그렇게 되기 전에 극복의 비결을 배우는 것이 중요합니다. 그런 환경에서도 주 안에서 기뻐할 수 있는 비결, 그 모든 환경을 딛고 일어설 수 있는 비결을 배우는 것이 중요합니다. 그 모든 환경을 극복하고 넘어설 수 있는 비결을 배우는 것이 중요합니다. 그래야만 평안과 기쁨을 누릴 수 있습니다.

이보다 훨씬 더 절실한 이유가 있습니다. 물론 첫 번째 이유를 과소평가할 생각은 없습니다만, 그 이유가 전부는 아닙니다. 우리가 이 비결을 알아야 하는 훨씬 더 중요한 이유는 우리가 섬기기 위해 구원받았다는 사실—전하는 자가 되기 위해서 구원받았다는 사실—에 있습니다. 바울은 2장에서 교회가 완전한 조화를 이루는 일이 얼마나 중요한지 강조하면서 이 점을 분명하게 밝히고 있습니다. "이는 너희가 흠이 없고 순전하여 어그러지고 거스르는 세대 가운데서 하나님의 흠 없는 자녀로 세상에서 그들 가운데 빛들로 나타나며"(15절). "빛", 이것이 요점입니다. 세상에 그리스도인들의 증거와 증언이 가장 필요한 때가 있다면, 바로 지금입니다. 세상은 불행과 혼란과 두려움에 빠져 있습니다. 이런 세상에 필요한 일은 어두운 하늘 한복판에서 환하게 빛나는 별을 보는 것입니다. 어둠을 물리치고 빛을 비추면서 세상을 자신에게로 끌어당기는 별, 자신처럼 살 수 있는 방법을 알려 주는 별을 보아야 합니다. '개인의 행복과 즐거움'을 얻기 위해서라는 이유에 더하여 이 서신과 이 서신에 담긴 교리를 이해하는 일이 중요한 이유, 이 교리를 실천하며 사는 일이 지극히 중요한 이유가 바로 여기 있습니다. 우리는 우리가 살고 있는 세상을 위해 이 일을 해야 합니다. 이것이 세상에 대한 우리의 의무입니다.

그리고 무엇보다 하나님이 우리를 이런 삶으로 부르십니다. 하나님은 우리를 별자리와 빛으로 하늘에 두셨습니다. 그런데 무언가가 빛을 막거나 흐릿하게 가리면 환하게 비출 수가 없습니다. 창문이 더럽거나 거울이 지저분하면 빛이 비치지 않는 것과 같습니다. 그렇기 때문에 우리가 이 편지를 같이 살펴보아야 하는 것입니다.

이렇게 해서 이 편지의 주제와 목적을 살펴보았습니다. 이제 사도가 이 주제를 전개해 나가는 방식을 간단하게 알아봅시다. 몇몇 권위자들의 견해에 따르면, 이 서신에 사용된 방식과 다른 대부분의 서신에 사용된 방식 사이에는 차이가 있습니다. 저도 어느 정도 그 견해에 동의하는 편입니다. 사도가 거의 매번 사용하는 방식은 교리와 신학의 문제를 다룬 후에 어떻게 적용할지 보여 주는 것입니다. 대부분의 서신은 이 범주에 속해 있습니다. 그런데 빌립보서는 정확히 이 범주에 속한다고 말할 수가 없습니다. 그래서 어떤 이는 빌립보서에 신학을 다루는 부분이 아예 없다고 말하기도 하는데, 그것은 전적인 오해입니다. 물론 사도가 실제적인 말부터 하는 것은 사실이지만, 신학적인 관점을 배제한 채 그렇게 하는 것은 아닙니다. 다시 말해서 사도의 위로는 전부 교리에 기초하고 있습니다. 교리가 없었다면 위로도 없었을 것입니다. 평소에는 교리부터 다룬 후에 실제를 다루었지만, 이 편지에서는 신학과 실제 적용을 섞어서 말하는 방식을 사용합니다. 이제 곧 보여 드리겠지만, 교리와 실제가 함께 서신을 관통하는 것입니다.

제가 강조하고 싶은 또 다른 특징은 이 편지의 사실성입니다. 사도는 아무것도 감추지 않습니다. 현실을 있는 그대로 바라봅니다. 그는 정직합니다. 바로 이 점—신약성경의 꾸밈없는 사실성—으로 인해 저는 하나님께 한없는 감사를 드립니다. 여러분도 실체 없는 장밋빛 그림을 그리는 사람들에게 질릴 대로 질려서 이제는 더 이상 듣고 싶은 마음조차 없을 것입니다. 그렇다고 현실에만 충실하다 보면 냉소로 흐르게 될 위험이 있습니다. 현실적이면서도 냉소로 흐르지 않는 것은 오직 한 가지, 사도가 여기에서 탁월하게 설명하고 있는 이 영광스러운 복음뿐입니다.

그렇다면 사도는 이 주제를 어떻게 다루어 나갈까요? 사람들이 이 서신의 내용을 각기 다르게 구분하는 것을 보면 재미있습니다. 예컨대 어떤 이들은 바울이 자기 삶과 경험을 회고하는 3장을 본론에서 벗어난 여담으로 보는데, 저는 거기에 전적으로 반대합니다. 3장에는 1장과 분명히 호응하는 부분, 거의 똑같아 보이기까지 하는 부분이 있습니다. 다시 상기시키는 바, 이 서신의 주요 주제는 그리스도 안에서 누리는 기쁨―주 안에서 어떻게 기뻐할 것인가, 어떻게 환란 중에도 기뻐하며 그리스도 안에서 행복하고 활기찬 삶을 살 것인가―입니다. 바울이 그 비결을 알려 주기 위해 사용한 방식은 다음과 같습니다. 그는 먼저 역경 속에서 기뻐하는 것이 어떻게 가능한지 보여 준 다음, 1장에서 바로 죄수가 된 자기 이야기를 하면서 이 주제를 전개해 나갑니다. 바울을 사랑했던 빌립보 교인들은 그가 갇힌 것 때문에 크게 염려했습니다. 그것을 알았던 바울은 12절에서 이렇게 말합니다. "형제들아, 내가 당한 일이 도리어 복음 전파에 진전이 된 줄을 너희가 알기를 원하노라." 역경 속에서도, 죄수가 되어서도 승리할 수 있다는 것입니다. 기뻐할 수 있으며, 그리스도인의 삶을 누릴 수 있다는 것입니다.

더 나아가 그는 시기심으로 자신을 더 괴롭히려고 그리스도를 전파하는 사람들을 언급하며, 그렇다 해도 여전히 자신은 기쁨의 삶을 살 수 있다고 주장합니다. 이것은 우리가 처음부터 새겨들어야 할 중대하고도 영광스러운 주장입니다. 복음이 제공하는 것은 상대적인 것이 아닙니다. 절대적인 것입니다. 예수 그리스도의 복음을 참으로 사랑하고 믿는 자는 그 환경과 형편에 상관없이, 누구에게 무슨 짓을 당하든 상관없이 언제나 기쁨을 누릴 수 있다고 보장합니다. 이것이 1장의 큰 주제입니다.

2장은 이른바 '육신의 연약함' 속에서도 이렇게 살 수 있는 방법을 알려 준다고 저는 생각합니다. 여기에서 연약함이란 신체적인 면만 가리키는 말이 아닙니다. 자연인으로서 우리가 지니고 있는 기질상의 약점이나 난점들도 전부 가리킵니다. 2장을 읽어 보면 빌립보 교회에도 어느 정도 불화의 소지가 있었음을 알게 됩니다. "각각 자기 일을 돌볼뿐더러 또한 각각 다른 사람들의 일을 돌보아"(2:4). 그리스도 안에 있는 그리스도인들도 자기 일만 돌보게 될 위험이 늘 있습니다. 이기심에 빠져 다른 일이나 남들은 돌보지 않으면서 자신과 자신의 행복, 자신의 성공에만 매달리기 쉽습니다. 이렇게 남은 생각하지 않고 자신만 생각하다 보면 자연히 무정해지게 마련입니다. 우리는 이 요소를 처리해야만 합니다. 기독교 복음은 믿기만 하면 아무도 괴롭히지 않는 마법 같은 세계로 훌쩍 옮겨 줄 것을 약속하지 않습니다. 오히려 힘든 사람들 틈에서 비난도 받고 질투도 받을 수 있다고 말합니다. 중요한 점은 그럼에도 여전히 주님의 기쁨을 누릴 수 있다는 것입니다. 죄는 물론이요 결점과 약점에 둘러싸여 허덕일 때에도 능히 모든 것을 딛고 일어설 수 있다는 것입니다. 그런 것들 때문에 무너질 필요가 없다는 것입니다. 그런 것들이 있어도 얼마든지 기뻐하며 조화롭게 살 수 있다는 것입니다.

이 또한 우리에게는 지극히 중요한 사실입니다. 신약의 그리스도인들이 별세계에 살았던 것처럼 착각하지 맙시다. 아마도 그들 중 상당수는 중노동을 해야 하는 노예나 평민이었을 것입니다. 그들도 우리처럼 몸이 피곤하다는 게 무엇인지 알았고, 신경이 소모된다는 게 무엇인지 알았습니다. 그런데도 바울은 그들 속에 이 진리가 있고 그리스도의 능력이 있으면 어떤 환경에서도 기뻐할 수 있고 일어설 수 있다고 했습니다. 그 한복판에서 조화롭게 살 수 있다고 했습니다. 더 조화롭게 산다고 했습니다.

3장에는 우리의 기쁨과 행복을 앗아 가기 쉬운 또 다른 장애물들이 나옵니다. 그것은 전부 사도가 오랫동안, 깊이 경험해 온 장애물들입니다. 자신이 그토록 부지런히 복음을 전해서 세운 교회들이 흔들렸고, 회심한 자들의 믿음 또한 거짓 교훈에 휘둘렸습니다. 이른바 유대주의자들이 끈덕지게 바울을 따라다니면서 "그리스도를 믿는 건 좋지만, 참된 그리스도인이 되려면 유대교의 관습과 의식을 따라야 한다"는 말로 어린 그리스도인들을 오도했습니다. 그들은 이렇게 치명적인 요구를 복음에 덧붙였습니다. 교회와 그리스도인의 삶을 뒤흔들어 혼란에 빠뜨렸습니다. 초대교회를 괴롭혔던 이 심각한 오류와 혼란이 빌립보 교회까지 위협하고 있었습니다. 그것을 알았기에 사도는 3장에서 기독교의 실제에 대한 거짓된 교훈을 어떻게 처리해야 하는지 알려 줌으로써 이런 잘못된 주장들을 단번에 처리하고 교인들을 미리 준비시키고 있습니다. 거짓 교훈은 주 안에서 기뻐하지 못하게 만듭니다. 옳고 바른 믿음이 없으면 구원의 축복을 경험할 수 없습니다. 그렇기 때문에 교리와 실제에 대한 성경의 가르침을 알아야 하는 것입니다.

마지막 장에서는 이 지복과 기쁨을 유지하는 방법, 살다 보면 당연히 찾아오는 긴장 속에서 이러한 지복과 기쁨을 더 충만히 누릴 수 있는 방법을 알려 줍니다. 바울은 그들이 음식과 옷을 보내 준 것에 대해 크게 감사하면서도, 자신은 어떤 형편이나 처지에서도 살아가는 법을 알고 있다고 말합니다. 그는 "비천에 처할 줄도 알고 풍부에 처할 줄도 알"았습니다. "어떠한 형편에든지 나는 자족하기를 배웠"다고 사도는 말합니다. 신기할 정도로 이 시대에 꼭 필요한 말 아닙니까? 우리는 피로와 병약함과 노화가 어떤 문제를 불러오는지 잘 알고 있으며, 우리에게 먹을 것과 입을 것과 쉴 곳이 필요하다는 사실을 잘 알고 있습니다. 그런데 바울은 쉼 없이 그리스도의 복음을 전하느라 나이보다 더 노쇠해진 상황에서 육체적으로 그렇게 힘에 부치는 감옥생활을 하면서도, 모든 악조건을 딛고 일어나 "나는 어떠한 형편에든지 자족하기를 배웠기 때문에 상관없다. 아무 상관이 없다"라는 놀라운 일성 一聲을 토하는 것입니다. 그에게는 그리스도가 계셨습니다. 그래서 아무 부족함이 없었습니다.

삶의 긴장은 아주 심각한 문제입니다. 이 긴장을 덜어 줄 육신의 친구는 없습니다. 이 점에서 피상적인 심리학자들은 궁극적으로 우리의 친구라기보다는 적에 가깝습니다. 그들은 그저 현실을 잊도록 도와줄 따름입니다. 그런데 이 사람은 그 큰 시련 속에서도 승리를 누리고 있고 기뻐하고 있으며 즐거워하고 있습니다. 그뿐만이 아닙니다. 주변 사람들이나 이 편지를 받은 사람들뿐 아니라 이 서정적인 편지를 쓴 지 거의 2천 년이 지난 시대에 살고 있는 우리에게도 그 기쁨과 승리를 전해 주고 있습니다.

바로 이것이 이 서신의 주제입니다. 우리는 앞으로 이 서신을 계속 살펴 나가면서 '삶이란 무엇인가?'라는 질문을 던질 것입니다. '죽음이란 무엇인가?'라는 질문도 던질 것입니다. 주님이 성육신하셨을 때 어떤 일이 일어났는지도 살펴볼 것입니다. 믿음으로 의롭다 하신다는 것이 무슨 뜻인지도 살펴볼 것입니다. 부활의 교리를 살펴볼 것이며, 영광스러워진다는 것이 무엇인지도 살펴볼 것입니다. 참된 기도가 어떤 것인지도 살펴볼 것입니다. 빌립보서는 이런 주제들을 다루고 있습니다. 보다시피 이 편지는 기독교의 중심교리를 가득 담고 있으면서도 전반적으로는 실제적인 이야기를 하고 있습니다. 오늘날 우리에게 말을 걸고 있으며, 우리가 당면한 위기에 대해 이야기하고 있습니다. 이런 상황 속에서 살고 있는 우리에게, 또 장차 어떤 상황을 맞이할지 모르는 우리에게—우리는 토대 자체가 흔들리는 시대에 살고 있습니다—안전하고 견고하게 지켜 줄 만한 것이 있다고, 중도에 맥을 잃고 주저앉지 않도록 힘과 의지를 북돋아 줄 뿐 아니라 어떤 환경 속에서도 승리하며 충만한 영광 가운데 말할 수 없는 기쁨으로 즐거워하게 해 줄 만한 것이 있다고 장담하는 메시지를 주신 것에 대해 감사를 드리십시오.

바울은 1절에서 우리가 "그리스도 안에 있는 성도"라는 사실에 이 기쁨의 비결이 있다고 말합니다.

그리스도 예수의 종 바울과 디모데는 그리스도 예수 안에서
빌립보에 사는 모든 성도와 또한 감독들과 집사들에게 편지하노니
하나님 우리 아버지와 주 예수 그리스도로부터 은혜와 평강이
너희에게 있을지어다. 내가 너희를 생각할 때마다
나의 하나님께 감사하며 간구할 때마다 너희 무리를 위하여
기쁨으로 항상 간구함은 너희가 첫날부터 이제까지 복음을 위한
일에 참여하고 있기 때문이라. 너희 안에서 착한 일을 시작하신
이가 그리스도 예수의 날까지 이루실 줄을 우리는 확신하노라.
내가 너희 무리를 위하여 이와 같이 생각하는 것이 마땅하니
이는 너희가 내 마음에 있음이며 나의 매임과
복음을 변명함과 확정함에 너희가 다 나와 함께
은혜에 참여한 자가 됨이라.

빌립보서 1:1-7

2. 그리스도 예수 안에 있는 성도

우리는 첫 설교에서 초대교회 그리스도인들의 상황과 오늘날 우리의 상황이 이상할 정도로 비슷하다는 점을 살펴보았습니다. 그때나 지금이나 세상은 살기 힘든 곳입니다. 그래서 이 편지에서 배울 바가 많은 것입니다. 이 편지의 큰 주제는 '주 안에 있는 기쁨', '그리스도 안에 있는 기쁨'입니다. 그리스도인들에게는 사도가 여기에서 말하는 삶을 세상에 보여 주어야 할 특별한 부르심이 있습니다. 제가 볼 때 현재 모든 그리스도인에게 주어진 첫 번째 부르심이 바로 이것입니다. 우리는 현대 세계에서 구별된 삶을 살아야 하며, 승리하고 이기는 모습을 보여 주어야 합니다. 그래야 사람들에게 지금 잘못된 길로 가고 있다는 사실을 납득시키고, 주 예수 그리스도께로 이끌어 올 수가 있습니다.

저는 이것이 왕도의 첫 걸음이라고 생각합니다. 잘 알다시피 오늘날 세상은 우리의 말이나 설교를 들으려 하지 않습니다. 그들은 우리의 신학과 교리에 아무 관심이 없다고 말하는데, 그 말에는 어느 정도 진심이 담겨 있습니다. 냉소적이어서라기보다는 심리적으로 남의 말을 듣고 싶지가 않은 것입니다. 그러나 구체적으로 승리하는 삶의 모습이 보이며 확실히 극복하고 기뻐하는 사람의 모습이 보이면 주목하기 시작합니다. 최초의 그리스도인들은 단순히 그리스도인답게 삶으로써 고대세계를 정복했습니다. 그들이 살았던 삶의 유형과 서로 사랑하는 모습 자체가 이방세계에 큰 영향을 끼쳤습니다. 지금 가장 필요한 일도 바로 이것—사람들에게 기독교적인 삶의 특질을 보여 주는 것—임이 분명합니다. 우리 모두 이런 삶을 살도록 부르심을 받았으며, 실제로도 능히 이런 삶을 살 수 있습니다. 사도는 이 편지에서 교리뿐 아니라 이런 삶을 살 수 있는 방법을 알려 줍니다. 이 편지는 무엇과도 비교할 수 없는 위로를 우리에게 줍니다. 평안과 기쁨을 잃지 않는 방법뿐 아니라 우리를 둘러싸고 있는 주변 세상에 큰 영향과 감화를 끼치는 방법을 알려 줍니다. 이것이 이 서신의 중대한 주제입니다. 이미 살펴보았듯이 사도는 자신과 빌립보 교회에 닥친 여러 가지 어려움을 언급한 다음, 어떻게 복음으로 그 어려움을 이길 수 있는지 보여 줌으로써 이 주제를 전개해 나갑니다.

어떻게 보면 사도는 1:12에 이르러서야 비로소 이 주제에 손을 댄다고 할 수 있는데, 왜 처음부터 다루지 않았는지 의문을 품지 않을 수 없습니다. 곧바로 위로하지 않고 은혜와 평강의 인사부터 하는 이유가 무엇일까요? 제가 볼 때 이것은 참으로 중요한 질문으로서, 다음과 같이 대답할 수 있습니다. 다른 서신도 마찬가지지만, 사도가 여기에서 제안하는 내용은 몇 가지 전제가 갖추어져야만 가능한 것입니다. 이 점을 반드시 이해해야 합니다. 사도가 이 편지에서 말하는 놀라운 일, 사도 자신과 빌립보 교인들이 경험한 일, 모든 그리스도인에게 해당되며 모든 그리스도인에게 가능한 이 일은 앞의 열한 절에 전적으로 동의할 때에만 일어납니다. 다시 말해서 이것은 온 세상에 해당되는 보편적 진리가 아니라는 것입니다. 이것은 아주 특별한 가르침입니다. 여기 나오는 사도의 말을 이해할 수 있는 사람은 일부에 불과합니다. 세상 사람들에게는 아무런 의미가 없습니다. 여기 나오는 위로와 위안은 일정한 범위 안에서만 해당되는 것이기 때문에, 그 범위 밖에 있는 사람들에게는 사도의 모든 말이 초점 없는 말이요 결국은 아무 쓸모 없는 말입니다. 모든 서신에 나오는 실제적인 도움과 격려는 한결같이 교리에 토대하고 있습니다. 바울은 항상 원리를 규정한 다음, 거기에서 위로와 위안을 끌어냅니다.

분명하고 당연하게도 이것은 기본적이고 결정적인 사실입니다. 우리는 여기에서 오늘날 교회 전체와 교회 밖 세상이 이 지경이 된 이유를 상당부분 찾아볼 수 있습니다. 과거의 그리스도인들과 우리를 비교해 봅시다. 예컨대 복음각성운동이 일어났던 18세기의 그리스도인들과 우리를 비교해 볼 수 있습니다. 청교도들의 책을 읽거나, 종교개혁자들에게로 시선을 돌려 그들의 이야기를 찾아 볼 수도 있습니다. 종교개혁 이전 유럽의 기성 교회 울타리 밖에 있었던 교회를 살펴보아도 되고, 그보다 더 거슬러 올라가 최초의 그리스도인들을 살펴보아도 됩니다. 이렇게 과거의 성도들을 살펴볼 때마다 발견하게 되는 것은 이 편지에 나오는 것과 같은 서정적인 분위기, 승리와 기쁨의 분위기입니다. 많은 찬송가에서도 같은 분위기를 찾아볼 수 있습니다. 이런 그리스도인들의 경험과 우리를 비교해 보면 얼마나 큰 격차가 있는지 바로 알 수 있습니다. 그 이유가 대체 무엇일까요? 교회는 무엇을 잃어버린 것일까요? 왜 그런 특질들이 다 사라지고 없는 것일까요? 왜 이렇게 확신도 없고 기쁨도 없고 승리의 영도 없는 것일까요? 제가 볼 때 그 유일한 대답은 교리를 잊었기 때문이라는 것입니다. 참된 위로의 선행조건에 토대를 두어야 하는데, 그 일에 주의하지 않았기 때문이라는 것입니다.

이처럼 복음의 축복은 받고 싶어 하면서 그 조건을 갖추는 일에는 주의하지 않는 것이 많은 이들의 문제점입니다. 축복은 당연히 받고 싶어 합니다. 어떻게 보면 오늘날 세상은 행복과 기쁨을 찾는 데 거의 모든 시간을 쓴다고도 말할 수 있습니다. 아무도 비참해지거나 불행해지기를 바라지 않습니다. 그렇기 때문에 상황과 상관없이 행복을 보장해 주는 이론이나 교리가 있다고 하면 저마다 찾아가 들으려 할 것입니다. 우리는 위로와 행복을 얻되 우리의 기준에 따라, 쉽고 간단하게 얻으려 합니다. 아무 조건 없이 **그것만** 얻으려 합니다. 이 위대한 서신을 더 자세히 살펴보기 전에 분명히 짚고 넘어가야겠습니다. 그 기준으로는 바울이 여기에서 말하는 바를 절대로 얻지 못합니다. 그의 토대를 받아들이지 않으면서 그가 세운 건물만 차지할 수는 없는 노릇입니다. 그의 전제에서 출발하지 않고 바른 결론에 도달하기란 불가능합니다. 그렇습니다. 성경의 모든 약속에 따르는 조건을 갖추지 않는 사람은 그 약속의 축복을 절대 경험할 수 없습니다. 그래서 지혜로운 선생인 바울이 부득이하게 열한 절에 걸쳐 토대를 이야기한 후에야 비로소 구체적인 상황을 다루는 것입니다. 다음과 같이 설명해 보겠습니다. 이 서신의 대상은 온 세상이 아니라 "빌립보에 사는 모든 성도와 또한 감독들과 집사들"입니다. 신약성경은 예수 그리스도를 믿지 않는 세상에 보편적으로 해당되는 말을 하지 않습니다. 어떤 위로도, 위안도, 격려도 주지 않습니다. 신약성경은 언제나 복음에서 출발합니다. 복음을 직면한 사람만 다른 것들을 경험할 수 있습니다. 바울은 로마제국 전체에 편지를 보내 행복과 평안의 길을 알려 준 것이 아닙니다. 절대 아닙니다! 이것은 특정대상에게 보낸 특정한 편지로서, 모든 주장의 근거를 몇 가지 기본적이고 근본적인 원리에 두고 있습니다.

그러므로 우리가 가장 먼저 살펴보아야 할 것은 이것입니다. 바울이 여기에서 놀라운 삶을 제안하고 있는 대상이 누구입니까? 형편이나 처지와 상관없이 행복해질 수 있는 사람이 누구입니까? "내게 사는 것이 그리스도"라고 말할 수 있는 사람이 누구입니까? "어떠한 형편에든지 나는 자족하기를 배웠"다고 말할 수 있는 사람이 누구입니까? 이런 말을 할 수 있는 사람이 누구입니까? "특정한 유형에 맞는 사람"이라는 것이 그 대답입니다. 이 편지의 대상은 그리스도인들입니다. 그러므로 그리스도인의 요건을 정확하고 분명하게 알지 못하면, 이 위대한 서신을 아무리 살펴도 유익을 얻을 수 없습니다. 그리스도인의 요건부터 알아야 합니다. 바울도 그렇게 하고 있습니다. 이들이 어떤 자들이며, 앞으로 어떤 자들로 살아야 하는지 명확하게 밝히기 위해 큰 수고를 하고 있습니다. 그들이 그렇게 살지 않으면 자신이 그토록 주고 싶어 하는 유익을 얻지 못할 것을 알았기 때문입니다. 그러므로 이 서신을 연구하면서 첫 번째로 던져야 할 질문은 이것입니다. '그리스도인은 누구인가?' 이 질문을 계속 던져야 합니다. 이 질문의 답이 잘못되면 다른 것들도 전부 잘못될 것이기 때문입니다. 사람들은 묻습니다. "난 왜 이렇게 불행할까? 행복해지려면 대체 뭘 해야 할까?" 그 대답은 그리스도인이 되어야 한다는 것입니다. 그리스도인의 정의에 부합하는 사람이 되어야 한다는 것입니다. 낮이 지나면 밤이 오듯이, 그리스도인이 되면 나머지 것들은 다 따라오게 되어 있습니다.

그렇다면 참된 그리스도인의 특징은 무엇일까요? 우리가 그리스도인인지 아닌지 어떻게 알 수 있습니까? 사도는 여기에서 그리스도인의 세 가지 특징을 알려 줍니다. 첫째는 **함께 하나님의 은혜에 참여한 자**라는 것입니다. 그는 7절에서 "너희가 다 나와 함께 은혜에 참여한 자가 됨이라"고 말합니다. 다른 번역본은 "나와 함께 은혜를 나눈 자가 됨이라"

또는 "너희는 다 하나님의 은혜와 은총을 함께 나눈 나의 동역자가 됨이라"고 옮겨 놓았습니다. 이것이 7절의 의미입니다. 이것이야말로 그리스도인의 가장 놀랍고 탁월한 특징이자, 신약성경이 말하는 바 그리스도인의 핵심적이고 기본적인 정의인 것이 분명합니다. 그리스도인은 하나님의 은혜와 은총을 입은 사람입니다. 그렇다면 은혜가 무엇일까요? 자, 어떤 의미에서 은혜는 너무나 엄청난 말이기 때문에 정의를 내리기가 쉽지 않습니다. 그래도 가장 나은 정의를 꼽으라면 '아무 공로나 자격 없이 받은 은총'이라고 할 수 있습니다. 바울은 빌립보 교인들에게 "너희는 하나님이 주신 이 은혜, 이 은총을 나와 함께 나눈 자들"이라고 말합니다.

이 말이 그리스도인에 대해 알려 주는 사실이 무엇입니까? 하늘에서 감찰하시는 하나님이 이 땅과 이 세상, 거기 우글거리며 살고 있는 수많은 사람들, 죄 가운데 태어나고 죄악 중에 출생한 허다한 사람들 중에서 그리스도인이라는 이름으로 알려진 바로 이 사람들을 특별한 은총의 눈길로 바라보신다는 것입니다. 우리를 다른 눈길로 바라보시며 특별하게 생각하신다는 것입니다. 구약성경은 가끔 이 점을 다른 방식으로 표현하곤 합니다. 하나님이 아모스 선지자를 통해 이스라엘 나라에 말씀하실 때 어떤 표현을 사용하셨는지 기억할 것입니다. "내가 땅의 모든 족속 가운데 너희만을 **알았나니**"(암 3:2). 다른 나라의 존재 자체를 모르신다거나 다른 나라에 대해서는 아시는 바가 별로 없다는 뜻이 아닙니다. 하나님은 전지하시기에 모든 것을 아시며 모든 것을 보십니다. 이 말씀의 의미는 하나님이 이스라엘 나라에 특별한 관심을 기울이셨다는 것입니다. 하나님은 그들에게 비상한 은총을 내리셨고, 그들과 그들의 안녕을 염려하셨습니다. 아버지의 눈으로 굽어보시면서 특별한 축복을 쏟아부어 주셨습니다. 그리스도인은 아무 공로나 자격이 없는데도 이 특별한 하나님의 은총과 선의를 나누어 가진 자며 거기 참여한 자라고 바울은 말합니다.

이것은 너무나 엄청난 말씀이라 인간의 머리로 가늠하거나 상상할 수가 없습니다. 그러나 정말 위로가 되고 위안이 됩니다! 바울은 구체적인 문제에 들어가기에 앞서 전능하신 절대자 하나님, 영원부터 영원까지 계신 하나님, 하늘과 땅을 통치하시는 아버지께서 우리를 굽어보시며 특별한 관심으로 염려해 주시고 은총과 자비를 쏟아부어 주신다고 말합니다. 시편기자는 34편에서 "여호와의 천사가 주를 경외하는 자를 둘러 진"다고 했습니다(7절). 하나님이 자신과 바른 관계를 맺고 있는 사람을 지켜보시고 주목하시며 사랑으로 호위하신다는 것이야말로 수많은 시편의 가르침 아닙니까?

천사에 대한 교리도 전부 이 사실과 관련되어 있습니다. 성경은 수호천사 같은 존재가 실제로 있다고 분명하고 확실하게 가르칩니다. "그들의 천사들이 하늘에서 하늘에 계신 내 아버지의 얼굴을 항상 뵈옵느니라"라는 마태복음 18:10 말씀을 기억합니까? 히브리서 기자도 "모든 천사들은 섬기는 영으로서 구원받을 상속자들을 위하여 섬기라고 보내심"을 받았다고 말합니다(히 1:14). 하늘에 계신 하나님이 우리에게 관심을 가지시고 우리를 각별하고 특별하게 염려하셔서 그 종들을 보내 지키고 보호하게 하시며 경고하게 하신다는 것은 실로 놀랍고도 경이로운 교리입니다. 어떤 조상들처럼 우리도 그들의 존재를 볼 수 있다면 아마 삶을 바라보는 눈 자체가 바뀔 것입니다. 그 옛날 야곱처럼 우리가 보이지 않는 하나님의 사자들, 천군들에 둘러싸여 살고 있음을 실감할 것입니다.

그뿐만이 아닙니다. 주님은 이 점을 또 다른 방식으로 설명해 주셨습니다. 제자들을 위로하시면서, 하나님이 그들의 머리털까지 세신다고 말씀하신 것입니다. 그러니 근심하지도 말고 겁내지도 말고 당황하지도 말라는 것입니다. 하나님 아버지가 그들에게 얼마나 큰 관심을 쏟고 계시는지 알라는 것입니다! 머리털까지 다 세고 계신다는 것입니다. 그만큼 그들을 가깝게 아신다는 것입니다. 인격적인 관심을 기울이신다는 것입니다. 주님은 여러 차례 이 말씀을 하셨습니다. 그런데도 그리스도인들이 그 사실을 모르고 그 크고 놀라운 경지에 이르지 못하니, 참으로 비극 아닙니까? 우리가 하나님의 특별한 은총을 입고 있다는 사실을 깨달으면 얼마나 좋을까요? 우리가 남보다 낫기 때문이 아닙니다. 은혜는 아무 공로나 자격이 없는데도 내려 주시는 은총입니다. 우리는 형벌을 받고 지옥에 떨어져야 마땅한 사람들이요 뿌린 대로 거두어야 마땅한 진노의 자식들인데도, 하나님이 영원불멸한 사랑으로, 그 지식과 지혜에 따라 은총으로 굽어보시는 특별한 은혜를 주시는 것입니다.

지금 이 점을 구체적으로 다룰 필요는 없을 것입니다. 바울이 그리스도인을 어떻게 정의하는지 계속 고찰해 나가다 보면 자연히 이 주제에 대해 부연설명을 하게 될 것이므로, 그때까지 구체적인 논의를 미루는 편이 나으리라 생각합니다. 그러나 한 가지는 묻고 넘어가야겠습니다. 여러분은 하나님이 자신에게 이런 은혜와 은총을 주셨음을 알고 있습니까? 특별한 지위, 특권적인 지위를 주셨음을 깨닫고 있습니까? 구약의 선지자가 말했듯이 "여호와의 눈"이 "온 땅을 두루 감찰"하며 그 백성에게 복 줄 기회를 찾고 있음을(대하 16:9) 인식하고 있습니까? 이 사실을 모르면, 이어지는 사도의 구체적인 논증을 따라갈 수가 없습니다. 어떤 의미에서 우리는 지금 사도가 전개할 전체적인 논증을 미리 맛보는 것이라고 말할 수 있습니다. 하나님의 은총을 입는 특별한 지위를 나에게 주셨다면, 지금까지 살펴본 내용이 전부 사실이라면, 여기에서 나올 수 있는 유일한 결론은 '무슨 일이 생기든, 어디로 가든, 어떤 상황에 처하든, 나는 안전하다'는 것입니다. "만일 하나님이 우리를 위하시면 누가 우리를 대적하리요?"(롬 8:31) 하나님의 자녀요 바울과 함께 하나님의 은혜와 은총에 참여한 자라는 특별한 지위를 가진 사람은, 무슨 일이 닥치든 자신을 안전하게 보호해 주시고 지켜 주실 것을 압니다.

이제 두 번째 요점을 살펴봅시다. **그리스도인은 성도**saint라고 사도는 말합니다. "그리스도 예수의 종 바울과 디모데는 그리스도 예수 안에서 빌립보에 사는 모든 성도와 또한 감독들과 집사들에게 편지하노니." 여기에는 사람들을 종종 걸려 넘어지게 만드는 말이 나옵니다. 이 축복은 성도를 위한 것입니다. 그러므로 이 축복을 누리기 전에 성도가 누구인지, 나는 과연 성도인지 분명하게 짚고 넘어갈 필요가 있습니다. 먼저 성도의 의미가 아닌 것부터 말씀드리겠습니다. '성도'는 그리스도인들 가운데 일부 특별한 사람들을 가리키는 말이 아닙니다. 이것은 로마 가톨릭이 퍼뜨린 오해입니다. 가톨릭은 이른바 '시성식'을 통해 성인saint을 만들어 냅니다. 특정인—수 세기 전 사람일 수도 있습니다—을 성인으로 추대하는 것입니다. 그들은 일정한 기준으로 생애를 평가하여 성인 추대 여부를 결정합니다. 그들만 성인이고, 나머지 그리스도인들은 성인이 아닙니다. 그러나 이것은 분명 성경적인 태도가 아닙니다. 바울이 뭐라고 말하는지 주의해서 보십시오. "그리스도 예수의 종 바울과 디모데는 그리스도 예수 안에서 빌립보에 사는 **모든 성도**와 또한 감독들과 집사들에게 편지하노니." 7절도 보기 바랍니다. "나의 매임과 복음을 변명함과 확정함에 너희가 다 나와 함께 은혜에 참여한 자가 됨이라." 사도는 혼자 으쓱대며 자기만 성도라고 말하지 않습니다. 모두가 성도요 "함께 은혜에 참여한 자"라고 말합니다.

이 이야기를 마냥 계속할 생각은 없습니다만, 한 가지는 짚고 넘어가 겠습니다. 사람들이 아직도 이런 사소한 문제에 신경을 쓰느라 많은 시간을 낭비하며 교회의 서열이 본질적인 것이냐 아니냐를 놓고 다투는 것을 보면 안타깝지 않습니까? 저는 "빌립보에 사는 모든 성도와 또한 감독들과 집사들"이라는 1절의 표현에 거룩한 풍자가 들어 있다고 생각합니다. 바울은 감독을 비롯한 중직자들부터 언급하지 않습니다. 절대 그러지 않습니다! 성도부터 언급한 다음, "감독들과 집사들"과 윗사람들을 덧붙입니다. 교회에는 직분자가 있게 마련입니다. 그러나 세상의 상태가 아주 심각하여 기독교의 증언이 간절히 필요한 이때, '주교는 교회에 꼭 필요한 존재이며, 주교 없이는 교회도 없다'라는 점을 입증하는 일에 골몰하는 것은 비극이 아닐 수 없습니다. 결국 교회는 성도의 모임입니다. 하나님의 은혜와 은총 안에 있는 자들이 그를 예배하려고 모임으로써 이루어지는 것입니다. 이처럼 성도란 일부 예외적인 그리스도인을 가리키는 말이 아니라 모든 평범한 그리스도인을 가리키는 말입니다. 바울이 쓴 어느 서신을 읽어 보아도 마찬가지입니다. 바울은 고린도 교회를 비롯한 여러 교회의 성도에게 편지를 썼습니다.

소극적인 개념을 살펴보았으니, 적극적인 개념도 살펴봅시다. '성도'라는 말의 참뜻은 '따로 불러 낸 사람들, 구별해 낸 사람들, 떼어 낸 사람들'이라는 것입니다. '거룩한 자'라고 번역해도 괜찮습니다. 하나님이 친히 쓰시려고 따로 취하시는 물건이나 사람은 다 거룩합니다. 구약성경은 사명을 받은 모세를 거룩한 자라고 부릅니다. 성전에도 "거룩한 기구들"이 있었는데, 그것은 성전에서 쓰기 위해 따로 구별한 기구들이라는 뜻이었습니다. 성경은 사람도 마찬가지라고 말합니다. 성도는 하나님이 따로 취하신 사람들, 하나님의 목적에 쓰시려고 따로 구별하신 사람들입니다. 하나님의 성령이 세상에서 따로 취하여 내신 사람들, 하나님이 친히 구별하시고 차별화하신 사람들입니다. 세상에 살지만 여느 사람들과 다른 사람들, 다른 범주에 속한 사람들, 앞서 보았듯이 하나님의 특별한 은혜와 은총을 입은 특별한 무리에 속한 사람들입니다. 그러므로 어떻게 사느냐를 성도의 첫 번째 기준으로 삼으면 안 됩니다. 그것은 다음 문제입니다. 성도라는 말의 핵심은 하나님이 그들을 불러내시고 구별하셨다는 사실에 있습니다.

이것이 그리스도인에 대한 신약성경의 근본 사상입니다. 바울은 갈라디아 사람들에게 편지를 쓰면서, 아들을 보내 우리를 위해 죽게 하신 하나님의 놀라운 은혜에 감사하며 그가 "이 악한 세대에서 우리를 건지"셨다고 말합니다(갈 1:4). 이것이 그리스도인에 대한 바울의 묘사입니다. 그리스도인은 여전히 세상에 살지만, 세상에서 건짐 받고 따로 구별된 사람입니다. 무엇보다 본인 자신이 그 사실을 분명하게 압니다. 그리고 '하나님이 나를 구별하셨으니, 나도 나를 구별해야 한다. 하나님은 나를 구별하시고 구원해 주셨다. 심판받고 멸망할 세상에서 무조건적인 은총으로 나를 굽어보시고 따로 불러내 주셨으며, 인생의 당연한 수순인 멸망에서 구원하여 그분의 나라로 옮겨 주셨다. 이 사실을 안다면, 세상 사람들과 구별되어 그들의 행동이나 행위나 습관을 좇지 않아야 한다는 것 또한 알아야 마땅하다. 하나님이 나를 불러 그분을 섬기게 하셨으니 당연히 그 일에 헌신해야 한다'라는 논리를 삶에 적용합니다. 이 두 가지 다 '성도'라는 말에 담긴 핵심적인 의미입니다. 빌립보서가 놀라운 위로와 위안을 이야기하는 것은 맞습니다. 그러나 그것은 오직 성도를 위한 것입니다. 자신이 구별된 사람임을 아는 자, 그래서 더 구별되게 살고자 애쓰는 자를 위한 것입니다. 세상 모든 사람들을 위한 것이 아닙니다. 오직 거룩한 자들을 위한 것입니다.

다시 묻겠습니다. 바로 여기에 우리의 문제가 있지 않습니까? 우리는 거짓 선지자 발람과 너무나 비슷합니다. 저마다 "나는 의인의 죽음을 죽기 원"한다고 말합니다(민 23:10). 의인의 죽음을 죽고 싶으면 의인의 삶을 살아야 합니다. 그런데 의인의 죽음은 원하면서도 의인의 삶은 원치 않는다는 것이 문제입니다. 거룩한 자로 살면 자연히 위안과 위로를 얻게 되어 있습니다. 거룩한 자로 살지 못하니까 그 축복을 거의 누리지 못하는 것입니다. 조건을 갖추지 못한 것이 문제입니다.

마지막 항목에 대해 할 말이 더 있습니다. 1절은 단순히 "빌립보에 사는 모든 성도"라고 하지 않고 "그리스도 예수 안에서 빌립보에 사는 모든 성도"라고 말합니다. 이 점이 참으로 중요합니다. 전에 누군가 바울의 모든 교리는 "그리스도 안에서" 또는 "그리스도 예수 안에서"라는 말에 기초한다고 지적한 적이 있습니다. 바울서신에 "그리스도 안"이라는 말이 48회, "그리스도 예수 안"이라는 말이 34회, "주 안"이라는 말이 50회 나온다는 것을 아십니까? 왜 이 표현이 그렇게 중요합니까? 자, 바울은 "그리스도 예수 안에" 있는 성도에게 이 편지를 쓰고 있습니다. 알다시피 바울이 빌립보에 가기 전에 이미 그곳에는 구별된 자들이 있었습니다. 사도행전 16장을 읽어 보면 루디아가 소수의 여자들을 이끌고 강가에서 기도했다는 사실을 알 수 있습니다. 어떤 의미에서 그들은 이미 성도였습니다. 바울이 복음을 전하기 전에도 성도였습니다. 그러나 그리스도 예수 안에 있는 성도는 아니었습니다. 누구나 성인이 될 수 있고, 어느 부류에서나 성인을 찾아볼 수 있습니다. 그러나 사도가 말하는 성도는 그런 성인과 다릅니다. 그가 말하는 성도는 "그리스도 예수 안에" 있는 성도입니다. 즉, 그리스도의 지체가 된 사람들입니다. 바울은 그리스도가 절대적인 핵심에 계시다는 점을 밝히고자 했습니다. 그가 이 일곱 절에서 그리스도의 이름을 몇 번이나 언급하는지 아십니까? 예수 그리스도가 없으면 바울의 복음도 없습니다. 복음은 모호하고 일반적인 제안이 아니며, 단순히 선하게 살라는 권고도 아닙니다. 복음은 그리스도 안에서 일어난 일들을 이야기합니다. 그리스도가 없으면 구원도 없기 때문입니다. 그리스도가 없어도 되는 사람은 그리스도인이 아니라고 바울은 말합니다. 아주 선한 사람일 수도 있고 경건한 사람일 수도 있지만 그리스도인일 수는 없다는 것입니다. 그리스도가 절대적인 중심과 핵심에 계시지 않는다면, 다른 것은 몰라도 기독교는 될 수 없습니다.

'성도'라는 말의 또 다른 의미는 무엇일까요? 중요한 신학용어를 사용해서 설명해 보겠습니다. "그리스도 예수 안에" 있는 성도란 성약^{聖約}의 원리, 대표의 원리에 따라 예수 안에 있는 사람들이라는 뜻입니다. 태초에 인류를 대표한 사람은 아담이었습니다. 그가 타락하자, 인류 전체가 사탄의 권세와 지배 아래 들어갔습니다. 그러나 감사하게도 또 다른 측면이 있습니다. 그리스도도 우리의 대표가 되십니다. 그리스도인이란 그가 십자가에서 자신을 대표하여 자신의 죄를 지고 형벌을 받으셨다는 사실, 그가 자신을 위해 죽으셨으며 자신을 위해 다시 살아나셨다는 사실을 확실하게 아는 사람입니다. 그리스도 안에 있는 자는 율법에 대해 이미 죽었습니다. 자신을 대표하는 분이 죽으셨기 때문에 나도 죽은 것입니다. 그리고 그리스도가 살아나셨을 때 함께 새로운 생명을 받았고 하나님 앞에서 의롭다 하심을 얻었습니다. 나는 그리스도 안에 있습니다. 그가 나의 대표십니다. 그와 나는 성약의 원리, 대표의 원리에 따라 연합되어 있습니다.

그뿐만이 아닙니다. '성도'라는 말에는 그 이상의 의미가 담겨 있습니다. 그리스도인이 된다는 것은 성약의 원리에 따른 연합뿐 아니라 생명의 연합도 일어난다는 뜻입니다. 요한복음 15장이 이 점을 분명히 보여 주고 있습니다. 그리스도와 나 사이에 신비한 연합이 일어납니다. 그리스도의 생명이 내 안에, 내가 그리스도 안에 거하게 됩니다. 그리스도의 능력이 신비한 방법으로 내 안에 흘러들어 옵니다. 내 생명이 그리스도 안에 감추어진다고 표현해도 좋습니다. 사도는 묻습니다. '교회란 무엇인가?' 교회는 "그리스도의 몸이요 지체의 각 부분"입니다(고전 12:27). 그리스도가 머리시고 우리는 몸입니다. 살아 있는 이 유기적 연합체 안에 한 피가 흐릅니다. 또한 우리는 포도나무의 가지이기도 합니다. 원 나무의 생명력이 우리에게로 흘러 들어옵니다. 이처럼 그리스도와 신비한 생명의 연합을 이루는 자가 바로 그리스도 예수 안에 있는 성도입니다.

오늘은 몇 가지 정의만 다루었습니다. 각각 한 가지씩 따로 설교해도 될 정도로 이 정의들은 중요합니다. 우리가 과연 이런 의미에서 스스로 성도라고 생각하고 있는지 모르겠습니다. 자신이 놀라운 하나님의 은총 안에 있다는 사실을 깨닫고 있습니까? 자신이 성도임을 알고 있습니까? "우리는 성도"라고 말하기를 두려워하지 마십시오. 이 점에서는 짐짓 겸손한 척하면 안 됩니다. 이 복음을 믿는 사람은 따로 구별된 성도입니다. 자신이 그리스도 안에 있다는 사실을 아십니까? 자신이 그와 함께 죽었다는 것, 또한 그와 함께 다시 살았다는 것을 아십니까? 이런 의미에서 지금 그와 함께 다스리고 있습니까? 그의 생명이 내 안에, 내가 그 안에 있습니까? 빌립보서의 놀라운 약속은 그리스도 예수 안에 있는 성도, 하나님의 은혜와 은총에 참여한 자를 위한 것입니다. 이 지위를 얻은 자, 이 지위를 알고 주장하는 자에게는 바울이 빌립보 교인들에게 말한 모든 일이 그대로 이루어질 것입니다.

너희 안에서 착한 일을 시작하신 이가
그리스도 예수의 날까지 이루실 줄을 우리는 확신하노라.

빌립보서 1:6

3. 하나님이 하시는 일

6절은 빌립보서 전체의 핵심이라 할 만한 구절입니다. 사도는 이 한 구절을 통해 자기 자신과 자신의 미래, 빌립보 교회의 미래에 대한 확신의 토대를 단숨에 소개하고 있습니다. 6절이 바울 서신에 특징적으로 등장하는 장엄한 선포 중 하나라는 말에 이의를 제기할 사람은 없으리라 생각합니다. 가끔 가장 좋아하는 성경구절이나 본문이 뭐냐고 묻는 이들이 있습니다. 저는 그런 질문의 배경이 되는 신학은 절대 환영하지 않습니다만, 그래도 굳이 꼽으라면 이 구절은 확실히 포함된다고 말하겠습니다. 6절은 장엄하면서도 근본적이고 심오한 말씀으로서, 기독교 교리와 신학의 깊은 곳까지 우리를 이끌고 갑니다.

　바울 같은 상황에서 이런 편지를 쓴다는 것은 확실히 평범한 일이 아닙니다. 알다시피 그는 감옥에서 고생하고 있었습니다. 또 원수들도 그를 핍박하고 공격하면서, 그에게 망신을 주고 그동안 교회에서 해 온 일들을 무너뜨리려 했습니다. 이런 어려움들이 빌립보 교회를 에워싸고 있음을 알았으면서도 바울은 자기 자신과 빌립보 교인들에 대해 깊은 확신을 가지고 있었습니다. 그는 6절과 그 앞뒤 구절에서 이런 확신을 가능케 한 두 가지 주된 요소가 무엇인지 알려 주고 있습니다.

첫째로, 그는 이 일이 빌립보 교인들 안에서, 그들 가운데서 계속될 것을 알았습니다. 그의 확신은 이 일의 성격에서 나온 것이며, 이 일을 막을 일이나 사람이 하나도 없음을 아는 데서 나온 것입니다. 둘째로, 그는 빌립보 교인들 전부는 아니더라도 많은 이들 안에서 이 일이 계속될 것을 알았습니다. 이 두 가지 사실은 중요합니다. 바울은 빌립보 교인들을 믿은 것이 아니라 그들 안에서, 그들 가운데서 진행되는 하나님의 일을 믿었습니다. 다시 말해서 그의 확신은 그리스도인의 삶의 본질을 분명히 파악한 데서 나온 것이며, 한 사람이 그리스도인이 될 때 무슨 일이 일어나는지 알고 교회를 이루는 능력과 생명이 어떤 것인지 아는 데서 나온 것입니다. 하나님의 구원 계획에 대한 깊은 지식과 이해가 그의 확신을 불러왔습니다. 이 강력한 핵심 진리를 이해하고 파악하는 데 명백히 실패한 것이야말로 많은 걱정과 불안과 불행과 염려의 원인임을 우리 모두 인정해야 한다고 생각합니다. 구원 계획과 그 의미, 성격과 능력을 아는 사람만이 사도가 느낀 것을 똑같이 느낄 수 있고 그가 경험한 것을 똑같이 경험할 수 있습니다.

우리가 자기 모습을 보면서 염려하고 자신의 처지와 형편을 보면서 염려하는 것은 분명 이 지점에서 실패한 탓입니다. 자신을 살펴보고 영적인 맥박을 측정해 보면 결핍된 부분이 있음을 알게 되고, 그로 인해 염려하며 성찰하게 됩니다. 그러다가 병적인 상태에 빠져 아주 비참한 심정에 사로잡히기도 하는데, 그럴 때 우리는 무의식적으로 그리스도인으로 살기가 참 힘들다는 생각을 하기 쉽습니다. 그러나 사실 우리가 그렇게 비참한 기분과 상태에 빠지는 것은 대부분 사도가 제시하는 이 중대한 진리를 모르기 때문이라고 저는 말하고 싶습니다.

기독교회의 미래에 대한 불안 역시 대부분 같은 원인에서 비롯된 것 아닙니까? 애석하게도 마냥 한탄하고 탄식하며 안타까워하는 것이 오늘날 그리스도인들의 특징이 되어 버렸습니다. "이제 어떻게 될까? 사람들을 보라. 저 냉담한 모습을 좀 보라!" 그리스도인들은 세상뿐 아니라 교회에 대해서도 우울한 전망을 하며 "20-30년 후에도 교회라는 조직이 과연 존재할까? 장차 교회는 어떻게 될까?" 하고 울부짖습니다. 대형교회는 사라지고 소모임만 간신히 남을 것이라는 예언을 하기도 합니다. 그런 말들이 다 틀렸다는 것은 아닙니다. 제가 염려하는 바는 그런 말이나 대화 속에서 기독교회와 복음의 미래 전반에 대한 깊은 비관주의가 감지된다는 것입니다. 그 원인은 단 한 가지, 그리스도인의 삶의 본질을 모르기 때문입니다. 우리 앞에 있는 사도의 이 장엄한 말씀에 담긴 교리를 모르기 때문입니다.

　　그러므로 이 말씀을 명명백백히 아는 것보다 중요한 일은 없습니다. 앞서 말했듯이 이 편지에는 놀라운 위로와 격려가 담겨 있습니다. 그러나 6절에 동의하지 않는 사람에게는 다 쓸데없는 헛소리에 불과합니다. 6절이 사실이 아니라면 나머지도 사실이 아닙니다. 단순한 희망사항일 뿐입니다. 그러나 6절이 사실이라면 나머지도 다 확실한 사실입니다. 토대 없이 집을 지을 수는 없습니다. 우리는 여기에서 또 한 번 토대로 돌아가게 됩니다. 사도는 6절에서 한 번 더 그리스도인의 본질을 설명하며, 구원이 이루어지는 과정의 본질적인 핵심을 설명합니다. 그리스도인이란 그 속에서 착한 일이 이루어지는 사람이라고 말합니다. 그러므로 우리는 사도가 말하는 착한 일이 대체 무엇인지부터 알아보아야 합니다. 이 주제는 자연스럽게 다음과 같이 나누어 살펴볼 수 있습니다.

　　무엇보다 먼저, 착한 일의 **창시자**가 있습니다. "너희 안에서 착한 일을 **시작하신 이**가 그리스도 예수의 날까지 이루실[완성하실] 줄을 우리는 확신하노라." 그가 누구입니까? 빌립보 교인들 안에서 이 착한 일을 시작하신 이가 누구입니까? 답은 당연히 하나입니다. 바로 하나님이신 것입니다. 이것이 첫 번째 기본명제입니다. 제가 볼 때 이 점은 이 주제를 소극적인 측면에서 살펴보는 데 도움을 줍니다. 여기에서 착한 일이란 바울이 빌립보에서 한 일을 가리키는 말이 아닙니다. 바울이 어떻게 마게도냐로 건너가 강가에 있던 여자들에게 복음을 전했는지 기억할 것입니다. 그는 다른 이들에게도 복음을 전했고, 감옥에 갇혔을 때는 빌립보 간수에게 복음을 전했습니다. 바울은 빌립보에서 큰 일을 했습니다. 그가 한 일이 복음 전파의 큰 부분을 차지했습니다. 그는 빌립보에 교회를 세웠습니다. 그러나 바울은 그것을 착한 일이라고 말하지 않습니다. 그렇습니다. 그것은 바울을 통해 하나님이 하신 일이었습니다. 바울은 늘 이 점을 밝히곤 했습니다. 사도행전 14장 말미에는 바울과 바나바가 1차 선교여행을 마치고 안디옥으로 돌아온 일과 관련하여 아주 흥미로운 이야기가 나옵니다. 성경은 그들이 교회를 모아 자신들이 한 일을 전했다고 말하지 않습니다. 절대 그렇게 말하지 않습니다. 성경은 그들이 교회를 모아 "**하나님**이 함께 행하신 모든 일"을 전했다고 말합니다(행 14:27). "시작하신 이"는 바울이 아니었습니다. 하나님이셨습니다.

또 다른 소극적 측면을 살펴보겠습니다. 바울은 빌립보 교인들 스스로 무엇을 시작했다고 말하지 않습니다. 교회는 사회단체가 생겨나듯 생겨나지 않습니다. 사람들은 함께 모여 "이런저런 단체를 만드는 것이 좋지 않을까?" 하고 묻습니다. 런던에는 그렇게 생겨난 단체들이 많이 있고, 교회 안에도 그렇게 생겨난 단체들이 많이 있습니다. 사람들은 항상 새로운 조직체를 만들어 냅니다. 함께 모여 단체를 구성하고 규정과 법규를 정합니다. 이것이 사람들이 일하는 방식입니다. 그러나 바울은 빌립보 교인들 스스로 교회를 시작했다고 말하지 않습니다. 빌립보 교회는 하나님의 작품이었습니다. 성경은 논란의 여지 없이—애석하게도 우리는 논란의 여지를 둘 때가 많습니다—그렇다고 선포합니다. 구원은 전적으로 하나님이 하시는 일이라고 분명하게 밝힙니다. 죄를 지은 인간은 하나님을 대적하며 그를 갈망하지 않는다고, 절대 그에게 돌아가려 하지 않는다고 말합니다. 하나님이 행동을 개시하시지 않았다면 교회도 없었을 것이고 구원도 없었을 것입니다. "너희 안에서 착한 일을 시작하신 이가⋯⋯." 이 착한 일을 시작하신 이는 오직 하나님이십니다.

다름 아닌 바울이 이 점을 가르치는 것은 그리 놀랄 일이 아닙니다. 그는 자신이 과거에 어떤 사람이었는지 한시도 잊은 적이 없었습니다. 자신이 비방자요 교회의 박해자였다는 것을 늘 기억하고 있었고, 어느 날 그리스도인 무리를 박해하기 위해 다메섹으로 가던 길에 주님을 만나지 않았다면 그 상태 그대로 살았으리라는 것 또한 잘 알고 있었습니다. 바울 스스로 그리스도인이 된 것이 아니었습니다. 자신은 그리스도인이 되겠다는 생각조차 한 적이 없었습니다. 그것은 자신이 시작한 일이 아니었습니다. 하나님이 시작하신 일이었습니다. 그래서 바울은 늘 하나님이 이 일을 하셨다고 말했습니다.

물론 바울만 그랬던 것은 아닙니다. 빌립보 교회도 마찬가지였습니다. 사도행전 16장만 읽어 보아도 알 수 있습니다. 6절과 7절은 바울이 다른 곳으로 가려 했는데 성령이 허락하시지 않았다고 말합니다. 이것이 첫 단계였습니다. 바울은 아시아에서 말씀을 전하고 싶었고 그것이 옳다고 생각했는데 성령이 막으셨습니다(행 16:7). 그 다음 단계는 밤에 환상을 본 것이었습니다. 바울 스스로 환상을 만들어 내거나 지어내거나 불러온 것이 아니었습니다. 잠을 자는데 그냥 환상이 보였습니다. 누가 보여 주셨습니까? 하나님이 보여 주셨습니다. 마게도냐 사람이 나타나 "건너와서 우리를 도우라"고 부탁했습니다. 알다시피 바울은 이 환상을 보았기 때문에, 바다를 건너 유럽에 첫발을 디뎠습니다.

이렇게 빌립보에 도착한 사도는 강가에 모여 정기적으로 기도하던 여자들에게 말할 기회를 얻었습니다. 성경은 주께서 루디아의 마음을 여셨다고 말합니다. 루디아 스스로 마음을 움직여서 듣고 받아들이기로 한 것이 아닙니다. 그렇습니다. 말씀을 전하도록 바울을 이끄신 주께서 루디아와 그 가족의 마음을 여셨기 때문에 바울이 그 집을 시작으로 말씀을 전하게 된 것입니다. 그 다음에 등장하는 인물은 점치는 귀신 들린 여종입니다. 여종은 하나님의 능력으로 구원을 받았고 삶이 변화되었습니다. 그러나 그 일로 바울은 실라와 함께 옥에 갇혀야 했습니다. 바로 그날 밤 지진이 일어났고―분명 바울이 지진을 일으킨 것이 아닙니다―간수가 회심했습니다. 빌립보 교회는 그렇게 생겨났습니다. 그 어떤 사건이나 사람도 사람을 죄구덩이에서 일으켜 세울 수 없다는 교리, 오직 하나님만이 그 일을 하실 수 있다는 교리에 대해 성경은 논쟁의 여지를 주지 않고, 분명하게 단언합니다. 바울은 말합니다. "우리는 그가 만드신 바라. 그리스도 예수 안에서 선한 일을 위하여 지으심을 받은 자니"(엡 2:10). 그가 주인이십니다. 그가 주체이십니다. 그가 고안하셨고, 그가 조성하셨습니다. 그가 우리를 지으셨습니다.

바울은 이것이 하나님의 일이라는 점을 지적하는 데서 더 나아가, 하나님이 이 일을 처음부터 끝까지 책임지신다고 말합니다. "너희 안에서 착한 일을 시작하신 이가 그리스도 예수의 날까지 **이루실 줄을** 우리는 확신하노라." 이 일이 완성되고 완수될 때까지, 그 마지막 완성의 순간에 이를 때까지 하나님은 계속 일하신다는 것입니다. 단순히 시작만 해 놓고 손을 놓으시는 것이 아닙니다. 계속 일하십니다. 우리의 상황을 지휘하시고 조종하시면서, 우리를 때로는 막으시고 때로는 북돋우시면서 계속 인도하십니다. 바울은 교회를 '하나님이 사람들의 마음속에서 일하시는 곳'으로 바라봅니다. 이것은 기초적이고 기본적인 진리입니다. 기독교는 하나님의 행동과 활동이 낳은 결과물입니다. 인간의 생각과 이론에서 나온 것이 아니며, 도덕적인 함양에서 나온 것도 아닙니다. 기독교는 인간이 만들 수 있는 것이 아닙니다. 처음부터 끝까지 하나님이 만드시는 것입니다. "오직 하나님께 영광." 이것은 종교개혁의 중대한 표어였습니다.

물론 성경은 이 놀라운 일에 삼위 하나님이 어떻게 관여하시는지 보여 줍니다. 성부 하나님은 이 일을 시작하셨습니다. 성자 하나님은 이 일을 실행하시고 실현하셨습니다. 성령 하나님은 이 일이 우리 영혼 아주 깊은 곳에 적용되고 작용하게 하십니다. "너희 안에서 착한 일을 시작하신 이가……." 하나님, 복되신 삼위 하나님이 이 착한 일의 창시자이십니다.

두 번째 원리로 **이 일의 본질**을 살펴봅시다. 저는 "안에서"라는 말이 그 본질을 이해하는 열쇠라고 생각합니다. 이 착한 일을 '너희 사이에서' 시작하신 것이 아니라 "너희 안에서" 시작하셨다는 것입니다. 이 또한 아주 중요한 핵심 진리입니다. 신약성경 다른 곳에서는 바울이 말하는 이 일을 다시 태어남, 새 창조, 중생, 거듭남 등으로 표현하고 있습니다. 전부 여러분이 익히 아는 표현들입니다. 그리스도인은 단순히 개선되거나 표면적으로 향상되는 것이 아닙니다. 복음의 역사는 사람을 좀 바꾸어 주거나 약간 나아지게 해 주는 것이 아니며, 도덕적으로 개선시키거나 문화적 의미에서 향상시키는 것이 아닙니다. 그렇습니다. 하나님은 영혼 안에서, 영혼에 대해 결정적인 일을 행하십니다. 생명과 존재의 중심이자 중추에 결정적인 일을 행하십니다. 이것이 기독교 복음의 핵심입니다. 존 웨슬리John Wesley는 기독교란 "인간의 영혼 안에 있는 하나님의 생명"이라고 한 스코틀랜드 사람 헨리 스쿠걸Henry Scougal의 정의를 가장 좋아했습니다. 바울이 여기에서 말하는 바가 바로 그것입니다. 신약성경의 주장이 맞다면, 기독교는 인간이 경험할 수 있는 변화 중에 가장 깊은 변화, 결정적인 변화입니다.

다음과 같이 요약해 보겠습니다. 하나님이 가장 먼저 하시는 일은 우리의 형편과 처지를 깨우쳐 주시는 것입니다. 성령 하나님이 역사함으로 우리가 하나님 앞에서 죄인이요 잃은 자들임을 보여 주십니다. 하나님께 관심을 보일 때조차 죄를 짓는 실상, 하나님을 무슨 용어처럼 취급하여 서슴지 않고 비판하는 실상을 보여 주십니다. 우리의 필요를 깨우쳐 주십니다. 무언가 속에서 우리를 재촉합니다. 내 실상을 보게 하고, 죄를 슬퍼하며 회개하는 자리로 나아가게 합니다.

또한 성령은 하나님을 향한 갈망을 창조하십니다. 이전과 다른 삶, 더 나은 삶을 향한 갈망을 우리 안에 창조하십니다. 내가 지금까지 하나님 밖에서 자기중심적인 왜소한 삶을 살아왔다는 사실을 불현듯 깨닫게 하십니다. 그런 삶의 위험, 그런 삶에 뒤따를 무서운 결과를 깨닫게 하십니다. 하나님을 알고 싶은 마음이 간절해지게 하십니다. 나를 얽어매고 구속하는 죄에서 구원받고 싶은 마음이 간절해지게 하십니다. 하나님을 찾고자 애쓰지만 찾을 수 없다는 사실을 발견하게 하십니다.

그 다음으로 성령이 하시는 복된 일, 모든 사역의 완성은 바로 그리스도를 계시하시는 것입니다. 성령은 홀연히 우리의 눈을 열어 그리스도와 십자가의 참된 의미를 보게 하십니다. 십자가에서 단번에 이루어진 사건을 보여 주시고 적용하십니다. 십자가는 이론이 아니라는 것, 우리에게 지극히 중대한 사건이라는 것을 깨우쳐 주십니다.

그리고 나서 어떻게 보면 훨씬 더 놀라운 일을 행하시는데, 그것은 우리 죄를 용서하시는 것입니다. 우리 속에 새로운 생명을 주시는 것입니다. 스스로 새사람이 되고 새 본성을 입었음을 인식하게 하시는 것입니다. 자신을 보면서 "지금의 내가 예전의 나와 똑같은 사람일까?" 묻게 만드시고, 바울처럼 "이제는 내가 사는 것이 아니요……"라고 말하게 하시는 것입니다(갈 2:20). 내 속에 새로운 존재, 새로운 본질이 생겼음을 깨닫습니다. 과거에 즐겼던 일들이 싫어지고, 성경이 좋아집니다. 기도하기 시작하고, 기도회에 참석하기 시작합니다. 이것은 전부 성령이 하시는 일입니다. 그는 그리스도를 본으로 삼아, 그의 모습대로 우리를 새롭게 창조해 나가십니다. 이것이 하나님께서 우리 안에서 시작하시고 계속해 나가시는 착한 일입니다.

성령은 말씀을 통해, 사람과 환경을 통해, 우리가 종종 우연이라고 부르는 일들을 통해 '새사람'을 완성시켜 나가십니다. 거친 모서리를 다듬고 이곳저곳을 깎아 모양을 빚어 나가십니다. 이것이 바울이 설명하는 바, 그리스도인이 되고 교인이 된다는 말의 의미입니다. 그는 고린도전서 4장에서 아주 낯선 유추를 사용합니다. 우리를 하나님의 극장, 즉 하나님이 행하시고 일하시는 무대에 비유하는 것입니다. 또 다른 유추도 보십시오. 교회는 하나님의 작업장이며 그리스도인은 그가 만드시고 빚으시는 작품입니다. 하나님이 우리 안에서 계속 일하십니다. 회심했다고 끝나는 것이 아닙니다. 하나님이 계속 일하십니다. 우리에게 일어나는 모든 일은 이 위대한 과정의 일부입니다. 실망스러운 일도 생기고,

돈이나 직장을 잃는 일도 생깁니다. 지금은 잘 모르지만, 장래에는 이런 일들이 전부 하나님이 우리 안에서 시작하신 착한 일의 과정이었음을 보게 될 것입니다.

여러분, 그리스도인이 된다는 것은 바로 이런 것입니다. 하나님이 우리 안에서 진행하시는 착한 일을 경험하는 것입니다. 이런 일이 우리 안에서 일어나고 있음을 인식하는 것입니다. 이처럼 하나님이 자신을 다루시며 만들고 계심을 아는 사람은 '그래, 하나님이야. 하나님이 무언가 하고 계신 거야. 전모를 알 수는 없어도 하나님이 하시는 일이라는 건 알겠어. 지금 다 헤아릴 수는 없지만 감사하다'라고 생각합니다. 다시 말해서 하나님이 하시는 착한 일은 '성령을 통해 하시는 능한 일'입니다. 성령이 그리스도의 삶과 죽음과 부활을 실감시키시고 적용하십니다. 그리스도 예수의 형상에 따라 새롭게 창조하시며, 그 안에서 '새사람'이 되게 해 주십니다.

세 번째 원리를 살펴봅시다. 우리는 이것이 하나님의 일이요 착한 일임을 알았습니다. 그렇다면 **이 일을 하시는 목적**이 무엇일까요? 바울은 대답합니다. "너희 안에서 착한 일을 시작하신 이가 그리스도 예수의 날까지 이루실 줄을 우리는 확신하노라." 바로 이것이 이 모든 일의 중대한 목표요 목적입니다. 그리스도 예수의 날을 위해 우리를 빚으시고 준비시키시는 것입니다. 죽음의 날을 위해 준비시키신다고 말하지 않는 데 주목하기 바랍니다. 그렇습니다. 우리는 그리스도 예수의 날, 그토록 고대하며 기다리는 위대한 날을 준비하고 있습니다. 어떻게 보면 이것이야말로 성경에서 가장 놀랍고 기이한 일이라고 할 수 있습니다. 바울이 다른 모든 이야기를 할 수 있는 것은 이처럼 "그리스도 예수의 날"에 대한 분명한 개념이 있기 때문입니다.

그렇다면 그날은 어떤 날일까요? 구원 사역이 마무리되는 장엄한 완성의 날입니다. 다음과 같이 설명해 보겠습니다. 사람이 죄를 짓고 하나님을 배반했을 때, 이미 하나님은 이 위대한 과정을 시작하셨습니다. "여자의 후손"에 대한 약속을 기억합니까? 이 과정은 바로 그때 시작되었습니다. 그리고 하나님은 그 일을 계속 진행해 오셨습니다. 아브라함이라는 사람을 택해서 한 나라를 만드셨습니다. 우리는 성경 전체를 통해 그 일이 어떻게 진행되어 왔는지 보게 됩니다. 그래서 결국 도달하는 지점이 어디입니까? 자, 이 과정의 최종목적은 인간의 죄로 인해 저주받은 세계가 회복되어 흠 없이 완전해지는 것입니다. "의가 있는 곳인 새 하늘과 새 땅"이 되는 것이며(벤후 3:13), 하나님의 아들이 왕으로 다시 오셔서 통치하시는 것입니다. 바로 **그날**이 주의 날입니다. "온전하게 된 의인의 영들"이 영광스러운 몸으로 죽은 자들 가운데서 부활하여 새 하늘과 새 땅에서 그리스도와 함께 영원히 거하는 날입니다(히 12:23). 최종적인 해방과 궁극적인 구속이 이루어지는 영광의 날입니다.

바울은 빌립보 교인들에게 말합니다. "아무 문제 없다. 하나님이 너희를 흠 없이 완전하게 만들어 내실 그 위대한 날까지 이 일은 계속될 것이다. 나한테 무슨 일이 닥치고 너희한테 무슨 일이 닥치든 상관없이 하나님은 이 일을 계속해 나가실 것이다. 너희는 다시 오시는 그리스도 앞에서 상을 받을 것이다. 너희 기업에 참여할 것이다. 그리스도 예수의 날, 그가 승리자로 돌아와 통치하시는 날, 그 장엄하고 놀라운 마지막 날에 참여할 것이다. 아무 흠 없이 그날을 맞이할 만반의 준비가 되어 있을 것이다." 하나님이 빌립보 교회 안에서 이 크고 착한 일을 시작하시고 계속해 나가시는 목표와 목적이 여기 있습니다. 사랑하는 여러분, 저는 이것이야말로 우리가 세상에서 받을 수 있는 가장 깊은 위로요 위안이라고 생각합니다. 우리가 그리스도인이라면, 당당히 그날을 맞이할 수 있도록 하나님이 확실하게 준비시켜 주실 것입니다. 세상이 우리의 많은 것을 빼앗아 갈 수도 있고, 우리의 많은 것을 부인할 수도 있습니다. 그러나 "썩지 않고 더럽지 않고 쇠하지 아니하는" 기업은 건드리지 못합니다(벧전 1:4). 이 기업은 도적이 뚫고 들어와 훔쳐가지 못하며, 좀과 동록이 해하지 못합니다. 인간과 인간의 온갖 노력 및 책략이 미치지 못하는 하늘에 하나님이 보관하고 계시기에 안전합니다. 여러분이 그리스도인이라면 지금 그날을 맞이할 준비를 하고 있는 것입니다. 하나님이 우리를 준비시켜 주고 계십니다.

이 일의 확실성에 대해 한 마디만 더 하겠습니다. 바울은 의심할 필요가 전혀 없다고 말합니다. "너희 안에서 착한 일을 시작하신 이가 그리스도 예수의 날까지 이루실 줄을 우리는 확신하노라." 하나님 자신의 성품이 이 일을 보증한다는 것입니다. 하나님의 거룩하심과 의로우심과 능하심이 우리 확신의 토대라는 것입니다. 하나님은 일을 시작해 놓고 도중에 포기하시는 법이 없습니다. 그것은 하나님의 성품에 반하는 일입니다. 하나님은 인간과 다르십니다. 우리는 일을 시작해 놓고 진행하지 못합니다. 열심을 냈다가도 한두 주만 지나면 제풀에 꺾여 버립니다. 자기가 제안하고 시작한 일조차 계속하지 못합니다. 그러나 감사하게도 그리스도 예수의 날과 그 영광에 대한 내 소망은 나 자신의 의지력이나 갈망이나 이해력에 달려 있지 않습니다. 하나님은 자신이 시작하신 일을 반드시 끝내신다는 확실한 사실에 달려 있습니다. 바울이 디모데에게 말했듯이 "하나님의 견고한 터"가 서 있습니다(딤후 2:19). 그는 고린도 교인들에게도 "이 닦아 둔 것 외에 능히 다른 터를 닦아 둘 자가 없으니 이 터는 곧 예수 그리스도라"고 말했습니다(고전 3:11). 하나님이 견고하고 확실한 주춧돌을 마련해 놓으셨습니다. 성경은 두 군데서 이 점을 말하고 있습니다. 첫째는 "주께서 자기 백성을 아신다"는 디모데후서의 말씀이고(딤후 2:19), 둘째는 하나님이 영혼 안에서 시작하신 이 일을 "그리스도 예수의 날까지 이루"신다고 보장하는 빌립보서의 이 말씀입니다. 바울은 로마 교인들에게도 이렇게 말합니다. "곧 우리가 원수 되었을 때에 그의 아들의 죽으심으로 말미암아 하나님과 화목하게 되었은즉 화목하게 된 자로서는 더욱 그의 살아나심으로 말미암아 구원을 받을 것이니라"(롬 5:10). 이것이 그의 논리입니다. 이 말의 뜻은 '너희가 그리스도의 원수와 반역자로 그를 미워하며 살 때 너희를 위해 죽으셨다면, 그런 상태에 있는 너희를 위해서도 죽으셨다면, 하물며 지금은 더더욱 너희를 지키시고 붙드시고 품으시면서 그리스도의 사랑으로 이 일을 마치시지 않겠느냐'라는 것입니다. 이것은 반박할 수 없는 논리입니다. 하나님의 성품 자체가 이 일의 완성을 보장하고 있습니다.

이제 마지막으로 실제적인 적용을 해 보겠습니다. 우리 모두에게 긴요한 문제는 '어떻게 이 일이 우리 안에서 일어나고 있음을 확신하느냐?'는 것이라는 데 모두 동의하리라 생각합니다. 참으로 하나님이 내 안에서 이 착한 일을 시작하신 것이 맞습니까? 그가 지금 이 일을 하고 계시다는 것, 그렇기 때문에 그리스도 예수의 날에 내가 완전해지리라는 것을 알고 있습니까? 무엇으로 그것을 알 수 있습니까? 어떤 의미에서 그 답은 빌립보 교인들이 복음에 참여한 것에 감사를 드리는 바울의 말에 나와 있습니다. 무슨 뜻입니까? 빌립보 교인들은 복음의 진리에 관심이 있었습니다. 아마도 그들은 교회에 모일 때 이 진리에 대해 이야기를 나누었을 것입니다. 그들은 로마 시민이었으며 교양인들이었습니다. 그러나 복음을 깨달은 후에는 이 진리가 중요함을 알았습니다. 그래서 함께 모여 연구했습니다. 그렇게 복음에 참여했습니다. 이것은 아주 훌륭한 표지입니다. 복음의 진리가 여러분의 가장 크고 우선되는 관심사라면 착한 일이 이미 시작되었다고 믿고 안심해도 됩니다. 바울은 7절에서 말합니다. "내가 너희 무리를 위하여 이와 같이 생각하는 것이 마땅하니 이는 너희가 내 마음에 있음이며 나의 매임과 복음을 변명함과 확정함에 너희가 다 나와 함께 은혜에 참여한 자가 됨이라." 이것은 복음을 비웃는 소리가 들릴 때마다 빌립보 교인들이 거기 대응하여 복음을 옹호했다는 뜻이며, 그리스도를 하찮게 말하는 사람이 있을 때마다 그 이름을 옹호했다는 뜻입니다. 이것이 복음을 "변명"하는 것입니다. 사실 이것은 각각 따로 설교해도 될 만큼 중요한 주제지만, 이번에는 포괄적인 개요만 살펴보았습니다. 여러분이 지금 복음을 옹호하고 있다면, 착한 일이 이미 시작되었다고 믿고 안심해도 됩니다. 또 복음을 "확정"한다는 것은 복음을 전파한다는 뜻입니다. 우리는 복음을 옹호하며 제시해야 합니다.

또 다른 시금석으로는 무엇이 있을까요? 몇 가지 알려 드리겠습니다. 죄가 점점 더 미워지고 있다면, 하나님의 착한 일이 진행되고 있는 것입니다. 하나님 외에는 어느 누구도 그런 마음을 주지 못합니다. 여러분이 점점 더 거룩함을 추구하고 있다면, 하나님을 기쁘시게 하고 그가 보시기에 흡족한 사람이 되고 싶은 소원이 점점 더 커지고 있다면, 착한 일이 진행되고 있다는 표지입니다. 하나님께 감사하는 마음, 그를 사랑하는 마음이 점점 더 커지고 있습니까? "말할 수 없는 그의 은사로 말미암아 하나님께 감사"한다고 말하고 싶은 마음(고후 9:15), "내가 나 된 것은 하나님의 은혜로 된 것"이라고 말하고 싶은 마음(고전 15:10)이 점점 더 커지고 있습니까? 이와 같은 것들이 착한 일의 시금석이요 표지입니다. 이런 일들이 우리에게 일어나고 있다면, 그 이유는 한 가지입니다. 육에 속한 사람에게는 이런 일이 일어날 수 없습니다. 육에 속한 사람은 이런 일을 전혀 원하지 않기 때문입니다. 이런 소원이 생기는 것은 오직 하나님이 우리 속에서 착한 일을 시작하시고 계속하시는 덕분입니다.

우리 모두 이 위대한 사도와 함께 "너희 안에서 착한 일을 시작하신 이가 그리스도 예수의 날까지 이루실 줄을 우리는 확신하노라"고 말할 수 있게 해 주시기를 기도합니다. 아멘.

내가 기도하노라.
너희 사랑을 지식과 모든 총명으로 점점 더 풍성하게 하사
너희로 지극히 선한 것을 분별하며
또 진실하여 허물 없이 그리스도의 날까지 이르고
예수 그리스도로 말미암아 의의 열매가 가득하여
하나님의 영광과 찬송이 되기를 원하노라.

빌립보서 1:9-11

4. 사랑과 지식과 총명

오늘 본문에는 빌립보 교인들을 위한 사도의 특별한 기도가 나옵니다. 바울서신을 익히 아는 사람이라면, 그의 기도는 늘 주의 깊게 살펴보아야 한다는 사실을 알 것입니다. 그의 기도는 형식적으로 덧붙이는 말이 아닙니다. 으레 하는 말이나 곁다리로 끼워 넣는 말도 아닙니다. 오히려 기도야말로 바울이 남긴 기록 중에 가장 중요한 기록이라고 생각하는 이들이 많습니다. 그 모든 기도에 나타나는 특징을 살펴보려면 오늘 설교 전체를 할애해야 할 것입니다. 그러나 지금은 본문의 기도를 자세히 보아야 하므로, 전체적인 특징만 언급하고 넘어가겠습니다.

바울의 기도는 항상 지적이고 사려 깊다는 특징을 가지고 있습니다. 사도는 단순히 느낀 대로 기도하지 않습니다. 매번 자신이 기도하는 대상의 형편에 따라 내용을 배열합니다. 다시 말해서 가슴으로만 기도하는 것이 아니라 머리로도 기도하는 것입니다. 분명한 것은 여기에서 빌립보 교인들에 대해 감사를 드리고 있듯이, 자신이 기도하는 대상에 대해 항상 하나님께 감사와 찬양을 드린다는 것입니다. 거듭 말하지만, 그의 기도에는 목회자와 선생으로서의 지혜와 건전함과 재능이 반영되어 있습니다. 이 기도에도 같은 특징이 나타납니다.

다른 모든 기도와 마찬가지로 이 기도는 매우 중요합니다. 이 기도를 살펴보고 분석하려면, 그리스도인의 삶이 어떤 것인지에 대해 많은 것을 알고 있어야 합니다. 바울의 가르침과 모든 사역이 그러하듯이, 그의 기도도 몇 가지 중요한 원리에 토대를 두고 있습니다. 그의 기도는 그의 논증이나 변론 못지않게 신학적입니다. 가르침과 신학과 교리로 가득 차 있습니다. 사도는 단순히 감정과 느낌이 이끄는 대로 기도하지 않습니다. 항상 기본적인 사실에 기초하여 기도합니다. 일정한 배경지식에 비추어 기도하며, 그것에 의거하여 기도합니다.

이 기도를 얼핏 보면 놀랄 수도 있습니다. 빌립보 교회를 위해 기도하는 내용과 앞서 그들에 대해 언급한 내용이 상치되는 것처럼 보이기 때문입니다. 지난 설교에서 우리는 6절을 살펴보았습니다. "너희 안에서 착한 일을 시작하신 이가 그리스도 예수의 날까지 이루실 줄을 우리는 확신하노라." 이 말씀을 오해하는 사람은 다음과 같이 말할 수 있습니다. "그래, 그게 사실이라면, 정말 하나님이 이 일을 하시는 것이고 그렇기 때문에 완성될 것이 확실하다면, 대체 왜 이런 기도를 하는 거지? 왜 이런 편지를 쓰는 거야? 왜 이런 권면을 하는 거냐고? 하나님이 이 일을 시작하셨고 그분의 성품 때문에 반드시 이루실 것이며 절대 실패할 리가 없다는 말만 하면 되잖아? 편히 앉아서 일이 어떻게 진행되는지 지켜보기만 하면 된다고. 어차피 다 잘될 테니까." 그런데 사도는 빌립보 교인들 스스로 어떤 일들을 할 수 있게 해 달라고 구합니다. 그들의 지식이 자라게 해 달라고 구합니다. 그들의 사랑이 이해력이나 그 밖의 여러 측면에서 점점 더 풍성해지게 해 달라고 구합니다. 그뿐 아니라, 기도 자체 내에도 명백하게 모순되는 내용이 나오고 있습니다. "의의 열매가 가득하여"라고 말해 놓고 "예수 그리스도로 말미암아……하나님의 영광과 찬송이 되기를" 바란다는 것입니다. 한편으로는 의의 열매를 맺으라고 하면서, 다른 한편으로는 "예수 그리스도로 말미암아"야 열매가 맺힌다는 것입니다.

이런 모순되는 말은 바울의 편지뿐 아니라 다른 성경에도 계속 등장합니다. 2:12-13에 또 다른 예가 나옵니다. 사도는 "두렵고 떨림으로 너희 구원을 이루라. 너희 안에서 행하시는 이는 하나님이시니 자기의 기쁘신 뜻을 위하여 너희에게 소원을 두고 행하게 하시나니"라고 말합니다. 스스로 구원을 이루라고 하면서 동시에 하나님이 친히 행하신다는 것입니다. 이런 모순된 입장은 어느 시대에나 많은 논란을 일으켰을 뿐 아니라 상당한 오해를 불러왔습니다. 각각 한쪽씩 강조하며 경쟁하는 분파는 늘 있게 마련입니다. 그런데 성경은 양쪽을 동시에 제시합니다.

물론 이에 대한 대답은 '겉보기에는 모순되지만 실상은 모순되지 않는다'는 것입니다. 하나님이 우리 안에서 행하심으로써 우리의 행동을 이끌어 내신다는 사실만 알면 문제는 해결됩니다. 하나님은 무엇을 할수 있도록 만들어 놓으신 후에, 그 일을 하라고 요구하십니다. 하나님의 행동으로 우리의 행동을 가능케 하시는 것입니다. 하나님이 먼저 시작하신 일을 일부나마 우리의 노력과 행동으로 지속시키도록 명하시고 지시하시는 것입니다. 이처럼 겉보기에는 모순되지만 실상은 전혀 모순되지 않습니다. 궁극적인 의미에서 이것은 우리가 이해할 수 없는 큰 신비입니다. 하나님이 하시는 일을 뛰어넘으려 하는 것, 우리가 원래 가지고 있는 가정 및 추론과 하나님의 명확한 계시 사이의 경계선을 넘으려 하는 것보다 어리석은 잘못은 없다고 저는 생각합니다. 우리는 확실한 것을 알 수 없습니다. 우리 안에서 착한 일을 시작하시는 분은 하나님이지만—구원은 전적인 은혜의 산물입니다—일단 구원하신 후에는 예수 그리스도 안에서 책임을 가진 새사람으로서 스스로 무언가를 할 것을 요구하십니다. 이 기도는 그 요구가 무엇인지 상기시킵니다. 사도는 다음과 같이 설명하고 있습니다. 먼저 그는 빌립보 교인들을 생각하며 전심으로 하나님께 감사를 드립니다. 그들이 자신을 깊이 사랑해 주는 것과 또 서로 깊이 사랑하는 것에 대해 감사를 드립니다. 어떤 의미에서 다른 서신에서는 찾아보기 힘든 서정적인 특징이 빌립보서에 나타난다는 사실을 우리는 이미 살펴보았습니다. 바울과 빌립보 교회의 관계는 유달리 편안했고, 빌립보 교회의 삶도 편안했습니다. 그러나 바울은 거기에 만족하지 않았습니다. 그것으로는 충분치 않다고 여겼습니다. 그는 그들이 계속 발전해 나가기를 간절히 바라는 마음으로 기도하고 있습니다. 사실 바울은 자기 자신에 대해서도 만족한 적이 없었습니다. 빌립보서 3장을 보면 "뒤에 있는 것은 잊어버리고……푯대를 향하여 그리스도 예수 안에서 하나님이 위에서 부르신 부름의 상을 위하여 달려가노라"는 말이 나옵니다. 그는 항상 더 갈망했습니다. 빌립보 교인들에 대해서도 마찬가지였습니다. 그는 빌립보 교인들이 우리 주와 구주 되신 예수 그리스도를 아는 지식과 은혜에서 더 진보하고 성장하기를 간절히 바랐습니다. 그리고 그 바람의 간절함을 기도에 정확하게 담아내고 있습니다.

바울의 간구를 자세히 살펴보면, 그 가르침의 심오한 본질을 다시금 상기하게 됩니다. 그의 간구에는 삶과 인간의 본성에 대한 깊은 이해, 그가 염려했던 빌립보 교인들에 대한 깊은 이해가 잘 나타나 있습니다. 저는 이 기도의 맥락을 다시 살펴보는 일이 중요하다고 생각합니다. 바울은 자신이 누리는 축복을 빌립보 교인들도 누리기를 바랐습니다. 그는 감옥에 갇혀 있었지만 행복했습니다. 어떤 형편에 처하든 그 안에서, 그와 더불어 "자족"하는 법을 터득했습니다. 그는 "비천에 처할 줄도 알고 풍부에 처할 줄도" 안다고 말합니다. 그리고 빌립보 교인들도 자신처럼 되기를 바라고 있습니다. 물론 이렇게 되기가 어렵다는 것, 이렇게 되지 못하게 막는 세력이 있다는 것은 그도 잘 압니다. 기독교 복음은 만사가 잘될 테니 용기를 내라고 말하지 않습니다. 오히려 삶의 현실을 직시하면서 난관을 극복해 나갈 힘을 제공해 줍니다. 사도는 이 모든 것을 염두에 두고 간구하고 있습니다. 이 세상에서 살면서 과연 이 위대한 사도와 같은 경험을 우리도 할 수 있을까요?

사도는 그리스도인으로서 우리가 확실히 알아야 할 기본진리를 이미 이야기했습니다. 그런데 그에 더하여 확인해야 할 점이 있습니다. 이제부터 그것을 살펴보려 합니다. 이 주제는 두 가지 주요 항목—아주 분명하고 직접적인 항목—으로 나뉩니다. 이것은 너무나 엄청난 말씀이므로 저는 그 내용과 의미만 이야기하고, 나머지 구체적인 부분은 여러분 스스로 생각하도록 맡기겠습니다. 우리가 던져야 할 명백한 질문이 두 가지 있는데, 첫째는 바울이 빌립보 교회를 위해 '**무엇을** 기도하는가?'이고, 둘째는 '**왜** 기도하는가?'입니다.

첫째로, 사도는 빌립보 교인들의 사랑이 지식과 모든 총명으로 점점 더 풍성해지기를 구합니다. 이것이 그가 간구하는 내용입니다. 10절도 연결해서 보아야 한다고 생각하는 분들이 있을지 모르겠습니다. 그러나 10절은 이 기도를 드린 **이유**라고 저는 생각합니다. 간구의 내용이 아니라 간구의 목적 내지는 결과라는 것입니다. 바울은 그들의 사랑이 지식과 모든 총명으로 점점 더 풍성해지기를 구합니다. 이 기도는 바울의 두드러진 특징 한 가지를 상기시킵니다. 그것은 자신의 가르침이 과도해지거나 오해를 낳지 않도록 완벽한 안전장치를 마련해 놓는 균형감각과 건전함입니다. 보다시피 바울은 단순히 사랑이 점점 더 풍성해지기만을 구하지 않습니다. 그렇습니다. 그는 그들의 사랑이 지식과 모든 총명으로 흘러넘치기를 구합니다. 그들의 지식만 느는 것이 아니라—여기에 그의 균형감각이 나타나는데—사랑이 지식으로 점점 더 풍성해지기를 구합니다.

이 점은 잠시 살펴보고 넘어갈 필요가 있습니다. 이런 균형감각을 찾아볼 수 없다는 것이야말로 오늘날 우리의 실제적인 난관 아닙니까? 여러 철학학파들도 이런 균형감각 없이 서로 다투기만 하지 않습니까? 오늘날 인간의 전적인 문제는 너무 많이 알고 생각하고 추론하는 것이라고 주장하는 철학자들이 있습니다. "자연으로 돌아가라"고 말하는 학파나 중뇌를 쓰지 않고 순전히 더 고등한 부분으로만 살려 하는 것이 인간의 문제라고 주장하는 현대 철학자들을 여러분도 익히 알 것입니다. 너무 똑똑해진 것이 불행과 비참의 원인이니 본능의 영역에서 살라는 것입니다. 두뇌와 논리와 이성을 따르지 말라는 것입니다. 더 원초적인 것들이 관장하는 하등한 차원에서 살라는 것입니다. 또 이와는 정반대로 말하는 학파, 여전히 지식과 정보의 힘을 믿는 학파도 있습니다.

사도는 신앙이란 가르쳐서 되는 것이 아니라고 말합니다. 신앙은 기본명제입니다. 그래서 단순히 지식이 늘기만을 구하지 않는 것입니다. 어떤 의미에서 '신앙 교육'이라는 말은 하지 말아야 합니다. 교육에는 신앙의 자리가 없습니다. 신앙과 교육은 별개입니다. 교육을 말하는 사람이 참 신앙에는 완전히 무지할 수 있습니다. 신앙은 과목처럼 가르칠 수 있는 것이 아니기 때문입니다. 평범한 교과서를 가르치듯이 성경을 가르칠 수는 없습니다. 윌리엄 셰익스피어William Shakespeare의 작품에 접근하듯이 성경에 접근할 수는 없습니다. 그것은 성경의 모든 가르침을 우습게 만드는 짓입니다. 성경은 완전히 다른 책입니다. 전혀 다른 영역에 속한 책입니다. 바울은 참으로 중요하고 기본적인 것은 사랑이라고 말합니다. 사랑이 없으면 생명도 없다고, 지식을 전하기 전에 생명이 있어야 한다고 말합니다. 사랑에 기초하지 않은 지식을 경계하며, 지식으로 통제되고 제어되지 않는 사랑을 경계합니다. 그는 빌립보 교인들의 사랑이 지식과 모든 총명으로 자라나고 점점 더 풍성해지기를 구합니다. 이 두 가지는 항상 같이 가야 합니다.

그리스도인으로 살면서 계속 부닥치는 유혹이 두 가지 있습니다. 하나는 순전히 자신의 체험과 감정에 의존해서 사는 것입니다. 많은 이들이 가르침이나 교리나 신조를 싫어하며, 그에 관해서는 아무것도 알지 못합니다. 모임을 인도할 때도 "함께 찬양합시다. 즐거운 시간을 가집시다"라고만 말합니다. 순전히 감정에 의존하여 모임을 끌고 나갑니다. 서로의 체험을 나누고 간증을 합니다. 각자 자기 이야기를 합니다. 그 이상을 하지 않습니다. 절대 그 이상을 원치 않습니다. 그리고 그런 것을 사랑의 분위기라고 말합니다. 마음이 따뜻하게 하나로 모아졌다고 말합니다. 물론 거기에서만 멈추지 않는다면 문제될 것이 없습니다.

정반대의 위험도 있습니다. 순전히 이론적이고 추상적이고 학문적으로만 교리에 관심을 보일 위험, 누군가 정확히 지적했듯이 "무미건조한 신학적 입씨름"에만 관심을 보일 위험이 있는 것입니다. 이런 사람들은 오로지 어구에 관심을 쏟으면서 영광스러운 사랑의 복음을 하나의 철학 내지는 다수의 철학으로 변질시켜 버립니다. 성경과 기독교 진리에 순전히 지적인 관심만 보이는 것입니다. 머리로만 모든 것을 생각할 뿐, 마음은 아무런 영향도 받지 않습니다. 복음을 놓고 논쟁을 벌이지만, 자신이 논하는 그 복음 자체는 부인하는 상황이 벌어집니다.

이 두 가지 유혹을 피하려면, 사도가 여기에서 말하는 바를 관찰해야 합니다. 우리의 사랑은 지식과 모든 총명으로 자라나고 풍성해져야 합니다. 바울이 말하는 "지식"이란 가장 온전한 의미의 영적 지식을 가리킵니다. 이것은 강력한 말입니다. 이 지식보다 온전한 지식은 없습니다. 앞서 말했듯이 이것은 오로지 지적이기만 한 지식은 아닙니다. 그러나 주로 지적인 지식입니다. 사도는 하나님에 대한 지식과 기독교 진리 및 계시의 전체 내용과 본질에 대한 지식이 늘기를 구하고 있습니다. 베드로도 진리에서 벗어나 삶에 짓눌린 자들을 가리켜 "무식한 자들과 굳세지 못한 자들"이라고 표현함으로써 어떤 의미에서 같은 점을 지적하고 있습니다(벧후 3:16). 이것은 우리도 경험으로 아는 사실입니다. 지식이 없는 그리스도인은 균형을 잃고 비틀거리기 일쑤입니다. 사람에게 짓눌리고 세상의 현 상황에 짓눌립니다. 그렇게 되지 않으려면 진리를 더 많이 알아야 하고 하나님을 더 많이 알아야 한다고 바울은 말합니다. 그는 고린도전서 2:12에서도 이 점에 대해 많은 이야기를 하고 있습니다. "우리가 세상의 영을 받지 아니하고 오직 하나님으로부터 온 영을 받았으니 이는 우리로 하여금 하나님께서 우리에게 은혜로 주신 것들을 알게 하려 하심이라." 여기에서 "하나님께서 우리에게 은혜로 주신 것들"이란 구원의 전 계획과 방법을 의미합니다.

다시 말해서 바울의 간절한 소원은 그리스도인들이 하나님의 크고 영원한 율법을 아는 것이며, 자신들이 어떻게 완성되어 가는지 아는 것입니다. 십자가 죽음의 본질과 부활의 능력을 이해하는 것이며, 성령이 그것을 어떻게 우리 삶에 적용하시는지 이해하는 것입니다. 하나님이 태초에 정하신 계획을 확실히 이루신다는 사실을 아는 것입니다. 온전히 알면 알수록 하나님을 더 사랑하게 됩니다. 큰 구원을 확신하면 확신할수록 사랑은 더 풍성해집니다. 그뿐 아니라 이 사랑을 알면 알수록 삶에서 부닥치는 모순과 실망과 문제들을 직면할 힘이 생겨납니다. 감상과 느낌에서 나오는 사랑만 아는 사람은 마음이 짓눌릴 때 의지할 것이 없습니다. 그러나 '결국 나를 구원하는 것은 내 느낌이 아니라 그리스도가 십자가에서 하신 일'이라는 교리를 믿으면, 느낌과 상관없이 현재 내가 있는 위치를 파악할 뿐 아니라 앞으로 계속 나아갈 수 있다는 사실도 알게 됩니다. '하나님은 내 머리털까지 세고 계신다. 하나님을 사랑하는 자들에게는 모든 것이 합력하여 선을 이룬다. 하나님은 친히 시작하신 과정을 반드시 마치실 것이며 결국 나를 완성시키실 것이다'라는 것을 믿으면, 이 모든 것을 믿으면, 주변의 상황이 새롭게 보이면서 나에게 일어나는 어려운 일들이 전부 하나님께서 나를 끌로 다듬어 나가시는 과정임을 알게 됩니다. 이 사실을 아는 것이 중요합니다. 이 사실을 깊이 알면 알수록 하나님에 대한 사랑도 커지고, 이 위대하고 영광스러운 과정을 함께하는 다른 이들에 대한 사랑도 커집니다.

이제 이 기도의 다음 요점을 살펴봅시다. "지식과 모든 총명으로"에서 "총명"은 '지각'이나 '감각'이라는 말로 번역할 수 있습니다. "너희 사랑을 모든 감각으로 점점 더 풍성하게 하사." 이보다 더 좋은 표현은 '분별력' 또는 '판단력'입니다. 여기에는 사도의 심오한 심리학이 나타나 있습니다. 그는 지식과 분별력, 지식과 판단력, 지식과 총명, 지식과 감각을 구분합니다. 그 사이에는 결정적인 차이가 있습니다. 우리도 경험을 통해 그 차이를 알고 있으며, 실제로 사람들을 대할 때 그 차이를 느끼지 않습니까? 지식이 많다고 지혜가 있는 것이 아닙니다. 아는 게 많다고 분별력이나 판단력이나 이해력까지 갖춘 것이 아닙니다. 사도는 생각 없이 아무 단어나 쓰지 않습니다. 특별한 의도를 가지고 단어를 선택합니다. 그는 "너희가 진리를 알기 바란다. 그러나 어떤 처지, 어떤 환경에서도 사랑할 수 있는 특별한 능력이 없다면, 그 지식은 다 쓸데없는 것이다"라고 말합니다. 특정 분야의 학식은 있는데 실생활에서는 거의 무익하고 무능한 이들이 있습니다. 추상적이고 이론적인 차원에서는 법을 잘 아는데 막상 법정에서는 속수무책인 이들이 있습니다. 의학을 꿰뚫고 있어서 이론적인 대답은 막힘이 없는데 막상 환자에게는 그 지식을 쓰지 못하는 이들이 있습니다. 아는 것과 쓰는 것은 다릅니다! 빌립보 교인들이 전문적인 신학지식만 갖게 될 것을 염려한 바울은 선과 악을 분별하는 능력, 참 진리에 속한 것과 사이비를 분별하는 능력 또한 동시에 자라게 해 달라고 기도합니다.

초대교회에는 바로 이 능력이 필요했습니다. 유대주의자들과 그리스 종교가 활동하면서, 거짓 교사와 거짓 교훈이 거의 동시에 등장했기 때문입니다. 갓 태어난 교회는 이러한 위협에 둘러싸여 있었습니다. 기원후 200-300년 사이에 거의 대부분의 이단이 나타났습니다. 분별의 영, 판단의 영보다 더 우리에게 필요한 것은 없습니다. 분별의 영이 무엇인지 설명하기란 아주 어렵습니다. 지적인 것에 가깝기는 하지만, 동시에 본능적인 것이기도 합니다. 지식은 가르칠 수 있고 정보는 전수할 수 있지만 지혜는 줄 수가 없습니다. 선생이 부닥치는 가장 어려운 난관이 이것입니다. 그러나 감사하게도 지혜를 달라고 기도할 수는 있습니다. 사도는 성령께서 지혜를 주실 수 있음을 알았기에 기도했습니다. 그는 실생활에서, 일상의 영역에서 옳고 그른 것을 구별하고 선악을 구별하는 감각이 빌립보 교인들에게 생기기를 바랐습니다.

이 능력은 어느 때보다 오늘날 그리스도인들에게 더욱 필요합니다. 실생활에서도 그렇고 복음을 제시하는 영역에서도 그렇습니다. 사교와 거짓 교훈들이 넘쳐나고, 기독신앙의 선생으로 자처하는 이들이 넘쳐납니다. 요즘처럼 하나님의 교회에 진리를 분별하는 영이 필요한 시대가 또 있었을까 싶을 정도입니다. 교인이니까 아무 문제 없다고 생각하는 이들이 너무 많습니다. "아무개는 어찌 되었든 선한 삶을 사는 좋은 사람이니 당연히 그리스도인이다"라고 서슴없이 단정하는 이들도 있습니다. 분별력도 없고 판단력도 없어서 실생활에서는 물론이요 교리의 영역에서도 무엇이 옳고 그른지, 무엇이 참이고 거짓인지 가려내지를 못합니다. 바울은 거짓 교리를 받아들일 경우 근본적인 신앙의 관점을 가지고 삶의 여러 가지 문제와 난관에 대처할 수 없음을 알았기에—그래서 분별력이 중요한 것입니다—빌립보 교인들에게 그 분별력이 생기기를 기도했습니다. 궁극적인 의미에서 빌립보 교인들의 행복을 원했기에 이 두 가지를 구한 것입니다.

바울이 이것을 구하는 **이유**가 또 무엇입니까? 그의 대답은 이러한 지식과 총명과 분별력이 있어야 "지극히 선한 것"을 알아볼 수 있기 때문이라는 것입니다. 이 또한 아주 흥미로운 표현입니다. 달리 번역하면 '다른 것'을 알아본다고도 할 수 있습니다. 더 좋은 번역은 '긴요한 것'을 알아본다는 것입니다. 바울이 바라는 바가 바로 이것입니다. 바울은 지식과 총명이 있어야만 긴요한 것을 알아보는 감각이 예민해진다는 사실을 알았기에 그들의 지식과 총명이 더욱 풍성해지기를 구했습니다. 삶의 어려운 숙제는 무엇에 집중해야 할지 분간해 내는 것입니다. 버리고 쳐내고 밀어내야 할 것을 분간하는 기술이야말로 삶의 기술이라는 생각을 가끔합니다. 긴요한 것을 망각한 채 이차적인 것, 삼차적인 것에 골몰하다 힘을 소모하고 시간을 낭비하기가 쉽습니다. 바울은 말합니다. "너희는 그리스도인이면서도 삶의 어려움과 방해물과 모순에 온통 정신이 팔려 있구나. 너희에게 필요한 것은 긴요한 것에 집중하는 능력이다. 정말 중요한 한 가지를 붙잡고 나머지는 버릴 줄 아는 힘이다."

그 한 가지가 무엇입니까? 저는 3장에 대답이 있다고 생각합니다. 사도는 자신에게 크고 간절한 기대와 소망이 있는데, 그것은 "그리스도와 그 부활의 권능과 그 고난에 참여함을 알고자 하여 그의 죽으심을 본받"는 것이라고 말합니다. 사도가 긴요하게 여긴 한 가지는 바로 그리스도를 아는 것이었습니다. 바울은 기도를 통해 바로 이것에 집중해야 함을 알려 줍니다. "살다 보면 여러 가지 일을 해야겠지만, 항상 이 일을 중심에 두어라. 그리스도와 그 부활의 권능과 그 고난에 참여함을 알면 무슨 일이 닥치든, 어떤 사건이 벌어지든 너희는 안전하다"라고 말합니다.

이렇게 가장 중요하고 긴요한 일이 있는데도 주변적인 일들이나 조직이나 제도에 많은 시간을 낭비하는 것이야말로 비극이 아닐 수 없습니다. 다시 한 번 묻겠습니다. 이것이야말로 오늘날 교회의 핵심 문제 아닙니까? 우리는 다른 여러 가지 일을 하느라 바빠서 정작 중요한 일은 잊고 삽니다. 마르다처럼 마리아와 "이 좋은 편"은 잊고 사는 것입니다(눅 10:42). 오, 긴요한 것을 알아보고 거기에 집중하는 감각이 우리에게 생긴다면 얼마나 좋겠습니까?

바울의 또 다른 소원은 그들이 순결해지는 것입니다. "또 진실하여 허물 없이 그리스도의 날까지 이르고." 바울은 말합니다. "너희 사랑을 지식과 모든 총명으로 점점 더 풍성하게 하시기를 내가 구하는 것은, 지금 다가오고 있는 한 날, 그리스도의 날, 모든 사람이 심판받을 날을 준비하게 하기 위해서이다. 그날에 그리스도 밖에 있는 자들은 정죄받을 것이며 그리스도 안에 있는 자들도 심판을 받고 그 열매에 따라 상을 받을 것이다." 주님도 누가복음 12장에서 같은 말씀을 하셨습니다. 또 고린도전서 3:11-15에는 이런 말이 나옵니다. "이 닦아 둔 것 외에 능히 다른 터를 닦아 둘 자가 없으니 이 터는 곧 예수 그리스도라. 만일 누구든지 금이나 은이나 보석이나 나무나 풀이나 짚으로 이 터 위에 세우면 각 사람의 공적이 나타날 터인데 그날이 공적을 밝히리니 이는 불로 나타내고 그 불이 각 사람의 공적이 어떠한 것을 시험할 것임이라. 만일 누구든지 그 위에 세운 공적이 그대로 있으면 상을 받고 누구든지 그 공적이 불타면 해를 받으리니 그러나 자신은 구원을 받되 불 가운데서 받은 것 같으리라." 인간의 공적을 판단하는 큰 심판이 있을 것입니다. 그 심판에서 인정받은 공적에는 상이 주어지겠지만, 인정받지 못한 공적은 불타 없어질 것입니다. 본인은 구원을 받아 멸망을 피한다 해도—그 구원은 "불 가운데서" 받은 것입니다—그의 공적은 사라져 버릴 것입니다.

바울은 말합니다. "그리스도의 날이 오고 있다. 그날이 오면 모든 사람이 그분 앞에 서야 하는데, 나는 너희가 허물 없이 설 수 있기를 간절히 바란다. 그러려면 순결해야 한다. 걸림돌을 치워서 걸려 넘어지거나 비틀거리는 일 없이 달려 나가야 한다. 나는 너희 사랑이 지식과 모든 총명으로 점점 더 풍성해져서 이런 것들의 차이를 보게 되기를 기도한다. 자신을 순결하게 하여 그리스도인으로서 합당한 삶을 살게 되기를, 그리하여 그리스도 앞에 설 때 부끄럽지 않기를, '잘하였도다, 착하고 충성된 종아……네 주인의 즐거움에 참여할지어다'라는 말씀을 듣게 되기를 기도한다." 그리스도의 날이 다가오고 있습니다. 그날을 준비해야 합니다. 그렇습니다. 그날이 오기 전에 우리의 사랑이 지식과 모든 총명으로 점점 더 자라나고 풍성해져서 "예수 그리스도로 말미암아 의의 열매가 가득하여 하나님의 영광과 찬송이" 되어야 한다고 바울은 말합니다.

사실 이처럼 중요한 진리를 설교 말미에 짧게 다루는 것은 거의 모욕에 해당합니다만, 그래도 지금은 이 기도의 종합적인 개요만 말씀드리 겠습니다. 알다시피 바울이 빌립보 교인들에게 말하는 요지는 이것입니다. "심판과 그리스도의 날이 이르기 전에 내가 이 기도를 드리는 것은 너희가 온전한 그리스도인의 삶을 살면서 이 길을 계속 가기를 원하기 때문이다. 나는 너희 삶에 열매가 가득하기를 바란다. 그리스도인의 삶이 어떠해야 하는지는 그리스도께서 친히 말씀해 주셨다. 그는 우리를 나무에 비유하신다. 그리스도는 수액이시요 생명이시다. 그를 떠나서는 살 수도 없고, 존재할 수도 없고, 열매 맺을 수도 없다. 그리스도 예수 안에 있어야만 의의 열매를 맺을 수 있다. 그가 생명이시요 힘이시요 수액이시며, 우리는 나무다. 이 나무의 열매가 무엇인가? 의의 열매다. 왜 그 열매 맺기를 열망해야 하는가? 하나님의 영광과 찬송이 되기 위해서다."

바울은 모든 그리스도인이 이런 삶을 살기를 원합니다. 우리가 이 세상에서 살아야 할 삶이 바로 이것입니다. 사람들이 우리에게서 사랑과 희락과 화평과 오래 참음과 자비와 양선과 충성과 온유와 절제라는 성령의 열매를 보아야 합니다. 착한 행실과 착한 일을 보아야 합니다. 자신들과 완전히 다른 모습을 보아야 합니다. 그 열매를 보고 하나님께 영광을 돌려야 합니다. 주님은 산상설교에서 말씀하셨습니다. "이같이 너희 빛이 사람 앞에 비치게 하여 그들로 너희 착한 행실을 보고 하늘에 계신 너희 아버지께 영광을 돌리게 하라"(마 5:16). 이처럼 의의 열매로 가득한 온전하고 풍성한 삶을 사는 길은 우리의 사랑이 지식과 모든 총명으로 점점 더 풍성해지는 것입니다. 어떻게 풍성해집니까? 성경을 읽고 연구하고 묵상함으로, 기도함으로, 영혼과 생명과 하나님과 그 모든 것을 묵상함으로 풍성해집니다. 이 교리를 이해할 때, 이론적으로 이해하는 것이 아니라 무릎으로 이해할 때 풍성해집니다. 그러면 의의 열매를 맺어 하나님께 영광을 돌리고 우리 주 예수 그리스도께 모든 찬송을 드릴 수 있습니다. 이것이 바울의 비책이요, 삶의 문제와 난관에 대비하는 방법입니다. 이처럼 지식과 모든 총명으로 사랑이 점점 더 풍성해지는 사람은 무엇에 집중해야 하는지 압니다. 무엇이 긴요한지 알기에 길을 가는 내내 비틀거리지 않고 그것에 집중하면서 이 영광스러운 열매, 의의 열매를 맺어 하나님께 영광을 돌립니다.

그러면 무엇이냐? 겉치레로 하나 참으로 하나
무슨 방도로 하든지 전파되는 것은 그리스도니
이로써 나는 기뻐하고 또한 기뻐하리라.

빌립보서 1:18

5. 복음을 변명함과 확정함

이제 12절부터 26절 끝까지—거의 1장 끝까지—다룰 차례입니다. 사도는 인사말과 서론을 통해 빌립보 교인들에 대한 애정 어린 염려를 표현한 후, 자신이 알고 있는 교회의 여러 가지 당면 문제들을 다루기 시작합니다. 사도의 큰 소원은 그들이 이미 누리고 있는 행복이 지속될 뿐 아니라 점점 더 커져서 사도 자신처럼 어떤 환경이나 형편에서도 기뻐하는 경지에 이르는 것입니다.

"기뻐하라"는 이 서신 전체의 주제와 모티브로 계속 등장하는 단어입니다. 바울은 12절에서 행복과 기쁨을 방해하는 한 가지 요소를 살펴봅니다. 그는 자신이 옥에 갇힌 일 때문에 빌립보 교인들이 염려하는 것을 알고 그들을 위로합니다. 그러나 지금은 이 주제를 다룰 수 없습니다. 이에 따르는 부차적인 주제부터 다루어야 하기 때문입니다. 사도는 자신의 투옥과 고난이 야기한 문제 전반을 다루기 위해 자신의 매임에 괴로움을 더하려 했던 몇몇 거짓 형제들의 태도를 짚고 넘어가지 않을 수 없었습니다. 그들은 어떤 의미에서 교회 안에 속한 자들임에도 투기와 분쟁으로 그리스도의 복음을 전했다고 바울은 말합니다. 이것은 그 자체로 충분히 흥미로운 본문입니다. 그러나 사도가 빌립보 교회뿐 아니라 시대나 장소에 상관없이 모든 기독교회의 상황에 적용되는 중대한 원칙을 제시한다는 점에서 더더욱 중요한 본문입니다. 이제부터 살펴보겠지만, 실제로 이 본문은 이 시대를 살고 있는 우리에게 아주 많은 것을 가르쳐 줍니다. 사도는 이 특정한 문제를 다룸으로써 기독교회란 무엇이며 교회의 마땅한 모습은 무엇인지 보여 주는 자신의 그림에 또 다른 붓질을 더합니다.

우리는 1:11까지 살펴보면서 개별적인 그리스도인에 대한 이야기와 그리스도인 한 사람 한 사람이 어떻게 그리스도 예수 안에 있는 은혜와 지혜에서 자라 가는지에 대한 이야기를 많이 들었습니다. 사도는 우리가 오직 하나님의 은혜로 이 자리에 이르게 되었다는 사실, 다름 아닌 하나님께서 이 착한 일을 시작하시고 계속해 나가신다는 사실, 하나님께서 이 일을 완성시키신다는 사실을 상기시켰습니다. 또한 우리는 그가 어떻게 빌립보 교인들을 위해 기도하는지도 보았습니다. 사도는 그들의 사랑이 지식과 모든 총명으로 점점 더 풍성해져서 긴요한 것을 분별하고 알아보게 되기를 구했으며, 진실해지기를 구했습니다. 또한 그리스도인을 나무에 비유하면서, 우리의 수액과 생명은 바로 그리스도의 생명이라는 것과 우리가 열매를 맺어야 한다는 것을 알려 주었습니다. 그리스도인이 맺는 열매는 분명히 그 수액과 생명에서 나온 것이므로 하나님께 영광과 찬송이 됩니다. 이것은 개별적인 그리스도인뿐 아니라 기독교회 전체에 대한 훌륭한 그림이기도 합니다. 교회는 이러한 그리스도인들의 모임입니다. 그리스도가 그 안에서 일하시며 생명을 주신 결과, 같은 열매를 맺음으로써 하나님께 영광과 찬송을 돌리는 수많은 사람들로 이루어진 일종의 영적 과수원입니다. 그런 모임은 당연히 행복할 수밖에 없음을 우리는 살펴보았습니다. 이런 것들을 공유하니 자연히 조화로운 곳이 될 수밖에 없습니다.

사도는 여기에서 한 걸음 더 나아갑니다. 그는 7절에서 "나의 매임과 복음을 변명함과 확정함에 너희가 다 나와 함께 은혜에 참여한 자가 됨이라"고 말함으로써 미리 이 단계를 살짝 언급했습니다. 기독교회의 역할을 일부 밝힌 것입니다. 사도는 자신의 일에 빌립보 교인들이 동역자로 함께 참여했다고 말합니다. 그리고 오늘 본문에서 다시 그 주제로 돌아가 구체적인 설명을 합니다. 그는 복음을 전하는 이 중대한 일에 참여하는 것은 모든 교인의 임무라고 지적합니다. 예컨대 16절에서는 "내가 복음을 변증하기 위하여 세우심을 받은 줄 알고 사랑으로" 복음을 전하는 이들이 있다고 말하며, 27절에서는 "오직 너희는 그리스도의 복음에 합당하게 생활하라"고, "한마음으로 서서 한뜻으로 복음의 신앙을 위하여 협력"하라고 말합니다. 7절과 똑같은 말을 하면서, 교회의 역할에 대해 좀 더 상세한 그림을 보여 주는 것입니다.

다음과 같이 설명해 보겠습니다. 사도에 따르면, 교회란 여러 사람이 같은 메시지, 같은 진리를 듣고 믿음으로써 형성되는 곳입니다. 같은 믿음을 받아들이고, 같은 믿음으로 엮이는 곳입니다. 이처럼 교회는 아주 특별한 집단입니다. 세상의 잡다한 사람들로 이루어진 정체불명의 모임이 아닙니다. 국적이나 출신 대륙 같은 일반적인 기준을 토대로 형성된 곳도 아닙니다. 교회를 교회 되게 하는 특징은 모든 구성원이 같은 믿음을 받아들인다는 것입니다. 바로 이것이 각 사람을 교회로 모이게 하며 그리스도인이 되게 합니다. 교회의 전적인 핵심과 본질이 여기 있습니다. 우리는 공통의 구원, 공통의 신앙 때문에 모인 사람들입니다. 이것이 각 교회와 교회 전체에 대한 바울의 그림이자 신약성경의 독특한 그림입니다. 교회는 함께 붙잡고 있는 사실들을 살펴보기 위해, 그리고 그로 인해 하나님께 감사드리기 위해 모인 이들의 모임입니다.

여기까지는 좋습니다. 그러나 불행히도 한 가지 더 해야 할 말이 있습니다. 아, 이 공동체, 이 교회는 세상 한복판에 있습니다. 여러 모로 교회의 존재와 참 역할을 위협하는 환경 속에 있습니다. 초대교회도 그랬습니다. 어떻게 보면 신약의 서신서 대부분은 바로 이 때문에 기록된 것입니다. 초대교회 그리스도인들은 조용히 모여 자신들이 믿는 진리를 편히 나눌 수가 없었습니다. 자신들에게 무슨 문제가 있어서가 아니라 자신들이 믿고 전하는 바 때문에 공격을 받았습니다. 바울서신을 보면 이 점을 알 수 있습니다. 유대주의자들은 바울을 따라 교회를 돌아다니면서 "복음을 믿는 건 좋다. 그러나 참 그리스도인이 되려면 할례도 받아야 한다"라고 주장했습니다.

다른 서신서들을 보면 그 당시 로마제국에 성행했던 이른바 신비종교들도 교회에 침투하려 했던 것을 알 수 있습니다. 세상에는 종교들이 넘쳐납니다. 사도행전 17장에 나오는 아덴을 보십시오. 어떤 의미에서 그들은 종교성이 너무 많았습니다. 온갖 신전이 도시를 꽉 채우고 있었습니다. 그런 종교들이 늘 기독신앙을 공격했습니다. 기독교의 토대 자체를 의심하거나 다른 요소들을 거기 덧붙이려 했습니다. 이처럼 교회는 여러 가지 잘못된 견해와 이론들의 공격을 받았고, 교회 안에 있는 많은 이들이 그런 생각을 받아들였습니다. 바울이 여기에서 보여 주듯이, 신자들의 참 신앙은 안팎의 공격에 시달렸습니다. 심지어 복음을 전하는 영역에도 잘못된 생각과 거짓 동기가 끼어들었습니다. 이처럼 교회는 처음부터 신앙을 지키기 위해 싸워야만 했습니다.

세상 속에서 교회가 살아야 하는 삶의 본질이 여기 있음을 아는 것이 아주 중요합니다. 신약의 모든 서신서들이 이 점을 이야기합니다. 앞서 보았듯이 신약의 편지들은 하나같이 논쟁적입니다. 주장과 논박을 통해 교인들을 공격으로부터 보호합니다. 그리스도가 오신 이후의 위대한 역사를 살펴보면, 이런 일이 어떻게 계속되어 왔는지 아주 쉽게 알 수 있습니다. 복음이 무언가를 새롭게 가르칠 때마다 그리스 철학자들의 사상이 달라붙었고, 늘 다른 것을 덧붙이려 했습니다. 사도는 그렇게 복음이 오염되고 더러워진 결과 더 이상 그리스도의 복음이라고 할 수 없을 지경이 되었다고 말합니다. 이런 일은 어느 시대에나 있었습니다. 유감스럽지만 지금도 마찬가지입니다. 그래서 사도가 "그리스도인은 두 가지 주요한 목적을 위해 부름 받았다. 너희는 복음을 **변명**해야 하고 **확정**해야 한다"라고 말하는 것입니다. 그는 빌립보 교인들이 이미 이 일을 하고 있는 것에 감사를 드렸습니다. 그들은 바울을 도왔고, 그와 함께했으며, 그의 곁을 굳게 지켰습니다. 사도는 27절에서 "한마음으로 서서 한뜻으로 복음의 신앙을 위하여 협력"할 것을 호소합니다.

　오늘날 저와 여러분도 같은 일에 부름 받았다는 사실을 새삼 강조할 필요는 없으리라 확신합니다. 성경이 얼마나 현대적인 책인지는 여러분도 알 것입니다. 원수는 밖에만 있는 것이 아니라 안에도 있습니다. 교회 밖에 있는 많은 이들이 기독신앙을 논하며 그 토대와 기초 자체에 의구심을 표명하고 있습니다. 과학과 철학과 심리학과 사교邪教들이 공격을 가하고 있습니다. 기독교의 토대에 맹공을 퍼붓고 있습니다. 이럴 때 그리스도인이 해야 할 일은 복음을 **변명**하는 것입니다. "변명함"이라고 번역된 그리스어는 말 그대로 '변명한다'는 뜻입니다. 원래는 법정에서 자신을 '변호한다'는 의미로 쓰였던 것 같습니다. 고소를 당했을 때 자신을 변호하며 판사에게 답변한다는 의미로 쓰인 것입니다. 복음을 변명한다는 말에 담긴 뜻이 바로 이것입니다. 사도는 16절에서도 같은 표현을 사용합니다. "……내가 복음을 **변증**하기 위하여 세우심을 받은 줄 알고." 다시 말해서 우리는 우리 안에 있는 소망의 이유를 밝히도록 부름 받은 사람들입니다. 복음이 다방면에서 공격받고 있는 이때, 우리는 능히 그 공격에 대처할 수 있는 자리에 서 있어야 합니다. 지적인 측면에서 복음을 옹호하는 변증학은 신학의 정식 분야입니다. 사도는 모든 그리스도인이 적극적으로 이 일을 해야 한다고 말합니다. 온갖 근거를 들이대며 복음을 공격하는 반대자들에게 답변할 수 있어야 합니다. 이것은 우리 편에서 해야 할 일이 있다는 뜻이며, 우리 스스로 사실들을 연구하고 익혀야 한다는 뜻입니다. 교회를 시종일관 노래나 부르고 각자 자기 이야기나 하면서 이른바 영적으로 좋은 시간을 보내는 단체로 묘사한 구절은 신약성경에 없습니다. 그 어디에도 없습니다! 그리스도인은 복음을 변명하는 일에 부름 받은 사람들입니다. 여러 공격에 대해 답변을 해야 합니다.

또한 우리는 복음을 **확정**해야 합니다. 이것은 진리를 적극적으로 설명하고 해설하고 밝혀야 한다는 뜻입니다. 그리고 무엇보다 우리의 삶으로, 매일의 삶으로 증거를 제시해야 한다는 뜻입니다.

이 모든 이야기의 결론을 말씀드리겠습니다. 변명하고 확정하려면 복음 메시지를 명백하고 확실하게 알아야 하는 것이 상식 아닙니까? 복음이 무엇입니까? 내가 변명해야 할 내용이 무엇입니까? 현재의 공격에 대해 해야 할 말이 무엇입니까? 사람들은 그리스도의 신성과 기적을 공격하고, 동정녀 탄생을 공격하며, 부활이 문자 그대로 사실이라는 주장을 공격합니다. 그런데 그렇게 공격하는 사람에 대해 하는 말이 고작 다음과 같은 것이면 되겠습니까? "글쎄요, 그게 그 사람 의견인 걸요. 참 점잖은 사람입니다. 괜히 문제 삼을 필요 없어요. 누구나 자기 의견을 피력할 권리가 있지요. 괜히 흥분하면서 틀렸다고 시비할 필요가 없습니다. 그보다는 중심이 될 만한 큰 조직을 만들어서, 각자 무엇을 믿느냐와 상관없이 다양한 의견을 수렴하는 편이 좋겠습니다. 무엇보다 그 사람들은 아주 정직하고 진지해요. 무엇을 믿느냐가 뭐 그리 중요합니까?"

서신서를 읽어 보면, 이런 말이 기독교회에 대한 신약성경의 묘사를 얼마나 우습게 만드는지 알게 됩니다! 우리 중 누구도 논쟁 그 자체를 즐기거나 옹졸하고 편협한 태도를 가져서는 안 됩니다. 그러나 무심한 태도로 무엇을 믿든 뭐가 그리 중요하냐고 말해서도 안 됩니다. 태도를 분명히 해야 합니다. 신앙을 위해 싸우도록 부름 받았으니, 그 신앙이 무엇인지 알아야 합니다. 분명하고 명백하게 알아야 합니다.

사도는 여기에서 그 신앙이 무엇인지 정확하게 알려 주고 있습니다. 그의 말에 주목해야 합니다. "형제들아, 내가 당한 일이 도리어 복음 전파에 진전이 된 줄을 너희가 알기를 원하노라. 이러므로 나의 매임이 그리스도 안에서 모든 시위대 안과 그 밖의 모든 사람에게 나타났으니 형제 중 다수가 나의 매임으로 말미암아 주 안에서 신뢰함으로 겁 없이 하나님의 말씀을 더욱 담대히 전하게 되었느니라. 어떤 이들은 투기와 분쟁으로, 어떤 이들은 착한 뜻으로 그리스도를 전파하나니 이들은 내가 복음을 변증하기 위하여 세우심을 받은 줄 알고 사랑으로 하나 그들은 나의 매임에 괴로움을 더하게 할 줄로 생각하여 순수하지 못하게 다툼으로 그리스도를 전파하느니라. 그러면 무엇이냐? 겉치레로 하나 참으로 하나 무슨 방도로 하든지 전파되는 것은 그리스도니 이로써 나는 기뻐하고 또한 기뻐하리라."

이 말은 두 가지 주요 명제로 요약될 수 있습니다. 첫째, **복음은 그리**

스도를 전파함으로 이루어집니다. 바울이 세 차례나 이 말을 하는 것에 주목했습니까? "그리스도를 전파하나니"(15절), "사랑으로 [그리스도를] 전파하나"(16절), "전파되는 것은 그리스도니"(18절). 이 외에 "하나님의 말씀을……전하"는 일과 "복음을 변명"하는 일에 대해서도 언급하는데, 다 같은 말입니다. 복음이나 말씀이나 그리스도를 전파함이나 다 같은 말인 것입니다. 20세기에 여전히 이 점을 강조해야 한다는 것이 좀 이상하기는 하지만, 작금의 상황이 그럴 수밖에 없습니다. 최초의 그리스도인들은 무엇을 전파했습니까? 결국 이것이 우리의 시금석이요 표준입니다. 기독교회의 직접적인 기원, 역사적인 기원은 최초의 전파자였던 사도들입니다. 그렇기 때문에 우리가 전파해야 할 복음이 무엇인지 분명하게 알고 싶으면 사도들이 무엇을 했는지부터 찾아보아야 합니다. 교회가 형성되고 세워진 토대가 무엇입니까? 원래 메시지가 무엇입니까?

그 대답은 아주 분명합니다. 사도행전을 읽어 보면, 사도가 여기에서 쓰고 있는 표현이 그대로 나오는 것을 볼 수 있습니다. 예컨대 8장에 나오는 빌립과 에디오피아 내시의 이야기를 읽어 보기 바랍니다. 내시는 절기를 지키기 위해 예루살렘에 다녀오는 길이었습니다. 그가 이사야서 53장을 읽으며 그 뜻을 몰라 고민할 때 빌립이 다가가 물었습니다. "읽는 것을 깨닫느냐?" 그리고 성경을 설명하기 시작했습니다. 성경은 그가 "예수를 가르쳐 복음을 전"했다고 말합니다(30, 35절). 바울도 회심한 후 자신이 박해하려 했던 자들에게 그리스도를 전하기 시작했습니다. "선생들이여, 내가 어떻게 하여야 구원을 받으리이까?"라고 물었던 빌립보 간수의 이야기도 보십시오(행 16:30). 바울과 실라는 "주 예수를 믿으라"고 했습니다. 성경은 그들이 연이어 "주의 말씀을 그 사람과 그 집에 있는 모든 사람에게 전"했다고 말합니다. 무엇보다 놀라운 사건은 사도행전 17:2, 3에 나옵니다. "바울이 자기의 관례대로 그들에게로[회당으로] 들어가서 세 안식일에 성경을 가지고 강론하며 뜻을 풀어 그리스도가 해를 받고 죽은 자 가운데서 다시 살아나야 할 것을 증언하고 이르되 내가 너희에게 전하는 이 예수가 곧 그리스도라 하니."

복음을 전하는 것은 곧 그리스도를 전하는 것임을 보여 주는 예는 얼마든지 많습니다. 사도들이 했던 일이 바로 이것이었습니다. 바울이 빌립보에서 했던 일도 이것이었습니다. 그래서 사도가 계속 이 일을 하라고 말하는 것입니다.

다시 말해서 교회와 복음의 메시지는 명확합니다. 선의를 가지고 살라는 모호한 메시지나 더 나은 삶을 살라는 보편적인 권면이 아닙니다. 단순한 도덕적 호소가 아니며 경제적으로 어려운 나라를 토닥이는 위로의 말이 아닙니다. 국민의 사기를 진작시켜 생산율을 높이거나 그 방면의 성과를 얻기 위한 일반적인 시도도 아닙니다. 이런 것들은 다 복음에 뒤따르는 결과물이지, 진리 여부를 판단하는 기준은 아닙니다. 진리 여부를 판단하는 기준은 그리스도를 전하느냐 아니냐 하는 것입니다. 메시지를 검증하려면 이 질문을 던져야 합니다. '그리스도가 메시지의 중심에 있는가? 핵심에 있는가? 모든 내용이 그로 말미암는가? 그를 중심으로 움직이는가? 아니면 그가 없어도 성립되는가?' 이것이 시금석입니다. 이 시금석으로 판단해 볼 때 기독교로 알려져 있는 많은 것들이 사실은 기독교가 아니라는 데 동의하지 않을 수 없을 것입니다. 그것들은 그리스도 없이도 얼마든지 성립됩니다. 그리스 철학이나 이슬람교에는 이 상주의적인 요소가 많이 들어 있습니다. 그리스도를 완전히 배제하고서도 얼마든지 선과 도덕을 고양시킬 수 있습니다. 그러나 그것은 복음이 아니며 말씀이 아닙니다. 바울은 말합니다. "내 관심은 그리스도께 있다.

나는 그를 전한다. 나는 복음을 변명하기 위해 세움 받았다."

그는 아주 극단적인 표현을 사용합니다. 설사 다른 이들이 "투기와 분쟁으로" 그리스도를 전한다 해도 자신은 기쁘다는 것입니다. 이보다 더 강렬한 표현은 찾아보기 힘듭니다. 바울의 요지는 이것입니다. "내가 옥에 갇힌 상황을 틈타, 주로 날 괴롭힐 요량으로 그리스도의 복음을 전하는 자들이 있다. 내가 옥에서 아무런 대처도 할 수 없음을 알고 이 기회를 틈타 당을 지으려 하는 것이다. 그런데 이상하게도 그들이 이렇게 그릇된 동기, 부끄러운 동기로 복음과 그리스도를 전하는데도 나는 참으로 기쁘고 앞으로도 기뻐할 것이다. 왜 그럴까? 어찌 되었든 전파되는 분은 결국 그리스도시기 때문이다." 이것은 누군가 완전히 그릇된 동기로 복음을 전한다 해도 그리스도를 전하기만 하면 기꺼이 용서하겠다는 뜻입니다.

빌립보서 3장과 그 밖의 서신들을 보면, 사도가 절대 용서하거나 양해하지 않는 자들이 나옵니다. 그들은 교리가 잘못된 자들, 즉 유대주의자들입니다. 그런 자들은 여지없이 정죄합니다. 실제로 갈라디아서에서 얼마나 심한 표현을 썼는지 여러분도 기억할 것입니다. "그러나 우리나 혹은 하늘로부터 온 천사라도 우리가 너희에게 전한 복음 외에 다른 복음을 전하면 저주를 받을지어다"(갈 1:8). 그는 고린도 교회에 보내는 편지에도 같은 표현을 썼습니다. "만일 누구든지 주를 사랑하지 아니하면 저주를 받을지어다"(고전 16:22). 이것은 신약성경을 관통하는 특징입니다. 교리는 논의의 여지가 없다고 바울은 말합니다. 교리는 절대 어긋나면 안 됩니다. 그러나 이 사람들은 비록 동기는 잘못되었어도 어쨌든 그리스도를 전했다는 것입니다. 이 점이 중요하다는 것입니다.

이제 두 번째 질문을 다루어 봅시다. 그리스도를 전한다는 것은 곧 무엇을 전하는 것입니까? 신약성경은 이에 대해서도 충분히 많은 답변을 주고 있습니다. 사도행전 13장에는 바울의 전도 이야기가 나옵니다. 2장에는 베드로가 오순절 날 예루살렘에서 설교하는 장면이 나오며, 10장에는 고넬료에게 설교하는 장면이 나옵니다. 그 모든 경우에 사도들이 전한 내용이 무엇입니까? 자, 그들은 사실을 이야기한 다음, 그 사실의 의미를 설명했습니다. 이것이 그들이 전한 내용의 핵심입니다. 다시 말해서 그들은 두루 다니며 "예수와 부활"을 전했고 그리스도를 선포했습니다. 자신들은 "이방 신들을 전하"지 않는다고(행 17:18), 그리스 철학자들과 달리 실제 일어난 사건을 알려 준다고 말했습니다. 그러면서 나사렛 예수의 이야기를 시작했습니다. 그때까지 기록되지 않았던 사복음서의 이야기를 전했습니다. 베들레헴에서 아기가 출생한 사건과 그때 일어난 기이한 일들을 알려 주었습니다. 동방박사와 목자들이 아기를 보러 온 일, 마리아에게 일어난 일, 아기가 갈릴리에서 목수로 성장한 일을 설명했습니다. 그가 어떻게 나이 서른에 공적인 사역을 시작했는지, 요단강에서 요한에게 세례를 받을 때 무슨 일이 일어났는지 이야기했습니다. 그리고 3년이라는 짧은 기간 동안 어떤 설교를 했고 어떤 기이한 메시지를 전했는지, 어떤 기적을 행했는지 이야기했습니다.

지금 우리가 가지고 있는 복음서는 바로 이들과 이들의 보고를 들은 자들이 기록한 것입니다. 그런데도 현대인들은 "교회의 신학을 믿지 마라. 직접 복음서를 읽으면서 예수가 한 말을 찾아보아라. 그가 한 말을 들어 보아라"라고 말하니, 참으로 이상한 노릇입니다. 복음서의 기록이 아니면 예수에 대해 알 수 있는 통로가 없습니다. 우리는 사도들과 초대교회 그리스도인들의 보고에 철저히 의존하고 있습니다. 그런데 그들은 이런 말—현대인들이 직접 찾아 읽어 보라고 한 말—을 하신 분이 기적도

행하셨다고 말합니다. 그 기적 이야기는 믿지 않으면서, 어떻게 그들이 기록한 예수의 말이나 다른 보고는 믿겠다는 것입니까? 그들은 성령의 감동으로 예수가 행하신 기적과 기사를 기록했습니다.

또한 그들은 그의 죽음과 십자가 처형 사건도 이야기했습니다. 죽은 자 가운데서 부활하실 수 있는 분이 아무 힘 없이 십자가에 못 박혀 죽으신 사건이 자신들에게 얼마나 심히 모순되게 보였는지 이야기했습니다. 사람들이 그의 시신을 내려 장사 지내는 모습을 보면서 자신들은 모든 것이 끝난 줄 알았다고 했습니다. 그런데 홀연히 그가 살아나셨다는 것입니다. 자신들의 눈으로 그를 보았다는 것입니다. 문을 닫아걸고 있었는데 그가 들어오셨다는 것입니다. 그들은 이 모든 사건을 신자들에게 보고했습니다. 물론 바울은 이런 일들을 직접 목격하지 못했습니다. 그러나 다메섹으로 가는 길에서 주님을 만났고, 다른 사도들이 받은 메시지와 완전히 똑같은 메시지를 받았습니다. 그들이 한결같이 한 말은 이런 일들이 실제로 일어났다는 것입니다. "우리는 이 일에 증인이요"(행 5:32).

이렇게 사실을 보고한 다음, 그들은 그 의미를 설명했습니다. 이것이 그들이 가르친 내용입니다. 무엇보다 먼저 가르친 바는 "우리가 너희에게 전하는 이 예수가 바로 하나님의 아들"이라는 것이었습니다. 그가 행하신 일과 기적이 그 증거였고, 그의 죽음과 부활은 더 이상 의심할 수 없는 결정적인 증거였습니다. 그러나 어떤 의미에서 훨씬 더 중요한 증거는 그가 성경의 모든 예언을 온전히 이루셨다는 것입니다. 그들은 시편과 선지서를 인용하면서 그가 "하나님의 아들, 그리스도"이심을 논증했고 완벽하게 입증했으며 그가 실로 구주이심을 보여 주었습니다. 그러면서 '그가 정말 하나님의 아들이시라면 왜 그렇게 연약한 모습으로 십자가에서 이상한 죽음을 맞이하셨을까?'라는 질문을 제기했는데, 그것은 복음의 핵심과 연결된 질문이었습니다. 그들은 율법이 충족되어야 하나님이 우리를 용서하실 수 있기 때문이라고 가르쳤습니다. 율법을 범함으로 정죄를 받게 된 인간은 어떤 노력으로도 과거를 지우거나 죄책을 도말할 수 없다는 것입니다. 그래서 하나님의 아들이신 그리스도께서 친히 그 죄를 지려고 세상에 오셨고, 십자가로 나아가 인간의 죄를 담당하셨다는 것입니다. 하나님이 "죄를 알지도 못하신" 그분 안에서 인간의 죄를 벌하셨다는 것입니다.

그러고 나서 사도들이 한 말은 이것입니다. "너희에게 전할 좋은 소식이 있다. 그리스도를 믿고 그가 너희 죄를 위해 죽으신 것을 인정하면 하나님이 너희를 용서해 주실 것이다. 가장 큰 죄책을 씻어 주시고 죄를 도말해 주실 것이다. 너희를 영접하시며 자녀로 삼아 주실 것이다. 이것은 좋은 소식이다. 우리는 이처럼 너희 영혼의 구주가 되시는 그리스도 예수를 전하는 사람들이다."

그들은 연이어 이 모든 일을 행하신 주님이 하늘로 돌아가 하나님 우편에 앉아 계시며 원수들로 발등상을 삼을 때까지 기다리신다고 했습니다. 그가 다시 오실 날, 겸손한 종의 모습이 아니라 의로 세상을 심판할 만주의 주요 만왕의 왕으로 오실 날이 다가오고 있다고 했습니다. 그날이 오면 새 하늘과 새 땅이 펼쳐질 것이라고, 그를 믿는 자들은 그와 함께 다스리게 될 것이라고 했습니다. 아무 서신서나 골라서 읽어 보십시오. 똑같은 이야기를 듣게 될 것입니다. 예컨대 데살로니가전서 1장을 보기 바랍니다. 하나님의 아들이신 그리스도, 우리 주와 구주 되신 그리스도, 마지막에 심판자로 오실 그리스도의 이야기를 들을 수 있습니다. 그리스도를 전한다는 것은 바로 이런 내용을 전하는 것입니다! 그리스도가 누구신지 알리는 것이며, 복음서가 사실이라고 말하는 것입니다. 그가 실제로 동정녀에게서 탄생하셨다고, 기적을 행하셨다고, 십자가에 못 박히셨다고, 육신으로 부활하셨다고 말하는 것입니다. 이 믿음을 위해 싸우는 것입니다. 논쟁하는 것입니다. 논박하는 것입니다. 이치를 따지는 것입니다. 반대의견에 답하는 것입니다. 그가 충만이시라고, 만물이 그 안에 연결되어 있다고 말하는 것입니다.

바울에 따르면, 참된 그리스도인은 무엇보다 이 복음 전하는 것을 즐거워합니다. "이로써 나는 기뻐하고 또한 기뻐하리라." 이 모든 것을 믿고 이 모든 것을 전하지만 때로 의심스러운 동기나 비열한 동기로 그렇게 하는 사람이 있다고, 하지만 그것이 무슨 대수냐고 바울은 묻습니다. 어쨌든 그리스도가 전파되지 않느냐는 것입니다. 동기는 옳지 않지만 그리스도가 전파된 것은 감사한 일이 아니냐는 것입니다. 바울은 그로 인해 기뻐합니다. 그의 영광 때문에, 진리의 위엄 때문에, 그 모든 것이 자신에게 갖는 의미 때문에 기뻐합니다. 그는 말합니다. "그리스도가 하신 일로 인해 나는 그리스도인이 되었다. 그 일이 없었다면 나는 지금도 여전히 훼방자요 박해자로 살고 있을 것이다."

이것이 기독교회에 대한 바울의 그림입니다. 교회는 믿는 자들, 믿기에 그리스도 전파하는 일을 옹호하고 장려하는 자들, 그 일을 기뻐하는 자들, 복음에 대한 비판과 공격에는 예민하게 반응하지만 부족해도 진심으로 믿는 이들에게는 넉넉한 사랑을 베푸는 자들의 모임입니다. 이것이 오늘날 우리의 중대한 부르심이라고 저는 생각합니다. 안팎의 공격이 있습니다. 우리의 믿음을 위해, 이 영광스러운 믿음을 위해 열심히 싸웁시다. 각자 그리스도를 전파하고, 온 교회가 그리스도를 전파할 수 있도록 기도합시다. 무엇보다 하나님이 성령을 보내사 큰 부흥과 각성을 일으키시도록, 그리하여 그리스도가 전파되시고 영광을 받으시며 열방 중에 높아지시도록 간구합시다.

형제들아, 내가 당한 일이 도리어
복음 전파에 진전이 된 줄을 너희가 알기를 원하노라.

빌립보서 1:12

6. 넉넉히 이기느니라

오늘 설교에서는 바울이 12, 13, 14, 19, 20절에서 한 말을 살펴보겠습니다. 12절은 이 모든 구절을 이해하는 실제적인 열쇠가 됩니다. 사도는 여기에서 이 위대한 편지를 쓰는 내내 자신의 관심을 사로잡았던 문제를 다룹니다. 그는 감옥에서 이 편지를 쓰면서, 이렇게 갇힌 상태에서도 승리의 기쁨을 누리고 있음을 알리고자 했습니다. 그는 행복했고, 빌립보 교인들도 그 행복을 맛보기를 원했습니다. 이 편지를 쓸 당시, 바울은 다시 자유의 몸이 될 수 있을지 확신할 수 없는 상황이었습니다. 오히려 죽음의 조짐이 더 많았습니다. 그래서 그런 일이 생기기 전에 빌립보 교인들로 하여금 진리를 굳게 붙잡게 함으로써 장차 어떤 운명이나 불운이 닥친다 해도 자신과 같은 믿음으로 승리하게 되기를 특별히 바랐습니다.

그래서 12절에서 이 문제를 다루는 것입니다. 자신이 옥에 갇힌 일로 빌립보 교인들이 근심한다는 것을 그는 알았습니다. 그들은 사도를 사랑하고 염려했으며, 그 심정이 담긴 메시지를 에바브로디도 편에 보내왔습니다. 그에 대해 사도는 다음과 같이 대답합니다. "형제들아, 내가 당한 일이 도리어 복음 전파에 진전이 된 줄을 너희가 알기를 원하노라."

"너희는 이 일을 비극으로 여기면서, 복음도 위축되고 나 또한 처량하고 비참한 신세가 되었다고 생각하는 것 같은데 전혀 그렇지 않다. 오히려 그 반대다. 나는 너희가 이 문제를 똑바로 보았으면 한다"라는 것입니다.

사도의 말을 살펴볼 때 기억해야 할 중요한 점은, 그가 정확히 어떤 형편에서 이 편지를 썼느냐 하는 것입니다. 앞서 보았듯이 그는 감옥에 갇혀 있었을 뿐 아니라 그 당시 관습에 따라 양쪽에서 지키는 군병들과 쇠사슬로 엮여 있었을 가능성이 큽니다. 다시 말해서 단순히 감옥에 갇히기만 한 것이 아니라 운신의 자유까지 박탈당한 것입니다. 그는 잠시도 혼자 있을 수 없었습니다. 군병들이 맡은 순번에 따라 계속 교대하며 그를 감시했습니다. 사적인 시간이 전혀 없었습니다. 어떠한 배려도 없었을 뿐 아니라, 통상적인 편의시설조차 없었습니다. 그런 상황이 얼마나 괴롭고 견디기 힘들었을지 우리로서는 상상하기가 어렵습니다. 특히 군병들은 세련되고 교양이 높은 바울, 예민한 영적 정신을 지닌 바울과 정반대 되는 거칠고 무지막지한 자들이었을 것입니다. 그런 자들이 얼마나 험한 말을 하고 모욕을 주고 욕설을 퍼부었을지 능히 짐작할 수 있습니다. 바울은 그런 자들과 내내 붙어 지냈습니다. 그 시련을 견디고 있었습니다. 그런데도 12절에서 기독교의 역경론逆境論이라 할 만한 말을 하는 것입니다. 이것은 역경의 문제를 다루는 신약성경의 고전적인 본문입니다.

세계의 많은 나라들이 종전기념일Remembrance Day*을 지킵니다. 이날에는 어쩔 수 없이 삶의 시련 가운데 있는 이들을 떠올리게 됩니다. '기념'이라는 말은 항상 시련을 상기시킵니다. 좋든 싫든 세계가 사반세기 동

---

* 이 설교는 1947년 11월 9일 종전기념주일에 전해졌다.

안 두 차례의 큰 전쟁을 겪었다는 사실을 상기시킵니다. 두 전쟁 사이의 끔찍한 기간, 1939년 2차대전의 발발로 비참하게 막을 내린 헛된 '착각'의 기간을 상기시킵니다. 세상의 전반적인 상태, 여러 가지 문제들과 어려움, 괴로움을 상기시킵니다. 세상은 고통스러운 시련의 장소입니다. 끊임없이 전쟁이 일어나 사랑하는 사람들을 죽이고 앗아 갑니다. 슬픔과 환난이 계속됩니다.

이 모든 것이 상기시키는 사실이 또 하나 있습니다. 그것은 이러한 삶의 괴로움과 시련의 문제가 종종 사람들을 넘어뜨리는 원인으로 작용한다는 것입니다. 사람들이 무슨 말을 하는지 여러분도 익히 알 것입니다. 그들은 사랑의 하나님과 이런 세상의 현실이 모순된다고 말합니다. "어떻게 이런 일이 생기도록 내버려 두실 수 있지? 대체 왜 이런 일이 일어나야 하는 거야?" 하고 묻습니다. 그들은 혼란에 빠집니다. 왜 사랑하는 사람이 죽거나 다쳐야만 하는지, 왜 사랑하는 사람을 잃어야만 하는지 이해하지 못합니다. 그래서 분노와 깊은 상심으로 등을 돌린 이들이 얼마나 많은지 모릅니다. 1차대전 때에도 많은 이들이 교회와 기독교에 등을 돌렸고, 그것을 당연한 것으로 여겼습니다. 지금도 여전히 같은 문제가 남아 있습니다. 우리는 이런 일들을 어떻게 이해해야 합니까? 이런 일들은 대체 왜 일어나는 것입니까? 우리는 이 문제를 어떻게 다루어야 합니까? 오늘날 세상에 주는 기독교의 대답은 무엇입니까?

우리가 함께 고찰하는 본문에서 사도가 다루는 주제가 바로 이것입니다. 다음과 같이 설명해 보겠습니다. 성경은 이 질문에 직접적인 답을 주지 않습니다. 성경이 모든 문제에 분명한 답을 주리라 생각하면 안 됩니다. 질문이 있을 때 색인을 찾아서 페이지를 펼치기만 하면 곧바로 해답이 나오리라 기대하면 안 됩니다. 성경은 우리를 아이 취급하지 않습니다. 원칙을 주고 기본명제를 제시한 다음, "진리는 이것이니 적용해 보라"고 합니다. 이것이 성경의 방법입니다. 직접적이고 즉각적인 답을 주지 않습니다. "그렇다", "아니다"로 대답하지 않습니다. 그렇게 대답하기에는 문제가 너무 크고 복잡합니다. 아니, 저는 여기에서 더 나아가 성경은 세상과 삶의 모든 문제에 답을 주지는 않지만, 감사하게도 삶을 살아가기에는 충분한 답을 준다고 말하고 싶습니다. 우리가 풀 수 없는 문제들이 있습니다. 지혜로우신 하나님은 확실하게 알 수 없는 문제들을 그대로 안고 살아가게 하셨습니다.

저는 하나님이 우리의 죄와 무가치함 때문에 이렇게 하신다고 확신합니다. 훈련의 일환으로 때로 우리를 무지한 상태에 두시는 것이며, 우리의 한계를 보이시고 우리가 신이 아님을 상기시키시는 것입니다. 우리는 모든 것을 알 수 없습니다. 선악은 가릴 수 있지만, 모든 것을 알지는 못합니다. 이렇게 볼 때, 결국 하나님은 우리를 시험하시고 낮추시기 위해, 우리가 전능하신 조물주의 손 아래 있는 한낱 피조물임을 일깨우시기 위해 이처럼 불가해한 일들을 허락하신다고 말할 수 있습니다. 그러나 감사하게도 이것이 전부는 아닙니다. 하나님은 우리에게 한 가지 교리, 부족함 없는 교리를 주셨습니다. 그 교리를 원리의 형태로 표현하면 이렇습니다. 삶에서 결정적으로 중요한 것은 우리에게 생긴 일 그 자체가 아니라 그 일을 대하는 우리의 **태도**입니다. 저는 이것이 모든 상황에 적용되는 대답이라고 생각합니다. 살다 보면 이해할 수 없는 일들이 생깁니다. 그것은 불가피합니다. 그러나 무슨 일이 일어났느냐는 중요치 않다고 성경은 가르칩니다. 중요한 것은 여러분과 제가 그 일을 어떻게 바라보느냐 하는 것입니다. 이런 예비적인 문제를 다루느라 한없이 지체할 수는 없지만, 이 사실은 중요합니다. 사람들이 흔히 언급하는 인용문에 이 진리가 핵심적으로 잘 표현되어 있습니다.

두 사람이 같은 창살을 통해 밖을 본다.
한 사람은 진창을, 또 한 사람은 별을.
—프레드릭 랭브리지F. Langbrige

또 "아름다움은 보는 눈에 따라 달라진다"라는 말도 있습니다.

강가에 앵초 꽃,
노란 앵초 꽃이 피었네.
그에겐 그냥 꽃일 뿐이었지.

이 사람은 그냥 꽃밖에 보지 못합니다. 그런데 다른 사람은 이렇게 말합니다.

가장 볼품없이 피어난 꽃 한 송이가
울지도 못할 만큼 깊은 생각을 불러오네.
—윌리엄 위즈워스W. Wordsworth

중요한 것은 우리의 태도입니다. 이것이 성경이 가르치는 중대한 원리입니다.

그 다음 원리는, 이해할 수 없는 일들을 대하는 참되고 올바른 태도는 바로 성경이 가르치는 태도라는 것입니다. 다시 말해서 복음 중심의 태도를 가져야 한다는 것입니다. 우리는 바울의 거의 모든 진술에서 이 태도를 찾아볼 수 있습니다. "형제들아, 내가 당한 일—사슬에 매인 일, 군병들, 욕설과 모욕, 현재 일어나고 있는 모든 일—이 도리어 복음 전파에 진전이 된 줄을 너희가 알기를 원하노라. 이러므로 나의 매임이 그리스도 안에서 모든 시위대 안과 그 밖의 모든 사람에게 나타났으니 형제 중 다수가 나의 매임으로 말미암아 주 안에서 신뢰함으로 겁 없이 하나님의 말씀을 더욱 담대히 전하게 되었느니라." 그는 복음과 말씀, 그리스도를 전파하는 일의 관점에서 모든 것을 바라보고 있습니다. 이것이 성경이 가르치는 원리입니다. 어떤 어려운 일이 생기든, 복음과 그 가르침의 관점에서 바라보라는 것입니다.

다음과 같이 설명해 보겠습니다. 사도처럼 "사나운 운명의 돌팔매와 화살"*에 맞설 수 있는 유일한 사람은 바로 사도가 믿는 바를 믿는 사람입니다. 믿지 않는 자들에게는 예수 그리스도의 복음이 아무런 위로가 되지 못합니다. 그리스도 밖에 있는 자들에게 복음이 해 줄 수 있는 말은 "너희는 잃은 자들이기 때문에 모든 것이 어그러질 수밖에 없다"라는 것뿐입니다. 바른 장소에서 출발하는 것, 바른 시각과 관점을 갖는 것, 성령이 밝혀 주신 눈으로 모든 일을 바라보는 것이 비결입니다. 상황에 어떻게 반응하는지를 보면 그 사람의 신앙고백이 참인지 아닌지 알 수 있습니다. 저는 지난번에 그 반응을 보면 우리가 참 그리스도인인지 아닌지 알 수 있다고 했습니다. 이 세상에 살면서 겪는 일들에 어떻게 반응합니까? 혹시 가족과 사별했습니까? 그래서 슬퍼하고 있습니까? 마치 심장이 찔리는 듯한 아픔을 겪었습니까? 그 일에 어떻게 반응하고 있습니까? 이것이 시금석입니다. 여러분은 바울처럼 반응하고 있습니까? 바울처럼

* 셰익스피어, 「햄릿Hamlet」

반응하든지 그렇지 않든지, 둘 중에 하나입니다.

　이번에는 이 원리가 사도의 삶에 어떻게 구체적으로 작용하는지 살펴보겠습니다. 바울은 앞서 설명한 것과 같은 상황에 처해 있었습니다. 그보다 더 열악한 상황을 생각하기가 힘들 정도였습니다. 그렇게 두루 다니며 복음을 전하던 활동적인 사람이 사슬에 묶인 채 옥에 갇혀 온갖 고초와 모욕을 당하고 있습니다. 그런데도 이런 말을 합니다. 그 비결이 대체 무엇일까요? 좀 더 일반적인 차원에서 묻겠습니다. 역경에 반응하는 그리스도인의 특징은 무엇입니까? 우리가 살펴보려는 주제가 이것입니다. 아주 편리하게도, 12절은 이 주제를 두 가지 측면으로 나누어 보여 주고 있습니다. 첫째는 소극적인 측면입니다. 옥에 갇힌 바울의 말을 살펴보면서 교훈을 찾아봅시다. 가장 먼저 발견하게 되는 사실은 그가 불평하거나 원망하지 않는다는 것, 하나님과 그분의 방법에 일말의 의구심도 내비치지 않는다는 것입니다. 그런 기미를 전혀 찾아볼 수가 없습니다. 빌립보서를 읽어 내려가면서 자세히 찾아보고 조사해 보십시오. 희미한 흔적조차 없을 것입니다. 이 점이 아주 중요합니다. 사도가 감내했던 상황을 다시 떠올려 보기 바랍니다. 그런 상황에서 불평 한 마디 하지 않은 것을 어떻게 설명하겠습니까?

　자, 바울은 그 비결을 알려 주고 있습니다. 첫 번째 대답은 그가 올바른 태도로 하나님을 대했다는 것입니다. 이것이 일차적으로 중요한 기본 사실입니다. 하나님에 대한 바울의 관점과 반응이 올바르고 관계가 온전했기 때문에 어떤 의미에서 불평이나 원망이 있을 수가 없었습니다. 바울이 절대적으로 확신한 것은 바로 하나님의 사랑이었습니다. 그는 그 사랑을 자신의 절대적이고 확실하며 견고한 토대로 삼았습니다. 고통과 환난 속에서 마귀는 틀림없이 하나님과 그 사랑을 의심하도록 시험했을 것입니다. 그러나 바울은 "아니, 나는 그 사랑을 확신하며 굳게 붙잡는다"라고 했습니다. 이처럼 하나님의 사랑을 굳게 확신했기에 마귀의 생각이 틈탈 여지가 없었습니다. 그는 이치를 따져 가며 논리적으로 생각했습니다. '지금 내가 겪고 있는 일을 어떻게 설명하든 간에, 하나님이 나를 사랑하시지 않거나 그 사랑에 어긋나게 행하고 계신 것은 절대 아니다. 중요한 점은 이것이다.'

저는 여기에 기독교의 인생관이 전부 담겨 있다고 생각합니다. 모든 역경을 딛고 승리자로 우뚝 서느냐 그렇지 못하느냐가 여기에 달려 있습니다. 하나님의 사랑을 의심하면 그 즉시 잘못된 길로 접어들게 됩니다. 그리스도인은 그렇게 되지 않도록 절대 조심해야 합니다. 바울은 다음과 같이 논증했습니다(이것이 얼마나 귀한 논리인지 모릅니다). "자기 아들을 아끼지 아니하시고 우리 모든 사람을 위하여 내주신 이가 어찌 그 아들과 함께 모든 것을 우리에게 주시지 아니하겠느냐?(롬 8:32) 이것은 바울의 논리인 동시에 기독교의 핵심 진리입니다. 그의 논거는 이것입니다. '하나밖에 없는 독생자를 하늘에서 땅으로 내려보내신 하나님, 나를 구원하고 구속해서 하나님의 후사로 삼기 위해 아들을 십자가에서 죽게 내어주신 하나님이 나를 사랑하거나 염려하는 마음 없이 삶에 휘둘리도록 내버려 두실 수 있겠는가? 아니, 그것은 있을 수도 없고 생각할 수도 없는 일이다. 나는 그런 관점을 배척한다.'

로마서 5:10에도 같은 논거가 나옵니다. "곧 우리가 원수 되었을 때에 그의 아들의 죽으심으로 말미암아 하나님과 화목하게 되었은즉 화목하게 된 자로서는 더욱 그의 살아나심으로 말미암아 구원을 받을 것이니라." 우리가 원수 되었을 때에도 하나님의 아들이 우리를 구원하시고 구속하시기 위해 생명을 주시고 죽으셨다면, 하늘에 계신 지금은 더더욱 그 생명으로 우리를 붙드시며 구원의 일을 완성하실 것이 확실치 않느냐는 것입니다. 이것은 피할 수 없는 결론입니다. 이런 의미에서 바울은 하나님에 대해 절대적인 확신을 가지고 있었습니다. 이처럼 하나님에 대해 올바른 태도를 가지고 있었기에 의심이 틈탈 여지가 전혀 없었습니다. 하나님을 의심한다는 것은 그에게 있을 수 없는 일이었으며, 자신이 전하는 복음을 송두리째 부인하는 일이었습니다.

우리 그리스도인들은 과연 이 논리를 적용하고 있습니까? 바울처럼 이치를 따져 생각하고 있습니까? 아니면 '그리스도인답게 살려고 애쓰는 나한테 이런 일이 일어나다니! 불신자들은 얼마나 즐겁게 사는가?' 하는 옹졸한 생각에 귀를 기울이고 있습니까? 벌떡 일어나 이 강력한 기본명제—'하나님은 나와 나의 구원을 위해 독생자를 보내 십자가에서 죽게 하실 만큼 날 사랑하신다'—를 직시하는 사람의 눈에는 하나님의 사랑이 제대로 보입니다. 바울은 그 사랑을 절대적으로 확신했기에 그의 뜻과 방법을 의심하지 않았고, 불평을 터뜨리지 않았습니다. 그는 "사망이나 생명이나 천사들이나 권세자들이나 현재 일이나 장래 일이나 능력이나 높음이나 깊음이나 다른 어떤 피조물이라도 우리를 우리 주 그리스도 예수 안에 있는 하나님의 사랑에서 끊을 수 없"다는 것을 알았습니다(롬 8:38-39). 그가 의지한 것은 하나님을 향한 자신의 사랑이 아니라 자신을 향한 하나님의 사랑이었습니다. 그 사랑을 의지했기에 그는 안전했습니다.

두 번째 대답이 있습니다. 바울이 그처럼 어려운 상황에서도 원망하거나 불평하지 않은 것은 하나님뿐 아니라 자기 자신에 대해서도 올바른 태도를 가졌기 때문입니다. 이것은 첫 번째 원리에 버금가게 중요한 원리입니다. 이러한 바울의 태도가 12절에 나오고 있습니다. 그는 자신만 생각하거나 자신에게만 관심을 쏟지 않았습니다. 물론 과거에는 그랬습니다. 바울은 그때 자신이 했던 일들을 전부 자세히 기록했습니다. 다적어 놓았기 때문에 과거를 정확하게 밝힐 수 있었습니다. 그러나 그리스도인이 된 이후로는 더 이상 그렇게 살지 않았습니다. 그는 말합니다. "나의 간절한 기대와 소망을 따라 아무 일에든지 부끄러워하지 아니하고 지금도 전과 같이 온전히 담대하여 살든지 죽든지 내 몸에서 그리스도가 존귀하게 되게 하려 하나니." 나중에 더 자세히 다룰 것이므로 지금은 이 구절을 살피지 않겠습니다. 어쨌든 우리가 여기에서 알 수 있는 사실은, 이렇게 자신을 완전히 잊을 만큼 그리스도를 사랑한 데 바울의 비결이 있었다는 것입니다. 그는 감옥에서 "왜 나한테 이런 일이 생겼을까?"를 묻는 대신, "이 일이 복음에 어떤 영향을 끼치게 될까?"를 물었습니다.

이것이 무슨 말인지 우리 모두 알고 있습니다. 심리학자들도 알고 있습니다. 아니, 심리학자들이 하는 일이 바로 이것입니다. 심리요법의 전적인 역할은 사람들로 하여금 자신을 잊고 다른 데로 눈을 돌리게 하는 것, 자신에 대한 관심을 다른 데로 돌리게 하는 것입니다. 병적이고 감상적인 자기집착은 사람을 비참하게 만듭니다. 삶을 무너뜨립니다. 시련이 올 때 쓰러지게 만듭니다. 자기연민이 문제입니다. "왜 나한테 이런 일이 생겨야 하지?" 하고 묻는 것이 문제입니다. 그렇게 내내 자신에게만 몰두하다가 문제가 점점 더 커집니다. 그러나 그리스도와 그의 영광을 바라보며 복음에 온 관심을 쏟았던 바울은 그렇지 않았습니다. 그는 "내가 왜 이렇게 묶여 있어야 하지?", "정말 힘들고 괴롭다!" 하면서 한탄하지 않았습니다. 그의 유일한 관심사는 "지금도 전과 같이 온전히 담대하여 살든지 죽든지 내 몸에서 그리스도가 존귀하게" 되시는 것이었습니다.

그는 자신의 문제를 까맣게 잊고 있었던 것이 분명합니다. 그러니 자신에게 연민을 느낄 리도 없었고, 자신을 동정하거나 안쓰러워할 리도 없었으며, 역경 앞에 대책 없이 무너질 리도 없었습니다. 그렇습니다. 그는 자신에 대해 건전한 태도를 가지고 있었습니다. "나는 그리스도 안에 있는 사람이다. 그 나라의 백성이다. 중요한 것은 내가 아니라 그 나라와 그 나라의 왕이시다." 이처럼 바울은 그 나라와 그 나라의 왕에게 온 관심을 쏟았기에, 현재 인간의 삶에 저주가 되고 있는 병적인 정신상태와 불행의 소용돌이에 휘말리지 않았습니다.

사랑하는 여러분, 다시 한 번 간단한 질문을 던져 볼까요? 지금 이런 시련 중에 한 가지라도 겪고 있는 것이 있습니까? 그렇다면 어떻게 그 시련을 헤쳐 나가고 있습니까? 여러분은 자신에게 무슨 일이 일어났는지 알고 있습니다. 마음의 고통은 자신만 아는 법입니다(잠 14:10). 그런데 여러분은 바울같이 하고 있습니까? 원망하지 않고 하나님의 사랑을 의심하지 않습니까? 하나님에 대해 확신을 가지고 있습니까? 자신에 대해 올바른 태도를 가지고 있습니까? 그리스도 안에서 자신을 잊는 승리의 비결을 활용하고 있습니까?

이제 이 일의 적극적인 측면을 살펴보도록 합시다. 바울은 환난과 고통의 때에 다음과 같이 했습니다. 우리도 똑같이 해야 합니다. 첫째로, 그는 하나님이 자신의 환경을 바꾸신다는 표시와 표적을 주시기를 구했습니다. 그 내용이 12절에 나옵니다. 옛 주석가인 매튜 헨리Matthew Henry는 아주 훌륭한 표현으로 이 점을 지적했습니다. "이 말씀을 상고하라. 여기 하늘의 화학, 아니 하늘의 연금술이 있다." 시련을 겪는 것은 마치 형편없는 재료를 도가니에 넣고 어떻게 되나 지켜보는 것과 같습니다. 하늘의 연금술은 형편없는 재료를 아주 좋은 재료로 바꾸어 놓습니다. 하나님이 그렇게 바꾸어 놓으십니다. 바울은 빌립보 교인들에게 "내가 옥에 갇혔다고 복음 전파까지 다 끝난 것처럼 생각하지 마라. 죄수 신세가 되었으니 복음을 전하지 못할 거라고 생각하지 마라. 나의 투옥은 멋지게 방향을 틀어 놀라운 일들을 일으키고 있다"라고 말합니다. "이러므로 나의 매임이 그리스도 안에서 모든 궁전—개정판과 다른 번역에는 '모든 시위대 안'으로 되어 있습니다*—과 그 밖의 모든 사람에게 나타났으니."

"내 투옥은 내가 갇히지 않았다면 복음을 들어보지도 못했을 사람들에게 복음을 전하는 통로가 되었다. 이것이 내 투옥의 주된 결과다"라는 것입니다. 그를 지키고 있던 군병들은 시위대 소속이었습니다. 바울은 그들과 사슬로 엮인 채 함께 지내야 했습니다. 요컨대 "이들은 내가 평범한 죄수가 아님을 알았다. 그리스도 때문에 갇혔다는 것을 알았다. 그들은 내게 전후 사정을 물었고, 나는 복음을 전할 기회를 얻었다. 내가 죄수가 되지 않았다면 그들은 평생 복음을 듣지 못했을지도 모른다. 그들이 비번이 되어 집으로 돌아가면, 궁전의 온갖 화제 중에서도 예수 그리스도의 복음을 가장 큰 화젯거리로 삼았다"라는 것입니다. 처음에는 여러분도 바울의 투옥으로 모든 것이 끝난 것처럼 생각했을 수 있습니다. 그러나 하나님은 그의 투옥을 화학적으로 변화시키심으로써 오히려 복음을 확장시키셨습니다.

여러분도 알겠지만, 이것은 성경에 아주 흔히 등장하는 주제입니다. 창세기 50장에는 야곱이 애굽에서 죽은 후 요셉이 형제들과 이야기를 나누는 장면이 나옵니다. 형제들은 요셉에게 잔인하게 굴었던 과거를 떠올리고 그의 보복을 두려워했습니다. 그러나 요셉은 말했습니다. "당신들은 나를 해하려 하였으나 하나님은 그것을 선으로 바꾸사"(창 50:20). "당신들은 질투심으로 그런 짓을 했지만 하나님은 나를 당신들보다 앞서

---

* 우리말 성경 개역개정판에는 후자로 번역되어 있다.

보내심으로 기근을 대비케 하시고 당신들을 죽음에서 구하게 하셨습니다. 당신들의 의도와 하나님의 의도는 달랐습니다. 하나님은 우리를 준비시키기 위해 모든 상황에 개입하셨고, 상황을 뒤바꾸셨습니다'라는 것입니다.

또한 시편 119편의 시인은 이렇게 고백합니다. "고난당하기 전에는 내가 그릇 행하였더니 이제는 주의 말씀을 지키나이다"(67절). "고난당한 것이 내게 유익이라. 이로 말미암아 내가 주의 율례들을 배우게 되었나이다"(71절). "대체 일이 어찌 되어 가는 것인지, 이 힘겨운 상황에 담긴 의미가 무엇인지 나는 정확히 모른다. 그러나 하나님이 이 상황에 개입하시고 이 상황을 사용하시며 이 상황을 바꾸고 계신다는 사실은 안다"는 것입니다.

그리스도인은 바로 이 확신을 가진 사람들입니다. 그들은 인생의 역경과 시련과 환난이 닥쳤을 때 가장 먼저 하나님의 사랑에 대한 태도부터 바로잡으며, 스스로 질문을 던집니다. "하나님이 이 상황을 통해 하시려는 일이 무엇일까? 목적이 무엇일까? 하나님은 이 상황을 어떻게 사용하실까? 이 모든 상황의 배후에 계신 하늘의 화학자가 원하시는 목적은 무엇일까? 이 놀라운 실험을 한번 지켜보자. 하늘의 화학자가 무슨 일을 하시는지 지켜보자. 이 상황을 가지고 과연 무엇을 만들어 내시는지 지켜보자." 자신의 상황을 이렇게 바라보는 사람은 이미 승리한 것이며 시험을 딛고 일어선 것입니다. 그는 하나님이 자신의 상황을 사용하여 그의 복음과 나라를 확장시키실 것을 기대합니다.

둘째로, 이런 상황 속에 있는 그리스도인은 항상 복음을 증언할 기회를 포착합니다. 바울이 한 일이 그것이었습니다. 앞서 말했듯이, 그는 자신의 투옥으로 무엇보다 시위대를 비롯한 여러 사람들이 복음을 듣게 되었다고 말합니다. 그뿐 아니라 주 안에 있는 많은 형제들이 "신뢰함으로 겁 없이 하나님의 말씀을 더욱 담대히 전하게 되었"다고도 말합니다. 바울이 감옥에서 우리가 살펴본 바와 같이 처신함으로써 나타난 두 가지 중요한 결과가 이것입니다. 그는 감옥에서 육체적으로 심한 고통을 겪었고 모욕을 당했습니다. 바울처럼 교양 있고 감수성 예민한 사람이 죄수로 지낸다는 것은 이만저만한 고통이 아닙니다. 그런데도 우리가 살펴본 바와 같은 모습으로 고통을 감내하는 것을 보면서, 군병들은 그를 주목하기 시작했습니다. "이런 자는 한 번도 본 적이 없다. 어떻게 저렇게 아무런 불평 없이 모욕을 견뎌 내는 걸까? 저 침착함과 평온함의 정체는 대체 뭘까?"라고 묻기 시작했습니다. 그래서 그에게 말했습니다. "당신은 오히려 이 생활을 즐기는 거 같은데. 평범한 죄수 같지가 않아." 그것을 계기로 바울은 복음을 전했습니다. 감옥에 갇혀서도 하루 종일 시위대와 궁전 사람들에게 그리스도를 증언했습니다.

그뿐만이 아닙니다. 로마 교회의 연약한 형제들도 군병들처럼 영향을 받았습니다. 그 당시는 그리스도인으로 살기가 아주 힘든 시절이었습니다. 믿음 때문에 박해를 각오해야 할 뿐 아니라 더 큰 위협도 감수해야 하는 상황에서 연약한 그리스도인들은 "부르심의 소망"을 잃어 가고 있었습니다. 그런데 바울이 갇혔다는 소식, 그 진실한 하나님의 사람이 감옥에서 어떻게 처신하고 있으며 죽음 앞에서 어떻게 그리스도를 대변하고 있는지에 대한 소식을 들으면서 용기가 되살아나기 시작했습니다. 그렇습니다. 자신들은 의기소침해 있는데, 오히려 옥에 갇힌 바울은 복음을 전파하며 증언하고 있었습니다. 아, 사랑하는 여러분, 이 세상에 홀로 사는 사람은 아무도 없습니다. 역경과 고난의 때에 저와 여러분이 하는 모든 행동이 많은 이들에게 영향을 끼칩니다. 이것이야말로—자신이

처한 상황에서 그리스도를 증언할 기회를 찾는 것이야말로—삶에 맞서는 방법이요 고난과 환난에 맞서는 방법이 아니겠습니까? 느닷없는 시련이 닥칠 때 큰 기회가 왔다고 생각하십시오. 그럴 때 나를 유심히 지켜보는 사람들이 있다는 것을 기억하십시오. 그들은 내가 교인이라는 것, 그리스도인으로 자처한다는 것을 압니다. 그래서 나를 지켜보며 말합니다. "그래, 어떻게 버티나 한번 보자. 가만히 지켜보면서 무슨 말을 하나 들어 보자." 이처럼 시련은 복음을 증언할 수 있는 기회가 됩니다.

또한 바울은 우리보다 약한 사람들, 조금씩 의심하며 주저하는 그리스도인들을 기억하라고 말합니다. 그들이 여러분의 모습을 보면서 "그래, 결국 복음이 옳다. 저 사람은 해 냈다. 변질되거나 위축되지 않고, 변명 한 마디 없이 견뎌 냈다"라고 말할 수 있어야 합니다. 그럴 때 연약한 그리스도인들은 복음이 옳다는 것과 복음의 약속이 확실하다는 것을 알게 됩니다. 시련 속에서 증언의 기회를 찾으십시오. 어떤 시련이 닥쳐도 이렇게 대처하면 이길 수 있습니다.

이제 마지막 요점을 간단히 말씀드리겠습니다. 바울은 이 모든 일이 하나님께서 자신을 완성시켜 나가시는 과정임을 알았습니다. 그 내용이 19절에 나옵니다. "이것이 너희의 간구와 예수 그리스도의 성령의 도우심으로 나를 구원에 이르게 할 줄 아는 고로." 다음 절에서 자신이 살지 죽을지 모른다고 말하는 것으로 볼 때, 감옥에서 풀려나는 구원을 가리키는 말은 아닌 것이 분명합니다. 여기에서 말하는 구원은 가장 온전한 의미의 구원입니다. 바울의 요지는 이것입니다. "내가 이 시련의 의미를 속속들이 이해하는 것은 아니다. 그러나 이것이 성화의 과정이라는 것, 나를 완성시켜 나가시는 과정이라는 것만큼은 확실히 안다. 나는 지금도 많이 부족하기 때문에 하나님께서 이 일을 통해 나를 완성시켜 나가시는 것이며, 어떤 의미에서 감옥 안이 아니면 하실 수 없는 일을 하시는 것이다. 이 과정이 끝나면 나는 전보다 나은 사람이 되어 있을 것이다."

이처럼 시련과 환난이 감당하는 역할이 있습니다. 시련과 환난은 삶을 똑바로 보게 해 줍니다. 만사가 잘 풀릴 때에는 멈추어 생각하지 않습니다. 돈 버는 일에만 온 신경을 곤두세웁니다. 그런데 재난이 닥치고 사업이 망하면 비로소 삶을 진지하게 생각하기 시작합니다. 이런 시련은 우리에게 유익합니다. 삶을 진지하게 생각하게 만드는 일은 무엇이든 우리에게 유익합니다. 시련은 다음 세상을 생각하고 준비하게 만듭니다. 시련이 없으면 다음 세상을 잊은 채 현세에만 매여 살기 쉽습니다.

또한 시련은 우리의 죄성과 무가치함을 일깨우며 연약함과 무력함을 상기시킵니다. 그리고 무엇보다 하나님께로 방향을 돌리게 만듭니다. 이처럼 하나님을 의지하게 하며 그를 더 알고 싶어 하게 만드는 일은 무엇이든 아주 유익합니다. 그 모든 것은 나를 완성시키시는 과정이며 거룩하게 하시는 과정입니다. 사랑하는 여러분, 하나님은 우리를 사랑하시기 때문에 그 경영과 지혜 안에서 우리 삶에 많은 시련을 허락하십니다. "주께서 그 사랑하시는 자를 징계하시고"(히 12:6). 그렇습니다. 시련은 하나님의 자녀를 최종적으로 완성시키기 위한 과정입니다. 바울은 "이 일이 결국은 예수 그리스도 안에서 온전하고 최종적인 구원, 완전한 구원을 이루어 나가시는 과정의 일환임을 나는 확실히 안다"라고 말합니다.

지금까지 우리는 삶의 시련과 환난에 맞서는 사도의 처방 내지는 비결을 살펴보았습니다. 소극적인 측면을 기억하십시오. 그는 하나님에 대해, 자기 자신과 삶에 대해 올바른 관점을 가지고 있었기에 아무런 원망이나 불평을 하지 않았습니다. 적극적인 측면도 기억하십시오. 하늘의 화학작용이 일어나기를 구하십시오. 복음을 중언할 기회를 찾으십시오. 나를 완성시키시고 거룩하게 하시는 과정에 순복하십시오. 하나님이 사랑의 손길로 결국 자신의 일을 마치시리라는 사실을 마음에 분명히 새기십시오. 그리고 최악의 상황에서도 삶을 직면케 하는 복음, 우리를 사랑하시는 분을 힘입어 넉넉히 이기게 하는 복음을 주신 하나님께 감사하십시오.

이는 내게 사는 것이 그리스도니.

빌립보서 1:21

7. 그분, 오직 그분

이제 우리 주와 구주 되신 예수 그리스도의 위대한 사도가 한 말 중에서
도 가장 숭고하고 중대한 말씀을 다룰 차례입니다. 21절을 접하는 사람
들이 아주 거룩한 땅에 선 듯한 느낌에 사로잡히는 것도 무리가 아닙니
다. 기꺼이 인정하는 바, 이런 구절을 온당치 못한 태도로 대하는 것은
거의 신성모독에 가깝다는 것이 저의 입장입니다. 우리는 여기에서 참
된 경험, 실제 현실의 경험을 만나게 될 뿐 아니라, 바로 그렇기 때문에
자신을 점검해 볼 기준을 발견하게 됩니다. 하나님이 주시는 경험은 다
거룩합니다. 그런 경험이 담긴 말씀을 관련 연구 자료나 분석 자료를 들
이대 가며 서툰 솜씨로 완전히 객관적인 입장에서 다루려고 하는 것보
다 더 신약성경의 정신과 동떨어진 태도는 없습니다. 그러나 동시에 여
기에는 아주 숭고한 무언가, 아주 섬세하고 순수한 무언가가 있기 때문
에—이런 구절들이 늘 그렇듯이—일종의 딜레마가 발생합니다. 초연한 태
도—이른바 과학적인 태도—로 선뜻 다룰 수 없으면서도 어느 정도 분석
을 거치지 않고서는 그 의미와 참된 목적을 찾아낼 수가 없는 것입니다.
그러니 결국 두 가지 태도를 겸비할 수밖에 없습니다. 분석해서 이해하

고자 노력하는 동시에 이것이 실제 경험이자 엄연한 사실임을 기억하고 그것을 기준으로 자신을 점검해 보아야 하는 것입니다.

이미 살펴보았듯이, 빌립보 교인들은 바울이 갇힌 일로 염려하며 근심했습니다. 그러나 사도는 자신의 투옥이 오히려 "복음 전파에 진전"이 되었다고 하면서, "아무 일에든지 부끄러워하지 아니하고 지금도 전과 같이 온전히 담대하여 살든지 죽든지 내 몸에서 그리스도가 존귀하게 되게" 하는 것이 자신의 간절한 기대와 소망이라고 말했습니다. 오늘 말씀은 바로 이러한 배경에서 나온 것입니다. 바울 자신은 죽임을 당해도 좋고 계속 살아도 좋다는 것입니다. 둘 중에 어느 쪽이 될지 모르지만 아무래도 상관없다는 것입니다. "내게 사는 것이 그리스도니 죽는 것도 유익"하기 때문에 어느 쪽이 되든 신경 쓰지 않으며 신경 쓸 필요조차 없다는 것입니다. 사도는 이 말을 부연하면서, 자신으로서는 떠나는 편이 더 좋지만 빌립보 교인들을 위해 남는 편이 낫다고 말합니다. 지금 우리가 관심을 가지고 다루려 하는 점은 사도가 이 특별한 말씀을 통해 삶의 의미, 산다는 것의 의미에 대해 무엇을 말하느냐 하는 것입니다.

여기에서 우리는 그 어떤 질문보다 중요한 질문에 부닥치게 됩니다. 삶이란 무엇입니까? 산다는 것이 무엇입니까? 삶이 의미하는 바가 무엇입니까? 대체 어떤 것이 사는 것입니까? 그토록 삶을 걱정하며 온갖 지적인 활동을 하고 토론을 벌이면서도 정작 가장 명백하고 우선적인 문제, 즉 삶 그 자체와 산다는 것 그 자체의 문제는 직면하지 않으려 드는 것이야말로 인생의 주된 비극이자 가장 큰 비극 아닙니까?

이처럼 21절은 그 자체가 아주 중요한 질문일 뿐 아니라 우리의 신앙고백을 가장 철저하게 검증하는 시금석이기도 합니다(사실 이 점을 밝히려는 데 오늘 설교의 특별한 취지가 있습니다). 물론 이것은 비그리스도인들에게는 해당되지 않는 말씀입니다. 오직 스스로 그리스도인이라고 주장하는 자들만을 위한 말씀입니다. 그래서 제가 이 주제를 객관적으로 다룰 수 없다는 것입니다.

물론 이것을 바울 개인의 경험으로 치부하려는 유혹을 받을 수도 있습니다. 그러나 사랑하는 여러분, 이것은 바울뿐 아니라 우리 모두에게 해당되는 사실입니다. 물론 일차적으로는 바울에게 해당됩니다만, 바울에게 해당되는 사실은 마땅히 다른 그리스도인들에게도 해당됩니다. "바울은 여느 그리스도인들과 본질적으로 다른 인물"이라는 말에 누구보다 반대할 사람은 바로 바울 자신입니다. 바울은 그 어디에서도 자신의 기독교와 다른 이들의 기독교가 다르다고 말한 적이 없습니다. 400년이나 개신교를 믿어 왔으면서도 대다수 사람들은 몇 가지 이상한 이유로 로마 가톨릭의 잘못된 구분—그리스도인과 비그리스도인에 대한 구분—을 여전히 받아들이고 있는 것 같습니다. 저는 이것이야말로 우리 앞에 도사리고 있는 가장 교묘한 위험이 아닌가 생각합니다. 가톨릭이 어떻게 평범한 그리스도인과 성인을 본질적으로 구별하는지는 이미 살펴보았습니다. 그들은 성인을 특별한 인물, 또는 '세속적인 그리스도인'과 반대되는 '영적인 그리스도인'으로 여깁니다. 그래서 세속적인 그리스도인은 성인들에게 기도해야 한다고 말합니다. 그러나 신약성경은 그런 구분을 인정하지 않을 뿐 아니라 그런 구분을 비판합니다.

물론 우리도 은사와 직분이 각각 다르다는 점은 인정합니다. 고린도전서 12장과 에베소서 4장을 비롯한 성경 여러 부분이 그 이야기를 하고 있습니다. 이처럼 성령이 맡기시는 사역은 각각 달라도, 예수 그리스도를 통해 하나님의 자녀가 되었다는 점에서는 모든 그리스도인이 동일합니다. 이 사실이 우리 삶에 나타나야 합니다. 사도가 그토록 줄기차게

"우리"를 이야기하는 이유가 여기 있습니다. 그에게 해당되는 사실은 당연히 다른 그리스도인에게도 해당됩니다. 21절은 우리 자신을 검증할 수 있는 시금석 중에서도 가장 엄격하고 철저한 시금석입니다. 우리도 이 사람처럼 우리에게 사는 것이 그리스도라고 정직하게 말할 수 있습니까? 이 말이 우리에게도 그대로 해당됩니까? 저는 그리스도인들이 이렇게 말하게 되는 것이야말로 교회에 일어날 수 있는 일 중에 가장 위대한 일이요, 따라서 오늘날 세상에서 일어날 수 있는 일 중에 가장 위대한 일이라고 믿어 의심치 않습니다. 이 사람처럼 말할 수 있게 될 때, 그리스도인은 세상에서 가치 있는 존재가 됩니다. 이 사람처럼 주를 향한 열정으로 타오를 때, 그리스도인의 삶은 찬란하게 빛을 내며 세상은 우리에게 중요한 일이 일어났음을 알게 됩니다.

그러니 먼저 사도가 경험한 바를 살펴보고, 그 다음에 우리 자신에게 적용해 보기로 합시다. 바울은 지금 감옥에서 이 문제를 제기하고 있습니다. 그의 요지는 이것입니다. "나는 앞으로 20년을 더 살게 될 수도 있고, 내일 당장 죽임을 당할 수도 있다. 알다시피 지금 내 상황, 내 상태로 볼 때 어느 쪽이 되든 상관이 없다. 20년을 더 살게 되어도 주를 위해 사는 것이요 당장 죽임을 당해도 주를 위해 죽는 것이니, 결국은 다 마찬가지다. 내게는 그리스도가 곧 삶이요 삶이 곧 그리스도다." 거듭 말합니다. 중요한 문제는 우리도 이렇게 말할 수 있느냐 하는 것입니다. 바울은 그리스도인과 비그리스도인의 결정적이고도 근본적인 차이점을 지적하고 있습니다. 그리스도인의 특징은 그리스도가 곧 그의 삶이라는 것입니다.

삶이 무엇입니까? 산다는 것이 무엇입니까? 이 질문에 접근하기에 가장 좋은 방법은 사람들의 몇 가지 대답을 살펴보는 일일 것입니다. 물론 대다수 사람들은 삶의 의미를 전혀 생각하지 않습니다. 그들에게 삶이란 생존, 즉 동물의 조건 내지는 꽃이나 식물의 삶과 진배없는 상태를 의미할 뿐입니다. 많은 이들이 삶에 대해 아무런 철학도 가지고 있지 않습니다. 삶이라는 놀라운 경험을 하고 존재라는 경이로운 선물을 누리면서도 그에 대해 아무런 생각도 하지 않은 채 지내는 것입니다. 그들은 삶의 의미를 가만히 생각해 보지 않습니다. 아무 생각 없이 그저 먹고 마시면서 하루하루 보낼 뿐입니다.

에피쿠로스주의라는 이름에 걸맞게, 그들의 인생관을 한 마디로 요약하면 '먹고 마시고 즐기자'입니다. 오늘날도 그렇지만, 바울 당시에도 이것은 아주 익숙한 삶의 태도였습니다. 이런 태도를 가진 사람은 삶 자체보다 하루하루 사는 것에 집중합니다. 그들에게 산다는 것은 곧 즐기는 것입니다. 먹고 마시고 춤추며 지내는 것입니다. 에피쿠로스주의는 이런 삶을 아주 명백하게 옹호하는 철학으로서, 사람들은 이 철학을 진심으로 신봉하고 있습니다. 이런 예비적인 문제를 다루느라 지체할 생각은 없습니다만, 삶에 대해 솔직한 대답을 요구할 때 "삶이란 이런저런 즐거움을 찾아다니는 것"이라고 대답할 이들이 많은 것을 보면 놀랍습니다. 이것은 참담하지만 엄연한 사실입니다. "삶"이 보고 싶어 지방을 떠나 대도시로 왔다고 말하는 이들이 얼마나 많은지 모릅니다. 삶을 즐길 기회로 여기는 이런 사람들은 지방에 남아 있는 이들을 불쌍하게 여깁니다.

스토아주의 인생관도 있습니다. 에피쿠로스주의자보다 지적인 스토아주의자는 "삶이란 견디는 것"이라고 말합니다. 그들은 얼굴에 웃음기 하나 없이 "모든 것이 멋지지 않느냐고?"라고 반문합니다. 그들은 지적이기에 현실이 전혀 멋지지 않다는 것을 압니다. 오히려 세상은 눈물로 가득 찰 때가 많다는 것을 압니다. 잔인하고 비참한 일들과 고난, 고통을 보면서 삶이란 그런 것을 견디며 계속 앞으로 나아가는 것, 끝까지 나아가는 것, 자신을 통제하면서 무슨 일이 닥쳐도 헤치고 나아가는 것이라는 결론을 내립니다. 삶에 대한 스토아주의자의 태도는 꿋꿋이 참는 것이며 결연히 버티는 것입니다. 이처럼 산다는 것이 무엇이냐고 물을 때 환경이나 우연과 싸우는 것이라고, "사나운 운명의 돌팔매와 화살"에 맞서는 것이라고, 한도 없고 끝도 없이 투쟁하는 것이라고 대답할 사람들이 애석하게도 많이 있습니다.

특히 살기가 힘든 요즘 같은 때에는 늘 그렇듯이 냉소적인 인생관이 등장하게 마련입니다. 아마도 이런 인생관을 가장 잘 표현한 것은 셰익스피어가 쓴 『맥베스 *Macbeth*』의 대사일 것입니다.

꺼져, 꺼져 버려, 이 덧없는 촛불아!
인생이란 그저 걸어 다니는 그림자일 뿐.
잠시 무대에 올라 우쭐대고 안달하다
소리 없이 사라지는 딱한 배우지.
뜻도 없이
시끄럽고 요란하기만 한 백치의 얘기라고.

이것이 제가 말하는 냉소적인 인생관입니다. 오늘날 이런 인생관을 가진 이들이 얼마나 많은지요! 높디높은 이상주의가 무너지고, 밝게 빛나던 희망이 수도 없이 박살나 버린 이런 시대에는 특히 더 이 유혹에 빠지기가 쉽습니다. 오늘날 사람들이 전형적으로 하는 말은 "그래 봤자 뭐 해? 다 쓸데없어"라는 것입니다.

더 나아가 신비주의적 인생관도 있습니다. 제가 신비주의적 인생관이라고 말하는 이 관점과 기독교의 관점을 착각하는 경우가 적잖기 때문에, 이 관점을 제대로 이해하는 것이 중요합니다. 물론 기독교 신비주의도 있기는 하지만, 그 경우에도 "기독교"라는 말이 무엇을 가리키는지 분명히 밝히고 규정할 필요가 있습니다. 전형적인 신비주의적 관점은, 삶과 삶의 모든 불행은 결국 몸에서 비롯되기 때문에, 몸과 자신을 동일시하지 말고 몸에서 벗어남으로 구원받아야 한다는 것입니다. 그래서 신비주의자들은 몸을 죽이는 일에 시간을 투자합니다. 세상의 영향을 최대한 배제하면서 수동적으로 살아갑니다. 이것이 신비주의자의 시각입니다. 이를테면 세상에 대해 죽은 자처럼 완전히 수동적인 태도로 살아가는 것입니다.

이제 제가 '보통 사람의 인생관'이라고 부르는 관점을 살펴보겠습니다. 이 부분에서도 사도의 말은 우리를 철저히 검증해 줍니다. 교회에 다니는 그리스도인들이 "당신에게는 산다는 것이 무엇입니까? 당신의 삶을 이루는 것이 무엇입니까? 당신이 붙잡고 사는 것이 무엇입니까?"라는 질문을 받을 때, 자신에게 삶이란 가족과 가정, 일과 직업, 삶의 여러 가지 활동을 의미한다고 인정하며 고백해야 하는 경우가 많은 것이 사실 아닙니까? 우리 대다수에게 삶이란 사랑하는 사람들과의 교제와 사랑, 가정생활과 교우관계를 의미할 때가 많지 않습니까? 물론 그런 것들도 중요합니다. 그러나 종종 그런 것들 **자체**가 삶이 되어, 그런 것들을 잃으면 삶과 세계 전체가 무너져 내려서 아무것도 남지 않는 경우가 있습니다. 늘 느끼는 바지만, 가까운 사람이 그리스도를 믿지 않는 가족을 잃었을 때 위로 편지를 쓰는 일만큼 힘든 일은 없습니다. 도덕적으로 흠잡을 데 없이 아주 행복하게 살던 훌륭하고 멋진 사람들이라도 이렇게 자기 삶을 이루고 있던 것들 중에 하나를 잃으면 삶의 토대 전체가 무너져 버리는 것을 볼 수 있습니다.

더 나아가 봅시다. 인본주의적인 관점도 있습니다. 인본주의자들에게 산다는 것은 선을 행할 기회, 세상을 개선하고 사회의 상태를 향상시킬 기회를 의미합니다. 이처럼 이상주의적인 인생관을 가진 사람들이 많이 있습니다. 그들에게 산다는 것의 의미를 물으면 "인류의 삶을 변화시키고 진보시켜서 향상시킬 기회"라고 대답합니다.

종교적 인생관이라고 할 수 있는 관점도 살펴봅시다. 기독교적 관점과 비교해서 설명해 보겠습니다. 종교적 인생관은 기독교적 인생관과 구별하기 위해 제가 붙인 이름입니다. "삶이 무엇인가?"라는 질문에 "종교를 가지고 그 의무를 이행하는 것"이라고 대답하는 이들이 있습니다. 사랑하는 여러분, 우리 자신은 그렇지 않은지 살펴봅시다. 설교자의 가장 큰 위험은 활동—연설, 설교, 목회, 바쁜 종교 활동—에 빠져 사는 것입니다. 그런 것들에 빠져 살다가 갑자기 할 일이 없어지면 공허한 상태가 되어 버립니다. 여러분도 그런 경우들을 보지 않습니까? 제가 볼 때 이것은 인생의 큰 비극입니다. 교회에서 아주 활동적으로 살다가 병석에 누워 공허해 하는 분들을 권면해야 할 때가 가끔 있습니다. 활동과 여러 가지 관심사에 빠져 사는 사람들은 바울이 말하는 삶을 그런 것으로 대체해 버릴 위험이 있습니다.

더 나아가 제가 말하고 싶은 점이 있습니다. 그리스도인에게 "삶은 곧 하나님"이 아닙니다. 불경하고 과한 말로 들립니까? 지나친 말로 들립니까? 저는 그렇지 않다고 생각합니다. 유대인이나 무슬림이라면 "나에게 삶은 곧 하나님"이라고 아주 정직하게 말할 수 있습니다. 하나님이 삶의 중심이라고 말하는 이들이 세상에 많이 있습니다. 이런 점에서 바울의 말이 오직 기독교만의 표현이자 그리스도인의 독특한 표지가 되는 것입니다. 바울은 "내게 사는 것"이 무엇이라고 말합니까? "내게 사는 것이 **그리스도**니." 하나님, 성부 하나님이 아니라 성자 그리스도시라는 것입니다. 바울에게 삶은 종교적인 관심사도 아니고 종교 활동도 아닙니다. 앞서 말한 그 어떤 것도 아닙니다. 그에게 삶은 곧 그리스도입니다.

그렇다면 바울이 말하는 삶은 무엇일까요? 어떤 의미에서는 이미 말씀드렸다고 할 수 있습니다. 그가 말하는 삶은 사랑입니다. 사랑이야말로 삶의 최고봉이요 목적이요 이유입니다. 사랑이 없는 삶은 아무 뜻도, 의미도 없습니다. 바울은 그 사랑이 자신의 삶 전체를 다스리고 있다고 말합니다. 아마도 그리스도와 사랑에 빠졌다는 것이 가장 좋은 표현일 것입니다. 그는 그리스도를 사랑했습니다. 모든 사랑이 그렇듯이, 그 사랑이 그의 삶을 지배하고 다스렸습니다. 이것이 자기 삶의 목적이요 본질이요 목표라고 바울은 말합니다.

그리스도가 삶 전체를 다스리신다는 말의 의미를 충분히 이해하기 위해 좀 더 분석해 보겠습니다. 삶이란 무엇입니까? 한 가지 좋은 분류법은 우리가 하는 일을 곧 삶으로 보는 것입니다. 다음과 같이 설명해 봅시다. 옥에 갇힌 사도는 생각했을 것입니다. '앞으로 20년을 더 살면 어떻게 될까? 그게 무슨 의미가 있을까? 그 20년 동안 나는 무엇을 할까?' 앞으로 10년을 더 살지, 20년, 30년, 40년을 더 살지 우리는 모릅니다. 그 시간을 어떻게 보내고 싶습니까? 그 삶이 무슨 의미가 있습니까? 이것이 첫 번째 질문입니다.

이 질문은 다시 세분해서 살펴볼 수 있습니다. 삶은 우리의 생각과 관심영역으로 이루어집니다. 단순히 먹고 마시는 것, 자고 깨는 것, 일을 하고 직장에 다니는 것이 삶은 아닙니다. 바울은 지금 그런 삶을 말하고 있지 않습니다. 그는 삶에 목적이 있다고, 참된 의미를 부여하는 무언가가 있다고 말합니다. 그의 말은 우리가 여가 시간 대부분을 어떻게 보내는지, 무엇을 읽고 생각하며 보내는지 돌아보게 만듭니다. 이것은 아주 훌륭한 시금석입니다. 사랑의 특징은 당연히 사랑하는 대상을 늘 생각하는 것입니다. 좋든 싫든, 모든 사람이 그렇습니다. 그래서 이 말씀이 시금석이 된다는 것입니다. "네 보물 있는 그곳에는 네 마음도 있느니라"(마 6:21). 우리는 주로 무슨 생각을 하면서 지냅니까? 실제 관심사가 무엇입니까? 점점 더 신경을 쓰는 문제가 무엇입니까? 그렇습니다. 바울은 그리스도였습니다. 그리스도가 항상 중심이었습니다.

그뿐만이 아닙니다. 사랑하면 그 느낌과 감정을 표현하게 되며, 마음속 갈망을 표출하게 됩니다. 기억하겠지만, 바울은 그리스도를 더 많이 알고 사랑하게 되기를 간절히 바란다고 분명히 밝혔습니다. 그리고 3장에서 다시 그 소원을 이야기합니다. "내가 그리스도와 그 부활의 권능과 그 고난에 참여함을 알고자 하여." 그는 그 어느 것보다 이것을 원했습니다. 이 느낌, 이 충동, 이 감정이 그를 사로잡았습니다. 모든 것이 그리스도께 집중되어 있었습니다. 이처럼 느낌과 감정의 영역에서도 그에게 "사는 것"은 "그리스도"였습니다.

또한 삶은 활동과 행동을 가리키기도 합니다. 이 부분에서도 사도는 삶이 자신에게 의미하는 바를 이야기해 줍니다. 그는 그리스도의 영광을 전파하는 일에 시간을 썼으며, 자신을 통해서든 다른 사람들을 통해서든 그리스도를 알리기 원했습니다. 빌립보 교인들과 함께 머무는 편이 낫다고 한 것도 그들에게 그리스도를 더 많이 알려 주기 위해서였습니다. "내가 앞으로 20년을 더 산다면 무엇을 할까? 그렇다, 오직 그리스도만을 전할 것이다. 사람들에게 그리스도의 이야기를 해 주어서 그를 믿게 할 것이다. 그리스도의 이름을 크게 하고 높이고 영광스럽게 하기 위해 내가 할 수 있는 일을 다 할 것이다." 그에게 산다는 것은 바로 이 일하는 것을 의미했습니다.

또한 산다는 것은 우리 삶에 일어나는 사건들을 가리키기도 합니다. "20년을 더 산다면 나는 어떠어떠한 일을 할 것이고, 어떠어떠한 일들을 겪을 것이다. 그것이 곧 삶이다"라고 말할 수 있습니다. 바울은 이 부분에서도 자신에게 사는 것은 그리스도라고 말합니다. 이 말은 앞에서 이미 하지 않았습니까? 12-30절에서 한 말이 바로 이것 아닙니까? "저들은 나의 매임에 괴로움을 더하게 하려고 질투심으로 그리스도를 전한다. 그러나 그 또한 그리스도 안에 포괄되는 일이니 괜찮다"라는 것입니다. 바울은 매사를 그리스도의 관점에서, 그리스도를 중심으로 생각합니다. 자신이 그리스도 안에 있기 때문에 외부의 일들에 매이지 않습니다. 상황이나 우연에 휘둘리지 않습니다. 그는 마지막 장에서 "어떠한 형편에 든지 나는 자족하기를 배웠"다고 말합니다. 그리스도께서 어떤 상황에도 짓눌리지 않게 해 주신다는 것입니다.

삶과 사랑에 대해 할 수 있는 또 다른 말은, 누구나 채워지기를 원한다는 것입니다. 살다 보면 요구가 생기게 마련이고, 찾는 것이 생기게 마련입니다. 평안과 기쁨을 찾게 마련이고, 행복을 찾게 마련입니다. 바울은 그리스도께서 그 모든 것을 완벽하게 채워 주신다고 말합니다. "내게는 지성이 있는데, 그리스도께서 채워 주신다"라고 말합니다. "만족되어야 할 감정과 갈망이 있는데, 그리스도께서 나의 전부가 되어 모든 것 안에 충만히 계신다"라고 말합니다. "내 삶의 모든 요구는 그리스도 안에서 넘치도록 채워진다"라고 말합니다. 이 또한 "내게 사는 것이 그리스도니"라는 말에 담긴 의미입니다. 자신은 어떤 상황에서도 충분히 행동—반응—할 수 있다는 것입니다. 자신의 본성적인 요구와 개인적인 요구가 전부 채워지고 충족된다는 것입니다. 사랑하는 여러분, 여러분도 이렇게 말할 수 있습니까? 할 수 있다면 계속 이 질문만 하고 싶은 심정입니다. 이것이야말로 기독교적 입장의 핵심이기 때문입니다. 한 사람을 그리스도인 되게 하는 분은 바로 그리스도십니다. 언제나 그리스도가 중심이고, 그리스도가 전부입니다. 이 모든 의미에서 바울에게 "사는 것"은 "그리스도"였습니다.

다른 질문을 드리겠습니다. 바울은 어떻게 이렇게 되었을까요? 그가 쓴 여러 서신에서 답을 찾을 수 있습니다. 확신하건대, 그 첫 번째 답은 성자의 영광에 있습니다. 사도행전 9장에는 바울이 위협과 살기가 등등하여 다메섹으로 출발하는 이야기가 나옵니다. 그는 나사렛 예수의 이름에 반대하는 것을 당연히 여겼습니다. 예수를 몰랐기 때문입니다. 그러나 그를 직접 보자—이런 표현을 사용해도 될지 모르겠지만—사랑에 빠져 버렸습니다. 그는 자신이 본 예수의 얼굴을, 그 광경을 잊을 수가 없었습니다. 그를 보는 순간 모든 것이 뒷전으로 밀려나 버렸습니다. 그리스도의 얼굴과 그 영광 외에 모든 것, 그 복되신 분 외에 모든 것이 빛을 잃어버렸습니다. 아, 육신의 눈이 아니라도 믿음의 눈으로 잠시 그분을 본 사람은 누구나 타오르는 열정에 사로잡힙니다! 바울은 그를 보았고, 그를 사랑하지 않을 수가 없었습니다. 도마도 그를 보았습니다. 그때 주님이 하신 말씀을 기억할 것입니다. "너는 나를 본 고로 믿느냐? 보지 못하고 믿는 자들은 복되도다"(요 20:29). 여러분은 생각할지도 모릅니다. '바울이 다메섹으로 가는 길에서 보았던 환상을 나도 본다면 똑같이 사랑한다고 말할 수 있을 텐데. 하지만 나는 못 봤잖아.' 그러나 그것은 어리석은 생각입니다. 베드로는 베드로전서 1:8에서 "예수를 너희가 보지 못하였으나 사랑하는도다"라고 했습니다. 위대한 찬송시들과 성도들의 생애도 읽어 보십시오. 그들은 예수를 사랑했습니다. 믿음의 눈으로 예수를 보았고, 그에 대한 증언을 우리에게 남겼습니다. 이처럼 예수의 영광은 우리를 사랑에 빠지게 만드는 주된 원인이 됩니다. 그리스도인의 삶에 허락된 이런 혜택을 누리지 못하는 것은 비극입니다. 우리는 그토록 복을 갈망하면서도 정작 그 복을 주시는 분은 잊고 지냅니다. 그러나 바울은 그렇지 않았습니다. 그 복되신 분이 자기 죄를 위해 십자가로 나아가 목숨까지 주신 것을 알았습니다. 하나님의 아들이 "나를—나 같은 사람을!—사랑하사 나를 위하여 자기 자신을 버리신" 것을 알았습니다. 이것이 십자가의 영광이요 경이입니다. 하나님의 아들이 비참하기 짝이 없는 죄인을 위해 피를 쏟으셨습니다.

그 다음으로 바울이 보고 알게 된 사실은 그리스도를 떠나서는 참된 삶을 살 수 없다는 것입니다. 그는 3장에서 모든 것을 "배설물"로 여긴다는 강한 표현을 사용합니다. 다 쓸모없는 쓰레기라는 것입니다. 그리스도가 없는 삶은 삶이 아닌 생존입니다. 앞서 살펴보았듯이, 삶은 원래 어그러진 데 없이 온전해야 합니다. 지성도 채워져야 하고, 감정도 채워져야 합니다. 삶 전체에 빈 구석이 하나도 없어야 합니다. 온전한 삶이 원(圓)처럼 사람을 둘러싸고 있어야 합니다.

마지막으로, 바울이 이런 생각을 하고 이런 말을 할 수 있었던 것은 새로운 인생관이 생겼기 때문입니다. 그는 이 세상의 삶이 장차 다가올 위대한 삶의 준비과정에 불과함을 알았습니다. 그것은 이 세상을 무시한다거나 회의주의와 신비주의에 빠져 산다는 뜻이 아닙니다. 바울은 누구보다 적극적인 삶을 살았습니다. 그렇습니다. 그는 수동적으로 세상에 대해 죽은 것이 아니라, 죄에 대해 죽은 것이었습니다. 그는 하나님의 나라와 악의 나라가 이 세상에서 큰 전투를 벌이고 있음을 알았습니다. 왕이 귀환하여 악한 군대를 물리치시고 그 나라를 세우실 날이 다가오고 있음을 알았습니다. "나는 그 나라에 갈 사람이고, 그 나라에서 살 사람이다. 이 세상에서 20년을 더 살게 되느냐 아니냐는 전혀 중요치 않다. 나를 기다리고 있는 저 영광을 생각해 보라. 장차 내가 살게 될 삶을 생각해 보라. 왕이 다스리시는 참된 삶, 그와 함께 지낼 참된 삶을 생각해 보라!" 이것을 알았기에 바울은 그리스도를 위해 살 수 있었습니다.

이제 한 가지 질문으로 설교를 마치겠습니다. 우리에게도 사는 것이 그리스도입니까? 우리도 존 웨슬리의 회심 전후에 도움을 준 모라비아 교도의 지도자 친첸도르프 백작Count Zinzendorf처럼 말할 수 있습니까? 그는 바울이 다메섹 도상에서 본 것과 같은 환상을 보지 못했음에도 그리스도를 삶의 중심에 모셨습니다. 그의 좌우명을 우리의 좌우명으로 삼을 수 있습니까? "내가 간절히 바라는 것이 한 가지 있다. 그것은 그분, 오직 그분이다." "내게 사는 것이 그리스도니." 오, 우리 모두 이 열정을 품게 된다면! 그러면 하루아침에 이 땅이 변화되고 위대한 부흥이 임할 것이라고 저는 믿습니다. 그분, 오직 그분! 그분을 생각합시다. 그분을 묵상합시다. 그분을 계시해 주시기를 성령께 간구합시다. 이 일을 위해 기도합시다. 이 일에 시간을 들입시다. 이 일에 집중합시다. 이 일을 중심에 놓읍시다. 그분을 더 잘 알기 위해 할 수 있는 모든 일을 다 합시다. 그분을 알면 자연히 사랑하게 되어 있습니다.

제가 간절히 바라는 것이 한 가지 있습니다. 그것은 그분, 오직 그분입니다.

이는 내게 사는 것이 그리스도니 죽는 것도 유익함이라.
그러나 만일 육신으로 사는 이것이 내 일의 열매일진대
무엇을 택해야 할는지 나는 알지 못하노라.
내가 그 둘 사이에 끼었으니 차라리 세상을 떠나서
그리스도와 함께 있는 것이 훨씬 더 좋은 일이라.
그렇게 하고 싶으나 내가 육신으로 있는 것이
너희를 위하여 더 유익하리라.

빌립보서 1:21-24

8. "그리스도와 함께 있는 것"

이제 21절에 나오는 두 번째 진술, "죽는 것도 유익함이라"는 진술을 다룰 차례입니다. 지난 설교에서는 살아남을 경우 어찌할 것인지에 대한 바울의 생각을 살피면서, 그가 어떻게 "내게 사는 것이 그리스도니"라는 굉장한 말을 하는지 보았습니다. 이번에는 바울 앞에 놓인 또 다른 가능성, 즉 죽음을 대하는 바울의 태도를 살펴보겠습니다. 그는 아무런 이유도 대지 않고 다짜고짜 죽는 것 또한 유익하다고 말합니다. 이 또한 바울서신에 특징적으로 등장하는 도전적이면서도 가슴 벅찬 진술입니다.

사도는 이 진술을 통해 삶의 두 번째 큰 문제라고 할 수 있는 문제, 생각이 있고 사려가 깊은 사람이라면 누구나 골몰할 수밖에 없는 문제를 우리 앞에 들이밉니다. 지난 설교에서 고찰한 첫 번째 질문은 '삶이란 무엇인가?'였습니다. 철학적인 의미에서 이 질문과 대면하지 않는 사람은 어리석은 사람입니다. 이제 우리가 다룰 두 번째 질문은 '죽음이란 무엇인가?'입니다. 죽음은 우리에게 무엇을 의미합니까? 죽음을 대하는 우리의 태도는 어떤 것입니까? 사람들이 이 질문을 회피할 뿐 아니라 싫어한다는 것만큼 이상한 일은 없다는 말을 이번에도 해야겠습니다. 굳이 증거를 댈 필요조차 없을 것입니다. 죽음에 대한 이야기만 꺼내도 즉시 병적이라는 비난이 쏟아지니 말입니다. 사람들은 어차피 죽을 텐데 군이 앞장서서 미리 말할 필요가 있느냐고 반박합니다. 그들은 죽음에 대한 이야기를 싫어합니다. 죽음에 대한 설교도 싫어합니다. 그래서 요즘은 죽음을 다루는 설교가 아주 희귀합니다. 삶에 온 관심을 쏟는 것도 죽음이라는 현실을 잊고 최대한 죽음을 생각하지 않는 데 도움이 되기 때문인 것 같습니다. 물론 우리의 선조들, 특히 위대한 전통의 출발점이 된 17세기 청교도들은 그렇게 하지 않았습니다. 새삼 상기시키는 바, 이 나라가 지닌 위대함의 진정한 토대를 닦은 시대가 바로 그 시대였습니다. 그들은 시종일관 죽음을 통해 삶을 바라보았습니다. 그런데 지금은 그것이 이상하고 기이한 일이 되어 버렸습니다. 사람들은 그런 것을 싫어하며 건전치 못한 일로 간주합니다.

이것은 아주 우습고 무분별한 태도일 뿐 아니라 여러 면에서 평소 행동과 일치하지 않는 태도이기도 합니다. 우리는 건강보험이나 생명보험에 들라는 말을 불쾌히 여기지 않으며, 보험 드는 것을 더없이 현명한 행동으로 인정합니다. "물론 그런 위험한 일들이 생기진 않겠지만, 그래도 화재로 집을 잃을 수도 있으니까요"라고 말하는 이도 있고, "가능성 있는 일에 미리 대비하는 편이 현명하지 않습니까?"라고 말하는 이도 있습니다. 현대인은 이렇게 미리 대비하는 것에 큰 자부심을 느끼며, 모든 영역에서 대비책을 마련해 놓습니다. 그런데 가장 확실하고 긴요하며 중대한 사건인 죽음에 대해서만큼은 정반대로, 죽음을 직시하고 그에 대비해야 할 의무와 중요성만 이야기해도 불쾌하게 여기는 것입니다.

제가 볼 때 이것은 아주 흥미로운 태도입니다. 이렇게 일관성 없는 태도는 인간에 관해, 또한 죽음을 대하는 인간의 태도에 관해 성경이 가르치는 바를 확증해 준다고 생각합니다. 죽음이라는 주제에 대한 현대인의 반응을 설명할 수 있는 방법은 한 가지뿐입니다. 히브리서 2:15은 죽음에 무관심한 현대인의 모습을 그대로 묘사하고 있습니다. 히브리서는 죄에 빠진 인간이 "죽기를 무서워하므로 한평생 매여 종노릇" 한다고 말합니다. 바로 이것이 인간이 죽음을 불쾌히 여기는 이유이며, 죽음이라는 주제를 직시하고 고찰하기를 꺼리는 이유입니다. 그래서 죽을 준비가 되어 있느냐고 물으면 그토록 모욕감을 느끼는 것입니다. 그렇지 않다면 그토록 강하게 반발할 리가 없습니다.

그런데 이 사람 바울은 완전히 다른 태도를 보여 줍니다. 그는 죽음을 직시합니다. 그리고 "죽는 것도 유익"하다고 말합니다. 이렇게 죽음에 대한 태도를 완전히 바꾸어 놓은 것만큼 놀라운 복음의 업적은 없습니다. 신약성경의 복음을 배제한 채 죽음을 살펴보면 제 말이 무슨 뜻인지 알 것입니다. 구약성경을 읽어 보십시오. 죽음에 대한 구약성경의 관점을 살펴보면 이방의 철학이나 가르침보다는 월등함에도 불구하고 여전히 모호한 요소가 있는 것을 알 수 있습니다. 때로는 소망을 표명하기도 하고, 어떤 시편은 부활에 거의 근접하는 높은 수준을 보여 주기도 하지만, 그럼에도 여전히 죽음에 대해 흐릿하고 모호한 관점을 가지고 있습니다. 마치 죽음과 함께 모든 것이 끝나는 것처럼 불평하는 시편도 있습니다. "스올에서 주께 감사할 자 누구리이까?"(시 6:5)

죽음에 대한 새로운 태도는 우리 주와 구주 되신 예수 그리스도께서 오신 후에야 비로소 등장합니다. 바울은 디모데에게 이 점을 짚어 주면서, 그리스도께서 복음으로 생명과 썩지 아니할 것을 드러내셨다고 말합니다(딤후 1:10). 신약성경—특히 복음서—을 펼치면 죽음에 대한 완전히 새로운 관점, 과거에는 없었던 새롭고도 낯선 관점을 발견하게 됩니다.

지난번에 말씀드렸듯이, 이것이 가능한 것은 당연히 부활 때문입니다. 부활은 죽음을 정복할 수 있다는 증거이며, 이미 죽음을 정복했다는 결정적인 증거입니다. 주님은 죽은 자들 가운데서 부활하심으로써 죽음과 무덤이 정복되었다는 사실을 제자들에게 명백하게 보여 주셨습니다. 부활이라는 이 중대하고 영광스러운 사건 덕분에 베드로를 비롯한 사도들과 최초의 그리스도인들이 죽음을 완전히 새롭게 바라볼 수 있었던 것이며, 그렇게 웃으면서 죽음을 맞을 수 있었던 것이고, "죽는 것도 유익"하다고 말할 수 있었던 것입니다.

그들은 부활을 보면서 당연히 주님이 육신으로 계실 때 약속하셨던 많은 일들을 함께 떠올렸을 것입니다. "너희는 마음에 근심하지 말라. 하나님을 믿으니 또 나를 믿으라. 내 아버지 집에 거할 곳이 많도다.……내가 너희를 위하여 거처를 예비하러 가노니 가서 너희를 위하여 거처를 예비하면 내가 다시 와서 너희를 내게로 영접하여 나 있는 곳에 너희도 있게 하리라"라는 말씀도 기억했을 것입니다(요 14:1-3). 그들은 부활 사건을 보면서, 이 영광스러운 말씀 또한 반드시 이루어질 것을 알 수 있었습니다. 사도가 빌립보 교회에 이 강렬하면서도 도전적인 말씀, 굉장한 말씀을 할 수 있었던 것은 이처럼 주님의 가르침이 있었기 때문이며, 특히 부활 사건이 있었기 때문입니다.

그러나 이번에도 우리는 이것을 단순히 객관적인 진술로만 다룰 것이 아니라 자신을 돌아보는 잣대로 삼아야 합니다. 이것은 바울뿐 아니라 모든 그리스도인에게 해당되는 말씀입니다. 이미 지적했듯이 바울은 자신만 예외라고 말한 적이 없습니다. 그리스도인은 누구나 이런 경험을 할 수 있습니다. 바울이 이렇게 죽음을 직시했다면, 우리도 죽음을 직시할 수 있어야 합니다. 그런데 정말 이렇게 할 수 있습니까? 바울처럼 죽음을 직시할 수 있습니까? 앞의 말씀처럼 이 말씀 또한 우리의 신앙고백을 철저하고 면밀하게 조사하고 분석하는 기준이 된다는 말에 동의하리라 생각합니다. "내게 사는 것이 그리스도니"라는 말과 "죽는 것도 유익함이라"는 말 중에 어느 쪽이 더 어렵고 면밀한 기준인 것 같습니까? 저는 주저 없이 앞의 말이라고 대답하겠습니다. 뒤의 말은 앞의 말처럼 어려워 보이지 않습니다. 그 이유를 말씀드리겠습니다. 저의 죽음과 영원한 운명은 감사하게도 그리스도께 달린 문제입니다. 어쨌든 나사렛 예수를 하나님의 아들로 믿고 그의 갈보리 죽음과 부활을 믿기만 하면, 나에게 무슨 일이 생기든지 "죽는 것도 유익"합니다. 저는 이것이 사실이라는 것, 사실일 수밖에 없다는 것을 압니다. 그런데 "내게 사는 것이 그리스도니"라는 것은 그리스도께서 날 위해 해 주시는 일이 아니라 나 스스로 해야 하는 일입니다. 이런 의미에서 사는 것이 죽는 것보다 어렵습니다. 이렇게 두 가지를 비교하는 것이 별 의미 없는 일로 보일 수도 있습니다만, 저는 중요하다고 생각합니다.

　"죽는 것도 유익함이라"고 말할 수 있느냐 없느냐는 아주 철저한 시금석입니다. 앞의 말만큼 어렵고 면밀한 시금석은 아니어도 아주 중대한 시금석입니다. 다시 말해서 죽음이 현실로 닥쳤을 때 나한테 유익한 일이라는 생각이 드는지 확인해 보아야 합니다. 사도처럼 죽음을 바라볼 수 있는지 확인해 보아야 합니다. 자기검토에 도움을 드리기 위해 일반인들은 어떻게 죽음을 바라보는지 말씀드리겠습니다. 그러면 자신이 어느 범주에 속해 있는지 알 것입니다. 이렇게 실제적인 시금석을 들이댈 때 자신이 그리스도인의 범주에 속해 있지 않음을 발견하는 경우가 허다합니다.

　현대의 특징적인 관점이자 가장 흔한 관점이 무엇입니까? 첫 번째는 두려워하거나 증오하는 것입니다. 죽음은 맨 나중 원수입니다. 서서히 다가오는 무서운 대상이며, 공포심을 일으키는 대상입니다. 또 다른 태도는 체념입니다. 어차피 죽음은 찾아오게 되어 있고 사람은 다 죽게 되어 있으니 걱정하고 화내 봐야 소용이 없다는 것입니다. 그리고 지난 백 년간 사람들이 대중화하고자 했던 세 번째 관점은 용기를 가지고 굳게 서서 두려움을 물리치자는 것입니다. 체념하지 말고 일종의 저항을 하자는 것입니다. 마지막 관점은 기독교적인 관점입니다.

이렇게 서로 다른 관점들을 설명하기 위해 제가 읽은 책에 실린 시 세 편을 인용하는 것이 가장 좋지 않을까 생각합니다. 저는 이 시들이 우리가 다루는 주제를 아주 잘 담고 있다고 생각합니다. 죽음에 대한 두려움, 죽음에 저항하는 용기, 죽음에 대한 기독교의 관점을 다룬 그 시들에 앞서 체념적인 태도를 가장 잘 묘사한 시 한 편부터 살펴보겠습니다. 이 시를 쓴 사람은 월터 새비지 랜더Walter Savage Landor입니다.

> 싸울 가치가 없어
> 아무와도 싸우지 않았다.
> 자연을 사랑했고, 그 다음으로 예술을 사랑했다.
> 나는 두 손을 내밀고 삶의 불을 쬐었다.
> 이제 불길은 스러지고, 떠날 준비가 되었다.

체념입니다! 벽난로의 불이 꺼져 가고 있다는 것입니다. 이제 이 불길이 스러지면 떠나겠다는 것입니다.

이 태도를 염두에 두고, 다른 세 가지 태도가 어떻게 흥미롭게 묘사되어 있는지 살펴봅시다. 세 편의 시 배후에는 '죽음은 이별의 잔을 마시는 것'이라는 생각이 자리 잡고 있습니다. 기사가 공을 세우기 위해 떠나기 전 이별의 잔을 마시던 옛 풍습이 반영되어 있는 것입니다. 또 죽음을 청황색 말에 비유하는 요한계시록 6장의 묵시적 상징도 반영되어 있습니다.*

미 국무장관을 지낸 존 헤이John Hay라는 사람은 죽음의 두려움과 공포를 다음과 같이 표현했습니다.

짧고 행복했던 시절은 가고
길고 외로운 밤이 찾아왔다.
문 앞에 선 청황색 말이
미지의 땅으로 날 태워 가려 한다.

날카로운 힝힝 소리, 쿵쿵대는 발굽 소리가
폭풍의 전조인 양 두렵구나.
이 안식처,
온화하고 따스한 삶의 기쁨을 두고 떠나야 하는가?

오, 온화하고 따스한 삶의 기쁨이여,
신실하고 진실하고 상냥한 친구들이여,
뺨이 발그레한 자식들과 내 아내여,
사랑스러워 입 맞추고 어여뻐 쳐다보는 이들이여.

---

* "내가 보매 청황색 말이 나오는데 그 탄 자의 이름은 사망이니"(계 6:8).

사랑스러워 입 맞추고 어여삐 쳐다보는데,

어느덧 밤은 찾아와 등불이 파랗게 타는구나.

문 앞에 선 청황색 말이

미지의 땅으로 날 태워 가려 한다.

알렉산더E. P. Alexander 장군은 이 시가 죽음—낯선 모험, 무섭고 떨리지만 피할 수 없는 모험인 죽음—에 대해 오직 두려움만 표현했다고 느꼈고, 그것만으로는 부족하다고 생각했습니다. 그는 죽음에 대한 자신의 태도를 용감하고 의연한 언어로 표현하고자 했습니다. 그래서 앞의 시에 호응하여 다음과 같은 시를 썼습니다.

폭풍과 어둠과 신비는

용기를 북돋을 뿐.

삶의 무대에서 제 역할을 다한 이는

평온한 마음으로 마지막을 맞이한다.

떨리는 손으로는 고삐를 잡지 못하는 법.

난 헛되이 살지 않았으니,

미지의 땅에서도 내 자리를 찾아내리라.

이 잔을 들이키고, 모든 인간의 운명을

담대히 맞이하리라.

어둠을 헤치고

무덤의 신비를 풀 권리를 타고난 인간의 운명을.

앞서 간 이도 있고 뒤에 올 이도 있으니,

내 영혼은 고독하지 않다.

모두가 한 운명인 것을. 그 거대한 행렬에

나도 함께하리라.

이 두 시는 버지니아의 뛰어난 목회자 제임스 포위스 스미스James Powis Smith
의 손으로 들어갔습니다. 그는 스톤월 잭슨Stonewall Jackson*과 함께 전쟁을
치르면서 사망의 음침한 골짜기를 숱하게 헤쳐 나온 사람이었습니다.
그가 보기에는 죽음의 두려움을 묘사한 존 헤이의 시도 미진했고, 용기
를 내 보려 한 알렉산더 장군의 시도 실패작이었습니다. 그래서 그리스
도인으로서 직접 다음과 같은 시를 썼습니다.

청황색 말이 왔으니 지체치 않으리라.

밤이 찾아와 떠나야 하지만

친구가 손잡고 함께 가시니

홀로 미지의 땅으로 떠나는 건 아니다.

내가 싸울 싸움을 다 끝냈고 달려갈 길도 다 마쳤다.

나 이제 그분의 얼굴을 맞대고 보리라.

오래 전 날 부르신 분의 얼굴,

믿고 따르라 명하신 분의 얼굴을.

삶의 기쁨은 그의 선물이었다.

저 구름 다 걷히면 그 친구가 보이리라.

그 친구와 영원히 살기 위해

이 집과 모든 것을 두고 간다.

---

* 남북전쟁 당시 남부연합 측의 유명한 장군.

그는 무엇을 주실까? 사랑의 잔을 주어

저 위에서 자신과 함께 쉬게 하시리라.

그러므로 나 헤매지 않고 달려 올라가리라.

청황색 말이 내 집으로 날 데려간다.

관점의 차이가 보일 것입니다. 이 시가 보여 주는 것은 두려움이나 체념이나 담대히 용기를 내 보려는 시도가 아니라 승리입니다. 시인은 웃으며 죽음을 맞이합니다. 자신감과 확신에 차 있습니다. 이 시는 죽음을 대하는 그리스도인의 특징적인 태도를 보여 줍니다. 바울이 이 장엄한 말씀을 통해 한마디로 보여 주는 태도가 바로 이것입니다. "죽는 것도 유익함이라."

이 말은 죽는 행위 자체보다 죽음 이후의 상태에 대한 언급입니다. 앞뒤 구절을 보면 죽는 행위에 대한 암시가 나오는데, 그것도 함께 살펴볼 필요가 있습니다. 바울은 23절에서 "떠나서"라는 단어를 씁니다. 이 단어의 정확한 의미가 무엇인지를 놓고 권위자들 사이에 의견이 분분합니다. 두 가지 번역이 가능한데, 어느 쪽이 정확한지는 분명히 가릴 수가 없습니다. 어떻게 보면 둘 다 같은 뜻이라고도 할 수 있습니다. 첫 번째 개념은 '닻을 올리는 것'입니다. 즉, 항구에 정박했던 배가 닻을 올리고 출항하는 것입니다. 이렇게 볼 때 죽음이란 육지를 떠나 해협을 거쳐 또 다른 항구로 들어가는 것, 이 세상에서 다음 세상으로 건너가 그 순수한 기쁨의 땅에서 사는 것을 의미합니다. 이것이 한 가지 가능한 의미입니다. 떠나는 것을 배를 타고 바다를 건너 최종목적지에 이르는 일로 보는 것입니다.

또 한 가지 가능한 의미는 '장막을 걷는 것, 야영생활을 접고 길을 떠나는 것'입니다. 두 가지 의미 중 어느 쪽을 택해도 무방합니다만, 저는 주저 없이 후자를 택하겠습니다. 후자에 유대인들의 독특한 인생관이 반영되어 있다고 보기 때문입니다. 바울은 고린도후서 5:1에서 "만일 땅에 있는 우리의 장막 집이 무너지면……"이라고 말합니다. 바로 이 개념을 차용한 것입니다. 베드로도 두 번째 서신에서 "우리 주 예수 그리스도께서 내게 지시하신 것같이 나도 나의 장막을 벗어날 것이 임박한 줄을" 알기 때문에 "이 장막에 있을 동안에" 그리스도인들에게 몇 가지 사실을 일깨우려 한다고 말합니다(벧후 1:13-14). 이처럼 이것은 유대인의 전형적인 관점입니다. 덧없는 세상의 삶은 마치 장막생활과 같다는 것입니다. 영원한 거처가 아니라는 것입니다. 죽음이란 이 야영생활을 접고 장막을 걷어, 저 앞에 있는 영원한 거처로 옮기는 일이라는 것입니다. 이것이 바울의 관점입니다. 그에게 죽는다는 것은 이 세상에서 다음 세상으로 옮겨 가는 행위에 불과했습니다.

알다시피 이 주제를 다루려면 주님이 나사로와 부자 이야기에서 죽는 일의 두려움에 대해 친히 들려 주신 아름다운 말씀에 주목해야 합니다. "이에 그 거지가 죽어 천사들에게 받들려 아브라함의 품에 들어가고"(눅 16:22). 정말 영광스러운 말씀 아닙니까? 여러분, 우리 머리로는 이런 일을 도저히 이해하지 못합니다. 다만 이 말씀을 하신 아들의 권위에 기대어 믿을 뿐입니다. 여러분과 제가 그리스도 안에 있다면, 다음 세상으로 건너가는 마지막 행위를 할 때 천사들이 우리를 받들어 줄 것입니다. 그리스도인에게 죽음이란 이런 것입니다.

그러나 앞서 말했듯이 바울의 진정한 관심은 죽는 행위 자체보다 죽음 이후의 상태와 상황에 있었습니다. 그는 23절에서 죽는 것이 유익한 이유를 밝힙니다. "내가 그 둘 사이에 끼었으니 차라리 세상을 떠나서 그리스도와 함께 있는 것이 훨씬 더 좋은 일이라.” 사실 이 구절은 “……훨씬, 훨씬 더 좋은 일이라”고 번역해야 합니다. 이것 말고 달리 표현할 말이 무엇이 있었겠습니까?

이제 우리가 던져야 할 질문은 이것입니다. 바울은 도대체 왜 죽어서 그리스도와 함께 있는 것이 훨씬 더 좋다는 것일까요? 몇 가지로 대답해 보겠습니다. 히브리서 기자는 다음과 같은 말로 우리의 이해를 돕고 있습니다. “그들이 이같이 말하는 것은 자기들이 본향 찾는 자임을 나타냄이라. 그들이 나온 바 본향을 생각하였더라면 돌아갈 기회가 있었으려니와 그들이 이제는 더 나은 본향을 사모하니 곧 하늘에 있는 것이라……”(히 11:14-16). 히브리서 기자는 이들이 결국 찾는 것은 “터가 있는 성”이라고 말합니다(히 11:10). 장막이나 야영지가 아니라 “하나님이 계획하시고 지으”신 성, 요동하지 않고 흔들리지 않는 성이라는 것입니다. 그것은 영구한 성이기에 세상의 성보다 훨씬 더 좋습니다. 약간 달리 표현하자면, 일시적이지 않은 영원한 삶을 살게 되기에 훨씬 더 좋은 것입니다. 히브리서 기자는 13:14에서도 “우리가 여기에는 영구한[지속적인] 도성이 없으므로 장차 올 것을 찾나니”라고 말합니다. 우리는 지속적이고 영원한 상태, 불변의 상태를 누릴 것입니다. 이 땅의 삶보다 훨씬 더 좋은 영구한 삶을 살 것입니다. 이것이 죽는 것도 유익한 이유입니다. 세상의 삶처럼 임시적이고 일시적인 삶이 아니기 때문에 유익한 것입니다.

이제 또 다른 개념, 즉 죽음을 귀향으로 보는 개념을 설명해 보겠습니다. 바울의 요지는 이것입니다. “나더러 무엇을 원하느냐고 묻는다면, 이제 그만 지상의 장막을 걷고 그리스도께로 가고 싶다고 대답하겠다.” 그리스도가 계신 집으로 돌아가는 것보다 더 아름다운 일이 있겠습니까? 빌립보서 3장 끝부분을 흠정역이 어떻게 번역해 놓았는지 보기 바랍니다. "우리의 교제[conversation, 시민권]는 하늘에 있는지라." 어떤 사람은 그리스도인을 "본향으로 돌아갈 날만을 기다리는 하늘의 식민植民"으로 묘사했습니다. 우리는 특정 지역을 개척하도록 보냄 받은 사람들입니다. 이곳 백성이 아닙니다. 본향이 따로 있습니다. 우리는 그 본향의 백성입니다. 바울은 바로 이 개념을 염두에 두었던 것으로 보입니다. 우리는 이 땅에서 나그네요 순례자요 체류자라는 것입니다. 저 하늘에 우리 집이 있다는 것입니다. 죽으면 그 집으로 간다는 것입니다. 그래서 죽는 것이 훨씬 더 좋다는 것입니다.

죽는 것이 유익한 또 다른 이유를 말씀드리겠습니다. 죽으면 그리스도와 그의 부활 안에서 "이 사망의 몸"을 벗게 되며(롬 7:24), 욕심과 탐욕과 옛 사람의 잔재를 벗게 되고, 죄로 가득 찬 모든 것과 불완전한 모든 것을 벗게 됩니다. 그리스도는 죄의 책임과 죄의 권세뿐 아니라 그 오염에서도 나를 완전히 해방시켜 궁극적으로 영광스럽게 해 줄 것을 보장하십니다. 죄의 요소들이 전부 씻겨 나가는 날, 죄에서 완전히 해방되는 날이 온다는 것입니다.

또 어떤 일이 일어날까요? 모든 것을 있는 그대로 이해하고 보게 됩니다. 온전히, 궁극적으로 알게 됩니다. 바울은 고린도전서 13장에서 "우리가 지금은 거울로 보는 것같이 희미"하다고 말합니다. 감사하게도 이 땅에서도 조금은 본다는 것입니다. 이만큼도 보지 못한다면 아마 삶 자체가 불가능할 것입니다. 이처럼 지금은 "거울로 보는 것같이 희미"하게 보지만, 그때는 "얼굴과 얼굴을 대하여" 본다는 것입니다. 모든 것을 선명하게 보고, 구원의 큰 계획도 전체적으로 본다는 것입니다. 오, 하나님과 그 기이함과 그 영광을 본다는 것입니다. 아무 한계나 장애 없이 이해하고 안다는 것입니다!

우리도 이렇게 죽음을 맞이해야 합니다. 무엇보다 죽음이 참으로 유익한 것은 그리스도와 함께 있게 되기 때문이라고 바울은 말합니다. 이것은 크고 적극적인 유익입니다. 앞서 말한 유익들은 어떤 의미에서 소극적인 것들입니다. 바울이 "내게 선택권이 있다면 죽음을 택하겠다"라고 말하는 이유가 여기 있습니다. 죽으면 그를 정말로 보게 된다는 것입니다. 이미 말씀드렸지만, 한 번 더 말씀드리겠습니다. 바울은 다메섹 도상에서 그리스도를 얼핏 보았는데도 그때 본 얼굴을 평생 잊지 못했습니다. 그에게 죽는다는 것은 이런 분을 내내 보게 된다는 뜻이었고, 영원토록 바라보며 살 수 있다는 뜻이었습니다. 그리스도와 함께 있는 것, 그의 얼굴을 보는 것 자체가 그에게는 천국이었고 영원한 지복이었습니다. 바울은 그것을 사모했고, 그것을 위해 살았습니다. 아무 방해나 간섭 없이, 중단 없이 영원토록 온전히 그와 교통하기를 원했습니다.

세상에서도 그리스도께서 우리와 함께하시며 우리에게 말씀하시는 경험을 하는 것은 감사한 일입니다. 그러나 안타깝게도 그 상태가 내내 지속되지는 않습니다. 영혼이 활기를 잃는 때, 그리스도와 멀어진 것 같은 때, 서로 간의 교통이 막히는 때가 찾아옵니다. 바울의 말처럼 우리는 세상에서 "보는 것"으로 행하지 않고 "믿음으로" 행합니다(고후 5:7). 감정이 메마르고 사방이 꽉 막혀도 믿음을 가지고 전진합니다. 그러나 **그곳에서는** 서로 간의 교통이 막히는 법이 없습니다. 중단 없이 영원토록 동행할 수 있습니다.

바울은 이런 이유들 때문에 죽는 것도 유익하다고 말한 것이 분명합니다. 한 가지 더 말씀드릴 것이 있습니다. 사람들이 "신약성경은 왜 죽음 이후의 삶에 대해 더 이야기해 주지 않습니까?"라고 묻는 경우가 종종 있습니다. 첫 번째 대답은, 설령 더 이야기한다 해도 소화하지 못하기 때문이라는 것입니다. 저는 이 대답이 옳다고 확신합니다. 세상은 전부 죄에 물들어 있습니다. 언어도 마찬가지입니다. 설령 신약성경이 그리스도와 함께하는 천국에 대해 자세히 설명해 준다 해도 언어의 한계 때문에 제대로 전달되지 못할 것입니다. 우리의 언어는 그 정도로 순수하지가 못합니다. 우주의 온갖 어휘를 동원한다 해도 이렇게 놀라운 일을 설명하기에는 부족합니다. 이것은 너무나도 영광스럽고 놀라운 일이기 때문에 우리가 온전해져서 자격을 얻은 후라야 비로소 이해할 수가 있고 설명할 수가 있습니다. 이것이 제가 확신하는 첫 번째 대답입니다.

또 다른 대답은 바울이 생각했던 것만큼만 우리도 생각하게 하시려고 일부러 말씀해 주시지 않았다는 것입니다. 바울은 모든 것을 이야기하지 않았습니다. 죽으면 앞서 말한 것들에서 해방될 뿐 아니라 온전케 된다는 이야기만 했습니다. 우리가 천국에 가고 싶은 유일한 이유는 그리스도와 함께 있기 위해서이며 그를 보기 위해서입니다. 이것이 "내게 사는 것이 그리스도니 죽는 것도 유익함이라"는 말씀에서 "니"라는 사소한 글자가 그토록 중요한 이유입니다.* "내게 사는 것이 그리스도"라고 말하는 사람만이 진정 평안하게 죽음을 맞이할 수 있으며 "죽는 것도 유익"하다고 자신 있게 말할 수 있습니다. 발람 선지자가 "나는 의인의 죽음을 죽기 원"한다고 말했던 것을 기억할 것입니다(민 23:10). 그러나 의인의 죽음을 죽기 위해서는 의인의 삶부터 살아야 한다는 점을 그는 망각했습니다. "죽는 것도 유익함이라"고 확실하게 말하고 싶다면, 지금 이 자리에서 "내게 사는 것이 그리스도"라고 말할 수 있어야 합니다. 바울은 이 말을 할 수 있었기 때문에 뒤의 말도 할 수 있었습니다. 그리스도는

---

* KJV, "to me to live is Christ *and* to die is gain."

바울의 삶을 불태우는 열정 그 자체였습니다. "그를 아는 것, 그와 함께 거하는 것이 중요하다. 그것이 곧 내 삶이다. 그러니 죽는 것도 당연히 유익하다. 내 집에 가서 그리스도와 함께 지내는 편이 훨씬 더 좋다"라고 그는 말했습니다.

사랑하는 여러분, 하나님께서 우리도 이처럼 삶과 죽음의 관점에서 자신을 검토해 보게 하시며 사도의 영광스러운 확신에 동참하게 해 주시기를 바랍니다.

오직 너희는 그리스도의 복음에 합당하게 생활하라.

빌립보서 1:27

9. 천국 시민

27절에서 편지는 바울과 그가 처한 상황에 대한 설명에서 빌립보 교인들을 향한 호소로 넘어갑니다. 그러나 위대한 사도의 다른 서신에도 특징적으로 나타나듯이, 이러한 생각의 전환은 이야기의 흐름이 갑자기 끊긴다거나 돌연 다른 이야기가 시작되는 식으로 이루어지지 않습니다. 항상 예상 밖의 놀라운 논리적 연장선상에서 진행됩니다. 바울은 여기에서 실제적인 권면을 하고 있는데, 정확히 어떤 방식으로 권면하는지 살펴보면 흥미롭습니다.

알다시피 바울은 자신의 투옥 때문에 염려하고 걱정하는 빌립보 교인들을 안심시켰습니다. 처음에는 아주 불행해 보였던 일이 하나님의 축복으로 놀랍게 변화된 것을 보여 주었습니다. 그리고 자신의 투옥으로 사람들이 더 열심히 그리스도를 전파하게 된 것을 기뻐했습니다. 또한 우리는 삶과 죽음에 대한 그의 철학도 살펴보았습니다. "이는 내게 사는 것이 그리스도니 죽는 것도 유익함이라." 그는 삶과 죽음 중에 어느 편을 택해야 할지 모르겠다고 했고, 그래도 굳이 택해야 한다면 세상을 떠나 그리스도와 함께 있는 편이 "훨씬 더 좋"겠다고 했습니다. 그러나 빌립보 교인들을 위해서는 세상에 남아 복음을 더 깊이 이해하도록 도와주고 그들의 기쁨과 믿음이 더 자라도록 도와주어야 한다는 것을 알았습니다. "내가 다시 너희와 같이 있음으로 그리스도 예수 안에서 너희 자랑이 나로 말미암아 풍성하게 하려 함이라."

이 모든 점을 고려할 때, 어떤 의미에서 필연적으로 나올 수밖에 없는 결론은 이것입니다. "내가 세상을 떠나든지 그렇지 않든지, 죽임을 당하든지 오래 살든지, 당장 앞날이 어떻게 되든지, 나나 너희에게 무슨 일이 생기든지, 중요한 것은 오직 한 가지다. 다른 것들은 다 기억해도 좋고 잊어버려도 좋지만, 이 한 가지는 절대 잊어서는 안 된다. 이 한 가지는 항상 놓치지 말고 유념해야 한다. 오직 너희는 그리스도의 복음에 합당하게 생활하라."

편지는 여기에서 실제의 영역으로 넘어갑니다. 바울이 항상 교리부터 선포한 후에 실제적인 권면을 한다는 사실은 아무리 자주 지적해도 지나치지 않습니다. 그는 절대 행동부터 거론하지 않습니다. 항상 시작하는 말과 인사말부터 합니다. 그림의 배경부터 그린 후에 세부묘사로 들어가는 방식을 고집합니다. 실제적인 호소를 하기 전에 진리의 토대부터 단단하고 견고하게 닦아 놓는 것입니다. 이것이 바울의 큰 특징입니다. 그는 자신의 관점만 설명하는 것이 아니라 빌립보 교인들도 같은 관점으로 삶과 죽음을 바라볼 것을 권면합니다. 앞서 보았듯이 그는 자신만 "내게 사는 것이 그리스도니 죽는 것도 유익함이라"고 말할 수 있다고 주장하지 않습니다. 이것은 모든 그리스도인의 정상적인 기준이라고, 모든 그리스도인이 자신처럼 말할 수 있어야 한다고 주장합니다. 그러고 나서 "오직—'그러므로'라는 뜻입니다. 앞의 모든 내용을 생각할 때 이 말의 설득력을 느낄 수 있습니다—너희는 그리스도의 복음에 합당하게 생활하라"고 말합니다. 삶과 죽음을 어떻게 바라보아야 하는지 알려 준 다음, 삶에서 죽음으로 나아가는 동안 어떻게 살아야 하는지 알려 주는 것입니다. 그리스도인은 고상하고 영광스러운 관점을 묵상하는 일에만 모든 시간을 들이면 안 됩니다. 물론 그것도 꼭 필요하고 반드시 해야 하는 일이지만, 그렇다고 묵상만 하고 말면 안 됩니다. 묵상한 내용을 실제 생활과 매일의 행동에 적용해야 합니다.

우리는 여기에서 행동과 관련된 신약성경의 가르침, 즉 '그리스도인은 세상에서 어떻게 행동해야 하는가'에 대한 신약성경 전체의 시각을 완벽하게 보여 주는 실례를 보게 됩니다. 늘 생각하는 바지만, 이 주제를 다루려면 바울이 이것을 설명하는 순서와 배경을 분명하게 파악하는 일이 반드시 필요합니다. 바울은 여전히 복음에 관심을 쏟고 있습니다. 복음을 토대로 빌립보 교인들에게 호소하고 있습니다. 물론 그가 이렇게 하는 것은, 그리스도인이 삶으로 직접 보여 주는 것만큼 예수 그리스도의 복음을 완벽하게 제시할 수 있는 방법이 없다는 것을 아주 잘 알기 때문입니다. 초대교회 시대에도 그러했고, 오늘날도 그렇습니다. 그리스도인 한 사람 한 사람의 삶과 행동이 1세기 기독교의 확산에 크게 기여했다는 것은 의심의 여지 없는 사실입니다.

사도행전을 보면 그 이야기를 읽을 수 있습니다. 사도행전은 박해를 받아 사방으로 흩어진 그리스도인들이 자신들의 삶과 증언을 통해 복음의 좋은 소식을 퍼뜨렸다고 말합니다. 이방의 세속 역사가들도 무엇보다 그들이 보여 준 삶의 특질이 고대세계에 영향을 끼쳤다는 사실을 설득력 있게 증언하고 있습니다. 존 웨슬리가 초기 감리교도들에 대해 했던 말이 최초의 그리스도인들에게도 그대로 적용됩니다. 그들은 잘 죽었을 뿐 아니라 잘 살았습니다. 그들을 지켜본 사람들은 그 모습에 감동을 받아 질문을 던지지 않을 수가 없었습니다. 박해와 죽음 앞에서도 흔들리지 않는 초대교회 그리스도인들의 모습에 깊은 감동을 받은 고대세계는 "대체 이들이 가진 게 뭐지? 대체 무엇 때문에 저렇게 살고, 저렇게 죽는 걸까?" 하고 물었습니다. 그리스도인들은 그 질문에 답을 주었고, 그럼으로써 복음이 퍼져 나갔습니다.

어느 시대나 마찬가지였습니다. 과거에도 그러했고, 지금도 그렇습니다. 사람들이 늘 하는 말은 "추상적인 가르침과 단순한 이론에는 더 이상 관심이 없다"는 것입니다. 신학이나 교리 같은 데는 더 이상 투자할 시간이 없다는 것입니다. 자신들의 관심은 삶과 생활에 있다는 것입니다. 자신들 앞에는 여러 가지 문제와 고민거리들이 쌓여 있다는 것입니다. 이것은 그리스도인들이 복음의 좋은 소식을 전하고 퍼뜨릴 수 있는 유일한 기회, 증인의 역할을 할 수 있는 유일한 기회입니다. 그리스도인의 삶을 보여 줌으로써 가장 효과적으로 복음을 전할 수 있는 것입니다. 지금 주변의 여러 사상과 철학들은 무너지고 있는 것이 분명합니다. 사람들도 불행한 것이 확실합니다. 개중에는 너무나 절망이 깊은 나머지 복음을 기웃거리며 교회로 돌아오고 싶어 하는 이들도 있습니다. 사람들은 옛 복음이 자신들에게 줄 수 있는 게 무엇인지, 과연 고통의 탈출구가 되어 줄 수 있는지 알고 싶어 합니다. 자, 그렇다면 그들에게 복음의 매력을 발산함으로써 이 기회를 살리는 것보다 중요한 일은 없는 것이 분명합니다. 그렇게 하기에 가장 좋은 방법은 사도의 이 권면에 따르는 것입니다.

이제 그가 어떻게 이 주제에 접근하는지 살펴봅시다. 그의 접근방식은 다음과 같습니다. 첫째로, 그는 행동보다 교리를 앞세웁니다. 행동은 믿음의 결과물입니다. 다시 말해서 신약성경은 행동이나 행실 그 자체에는 아무런 관심이 없습니다. 그뿐 아니라 비그리스도인들에게는 아예 선한 행동을 하라고 호소하지도 않습니다. 이를테면 세상의 도덕에는 관심이 없는 것입니다. 신약성경은 "세상에 기대할 것은 죄밖에 없다. 지금처럼 타락한 상태로는 죄밖에 지을 수 없다"고 아주 노골적으로 이야기합니다. 바울은 디도서 3:3에서 우리도 한때 그들과 같은 상태였다고 지적합니다. "우리도 전에는 어리석은 자요 순종하지 아니한 자요 속은 자요 여러 가지 정욕과 행락에 종노릇 한 자요 악독과 투기를 일삼은 자요 가증스러운 자요 피차 미워한 자였으나." 시편 기자의 말처럼 우리는 "죄악 중에서 출생"한 사람들입니다(시 51:5). 육에 속한 사람은 누구나 마찬가지입니다. 신약성경에 따르면 이런 사람들에게 그리스도인의 삶을 살라고 호소하는 것만큼 어리석고 허망한 짓은 없습니다. 인간은 그렇게 살 수가 없습니다. 비그리스도인은 결코 그리스도인의 삶을 살 수가 없습니다. 신약성경은 도처에서 이렇게 선언하고 있습니다. 사실상 신약성경이 비그리스도인들에게 주는 메시지는 단 하나, 회개하라는 것뿐입니다. 신약성경은 그들이 하나님의 진노 아래 있다는 사실, 아무런 소망이 없는 죄인의 상태에 있다는 사실을 깨우친 다음, 구원의 복음을 제시합니다. 그리고 그들이 복음을 믿고 난 후에, 비로소 어떤 삶을 살아야 하는지 가르칩니다. 예수 그리스도의 복음을 믿지도 않는 사람들에게 다가가서 "그리스도의 복음에 합당하게 생활하라"고 호소해 봐야 소용이 없습니다. 그래서 바울이 삶과 죽음에 대한 기독교의 관점을 밝힌 다음에 이 권면을 하는 것입니다. 이것이 첫 번째 원리입니다. 기독교적인 행동과 행실을 하려면 기독교 교리의 토대가 먼저 닦여 있어야 합니다.

무슨 뜻인지 분명히 하기 위해 소극적인 원리를 한 가지 더 말씀드리겠습니다. 윤리적인 행동을 촉구하는 기독교의 호소를 단순한 금지명령 목록쯤으로 여기는 것보다 더 신약성경의 가르침과 동떨어진 태도는 없습니다. 그리스도인의 삶이 단순한 금지나 구속이나 제약의 집합체인 듯한 인상을 주는 것만큼 복음에 심각한 해를 끼치는 일은 없다는 생각을 가끔 합니다. 그런데 실제로 그런 인상을 주는 경우가 너무나 많습니다. 그리스도인의 삶을 지켜본 이들이 '그리스도인은 몇 가지 행동을 하지 않는 사람들'이라고 말하는 것을 우리는 알고 있습니다. 물론 그런 요소가 아주 없는 것은 아니지만, 그럼에도 단순히 몇 가지 행동을 삼가는 사람들이라는 인상을 주는 것은 사도의 권면에 어긋나는 잘못된 태도입니다.

더 나아가 저는 기독교가 단순한 도덕률이나 도덕법도 아니라고 말하고 싶습니다. 윤리적 행동을 촉구하는 신약성경의 호소와 십계명 및 구약성경이 제시하는 도덕법 사이에는 본질적인 차이가 있습니다. 오해하지 마십시오. 저는 지금 기독교 복음이 십계명을 폐한다고 말하는 것이 아닙니다. 복음은 십계명을 다른 방식으로 제시합니다. 십계명은 법이요 도덕률입니다. 이스라엘 백성에게는 해야 할 일과 하지 말아야 할 일이 있었습니다. 이것이 법의 특징입니다. 법은 우리를 설득하지 않습니다. 그저 무엇은 하고 무엇은 하지 말라고 명령할 뿐입니다.

이에 비해 신약성경은 가장 고차원적인 호소를 합니다. 이렇게 표현해도 될지 모르겠지만, 좀 더 지적인 호소를 하는 것입니다. 단순히 법으로 통제하거나 명령하는 대신 도저히 외면할 수 없는 자리로 몰고 갑니다. 일련의 진술을 통해 교리를 제시한 후 "이에 비추어 볼 때……", "그러므로……", "오직……"이라는 말로 권면을 시작합니다. 거듭 강조하건대, 행동 자체에 집중하는 것은 신약성경의 방법론과 무관합니다. 신약성경은 행동만 다루지 않습니다. 행동 자체에 집중하지 않습니다. 신약성경에 따르면 행동은 삶의 결과물입니다. 사는 일과 분리해서 생각할 수 없습니다.

더 나아가, 특히 요즘 같은 때 아주 중요하다고 생각되는 점이 한 가지 더 있습니다. 전체적으로 볼 때 신약성경은 세세한 규칙과 규범의 목록을 주지 않습니다. 오히려 큰 원리를 제시하면서 그 원리를 적용하고 그 원리에 따라 살 것을 요구합니다. 어떻게 보면 이것이 구약성경과 신약성경의 차이라고도 할 수 있습니다. "하지만 신약 서신서에도 특정한 금지명령들이 나오지 않습니까? 교인들에게 훔치거나 도둑질하지 말라고, 시기하거나 질투하지 말라고 명하지 않습니까?"라고 묻는 이가 있을 것입니다. 맞습니다. 그러나 저는 사도가 어떤 방식으로 그렇게 말하는지가 중요하다고 생각합니다. 사도는 구약성경처럼 규칙과 규범을 나열하지 않습니다. 원칙을 제시하고, 중대한 교리의 관점에서 문제를 제기할 뿐입니다. "이 모든 것에 비추어 보고 이 모든 관점에서 생각해 볼 때, 과연 너희가 거짓말하거나 훔치거나 빼앗는 일이 용납될 수 있겠느냐?"라고 말하는 것입니다. 그가 강조하는 것은 **원리**입니다. 그는 우리에게 지적인 존재로서 그 원리를 이해하고 실천할 것을 요구합니다.

오늘 본문에서 사용하는 방식도 그것입니다. "내가 다시 너희를 만나게 되든 그렇지 못하든 상관없이, 내 앞일이 어찌 되든 상관없이, 내가 장차 어찌 되든 상관없이 한 가지만 기억하라. 오직 너희는 그리스도의 복음에 합당하게 생활하라"는 것입니다. 어떻게 보면 이 한 구절에 행동과 행실에 관한 신약성경의 호소 전체가 담겨 있다고 할 수 있습니다. 또는 다음과 같이 설명할 수도 있습니다. 우리의 행동은 복음에 손색이 없는 것이어야 합니다. 저는 그리스도인으로서 해야 할 일을 알고 싶을 때, 일일이 점검할 매일의 규칙과 규범 목록을 가슴에 품고 다니며 찾아보지 않습니다. 절대 그러지 않습니다! 신약성경은 구체적인 목록을 제시하는 대신 복음에 손색이 없는 사람이 되라, 복음에 따라 살라, 복음에 어울리게 살라는 전체적인 호소를 합니다.

사람들은 이 구절의 흠정역 번역이 최선의 것이 아니라는 데 대체로 동의합니다만, 그럼에도 "합당하게becometh"라는 단어는 아주 깊은 진리를 전달하고 있는 것이 확실합니다. 이것은 복장이나 옷차림에 사용되던 단어입니다. 합당한 옷차림이 있고 합당치 못한 옷차림이 있습니다. 예를 들어 젊은 사람에게 합당한 옷은 나이 든 사람에게 합당치 못합니다. 사도는 지금 이 개념을 염두에 두고 있습니다. 그리스도인에게 합당치 않은 일, 어울리지 않는 일이 있다는 것입니다. 옷을 제대로 입고 싶으면 옷 자체가 예쁘고 좋으냐만 따질 것이 아니라 전체적인 인상을 보아야 합니다. 어떤 의미에서 사도가 말하는 바도 그것입니다. "사랑하는 빌립보 교인들아, 그리스도인을 자처하는 너희는 그리스도인의 특징에 맞게, 그 특징에 합당하게 행동해야 한다. 너희의 주장과 행동은 서로 어울려야 한다. 너희가 자처하는 이름에 걸맞게 행동하라. 남들이 수긍할 수 있도록 너희가 자처하는 신분에 걸맞게 행동하라."

이것은 일반적인 원리입니다. 사도는 이 원리를 두 부분으로 나누어 설명하는데, 여기에서는 큰 항목들만 말씀드리겠습니다.

"그러면 대체 그리스도인으로서 어떻게 살란 말입니까?"라고 묻는 이가 있을 것입니다. 자, 사도의 첫 번째 대답은 이것입니다. "너희는 식민으로, 천국 시민으로 행동하라." 여기에서 "생활하라conversation"는 흠정역 번역 또한 최선의 번역은 아닌 것이 분명합니다. 오늘날에는 이 단어가 말이나 대화를 의미하지만, 흠정역이 번역된 17세기에는 일반적인 행실을 의미했습니다. 그러므로 사실상 사도가 여기에서 말하는 바는 "너희의 모든 삶과 행실은 예수 그리스도의 복음에 합당한 것이 되어야 한다"라는 것입니다. 그러나 이 단어에는 그 이상의 뜻도 담겨 있습니다. 권위자들은 이 구절을 "예수 그리스도의 복음에 속한 시민으로서 손색이 없이 행동하라", "시민으로서 의무를 다하라"고 번역하는 것이 최선이라는 데 동의합니다. 둘 중에 어느 쪽을 택하든 상관없습니다. 사도는 이 같은 개념을 염두에 두고 있었던 것이 분명합니다. 우리 그리스도인들은 이 세상 나라가 아닌 다른 나라의 시민임을 알아야 합니다. 사도가 빌립보 교인들에게 이 비유를 사용한 것은 자연스러운 일이었습니다. 빌립보는 로마의 식민지였습니다. 정부의 중심지와 소재지는 로마였습니다. 로마가 제국의 수도였습니다. 황제는 고대세계 전역에 다수의 식민지를 두었는데, 빌립보도 그중의 하나였습니다. 빌립보에는 로마 시민들이 살고 있었습니다. 그들은 로마 시민의 권리를 주장했고, 지방법이 아닌 로마법의 다스림을 받았습니다. 기억하겠지만, 사도행전 16장에서 바울도 로마의 시민권을 주장했습니다.

이런 관점에서 사도가 지금 이 호소를 행동 윤리의 토대로 제시하는 것입니다. 그리스도인은 자신을 세상에 사는 식민으로 여겨야 한다고 그는 말합니다. "너희는 지금 이 세상에 살고 있다. 맞다. 그러나 빌립보에 사는 로마인이 로마 시민인 것처럼, 너희도 천국 시민이다"라는 것입니다. 식민은 현재 주거하는 식민지의 백성이 아니라 자신이 떠나온 나라의 백성입니다. 그 나라가 고향이고 고국입니다. 지금은 잠시 식민지에 살면서 일정한 역할을 하는 것일 뿐입니다. 사도는 이런 방식으로 '그리스도인은 세상에서 어떻게 행동해야 하는가'의 문제를 다루고 있습니다. 우리는 우리가 천국 시민임을 알아야 합니다. 우리는 이 세상과 그 질서에 속한 사람들이 아닙니다. 우리 자신이 유일무이한 백성이요 독특한 백성이요 구별된 백성임을 무엇보다 먼저 기억해야 합니다. 바울은 디도에게 보내는 편지에서 주님이 "우리를 깨끗하게 하사 선한 일을 열심히 하는 자기 백성이 되게 하려"고 죽으셨다고 말합니다(딛 2:14). 우리를 깨끗하게 해서 자신에게 합당한 자들로 만드시려고, 우리를 구별해서 자신에게로 이끄시려고 죽으셨다는 것입니다. 이처럼 우리는 특별한 백성입니다.

바울은 갈라디아에 보내는 편지에서도 그리스도가 "이 악한 세대에서" 우리를 건지기 위해 죽으셨다고 말합니다(갈 1:4). 사실 이것은 신약성경 전체를 관통하는 개념입니다. 그리스도인이 된다는 것은 구별된 신분이 된다는 의미이며 그리스도를 믿지 않는 세상과 달라진다는 의미임을 신약성경은 보여 주고 있습니다. 이것은 그리스도인의 삶에 대한 최고의 정의인 것이 분명합니다. 그리스도인은 단순히 인생에 한 가지 요소를 추가함으로써 약간 달라지고자 하는 세상 사람이 아닙니다. 이 교리에 따르면 그리스도인은 완전히 구별된 사람, 본질적으로 다른 사람입니다. 낯선 땅에 거주하는 식민입니다. 특별한 질서에 속한 백성이요 다른 사회에 속한 백성입니다. 완전히 다른 관할권에 속한 백성입니다.

이것은 행동의 문제와 관련된 중대한 호소입니다. 우리도 국민으로 살고 있기에 이 말을 어느 정도 이해할 수 있습니다. 외국에 갔을 때 조국에 자부심을 느낀다는 것이 무엇인지, 조국의 명예가 마치 자신에게 달려 있는 듯한 느낌이 어떤 것인지 알고 있습니다. 사도는 빌립보 교회에 이와 비슷한 호소를 하고 있습니다. 트라팔가르에서 전투가 벌어지던 날 아침, 허레이쇼 넬슨Horatio Nelson 경이 했던 위대한 말을 기억할 것입니다. "영국은 모든 이가 의무를 다할 것을 기대하고 있다." 그는 구체적인 규칙과 규범을 제시하는 대신 이렇게 말했습니다. "오늘 제군들이 내

내 기억해야 할 것은 영국이 제군들에게 기대하고 있다는 이 한 가지 사실이다. 이 사실이 제군들을 인도하고 지배하게 하라. 그러면 절대 비틀대거나 약해지지 않을 것이다. 조국의 명예를 위해 최선을 다하게 될 것이다." 사도가 말하는 바가 바로 이것입니다. 여러분의 시민권이 여러분을 통치하고 지배하며 통제하게 하라는 것입니다.

다시 말해서 그리스도인도 조국의 명예가 자신의 손에 달려 있음을 알아야 합니다. 이것을 아는 사람은 "그리스도인으로서 나는 무엇을 해야 하나? 그리스도인으로서 어떻게 나는 살아야 하나?"라는 질문이 떠오를 때마다 규칙과 규범의 목록을 들추어 보지 않을 것입니다. 하나님의 이름과 그리스도의 이름, 천국의 명성이 우리에게 달려 있습니다. 이 사실을 항상 유념하며 천국 시민답게 살아야 합니다. 베드로 사도는 이 점을 더 노골적으로 지적하고 있습니다. 그는 베드로전서 2:11-12에서 바울과 동일한 호소를 합니다. "사랑하는 자들아, 거류민과 나그네 같은 너희를 권하노니 영혼을 거슬러 싸우는 육체의 정욕을 제어하라. 너희가 이방인 중에서 행실을 선하게 가져 너희를 악행한다고 비방하는 자들로 하여금 너희 선한 일을 보고 오시는 날에 하나님께 영광을 돌리게 하려 함이라."

"**거류민과 나그네**"는 같은 개념입니다. 그리스도인이 된 사람은 더 이상 이생이나 이 세상 백성이 아니라는 것입니다. 전에는 하나님 백성이 아니었지만 이제는 그의 백성이라는 것입니다. 전에는 별 볼 일 없는 사람들이었지만 이제는 새 나라 백성이 되었다는 것입니다. 이렇게 신분이 바뀌면서 세상도 낯선 거류지가 되었습니다. 우리는 세상에 거주하지만 속해 있지는 않습니다. 다른 나라 백성이 되었기 때문에 이 세상에서는 거류민과 나그네로 살아야 합니다.

바울은 이처럼 스스로 천국 시민임을 기억하고 그 시민권을 행사하라고 말합니다. 자신을 세상 백성으로 여기지 말고 세상의 관점에 지배당하지 말라고, 세상의 취향과 관심에 지배당하지 말라고 말합니다. 물론 그렇게 하려 할 때 가장 큰 장애물은 신문과 라디오와 영화를 비롯한 주변 매체들입니다. 이처럼 세상이 사방에서 영향력을 행사하는 상황에서 "나는 이곳 백성이 아닌 거류민이다. 다른 나라 백성이요 하나님 나라 시민이다"라는 사실을 평생 상기하며 살아야 하는 것입니다.

바울의 두 번째 호소는 복음에 손색없이 시민권을 행사하라는 것입니다. "오직 너희는 그리스도의 복음에 합당하게 생활하라." 이것은 나를 지켜보는 사람들이 내가 어떤 교리를 붙잡고 있는지, 그 교리가 무엇인지 알 수 있도록 살라는 뜻입니다. 복음은 세상이 죄와 증오와 악으로 가득 차 있는 이유를 알려 줍니다. 그리스도인과 비그리스도인의 첫 번째 차이점이 이것입니다. 비그리스도인은 자신이 크게 잘못되어 있다는 사실을 모릅니다. 고통을 자초한 후에 스스로 어리석었다고 자책하는 경우가 간혹 있기는 하지만, 세상의 방식이 본질적으로 잘못되었다고는 보지 않기 때문에 그것을 계속 즐기며 삽니다. 그러나 복음을 믿는 사람은 온 세상이 "악한 자의 치하"에 있음을 압니다. 온 세상이 심히 악하다는 것, 그래서 하나님의 진노와 정죄 아래 있다는 것을 아는 사람은 그리스도인뿐입니다. 그리스도인은 하나님이 세상을 완벽하게 만드셨음을 믿기에 "세상이 왜 이 지경이 되었을까?"를 묻습니다. 그리고 "죄가 들어왔기 때문"이라는 것이 유일한 대답임을 알고, 삶과 세상을 이렇게 망쳐 놓은 죄, 하나님을 모욕한 죄—죄의 악함—를 미워합니다. 그리스도인은 세상에서 어떻게 살아야 합니까? 무엇보다 자신이 죄인임을 깨달아야 하며, 죄의 추함과 더러움과 극악함을 보아야 합니다.

다음으로 그리스도인이 믿는 것은 이 같은 인간의 반역과 무가치함과 죄에도 불구하고 하나님이 그 크고 영원한 사랑으로 독생자를 세상에 보내 주셨다는 것입니다. 그리스도인은 아들이 오셔서 많은 일들을 겪으신 것, 심지어 그 거룩한 어깨에 십자가를 지고 비틀거리며 걸으셔야 했던 것, 십자가에 못 박혀 고통당하신 것, 수치와 모욕 속에 죽으신 것을 믿습니다. 그가 이런 일들을 겪으신 이유가 무엇입니까? 신약성경이 수없이 대답하고 있습니다. 우리를 용서하시고 구속하시고 구원하시기 위해서인 것입니다. 우리는 죄 사함을 받았을 뿐 아니라 "그의 소유가 된 [특별한] 백성"(벧전 2:9)이 되었습니다. 나는 그리스도가 죽으심으로 내 죄를 속하셨음을 믿습니다. 내가 세상의 정죄에서 벗어날 수 있는 유일한 길은 이것밖에 없음을 압니다. 그리스도의 죽음 외에 다른 길이 없을 만큼 죄가 무섭다는 것을 압니다. 그의 고난이 없었다면 천국 시민이 될 수도 없었고 하나님의 자녀가 될 수도 없었다는 것을 압니다. 이 모든 것을 믿는 사람은 그것을 알릴 수 있는 방식으로 살아야 합니다. 십자가와 속죄의 교리에 어울리게 행동해야 합니다.

그리스도인은 또 무엇을 믿을까요? 중생과 새로운 본질에 대한 교리를 믿습니다. 그리스도 안에서 성령을 통해 하나님의 능력으로 "새사람"이 되었음을 믿습니다. 자신에게 새로운 생명이 생겨났음을 믿습니다. "이전 것은 지나갔으니 보라, 새 것이 되었도다"(고후 5:17). 이것을 주장하는 사람은 완전히 다른 새 본질을 얻은 존재로서 다른 시각과 다른 취향, 다른 관심, 다른 소원을 가지고 살아야 합니다. 중생과 새로운 출생의 교리에 "합당하게 생활"해야 합니다.

또한 그리스도인은 성령의 능력과 가르침을 믿습니다. 바울은 말합니다. "내가 복음을 부끄러워하지 아니하노니―왜 부끄러워하지 않습니까?—이 복음은 모든 믿는 자에게 구원을 주시는 하나님의 능력이 됨이라"(롬 1:16). 이 능력은 죄의 책임뿐 아니라 권세에서도 능히 나를 구원하기 때문에 "나는 그리스도인으로서 죄를 이길 힘, 죄를 넘어 살 수 있는 힘, 죄에 도전할 수 있는 힘을 가지고 있다"라고 주장할 수 있습니다. 이 교리를 전하는 그리스도인으로서 "합당하게 생활"하십시오. 베드로는 "생명과 경건에 속한 모든 것을 우리에게 주셨"다고 말합니다(벧후 1:3). 우리는 삶으로 이것을 입증해야 합니다.

마지막으로, 복음은 흔들리지 않고 진동하지 않는 나라에 대해 가르칩니다. 이제껏 살펴보았듯이 복음은 우리 앞에 복된 소망을 제시합니다. "내게 사는 것이 그리스도니 죽는 것도 유익함이라"고 말할 수 있게 해 줍니다. 이것은 그와 함께한다는 뜻이며 그의 나라에 들어간다는 뜻입니다. 영광이 기다리고 있다는 뜻입니다. 이 모든 것을 믿는다고 고백하는 그리스도인이라면 마땅히 어떻게 살아야 하겠습니까? 요한은 말합니다. "주를 향하여 이 소망을 가진 자마다 그의 깨끗하심과 같이 자기를 깨끗하게 하느니라"(요일 3:3).

신약성경은 이처럼 우리에게 그리스도인의 삶을 살라고 호소합니다. 규칙과 규범을 부과하거나 단순히 이 삶이 저 삶보다 나으니 그렇게 살라고 명령하지 않습니다. 오히려 외면할 수 없는 논리와 이치로 우리를 몰고 갑니다. "나는 그리스도인"이라는 말은 곧 "나는 그리스도의 복음을 믿는다"는 것입니다. 좋습니다. 그렇게 말하는 사람에게 제가 요구하는 바는 오직 복음에 합당하게 살라는 것입니다. 죄가 실재함을 믿는다면, 그 죄를 얼마나 미워하는지 보이십시오. 그리스도의 죽으심을 믿는다면, 그 믿음의 증거를 나타내십시오. 중생과 성령의 능력을 믿는다면, 그것이 사실임을 만인에게 입증하십시오. 장차 임할 영광을 믿는다고 진정 고백한다면, 이곳이 아닌 그곳을 사랑하고 여기 속한 것이 아닌 거기 속한 것들에 집중하는 것이 합리적이고 논리적인 태도 아닙니까? 그곳으로 발길을 재촉하고, 자신을 깨끗이 하며 최선을 다해 그곳에 갈 준비를 하는 것이 당연한 일 아닙니까? 그리스도의 복음에 손색없이 시민권을 행사하십시오.

사랑하는 여러분, 거듭 말하지만 우리에게 주어진 기회는 이것뿐입니다. 비그리스도인이 대다수를 차지하고 있는 세상에 이 모습을 보여 주어야 합니다. 복음의 진리가 다스리는 세상이 있음을 확신시키려면 그 세상이 이 세상과 다르다는 것, 그 세상은 능력이라는 것, 우리는 단순한 이론가나 철학자가 아니라 하나님의 능력을 전하는 사람들이라는 것을 보여 주어야 합니다. 우리의 일과 사업과 직업과 가정을 통해 복음의 능력을 입증해야 합니다. 어디에서 무엇을 하든 예수 그리스도의 복음에 손색없는 시민으로 살아야 합니다.

오직 너희는 그리스도의 복음에 합당하게 생활하라.
이는 내가 너희에게 가 보나 떠나 있으나
너희가 한마음으로 서서 한뜻으로 복음의 신앙을 위하여
협력하는 것과 무슨 일에든지 대적하는 자들 때문에
두려워하지 아니하는 이 일을 듣고자 함이라.
이것이 그들에게는 멸망의 증거요 너희에게는 구원의 증거니
이는 하나님께로부터 난 것이라.
그리스도를 위하여 너희에게 은혜를 주신 것은 다만 그를
믿을 뿐 아니라 또한 그를 위하여 고난도 받게 하려 하심이라.
너희에게도 그와 같은 싸움이 있으니 너희가 내 안에서 본 바요
이제도 내 안에서 듣는 바니라.

빌립보서 1:27-30

10. 복음을 대변하라

바울의 실제적인 권면을 계속 연구해 봅시다. 우리는 27절 상반절—"오직 너희는 그리스도의 복음에 합당하게 생활하라"—을 살피면서, 우리가 천국 시민이라는 사실과 우리의 모든 행동은 예수 그리스도 복음의 지배를 받아야 하고 그 복음에 따라 결정되어야 한다는 것을 알았습니다. 그러나 사도는 이런 전체적인 권면에 그치지 않고, 늘 하던 대로 구체적인 권면을 시작합니다. 그는 그리스도인의 삶을 두 부분으로 나눕니다. 한 부분은 우리가 오늘 살펴볼 본문에 나오고, 다른 부분은 2장 전반부에 나옵니다. 연속성이 분명한 주제가 끊겨 버렸다는 점에서, 장이 이렇게 구분되어 있는 것은 좀 유감스러운 일입니다. 사도는 먼저 외적인 측면에서 그리스도인의 삶을 다룬 다음, 연이어 내적인 측면에서 다루고 있습니다. 바울에 따르면 그리스도인은 외부의 세력과 전투를 벌이는 동시에 내부의 세력과도 싸워야 합니다. 그래서 두 측면을 연이어 다루고 있습니다.

두 측면의 핵심적인 본질을 깨닫는 것이 아주 중요합니다. 사도의 말은 교회 전체를 향한 것인 동시에 그리스도인 개인을 향한 것이기도 합니다. 우리는 개인으로서 이 세상에 살고 있을 뿐 아니라 그리스도인들로 이루어진 한 몸으로 살고 있습니다. 사도는 우리가 필히 이 두 측면을 다 보아야 한다고 말합니다. 외부에서 일어나는 문제도 있고 내부에서 일어나는 문제도 있기 때문입니다. 교회는 외부의 적과 전투를 벌이는 동시에 교회의 몸 안에 있는 교활한 적의 존재도 의식해야 합니다. 개인 또한 외부의 세력과 싸우는 동시에 자기 내부의 교활한 적과 원수를 의식해야 합니다. 사도는 모든 상황을 포괄하는 전체적인 원리를 제시한 후, 연이어 이 두 가지 측면에서 그리스도인의 삶을 다루기 시작합니다.

이처럼 두 가지 측면을 같이 살펴야만 그리스도인의 삶이 지닌 역설적 본질을 이해하는 데 도움을 받을 수 있습니다. 실제로 비그리스도인들은 모순이 된다는 생각 때문에 이런 말을 하지 않습니다. 마음을 심히 강하게 하라고 독려하는 동시에 겸손을 요구하지 못하는 것입니다. 그러나 우리는 두 가지 요구를 다 충족시켜야 합니다. 대담하고 공격적인 태도를 취하는 동시에 놀랍고 기이한 겸손의 태도도 보여야 하는 것입니다. 물론 그리스도인의 관점에서 보면 하나도 모순될 것이 없습니다. 세상의 관점에서 보기 때문에 외부의 원수와 벌이는 싸움과 내부의 원수와 벌이는 싸움이 판이하게 달라 보이는 것입니다.

사도는 이처럼 우리가 두 가지 싸움을 싸워야 하는 위치에 있음을 보여 줍니다. 오늘 저는 그 싸움의 첫 번째 측면만 다루려 합니다. 1장 말미에 나오는 오늘 본문은 그리스도인과 교회와 전투에 참여하는 교회 안의 개인들에 대해 특별한 그림을 보여 주는데, 사도의 글에는 이런 그림이 자주 나옵니다. 바울이 사용하는 그림은 다양하게 많습니다. 예컨대 에베소서 6장 후반부에서도 "하나님의 전신갑주를 입으라"고 권면하면서 그림을 사용하고, 골로새 교인들에게 서로 합심하라고 격려할 때에도 그림을 사용합니다. 사도는 로마 군대 같은 군대의 그림을 애용했습니다. 빌립보서에는 군대보다 운동경기의 그림이 더 많이 나오는데, 이 또한 사도가 자주 사용하는 이미지입니다. 그는 27절에서 "한마음으로 서서 한뜻으로 복음의 신앙을 위하여 협력"하라고 말합니다. 또 다른 곳에서는 달리기 선수나 검투사의 그림을 사용하기도 합니다. 물론 그림 자체가 무엇이냐는 그리 중요치 않습니다. 사도가 그 그림들을 통해 무엇을 권면하느냐가 중요합니다.

본문의 개념은 바울 서신에 아주 특징적으로 등장하는 개념입니다. 사실 용기를 내라, 힘을 내라, 강건하라는 권면이 없는 서신서는 없습니다. 우리는 신약성경을 읽을 때마다 교회가 일종의 군대나 큰 시합에 출전한 선수 같다는 인상, 인내의 시험을 치르고 있으며 원수를 이기고 상을 받기 위해 분투하고 있다는 인상을 받습니다. 이처럼 투쟁과 싸움과 경쟁의 개념이 모든 가르침의 핵심에 자리잡고 있습니다. 우리는 거의 모든 서신에서 그 예를 쉽게 찾아낼 수 있습니다. 예컨대 바울이 고린도교회에 하는 말을 들어 보십시오. 마치 채찍질을 하듯 "깨어 믿음에 굳게 서서 남자답게 강건하라"고 말합니다. 그리고 연이어 "너희 모든 일을 사랑으로 행하라"고 권면합니다(고전 16:13-14). 이것은 동일한 개념입니다. 신약성경 처음부터 요한계시록까지 다 읽고 나서 발견하는 것도 바로 이것—견고하라는 권면—입니다.

중요한 사실은 이 권면이 초대교회에만 해당되지 않는다는 것입니다. 오늘날 세상에서 살아가는 그리스도인의 삶에도 똑같이 해당됩니다. 이것이 신약성경의 가르침입니다. 우리는 "초대교회에 문제가 있었던 건 당연해"라고 말하면서 넘어갈 위험이 있습니다. 기독교라는 새 종교가 갓 태어나 신비종교와 이교가 다스리는 고대세계에 등장했으니 혼란이 빚어진 것도 당연하다는 것입니다. 유대교에도 거슬려 보이고 로마제국의 여러 종교에도 거슬려 보인 것이 당연하다는 것입니다. 그러나 지금은 시대가 다르다는 것입니다. 우리가 이런 관점으로 생각하고 있다는 말에 다들 동의하리라 생각합니다. 그러나 신약성경은 이런 관점을 부인합니다. 신약성경의 주장은 아주 인상적이고 노골적입니다. 주님은 세상이 자신을 미워한 것처럼 자신을 따르는 제자들도 미워할 것이라고 하셨습니다. 바울도 디모데에게 "무릇 그리스도 예수 안에서 경건하게 살고자 하는 자는 박해를 받으리라"고 경고했습니다(딤후 3:12). 그리스도인은 이런 상황에 처할 수밖에 없다는 것입니다. 이것이 보편적인 법칙이라는 것입니다. 신약성경은 강하게 이야기합니다. 복음은 세상이 표방하는 모든 것과 정반대되기 때문에 갈등이 생길 수밖에 없다는 것입니다. 이것은 피할 수 없는 결과라는 것입니다. 참된 그리스도인의 삶에는 이런 결과가 따라올 수밖에 없다는 것입니다. 교회는 어떤 모양, 어떤 형태로든 바깥 세상과 갈등할 수밖에 없다는 것입니다.

그렇기 때문에 이 권면을 어떻게 받아들이느냐 하는 것이야말로 우리의 현 위치를 점검하기에 아주 좋은 시금석이라는 점을 다시금 지적하고 싶습니다. 바울의 말이 극히 이론적이고 학문적이며 우리와는 동떨어진 권면으로 들립니까? 2천 년 전 빌립보 교인들이라면 고려했음직한 아주 흥미로운 권면이지만 우리 같은 현대의 그리스도인들에게는 해당 사항이 없다고 생각합니까? 신약성경에 비추어 볼 때, 이것은 아주 중대한 시금석입니다. 신약성경은 주님을 사랑하는 자는 어떤 모양 어떤 형태로든 핍박을 받는다고 말하는데, 우리는 과연 어떻습니까? 지금 무슨 핍박을 받고 있습니까? 신약성경은 교회와 각 그리스도인이 기독교를 반대하며 기독교에 적개심을 품는 세상, 기독교와 싸우는 세상에 살고 있다고 가르칩니다. 이런 상황에서 그리스도인이 해야 할 일은 뒤로 물러서지 않고 굳게 서는 것이라고 가르칩니다. "이는 내가 너희에게 가 보나 떠나 있으나 너희가 한마음으로 서서[굳게 서서] 한뜻으로 복음의 신앙을 위하여 협력하는 것과 무슨 일에든지 대적하는 자들 때문에 두려워하지 아니하는 이 일을 듣고자 함이라. 이것이 그들에게는 멸망의 증거요 너희에게는 구원의 증거니 이는 하나님께로부터 난 것이라. 그리스도를 위하여 너희에게 은혜를 주신 것은 다만 그를 믿을 뿐 아니라 또한 그를 위하여 고난도 받게 하려 하심이라. 너희에게도 그와 같은 싸움이 있으니 너희가 내 안에서 본 바요 이제도 내 안에서 듣는 바니라."

먼저 전체적인 측면에서 이 엄중한 권면을 살펴봅시다. 물러서지 말고 굳게 서라, 굳건하게 서 있으라는 것은 무슨 뜻일까요? 이 말의 일반적인 의미는 싸움이 있음을 알고 그 싸움의 본질이 무엇인지 알라는 것입니다. 어떤 점에서 이 메시지는 과거 어느 때보다 지금 해당된다고 서슴없이 주장하고 싶습니다. 저는 교회가 전반적으로 이 싸움의 본질에 무지한 것이야말로 현대의 가장 큰 비극이라고 확신해 마지않습니다. 이 전투는 교회가 세워진 이래 계속되어 왔고 지금도 여전히 계속되고 있습니다. 저는 지금 불길한 징조나 늘어놓고 싶어서 이 자리에 서 있는 것이 아닙니다. 저는 미래를 예측하거나 예언하는 어리석음을 범할 생각이 없습니다. 제가 주장하고 싶은 바는 신약성경의 말씀이 문자 그대로, 물리적인 의미에서 이루어질 날이 온다는 것입니다. 그런데 우리가 과연 지금 빚어지고 있는 갈등의 본질을 인식하고 있는지 의문이라는 것입니다.

이 말에 함축된 의미를 몇 가지 상기시켜 보겠습니다. 지식과 철학과 이른바 과학이 교회와 복음을 어떻게 공격해 왔는지, 하나님과 구원과 인생에 대한 우리의 관점 전체를 어떻게 공격해 왔는지 생각해 보기 바랍니다. 초대교회 이래 세상이 이만큼 교회와 진리를 공격했던 적이 있습니까? 최근 백 년간 쏟아진 공격과 비판을 살펴보십시오. 복음을 옹호해야 할 사람들이 오히려 매주 복음을 비판하며 복음의 권위를 훼손하는 일까지 벌어지고 있습니다. 이런 상황이 한 세기 동안이나 지속되어 왔습니다. 이른바 성경 고등비평이 등장해서 그 분야의 권위자들이 성경 어디까지가 사실이고 어디까지가 사실이 아닌지 가려 낼 수 있노라 주장하고 있습니다. 그들은 성경을 조각조각 나누어 놓고 "이건 믿고 저건 믿지 말라"고 말합니다. 그리스어와 히브리어를 모르는 사람은 무엇이 사실인지 모르니 훌륭한 권위자들의 발치에 앉아 잠자코 들으라고 말합니다. 자신들끼리도 일치된 견해를 내놓지 못하면서, 진리의 토대를 훼손합니다.

이른바 과학도 공격을 감행하고 있습니다. 오늘날처럼 과학이 맹렬한 공격을 감행했던 적이 없습니다. 과학은 오랫동안 복음을 공격해 왔고 지금도 여전히 공격하고 있습니다. 이 이야기를 한없이 늘어놓아 여러분을 지루하게 만들 생각은 없지만, 전체적인 상황은 알려 드려야겠습니다.

세속성의 공격도 생각해 보기 바랍니다. 인류 역사는 곧 세속성—"육신의 정욕과 안목의 정욕과 이생의 자랑" 및 사도 요한이 요한일서에서 말하는 모든 것—의 역사입니다.

정중한 태도로 "여기까지는 괜찮지만……" 하면서 복음을 조롱하는 아주 미묘한 공격도 있습니다. 이런 비평가들이 어떻게 신약성경의 중심 교리를 공격하는지 보십시오. 그들은 말합니다. "오, 그래요. 일반적인 차원에서 신앙을 전하는 것까지는 괜찮지요. 하지만 회심이니 중생이니 거듭남 같은 건 전하면 안 됩니다. 그건 좀 무례한 짓이에요." 이것은 복음 전체의 기초와 핵심을 쳐서 일거에 무너뜨리려는 미묘한 공격입니다.

여러 가지 형태의 핍박도 있습니다. 세상이 오늘날처럼 활발하고 왕성하게 핍박했던 적이 있습니까? 회심하고 나서 겪는 일이 무엇입니까? 사무실에서, 때로는 집에서, 학교나 일터에서 겪는 일이 무엇입니까? 미묘한 박해와 따돌림, 힐끗거리는 시선입니다. 은근히 비이성적인 사람 취급을 받습니다. 실제로 승진 기회를 잃고 생계에 타격을 입는 경우도 있습니다. 이런 일들이 현대에 버젓이 일어나고 있습니다. 모두가 결탁해서 복음을 대적합니다. 두려움과 비웃음이 어떻게 힘을 발휘하는지도 보십시오. 그리스도를 떠나게 하기 위해 사람들이 어떻게 위협하는지 보십시오. 바울이 상기시키듯이, 빌립보 교인들도 이런 핍박을 받았습니다.

복음과 세상의 큰 갈등은 지금도 진행중입니다. 세상의 시각과 태도, 이른바 세상 학문을 살펴보면 확실히 알 수 있습니다. 세상은 지적·철학적·과학적 논쟁을 통해—여러분도 라디오 토론에 익숙할 것입니다—아주 무섭고 미묘한 방식으로 신앙을 공격해 오고 있습니다. 이럴 때 우리가 우선적으로 해야 할 일은 이런 공격이 있다는 사실 자체를 아는 것입니다. 이런 상황을 인식하고 경계하는 것입니다.

이것은 전체적인 차원의 두 번째 요점으로 이어집니다. 바울에 따르면 우리는 싸움이 벌어지고 있음을 알아야 할 뿐 아니라 그 싸움을 우리의 싸움으로 만들어야 합니다. 바울은 "한뜻으로 복음의 신앙을 위하여 협력"하라고 말합니다. 그는 "빌립보 교인들아, 내가 대신 싸워 줄 테니 너희는 가서 즐겁게 모임을 가져라. 나한테 다 맡기면 된다. 내가 대신 신앙을 위해 싸워 주고 투쟁해 줄 테니 너희는 즐겁게 교회생활이나 해라"라고 하지 않았습니다. 절대 그러지 않았습니다! 그는 모든 그리스도인에게 이 싸움을 자신의 싸움으로 만들 것을 권면했습니다. 기독교 신앙과 영광의 메시지를 덤덤히 좇아가는 것만으로는 싸울 수가 없습니다. 그렇습니다. 노력하고 분발하며 적극적으로 싸움에 뛰어들어야 합니다. 그 당시 사람들이 참여했던 경주—오늘날 우리가 릴레이라고 부르는 경주—를 여러분도 알 것입니다. 한 사람이 횃불을 들고 달립니다. 힘이 빠지면 다른 사람이 대신 횃불을 받아 들고 달립니다. 그들은 있는 힘을 다해 전력투구했습니다. 여러분과 저는 지금 그런 시합에 부름 받은 것입니다.

질문의 형태로 설명해 보겠습니다. 일반적인 차원에서는 지금 벌어지고 있는 투쟁의 중요성을 누구나 인식할 것입니다. 우리는 세상이 어떻게 우리의 모든 것을 조롱하고 무시하는지 알고 있으며, 갖가지 공격을 퍼붓는지 알고 있습니다. 그렇다면 이제 우리가 던져야 할 질문은 이것입니다. 이런 상황에서 우리는 지금 무엇을 하고 있습니까? 지금까지 시도해 본 것이 무엇입니까? 넋 놓고 앉아서 사람들이 그리스도와 하나님의 이름을 모욕하는 소리, 교묘한 우스개로 조롱하며 냉소하는 소리를 듣고만 있는 것은 아닙니까? 말 없이 묵인하고 있는 것은 아닙니까? 잠자코 감수하고 있는 것은 아닙니까? 그리스도나 복음의 평판보다 자신의 평판을 더 염려하고 있는 것은 아닙니까? 사도가 복음을 위해 협력하라고 말한 의미가 바로 이것입니다. 잠자코 있지 말고 복음을 옹호하며 공격을 물리치라는 것입니다. 우리에게 전해 주신 영광스러운 신앙을 위해 남자답게 일어서라는 것입니다. 용감하게 일어서라는 것입니다.

한 단계 더 나아가 봅시다. 사도에 따르면, 우리는 복음을 위해 무슨 일이라도 겪을 각오가 되어 있어야 합니다. 초대교회 그리스도인들이 어떻게 했는지 아십니까? 그들은 대부분 시련을 겪었습니다. 법정에 끌려가 "가이사가 주±"라고 고백하기를 강요당했고, 죽음의 위협을 받았습니다. 그것은 시험이었습니다. 그들은 오직 그리스도만 주라고 믿었기에 로마가 강요하는 고백을 하지 않았습니다. 거부하면 죽는다는 것을 알면서도 기쁨으로 기꺼이 거부하고 죽는 편을 택했습니다. 이처럼 선택의 기로에 섰을 때, 그리스도의 이름에 합당한 자는 그 이름을 대변하는 편에 서야 한다고 바울은 말합니다. 우리의 일이나 지위나 직업이나 그 밖의 것과 그리스도 중에서 어느 한 편에 충성해야 할 때 주저하지 말라는 것입니다. 그리스도의 이름을 대변하다가 감옥에 가게 되면 가라는 것입니다. 그 이름을 굳게 잡고 그 이름에 충성하다가 목숨을 버려야 한다면 기쁘게 버리라는 것입니다. 초대교회 그리스도인들은 그렇게 했습니다. 그렇게 함으로써 세상을 이겼습니다. 어느 시대에나 우리 조상들은 그렇게 했습니다. 종교개혁자와 청교도들을 비롯한 믿음의 조상들로 인해 하나님께 감사하십시오. 우리는 그들을 잇고 있는 사람들입니다.

이것이 전체적인 부르심입니다. 이제 이 부르심의 구체적인 측면을 간단히 살펴봅시다. 바울은 굳게 서라고 권면합니다. 이 권면을 따르려면 굳게 설 방법을 알아야 합니다. 몇 가지로 나누어 말씀드리겠습니다. 굳게 서기 위해 첫 번째로 해야 할 일은 **신앙**의 존재를 아는 것입니다. "이는 내가 너희에게 가 보나 떠나 있으나 너희가 한마음으로 서서 한뜻으로 복음의 신앙을 위하여 협력하는……이 일을 듣고자 함이라." 이것은 자명한 사실입니다. 있는지 없는지도 모르는 것을 붙잡겠다고 애써 싸울 수는 없는 노릇입니다. 바울은 **어떤** 신앙a faith이 아닌 **그** 신앙the faith

을 붙잡으라고 말합니다. 종교적인 신앙은 배우는 것이 아니라 사로잡히는 것이라고 주장하는 이들이 있습니다. 그러나 기독교 신앙은 배우는 것입니다. 기독교 신앙에는 일군의 교리가 있으며 믿어야 할 내용이 있습니다. 영—그 신앙—이 사람 속에 들어옵니다. 그것은 싸워 지킬 수 있고 옹호할 수 있는 실체입니다.

달리 설명해 보겠습니다. 아주 많은 이들이 '그리스도인이 된다는 것은 진리를 찾는 위대한 탐색에 나서는 것'이라고 생각합니다. 기독교 신앙 또한 여러 가지 종교적인 신앙 가운데 하나라고 생각하기도 합니다. 오늘날 "그리스도인들의 문제는 너무 편협하다는 겁니다. 자기네 신앙만 옳고 다른 건 다 틀렸다니 말입니다"라고 말하는 사람들이 아주 많습니다. "어떤 종교든 취할 만한 좋은 점이 있게 마련이지요. 힌두교, 불교, 유교, 이슬람교뿐 아니라 기독교 신앙이나 딱히 사교라고 하기 어려운 크리스천사이언스 같은 데서도 가장 좋은 것들을 골라서 취합하면 됩니다"라고 말합니다. 그러면서 "이건 틀림없는 진리"라고 말합니다. 그러나 사도는 그렇게 말하지 않았습니다. 우리는 그 신앙을 위해, 성경의 기록에 소중하게 담겨 있는 그 신앙을 위해 힘껏 싸워야 합니다. 그 신앙이 분명히 존재합니다. 이 점을 모르면서 어떻게 그 신앙 안에 굳게 설 수 있으며 그 신앙을 옹호할 수 있겠습니까?

이것은 두 번째 요점으로 이어집니다. 나는 내가 배운 진리의 본질을 정확히 알아야 합니다. 이 또한 명백한 사실입니다. 시대와 상관없이 모든 그리스도인들이 기독교 신앙으로 인정했던 일군의 교리가 오늘날 존재하고 있습니다. 그것이 무엇입니까? 지금 포괄적인 정의를 내리지는 않겠지만, 믿음을 이야기할 때 최소한 짚고 넘어가야 할 몇 가지 진리는 말씀드리겠습니다. 저는 주 예수 그리스도의 유일무이한 신성을 믿습니다. 이것을 믿지 않는 사람은 그리스도인이 아닙니다. 선량한 사람이나 천성적으로 훌륭한 정신의 소유자일 수는 있어도 그리스도인은 아닙니다. 그리스도의 유일무이한 신성과 기적적이고 초자연적인 사역, 속죄와 죽음, 죽은 지 사흘째 되는 날 문자 그대로 육신으로 부활하신 것, 승천, 성령의 인격성, 오순절 강림은 최소한의 진리입니다. 사도는 이 신앙을 위해 싸우라, 이 신앙을 대변하라, 이 신앙을 옹호하라, 이 신앙을 위협하는 공격을 물리치라고 권면합니다. 누구든, 어떤 의미에서든 주님의 영광을 빼앗지 못하게 하며, 그가 온전히 이루신 일의 기이함을 훼손치 못하게 해야 합니다. 이 진리를 위해 싸워야 하며 이 진리를 확고히 믿어야 합니다.

제가 볼 때 이 진리를 위해 싸울 수 있는 또 한 가지 좋은 방법은 기독교 외에 제시되는 대안들을 조사해 보는 것입니다. 우리 그리스도인들은 이 부분에서 좀 태만한 것 같습니다. 기독교 신앙을 반대하는 과학계 인사들의 말을 들어 보면 어떻습니까? 무척 똑똑하다는 생각이 들지 않습니까? 그러나 그들에게 "당신이 믿는 바가 무엇입니까? 당신의 인생관과 도덕관이 무엇입니까? 당신이 설명하는 믿음이란 어떤 것입니까?"라고 질문한 후 대답을 검토해 보면 그들이 심각한 비관주의자임을 알게 될 것입니다. 사실 그들은 수많은 부정적인 비판 외에 할 말을 가지고 있지 않습니다. 우리에게 제시할 만한 능동적인 철학을 가지고 있지 않습니다. 이른바 지식인들의 삶을 조사해 보고, 도덕성을 조사해 보십시오. 똑똑한 말을 하기는 쉽습니다. 그러나 중요한 것은 삶입니다. 이처럼 기독교 신앙을 반대하는 자들을 조사해 보면 오히려 굳게 설 힘이 생깁니다.

마지막으로, 우리는 대적을 겁내지 말아야 합니다. 대적은 갖가지 방법으로 우리를 겁주려 합니다. 그럴 때 우리가 할 일은 오직 주님의 말씀을 붙잡는 것입니다. "몸을 죽이고 그 후에는 능히 더 못하는 자들을 두려워하지 말라. 마땅히 두려워할 자를 내가 너희에게 보이리니 곧 죽인 후에 또한 지옥에 던져 넣는 권세 있는 그를 두려워하라. 내가 참으로 너희에게 이르노니 그를 두려워하라"(눅 12:4-5). 생각하면 할수록 놀라운 말씀 아닙니까! 우리는 장차 무슨 일을 당할지 알지 못합니다. 그러나 사람이 죽일 수 있는 것은 우리의 육신뿐, 영혼은 손도 대지 못한다는 것—저는 이 말씀이 그렇게 놀라울 수가 없습니다—입니다. 핵무기든 다른 무엇이든 영혼은 건드리지 못한다는 것입니다. 해볼 테면 한번 해보라고 하십시오. 내 속에 있는 것은 절대 멸하지 못하며, 해치지 못합니다. 바울은 빌립보 교인들에게 이처럼 사람이 할 수 있는 일에는 한계가 있으니 "무슨 일에든지 대적하는 자들 때문에 두려워하지" 말라고 말합니다. "독을 내뿜으며 빈정대거나 조롱할 수 있고 너희의 삶이나 출세를 방해할 수는 있지만 정작 중요하고 영원한 것은 절대 건드리지 못한다"고 안심시킵니다.

지금까지 신앙을 굳게 붙잡는 방법에 대한 간단한 지침을 살펴보았습니다. 이제 던질 질문은 신앙을 굳게 붙잡아야 하는 **이유**입니다. 그 대답은 진리의 본질 때문이라는 것입니다. 이 진리 외에 지킬 가치가 있는 것이 또 있습니까? 정치인들이 자기 정당을 대변하기 위해 얼마나 열과 성을 다하는지 보십시오. 어떻게 일하며 논쟁하는지 보십시오. 그런데 그들이 제시하고 대변하는 바와 이 진리를 비교해 보면 어떻습니까? 이 진리가 정말 영광스럽다는 것을 알 수 있지 않습니까! 하나님이 독생하신 아들에게 주신 진리에는 만민을 위한 큰 구속의 길이 들어 있습니다. 이것은 이 세상과 다음 세상뿐 아니라 영원한 세계까지 포괄하는 진리입니다. 참으로 강력하고 영광스러운 진리입니다. 정신의 양식이요 마음의 자극제입니다. 정말 굉장한 것입니다! 제가 다른 말로 더 권면할 필요가 있겠습니까? 진리 그 자체, 진리의 특질과 본질 그 자체만으로도 옹호할 가치가 충분합니다.

그뿐 아니라 우리는 그리스도를 위해, 그의 명예와 영광을 위해 이 진리를 대변해야 하며, 이 진리를 공격하고 있는 불쌍한 세상을 위해서도 대변해야 합니다. 저와 여러분은 바로 이 일에 부름 받은 사람들입니다. 세상은 진리를 공격하지만, 정작 그들을 구원할 것은 이 진리밖에 없습니다. 다른 것으로는 안 됩니다. 그렇기 때문에 그들을 위해 이 진리를 대변해야 합니다.

또한 우리 자신을 위해서도 이 진리를 대변해야 합니다. 앞서 군대의 비유를 사용했는데, 여러분이 진리를 대변해야 할 다른 이유를 찾지 못한다면 다시 이 비유를 통해 권면하고 싶습니다. 총사령관의 열병식이 있는 날, 우리는 모두 그 앞에 정렬해야 합니다. 그 마지막 대열병식 때 하나님의 아들은 각 대열을 사열하며 한 사람 한 사람 살펴보실 것입니다. 그 대열병식 날 아침에 비겁자라는 자책감에 빠지지 않으려면, 수치심으로 고개를 숙이지 않으려면, 바로 지금 공격 앞에 물러서지 말고 견고하고 굳건하게 서야 합니다. 그러니 여러분 자신을 위해 진리와 신앙을 대변하십시오.

마지막으로 격려할 말이 있습니다. 바울은 빌립보 교인들에게 "나처럼 하기를 바란다"고 말합니다. 전에 함께 지낼 때 자신이 싸우는 모습을 보지 않았느냐는 것입니다. 지금 로마 감옥에서 싸우고 있는 소식도 듣지 않느냐는 것입니다. "너희에게도 그와 같은 싸움이 있으니 너희가 내 안에서 본 바요 이제도 내 안에서 듣는 바니라." 이 놀라운 연속성이 보이지 않습니까? 그리스도인이라는 이유로 이 싸움을 싸우는 사람, 핍박과 오해를 받는 사람은 바울의 경험에 동참하는 것입니다. 엄청난 계보에 자신의 이름을 올리는 것입니다. 한 차원 더 높여서 생각해 봅시다. 그리스도인이라는 이유로 이런 일을 겪는 사람은 다름 아닌 그리스도의 경험에 동참하는 것임을 아십니까? 세상은 그를 미워하여 못 박아 버렸습니다. 여러분이 그렇게 미움받는 무리에 속해 있음을 아십니까? 사도 바울과 순교자들의 무리, 각처에 있는 하나님의 백성들로 이루어진 무리, 주 예수 그리스도가 선두에 서 계신 무리에 속해 있음을 아십니까? 이 얼마나 명예로운 일입니까!

이보다 더 놀라운 사실이 있습니다. 바울은 말합니다. "무슨 일에든지 대적하는 자들 때문에 두려워하지 아니하는 이 일을 듣고자 함이라. 이것이 그들에게는 멸망의 증거요 너희에게는 구원의 증거니 이는 하나님께로부터 난 것이라." 그리스도 때문에 핍박받고 공격받는다는 사실 자체가 여러분이 그리스도인이라는 증거입니다. 이런 일은 오직 그리스도인에게만 일어나기 때문입니다. 여러분이 공격받는다는 사실 자체가 구원의 증거입니다. 한 단계 더 올려 봅시다. 이보다도 더 놀라운 사실이 있습니다. "그리스도를 위하여 너희에게 은혜를 주신 것은 다만 그를 믿을 뿐 아니라 또한 그를 위하여 고난도 받게 하려 하심이라." 이 말씀에 대한 저의 해석은 이렇습니다. 그리스도를 위한 고난은 그리스도께서 자기 백성에게 주시는 아주 특별한 혜택이자 축복입니다. 이런 생각을 해 본 적이 있습니까? 그리스도를 위해 고난 받을 때 여러분은 "감사합니다. 이런 최고의 복을 받기에 합당한 자로 여겨 주시니 감사합니다"라고 기도해야 합니다. 알다시피 최초의 그리스도인들은 순교야말로 가장 큰 복이라는 사실에 동의했습니다. 그래서 원형경기장에 사자 먹이로 던져질 때에도 변함없이 감사를 드렸고, "드디어 최고의 혜택과 축복을 누리는구나"라고 말했습니다. 이것은 선물입니다. 신앙이 선물이듯이, 그리스도를 위한 고난도 선물입니다. 제가 그리스도를 위해 고난 받는 사람은 복이 있다고 말하는 이유가 여기 있습니다. 그리스도는 고난을 통해 여러분이 자신의 백성임을 확인해 주십니다. 야고보가 편지에 쓴 말이 맞습니다. "내 형제들아, 너희가 여러 가지 시험을 당하거든 온전히 기쁘게 여기라"(약 1:2).

하나님이 우리에게 이 영을 주시기를, 초대교회 그리스도인들과 순교자들과 성도들의 영을 주시기를 소원합니다. 굳게 서서 그리스도 복음의 신앙을 위해 전력으로 분투하게 해 주시기를 소원합니다.

그러므로 그리스도 안에 무슨 권면이나 사랑의 무슨 위로나
성령의 무슨 교제나 긍휼이나 자비가 있거든
마음을 같이하여 같은 사랑을 가지고 뜻을 합하며
한마음을 품어 아무 일에든지 다툼이나 허영으로 하지 말고
오직 겸손한 마음으로 각각 자기보다 남을 낫게 여기고
각각 자기 일을 돌볼뿐더러 또한 각각 다른 사람들의 일을 돌보아
나의 기쁨을 충만하게 하라. 너희 안에 이 마음을 품으라.
곧 그리스도 예수의 마음이니.

빌립보서 2:1-5

11. 평화에 이르는 유일한 길

이 본문은 반드시 한 묶음으로 고찰해야 하는데, 그것은 여기에 한 가지 공통된 사상이 흐르고 있기 때문입니다. 사도는 빌립보 교회에 서로 연합하라는 중대한 호소를 합니다. 모두가 동의하는 바, 여기에는 일치와 평화라는 주제 전반에 대한 신약성경의 고전적인 말씀이 담겨 있습니다.

바울은 어떤 외적인 조건도 자신의 기쁨을 빼앗아 가지 못한다고 하면서 빌립보 교인들을 안심시켰습니다. 그의 요지는 이것입니다. "내가 계속 행복하기를 바라고 내 기쁨이 흘러넘치기를 진정 바라느냐? 그것은 바로 너희 손에 달려 있다. 나는 다 괜찮다. 이 상태에서 한 가지만 더 바라는 바는 바로 너희가 잘 지내는 것이다." 그러면서 바울은 연합의 중요성이라는 중대한 주제를 꺼냅니다.

제가 여기에 여러분의 주의를 환기시키는 것은 이것이야말로 현재 우리가 당면한 가장 시급한 문제 중 하나라고 생각하기 때문입니다. 그리스도인으로서뿐 아니라 세계의 시민으로서 우리가 처한 전반적인 상황을 살펴보고 세상의 비참한 상태를 깊이 생각해 볼 때, 인간의 최대 관심사가 바로 평화와 일치와 행복임을 분명히 알 수 있습니다. 그러나 애석하게도 우리 앞에 놓인 상황은 정반대입니다. 우리는 현실을 있는 그대로 보아야 합니다. 그런데 현실을 있는 그대로 볼 때 발견하는 것은 갈가리 찢겨 있는 모습입니다. 사반세기에 걸쳐 두 차례의 세계대전을 겪으면서 이제야말로 전쟁은 끝나고 인류가 하나의 큰 가족이 될 것을 기대했건만, 오히려 국가 간에 의심의 눈초리가 오가는 지극히 불확실한 상황이 전개되고 있습니다. 둘로 갈라질 조짐을 보이는 세계는 서로 완전무장을 한 채 점점 더 군비를 증강하며 심각한 교전 상태가 벌어질 것에 대비하고 있습니다. 그뿐 아니라 무서운 핵 문제와 그 방면의 치명적인 위험도 상존하는 형편입니다. 국제정세를 살펴보는 즉시 인지하게 되는 것은 서로 간의 불일치와 불화와 갈등과 의심이며, 전쟁과 전쟁의 소문입니다. 아니, 실제로 전쟁 중인 나라들도 많습니다. 이것이 국제정세라는 측면에서 맞닥뜨리게 되는 세상의 현실입니다.*

불행히도 각 국가를 개별적으로 살펴볼 때 발견하는 현실 또한 다를 바가 없습니다. 각 국가의 내부에도 동일한 불일치가 있습니다. 쟁의와 다툼이 있고, 논쟁과 의심과 분열이 있으며, 자기만 생각하고 자기 권리와 요구만 내세우는 개인들이 있습니다. 다툼과 불화의 흐름에서 비켜선 나라는 어디에도 없습니다. 더 작은 단위로 내려가서 살펴보아도 마찬가지입니다. 과거에는 그나마 안정적이고 견고했던 가정과 부부관계, 가족관계 같은 삶의 기본적인 단위조차 붕괴하고 있는 것은 현대세계의 비극입니다. 불화와 불일치의 영이 가정까지 침투해 있습니다.

이처럼 혼란과 다툼의 상태가 지속되고 있는 것이 현재의 추세입니다. 온 세상이 혼돈에 빠져 있습니다. 슬프고 딱하게도 평화는 찾아볼 수

* 로이드 존스는 1947년 12월 28일에 이 설교를 했다.

없으며, 사도가 말하는 일치와 연합 또한 어디에서도 찾아볼 수 없습니다. 이런 현실 앞에서 즉시 떠오르는 질문은 이것입니다. 기독교회가 이런 현실에 대해 해 줄 수 있는 말이 무엇입니까? 교회가 전하는 메시지가 무엇입니까? 복음의 메시지가 무엇입니까? 그리스도인을 자처하는 우리가 이 특정한 상황 속에서 분명하고 확실하게 해 줄 수 있는 말이 무엇입니까?

이 점에서 자기 생각을 밝히는 이들이 많기 때문에, 사도의 가르침에 비추어 신중히 조사해 볼 필요가 있습니다. 제가 볼 때 가장 흔한 생각은, 막연하게나마 우애와 이해와 화합을 보편적으로 호소하는 것이야말로 이 상황에서 교회가 감당해야 할 주된 임무라는 것입니다. 교회 밖에 있는 사람들 대다수가 이런 시각을 가지고 있으며, 교회 안에 있는 이들도 상당수 같은 시각을 고수하고 있습니다. 교회를 '이상적인 상태를 일깨워 주는 기관 내지는 조직'으로 인식하는 것입니다. 사람들이 거의 예외 없이 교회에 기대하는 바가 바로 이것이 아닌가 싶습니다. 사람들은 교회가 정치적·사회적·경제적·국제적 불일치를 살피면서 우애와 평화와 우정과 양보를 촉구해야 한다고 생각합니다. 그리고 교회가 이렇게 보편적인 호소를 하면 세상이 반응하리라고 기대합니다. 많은 불신자들이 현 상황에 대한 책임을 교회에 돌리는 이유도 여기 있습니다. 그들은 교회가 충분히 강력하고 힘 있게 이해와 우애를 호소하지 못한다고 생각합니다. 그들이 볼 때 교회의 중대한 임무는 세상을 향해 서로 무장을 해제하고 다툼과 싸움을 중단할 것을 호소하며 모두 형제가 되어 함께 행복하고 사이좋게 살자고 촉구하는 것입니다. 이러한 입장은 종종 "하나님은 아버지시요 인간은 다 형제다"라는 말로 표현되곤 합니다. 이들에 따르면 교회는 다른 어떤 기관보다 더 이런 가르침을 전파해야 할 기관입니다.

저는 여러분과 함께 이런 생각을 고찰하되, 사도가 빌립보서에서 말하는 바에 비추어 고찰하고자 합니다. 이 주제를 구체적으로 살펴보기 전에, 일반적인 명제 세 가지를 먼저 짚고 넘어갑시다.

첫 번째는 지금과 같은 현실 앞에서도 여전히 이런 말을 할 수 있다는 점이 아주 이상하다는 것입니다. 오늘날 세상에 필요한 것이 우정과 선의와 우애에 대한 보편적인 호소뿐이라고 진심으로 믿는 사람이 아직도 있다는 것이 놀랍지 않습니까? 제가 이런 질문을 하는 것은, 과거에도 오랜 세월 계속해서 이런 호소를 해 왔기 때문입니다. 아니, 그보다 더 거슬러 올라가 인류 역사상 이런 호소를 하지 않았던 때는 거의 한 번도 없었다고도 할 수 있습니다. 그리스도의 출생 이전에도 철학자들은 이런 호소를 했습니다. 열심히 평화를 추구했습니다. 유토피아라는 개념의 배후에 깔린 사상도 이것입니다. 사람들은 오랜 세월 책과 잡지와 설교를 통해 호소했습니다. 라디오를 통해서도 호소했습니다. 다툼을 버리고 서로 협력할 것을 촉구했습니다. 그럼에도, 그렇게 열심히 호소했음에도 세상은 이 지경이 되었습니다. 다른 시대는 고사하고 이 20세기의 현실을 보면서도 서로 평화롭게 살자고 호소하기만 하면 즉시 그렇게 되리라고 믿는다는 것이 저는 그저 놀라울 따름입니다.

이것은 두 번째 명제로 이어집니다. 그것은 인간에 대한 이 치명적인 낙관주의가 말할 수 없이 피상적이라는 것입니다. 불일치의 원인을 피상적으로 파악하는 사람만이 일치를 호소하는 것만으로 충분하다고 믿을 수 있습니다. 다시 말해서 많은 이들을 여전히 만족시키고 있는 이 치명적이고 의기양양한 낙관주의의 비극은 죄에 대한 성경의 교리와 신약 성경의 메시지를 이해하지 못하는 데 있습니다. 그들은 문제의 원인을 잘못 진단하고 있습니다. 문제의 원인에 대한 진단이 피상적이기 때문에 그에 대한 처방 또한 똑같이 피상적입니다.

이런 시대일수록 현실적이 될 필요가 있습니다. 때로 왜 그렇게 사람을 압박하느냐는 말을 듣는 한이 있어도 그래야 합니다. 신약성경의 메시지를 설명하거나 설교하는 사람의 임무는 그 메시지를 있는 그대로 정확하게 전달하는 것임이 분명합니다. 신약성경은 어디에서도 "육에 속한 인간은 선한 존재이므로 옳고 바른 것만 알려 주면 따르게 되어 있다"라고 말하지 않습니다. 오히려 강력하고 극적인 사건이 없는 한 세상은 결코 평화에 이를 수 없다고 단언합니다. 낙관주의의 관점에서 보면 신약성경은 심히 비관적인 책입니다. 신약성경은 인간과 인간의 상태를 현실적으로 바라보면서, 피상적인 처방으로는 절대 우리가 당면한 상황에 제대로 대처할 수 없다고 말합니다.

이러한 일반 명제들을 염두에 두고 평화와 일치의 문제에 대해 사도가 정확히 무슨 말을 하는지 살펴봅시다. 이 주제는 아주 쉽게 나누어서 살펴볼 수 있습니다. 첫째로 생각해 보아야 할 것은 불일치의 원인입니다. 세상이 오늘날 이 지경이 된 이유가 무엇입니까? 어떤 의미에서 사도는 두 단어로 대답하고 있습니다. "아무 일에든지 다툼이나 허영으로 하지 말고." 이것이 분쟁의 원인입니다. 세상의 문제가 이만큼 크고 깊다는 데 주목합시다. 사도는 분쟁과 불일치로 이끄는 아주 잘못된 것이 사람 속에 있다고, 세상뿐 아니라 교회에도 있다고 말합니다. 앞서 보았듯이 그는 아주 높은 수준의 교회관을 가지고 있습니다. 교회는 단순한 모임이나 단체가 아닙니다. 사도는 "너희 안에서 착한 일을 시작하신 이가 그리스도 예수의 날까지 이루실" 것이라고 말합니다(1:6). 교회는 하나님이 만드신 곳입니다. 중생한 새사람들로 이루어진 곳입니다. 그럼에도 사람의 속이 근본적으로 잘못되어 있기 때문에 그 잘못된 원리가 교회의 삶까지 침투해 들어올 위험이 있다는 것입니다. 우리는 빌립보서가 신약성경의 서신서 중에 가장 서정적인 서신이라는 사실에 동의한 바 있습니다. 빌립보 교회는 그 어떤 교회보다 책망할 것이 적은 교회였습니다. 그런데 그들의 잘못이라고 할 수 있는 한 가지, 빌립보 교회의 삶을 위협하는 한 가지가 바로 불화의 영이었습니다. 빌립보서를 보면 바울이 거의 모든 장에서 이 이야기를 하는 것을 알 수 있습니다.

이처럼 사람의 속에서 분열을 조장하며 의심과 불일치를 일으키는 원인이 무엇입니까? 사도에 따르면 두 가지로 나누어 정리할 수 있습니다. 첫째는 **다툼**strife으로서, 더 나은 번역은 '당파심the spirit of faction'입니다. 이 말의 의미는 모두가 알 것입니다. 현재 세상에 두드러지게 나타나는 특징이 바로 이것입니다. 일종의 파벌의식, 집단성, 편파성이 확연히 나타나고 있습니다. 먼저 국가 간에 이것을 볼 수 있습니다. 전쟁의 가장 큰 원인 한 가지는 국가의 주권사상인 것이 분명합니다. 이 사람도 **"우리나라"**를 내세우고, 저 사람도 **"우리나라"**를 내세웁니다. 이것은 아주 불합리하고 비이성적인 태도입니다. 사고력과 이해력에서 나오는 태도가 아닙니다. 편견이 이성을 압도한 것입니다. 이럴 때 사람은 "우리나라가 옳은가, 그른가?"를 묻지 않습니다. 무조건 "우리나라가 옳다"라고 합니다. 다른 나라 사람도 마찬가지입니다. 그래서 전쟁이 일어나는 것입니다.

나라만 그런 것이 아니라 사회 거의 모든 분야가 그렇습니다. 이른바 사회적인 집단화와 구분이 이루어지면서 한 집단이 다른 집단을 무시하거나 질시하는 현상이 일어나고 있습니다. 어이없게도 출생과 신분, 지위에 따라 집단을 구분하려 듭니다. 가만히 멈추어 생각해 보지 않습니다. 이것은 비합리적인 일입니다. 사람들은 일종의 관습법과 불문율에 따라 움직입니다. 각자 자기가 속한 집단에 맞는 행동을 합니다. 여기에 이 시대의 중대한 위험요소가 있음을 인정해야 합니다. 바로 이런 것이 계급의식입니다. 어느 계급이나 이런 계급의식을 가지고 있습니다. 이 것은 항상 불일치와 몰이해와 다툼을 낳게 되어 있습니다. 이런 당파심 이 실제로 세계를 큰 집단들로 분열시킬 수 있으며, 또 다른 끔찍한 세계 대전의 시초로 작용할 수 있습니다. 산업 통상 분야도 마찬가지입니다. 돈에 따라 분열되고 있습니다. 이 모든 영역에서 우리가 중요하게 살펴 보아야 할 문제는 이런 현상들에 어떤 정신이 연관되어 있느냐 하는 것 입니다.

고린도전서에 훨씬 더 좋은 예가 나옵니다. 어리석은 그리스도인들 이 이 사람 저 사람을 좇아 분열되었던 일을 기억할 것입니다. "나는 바 울에게, 나는 아볼로에게, 나는 게바에게, 나는 그리스도에게 속한 자라" (고전 1:12). 고린도 교회 전체가 사람을 좇아 이 파 저 파로 분열되었습니 다. 비극적인 점은, 그들이 서로 만나 진리를 살펴보고 각자 진리를 어떻 게 이해하고 있는지 논하지 않았다는 것입니다. 그들은 인물을 놓고 싸 웠습니다. 어떤 이는 바울이 최고라고 했고, 어떤 이는 아볼로가 최고라 고 했으며, 또 어떤 이는 게바가 최고라고 했습니다. 각자 편견에 사로잡 혀서 그렇게 주장했습니다. 이런 정신은 항상 분쟁과 불일치를 낳게 되 어 있습니다. 그래서 사람들이 정치 토론을 할 때 화를 터뜨리지 않는 모 습을 보기가 그토록 어려운 것입니다. 그들을 좌우하는 것은 이성이 아 니라 당파심입니다. 모든 토론을 움직이는 기준은 '무엇이 옳으냐, 그르 냐, 유익하냐'가 아닌 '우리 집단, 우리 당, 우리 패거리'입니다.

애석하게도 당파와 다툼의 정신 배후에 훨씬 더 심각한 원인이 있는 데, 바울은 그것을 **허영**vainglory이라고 부릅니다. 물론 이것은 교만과 자만심의 다른 이름입니다. 성경에 따르면 이것이야말로 불일치와 모든 분쟁의 궁극적인 원천입니다. 성경은 이 교리를 다음과 같이 설명하고 있습니다. 하나님이 인간을 만드셨습니다. 인류는 원래 하나님께 종속된 삶을 살게 되어 있었습니다. 하나님께 순종하는 동안에는 평화가 있었습니다. 그런데 왜 불일치가 생겨났을까요? 성경의 대답은 인간이 죄에 빠져 최고의 자리에 오르려 했기 때문이라는 것입니다. 인간은 자신의 뜻이 최고라고, 자신은 자신이 원하고 바라는 것을 누릴 권리가 있다고 주장했습니다. 교만하고 오만한 인간은 이처럼 신의 자리에 오르고자 합니다. 그리고 이 많은 신들은 서로 충돌할 수밖에 없습니다. 저마다 자신만 생각하고 자신만 돌보기 때문에 어쩔 수가 없습니다.

모든 분쟁의 비극적인 원인이 바로 이것 아닙니까? 오늘날 눈에 띄게 만연되어 있는 말할 수 없는 이기심과 자기애야말로 세상에서 가장 슬프고도 딱한 문제 아닙니까? 사람들은 "내 권리를 돌려 달라. 왜 내가 선택한 삶을 살 수 없는가?"라고 주장합니다. 자아가 모든 것을 통제합니다. **내가** 받아야 할 대우, **내가** 누려야 할 것들, **내** 권리라는 관점에서 모든 것을 생각합니다. 바로 여기에 세상의 모든 불화와 분쟁의 원인이 있습니다. 당파심, 집단 간의 경쟁과 집단 내의 경쟁, 개인의 교만과 허영이 원인인 것입니다.

성경은 이것이야말로 우리 상황에 대한 바른 이해라고 말합니다. 세상의 문제는 표면에 있지 않습니다. 인간이 충분히 교화되지 않았거나 올바른 인생관을 갖지 못한 탓이 아닌 것입니다. 인간의 본성 자체에 비틀리고 왜곡된 것이 있습니다. 하나님이 인간에게 넣어 주신 모든 특질을 잘못된 방향으로 비틀어 버리는 것이 있습니다. 인간의 구성요소와 중추 안에 몹쓸 염증이 있습니다. 인간의 중심에 지독하게 악하고 기만적인 것이 있습니다. 이것은 근본적인 문제이고 근원적인 문제입니다.

분쟁의 원인을 알았으니, 이제는 좀 더 현실적인 해결방법을 찾아볼 수 있습니다. 바울은 참된 평화와 연합에 이르기 전에 반드시 필요한 것이 두 가지 있다고 말합니다. 첫째는 공동의 충성심입니다. "마음을 같이하여 같은 사랑을 가지고 뜻을 합하며 한마음을 품어." 사도에 따르면, 당파심과 허영을 없애는 유일한 방법은 공동의 목표 내지는 이익을 중심으로 연대하며, 공동의 충성심으로 연대하는 것입니다. 제가 볼 때 이것은 건전한 심리학 원리로도 아주 쉽게 입증되는 사실입니다. 2차대전 때 공습대피소에서 연출되었던 기이한 광경에 대한 이야기를 종종 들었을 것입니다. 서로 다른 계급에 속한 이질적인 사람들이 폭탄에 맞아 죽지 않도록 피해야 한다는 공동의 필요 아래 모든 차이를 뛰어넘어 하나가 되었습니다. 공동의 이익 때문에 서로 간의 구분과 구별을 뛰어넘은 것입니다. 전시마다 연립정부가 수립되는 이유가 여기 있습니다. 사람들은 공동의 필요가 발생하는 위기 시에 모든 구분을 뛰어넘어 연합을 이룹니다.

사도가 가르치는 바가 바로 이것입니다. 사람들에게 차이와 구분을 뛰어넘어 서로 다정하고 친근하게 대하라고 요구해 봐야 아무 소용이 없습니다. 그것은 신약성경의 가르침이 아닙니다. 신약성경은 그런 요구가 완전히 터무니없는 것임을 알고 있습니다. 물론 세상이 그런 것을 믿는 데에는 그 나름대로 이유가 있습니다. 이런저런 약물에 취하면 흥이 나기도 하고 친근감과 이해심이 생기기도 합니다. 그러나 그것은 약물의 효과일 뿐입니다. 신약성경은 참된 연합과 일치, 평화롭고 우호적인 인간관계에 이르려면 먼저 공동의 충성심이 있어야 한다고, 우리 주와 구주 되신 예수 그리스도와 하나님께 대한 충성심이 있어야 한다고 말합니다. 평화에 이르는 유일한 길은 각 사람이 자기의 왕관을 벗고 스스로 낮아져 하나님 앞에 엎드리는 것입니다. 자연의 손길이 온 세상을 한 족속으로 만든다는 말의 의미가 바로 이것입니다.* 자신이 자신의 것이 아니요 하나님의 것임을 깨달을 때, 그분께 대한 공동의 충성심으로 우리는 하나가 됩니다.

바울은 여기에서 좀 더 나아가야 한다고 말합니다. 공동의 충성심뿐 아니라—빌립보 교회에는 이미 이런 충성심이 있었습니다—겸손이라는 또 다른 원리가 있어야 한다는 것입니다. "각각 자기 일을 돌볼뿐더러 또한 각각 다른 사람들의 일을 돌보아." 모든 사람이 이 말씀을 이행한다면 세상은 지금과 딴판이 될 것입니다! "오직 겸손한 마음으로 각각 자기보다 남을 낫게 여기고." 사도는 이것을 비결로 내세웁니다. 낮은 마음, 겸손한 마음이 있어야 한다는 것입니다. 이러한 마음은 자기보다 남을 낫게 여기는 태도로 나타납니다. 어떤 이는 물을지 모릅니다. "그렇다면 모든 개인이 다른 개인을 자기보다 낫게 여겨야 한다는 겁니까? 빈민굴에 사는 주정뱅이도 나보다 낫게 여겨야 한다는 겁니까?" 아닙니다. 사도의 가르침은 그런 것이 아닙니다. 그것은 너무 지나친 생각입니다. 사도가 말하는 바는 그렇게 확연한 차이가 있는 경우, 남녀 간의 차이처럼 실제로 분명한 차이가 있는 경우를 제외하고는 누구나 자기보다 남을 낫게 여기는 시선으로 자기 자신과 자신의 상태를 바라보아야 한다는 것입니다. 자신의 참모습을 알면 남을 더 낫게 여길 수밖에 없다는 것이 사도의 설명입니다.

---

* 셰익스피어, 『트로일러스와 크레시다Troilus and Cressida』 중에서 율리시스의 대사("One touch of nature makes the whole world kin")를 빗댄 말.

더 나아가 "자기 일"뿐 아니라 "다른 사람들의 일"도 돌보라고 그는 말합니다. "내 권리가 뭐지? 내가 요구할 수 있는 게 뭐지? 내가 당연히 받아야 할 게 뭐지?"만 물어서는 안 됩니다. 그보다는 "모든 사람에게 최선은 뭐지? 다른 사람은 어떻게 되는 거지?"를 물어야 합니다. 시종일관 자기 자신만 바라볼 게 아니라 다른 사람도 바라보아야 한다는 것입니다. 우리가 힘들고 괴롭다고 말할 때 우리보다 더 열악한 상황에 있는 다른 나라 사람들을 생각해야 합니다. 우리나라의 문제만 생각할 게 아니라 집도 없고 쉴 곳도 없고 입을 것도 없는 사람들을 생각해야 합니다. 개인의 삶에서도 마찬가지입니다. 삶의 전 영역에 나타나는 다툼과 불일치와 불행을 생각해 보십시오. 전부 이 원리를 이행하지 못해서 생겨난 결과 아닙니까? 자신의 권리와 요구를 내세우기 전에 잠깐 멈추어 다른 사람들과 그들의 처지를 생각한다면 삶의 모든 분야와 영역이 원만하게 굴러가지 않겠습니까? 바울은 이것을 비결로 내세웁니다. 자기보다 남을 낮게 여기는 것으로 나타나는 겸손이 비결인 것입니다. 이것이 평화에 이르는 방법입니다.

이제 가장 긴요하다고 할 만한 질문으로 설교를 맺겠습니다. 이런 일을 가능케 하는 것은 과연 무엇일까요? 제 말을 죽 들으면서 다음과 같은 질문을 제기할 수 있습니다. "지금 그 말은 처음 했던 말과 다르지 않습니까? 우리더러 겸손하게 남의 필요와 요구와 소원을 생각하라는데, 그것도 보편적인 호소 아닙니까? 사도가 지금 그런 보편적인 호소를 한다는 것입니까?"

그것이 아닙니다. 제가 하려는 말은, 바울이 오직 한 가지만 이 일을 가능케 한다고 가르친다는 것입니다. "그러므로 그리스도 안에 무슨 권면이나 사랑의 무슨 위로나 성령의 무슨 교제나 긍휼이나 자비가 있거든······." 아주 노골적으로 설명해 보겠습니다. 사도가 여기에서 약술하고 있는 방법은 오직 그리스도인에게만 해당되는 것입니다. 바깥 세상 사람들에게는 해당되지 않습니다. 죄로 인해 영적으로 죽어 있는 사람들한테 겸손을 요구하거나 자기보다 남을 낮게 여기라고 요구하는 것은 어리석기 짝이 없는 일입니다. 그들은 그렇게 할 수가 없습니다. 사도의 가르침을 이행하려면 먼저 거듭나야 합니다. 이것이 사도가 호소하는 방식이자, 이런 호소가 가능한 유일한 토대입니다. 여기에서 "그리스도 안에 무슨 위안consolation이나······"(KJV)라는 부분은 "그러므로 그리스도 안에 무슨 권면exhortation이나······"라고 번역하는 편이 더 좋습니다.* 바울의 말뜻은 이것입니다. "빌립보 교인들아, 나는 너희에게 특정한 방식으로 살 것을 호소하려 한다. 어떤 방식으로 호소하는 것이 가장 좋겠는가? 이렇게 설명해 보자. 그리스도를 경험한 일이 너희에게 조금이라도 권면이 되고 설득이 된다면 이렇게 살아라. 이것이 내 논거다. 그리스도께 받은 사랑 내지는 사랑의 영이 너희를 권면하고 설득하며 간곡히 권한다면 자기보다 남을 낮게 여기며 살아라. 성령의 교제와 사귐이 있다면 이렇게 삶으로써 그 사실을 나타내라. 긍휼과 자비가 있다면, 하나님의 생명이 조금이라도 너희 안에 심겨 있다면 계속해서 이렇게 살아라. 이것은 오직 그리스도인만 살 수 있는 삶이다."

다음과 같이 설명해 보겠습니다. 자기보다 남을 낮게 여기라는 말을 이행할 수 있게 해 주는 것은 단 한 가지입니다. 감사하게도 그 한 가지가 이런 삶을 살 수 있게 해 줍니다. 우리는 성경을 읽으면서 자기 속에 죄의 본성이 있음을 깨닫습니다. 자신의 실패와 결함을 깨닫습니다. 그

---

* 우리말 성경 개역개정판에는 후자로 번역되어 있다.

럼에도 여전히 그것들을 변명하려는 성향을 가지고 있습니다. 이런 우리가 완전히 굴복될 수 있는 유일한 방법, 바닥까지 낮아질 수 있는 유일한 방법은 하나님의 아들을 바라보는 것이며, 특히 그의 십자가를 상고하는 것입니다.

영광의 왕 달려 죽으신

놀라운 십자가 내가 생각할 때

가장 큰 유익도 해로 여기고

내 모든 자랑도 멸시하게 되네.

—아이작 와츠Isaac Watts*

다른 것으로는 불가능합니다. 자신이 죄인이요 잃은 자요 유죄선고를 받은 자요 무력한 자라는 것, 십자가에 달리신 하나님의 아들만 이런 자신을 구원하실 수 있다는 것을 깨닫는 사람은 바닥까지 낮아집니다. 자신보다 악한 자는 없노라 고백합니다. 자신이야말로 "죄인 중에 괴수"라고, 남들은 다 자기보다 나은 사람들이라고 고백합니다. 십자가 외에 어떤 것도 자기보다 남을 낫게 여기게 만들 수 없습니다. 오직 그리스도의 십자가만 겸손의 영을 줄 수 있습니다. 이 진리를 깨닫고, 성령을 받아야 합니다. 하나님의 사랑이 마음속에서 솟아나야 비로소 다른 사람을 애정과 긍휼로 대하며 사랑할 수 있습니다.

이것이야말로 신약성경의 전적인 주장임이 분명합니다. 겸손해져야 합니다. 낮아져야 합니다. 자아가 못 박혀야 합니다. 그런데 이 일은 오

* 찬송가 149장.

직 십자가에서만 이루어집니다. 바울이 에베소 교회에 말한 대로, 오직 십자가에서만 "중간에 막힌 담"이 허물어집니다(엡 2:14). 오직 십자가에서만 둘이 새로운 하나가 되어 평화를 이루는 일이 가능합니다. 오직 이것만이 연합의 유일한 토대요 세상의 유일한 소망입니다. 바울은 이 점을 "너희 안에 이 마음을 품으라. 곧 그리스도 예수의 마음이니"라는 말로 표현하고 있습니다. 그리고 연이어 다음과 같이 말합니다. "그는 근본 하나님의 본체시나 하나님과 동등됨을 취할 것으로 여기지 아니하시고 오히려 자기를 비워 종의 형체를 가지사 사람들과 같이 되셨고 사람의 모양으로 나타나사 자기를 낮추시고 죽기까지 복종하셨으니 곧 십자가에 죽으심이라." 이것은 그리스도께서 하늘 궁전을 떠나 갓난아기의 모습으로 구유에 태어나셨다는 뜻입니다. 그는 땅 위에 살면서 죄인들의 반감을 샀고 마침내 십자가에서 죽임을 당하기에 이르렀습니다. 왜 그렇게 되셨을까요? 자신을 중히 여기시지 않았기 때문입니다. 하늘에서 아버지와 함께했던 영광을 계속 누리려 하시지 않았기 때문입니다. 저와 여러분을 돌아보셨기 때문입니다. "다른 사람들의 일"을 돌보셨기 때문입니다. 그는 세상에 오셔서 우리를 구원하심으로 4절을 실천하셨습니다. 사도는 우리도 그와 같이 해야 한다고 말합니다. 그런데 그와 같이 하려면 그의 본성을 받아야 합니다. 거듭나고 중생해서 성령이 우리 안에서 기적을 행하셔야 비로소 신의 성품에 참여할 수 있습니다. 이것이 연합과 평화와 일치에 이를 수 있는 유일한 길입니다. 기존의 자아를 못 박아 없애고 하나님의 아들이 주시는 새 자아, 새 본성을 받아야 합니다. "너희 안에 이 마음을 품으라. 곧 그리스도 예수의 마음이니……."

너희 안에 이 마음을 품으라. 곧 그리스도 예수의 마음이니
그는 근본 하나님의 본체시나 하나님과 동등됨을 취할 것으로
여기지 아니하시고 오히려 자기를 비워 종의 형체를 가지사
사람들과 같이 되셨고 사람의 모양으로 나타나사 자기를 낮추시고
죽기까지 복종하셨으니 곧 십자가에 죽으심이라.
이러므로 하나님이 그를 지극히 높여 모든 이름 위에 뛰어난
이름을 주사 하늘에 있는 자들과 땅에 있는 자들과
땅 아래에 있는 자들로 모든 무릎을 예수의 이름에 꿇게 하시고
모든 입으로 예수 그리스도를 주라 시인하여 하나님 아버지께
영광을 돌리게 하셨느니라.

빌립보서 2:5-11

12. 주 예수

성경에서 가장 빛나는 본문 가운데 하나가 바로 이 본문이라는 말에 모두 동의하리라 확신합니다. 전반부는 지난 설교에서 살펴보았습니다. 주님의 전 생애에 대한 사도의 뛰어난 개관槪觀은 9, 10, 11절에서 절정에 도달합니다. 바울은 하늘에서 시작하여 하늘에서 끝을 맺습니다. 몇 마디 안 되는 짧고 함축적인 단어로 주님의 초림과 그때 일어난 일들 및 그 결과를 완벽하게 요약하고 있습니다. 이 위대한 말씀의 위력을 충분히 파악하려면, 사도의 목적이 연합과 화합과 일치를 권면하려는 데 있음을 다시금 기억해야 합니다. 이 위대한 본문은 그 권면의 맥락에서 나온 것입니다. 사도는 "각각 자기 일을 돌볼뿐더러 또한 각각 다른 사람들의 일을 돌보"라고 권합니다. 그러다가 갑자기 "너희 안에 이 마음을 품으라. 곧 그리스도 예수의 마음이니" 하면서 이 엄청난 말씀을 쏟아 놓는 것입니다. 그러면서 그는 우리에게 최고로 중요한 사실을 상기시킵니다. 이것은 사도의 특징적인 방식이자 신약성경 전체의 특징적인 방식이기도 합니다. 신약성경은 매번 어떻게든지 우리 주와 구주 되신 예수 그리스도께 모든 관심을 집중시킵니다.

우리는 불확실한 세상에서 살고 있습니다. 미래를 아는 사람이 아무도 없습니다. 늘 미래에 대한 견해를 피력할 준비가 되어 있는(그 예언이 항상 어긋나는데도 불구하고) 이들도 반신반의하면서 예상 밖의 일들이 일어날 가능성을 열어 둡니다. 신약성경은 장차 일어날 일들에 대해 구체적이고 정확한 이야기를 많이 하지 않습니다. 성경에 나오는 용어나 진술들을 통해 장래 일을 예측하려 드는 경우가 종종 있지만, 애석하게도 그 예측은 맞을 때보다 틀릴 때가 더 많습니다. 신약성경은 그런 방식을 쓰지 않습니다. 오히려 신약성경은 미래에 무슨 일이 일어나든, 며칠 후나 몇 달 후에 무슨 일이 일어나든 중요치 않다고 말합니다. 그리스도 예수 안에서 하나님과 화목하기만 하면 무슨 일이 일어나든 하등 중요치 않다는 것입니다. 다시 말해서 주 예수 그리스도와 우리의 관계만이 세상의 삶에서 가장 중요하다는 것이 신약성경의 줄기찬 주장입니다. 이제부터 우리가 살펴보고자 하는 세 구절에서 사도가 다루는 주제도 그것입니다.

바울은 그리스도께서 하늘을 떠나 성육신하시고 수욕을 당하신 결과 만유의 중심이 되셨다고 주장하며, 따라서 그를 마땅히 중심에 모셔야 한다고 주장합니다. 성경은 그가 하신 일로 인해 "하나님이 그를 지극히 높여 모든 이름 위에 뛰어난 이름을" 주셨으며, "하늘에 있는 자들과 땅에 있는 자들과 땅 아래에 있는 자들로things in heaven, and things in earth, and things under the earth 모든 무릎을 예수의 이름에 꿇게" 하셨다고 말합니다. 여기에서 'things'라는 흠정역 번역은 오해의 소지가 있습니다. 이것은 오히려 '존재beings'를 뜻하는 단어로서, 모든 계급과 신분의 천사들까지 다 포괄하고 있습니다. 바울은 천상의 존재와 지상의 존재가 전부 그 앞에 절해야 한다고, "모든 입"이 "예수 그리스도를 주라 시인하여 하나님 아버지께 영광을" 돌려야 한다고 말합니다.

이 사실을 기억하는 것이 무엇보다 중요합니다. 예수 그리스도께서 우리 삶의 중심에 계시며 생각의 중심에 계셔야 합니다. 이 말을 오해하지 맙시다. 이것은 단순히 하나님을 믿기만 하면 된다는 뜻이 아닙니다. 하나의 명제만 붙잡으면 된다는 뜻이 아니며, "나는 절대자를 믿는다. 하나님의 위격을 인정한다"라고 말하기만 하면 된다는 뜻이 아닙니다. 그것만으로는 그리스도인이 될 수 없습니다. 바울은 그리스도가 하신 모든 일의 결과로 하나님이 친히 그를 중심에 앉히셨다고 말합니다. 따라서 우리는 마르틴 루터^{Martin Luther}가 그랬듯이, 예수 그리스도를 떠나서는 하나님을 알 수 없다고 말해야 합니다. 그리스도는 하나님을 아는 유일한 통로입니다. 이런 의미에서 그가 중심이시라는 것입니다. 하나님에 대해 무슨 생각을 하든, 하나님과 어떤 관계를 맺든 반드시 우리 주와 구주 되신 예수 그리스도를 통해서 해야 합니다. 사도는 모든 자들에게 그리스도께 무릎을 꿇으라고 권면합니다.

이와 관련하여 학식 있는 권위자들이 아주 정확하게 지적하는 사실에 주목합시다. 일부 교파는 이 구절을 예수 그리스도의 이름이 나올 때마다 특별한 헌신의 표시로 고개를 숙이라는 뜻으로 해석하기도 하는데, 이보다 더 성경을 우습게 만드는 해석은 없는 것이 분명합니다. 그들의 해석은 본문의 의도에 한참 못 미치는 것입니다! 고개를 숙일 것이 아니라 무릎을 꿇어야 합니다! 바울의 요지는 그리스도께 완전히 굴복하고 절하라는 것입니다. 절하는 것은 인정의 행위이며 자신을 바치는 행위입니다. 그가 주^主시니 그 앞에 무릎을 꿇으라는 것입니다. 사도는 하나님이 그에게 뛰어난 이름을 주어 온 우주, 즉 하늘에 있는 자들과 땅에 있는 자들과 땅 아래 있는 자들로 그에게 복종하게 하시고 그를 인정하게 하셨으며, 모든 입으로 "예수 그리스도를 주라 시인하여 하나님 아버지께 영광을 돌리게" 하셨다고 말합니다.

하나님을 경배하는 것과 주 예수 그리스도를 경배하는 것 사이에는 아무런 모순이 없습니다. 우리는 주 예수 그리스도를 경배함으로 하나님을 경배해야 합니다. 주님이 땅 위에서 사역하실 때 이 점을 여러 차례 지적하셨음을 기억할 것입니다. 그는 말씀하셨습니다. "아들을 공경하지 아니하는 자는 그를 보내신 아버지도 공경하지 아니하느니라"(요 5:23). 이처럼 주님의 가르침에는 이 점이 의문의 여지 없이 명명백백하게 나타납니다. 사도 바울은 그 가르침을 정확히 반복하고 있습니다. 우리 주와 구주 되신 예수 그리스도 안에 있지 않고서는, 그를 통하지 않고서는 하나님을 참으로 경배할 수 없으며 하나님께 무릎을 꿇을 수도 없고 하나님이 의도하시는 삶을 살 수도 없습니다. 이것이 중대한 출발점입니다. 알다시피 바울은 여기에서 그리스도를 우주의 중심에 계신 분으로 묘사하고 있습니다. 그가 삶의 중심에 계십니다. 복음은 그를 자신의 삶과 경험의 중심에 모시지 않은 사람은 그리스도인이 아니며 그런 자들이 드리는 경배는 아무 가치가 없다고 말합니다. 하나님이 친히 그를 지명하셨고 높이셨습니다. 그리고 지금 우리를 불러 그에게 무릎을 꿇고 절하며 굴복하라고, 삶 전체로 그를 시인하며 인정하라고 명하십니다.

이제 시인한다는 의미가 무엇인지 간단히 분석해 보겠습니다. 가장 먼저 예수의 위격이라는 측면에서 살펴봅시다. 우리는 예수 그리스도의 위격을 시인해야 합니다. 그 의미가 본문의 용어들에 담겨 있습니다. 본문은 예수 그리스도가 "주"시라고 말합니다. 이것을 시인하라고 말합니다. 사도가 얼마나 신중하게 용어를 사용하는지 모릅니다. 그는 성육신에 대한 위대한 묘사(6-8절)에서 예수라는 이름을 가진 이분이 바로 육신을 입고 오신 하나님이시라고 지적합니다. 그는 하나님의 형체와 종의 형체를 동시에 지니신 분입니다. 신이면서도 신의 특권을 주장하지 않고 사람들을 돌보셨으며, 그들의 필요를 보고 자신을 낮추셨습니다. 하나님이시면서 동시에 인간의 본성을 입고 인간의 모습으로 나타나셨습니다. "사람의 모양으로 나타나사 자기를 낮추시고 죽기까지 복종하셨으니 곧 십자가에 죽으심이라." 예수, 나사렛 예수는 바로 이런 분이십니다.

사도는 이처럼 그의 위격에 주의를 집중시키는 가운데, 10절에서 놀라운 이야기를 합니다. 바로 이 **예수**의 이름 앞에 모든 이가 무릎을 꿇게 된다는 것입니다. 이 땅에서 살았던 예수와 지금 영광중에 계신 예수는 같은 분입니다. 다시 말해서 바울은 10절에서 그분의 영광스러운 본질을 다시금 강조하고 있습니다. 하나님의 영원하신 아들이 인간이 되셨다는 이 사실, 친히 인성人性을 입고 예수라는 이름을 가지고 이 땅에서 사셨다는 사실을 잊어서는 안 됩니다. 우리가 경배하고 시인하는 주 예수 그리스도가 바로 이 땅을 밟고 다녔던 그 예수라는 사실을 항상 기억해야 합니다. 그의 가르침에 가려 정작 그를 놓치는 일이 없어야 합니다. 그와 그의 가르침을 가지고 공교하게 만들어 낸 철학에 눈이 가려 그를 놓치는 일이 없어야 합니다. 예수를 단순한 개념과 사상의 집합체로 치환해 버리면 안 됩니다. 그렇습니다. 바울은 "예수"라는 단어를 사용함으로써 그의 위격을 놓치지 않게 만듭니다. 사복음서에 나오는 바로 그분을 놓치지 않게 만듭니다.

그 다음에 나오는 단어는 "그리스도"입니다. 그는 예수 그리스도십니다. 이 말에는 특별히 선택된 자, 하나님이 어떤 일을 위해 따로 구별하시고 기름을 부으신 자라는 뜻이 담겨 있습니다. 예수는 '기름부음 받은 자', 곧 메시아입니다. 구약성경에서 어떤 물건이나 사람에게 기름을 붓는 데에는 특별한 목적을 위해 따로 구별한다는 뜻이 있었습니다. 대제사장을 비롯한 제사장들은 하나님이 지시하신 방식으로 그를 예배하는 특별한 역할을 수행하기 위해 따로 구별된 자들로서 기름부음을 받았습니다. 누구보다 뛰어난 제사장이신 그리스도는 바울이 앞서 말한 특별한 일을 위해 따로 구별되셨으며 기름부음을 받으셨습니다. 그는 구별된 분이었습니다. 오직 그분만이 하실 수 있는 일을 위해 하나님이 따로 구별하셨습니다. 이미 살펴보았듯이 그는 자신을 낮추어 종의 형체를 가지셨습니다. 그뿐 아니라 십자가에 죽기까지 복종하셨습니다. 그는 이 일을 위해 따로 구별된 분이었습니다.

다시 말해서 그가 세상에 오신 것은 단순히 비할 데 없이 훌륭한 가르침을 주시거나 본을 보여 주시기 위해서가 아니라—물론 그가 보여 주신 본은 완벽하고 영광스러운 것이었습니다—만인을 위해 죽임을 당하시는 바로 이 일을 하시기 위해서였습니다. 그래서 십자가를 향해 나아가신 것이며, 죽기 전에 겟세마네 동산에서 그토록 심히 고민하신 것입니다. 하나님이 그를 부르신 것은 결국 이 일을 위해서였습니다. 이것만이 인간을 구원할 수 있는 유일한 길이었습니다.

> 죄값을 치를 만큼
> 선한 분은 그분뿐이었다.
> —알렉산더C. F. Alexander

그는 십자가에 달려 속죄제물이 되셨습니다. 제사장이면서 동시에 제물이 되셨습니다. 그는 하나님 아버지께 자신을 드리셨고 자신이 흘린 피를 속죄제물로 바치셨습니다. 예수 그리스도는 단순한 갈릴리 촌부가 아닙니다. 선생이나 교사도 아니고, 인류의 본보기도 아닙니다. 그는 그 이상의 존재입니다. 기름부음 받은 자요 제사장입니다. 우리의 전부입니다. 우리를 속죄함으로 구원의 길을 여신 구원자요, 메시아요, 그리스도입니다.

우리는 바로 이 예수 그리스도를 주로 시인해야 합니다. 이것은 당연히 그를 하나님으로 시인해야 한다는 뜻입니다. 여기에서 "주"라고 번역된 단어는 하나님이 구약성경에서 자신을 지칭하실 때 자주 사용하셨던 단어입니다. 유대인들이 하나님의 이름을 감히 발음하지 않았다는 사실을 여러분도 알 것입니다. 그들은 하나님의 이름을 거룩하고 신성하게 여겨 거의 입에 올리지 않았습니다. 그 대신 하나님을 가리키는 상징들을 다양하게 채택했는데, 여호와라는 이름 대신 흔히 사용했던 단어가 바로 "주"였습니다. 이처럼 그들이 말하는 "주"는 바로 하나님을 가리키는 호칭이었습니다. 그리스도인들에게 예수 그리스도를 주로 시인하라는 것은 그를 하나님으로, 지존자로, 성부와 나란히 계신 분으로, 하나님의 질서에서 가장 높은 자리에 계신 분으로 시인하라는 뜻입니다. 모든이가 예수의 이름에 무릎을 꿇어야 하는 것은 이처럼 그가 주시기 때문이며 하나님이시기 때문입니다. 이것이 예수라는 분에 대한 사도의 중대하고도 놀라운 진술입니다. 더 구체적인 이야기로 들어가기 전에 마땅히 상기해야 할 사실이 바로 이것입니다.

아마도 질문을 통해 살펴보는 것이 가장 좋을 듯합니다. 예수 그리스도는 우리에게 어떤 분입니까? 우리의 체계 안에서 어떤 자리를 차지하고 계십니까? 우리가 그에 관해 믿는 바가 무엇입니까? 우리는 그분 앞에 무릎을 꿇고 굴복합니까? 그를 이런 분으로 시인합니까? 이 땅을 밟고 다녔던 나사렛 예수가 바로 주시요 하나님의 기름부음을 받으신 분이라고, 우리를 비롯한 모든 인간의 죄를 담당하기 위해 따로 구별된 분이라고 고백합니까? 오직 그의 죽음 안에서만 구원과 그 모든 의미를 발견할 수 있다고, 그의 죽음으로만 하나님과 화목케 될 수 있다고 고백합니까? 그가 하나님이시라는 사실과 그를 경배하는 것이 곧 성부 하나님을 영화롭게 하는 일이라는 사실을 시인합니까? 본문에서 시인한다는 의미는 바로 이런 것입니다.

제가 이 말을 너무 자주 하는 것 같습니까? 아무리 자주 해도 지나치지 않습니다! 실제로 이것은 신약성경 도처에 등장하는 주제로서, 현 시점보다 더 이 주제를 강조해야 할 필요가 있었던 시대는 확실히 없었노라 주장하는 바입니다. 신약성경을 일개 철학이나 일련의 규율 및 규범으로, 인생과 삶의 계획으로, 일반적인 시각으로 치환해 버리기가 얼마나 쉬운지 모릅니다. 그러나 그래서는 안 됩니다. 신약성경 도처에 나오는 요점이자 본문의 전적인 강조점은 예수와 나의 인격적인 관계가 중요하다는 것입니다. 기독교 철학을 받아들이는 것이 우선이 아닙니다. **이분**을 받아들여야 합니다. 이분을 믿어야 합니다. 이 위격 앞에 무릎을 꿇어야 합니다. 이분에 대해 말해야 합니다. 예수 그리스도가 주시라고, 나의 주시라고 말해야 합니다. 그와 인격적인 관계를 맺고 인격적인 고백을 해야 합니다. 바로 이것, 우리와 그의 관계가 그리스도인이라는 신분의 우선적인 요소입니다. 그를 떠나서는 하나님을 알 수가 없습니다. 그를 아는 것이 곧 하나님을 아는 것입니다. 예수는 "나를 본 자는 아버지를" 보았다고 하셨습니다(요 14:9). 그렇습니다. 그리스도가 중심입니다.

지금까지 그의 위격을 살펴보았습니다. 이제 바울이 그의 현 지위에 대해 말하는 바를 살펴보도록 합시다. 그는 이 위격의 영광에만 주의를 집중시키는 것이 아니라 이 위격의 현 지위에 대해서도 놀라운 이야기를 해 줍니다. 이보다 더 큰 위안은 없다는 제 말에 다들 동의하리라 생각합니다. 인생을 살아가는 동안, 우리가 하나님으로 시인하는 이 영광스러운 분의 현 지위를 아는 것보다 더 좋고 위로가 되는 일은 없습니다. 바울이 가장 먼저 해 주는 말은 그가 이미 승리하셨다는 것입니다. 바울이 어떻게 설명하는지 보십시오. "오히려 자기를 비워 종의 형체를 가지사 사람들과 같이 되셨고 사람의 모양으로 나타나사 자기를 낮추시고 죽기까지 복종하셨으니 곧 십자가에 죽으심이라." 그러나 이것이 전부는 아닙니다. "이러므로"라는 말이 바로 이어집니다. 복음은 이런 것임을 모르겠습니까? 지금 어떤 상황이 벌어지고 있는지 모르겠습니까? 흑암 사이로 햇살이 비치고 있음을 모르겠습니까? "이러므로!" 십자가의 수욕과 수치와 큰 고통으로 끝나 버린 것이 아닙니다. "이러므로 하나님이 그를 지극히 높여." 이 말씀은 그리스도가 이미 승리하셨다는 사실을 상기시킵니다.

다음과 같이 생각해 봅시다. 저와 여러분이 살고 있는 이 세상에 그리스도가 오셨습니다. 그때나 지금이나 세상은 다를 바가 없습니다. 변함없이 이 세상 신인 사탄, 마귀의 지배를 받고 있습니다. 죄와 악과 더러움으로 가득 차 있으며, 하나님을 대적하며 그 거룩한 법에 대항하는 모든 것들로 가득 차 있습니다. 그때나 지금이나 세상은 죄의 지배와 통제와 다스림을 받는 죄의 장소입니다. 그로 인한 슬픔과 비탄과 불행에 시달리는 곳입니다. '죽음'과 '무덤'보다 세상의 특징을 더 잘 보여 주는 말은 없습니다. 그는 바로 이런 세상, 그분께 맞서 싸우고 덤비는 세상, 지금도 여전히 우리를 대적하는 세상에 오셨습니다. 바울은 그가 자신을 낮추어 이런 세상에 오셨을 때, 죄와 악과 지옥의 모든 세력들이 그와 싸우기 위해 정렬했다고 말합니다. 히브리서 기자가 이 점을 어떻게 표현했는지 기억할 것입니다. "모든 일에 우리와 똑같이 시험을 받으신 이로되 죄는 없으시니라"(히 4:15). 우리 주와 구주 되신 예수 그리스도만큼 심하게 시험 받은 사람은 세상에 아무도 없습니다. 사탄이 직접 그를 상대했습니다. 성경의 가르침에 따르면, 사탄이 항상 직접 우리를 상대하는 것은 아님이 분명합니다. 사탄은 정사와 권세와 이 어둠의 세상 주관자들과 각 서열에 속한 악한 영들을 부리는데, 사실 그들만으로도 너끈히 우리를 공격할 수 있습니다. 그러나 하나님의 아들 앞에는 자신이 직접 나서서 있는 힘을 다 썼고, 세상 나라와 모든 군대를 주겠다는 제안까지 했습니다. 이 아들만큼 사탄이 힘껏 시험하고 유혹한 대상은 없었습니다. 그는 이 정도로 자신을 낮추어 그 모든 일을 당하셨습니다. 세상은 그에게 가장 심한 짓, 자신들이 할 수 있는 최악의 짓을 했습니다. 사도는 우리를 구원하시기 위해 십자가의 수치와 죽음이 반드시 필요했다고 말합니다. 그리고 바로 그 죽음으로 정사와 권세를 파하시고 승리하셨다고 말합니다. "이러므로 하나님이 그를 지극히 높"이셨다고 말합니다. 그리스도는 죄와 사탄과 죽음과 무덤을 정복하셨습니다. 하나님이 그를 지극히 높이셨습니다. 모든 자가 그 이름에 무릎을 꿇었습니다. 이것은 전부 그가 하신 일의 결과입니다. 성육신하시고 수욕을 당하신 결과이며, 무엇보다 십자가에서 죽으신 결과입니다. 그는 이 모든 일을 하심으로 세상을 구속하셨고, 하나님은 그를 통치자의 자리에 앉히셨습니다. 세상에서 살 때 마땅히 이 영광스러운 생각을 해야 하지 않겠습니까! 세상에는 여전히 죄와 시험이 있고 유혹이 있습니다. 사탄이 갖가지 방법으로 우리를 공격하고 있습니다. 그러나 오, 눈을 들어 하늘에 계신 분을 바라보십시오. 승리하여 높임을 받으시고 영광중에 계신 분을 바라보십시오. 우리가 시인하는 분은 바로 이런 분입니다. 맨 나중 원수까지 이기신 분입니다. 그는 부활하심으로 죽음과 무덤을 밟으셨습니다. 전력을 다해 시험하는 사탄을 패퇴시키시고 그 힘을 박탈하셨습니다. 치명적인 상처를 입은 사탄은 완전히 멸망할 날만 기다리는 신세가 되었습니다. 하나님이 주를 지극히 높이셨습니다. 그는 과연 승리하셨습니다.

본문이 말하는 두 번째 요점은, 그렇기 때문에 그가 통치하실 수밖에 없다는 것입니다. 신약성경은 도처에서 하나님이 세상의 통치권과 지배권을 아들에게 넘기셨다고 가르칩니다. 주님도 친히 제자들에게 "하늘과 땅의 모든 권세를 내게 주셨"다고 말씀하셨습니다(마 28:18). 또 고린도전서 15장에도 하나님이 아들에게 나라를 맡기셨으며, 아들이 그 나라를 흠 없이 온전하게 만들어 다시 성부께 바치실 것이라는 말씀이 나옵니다. 주 예수 그리스도께서 지금 세상을 통치하고 계십니다. 자, 이보다 더 위로가 되고 힘이 되는 말씀이 있습니까! 세상의 상태가 어떠한지 우리 모두 잘 알고 있습니다. 물질주의에 빠져 있고 경건치 못하며 부도덕한 것을 알고 있으며, 온갖 혼란과 전쟁의 위협을 목도하고 있습니다. 그래서 간혹 기독교도 이렇게 끝장나는 것이 아니냐고 묻는 이들이 있습니다. "이제 다 끝난 것 아닙니까? 악이 승리한 것 아닙니까?"라고 묻는 이들이 있습니다. 그러나 그에 대한 대답은 그리스도가 통치하고 계신다는 것입니다. 그가 지금 하나님 우편에 앉아 계시며, 마침내 원수들을 발등상으로 삼으시리라는 것입니다. 두루마리의 인을 떼시리라는 것입니다. 그가 모든 인간 역사의 배후에 계신다는 것입니다. 물론 이 사실을 믿기 힘들 때가 있습니다. 그러나 긴 안목으로 역사를 보면 분명히 알 수 있습니다. 하루나 1년, 10년 단위로 볼 것이 아니라 100년 단위로 보아야 합니다. 기독교가 패한 것처럼 보인 적이 얼마나 많았습니까! 과거에도 사람들은 "이제 다 끝났다"라고 말하곤 했습니다. 그리고 그럴 때마다 부흥이 임했습니다. 그리스도가 만유를 통치하고 계십니다. 신약성경은 마침내 세상 역사와 모든 일을 마무리 지으시는 그날까지 그가 계속 통치하실 것을 약속합니다.

이것은 그리스도의 현 지위와 관련된 세 번째 사실로 이어집니다. 그것은 그리스도가 가시적으로 승리하실 날이 온다는 것입니다. 물론 지금도 모든 무릎이 절하고 모든 혀가 시인해야 할 자리에 계신 것이 맞지만, 애석하게도 그 일이 실현되고 있지는 않습니다. 어리석게도 그를 무시하며 뻣뻣하게 버티고 선 자들이 있습니다. 그들은 그리스도를 비웃고 조롱합니다. 그 앞에 무릎 꿇기를 거부합니다. 입술과 혀로 예수 그리스도를 주라 시인하지 않습니다. 그렇습니다. 그들은 그리스도를 부인합니다. 그러나 신약성경은 높임을 받으신 그리스도께서 다시 나타나실 텐데, 그때는 종의 형체나 사람의 모양이나 사람의 모습으로 나타나시지 않을 것이라고 말합니다. 만왕의 왕, 만주의 주로서 구름을 타고 오실 것이라고 말합니다. 천군을 거느리고 오셔서 마침내 모든 원수를 멸하실 것이라고 말합니다. 그때는 모든 이가 그 앞에 절하게 될 것입니다. 그를 찌른 자들도 그를 보게 될 것입니다. 그의 영광과 거룩함에 압도당할 것이며, 응분의 벌을 받을 것입니다. 그때는 그들도 마지못해, 부끄러워하면서, 그러나 경외감으로 예수 그리스도를 주라 시인하지 않을 수 없을 것입니다. 자신들이 천하게 여겨 멸시했던 예수가 바로 하나님의 아들이었으며, 자신들이 연약함의 표시로 여겨 조롱했던 십자가 죽음이야말로 믿는 자들의 죄책을 면해 주기 위해 기름부음을 받으신 자, 곧 메시아의 일이었음을 시인할 것입니다. 그가 바로 영원하신 하나님의 아들이심을 시인할 것입니다. 지금 권위와 권세의 자리에 앉아 계신 분, 이미 승리하신 분은 장차 온 세상이 지켜보는 가운데 아무도 의혹하거나 의심할 수 없도록 분명하게 자신을 나타내실 것입니다. 그때야말로 여러분은 바울의 이 묘사를 이해하게 될 것입니다. 하늘에 있는 자들과 땅에 있는 자들과 땅 아래 있는 자들과 천사와 영과 타락한 자들을 망라한 우주의 모든 존재가 그를 인정할 것이라는 말이 무슨 뜻인지 알게 될 것입니다. 요한계시록을 읽되, 특히 4장과 5장을 읽어 보기 바랍니다. 모든 존재가 그 앞에 굴복하며 그를 하나님으로 시인하는 장면을 볼 수 있습니다.

이렇게 해서 우리가 시인하는 내용을 살펴보았습니다. 이제 이렇게 시인해야 하는 이유를 몇 가지 말씀드리겠습니다. 예수 그리스도를 주라 시인해야 하는 첫 번째 이유는 그것이 사실이기 때문입니다. 사실 이한 가지 이유만으로도 충분합니다. 우리 마음에 들든 들지 않든 예수 그리스도가 주시며 하나님이시라는 것은 엄연한 사실입니다. 예수는 하나님이십니다. 그를 떠나서는 하나님을 알 수가 없습니다. 예수는 그리스도십니다.

우리가 그를 주라 시인해야 하는 두 번째 이유는, 그것이 곧 하나님을 시인하는 일이요 그를 영화롭게 하는 일이기 때문입니다. 하나님을 믿는 사람, 그를 영화롭게 하려는 사람은 반드시 아들을 인정해야 합니다.

그리고 무엇보다 그를 주라 시인해야 하는 이유는 시인했을 때의 결과와 시인하기를 거부했을 때의 결과가 너무나 다르기 때문입니다. 그를 주라 시인한다는 것은 우리가 사망에서 생명으로, 심판의 자리에서 안전한 자리로 옮겨졌다는 뜻이며, 하나님의 자녀이자 결코 쇠하지 않는 나라의 시민이 되었다는 뜻입니다. 그 무엇도 하나님의 사랑에서 우리를 끊어 낼 수 없는 관계가 성립되었다는 뜻입니다. 반면에, 그를 주라 시인하고 인정하기를 거부한다는 것은 마지막 때 결국은 자신들의 의지에 반하여 시인하게 될 자들, 그를 알아보고 인정하게 될 자들, 마지못해 시인하게 될 자들과 한통속이라는 뜻입니다.

　마지막으로 이 교리가 주는 위로를 말씀드리겠습니다. 제가 이 교리에서 가장 먼저 발견하는 것은 하나님의 신실하심입니다. 결국 사도가 빌립보의 그리스도인들에게 권면하는 바는 자신을 낮추고 하나님께 절대 순종하라는 것입니다. 야고보도 자신의 편지에서 말합니다. "주 앞에서 낮추라. 그리하면 주께서 너희를 높이시리라"(약 4:10). 이것이 요점입니다. 그리스도는 자신을 낮추셨고 "이러므로 하나님이 그를 지극히" 높이셨습니다. 우리가 자신을 낮출 때, 신실하신 하나님은 그를 높이신 것처럼 우리도 높이실 것입니다.

　또 한 가지 위로, 아마도 최고의 위로는 바로 이 예수를 우리가 경배하며 시인한다는 것, 바로 이 예수께 우리가 기도한다는 것입니다. 그도 우리처럼 이 땅에서 사셨습니다. 바로 그 예수의 이름 앞에 모든 이가 무릎을 꿇을 것입니다. 히브리서 기자가 이 점을 어떻게 표현했는지 기억할 것입니다. 우리에게는 우리 연약함을 체휼하시는 대제사장이 계십니다. 우리 약함을 아시고 우리 무지를 불쌍히 여기시는 분이 계십니다. 이 사실이 불확실한 미래 앞에 서 있는 우리, 힘겨운 세상 속에서 무력감과 왜소함을 느끼는 우리에게 얼마나 큰 위로가 되는지 모릅니다. 이 예수가 바로 우리의 대제사장이십니다. 우리는 그에 대한 사실들을 알고 있으며 그가 저 위에서 우리 이름을 부르신다는 것을 알고 있습니다. 예수는 그리스도시요 주십니다. 우리는 바로 그의 이름 앞에 무릎을 꿇고 절하는 것입니다. 바로 그를 시인하고 인정하는 것입니다. 우리를 괴롭히는 것들 중에 그가 모르시는 것이나 겪지 않으신 것, 공감하시지 못하는 것은 하나도 없습니다. 이 얼마나 영광스러운 교리입니까! 우리 앞에는 알 수 없는 미래, 불확실한 미래가 펼쳐져 있습니다. 그러나 우리는 혼자가 아닙니다. 이 모든 일을 겪으시고 승리하신 예수와 함께 걷고 있습니다. 모든 권세를 쥐고 계시며 권능의 손으로 능히 잡아 주시는 영광의 주를 의지하고 있습니다.

그러므로 나의 사랑하는 자들아,
너희가 나 있을 때뿐 아니라 더욱 지금 나 없을 때에도
항상 복종하여 두렵고 떨림으로 너희 구원을 이루라.
너희 안에서 행하시는 이는 하나님이시니 자기의 기쁘신 뜻을
위하여 너희에게 소원을 두고 행하게 하시나니.

빌립보서 2:12-13

13. 하나님의 주도권

이 두 구절만큼 빈번히 논쟁거리와 토론거리가 되었던 본문은 사도 바울의 말 중에서도 따로 찾기가 힘들리라 생각합니다. 말씀 자체의 깊이가 워낙 깊기 때문에 그럴 수밖에 없습니다. 이것은 역사적으로 수많은 논쟁과 토론을 촉발시켰던 중대하고 흥미로운 구절일 뿐 아니라 감히 말하건대 보편적인 그리스도인의 삶을 가장 완벽하게 요약해 놓은 구절이기도 합니다. 이것은 사도의 글에 자주 등장하는 완벽한 그림입니다. 사도는 전체적인 내용을 거듭거듭 짚어 주기를 아주 좋아했습니다. 그리스도인의 삶도 즐겨 요약하곤 했는데, 이것은 그런 구절들 중에서도 가장 함축적인 구절이라고 할 수 있습니다.

이 두 구절은 그리스도인의 삶이라는 심히 중대하고 실제적인 문제에 직면케 해 준다는 점에서 마땅히 연구할 가치가 있습니다. 그러나 무엇보다 우리가 이 구절을 고찰하는 이유는 이 강력한 선포를 제대로 이해할 때 그리스도인으로 살아 나가며 싸워 나가는 데 필요한 큰 위로와 격려를 확실히 받을 수 있기 때문입니다. 따라서 여러 가지 각도에서 살펴보는 것이 합당하다고 생각합니다.

이것이 워낙 유명한 논쟁거리고 우리는 논쟁을 좋아하니 한번 다루어 보자는 것이 아닙니다. 오랜 세월 교회의 이목과 관심을 끌어 온 중대한 말씀과 씨름해 보는 것이 합당하고 유익하다고 생각하기에 다루자는 것일 뿐입니다. 주저 없이 고백하지만, 저는 이런 말씀을 대할 때 가슴 두근거리는 거룩한 기대감을 느낍니다. 이렇게 강력하고 울림이 큰 말씀을 생각하는 것만큼 그리스도인을 가슴 뛰게 할 수 있는 일, 가슴 뛰게 해야 하는 일은 인생에 얼마 되지 않는 것이 분명합니다. 이 말씀은 더 이상 이런 경험을 하지 못하는 것처럼 보이는 우리 시대 전반에 대한 비판이요 특히 기독교회에 대한 최종적인 비판이 아닐까 생각합니다. 신학적인 문제에 직면하기 싫어하는 것, 설교를 그저 우리를 토닥여 주고 격려해 주는 말이나 실질적이고 심리적인 조언쯤으로 여기는 것이야말로 우리의 비극 아닙니까? 우리 조상들은 이런 구절을 대할 때 흥분되어 어쩔 줄을 몰랐습니다. 그 말씀에 대해 토론하기를 고대했고 그 일에 푹 빠졌습니다. 모든 일에는 극단으로 치우칠 위험이 항상 있게 마련인데, 오늘날 이런 중대한 주제에 필연적으로 수반되는 논쟁적인 요소를 피하겠다는 단순한 이유 때문에 아예 이런 주제를 다루지 않는 현실이 그저 안타까울 따름입니다.

이제 이 중대한 진술을 최대한 잘 살펴보도록 합시다. 우리는 세 가지로 이 진술에 접근할 수 있습니다. 일반적으로 접근할 수 있고, 신학적으로 접근할 수 있으며, 또 실제적으로 접근할 수 있습니다. 한 번에 세 가지를 다 다룰 수는 없는 만큼, 부득이하게 두 차례로 나누어 설명하겠습니다. 이번에는 일반적인 차원과 신학적인 차원을 다루고, 다음번에 실제 적용을 살펴보겠습니다.

먼저 일반적인 차원에서 이 주제를 살펴봅시다. 분석에 들어가기 전에 일종의 개괄적인 조망을 통해 전체 맥락을 살펴볼 수 있는데, 사실 정직한 강해를 위해서는 이렇게 할 수밖에 없습니다. 12절 서두에서 "그러므로"라는 말이 앞뒤를 연결하고 있기 때문에 전체 맥락을 보아야 하는 것입니다. 이렇게 전체 맥락을 볼 때 즉시 발견하는 사실은 사도의 일차적인 관심이 신학적인 정의나 신학적 진술에 있지 않다는 것입니다. 이제부터 설명하겠지만, 저는 신학이 이 구절을 감싸고 있다고 확신합니다. 그럼에도 이것은 그리스도인으로서 합당하게 살라는 실제적인 호소의 맥락에서 나온 말입니다.

바울은 사실상 1장 말미에서 실제적인 권면을 시작합니다. 그리고 아무 일에든지 다툼이나 허영으로 하지 말라고 권합니다. 빌립보 교회가 우애와 일치 속에 조화롭게 살기를 바랐던 사도는 특히 성육신과 부활 교리를 토대 삼아 주님의 영광스러운 예를 들면서 호소합니다. 지금 그 연결선상에서 그리스도인의 삶을 충만하게 살라고 호소하는 것입니다.

바울은 빌립보 교회와 자신의 관계가 얼마나 특별하고 인격적인 것인지 상기시킵니다. 사도는 그들을 사랑했고 그들도 사도를 사랑했습니다. 1장에서 살펴보았듯이, 그는 자신의 투옥으로 빌립보 교인들이 크게 낙심한 것을 알고 있었습니다. 개중에는 바울이 없으면 아예 그리스도인의 삶을 살 수 없을 것처럼 여기는 이들까지 있었습니다. 바울은 지금 그 점을 염두에 두고 호소하고 있습니다. "그러므로 나의 사랑하는 자들아, 너희가 나 있을 때뿐 아니라 더욱 지금 나 없을 때에도 항상 복종하여 두렵고 떨림으로 너희 구원을 이루라. 너희 안에서 행하시는 이는 하나님이시니 자기의 기쁘신 뜻을 위하여 너희에게 소원을 두고 행하게 하시나니."

바울이 일반적인 차원에서 말하는 바는 이것입니다. "내가 있어야만,

내가 풀려나야만 너희가 그리스도인으로 살 수 있다는 생각은 하지 말아라. 나는 하나님의 은혜로 너희에게 처음 복음을 전하는 특권을 누렸고, 너희를 가르치고 세워 줄 수 있었으며, 어떤 의미에서 너희의 행보를 정해 줄 수 있었다. 그렇다고 바울이라는 사람을 중심으로 너희의 새로운 삶을 바라보아서는 안 된다. 내가 이렇게 갇혀서 너희를 찾아가 설교할 수 없다는 이유로 만사가 끝난 것처럼 생각하지 말아라. 너희 삶을 인간적인 것으로 여겨서는 안 된다. 이것은 내 사상도 아니고, 내가 발전시킨 이론도 아니다. 내가 없으면 안 되는 나만의 특별한 인생관으로 여기지 말아라."

바울은 "절대 그렇지 않다. 너희가 직접 구원을 선물로 받았다는 점을 명심해라. 나도 구원받았고 너희도 구원받았다. 나는 너희가 그 구원을 완성하기를 바란다. 너희가 받은 이 선물, 너희가 받은 이 삶을 완성하기를 바란다"라고 말합니다. "두렵고 떨림으로 너희 구원을 이루라." 사도는 자신이 꼭 있어야 하는 것은 아니라는 사실, 꼭 있어야 할 분은 이미 그들과 함께 계신다는 사실을 상기시킵니다. "너희 안에서 행하시는 이는 하나님"이시지 자신이 아니라는 것입니다. 바울이 행하는 것이 아니라 하나님이 행하신다는 것입니다. 이것이 이 말씀에 담긴 일반적인 의미입니다. 바울은 자신이 없다고 만사가 끝난 것처럼 여기지 말라고 합니다. 중요한 분은 하나님이시라는 것입니다. 하나님이 그들과 함께 계신다는 것입니다. 하나님이 그들 안에서 일하시며 "소원을 두고 행하게" 하신다는 것입니다.

저는 이 편지가 빌립보 교회와 현재 우리 모두에게 적용되는 바를 살펴보고자 할 때 일차적으로 중요한 점이 바로 이것이라고 생각합니다. 사도는 지금 일반적인 말을 하고 있습니다. 선생과 설교자들은 우리를 돕는 귀한 존재지만 필수적인 존재는 아니라는 것입니다. 그리스도인의 삶은 이미 우리 것입니다. 모든 선생과 설교자가 침묵하고 모든 교사가 사라진다 해도 궁극적으로는 아무 문제가 되지 않습니다. 물론 이것은 자주 사실로 입증되었습니다. 이미 말했듯이 이것은 교회의 삶과 역사, 그리스도인의 삶과 역사를 살펴볼 때 발견하게 되는 기본적이고 중요한 사실입니다. 선생과 설교자들이 침묵하거나 침묵을 강요당한 시절이 있었지만, 감사하게도 기독교 복음은 사라지지 않았습니다. 지도자들이 전부 죽임을 당하거나 멸절당한 시절이 있었지만 기독교는 사라지지 않았습니다. 각 사람의 영혼에 임한 하나님의 사랑에서 흘러나온 것이기에, 모든 참 신자가 개인적으로 소유한 것이기에 사라지지 않았습니다. 어떤 의미에서 하나님은 그 종들과 상관없이 행하시는 분, 그 종들과 상관없이 행하실 수 있는 분입니다.

우리 모두가 이 원리를 이해하게 되기를, 그리스도인의 삶은 개인의 것—"**너희** 구원"—이기에 어떤 의미에서는 영광스럽게도 사람에게 달려 있지 않으며 심지어 교회의 선생들에게도 달려 있지 않다는 사실을 이해하게 되기를 바랍니다. 분명히 밝히지만, 이것은 선생들의 가치를 깎아내리려고 하는 말이 아닙니다. 그리스도인의 삶이 궁극적으로 선생들에게 달려 있지 않음을 알리려는 것입니다. 이 주제를 더 다루지는 않겠지만, 실제로 이와 거의 정반대되는 태도를 보여 주는 그리스도인들을 만날 때가 너무나 많다는 점을 지적하지 않을 수가 없습니다. 사람에게 맹목적인 의존성이나 애착을 보이는 그리스도인들이 많습니다. 그런 이들은 의존하던 선생이 떠나면 당연히 쉽게 무너집니다. 교리에 무지하거나 교리를 이해하지 못해서 사람에게 과도히 의존하다가 그리스도인의 삶이 주는 가장 큰 혜택을 놓치는 경우가 얼마나 많은지 모릅니다.

일반적인 접근은 여기까지 하고 이제 좀 더 어려운 측면, 즉 이 위대한 진술의 신학적이고 교리적인 측면을 살펴보겠습니다. 이 주제는 세 가지로 확연히 구분되기 때문에, 그렇게 나누어 살펴보겠습니다. 일단은 그 세 가지가 무엇인지부터 말씀드리겠습니다.

첫째로 살펴볼 것은 바울이 구원 자체에 대해 뭐라고 하느냐 하는 것입니다. 여기에서 요점은 사도가 빌립보 교인들에게 스스로 구원을 만들어 내라거나 구원에 도달하라고 권고하는 대신, 이미 있는 구원을 이루라고 권고한다는 것입니다. 제가 이처럼 소극적인 지적부터 하는 것은 이 말씀을 잘못 해석하는 사람들이 있기 때문입니다. 그들은 구원을 이루기 위해 있는 힘껏 최선을 다해야 선물로 구원을 받는다는 뜻으로 해석합니다. 그러나 이것은 사도의 실제 가르침을 통째로 부인하며 우습게 만드는 해석임이 분명합니다. 1장에서 이미 빌립보 교인들은 구원을 선물로 받았다고 했는데 여기에서 또 구원을 받으라고 말할 리가 없습니다. 이것은 "너희가 선한 삶을 살면 좋은 그리스도인이 되고 구원을 선물로 받을 것이다"라는 말이 아닙니다. 그렇습니다. 사도의 편지를 받은 자들은 이미 구원을 받았습니다. 사도는 그들이 첫날부터 이제까지 복음을 위한 일에 참여한 데 대해 하나님께 감사를 드렸습니다. 그들은 장차 그리스도인이 될 사람들이 아니라 **이미** 그리스도인이 된 사람들이라는 것이 사도의 전적인 주장입니다. 그러므로 12절은 정해진 자리에 도달하기 위해 일정한 노력을 하라는 뜻이 아닙니다. 오히려 "이미 출발했으니 계속 전진하라"는 뜻입니다.

다음과 같이 설명해 보겠습니다. 우리 스스로 애쓰고 노력하고 분투해야 그리스도인의 삶과 구원에 이른다고 말하는 본문은 신약성경 어디에도 없습니다. 바울은 1:6에서 이 점을 아주 분명하게 밝히고 있습니다. "너희 안에서 착한 일을 시작하신 이가 그리스도 예수의 날까지 이루실[계속하실] 줄을 우리는 확신하노라." 이것은 아주 기초적이고 기본적인 사실입니다. 저나 여러분의 힘으로는 구원의 자격을 취득할 수도 없고 구원에 합당한 공로를 쌓을 수도 없다는 것이 신약성경의 명제입니다. 성경은 구원이 하나님의 선물이라고 말합니다. 구원은 일방적으로 주시는 것입니다. 하나님이 주시기 전까지 우리 쪽에서 할 수 있는 일은 하나도 없습니다.

신약성경이 구원에 대해 어떻게 말하는지 생각하면 더 명료하게 이해가 될 것입니다. 신약성경은 칭의와 성화와 영화를 가르칩니다. 이것은 구원의 세 가지 요소입니다. 신약성경은 인간이 하나님 앞에서 의롭다 하심을 얻는 일, 즉 그리스도 안에서 죄 없다 하심을 얻는 일에 대해 이야기합니다. 하나님은 그리스도 안에서 인간을 용서하십니다. 인간은 믿음으로 의롭다 하심을 얻습니다. 그러나 성화는 그렇지 않습니다. 성화는 다릅니다. 성화는 우리 안에서 진행되는 과정, 완성으로 나아가는 과정입니다. 이처럼 성화는 지속적인 것인 반면 칭의는 단번에 죄 없이 여김을 받는 것입니다. 칭의는 그리스도의 의를 옷 입어 무죄한 자로 여김을 받는 것이며, 성화는 우리 안에 그리스도의 형상이 이루어지는 것, 즉 우리의 본성이 정결해지고 순결해지고 깨끗해지고 완전해지는 것입니다. 그리하여 마침내 도달하게 되는 상태가 영화입니다. 그때 저와 여러분을 비롯한 모든 그리스도인은 삶과 죽음과 무덤을 넘어 죄와 악과 더러움에서 완전히 해방된 부활의 몸으로 하나님 앞에 서게 됩니다. 영화로워지는 것입니다.

실제로 구원에는 이 세 가지 요소가 다 포함되어 있습니다. 다른 측면에서 살펴보면 다음과 같이 설명할 수 있습니다. 우리 그리스도인들은 어떤 의미에서 이미 구원을 받았습니다. 그리고 어떤 의미에서 지금 구원을 받고 있으며, 또 다른 의미에서 장차 궁극적으로 구원을 받을 것입니다. 이 구분에 유념하는 것이 아주 중요합니다. 사도가 여기에서 말하는 바는 칭의가 아니라 성화입니다. 그는 빌립보 교인들에게 구원을 취득하라고 하지 않습니다. 죄 사함을 받고 하나님의 웃는 얼굴을 뵙기 위해, 죄책에서 풀려나기 위해 무슨 일을 하라고 하지 않습니다. 오히려 이미 의롭다 하심을 받았으니 그 구원을 이루라고 말합니다. 하나님 앞에서의 신분을 다루는 것이 아니라 깨끗해지고 정결해지고 완전해지는 과정, 마침내 영광에 이르는 과정을 다루는 것입니다. 이 점을 아는 것이 중요합니다. 이것을 칭의의 문제로 보면 사도의 가르침을 왜곡하게 될 뿐 아니라 신약성경의 가르침도 처음부터 끝까지 왜곡하게 됩니다. 사도의 관심은 우리가 이미 받은 삶을 완성하는 데 있지, 그 삶 자체에 도달하는 데 있지 않습니다. 이미 받았으니 그렇게 살라는 것입니다.

물론 이와 관련해서 사도가 "이루라"는 단어를 사용했다는 점은 흥미롭습니다. 다시 말해서 성화는 저와 여러분이 움직여야 하는 일입니다. 알다시피 여기에는 중대한 교리가 관련되어 있습니다. 성화에서 인간의 역할을 아주 수동적으로 생각하는 이들이 있습니다. 아무것도 하지 않고 오직 믿음으로 의롭다 하심을 얻은 것처럼, 성화도 그렇게 받으면 된다고 가르치는 것입니다. 그들은 믿음으로 의롭다 하심을 받은 것을 강조하면서, 좀 더 나은 사람, 완전한 사람이 되기 위해 애쓰고 노력하는 것이야말로 대다수 그리스도인들이 저지르는 큰 실수요 잘못이라고 말합니다. 가만히 성화의 과정을 따라가면서 자신을 맡기기만 하면 완전해진다는 것입니다. 그들이 가끔 쓰는 문구가 "하나님께 맡기고 그가 하시게 하라"는 것인데, 그 근거로 삼는 구절이 바로 이 구절입니다. 아무것도 하지 말고 하나님께 다 맡긴 채 그만 바라보면 주신다는 것입니다. 그러한 태도에 대한 답변이 바로 이 구절에 나옵니다. 사도는 "이루라"는 능동적인 명령을 합니다. 무언가를 하라는 것입니다. "두렵고 떨림으로 너희 구원을 이루라"는 것입니다.

바로 이 지점에서 교리의 혼선이 빚어집니다. 나의 모든 노력과 행함과 수고로 그리스도인이 될 수 없다는 말은 맞습니다. 그러나 이처럼 오직 하나님의 은혜로 그리스도인이 되었기 때문에 오히려 내가 동원할 수 있는 힘과 기력과 노력을 다해 행해야 합니다. 그리스도인이 되었다는 것은 이렇게 행할 수 있는 신분을 얻었다는 뜻입니다. 구원을 이루라는 것은 그 신분을 얻은 자들에게 주는 권고입니다. 바울은 우리에게 행하고 수고하고 애쓰라고, 믿음의 선한 싸움을 싸우라고 권고합니다. 로마서 6:11에서 죄에 대해서는 죽은 자로 여기며 하나님께 대해서는 산 자로 여기라고 말합니다. 그러므로 성화를 수동적인 일로 가르치며, 아무것도 하지 말고 그저 하나님이 모든 것을 해 주시기를 기다리라는 가르침은 사도의 교리와 완전히 반대되는 것이라고 저는 생각합니다.

두 번째 요점은 가장 큰 논쟁거리를 제공하는 동시에 충만한 위로와 격려와 권면을 줍니다. 두 번째로 중대한 문제는 이 모든 일에서 하나님의 역할과 우리의 역할이 어떻게 나뉘느냐 하는 것입니다. "두렵고 떨림으로 너희 구원을 이루라. 너희 안에서 행하시는 이는 하나님이시니……." 이 말씀은 즉시 문제를 야기합니다. 항상 이 지점에서 가장 첨예한 논쟁이 촉발되곤 하는데, 저는 여기에 몇 가지 이유가 있다고 생각합니다. 한 가지 위험은 당파심—내 편, 네 편을 가르는 마음—으로 본문에 접근하는 것입니다. 가능한 한 편견 없이 복음 메시지와 말씀에 접근하는 게 아니라 자기 입장을 입증하는 데만 골몰하는 것입니다. 이런 사람들은 최대한 제대로 알아보겠다는 마음으로 토론에 임하지 않습니다. 또 다른 위험은 성경의 정확한 말씀을 벗어나 자기 논리를 내세우는 것입니다. 다시 말해서 자신이 이해할 수 없는 문제도 있다는 사실을 인정하지 않기 때문에 혼선이 빚어지는 경우가 많습니다. 그러나 우리가 이 땅에 사는 한, 궁극적으로 납득할 수 없는 문제들은 언제나 있게 마련입니다.

저는 이 사실을 인정하는 것이 우리의 유익과 궁극적인 성화에 도움이 된다고 믿습니다. 신약성경에는 모순되게 보이는 말씀들이 있지만, 사실은 전혀 모순되지 않습니다. 우리의 머리에 한계가 있기 때문에 논리적으로 납득하지 못하는 것일 뿐입니다. 이 말씀이 바로 그런 예입니다. 다음과 같이 접근해 봅시다. 우리가 해야 할 일은 성경이 가르치는 계시에 순복하는 것입니다. 구원의 문제에서 항상 하나님이 모든 주도권을 행사하신다는 것은 논박할 수 없는 사실입니다. "너희 안에서 행하시는 이는 **하나님이시니** 자기의 기쁘신 뜻을 위하여……."

이 중대한 교리는 다음과 같이 요약될 수 있습니다. 성경에 따르면 사람은 죄와 허물 때문에 죽은 상태로 태어납니다. 에베소서 2장을 보면 이 위대한 교리의 배경이 나옵니다. 성경은 곳곳에서 인간이 영적으로 죽은 상태, 아무것도 하지 못하는 상태로 태어난다고 가르칩니다. 로마서 8:7은 "육신의 생각은 하나님과 원수가 되나니 이는 하나님의 법에 굴복하지 아니할 뿐 아니라 할 수도 없음이라"고 말합니다. 인간은 아무것도 하지 못할 뿐 아니라 아무것도 하고 싶어 하지 않습니다. 마음 자체가 하나님에게서 멀리 떠나 있습니다. 하나님을 기쁘시게 할 능력도, 그렇게 하고 싶은 마음도 없습니다. 그런데 왜 우리는 하나님을 기쁘시게 하는 일에 관심을 갖는 것일까요? 왜 하나님과 상관없이 세월을 낭비하며 인생을 소진하지 않는 것일까요? 대체 우리에게는 무슨 일이 일어난 것일까요? 무엇이 우리를 달라지게 한 것일까요? 성경은 대답합니다. "하나님이 우리를 사랑하신 그 큰 사랑을 인하여"(엡 2:4). 하나님이 우리의 구원을 주도하셨기 때문에 이렇게 된 것입니다. 하나님이 행하셨기 때문에 이렇게 된 것입니다.

여러분, 이번에는 여러분 자신의 경험을 통해 살펴보기 바랍니다. 자기 삶을 한번 살펴보십시오. 아주 정직하게 자신을 직시해 보십시오. "내가 어쩌다 이런 사람이 되었을까? 어쩌다 이런 데 관심과 흥미를 갖게 되었을까? 정직하고 점잖고 선량하긴 하지만 복음에는 아무런 관심이 없는 많은 이들과 다른 길을 걷게 되었을까? 그들은 아무런 관심이 없기에 이런 이야기를 꺼내도 친절한 웃음으로 무마해 버린다. 대체 무엇이 그들과 나를 다르게 만들었을까?" 하고 물어 보십시오. 그 대답은 바로 하나님의 말씀에 있습니다. 여러분에게 무슨 일인가 일어난 것입니다. 그 일이 여러분 자신과 여러분의 삶을 직시하게 만든 것입니다. 행하시는 하나님, 성령 하나님이 찾아와 여러분을 사로잡으시고 생각하게 하시며 질문하게 하신 것입니다. 여러분 자신과 여러분의 삶을 바라보는 관점, 하나님을 바라보는 관점을 주신 것입니다. 다름 아닌 하나님이 우리를 소생시키시고 흔들어 깨우시며 생명을 선물로 주신 것입니다. 바울이 빌립보서 1장에서 이 점을 어떻게 표현했는지 다시 생각해 봅시다. 여러분은 아무런 관심도 없는데 하나님이 여러분의 삶에 개입하셨고, 여러분을 찾아오셨으며, 여러분을 휘저어 놓으셨습니다. 하나님이 주도하셨습니다!

사도는 계속해서 훨씬 더 놀라운 이야기를 합니다. 하나님은 이 일을 시작하기만 하신 것이 아니라 계속 진행해 나가십니다. 우리가 살펴보는 구절은 이 문제에 관한 한 성경에서 가장 놀라운 말씀이라 할 만합니다. "너희 **안에서** 행하시는 이는 하나님이시니." 외적인 일만 행하시는 것이 아닙니다. 신약성경의 구원 교리에 따르면, 하나님은 그리스도 안에서 우리의 본성 자체를 바로잡으십니다. 우리 안에서—이 말의 의미를 축소시켜서는 안 됩니다. 정말 우리 내면에서 이런 일을 하십니다—, 우리 존재 깊은 곳에서 하나님이 성령을 통해 무언가를 행하십니다. 그것이 무엇입니까? 바울은 하나님이 우리를 북돋아 주신다고, "자기의 기쁘신 뜻을 위하여 너희에게 소원을 두고 행하게" 하신다고 말합니다. 이보다 더 근본적인 조처가 있을 수 있습니까? 이것은 내게 있는 모든 선한 갈망, 기독교적인 사고와 열망이 다 하나님에게서 온다는 뜻입니다. 하나님이 내 의지를 다스리시고 내 갈망과 소망과 열망과 사고를 불러일으키시며 북돋우신다는 뜻입니다.

그리스도인으로서 더 충만하고 선하고 온전하게 살고 싶다는 갈망은 우리 스스로 느끼는 것이 아니요 우리 자신에게서 나오는 것도 아니라는 사실을 늘 충분히 자각하며 사는지 모르겠습니다. 선을 행하려는 갈망이나 기도의 갈망이 느껴진다면, 다름 아닌 하나님이 여러분의 의지 속에 그 갈망을 북돋우시는 것이며 소원을 두고 행하게 하시는 것입니다. 의지에만 영향을 주시는 것이 아닙니다. 세상에서 숨을 쉬며 사는 일에서도 그는 우리의 에너지와 힘이 되십니다. 사도가 여기뿐 아니라 다른 많은 곳에서 말하는 바가 바로 이것입니다. 처음부터 끝까지 하나님이 주도하신다는 것입니다. 하나님이 시작하셨고, 하나님이 지속시키시며, 하나님이 완성하신다는 것입니다.

그러면서도 저와 여러분에게 직접 행하라고 하는 것, 직접 무언가를 하라고 하는 것은 모순 아닙니까? 그렇지 않습니다. 다음과 같이 설명해 보겠습니다. 하나님은 우리 안에 이러한 갈망과 힘을 주심으로써 이 일을 하십니다. 다시 말해서 수동적인 상태나 조건에 있는 우리에게 작용하심으로써가 아니라 우리의 의지와 갈망과 사고와 열망과 모든 것을 다스리심으로써 우리를 완성시켜 나가시며 그리스도인의 삶을 주신 큰 목적을 이루어 나가신다는 것입니다. 이처럼 이 일을 시작하시는 분, 우리로 하여금 이 일을 하게 하시는 분은 하나님이십니다. 이것은 하나님이 우리 의지를 강제로 움직이신다는 말이 아닙니다. 하나님이 하시는 일은 그보다 훨씬 더 은혜로운 것입니다. 그는 우리의 의지를 설득하시고 우리에게 거룩한 갈망을 주심으로써 이러한 일들을 하게 만드십니다. 우리 안에서 행하심으로써 구원을 이루고 싶다는 갈망과 야망을 느끼게 만드십니다. 여기에는 본질적인 모순이 없습니다. 아니, 궁극적으로 어떤 모순도 없습니다. 하나님은 이렇게 주도권을 행사하십니다.

바울이 이 주도권에 대해 어떻게 설명하는지 봅시다. 하나님이 이 일을 시작하시는 이유, 우리에게 소원을 두고 행하게 하시는 이유가 무엇입니까? 그것이 "**자기의 기쁘신 뜻**"이기 때문입니다. 그야말로 성경에서 가장 놀라운 말씀 아닙니까! 오해하지 맙시다. 이것은 저나 여러분의 죄와 아무 상관이 없이 하시는 일입니다. 이것이야말로 신약성경의 영광스러운 교리가 아니겠습니까? 우리가 죄인이요 반역자요 형벌 받아 마땅한 자들임에도 그 기쁘신 뜻을 위해 은혜로 이 일을 시작하시고 계속해 나가신다는 것입니다. 우리는 자문합니다. "내가 어쩌다 이런 사람이 되었을까?" 그에 대한 대답은 "오직 하나님의 은혜 덕분"이라는 것입니다. 그러면서도 우리는 책임감을 느낍니다. 내 의지와 에너지를 다 써야 할 것 같은 생각이 듭니다. 구원을 이루라는 명령을 들을 때 정말 구원을 이루고 싶다는 갈망이 생깁니다. 이런 마음을 주시는 분은 하나님이시지만, 그렇다고 내 몫의 책임이 줄어드는 것은 아닙니다.

마지막으로, 이 세상에서 인내하는 문제에 대해 말씀드리겠습니다. 제가 언급할 점은 두 가지입니다. 이 교리가 이 세상에서 인내할 수 있도록 보장해 주고 있음을 알겠습니까? 하나님이 내 의지를 다스리시는 한, 나는 계속 앞으로 나아가야 합니다. 사람들은 바르게 살려는 의지도 없고 갈망도 없기 때문에 실패합니다. 그러나 여러분 안에서 행하시는 분은 하나님이십니다. 그가 여러분에게 바르게 살려는 의지를 주시기 때문에 계속 앞으로 나아갈 수 있습니다. 그리고 감사하게도 이것이 전부가 아닙니다. 문제는 훌륭한 그리스도인의 삶을 살려는 의지가 있음에도 우리가 약하다는 것입니다. 에너지도, 힘도, 영적인 동력도 없다는 것입니다. 바울은 "괜찮다. 그가 이 일을 행할 에너지도 주신다"라고 말합니다. "너희에게 소원을 두고 **행하게 하시나니.**" 갈망만 주시는 것이 아니라 힘도 주신다는 것입니다. 그리스도인의 삶에는 이 두 가지가 보장되어 있습니다. 하나님은 자신이 시작하신 과정을 계속 이끌어 나가십니다.

"하지만 두렵고 떨림으로 하라는 말은 무슨 뜻이지요?"라고 묻는 이가 있을 것입니다. 자, 이 질문은 다음에 다루도록 하겠습니다. 그러나 궁극적인 구원 여부에 대한 두려움을 의미하지 않는다는 사실은 금세 알 수 있습니다. 이 말은 일종의 경외감과 경건한 두려움을 가지라는 뜻입니다. 하나님이 여러분 안에서 행하시면 구원은 이미 보장된 것입니다.

이렇게 해서 영광스러운 교리를 서둘러 살펴보았습니다. 이제 한 가지 간단한 질문으로 설교를 맺도록 하겠습니다. 이 질문이 가장 중요합니다. 여러분은 하나님이 여러분 안에서 행하심을 인식하고 있습니까? 알겠지만 이것이 그리스도인의 증표입니다. 일정한 인생관이나 도덕률 등을 고수하는 것은 증표가 되지 못합니다. 그리스도인인지 아닌지 가늠하는 근본적인 기준은 하나님이 자기 안에서 행하심을 아느냐 하는 것입니다. '하나님의 능하신 행동'이라는 말이 아니고서는 도저히 설명할 수 없는 일이 일어났음을 인식하고 있습니까? 하나님이 나에게 소원을 두고 행하게 하신다고 말할 수 있습니까? 그가 내 삶에 개입하시는 것, 나를 휘젓고 설득하며 간섭하시는 것을 인식하고 있습니까? "고상한 생각의 기쁨으로 나를 휘젓는 존재"*를 느끼게 만드는 하나님의 움직임을 인식하고 있습니까? 조물주의 손이 내 영혼을 다시 만드시고 나를 다시 빚으시는 것을 느낀 적이 있습니까? 이것은 모든 그리스도인에게 해당되는 질문입니다. 하나님이 여러분 안에서 행하고 계십니다. 온 우주를 만드시고 그 만드신 만물을 보전하시는 하나님이 나의 죄나 무가치함과 상관없이 친히 내 삶을 빚어 나가심으로 마침내 완전한 작품을 만들어 내실 것이며, 하나님 앞에 서서 그 얼굴을 뵙게 해 주실 것입니다. 이것을 보장하는 이 교리를 주신 하나님께 감사하십시오.

---

* 윌리엄 워즈워스, '틴턴 사원 몇 마일 위에서 지은 시Lines Composed A Few Miles Above Tintern Abbey'

그러므로 나의 사랑하는 자들아,
너희가 나 있을 때뿐 아니라 더욱 지금 나 없을 때에도
항상 복종하여 두렵고 떨림으로 너희 구원을 이루라.
너희 안에서 행하시는 이는 하나님이시니
자기의 기쁘신 뜻을 위하여
너희에게 소원을 두고 행하게 하시나니.

빌립보서 2:12-13

14. 너희 구원을 이루라

이 두 구절을 다시 고찰하는 것은 한 번의 설교로는 충분히 다룰 수가 없었기 때문입니다. 이 본문은 세 가지 측면에서 살펴보는 것이 가장 좋은 구분법이라고 말씀드렸습니다. 첫 번째는 일반적인 측면, 두 번째는 신학적인 측면, 마지막은 실제적인 측면이라고 하면서, 그중 두 가지를 지난번에 다루었습니다.

우리는 사도의 목적이 신학 논문을 쓰려는 데 있는 것이 아니라 실제적인 호소를 하려는 데 있다는 점도 살펴보았습니다. 그러나 늘 그렇듯이 그는 실제적인 호소를 하기 전에 신학적인 설명부터 합니다. 신약성경이 제시하는 생활방식과 단순한 윤리체계의 차이점이 여기 있습니다. 이미 살펴보았듯이 그리스도인이 되지도 않았는데 그리스도인의 삶을 살라고 세상에 호소하는 것은 기독교의 가르침에 어긋납니다. 사도가 사용하는 방식이 그 완벽한 예를 보여 줍니다. 물론 이것은 바울뿐 아니라 다른 신약성경 저자들의 방식이기도 합니다. 신약성경은 바로 이런 방식으로 그리스도인답게 행동하고 처신할 것을 호소합니다. 법으로 강제하는 것이 아니라 신학에 근거하여 호소하는 것입니다. 신약성경에는 중대한 삶의 법칙이 나오는데, 신약성경은 그것을 "자유롭게 하는 온전한 율법"이라고 부릅니다(약 1:25). 이것은 그리스도인이 무법하게 산다는 뜻이 아니라 더 높은 차원의 자유를 가지고 행동한다는 뜻입니다. 신약성경은 항상 교리부터 제시한 다음에 "이것을 믿는다면 다음과 같이 행하는 것이 당연하지 않느냐?"라고 묻습니다. 공정하고 공평하게 판단할 것을 호소하는 것입니다. 신약성경은 한 가지 삶의 방식을 들이밀면서 "무조건 그렇게 살라"고 하지 않습니다. 먼저 하나님이 우리를 위해 어떤 일들을 하셨는지 알려 준 다음에 "자, 그러므로……"라고 호소합니다. 서신서에서 '교리'를 다루다가 '실제'로 넘어가는 부분을 보면 항상 "이러므로"나 "그러므로"라는 연결어가 나오는 것을 알 수 있습니다. 제가 애써 지적하고 싶은 점은, 바로 이러한 연결어에 신약성경의 핵심적인 접근법이 있다는 것입니다. 이러한 연결어가 없으면 호소가 되지 못할 것입니다. 이 연결어가 있기 때문에 이성과 상식에 대한 분명한 호소가 되는 것입니다.

다음과 같이 설명하면 될 것 같습니다. 기독교 신앙이 요구하는 삶에 어떤 반응을 보이느냐 하는 것만큼 신앙고백을 철저히 검증할 방법이 또 있을까요? 제가 이렇게 말하는 데에는 그럴 만한 이유가 있습니다. 신앙고백과 삶이 부자연스럽고 어색하게 양분되어 있는 것을 우리도 경험으로 알고 있지 않습니까? 복음의 위대한 소식과 복음이 우리에게 제공하는 것들에 대한 이야기는 기꺼이 듣지만, 특정한 삶을 살라는 요구까지 늘 흔쾌히 받아들이는 것은 아닙니다. 사람들은 "그런 삶은 너무 편협해"라고 말합니다. 복음이 "좁고 곧은 길"에 대해 말할 때 "그것 봐, 편협하잖아!"라고 반발합니다. "이러므로"라는 말, 교리와 실제를 단단히 묶어 주는 이 말이 있기 때문에, 교리와 행동 사이에 이처럼 피할 수 없는 논리적인 연속성이 있기 때문에, 이 호소에 대한 태도를 보면 교리 전반에 대한 궁극적인 태도가 무엇인지 상당부분 알 수 있습니다. 신약성경은 이것이 당연한 일이라고, 교리와 실제는 연결되어 있다고 말합니다. 이것을 거부하고 두 가지를 양분하는 것은 어쨌든 교리관이 잘못되었다는 표시인 것이 분명합니다. 자기를 부인하며 자기 십자가를 지고 그리스도를 따르라는 요구, "육신"과 "몸의 행실"(롬 8:13)과 "땅에 있는 지체"(골 3:5)를 죽이라는 놀라운 요구, 표현은 다르지만 같은 내용을 담고 있는 신약성경의 모든 요구에 어떤 태도를 보이느냐 하는 것보다 더 나의 현 위치를 가늠할 수 있는 시금석은 없습니다. 사도도 여기에서 비슷한 일을 하고 있습니다. 그러니 이제부터 완전히 실제적인 관점으로 접근하면서 사도가 무엇을 가르치는지 알아봅시다. 여러분의 고찰을 돕기 위해 세 가지 명백한 질문을 드리겠습니다. 첫째로, "이루라"는 말의 뜻이 무엇일까요? 둘째로, 우리는 어떻게, 어떤 방식으로 구원을 이루어야 할까요? 셋째로, 이렇게 구원을 이루어야 하는 이유가 무엇일까요?

먼저, 구원을 이루라는 것이 대체 무슨 뜻입니까? 여기에 답하는 가장 좋은 방법은 용어의 정의를 내리는 것입니다. 처음 두 질문의 답을 찾으면 마지막 질문의 답은 자동적으로 나오리라 생각합니다. 그러니 두 질문의 답부터 찾아보도록 합시다. 사도는 여기에서뿐 아니라 다른 서신에서도 구원을 이루라고 말합니다. 구원은 신약성경 전체의 핵심 메시지입니다. 구원을 받았다는 것은 나의 죄를 깨닫고 죄의 본질을 알게 되었다는 뜻입니다. 빌립보 교인들은 자신들이 죄인이라는 것과 하나님의 진노 아래 있다는 것을 알았습니다. 하나님의 율법이 자신들을 정죄하고 있다는 것과 자신들이 하나님 앞에 유죄라는 것도 알았습니다. 또 지난번에 살펴보았듯이 자신들의 어떤 노력도 무익하다는 것을 알았습니다. 바울은 3장에서 이 이야기를 더 자세히 하고 있습니다. 자신이 유대인이요 바리새인이었다는 것, 할례를 받았다는 것 등을 언급하며 결국은 그런 것들이 아무 가치도, 쓸모도 없는 배설물임을 알게 되었다고 말합니다.

빌립보의 그리스도인들도 그것을 알았습니다. 자신들의 힘으로는 진정 구원받을 수 없음을 알았습니다. 하나님이 독생자를 보내 십자가에 죽게 하심으로 자신들을 속죄하셨다는 복음의 놀랍고 좋은 소식을 들었고 그것을 믿었습니다. 하나님은 구원을 값없이 선물로 주시면서 "내가 십자가에서 이미 너희 죄를 벌했으니 너희는 이제 죄인이 아닌 의인이다. 내가 구원을 선물로 주겠다"라고 하셨습니다. 그들은 자신들이 새로운 본성을 받았고 새롭게 출생했다는 것을 알았습니다. 그들은 성령을 받았고, 그를 통해 새로운 생명을 받았습니다. 새로운 시각과 새로운 지각을 받았습니다. 그들은 실제로 새사람이 되었습니다. 더 나아가 자신들을 구원하는 새로운 힘과 능력을 느꼈고 해방감을 느꼈습니다. 그들은 하나님의 자녀이자 천국 시민이 되었습니다. "우리의 시민권은 하늘에 있는지라"(3:20). 그들은 자신들이 이 세상에서는 나그네요 거류자요 순례자인 것을 알았습니다. 완전히 새로운 눈으로 세상의 삶을 바라보게 되었습니다.

이것이 구원의 핵심적인 의미입니다. 바울이 이들에게 호소하는 바는 바로 이 구원을 이루라는 것입니다. 여기에서 "이루라"는 것은 '완성하라, 실현하라, 온전한 결과를 이끌어내라, 시작한 일을 마무리하라'는 뜻입니다.

이것이 신약의 복음이 오늘날 우리에게 주는 실제적인 권면입니다. 이미 주셨으니 완성하라는 것입니다. 씨는 이미 심겨졌습니다. 배아 형태로 심겨졌습니다. 내가 할 일은 선물로 주신 이 씨가 다 자라서 완전히 익을 때까지 성장과 발육을 도우며 계속 북돋아 주는 것입니다. 선물은 이미 주어졌습니다. 하나님이 계시지 않거나 나와 함께하시지 않을까 봐 염려할 필요는 없습니다. 하나님은 지금 내 안에서 행하고 계십니다. 나는 그가 주신 것을 최선을 다해 키우기만 하면 됩니다.

이 호소가 얼마나 당연한 것인지 우리 모두 확실하게 알았으면 좋겠습니다. 방금 말한 구원의 본질을 믿는다면 이 호소에 따르는 것이 당연하지 않습니까? 이런 구원을 받은 사람이 마땅히 해야 할 일이 무엇입니까? 자, 가장 먼저 해야 할 일은 하나님께 전적으로 복종하는 것입니다. 사도는 5-11절에서 주님의 삶에 대한 놀라운 이야기를 통해 이 점을 설명하고 있습니다. 하나님이 여러분에게 요구하시는 바도 똑같다고 그는 말합니다. 우리 주와 구주 되신 예수 그리스도께서 순종하셨듯이 우리도 똑같이 순종하기를—하나님의 뜻에 완전히, 절대적으로 복종하기를—바라신다는 것입니다. 주님은 인간으로 오셨을 뿐만 아니라 십자가에 달려 죽으셨습니다. 하나님이 무엇을 요구하시든 그대로 따르셨습니다. 이것이 구원을 이루는 첫 단계입니다. 이토록 놀라운 선물을 주셨으니 당연히 우리 뜻을 완전히 포기하라고 요구하실 권리가 있음을 알아야 합니다. 무슨 일을 하기 전에 '하나님이 이렇게까지 해 주셨으니, 이제 무슨 일을 하든 그를 기쁘시게 하는 것을 가장 큰 소원으로 삼겠다. 그의 뜻을 내 뜻으로 여기고, 그의 명예와 영광을 내 유일한 관심사로 삼겠다'라는 생각을 해야 합니다. 저는 이 말을 굳이 입증해야 할 필요를 느끼지 못합니다. 하나님이 날 위해 이 놀라운 일을 하셨다고 믿는다면 이런 결론을 내리는 것이 당연하지 않습니까?

그 다음 단계는 하나님과 반대되는 것, 즉 신약성경이 말하는 "세상"

을 외면하는 것임이 분명합니다. "이 세상이나 세상에 있는 것들을 사랑하지 말라"(요일 2:15). 신약성경은 하나님과 세상을 동시에 사랑할 수 없다고 말합니다. 이것은 상식적이고 이성적인 말입니다. 세상의 체계 및 인생관이 하나님과 반대된다는 것은 지극히 명백한 사실입니다. 경건치 못한 세상은 언제든지 하나님과 신앙을 조롱할 태세를 갖추고 있습니다. 하나님께 어떠한 관심도 보이지 않습니다. 육신에 영합하며, 하나님께 관한 것은 무엇이든 비웃습니다. 신약성경은 이처럼 하나님과 반대되는 모든 것을 외면하는 것이 곧 구원을 이루는 길이라고 말합니다.

조심하고 또 조심해야 합니다. 세상의 것에는 관심이나 흥미 자체를 보이지 말아야 하고, 마음을 빼앗기거나 현혹될 여지를 주지 말아야 합니다. 내 최고의 관심사와 반대되는 것이라면 그것이 무엇이든 피해야 합니다. "세상은 정말 위험하며 유혹과 죄로 가득 차 있다. 세상은 기를 쓰고 나를 끌어내려 결국에는 지옥에서 망하게 하려 든다. 그러나 하나님은 그 위험에서 날 건져 주셨다"라고 하면서, 여전히 세상에 속한 일을 하고 그런 것들을 즐기는 것은 모순 아닙니까? 바울은 상식에 호소하고 있습니다. "나는 하나님께 나아가고 싶다. 하나님이 날 건져 주신 것에 감사한다"라고 하면서 반대 방향으로 가는 것은 확실히 우스운 짓이 아니냐는 것입니다. 여러분의 구원을 이루십시오. 여러분의 구원을 완성하십시오. 하나님은 놀라운 자기희생으로 여러분을 건져 주셨습니다. 여러분은 새로운 본성을 받아 새롭게 출발했고, 구원을 얻었습니다. 그러니 이제 다른 길에는 영원히 등을 돌리십시오. 참으로 이것을 믿는다면 굳이 논쟁할 필요가 없습니다. 이것이 당연한 결론입니다.

다음과 같이 요약해 보겠습니다. 가장 좋은 방법은 이 주제를 다룬 책을 찾아보는 것입니다. 이것은 당연한 사실입니다. 성경을 읽으면서 그리스도인이 어떤 존재인지 알아 가면 알아 갈수록 세상의 삶과 죄의 본성을 이해하게 되고, 하나님이 그리스도 안에서 나를 위해 하신 일을 이해하게 되며, 따라서 하나님께 속한 것은 더욱 갈망하고 세상에 속한 것은 더욱 미워하게 되어 있습니다. 그러므로 가장 실제적인 단계는 하나님의 말씀을 읽고 거기 푹 잠기는 것이라고 말하고 싶습니다. 바로 이 부분에서 아주 간단하고 실제적으로 검증해 볼 방법이 있습니다. 모든 사람이 일주일 동안 표를 작성해서 하나님의 말씀이나 그 말씀을 이해하도록 도와주는 책을 읽은 시간을 표시하고 신문과 소설을 읽거나 영화를 본 시간을 표시하면 과연 어떤 결과가 나올 것 같습니까? 저는 묻고 싶습니다. 우리는 우리가 구원받은 것을 믿는다고 말합니다. 하나님이 구원을 선물로 주신 것을 믿는다고 말합니다. 그렇다면 그와 관련된 일에 상대적으로 얼마나 많은 시간을 투자하고 있습니까? 구원을 이룬다는 것은 이 삶을 살찌우고 촉진하며 확장시키고 발전시키고 성장시키기 위해 자신이 할 수 있는 모든 일을 다 한다는 뜻입니다.

또 한 가지 해야 할 일은 당연히 기도입니다. 하나님을 더 알게 해 주시기를, 성령을 더 충만히 부어 주시기를, 말씀을 더 잘 이해하게 해 주시기를 구해야 합니다. 나를 인도해 주시고 이끌어 주시기를 구해야 하며, 지각을 주시기를 구해야 합니다. 하나님을 믿고 그가 나를 위해 이런 일을 하신 것을 믿는다고 말하면서 왜 그와 함께 시간을 보내지 않는 것입니까? 왜 그를 더욱 사모하지 않는 것입니까? 우리는 지금까지 살펴본 방법으로 구원을 완성해 나가야 합니다. 구원의 완성을 위해 주시는 모든 격려와 인도에 순종하며 따라야 합니다. 우리 조상들은 그리스도인의 삶을 전업專業으로 여겨, 그 삶에 모든 시간을 투자했습니다. 이 사실이야말로 오늘날 하나님이 주신 이 놀라운 구원을 이루어 나가지 않는 우리에 대한 최고의 정죄 가운데 하나가 아닐까 생각합니다.

그렇다면 어떤 태도로 이 구원을 이루어 나가야 할까요? 사도는 "두렵고 떨림으로" 하라고 합니다. 이번에도 용어부터 정의할 필요가 있습니다. 구원을 잃을까 봐 두려워하는 마음으로 하라는 말이 아닙니다. 신약성경은 이 말을 그런 의미로 사용하지 않습니다. 바울이 고린도 교인들에게 "내가 너희 가운데 거할 때에 약하고 두려워하고 심히 떨었노라"고 말한 것도 자기 영혼을 잃을까 봐 무서워했다는 뜻이 아닙니다(고전 2:3). 이것은 자학의 일종인 비겁한 두려움을 가리키는 말이 아니라, 겸손과 거룩한 경외감을 가리키는 말입니다. 또는 거룩한 경계심과 신중함을 가리키는 말이라고 해도 좋습니다. 두렵고 떨림으로 구원을 이루라는 것은 이 일이 굉장히 엄숙한 것임을 알라는 뜻입니다.

이것이야말로 현재 가장 강조해야 할 점, 특히 복음주의 쪽 사람들에게 강조해야 할 점이 아닐까요? 어쩌다가 '경건한 사람'이라는 개념 자체가 실종되어 버렸는지 모르겠습니다. 그리스도인들이 '하나님을 두려워하는' 사람들로 설명되지 않는 이유가 무엇입니까? 100년 전이나 200년 전의 그리스도인들, 또는 17세기 청교도들과 우리가 이처럼 달라진 이유가 무엇입니까? 그들은 참된 그리스도인이었습니다. "감리교도"라는 말도 그들의 질서정연한 삶 때문에 생겨난 일종의 별명이었습니다. 그런데 어쩌다가 그리스도인의 삶에 담긴 이런 특별한 의미가 실종되어 버린 것일까요? 20세기에 접어들면서 많은 이들이 신약성경의 참된 정신을 잃어버리고 완전한 율법주의에 빠지는 현상이 일반화되었습니다. 여기에 과잉 대응하다가 경건의 개념까지 잃어버리게 된 것이라고 저는 확신하는 바입니다. 율법주의에 빠진 이들은 자기 자신과 자녀들에게 일정한 유형의 삶을 부과했고, 규율과 규범을 제시했습니다. 사람들은 그것을 보면서 "저건 기독교가 아니라 완전한 율법주의다"라고 하면서 반대 방향으로 나아갔습니다. 그러다가 두려움과 떨림, 경계심과 경각심을 가지라는 권면을 잊은 채 여느 사람들과 똑같아져 버린 것입니다. 저는 우리가 '그리스도인이 되는 것은 불행해지는 것'이라는 인상을 주지 않으려고 과도히 신경을 쓰는 것은 아닌지, 항상 미소를 띠고 웃어야 한다는 착각으로 이른바 "근육질" 기독교를 신봉하는 것은 아닌지 염려가 됩니다.

이것은 본문의 가르침을 부인하는 태도라고 말씀드리고 싶습니다. 그리스도인은 필연적으로 엄숙하고 진지할 수밖에 없습니다. "두렵고 떨림으로"라는 것은 하나님께 거룩한 경외감과 외경심을 품는다는 뜻입니다. 우리가 섬기는 하나님은 변함도 없고 회전하는 그림자도 없는 "빛들의 아버지"시라는 것(약 1:17), 어둠이 조금도 없는 "빛"이시라는 것을 알아야 합니다(요일 1:5). 그가 빛 가운데 계신다면 나도 빛 가운데 행해야 합니다(요일 1:7).

또한 세상이 저 반대편에서 나를 하나님께로부터 잡아떼어 끌어내리려 하는 것을 알기에, 그런 의미에서 세상을 두려워해야 하며 세상에 건전한 주의를 기울여야 합니다.

자기 자신도 두려워할 필요가 있습니다. 자기 마음의 실체를 아는 사람은 가볍고 태평하고 경박할 수가 없습니다. 그는 자기 육신에 "선한 것이 거하지 아니하는 줄" 압니다(롬 7:18). 그리스도인은 두렵고 떨림으로 자기 구원을 이루어 나가는 사람입니다. 그는 혹시라도 자신이 넘어지거나 흔들릴까 봐 두려워합니다. 세상의 교묘함을 분별하지 못할까 봐, 죄의 강함과 자신의 약함을 분별하지 못할까 봐, 하나님의 거룩하심을 분별하지 못할까 봐 두려워합니다. 큰 구원에 합당치 못한 자가 되지 않기 위해 진중하게 행합니다.

이렇게 해서 구원을 이루라는 권면의 의미와 방법을 살펴보았습니다. 마지막으로, 우리가 이렇게 구원을 이루어야 하는 이유는 무엇일까요? 이미 살펴보았듯이, 첫째는 우리 주와 구주 되신 예수 그리스도가 보여 주신 바로 그 모습 때문이라는 것입니다. 그는 하나님께 복종하셨습니다. "내가 하늘에서 내려온 것은 내 뜻을 행하려 함이 아니요 나를 보내신 이의 뜻을 행하려 함"이라고 하셨습니다(요 6:38). 그를 본받고 따르겠다는 이유보다 더 고상한 이유가 있겠습니까?

둘째는 그가 우리를 위해 해 주신 일 때문이라는 것입니다. 우리는 그리스도께서 피를 흘리시고 그 몸을 떼어 주심으로 우리를 구원해 주신 것을 믿습니다. 바울이 디도에게 말했듯이 "그가 우리를 대신하여 자신을 주심은 모든 불법에서 우리를 속량하시고 우리를 깨끗하게 하사 선한 일을 열심히 하는 자기 백성이 되게 하려 하심"이었습니다(딛 2:14). 그가 세상에 와서 십자가에 달려 죽으신 것은 바로 이 일을 하기 위함이었습니다. 우리를 이렇게 살게 하시려고 자신이 죽으신 것입니다.

또한 주님의 명예와 영광을 위해서도 구원을 이루어야 합니다. 세상은 주님의 백성을 보고 주님을 판단하게 되어 있습니다. 이런 의미에서 그의 영광과 명예는 바로 내 손에 달려 있다고 할 수 있습니다. 내가 주저앉으면 그리스도의 명예가 실추됩니다. 또 한 가지 이유는 나를 지켜보는 사람들이 있기 때문이라는 것입니다. 심지어 세상도 나를 지켜보고 있습니다. 그렇기 때문에 그들을 그리스도께 인도할 수 있는 삶을 살면서, 죄 가운데 있는 그들의 무서운 상태를 경고해 주어야 하며 최선을 다해 그리스도를 알려 주어야 합니다.

또 다른 이유, 강력한 이유가 있습니다. 내가 천국에 갈 것을 참으로 믿는다면, 내가 하나님 나라 시민임을 믿으며 죽은 후에 이 놀라운 기업을 받을 것을 믿는다면, "주를 향하여 이 소망을 가진 자마다 그의 깨끗하심과 같이 자기를 깨끗하게" 해야 합니다(요일 3:3). 하나님은 순결하시고 완전하신 분입니다. 그런 분께 나아가겠다는 사람이 한시라도 낭비하면 되겠습니까? 그분을 뵐 준비를 하려면 일분일초도 함부로 흘려보낼 수가 없습니다.

마지막으로, 내가 두렵고 떨림으로 구원을 이루어 나가야 하는 합당한 이유는 다음과 같습니다. 신약성경은 내가 주저앉았을 때 하나님이 어떤 조치를 취하시더라도 놀라지 말라고 가르칩니다. 히브리서 12장의 가르침을 기억합니까? "주께서 그 사랑하시는 자를 징계하시고 그가 받아들이시는 아들마다 채찍질하심이라"(6절). 고린도전서 11장은 더 분명하게 짚어서 말합니다. 바울은 고린도 교회에 병든 자가 많고 심지어 죽은 자들까지 있는 것은 주의 만찬에 참여할 때 자신들을 살피지 않고 합당치 못하게 행동했기 때문이라고 했습니다. "주의 몸을 분별하지 못하고 먹고 마"셨기 때문이라고 했습니다(고전 11:29).

다음과 같이 설명해 보겠습니다. 하나님이 여러분을 부르시고 구원해 주셨다는 것은 그 구원을 이루시기로 작정하셨다는 뜻이며 마침내 여러분을 완성시키신다는 뜻입니다. 하나님은 우리에게 자극을 주심으로 이 일을 하십니다. 우리의 정신과 시야에 자극을 주심으로 이 일을 하십니다. 그런데 우리가 계속 전진하지 못하고 주저앉아 버릴 때 하나님은 사랑으로 우리를 징계하십니다. 아픔이나 병을 주기도 하시고 실망감이나 상실감이나 슬픔을 주기도 하십니다. 우리가 주저앉아서 고집을 부릴 때 하나님은 이런 방법을 사용해서 우리를 일으키십니다. "살아 계신 하나님의 손에 빠져 들어가는 것이 무서울진저"(히 10:31). 하나님의 사랑은 이만큼 큰 것입니다. 최선을 다해서 그리스도인의 삶을 살지 않는 그리스도인은 미련한 자입니다. 그런 사람은 자기 삶에 이런 일이 일어나더라도 놀랄 필요가 없습니다. 여러분이 하나님의 자녀라면 하나님은 반드시 여러분을 완성시키십니다. 스스로 하나님을 기쁘시게 하기 위해 구원을 이루어 나가지 않으면, 이런 방법을 통해서라도 구원을 이루어 나가십니다. 이것은 아주 놀라운 일입니다. 그렇다고 해서 그리스도인의 고난이 전부 징계라는 말은 아닙니다. 다만 하나님이 이런 방법도 쓰신다는 것입니다. 하나님의 호소에 반응하지 않을 때 징계를 받는 것은 놀랄 일이 아닙니다.

사랑하는 여러분, 그러므로 두렵고 떨림으로 여러분의 구원을 이루어 나가십시오. 하나님은 지금도 여러분 안에서 행하시며 자기의 기쁘신 뜻을 위하여 여러분에게 소원을 두고 행하게 하십니다.

모든 일을 원망과 시비가 없이 하라.

이는 너희가 흠이 없고 순전하여

어그러지고 거스르는 세대 가운데서 하나님의 흠 없는 자녀로

세상에서 그들 가운데 빛들로 나타내며 생명의 말씀을 밝혀.

빌립보서 2:14-16 상

15. 자기 백성을 향한 하나님의 특별한 관심

사도는 이번에도 전체 문단에서 주의를 기울여 온 주제를 다루고 있습니다. 그는 빌립보 교인들에게 그리스도인의 삶을 충만히 살 것을 호소하는데, 전체적인 계획을 가지고 이렇게 하는 것이 분명합니다. 그는 먼저 그리스도인의 삶이 지닌 본질을 상기시킵니다. 우리는 "두렵고 떨림으로 너희 구원을 이루라. 너희 안에서 행하시는 이는 하나님이시니 자기의 기쁘신 뜻을 위하여 너희에게 소원을 두고 행하게 하시나니"라는 친숙한 말씀을 고찰함으로써 그 본질이 무엇인지 살펴보았습니다. "하나님은 너희를 위해 일하심으로 너희를 현재의 모습으로 만들어 주셨다. 그리고 너희의 행동뿐 아니라 생각과 뜻까지 움직이시면서 지금도 너희 안에서 행하고 계신다"라고 바울은 말합니다. 그러니 그 일을 이루라고, 전부 채우고 완성하라고, 완결하라고 말합니다. 우리는 그가 여러 가지 방법으로 이 점을 강조하는 것을 보았습니다.

　그러나 바울은 이에 만족하지 않습니다. 그가 이토록 빌립보 교인들의 상태에 관심을 쏟는 것은 하나님이 자신을 통해 처음 이들을 믿음으로 이끄셨기 때문입니다. 그는 이들을 자랑스럽게 여겼으며, 그래서 이들을 온전케 하기 위해 마음을 썼습니다. 지혜로운 선생이었던 바울은 소극적인 측면의 중요성을 알았습니다. 일반적으로 할 일만 알려 주는 것으로는 부족하다는 사실, 피해야 할 일과 조심해야 할 일도 알려 주어야 한다는 사실을 알았습니다. 그들을 쉽게 공격해 오는 것들이 있기 때문에 미리 경고함으로 시련의 때에 대비시켜야 한다는 사실을 알았습니다. 그래서 그리스도인답게 행동하며 살라는 말이 무슨 뜻인지 자세히 설명하면서, 가장 중요한 사항들을 선별해서 이야기하고 있습니다. 그 모든 내용이 "두렵고 떨림으로" 구원을 이루라는 이 중대한 표현 속에 전부 담겨 있습니다. 그런데 아마도 사도는 자신이 이런 표현을 쓴 이유를 밝힐 필요가 있었던 것 같습니다.

그가 "두렵고 떨림으로"라는 표현을 굳이 써야 했던 이유가 무엇일까요? 그들을 공격하는 것들이 있기 때문이라는 것이 그 대답입니다. 바울은 심오한 기독교 심리학자이자 구약성경에 정통한 학자로서, 이스라엘 백성의 역사가 주는 가장 크고 기본적인 경고가 무엇인지 잘 알고 있었습니다. 또한 자신의 삶에 도사리고 있는 위험과 몇몇 교회가 숱하게 겪었던 위험이 무엇인지도 잘 알고 있었습니다. 그 모든 위험 때문에 사랑하는 빌립보 교회를 그토록 염려한 것입니다. 그는 편지를 보내 영혼의 교활한 원수들에 대해 경고함으로 이들을 미리 무장시키며 보호하고자 했습니다. 그리스도인과 그리스도인의 삶에 대해 이토록 중대하고 탁월한 묘사를 하는 이유가 여기 있습니다.

사도 바울은 구원을 이루라는 권면만 하고 말 수가 없었던 것 같습니다. 이미 보았듯이 그는 많은 규율과 규범을 제시하지 않습니다. 이걸 해라 저걸 해라 지시하지 않습니다. 항상 전체적인 관점에서 경고합니다. 여기에서 바울이 즉각 권면하는 바는 이 모든 일을 하고 구원을 이루어

나갈 때 원망과 시비 없이 하라는 것입니다. 하나님의 자녀라는 지위와 신분 때문에 그렇게 해야 한다는 것입니다. 여기에 권면의 핵심이 있습니다. 바울이 이런 호소를 할 수 있는 것은 그들이 하나님의 자녀이기 때문입니다. 이것은 하나님의 자녀에게만 하는 말입니다. 여기에는 '너희는 바로 이런 사람들이기 때문에 다음과 같은 일들을 기억하고 실천해야 한다'라는 뜻이 함축되어 있습니다. 이것을 보면 사도 바울의 관심이 '윤리를 위한 윤리'에 있지 않음을 다시금 상기하게 됩니다. 그의 관심은 항상 신학에 있습니다. 그리스도인은 선량하고 윤리적인 인간 그 이상의 존재입니다.

이 점이 극히 중요합니다. 우리가 살고 있는 이 시대야말로 '윤리와 도덕의 유일한 토대를 떠날 때, 기독교 윤리와 도덕은 절대 성립할 수 없다'는 사실을 과거 어느 때보다 선명하게 확인할 수 있는 시대이기에 그렇습니다. 특히 이 세대의 비극은 과거의 유산을 그대로 물려받았다는 데 있습니다. 우리 조상들은 복음을 내팽개치고도 그리스도인의 삶을 유지할 수 있다는 어리석은 생각을 했습니다. 기독신앙의 기본원칙들을 부인하고서도 자신들이 기독신앙의 좋은 점으로 여겼던 것, 즉 윤리와 도덕은 보전할 수 있다고 본 것입니다. 그러나 그것은 절대 불가능하다는 사실을 오늘날 우리는 확인하고 있습니다. 조상들이 서신서들을 좀 더 주의 깊게 읽었다면 그런 어리석은 생각은 하지 않았을 것입니다. 본문만 보아도 이 문제를 전체적으로 완벽하게 파악할 수 있습니다. 사도는 빌립보 교인들에게 원망하지 말라고 하면서 "그렇다, 너희는 하나님의 자녀이기 때문에 원망해서는 안 된다"라고 말합니다. 토대 자체가 얼마나 다릅니까! 이것은 강력한 호소입니다. 이 호소를 잊을 때 윤리와 도덕이 심각하게 무너져 내리는 것은 그리 놀랄 일이 아닙니다.

실례를 들어 설명해 보겠습니다. 이것은 에밀 부르너Emil Brunner 교수가 사용한 것으로서, 그는 이 예를 통해 그리스도인의 삶에서 비롯된 참된 그리스도인의 행동과 단순히 기독교 윤리 및 도덕을 일상생활에 접목시키려는 시도가 어떻게 다른지 밝히고자 했습니다. 이 두 가지의 차이는 땅에서 피어난 꽃과 꽃병에 꽂힌 꽃의 차이와 같습니다. 꽃을 꺾어서 꽃병에 꽂아 놓으면 잠시 피어 있다가 곧 시들어 버립니다. 그러나 꺾지 않고 그대로 두면 계속 살아 있습니다. 바로 이 차이입니다. 기독교 교리 없이도 기독교 윤리와 도덕을 유지할 수 있다고 생각하는 것은 마치 꽃을 꺾고도 계속 살리라고 기대하는 것과 같습니다. 하룻밤 동안은 꺾은 꽃의 아름다움과 향기를 즐길 수 있을지 모릅니다. 그러나 이미 생명의 흐름이 끊겨 버렸기 때문에 그 이상은 지속되지 못합니다. 사도는 이러한 잘못을 미리 경고함으로써, 교리에 의거하지 않고서는 기독교의 영역에 속한 그 어떤 호소도 할 수 없음을 다시금 보여 줍니다.

이 문제를 고찰하기에 가장 좋은 방법, 지금 살펴보고 있는 이 두 절반의 메시지를 가장 잘 요약하는 방법은 그리스도인에 대한 바울의 묘사를 살펴본 다음, 거기 함축된 의미를 살펴보는 것이라고 생각합니다. 먼저 그의 묘사부터 살펴봅시다. "모든 일을 원망과 시비가 없이 하라. 이는 너희가 흠이 없고 순전하여[순전해져서] 어그러지고 거스르는 세대 가운데서 하나님의 흠 없는 자녀로 세상에서 그들 가운데 빛들로 나타내며." 이 부분을 흠정역은 "하나님의 흠 없는 아들"로 번역하며, 개정역은 "하나님의 흠 없는 자녀"로 번역합니다.* 그리스도인을 묘사하는 방법이 여러 가지 있지만 이것이야말로 신약성경의 특징적인 묘사이자 의미심

---

* 우리말 성경 개역개정판은 후자로 번역하고 있다.

장한 최고의 묘사인 것이 분명합니다. 바울이 다시금 상기시키듯이, 그리스도인은 하나님의 자녀입니다.

이와 관련해서 확실하게 짚고 넘어가야 할 첫 번째 요점은, 이 말은 오직 그리스도인들에게만 해당된다는 것입니다. 독단적인 주장만 할 것이 아니라 한번 설명해 보겠습니다. 특히 지난 50여 년간 이른바 '하나님의 보편적인 아버지되심과 인간의 보편적인 형제됨'에 대해 많은 이야기들이 나왔고, '모든 인간은 하나님의 자녀'라는 이론이 큰 인기를 끌었습니다. 기독교 교리의 핵심 의미를 소거해 버렸으니 그렇게 선풍적인 인기를 끈 것도 그리 놀랄 일이 아닙니다. 이것은 '오직 그리스도인만 하나님의 자녀'라는 오래된 가르침에 반하는 개념입니다. 그렇습니다. 그런 교의나 교리는 강조하지 말라는 것이 새로운 가르침의 주장입니다. 그리스도를 믿든 안 믿든 **모든 인간**이 하나님의 자녀라는 것입니다. 이처럼 하나님의 보편적인 아버지되심과 인간의 형제됨을 강조하다 보니 굳이 기독교 신앙을 가질 필요가 없어졌고, 복음은 서로 정답게 대하며 선하게 살라는 일반적이고 막연한 호소로 전락해 버렸습니다. 이런 사상이 20세기에 큰 인기를 누리고 있습니다. 그런데 사도는 오직 그리스도인만 하나님의 자녀라는 사실에 근거하여 모든 주장을 전개하기 때문에―이 점은 곧 밝혀 드리겠습니다―한번 검토해 볼 필요가 있습니다.

사도행전 17장 말씀이 '하나님의 보편적인 아버지되심'이라는 개념을 지지해 준다고 말하는 이들이 있습니다. 바울이 아덴에서 설교할 때 우리는 "하나님의 소생"이라고 했고, 하나님이 "인류의 모든 족속을 한 혈통으로 만드"셨다고 했다는 것입니다(행 17:29, 26). 그러나 사도가 거기에서 가르치는 바는 '하나님이 우리를 만드셨다는 점에서 우리는 궁극적으로 하나님께로부터 나온 자들'이라는 것임이 분명합니다. 우리는 모두 아담의 후손인데, 아담은 궁극적인 의미에서 "하나님의 아들"로 묘사됩니다. 이것은 하나님이 그를 만드셨다는 뜻입니다. 하나님이 우리의 창조주시요 조물주시라는 뜻입니다. 이것은 모든 인간에게 해당되는 사실입니다.

이보다 훨씬 더 확실한 증거가 있습니다. 우리 주와 구주 되신 예수 그리스도께서 어느 날 오후, 자신과 논쟁하며 언쟁을 벌이던 자들에 대해 하신 말씀을 기억합니까? "너희는 너희 아비 마귀에게서 났으니 너희 아비의 욕심대로 너희도 행하고"(요 8:44). 즉, "너희는 스스로 아브라함의 자손이라고 주장하지만 나를 믿지 않는 것을 볼 때 그렇지 않다. 너희 아비는 마귀다"라는 것입니다. 사도 베드로도 그리스도인들에게 편지를 쓰면서 "너희가 전에는 백성이 아니더니 이제는 하나님의 백성"이라고 했습니다(벧전 2:10). 요컨대 "전에는 어중이떠중이였던 너희가 이제는 하나님의 백성이 되었다. 사랑하는 자들아, 그렇기 때문에 **권하는데**……"라는 것입니다. 이 또한 동일한 논리입니다.

이제 이 교리를 적극적으로 확증해 주는 말씀을 제시해 보겠습니다. 요한복음 서론에는 의미심장하고 중요한 말들이 나옵니다. "영접하는 자 곧 그 이름을 믿는 자들에게는 하나님의 자녀가 되는 권세[권위]를 주셨으니"(요 1:12). 원래 우리는 하나님의 자녀가 아니었습니다. 죄 때문에 하나님과 관계가 깨져 버렸습니다. 바울이 에베소서 2장에서 이방인 신자들에게 일깨우는 사실도 "그때에 너희는 그리스도 밖에 있었고 이스라엘 나라 밖의 사람이라. 약속의 언약들에 대하여는 외인이요 세상에서 소망이 없고 하나님도 없는 자"였다는 것입니다(12절). 그런데 이제는 그리스도 안에서 가까워졌습니다. 전에는 하나님의 가족이나 권속이 아니었는데 그리스도 안에서 가족이 되고 권속이 된 것입니다. 그의 자녀가 된 것입니다.

로마서 8:15에서 바울은 말합니다. "너희는 다시 무서워하는 종의 영을 받지 아니하고 양자의 영을 받았으므로 우리가 아빠 아버지라고 부르짖느니라." 전에는 자녀가 아니었지만 이제는 자녀라는 것입니다. 우리를 자녀로 만들어 주시는 영, 즉 양자의 영을 받고 "아빠 아버지"라고 부르게 되었다는 것입니다. 이 모든 말씀은—이 외에도 인용할 말씀은 얼마든지 있습니다—"하나님의 자녀"가 오직 그리스도인에게만 쓰이는 제한적인 말이라는 점을 충분하고도 명확하게 보여 줍니다. 그러나 어떻게 보면 이런 증거들 없이 지금 고찰하고 있는 본문만으로도 충분하다고 할 수 있습니다. 이 본문 자체가 그리스도인이 세상 사람들과 다른 자들이라는 점, 세상과 구별된 빛이요 등불이라는 점을 전적으로 강조하고 있습니다. 세상 사람들은 그렇지 못합니다. 그리스도인과 세상 사람들의 차이가 여기 있으며, 그리스도인이 세상 사람들과 다를 수밖에 없는 이유가 여기 있습니다.

이것은 아주 기본적이고 기초적인 사실입니다. 신약성경은 항상 '그리스도인이 된다는 것은 그렇지 않은 자들과 완전히 다른 사람이 되는 것'이라는 점을 보여 주기 위해 애를 씁니다. 이 사실은 아무리 반복해서 지적해도 지나치지 않습니다. 정도가 달라지는 것이 아니라 사람 자체가 달라지는 것입니다. 세상에서 하는 일의 종류가 달라지거나 양적으로 달라지는 것이 아니라 질적으로 달라지는 것입니다. 가족의 일원이냐 아니냐는 결정적인 차이입니다. 혈연 관계가 달라지는 것입니다. 본문의 요점이 여기 있습니다. 제가 이 점을 강조하는 것은 사도가 바로 이 차이에 근거하여 호소하기 때문입니다. 이 점을 제대로 분명하게 알지 못하면 사도의 호소는 하나마나한 것이 되어 버립니다.

확증은 끝났으니, 이제 여기 함축된 의미와 우리에게 해당되는 바를 살펴보기로 합시다. 신약성경도 바울과 같은 말을 하고 있습니다. 사도가 로마서에서 상기시키듯이, 우리는 하나님의 가족으로 입양되었습니다. 이것은 신약성경의 중대한 개념입니다. 말하자면 우리는 돌보아 주거나 살펴 주거나 관심 가져 주는 이 하나 없이 길거리를 떠돌던 부랑아였는데, 하나님이 그리스도 안에서 우리를 데려다가 입양해 주시고, 가족으로 삼아 주시며 자녀로 삼아 주셨다는 것입니다. 아무 하자가 없도록 법적인 절차를 밟아 주셨다는 것입니다.

이것이 전부가 아닙니다. 신약성경에 따르면 우리는 하나님의 가족으로 입양되었을 뿐 아니라 신의 성품에 참여하고 있습니다. 이것은 이 세상에서 사는 동안에는 도저히 이해할 수 없는 교리요 큰 비밀입니다. 그 모든 이야기가 성경 안에 들어 있습니다. 성령으로 출생하는 일, 성령을 받는 일, 중생하고 거듭나는 일, 새롭게 창조되는 일에 대한 모든 이야기가 성경 안에 들어 있습니다. 우리는 하나님의 손에 붙잡혀 가족으로 입양되었을 뿐 아니라 내적으로 중대한 변화를 경험하게 되었습니다. 신의 성품을 받게 된 것입니다. 그렇다고 물리적인 차원에서 무언가가 우리 안에 주입되는 것처럼 생각하지 마십시오. 이것은 실제로 일어나는 일입니다. 실제로 하나님의 본성을 받는 것입니다. 우리 안에 거하시는 성령을 통해 신의 성품에 참여함으로써 법적으로만 입양되는 것이 아니라 하나님과 상호교류가 이루어집니다.

물론 하나님의 자녀로서 그의 특별한 돌봄과 은총도 누리게 됩니다. 자녀가 되었으니 당연한 일입니다. 부모는 항상 자녀에게 특별한 관심을 쏟게 되어 있습니다. 그래서 가족이 존재하는 것이며, 출생할 때 가족을 주시는 것입니다. 하나님은 우리를 특별히 사랑해 줄 두 사람을 주십니다. 그들의 자녀가 되어 돌봄을 받고 보살핌을 받게 하십니다. 마찬가지로 그리스도인은 "하나님의 자녀"라고 성경은 말합니다. 그 결과 당연히 특권적인 신분을 얻습니다. 세상에서 따로 부르심을 받고 구별됩니다. 하나님의 특별한 관심과 위로의 대상이 됩니다. 사도의 요지는 "맞다. 바로 그렇기 때문에 우리에게는 특별한 책임이 있다"라는 것입니다. 그는 '너희는 하나님의 자녀다. 그러므로……'라는 논리를 전제하고 있습니다. 사도는 우리가 이처럼 하나님과 특별한 관계를 맺고 있기 때문에 자신이 요구하는 모습이 되어야 하며 자신이 요구하는 행동을 해야 한다고 말합니다.

이렇게 해서 바울이 제시하는 그리스도인의 일반적인 모습을 서둘러 살펴보았습니다. 이제 두 번째로 고찰할 문제는, 그렇다면 어떻게 하나님의 자녀답게 행동하며 살 것이냐 하는 점입니다. 우선 사도가 말하는 바, 하나님 자녀의 핵심적인 특징이 무엇인지부터 알아봅시다. 첫째는 "모든 일을 원망과 시비가 없이" 하는 것입니다. 여기에서 "모든 일"이란 구원과 관련된 일입니다. 이 말씀은 12절을 다시 상기시킵니다. "그러므로 나의 사랑하는 자들아, 너희가 나 있을 때뿐 아니라 더욱 지금 나 없을 때에도 항상 복종하여 두렵고 떨림으로 너희 구원을 이루라." 여기에서 알 수 있듯이 "모든 일"은 우리가 지금 살고 있는 구원의 삶, 관심을 기울이고 있는 구원의 영역에 관련된 일들을 가리킵니다. 사도가 요구하는 바는 이렇게 그리스도인의 삶을 살 때 아무런 원망이나 시비가 없어야 한다는 것입니다.

이것은 인상적인 말씀으로서, 함께 분석해 볼 필요가 있습니다. 여기에서 사도 바울은 정확히 이스라엘 백성의 고대 역사를 염두에 두고 있는 것이 분명합니다. 예컨대 시편 106편을 읽어 보기 바랍니다. 이스라엘 백성의 이야기가 완벽하고 훌륭하게 묘사되어 있습니다. 하나님은 세계 열국 중에 이스라엘을 자신의 나라로 택하셨습니다. 그 백성을 택한 자로 불러서 이끌어 내시고 복을 주셨습니다. 그들이 애굽의 종살이에서 부름 받은 긴 이야기를 기억합니까? 그들은 아름답고 영광스러운 땅 가나안으로 들어갈 예정이었습니다. 그런데 어떻게 되었습니까? 각자 자기 장막에서 하나님을 원망하고 끊임없이 불평하며 다투는 상황이 벌어졌습니다. 그렇습니다. 하나님이 자신들을 이끌어 내신 점은 인정했습니다. 그런데 그게 다 무슨 소용이냐는 것입니다. 왜 애굽으로 돌아가면 안 되느냐는 것입니다. 하나님이 자기들을 광야에서 죽이려고 끌어내신 것이 아니냐는 것입니다. 그들은 애굽의 "부추와 파와 마늘들"을 그리워했습니다(민 11:5). 그 이야기가 민수기를 비롯한 구약성경 여러 곳에 나옵니다. 그들은 원망했습니다. 이것이 문제였습니다.

사도가 빌립보 교인들에게 편지를 쓰면서 염두에 두고 있는 사실이 바로 이것입니다. 이스라엘 역사에서 이 교훈을 배우라는 것입니다. 바울이 말한 요지는 다음과 같습니다. "나는 하나님이 너희 안에서 행하신다고 말했다. 나는 너희가 그리스도인의 삶을 위대한 순례의 여정으로 보기를 바란다. 그 첫걸음은 당연히 세상을 떠나 하나님의 영역으로 옮겨 오는 회심이었다. 그러나 그것이 전부가 아니다. 하나님은 그 옛날 이스라엘 백성을 인도하셨듯이 너희도 인도하고 계신다. 장차 너희는 가나안, 영원히 복된 안식처에 이를 것이다. 너희는 여기를 떠나 그리로 가야 한다. 다시 상기시키지만, 하나님이 너희를 인도하신다. 하나님이 너희에게 소원을 두고 행하게 하신다. 하나님이 생명 샘의 원천과 근원에 계신다. 너희 마음에 갈망과 생각과 암시를 주심으로 자신이 인도하고 계심을 알려 주신다. 그가 너희를 이끄시는 자리가 있고 상황이 있을 것이다. 이스라엘 백성에게 그리하셨듯이 너희에게도 많은 일을 행하실 것이다."

바울은 계속해서 말합니다. "그러나 문제가 있다. 이스라엘 백성의 악한 본을 따라 하나님을 원망하는 잘못을 범치 않도록 극히 조심해야 한다. 이스라엘 자손도 그러했듯이, 너희도 때로 마음에 들지 않는 상황에 처할 때가 있을 것이다. 마실 물이 한 방울도 없는 듯 느껴지는 때가 있을 것이다. 먹을 만한 음식이 없을 때도 있고, 원수와 대치해야 할 때도 있을 것이다. 그러나 그럴 때에도 하나님은 **너희 안에 행하시며 너희로 소원을 두고 행하게 하신다.** 너희를 인도하시며 자신이 정하신 과정을 이루어 나가신다. '대체 왜 이러시는 거야? 왜 나한테 이런 일을 겪게 하시는 거야? 날 사랑한다면서, 내 아버지라면서 왜 이러시는 거냐고?'라는 말이 목구멍까지 올라올 때가 있을 것이다. 마음속에서부터 원망과 시비가 솟구치는 시험의 때가 있을 것이다. 그러나 하나님이 그리스도인을 이끌어 가시는 이 과정에서 너희를 어떤 자리, 어떤 상황으로 데려가시고 인도하시더라도 모든 일을 원망과 시비가 없이 하라."

이 말씀을 분석해 봅시다. 원망은 완악한 정신과 의지에서 나오는 것이 확실합니다. 원망은 도덕적인 반역의 표지이며, 더 강하게 표현하자면 사랑 없는 마음의 산물입니다. 여기에서도 볼 수 있듯이 사도는 단어를 함부로 사용하지 않습니다. "원망murmurings"을 "시비disputings"보다 먼저 언급한 것을 보면, 사도는 정말 대단한 심리학자입니다! 사람들은 대부분 시비가 원망보다 앞선다고, 지적인 회의가 먼저고 원망이 나중이라고 생각합니다. 그러나 그렇지 않습니다! 그리스도인의 삶에서는 순서가 정반대입니다. 그리스도인이 가장 먼저 범하는 잘못은 하나님의 사랑을 의심하는 것입니다. 시비는 지적인 반역의 결과물입니다. 즉, 원망은 사랑이 없다는 표지이고 시비는 믿음이 없다는 표지인 것입니다.

이것이 순서입니다. 잘못은 이 순서로 일어납니다. 어떤 상황에 처했을 때 가장 먼저 떠오르는 생각은 '대체 왜?'라는 것입니다. 다른 것에 앞서 사랑부터 의심하는 것입니다. 이처럼 하나님을 향한 사랑을 잃으면, 연이어 나를 향한 하나님의 사랑도 믿지 못하게 되어서 이런저런 질문이 생겨납니다. '하나님의 의도가 대체 뭐지?' 라고 묻게 됩니다. 그러면서 시비가 의심의 꼬리를 물고 나타납니다. 사람들은 이것이 순전히 지적인 문제인 것처럼 주장하는데, 그렇지 않습니다. 사랑이 먼저 메마르고 도덕성이 메마릅니다. 그리고 믿음의 영역까지 문제가 생기는 것입니다. 원망이 먼저고, 시비가 나중입니다.

물론 이 두 가지는 항상 같이 나타납니다. 하나님의 사랑을 의심하기 시작하면, 다른 것들도 의심하게 되어 있습니다. 명백한 사실들까지 의심하게 됩니다. 원칙 자체를 의심하게 됩니다. 기적과 초자연적인 일들을 놓고 고민하기 시작합니다. 이것이 순서입니다. 사랑이 먼저고, 이해가 나중입니다. 기본적인 신뢰가 없는 상태에서는 믿음이 생기지 않습니다. 이것이 순서입니다. 물론 이스라엘 백성은 그 완벽한 예입니다. 그들은 하나님의 기사를 보았고 그 능력의 절대적인 증거를 보았습니다. 시편이 상기시키듯이, 모든 상황이 잘 풀리는 동안에는 그들도 믿었습니다. 그런데 문제가 생기자 하나님께 등을 돌리고 사랑을 의심하기 시작했습니다. 하나님께 대한 신뢰를 잃으면 다른 어떤 것도 믿을 수가 없습니다. 반대로 하나님을 사랑하면 아무것도 두렵지 않습니다. 이처럼 이 두 가지는 항상 같이 나타나게 되어 있습니다. 원망이 시비를 불러오게 되어 있습니다.

원망과 시비의 정신만큼 그리스도인의 삶을 황폐하게 만들고 파멸시키는 것은 없습니다. 이 정신은 고대 이스라엘 역사 전체를 파멸시켰고, 많은 그리스도인들의 삶과 경험을 파멸시켰습니다. 이 정신은 불안을 조장합니다. 낙심을 불러옵니다. 아무것도 이해하지 못하는 상태로 몰고 갑니다. 세상에서 자기만 힘든 것처럼 느끼게 합니다. 더 나아가 복음 증거까지 빈약하게 만듭니다. 그리스도인의 이름을 수치스럽고 불명예스럽게 만듭니다. 사도가 무슨 수를 써서라도 이것을 피하라고 하면서, 고대 이스라엘 백성의 명백한 실례를 살펴보라고 촉구하는 이유가 여기 있습니다.

달리 설명해 보겠습니다. "그렇다면 사도의 권면을 어떻게 실천할 수 있을까요?"라고 묻는 이가 있을 것입니다. "바울이 '모든 일을 원망과 시비가 없이 하라'고 말하는 것이나 설교자들이 강단에서 그런 말을 하는 건 좋습니다. 하지만 과연 내 입장이 되어도 그렇게 할 수 있을까요? 나처럼 현실에 한번 부닥쳐 보라고요! 그래도 과연 원망하지 않고 시비하지 않을 수 있을까요?" 성경의 말로 대답해 보겠습니다. 이 해로운 정신에 굴복하기 쉬운 우리의 성향과 그 무서운 위험성에 대처할 방법을 알려 드리겠습니다. 가장 먼저 기억해야 할 것은 하나님의 성품입니다. 하나님은 거룩하시고 공평하신 분이며, 전적으로 의로우신 분입니다. 야고보 사도는 "하나님은 악에게 시험을 받지도 아니하시고 친히 아무도 시험하지 아니"하신다고 했습니다(약 1:13). 상황이 어떻게 잘못 돌아가든 간에 이 사실만큼은 확신해도 됩니다. 이것은 검토하거나 질문할 필요가 없는 명백한 사실입니다. 하나님은 무정한 일이나 불공평한 일을 하실 수가 없습니다. 그의 성품은 완전합니다. 하나님께 불평하고 원망하며 불만을 터뜨리고 싶을 때 그가 본질상 완전하시다는 이 사실을 기억하십시오.

그 다음으로 사도가 강조하는 것은 하나님의 아버지되심입니다. 여러분, 여러분이 그리스도인이라면 하나님이 여러분의 아버지십니다. 여러분을 사랑하고 염려하는 아버지십니다. 하나님은 여러분이 원수 되었을 때, 하나밖에 없는 아들을 보내 십자가에서 참혹하게 죽게 하셨습니다. 바로 이분이 여러분을 용서하시고 구원하시며 구속하시기 위해 구원 활동을 개시하셨습니다. 여러분이 지금 어떤 자리에 있든 상관없이, 설사 왜 이런 자리에 있어야 하는지 이해할 수 없다 하더라도, 거룩하신 하나님이 여러분의 아버지시라는 이 사실을 기억하십시오. 무슨 일이 닥쳐도 '난 하나님의 자녀다. 하나님이 날 사랑하시고 염려하신다. 특별한 관심으로 날 돌보신다' 생각하십시오.

세 번째로, 하나님은 크시고 여러분은 작다는 것, 특히 여러분의 정신과 이해력의 크기가 작다는 것을 기억하기 바랍니다. 저는 모든 상황을 푸는 열쇠가 여기 있지 않을까 생각하곤 합니다. 하나님을 이해하려 드는 것이야말로 궁극적인 죄라는 것이 저의 견해입니다. 태초에 에덴 동산에서 생긴 문제도 이것 아니었습니까? "왜 너희는 신이 되면 안 돼?"라는 것이 사탄의 꼬드김이었습니다. 그들은 소리쳤습니다. "그래, 왜 우리는 동산 열매를 먹으면 안 돼? 우리도 하나님의 정신을 충분히 이해할 수 있다고! 우리도 하나님의 정신을 이해하고 싶어!"

그러나 저와 여러분의 정신은 너무나 왜소하고, 하나님은 무한하시며 완전하시고 광대하십니다. 저는 믿음을 생각할 때 점점 더 이 측면에 주목하게 됩니다. 믿음은 내게 주신 계시에 만족하는 것이며, 그 계시에 만족하기에 질문을 던지지 않는 것입니다. 그 이상 알려 하지 않고 "하나님이 제게 주신 계시를 이해하는 것으로 만족합니다"라고 말하는 것입니다. 우리는 하나님의 정신이 어떻게 작용하는지 이해하지 못합니다. 하나님의 정신은 너무나 크고 우리의 하찮은 정신은 너무나 작습니다. 우리는 그 과정을 이해하지 못합니다. 그러나 우리가 이해하지 못한다고 해서 하나님의 정신이 잘못되었다거나 무정하다거나 잔인하다고 결론내릴 수는 없습니다. 우리의 정신을 기준으로 하나님의 정신을 측정할 수는 없는 노릇입니다.

그 다음으로 항상 기억해야 할 것은 하나님의 주된 관심이 우리의 성화에 있다는 점입니다. 하나님이 우리 안에 "소원을 두고 행하게" 하신다고 말할 때, 그 소원이 바로 성화입니다. 하나님의 관심은 단순히 저와 여러분이 세상에서 잘 지내는 데 있지 않습니다. 그것은 하나님의 마음을 첫 번째로 차지하고 있는 소원이 아닙니다. 하나님의 소원은 주 예수 그리스도가 완전하신 것처럼 우리도 언젠가 완전해지는 것입니다. 그리스도의 장성한 분량이 충만한 데까지 이르는 것입니다. 하나님은 우리가 세상에서 성공하는 데는 관심이 없습니다. 하나님의 관심은 저와 여러분의 영혼에 있습니다. 우리 영혼을 흠도 없고 점도 없는 완전한 상태로, 온전히 순결하고 거룩한 상태로 만드시는 데 있습니다. 이것이 하나님의 바람입니다. 하나님은 이 일에 집중하십니다. 그리고 우리의 죄와 어리석음 때문에 간혹 우리가 좋아하지 않는 일을 행하기도 하십니다. 저와 여러분은 본성상 영혼이야 어찌되든 세상의 삶을 더 즐기고 싶어 합니다. 지금 이대로 사는 것을 더 좋아합니다. 그러나 하나님은 영혼을 우선적으로 생각하십니다. 여러분의 영혼을 염려하시기에, 그 자체로는 아무 문제가 없지만 여러분과 하나님 사이를 가로막는 세상의 것들이 있을 때 그것을 빼앗아 가십니다. 여러분의 영혼이 궁극적인 영광에 이르기를 바라시기 때문에 사랑으로 빼앗아 가시는 것입니다.

이렇게 해서 원망과 시비를 일으키는 원인 대부분을 살펴보았습니다. 하나님의 관심은 우리의 성화에 있으며, 최종목표는 우리의 영화에 있습니다. 그래서 이 땅에서 살 때 징계가 필요한 것입니다. "왜 나한테 이런 일이 생겨야 하지?"라고 묻기 전에, 하나님과 나 사이를 가로막는 것이 없는지 확인해 보십시오. 사랑하는 이가 죽기도 하고 재정적인 손해가 생기기도 합니다. 무슨 일이 생기느냐는 중요치 않습니다. 그 일과 관련된 무언가가 하나님의 자리를 차지하지 않았다고 확신할 수 있습니까? 지난 설교 말미에 했던 말을 다시 한 번 반복하겠습니다. 하나님은 우리를 사랑하시고 염려하시기 때문에 궁극적인 선을 위해 때로는 병들게도 하시고 심지어 죽게도 하십니다. 이 또한 같은 교리입니다. 하나님의 목적과 우리 사이를 가로막는 것들이 있을 때 하나님이 우리에게 손을 대시더라도 놀라거나 실망하지 마십시오. 사랑하는 여러분, 이 교리를 첫자리에 두고 절대로 놓치지 마십시오. 여러분이 하나님의 자녀라면 무슨 일이 일어나든 개의치 마십시오. 여러분에게 뜻한 바를 이루실 때까지, 하나님은 여러분을 붙잡고 여러분 안에서 계속 행하실 것입니다. 이 사실을 확신하는 사람은 원망하거나 불평하지 않으며, 상실감이나 가슴이 찢어지는 아픔 속에서도 하나님을 바라보면서 "저를 용서해 주십시오. 오히려 이 일 주신 것을 감사하는 것은 당신의 목적이 무엇인지 제가 알기 때문입니다"라고 아뢸 것입니다.

다음과 같이 요약해 보겠습니다. 사도의 요구는 주 예수 그리스도가 하신 그대로 하라는 것입니다. 여러분은 그가 하늘에서 오신 것을(2:5-8에 모든 내용이 나옵니다) 알고 있습니다. 그는 자신을 하나님의 손에 맡겨 마음대로 쓰시게 했습니다. 하나님은 그를 이상한 곳들로 인도하셨습니다. 광야로 이끌어 시험을 받게 하셨습니다. 그래도 그는 불평이나 불만을 터뜨리지 않았습니다. 여러분도 그 이야기를 다 알 것입니다. 무엇보다 겟세마네 동산에서 어떠하셨는지 보십시오. 그는 죄가 자신과 하나님을 갈라놓을 때가 임박한 것을 알았지만 원망하거나 불평하지 않았습니다. 다른 방법이 있다면 이 잔을 피하게 해 달라고 하면서도 자신의 뜻이 아닌 하나님의 뜻대로 하시기를 구했습니다.

이처럼 하나님이 겟세마네로 이끄셨는데도 그는 조금도 원망하거나 불평하지 않았습니다. 여러분도 이 마음을 품어야 합니다. 그리스도 예수의 마음을 품어야 합니다. 하나님이 여러분을 어디로 인도하시든, 이 성화의 과정에서 어떤 자리에 이르게 되든, 원망과 다툼의 정신에 사로잡히지 마십시오. 하나님에 관한 교리와 여러분을 향한 은혜로운 목적을 기억함으로 그것을 피하십시오.

모든 일을 원망과 시비가 없이 하라.
이는 너희가 흠이 없고 순전하여 어그러지고
거스르는 세대 가운데서 하나님의 흠 없는 자녀로 세상에서
그들 가운데 빛들로 나타내며 생명의 말씀을 밝혀.

빌립보서 2:14-16 상

16. 본질적인 차이

우리가 계속 고찰하고 있는 것이 사도가 빌립보 교회에 준 권면이라는 점을 다시 한 번 상기시키고 싶습니다. 사도는 하나님이 그들 안에서 행하시며 자신의 기쁘신 뜻을 위해 그들에게 소원을 두고 행하게 하신다고, 그러니 두렵고 떨림으로 구원을 이루라고 촉구합니다. 이것이 사도의 전체적인 권면입니다. 그리고 오늘 본문에서는 빌립보의 그리스도인들이 어떻게 구원을 이루어야 하는지에 대해 교훈과 가르침을 주고 있습니다. 이 권면을 이해하는 열쇠는 사도가 "너희는 하나님의 자녀"라는 관점에서 호소한다는 사실에 있음을 우리는 알았습니다. 이것이 모든 호소의 토대입니다. "너희가 흠이 없고 순전하여……하나님의 흠 없는 자녀로." 그들은 무슨 일을 하든 자신들이 하나님의 자녀임을 기억해야 했습니다. 이 말의 의미는 지난번에 함께 고찰했습니다. 하나님의 자녀라는 명칭의 의미를 일부 살펴보았고, 이 관계를 토대로 사도가 무엇을 호소하는지도 고찰했습니다.

사도는 삼중의 호소를 하고 있습니다. 첫 번째는 하나님의 자녀인 우리와 아버지의 관계를 살펴보라는 것이고, 두 번째는 하나님의 자녀로서 자신의 본질을 살펴보라는 것이며, 세 번째는 우리와 주변 세상과의 관계를 살펴보라는 것입니다. 이것이 14절부터 16절 상반절까지의 내용입니다. 지난번에는 이 부차적인 호소 세 가지 중 첫 번째로, 하나님의 자녀인 우리와 아버지의 관계를 살펴보았습니다. 사도의 권면은 "모든 일을 원망과 시비가 없이 하라"는 것이었습니다. 어떤 구름도 하나님의 얼굴과 우리 사이를 가로막지 못하게 하라는 것이었습니다. 어떤 경우에도 우리를 향한 아버지의 거룩한 사랑을 믿고 확신하자는 것이었습니다.

이제 두 번째 측면을 다룰 차례입니다. 두 번째 측면은 그리스도인의 본질입니다. 그리스도인과 그 자신의 관계라고 표현해도 좋습니다. 사도는 세 가지 말—"흠이 없고", "순전하여", "흠 없는[책망할 것이 없는]"—로 이 주제를 제시하고 있습니다. 이 말들은 하나님의 자녀로서 그리스도인의 본질적인 성품이 무엇인지 알려 줍니다. 우리가 하나님과 맺고 있는 관계에서 생각해 볼 때, 이 말들이 의미하는 바는 무엇입니까?

첫째로, 사도는 **흠이 없어야**blameless 한다고 말합니다. 어떻게 보면 이 말 자체에 뜻이 담겨 있다고 할 수 있습니다. 이것은 비난받을 일을 하지 말라는 것입니다. 흠 잡힐 일이나 손가락질 당할 일을 하지 말라는 것입니다. "흠이 없고"라는 말에 대한 가장 좋은 설명은 '외적인 모습이 도덕적으로 온전하다'는 것입니다. 다시 말해서 주변에서 지켜보는 사람들이 흠 잡거나 비난하거나 질책할 만한 일을 하지 않는다는 것입니다. 여기에서 강조하는 것은 내면이나 내적인 성품이 아니라 지켜보는 이들의 눈에 비치는 외적인 모습입니다.

이것은 부연설명이 따로 필요 없을 정도로 자명한 사실입니다. 요즘 같은 때는 우리 그리스도인들과 관계를 맺고 있는 모든 이들이 우리를 유심히 살펴보며 지켜본다는 것을 분명히 알아야 합니다. 뻔하게 들릴지 모르겠지만, 세상은 그리스도인을 자처하며 그리스도의 이름을 부르는 우리의 모습을 보고 기독교를 판단하며, 주님과 하나님을 판단합니다. 그러니 어느 때, 어느 곳, 어느 상황에서든, 개인의 삶에서든 도덕적인 삶에서든, 가정생활에서든 사업현장에서든 직장생활에서든 매사에 비난받을 일을 하지 않도록 조심해야 한다고 사도는 말합니다. 죄나 잘못의 흔적이 있으면 안 되고, 흠이 있으면 안 됩니다.

이번에도 우리 주와 구주 되신 예수 그리스도가 본이 되십니다. 주님이 어느 날 자신을 고소하는 자들을 향해 "너희 중에 누가 나를 죄로 책잡겠느냐?" 하신 일을 여러분도 기억할 것입니다(요 8:46). 그의 삶에는 흠이 없었습니다. 아무도 손가락질할 수 없었고 비난할 수 없었습니다. 주님과 주님의 삶을 보고 그의 성품과 행동을 보면서 도덕적으로 비난할 만한 것을 찾아낼 수 없었습니다. 사도는 우리도 그래야 한다고 말합니다. 아무도 비난할 수 없는 삶을 살아야 한다는 것입니다. 이것은 기초적이고 간단한 사실임에도 불구하고 쉽게 잊어버린다는 지적에 대부분 고개를 끄덕이리라 생각합니다. 이것은 특히 요즘 유념해야 할 부르심입니다. 우리는 하나님의 자녀입니다. 우리가 아이들을 파티에 보내거나 학교에 보내면서 "자, 네가 누구 자식인지 생각하고 행동 조심해라" 하는 것처럼, 하나님도 이를테면 비슷한 말씀을 하십니다. 우리는 그의 자녀로서 그 거룩한 이름에 누가 되지 않게 살아야 합니다. 삶으로 우리가 누구의 자녀인지 보여 주어야 하며, 책잡힐 만한 일을 하지 말아야 합니다.

둘째는 **순전해야**harmless 한다는 것입니다. 이것은 남에게 해를 끼치지 말라는 뜻이 아닙니다. 영어 단어 'harmless'는 오해를 불러일으킬 소지가 있습니다. 더 나은 번역은 '순전하여, 순수하여, 순진하여, 정결하여, 순결하여’입니다. “흠이 없고”가 외적인 모습이 도덕적으로 온전하다는 뜻이라면, “순전하여”는 속과 내면이 도덕적으로 온전하다는 뜻입니다. 행동과 행실로 드러나는 겉모습에 대한 말이 아니라 마음 깊숙한 곳에 숨어 드러나지 않는 참모습에 대한 말인 것입니다. 사도는 그 참모습이 순전해야 한다고 말합니다. 순수해야 하며, 죄와 연루되지 말아야 한다고 말합니다. 정결하고 순결해야 한다고, 죄가 섞여 있지 않아야 한다고 말합니다.

사도가 어떻게 논리적으로 전개해 나가는지 알겠습니까? 그리스도인은 무엇보다 세상의 눈에 비치는 겉모습을 바로 해야 합니다. 사도는 이것을 첫자리에 놓습니다. 그러나 외적인 행동과 처신을 바르게 하려면, 당연히 내적인 원천에 주의를 기울여야 합니다. 어떤 의미에서 성품과 행동은 속에 있는 참모습에서 나오는 것이기 때문입니다. 사도가 “순전하여”라는 말을 쓰는 이유가 여기 있습니다. 다시 말해서 잘못된 행동뿐 아니라 잘못된 생각도 하지 말라는 것입니다.

그 완벽한 예가 산상설교 가운데 옛 율법을 바르게 자리매김해 주시는 부분에 나옵니다. 주님은 “간음하지 말라”는 계명의 진정한 의미는 “음욕을 품고 여자를 보는 자마다 마음에 이미 간음”한 것이므로 음욕도 품지 말아야 한다는 것이라고 말씀하셨습니다(마 5:27, 28). 하나님 나라에서 정욕이나 욕망은 행위 못지않게 가증한 일이며, 탐심 또한 도둑질 못지않게 책망 받을 일입니다. 그러므로 행동만 흠이 없고 비난에서 자유로우면 되는 것이 아니라 행동의 원천이 되는 생각과 모든 일의 동기도 죄와 악에서 완전히 자유로워야 합니다. 우리는 “악에게 시험을 받지도 아니하시고 친히 아무도 시험하지 아니하시”는 하나님, “변함도 없으시고 회전하는 그림자도 없으”신 “빛들의 아버지”의 자녀로서(약 1:13, 17)

흠 없고 순전해야 합니다. 그는 어둠이 조금도 없는 분입니다. 정결하시고 온전히 거룩하시며 악이 하나도 없는 분입니다. 그리스도인의 궁극적인 기준은 이것입니다. 흠이 없을 뿐 아니라 순전해야 합니다. 순전함이 우리의 본질적인 성품이 되어야 합니다.

바울은 자신의 설명을 완성하기 위해 또 한 가지 표현을 사용하는데, 그것은 "**흠 없는**without rebuke"입니다. 오점이 없다는 뜻의 이 말에는 다른 두 말이 다 포함되어 있습니다. 그리스도인에게는 온전한 모습을 망치는 요소가 없어야 합니다. 얼룩이나 점이나 병증이 없어야 합니다. 이것이 신약성경이 제시하는 그리스도인의 본이자 기준이며, 우리가 추구해야 할 목적이자 이르러야 할 자리입니다. 우리가 이렇게 흠이 없어야 하는 궁극적인 이유는 바로 우리가 하나님의 자녀이기 때문입니다. 이보다 더 좋은 이유는 없습니다. 우리는 아버지를 닮아야 합니다. 감사하게도 신약성경은 흠도 없고 점도 없고 책망 받을 것도 없게 될 날이 온다고 약속합니다. 이것은 "능히 너희를 보호하사 거침이 없게 하시고 너희로 그 영광 앞에 흠이 없이 기쁨으로 서게 하실 이"가 계시기에 가능한 일입니다(유 24절). 그렇게 되기까지 우리는 앞서 말한 모든 일에 힘써야 합니다. 아무 얼룩 없이 흠 없고 순전하게 되는 것을 나의 목적이자 모든 삶의 기준으로 삼아야 합니다.

사도가 이 모든 권면을 하는 것은 단순히 우리에게 관심이 있고 이 모든 일이 중요하기 때문만은 아닙니다. 그가 이 권면을 하는 것은 그리스도인과 주변 세상의 관계에도 관심이 있기 때문입니다. 지금까지 우리는 아버지와 우리의 관계를 살펴보았고, 하나님의 자녀로서 우리 자신에 대해 살펴보았습니다. 이제 세 가지 중 마지막으로 그리스도인과 세상의 관계를 다룰 차례입니다. 신약성경이 거룩하라고 권면할 때마다 제시하는 인상적인 동기가 바로 이것입니다. 거룩해지기 위해 수도사나 은둔자나 사제를 시중드는 복사服事가 되라는 식의 암시는 신약성경 어디에도 나오지 않습니다. 그렇습니다. 바울이 우리에게 흠 없이 살라고 하는 것은 하나님의 자녀라는 신분과 지위 때문이기도 하지만, 우리가 살고 있는 이 세상 때문이기도 하며, 우리가 이 세상에서, 이 세상에 대해 해야 하는 일 때문이기도 합니다. 즉, 아주 실제적인 이유가 있는 것입니다.

여기에서 우리는 다시 한 번 성경의 중대한 권면, 즉 그리스도인과 주변 세상의 관계를 살펴보라는 호소에 직면하게 됩니다. 신약성경만 이렇게 호소하는 것이 아닙니다. 구약성경도 분명히 호소하고 있습니다. 하나님은 이스라엘을 자기 백성으로 택하셨습니다. 출애굽기, 레위기, 민수기, 신명기에 나오는 율례와 규례는 지금 우리가 살펴보고 있는 이 호소에 대한 부연설명입니다. 하나님은 이스라엘 자손에게 "너희는 내 백성이다. 그렇기 때문에 세상 사람들과 다른 삶을 살아야 하고 열국과 구별되어야 한다"라고 말씀하셨습니다. "내가 거룩하니 너희도 거룩할지어다"(레 11:45). 이것은 중대한 호소입니다.

이 호소가 지금 그리스도인들에게 얼마나 절실히 필요한지 모릅니다! 우리는 작은 무리이고 그나마 수가 줄어들고 있습니다. 그러면서도 세상을 염려하고 있습니다. 이럴 때 우리가 먼저 알아야 할 것이 바로 세상과 우리의 관계이며, 세상에 대한 우리의 책임입니다. 하나님은 우리를 세상으로 부르셨습니다. 아마 오늘날처럼 이 문제가 절실했던 적은 없을 것이며, 오늘날처럼 어려웠던 적도 없을 것입니다. 우리가 시간을 들여 사도의 호소를 조목조목 고찰해야 하는 이유가 여기 있습니다.

'그리스도인과 세상의 관계'라는 말의 정확한 의미는 무엇일까요? 여기에서 '세상'은 비그리스도인들의 사고방식과 삶의 양태를 가리킵니다.

물질적이고 물리적인 의미의 세상이 아니라 '우주^{cosmos}'라는 의미의 세상
을 가리키는 것이며, 하나님의 자녀가 아닌 사람들의 시각과 관점을 가리
키는 것입니다. 우리는 이 특별한 의미에서 세상과 그리스도인의 관계를
살펴볼 것입니다. 바울이 첫 번째로 말하는 바는 그리스도인은 세상과
본질적으로 다르다는 것입니다. 사도가 사용한 말과 용어—"흠이 없고",
"순전하여", "흠 없는"—자체에 이 점이 아주 분명하게 드러나 있습니다.

이 말들은 사도가 세상을 묘사하면서 사용하는 말들과 대조해서 살
펴볼 때 그 의미가 더 살아납니다. 그는 "어그러지고 거스르는 세대"라
고 말합니다. 이 말들을 잠시 살펴봅시다. "어그러지고"는 정직하지 못하
다는 뜻으로서, 겉모습이 왜곡되고 비틀렸다는 것입니다. 행위와 행실
과 행동이 어그러져 있다는 것입니다. 그리고 "거스르는"은 내적인 특질
을 가리키는 말로서, 속에 있는 성품이 뒤틀렸다는 뜻입니다. 보다시피
두 종류의 말이 완벽한 대칭을 이루고 있습니다. 한쪽은 흠이 없고 한쪽
은 어그러졌으며, 한쪽은 순전하고 한쪽은 거스릅니다. 하나님의 자녀인
그리스도인은 비그리스도인과 본질적으로 완전히 다르다는 중대한 원
칙을 바울은 이런 식으로 강조하고 있습니다. 비그리스도인은 똑바르지
않고 어그러져 있습니다. 그를 보면 모든 행실과 행위가 이리저리 비틀
려 있음을 알 수 있습니다. 그러나 그리스도인의 행동은 비틀려 있지 않
습니다. 그리스도인의 삶에는 흠이 없습니다.

내적인 차원에서도 같은 원리를 발견하게 됩니다. 그리스도인은 순
수하고 순전하고 정결하고 순결하며 그 본성과 성품에 비틀리거나 주름
진 데가 없는 데 비해, 경건치 못한 비그리스도인은 본질적으로 어그러
지고 비틀리고 왜곡되어 있습니다. 행위뿐 아니라 성품 자체가 어그러
져 있습니다. 행위는 본성에서 나오게 되어 있습니다. 이처럼 하나님의

자녀와 비그리스도인이 본질적으로 다르다는 것은 분명하고도 당연한 사실입니다.

사도는 다음 절에서 "세상에서 그들 가운데 빛들로" 나타나야 하며 그들을 비추어야 한다고 말함으로써, 이 대조를 가장 크게 부각시키고 있습니다. 여기에서 빛은 발광체를 뜻하는 말로서, 일반적으로 하늘의 달이나 별을 가리킬 때 사용됩니다. 세상에 살고 있는 그리스도인은 밤에 빛나는 달이나 별과 비슷하다고 사도는 말합니다. 여기에서 가장 먼저 배우게 되는 가르침 또한 '달과 별이 외양뿐 아니라 본질상 어둠과 다른 것처럼, 그리스도인도 본질적으로 세상과 완전히 다르다'라는 것입니다. 빛과 어둠은 본질적으로 다릅니다. 바울은 우리가 어둠 속의 빛이 되어야 한다고, 어두운 밤에 빛나는 달과 별이 되어야 한다고 말합니다.

어쩌면 이런 표현들을 다 사용할 필요가 없었을지도 모르겠습니다. 어떤 의미에서 "하나님의 자녀"라는 말 속에 이미 모든 내용이 들어 있기 때문입니다. 흔히 "혈통이 말해 준다"거나 "집안이 중요하다"고들 하는데, 어떤 의미에서는 맞는 말입니다. 자녀를 알려면 그 부모를 많이 알아야 합니다. 자녀는 부모를 반영하는 경우가 많습니다. 자녀와 그의 행동을 관찰해 보면 그가 자라난 가정이나 부모에 대해 많은 사실을 알게 됩니다. 그런데 바울은 우리가 하나님의 자녀라고 말합니다. 이미 살펴보았듯이 이것은 그리스도인에게만 해당되는 말입니다. 세상은 그리스도인과 비그리스도인으로 구분됩니다. 이 두 무리가 확연히 다른 것이 당연하지 않습니까? "나는 태생으로 보나 타고난 본성으로 보나 교육받은 것으로 보나 그 밖의 어떤 요소로 보나 이렇게 완전히 다른 신분을 얻을 자격이 없음에도 신의 성품에 참여하게 되었고 하나님을 아버지로 모시게 되었다. 하나님이 친히 성령을 통해 나를 교육하시고 가르치셨다"라고 말할 수 있습니까? 이처럼 자기 속에 신의 성품이 있음을 알면서도 자신이 본질적으로 다르다는 것을 드러낼 마음이 없다는 것은 비극입니다.

"이처럼 우리가 그리스도를 믿지 않는 세상과 본질적으로 다르다는 사실을 어떻게 대하는지 보면, 20세기 그리스도인들—특히 지난 20여 년 간의 그리스도인들—과 청교도 시대 및 18세기 그리스도인들(19세기 그리스도인들도 다수 포함하여) 간의 가장 큰 차이를 알 수 있다"라고 말한다면 불공평한 일이 되겠습니까? 저는 이렇게 된 데 1차대전의 책임이 아주 크다고 생각합니다. 그때 군목 한 사람이 큰 인기를 끌었으며, 일반인들과 아주 비슷하게 행동한다는 이유로 멋진 그리스도인 취급을 받았습니다. 여느 사람들이 하는 일을 전부 하기 때문에 "멋진 그리스도인"이라는 것입니다. 그러나 신약성경이 말하는 그리스도인은 그런 사람이 아닙니다. 일반인들과 똑같은 그리스도인은 그리스도인이 아닙니다. 그리스도인은 세상이나 마귀의 자녀가 아닌 하나님의 자녀입니다. 여느 사람들과 완전히 다른 사람들입니다.

이른바 그리스도인들이 이처럼 세상과 닮으려는 합당치 못한 소원을 품는 것, 자신들이 다르다는 사실이 드러날까 봐 무서워하는 것은 부끄러운 일입니다. 그리스도인은 모세같이 되어야 한다고 저는 말하고 싶습니다. 구약성경에는 제가 말하고 싶은 내용이 아주 완벽하게 나와 있습니다. 모세가 산에 올라 하나님과 이야기를 나누면서 교류하고 교제했을 때, 얼굴에 광채가 생겨났습니다. 산에서 내려온 후에도 하나님의 거룩하심이 반영된 그의 얼굴에서는 계속 빛이 났습니다. 그것을 본 이스라엘 백성이 너무나 두려워했기 때문에 모세는 그들에게 말할 때 수건으로 얼굴을 가려야 했습니다. 저와 여러분도 그렇게 되어야 합니다.

하나님의 광채가 우리 얼굴과 인격에 나타나서 하늘의 달과 별처럼 세상의 빛으로 사회에 우뚝 서야 합니다.

두 번째 요점을 살펴보겠습니다. 우리는 그리스도인으로서 세상을 책망하고 경고할 필요가 있습니다. 이번에도 사도가 사용한 용어가 이 점을 명백하게 보여 주고 있습니다. 우리는 세상의 빛으로 살아야 합니다. 요한복음 3:20을 보십시오. "악을 행하는 자마다 빛을 미워하여 빛으로 오지 아니하나니 이는 그 행위가 드러날까 함이요." 바울도 에베소서 5:13에서 말합니다. "그러나 책망을 받는 모든 것은 빛으로 말미암아 드러나나니 드러나는 것마다 빛이니라." 빛의 역할은 어둠의 일을 책망하고 드러내는 것입니다.

저와 여러분은 그리스도인이자 하나님의 자녀로서 세상의 빛이 되어야 합니다. 하나님의 자녀이기 때문에 주변에 있는 어둠의 숨은 일들을 책망하고 들추어내며 폭로해야 합니다. 사회에서 우리의 역할은 사람들이 지금 어떤 삶을 살고 있는지 실상을 보여 주는 것입니다. 그런데 그 일을 하려면 그들과 정반대의 삶을 살아야 합니다. 빛으로서 세상이 하고 있는 일들을 폭로하여 죄와 악이 세상을 어떤 꼴로 만들어 버렸는지 보여 주어야 합니다. 그렇다면 어떻게 이런 시대에 빛이 되어 어지럽고 문란한 세상과 확연히 다른 모습을 보여 줄 수 있는지, 그 방법을 몇 가지 알려 드리겠습니다.

첫째는 외양의 문제입니다. 세상은 점점 더 요란하고 대담하며 교만하고 공격적인 외양을 보이고 있습니다. 첫눈에 겸손하게 보이는 사람을 만나는 경우가 자주 있습니까? 외양에서부터 대담하고 공격적이고 교만한 것이 나타납니다. 서슴없이 말하지만, 이런 시대에 그리스도인은 사람들의 옷에까지 침투해 있는 어둠의 숨은 일들을 책망해야 하며, 의

복과 차림새에 나타나는 죄의 도발과 암시를 책망해야 합니다. 그리스도인들이여, 우리는 이에 대해 마땅히 생각해야 할 만큼 생각하고 있습니까? 외양과 관련된 체제 자체가 마귀와 육신에 속해 있고 합당치 못한 것에 속해 있다는 사실이 분명하게 보이지 않습니까? 그러므로 저는 우리의 외양부터 달라야 한다고, 우리의 외양 자체가 이 죄의 요란함과 도발에 대한 책망이 되어야 한다고 말하고 싶습니다.

또 다른 예를 들어 보겠습니다. 우리는 언어생활로 어둠의 숨은 일을 책망해야 합니다. 각종 욕설이 무섭게 늘어나 대다수 사람들의 말을 거의 차지하고 있는 것이 보입니까? 우리 그리스도인들은 정반대의 모습을 보여 줌으로써 더러운 말과 표현들을 책망해야 합니다. 참되고 정확하게 말하고 진술하는 것이 중요합니다. 허위와 거짓이 주변에 만연해 있는 것은 무섭고 두렵고 떨리는 일입니다. 그리스도인은 참된 말만 함으로써 악의 일을 책망해야 하며 세상의 죄를 드러내야 합니다.

매우 중요한 문제를 한 가지 더 언급하겠습니다. 그것은 정직함의 문제입니다. 절도와 도둑질과 강도와 사기가 점점 더 이 시대 삶의 특징으로 자리 잡고 있는 것보다 무서운 일이 또 있을까요? 그리스도인들이여, 우리는 철저한 정직함으로 정반대의 모습을 보여 주어야 합니다. 단순히 우리가 다르다는 것을 과시하기 위해서가 아니라 사람들의 삶이 얼마나 잘못되었는지 드러내기 위해서 그렇게 해야 합니다. 우리의 임무는 그들의 죄를 깨우치는 것입니다.

일에 대한 태도도 마찬가지입니다. 보통 사람들의 노동관이 오늘날 중대한 문제로 떠오르고 있습니다. 그들의 생각은 최소한 일하고 최대한 얻자는 것입니다. 사람들은 일을 귀찮아하고 있습니다. 자신들은 끊임없이 즐기며 살 권리가 있다고 주장하면서, 일을 해도 아주 최소한만

하려 듭니다. 이런 태도가 사회 각계각층에 퍼져 있는데, 이것은 완전히 잘못된 태도입니다. 저는 이 부분에서 저와 여러분이 특별히 인상적인 신앙고백을 할 수 있다고 생각합니다. 회사에 다니거나 다른 직업이 있을 때 최선을 다해서, 정직하게, 온 힘을 다해, 최대한 잘 일함으로써, 그리스도인이 된다는 것이 무엇인지 주변 세상에 보여 주고 잘못된 직업관과 노동관의 본질이 죄에 있음을 드러내야 합니다. 받는 돈에 합당하게 일합시다. 성실한 노동관을 가집시다.

결혼생활과 부부관계의 문제도 언급하지 않을 수가 없습니다. 결혼생활이 모든 면에서 무너져 내리고 있다는 것은 모두가 인지하는 사실입니다. 우리가 그리스도인이라는 점이 결혼생활에 어떤 차이를 가져오는지 보여 주는 것만으로도 그리스도에 대해 증언할 놀라운 기회를 얻을 수 있습니다. 그리스도가 어떻게 두 사람을 거룩한 사랑으로 묶어 주시는지 우리의 부부관계를 통해 보여 줍시다. 밤하늘에 달과 별이 빛나듯이, 오늘날 세상과 대조되는 결혼생활을 보여 줍시다. 우리의 결혼관과 가정관 자체가 세상에 대한 책망이 되게 합시다. 세상 사람들이 우리의 부부관계를 보고 "우리도 저렇게 살 수 있었으면, 저들처럼 행복할 수 있었으면, 우리 집도 그리스도인들의 집처럼 될 수 있었으면!" 하고 말할 수 있게 합시다. 우리는 이렇게 대조되는 삶, 다른 삶을 살고 있습니까? 바울이 요구하는 바가 이것입니다. 그의 요구는 삶 전체를 향하고 있습니다. 세상은 이기적이고 자기중심적입니다. 자기 자신과 자기 유익만 생각할 뿐, 남을 고려하지 않습니다. 우리는 2장 첫 부분에서 "각각 자기 일을 돌볼뿐더러 또한 각각 다른 사람들의 일을 돌보아"라는 바울의 말을 고찰하면서 이 점을 살펴보았습니다.

이것이 사도의 권면입니다. 문제는 이 권면에 어떻게 반응할 것이냐 하는 것입니다. 구체적인 이야기로 들어가면 들어갈수록 제가 편협하게 느껴집니까? "아, 그렇게 편협하고 갑갑하고 답답한 삶은 옛날 청교도들한테나 가능한 거지"라고 말하고 싶습니까? 여러분, 제 대답은 신약성경이 이런 삶을 요구한다는 것입니다! 신약성경은 주 예수 그리스도가 그러셨듯이 여러분도 주변 세상과 다르게 살 것을 요구합니다. 흠 없고 순전하며 책망할 것이 없이 살 것을 요구합니다. 여러분이 하나님의 자녀라면, 아버지를 사랑하고 그 이름에 명예와 영광을 돌리고 싶노라 고백하는 사람이라면, 이 호소를 받아들여야 합니다. 현대세계의 방탕함과 악함과 교만함과 요란함과 엄청난 문란함을 폭로해야 하고 들추어내야 합니다. 거룩한 빛을 비춤으로써 모든 것을 환히 드러내야 합니다. 앞서도 말했듯이 세상을 책망할 뿐 아니라 경고해야 합니다. 등대가 배에 곧 암초에 부딪친다는 경고를 보내는 것처럼, 저와 여러분도 이 시대와 이 세대를 향해, 주변 사람들을 향해 계속 이렇게 살면 현재의 도덕적인 혼란보다 더 큰 실패를 겪게 된다고 경고해야 합니다. 고대 로마가 그러했듯이, 도덕의 실패는 이 나라뿐 아니라 우리가 속한 영연방 전체를 무너뜨릴 수 있습니다. 로마는 중심부의 도덕적 부패 때문에 멸망했습니다. 도덕적 부패는 모든 면에서 멸망을 불러오게 되어 있습니다. 이것을 경고해야 합니다. 죽음과 하나님의 심판과 영원한 멸망이 기다리고 있음을 경고해야 합니다.

다음번에는 이 호소의 적극적인 측면, 즉 생명의 말씀을 밝히는 측면을 고찰하도록 하겠습니다. 소극적인 측면은 다 살펴보았습니다. 우리는 세상의 죄를 입증하는 삶을 살아야 합니다. 빛을 비추어 어둠의 숨은 일들과 감추어진 일들을 폭로해야 합니다. 이 어그러지고 비틀리고 왜곡되고 문란한 세대를 향해 지금 회개하고 주께로 돌아오지 않으면 형벌과 운명의 날, 마지막 심판의 날이 불시에 임한다는 것과 깜짝 놀랄 만한 무서운 위험이 덮친다는 것을 엄중히 경고해야 합니다.

오, 하나님의 자녀가 되는 복된 특권이여! 오, 이 같은 세대, 이 같은 시대에 그런 아버지를 대변해야 하는 두려운 책임이여!

모든 일을 원망과 시비가 없이 하라.
이는 너희가 흠이 없고 순전하여 어그러지고
거스르는 세대 가운데서 하나님의 흠 없는 자녀로 세상에서
그들 가운데 빛들로 나타내며 생명의 말씀을 밝혀.

빌립보서 2:14-16 상

17. 생명의 말씀

'하나님의 자녀로서 세상에 살고 있는 그리스도인'에 대한 묘사를 살펴보는 일이 이제 막바지에 이르렀습니다. 그리스도인은 세상 사람들과 완전히 다르다는 것, 주변 세상과 완전히 반대되는 사람들이라는 것을 우리는 알았습니다. 그리스도인은 세상의 빛으로 사회에 우뚝 서서 어둠의 숨은 일들을 폭로하는 자들이며, 기독교 메시지에 주의하지 않고 주목하지 않을 때 따를 결과를 미리 경고하는 자들입니다. 그러나 저는 지난 설교 말미에서 이것이 전부는 아니라고 말씀드렸습니다. 하나님의 자녀일 뿐 아니라 특별히 세상의 "빛"인 그리스도인에 대해 언급해야 할 사실이 한 가지 더 있습니다. 사도는 오늘 본문에서 그 이야기를 하고 있습니다. 16절을 보십시오. "생명의 말씀을 밝혀." 우리의 증언은 단지 우리와 다른 유형의 삶을 폭로하고, 그에 따를 결과를 미리 경고하는 것으로 끝나지 않습니다. 빛으로서 감당해야 할 적극적인 역할이 있습니다. 그것은 지식을 전하고 교훈을 주는 것입니다. 이 역시 아주 자명한 사실입니다. 요즘 우리가 쓰는 말 중에 이 내용을 전부 함축하고 있는 것이 있습니다. "밝히 깨우친다enligtenment"는 말이 바로 그것입니다. 이를테면

273

건강상태나 사업상황을 밝히 깨우쳐 주는 것은 거기에 빛을 비추어 주는 일과 같습니다. 여러분은 사람들에게 위험만 보여 주는 것이 아니라 어떻게 행동하고 살며 행해야 하는지도 밝히 깨우침으로써 도움과 교훈을 주어야 합니다. 18세기를 흔히 "계몽주의Enlightenment" 시대라고 하는데, 이것은 특히 독일에 해당되는 말입니다. 이 철학 사조가 "계몽주의"라는 자랑스러운 이름을 얻은 곳이 바로 독일입니다. 계몽주의 철학은 무지로 거의 어둠의 상태에 있었던 인류가 빛과 진리를 발견함으로 대중과 국가를 가르치는 자리에 이르게 되었다고 주장했습니다.

빛의 핵심적인 역할이 이것입니다. 빛은 길이나 도로를 비추어 줍니다. 가야 할 방향을 보여 주는 일종의 전조등과 같습니다. 빛은 장애물을 피하도록 도와줄 뿐 아니라 어느 길로 가야 하는지도 알려 줍니다. 그리스도인이 세상에서 해야 할 역할에 대해 바울이 마지막으로 가르치는 바가 바로 이것입니다. 그리스도인은 세상을 밝히 깨우치고 가르쳐야 합니다. 다시 말해서 생명의 말씀—우리 주와 구주 되신 예수 그리스도의 복음을 일컫는 또 다른 표현—을 밝혀야 하는 것입니다.

이것은 워낙 중요한 주제이므로 지난번 설교 말미에 포함시켜 급히 다루는 것은 큰 잘못이라 여겼습니다. 사도 자신이 이 주제를 크게 부각시키고 있다는 이유 외에도 이 주제를 강조해야 할 이유는 많다는 것이 저의 생각입니다. 사도는 사역자들이나 교회 지도자들뿐 아니라 빌립보 교회 전체와 각 교인들에게 이 편지를 쓰고 있습니다. 바울에 따르면, 이것은 온 교인이 해야 하는 일입니다. 예컨대 생명의 말씀을 밝히는 교회에 대한 찬송은 교회뿐 아니라 우리 각 개인에게도 해당되는 것입니다. 교인 한 사람 한 사람이 생명의 말씀을 밝혀야 한다는 생각은 뒷전으로 미루어 둔 채, '교회'가 마치 설교자나 사역자나 목회자만 가리키는 말인

양 착각할 위험이 있습니다.

제가 현 상황을 제대로 인식하고 있다면, 이것은 무엇보다 큰 잘못입니다. 백 년 전과 달리 모든 사람이 예배당에 가는 습관이나 풍조는 이제 사라지고 없다는 사실을 다 알 것입니다. 백 년 전에는 누구나 설교를 듣는 것이 관행이었기 때문에, 주로 목사들이 말씀 밝히는 일을 맡는 것이 어느 정도 당연하다고 할 수 있었습니다. 그러나 알다시피 오늘날은 그렇지 않습니다. 오늘날보다 더 교인 한 사람 한 사람이 중요했던 적은 없습니다. 오늘날 하나님의 말씀을 알리고 전파하는 일은 각 개인의 일상적인 접촉을 통해 이루어집니다.

초대교회 때도 그랬습니다. 우리는 작금의 상황을 생각하며 자주 탄식하지만, 사실 오늘날이야말로 초대교회 때와 놀랄 만큼 비슷하다는 점에서 19세기 사람들보다 우리가 훨씬 더 유리하다고 생각합니다. 어떤 의미에서 그들보다 우리가 더 복음을 잘 이해할 수 있습니다. 세계적인 큰 전쟁 없이 사방이 평화로웠던 빅토리아 중기의 풍요와 성공과 안락을 생각해 보십시오. 그들로서는 파멸의 그림자가 어른거리며 긴박감이 감도는 신약성경의 배경을 이해하기가 매우 어려웠을 것입니다. 저는 빅토리아 시대 사람들이 어떤 점에서 신약성경을 아주 이상한 책으로 여겼을 것이라고 생각합니다.

많은 문제를 안고 있는 우리는 어찌 되었든 그들과 달리 성경을 이해할 도구를 갖추고 있는 셈입니다. 확신하는 바, 빅토리아 시대 사람들이 거의 무의식적으로 신약성경의 참된 강조점에서 벗어났던 이유의 상당부분을 여기에서 찾을 수 있습니다. 그들은 영국을 기독교 국가로 여겼습니다. '영국에서 태어난 사람은 전부 그리스도인이므로 복음 안에서 가르치기만 하면 된다'는 가정 하에 복음 자체를 전하는 설교는 중단해 버렸습니다. 그러나 토대 자체가 흔들리는 시대에 살고 있는 우리는 신약성경의 배경과 세상이 이 지경이 된 이유를 이해하고도 남습니다. 파멸과 재앙의 의미가 무엇인지, 시대의 긴박성과 상황의 불확실성이 어떤 것인지 우리는 알고 있습니다. 본질적으로 이교도인 사회, 교회를 이해하지 못할뿐더러 아예 관심조차 없는 사회의 거대한 무리 속에서 한 줌밖에 안 되는 이들이 겪는 일이 무엇인지 알고 있습니다.

이런 상황에서 우리가 알아야 할 사실은 그리스도인 개개인에게 맡겨진 의무가 있다는 것, 그중 하나가 바로 복음을 알리는 일이라는 것입니다. 이것은 저와 여러분이 해야 할 일이요 저와 여러분만 할 수 있는 일입니다. 우리가 생명의 말씀을 밝히지 않으면 말씀은 무지와 어둠 속에 묻혀 버릴 것입니다. 이 호소는 그리스도인 개개인을 향한 것입니다. 이 호소를 보면 현재 우리에게 얼마나 엄청난 책임이 맡겨져 있는지 절감하게 됩니다.

먼저 사도의 권면이 우리에 대해 알려 주는 사실이 무엇인지 살펴봅시다. 우리는 우리의 모든 행동과 행실이 바로 이 일, 즉 생명의 말씀을 밝히는 일과 직결됨을 알아야 합니다. 지난번에도 말했듯이, 사도는 우리가 흠이 없고 순전하며 책망할 것이 없는 사람이 되어야 한다고 말합니다. 맞습니다. 그러나 우리가 그렇게 되어야 하는 이유, 그렇게 살아야 하는 이유를 분명히 알 필요가 있습니다. 바울에 따르면, 그 모든 목적은 결국 생명의 말씀을 밝히려는 데 있습니다. 다음과 같이 설명해 보겠습니다. 이것은 단순히 도덕적으로 살라는 호소가 아닙니다. 물론 그런 의미도 있지만, 그것이 전부는 아닙니다. 이것은 그런 소극적인 호소가 아니라 적극적인 호소입니다.

세상에는 선한 삶과 생활을 통해 어둠의 숨은 일들을 폭로하는 훌륭한 사람들이 많이 있습니다. 정직하고 진실하게 사업하는 사람도 그런 사람이고, 도덕적인 규범을 정해서 그 규범대로 사는 사람도 그런 사람입니다. 정직함과 높은 도덕성과 선량함으로, 뚜렷한 자기 기준으로 회사나 직장이나 사업장이나 다양한 일터에서 어둠의 숨은 일들을 폭로하는 이들이 많이 있습니다. 그들은 각자 속한 집단에서 믿을 수 있는 사람으로 인정을 받습니다. "그 사람한테는 굳이 담보를 받을 필요가 없어요. 말로도 충분합니다. 정말 믿을 수 있는 정직한 사람이에요"라는 평가를 받습니다. 그런 이들은 어둠의 숨은 일들을 폭로하는 역할을 하며, 어긋난 길로 가는 사람들을 경고하는 역할을 합니다. 그러나 그것이 전부입니다. 그들의 위치는 소극적입니다. 그러나 그리스도인은 다릅니다. 그리스도인에게 도덕과 윤리는 복음의 서곡에 불과합니다. 우리는 흠이 없고 순전한 하나님의 자녀로서 생명의 말씀을 밝히는 일까지 해야 합니다.

다시 말해서 그리스도인으로서 내 모습, 내 말과 내 행동, 내가 조심하고 삼가는 모든 것들은 영혼의 서곡에 불과합니다. 그림의 배경 내지는 삶의 조건에 불과합니다. 나와 관련된 사실을 가리키는 지시봉이나 훨씬 더 긴요한 사실을 보게 하는 표지판에 불과합니다. 저는 이것이 아주 중요한 원리라고 생각합니다. 우리는 **단순히** 세상 사람과 다른 사람들이 아닙니다. 선한 삶 자체를 목표로 삼고 있는 사람들이 아닙니다. 그리스도인은 본질상 적극적인 위치에 있는 사람들입니다. 단순히 그른 일만 책망하는 사람들이 아니라 옳은 일까지 가르치는 사람들입니다. 단순히 어둠의 숨은 일들만 폭로하는 것이 아니라 참된 일까지 보여 주는 사람들입니다. 자기가 가진 좋은 것을 전하고 주는 사람들입니다.

이 권면이 우리에 대해 알려 주는 두 번째 사실은, 그리스도인이 이런 존재가 된 것은 복음 때문임을 세상에 분명히 밝혀야 한다는 것입니다. 우리의 모습과 행동의 동기 및 원천과 기원이 무엇인지 명백히 알리라는 것입니다. 사도가 말하는 이 생명의 말씀, 즉 복음이 나를 책임지고 있다는 사실을 확실히 보여 주라는 것입니다. 이 또한 아주 중요한 원리입니다. 여러분이 알고 있는 어떤 사람이 훌륭한 삶을 살고 있습니다. 방금 전에 말한 것처럼 도덕적이고 윤리적인 삶을 살고 있습니다. 여느 사람들과 다를 뿐 아니라 존경할 만한 점이 많이 있습니다. 그런데 알고 보니 천성이 그런 사람이었습니다. 좋은 자질을 가지고 태어났고 모든 여건상 훌륭하게 자랄 수밖에 없는 사람이었습니다. 그럴 때 드는 생각은 '그래, 저렇게 되려면 태어날 때부터 달라야 해'라는 것입니다.

그러나 그리스도인은 그런 인상을 주지 않습니다. 그리스도인이 주는 인상은 '복음이 없었다면 저렇게 되지 못했겠다'라는 것입니다. 우리의 행동과 대화와 행실과 활동은 언제나 예수 그리스도의 복음을 가리켜야 합니다. 오직 복음이 우리가 하는 모든 일의 유일한 설명이며 모든 행동의 합당한 동기라는 것을 보여 주어야 합니다. 이처럼 우리는 흠이 없고 순전하며 책망할 것이 없는 하나님의 자녀로 이 어그러지고 거스르는 세대 가운데서 세상의 빛들로 나타나며 우리의 말뿐 아니라 모습으로 생명의 말씀을 밝혀야 합니다.

다음과 같이 설명할 수 있습니다. 우리는 남들이 보면서 "저들의 비결이 대체 뭘까? 어떻게 저런 사람이 되었을까? 저런 행동을 할 수 있는 이유가 뭘까? 왜 저렇게 눈에 띄는 걸까? 왜 저렇게 달라 보이는 걸까?" 하는 질문을 던지도록 살아야 합니다. 바울은 사람들이 이런 질문을 던지도록, 그리고 "그리스도인이라서 그렇구나. 저들이 믿는 복음 때문에 저렇게 된 거로구나. 저들이 항상 말하던 생명의 말씀 때문에 저렇게 된 거로구나"라는 유일한 대답을 찾도록 살아야 한다고 말합니다. 이처럼 우리의 모든 행동과 행실은 복음의 서곡이 되어야 합니다.

이것은 사도의 권면이 그리스도인에 대해 알려 주는 세 번째이자 마지막 요점으로 연결됩니다. 그리스도인은 생명이 있는 사람들—"생명의 말씀을 밝혀"—임이 분명합니다. 그리스도인에게는 고착된 모습이 없어야 하며, 기계적인 데나 형식적인 데가 없어야 합니다. 순전한 도덕주의자의 문제가 바로 그것입니다. 아주 완전하고 완벽하며 모든 미덕의 귀감이 될 만한데, 기계적입니다. 오직 규율과 규범에만 맞추어 사는 것 같습니다. 무서울 정도로 정확합니다. 기계처럼 완벽합니다. 꽃이나 풀처럼 살아 있는 느낌이 없습니다. 생동감이 없습니다. 인공적인 완벽함만 있습니다. 너무 완벽하고, 너무 차갑습니다! 무언가 본질적인 느낌, 살아 움직이는 느낌이 없습니다. 그리스도인은 그래서는 안 됩니다. 그리스도인은 살아 있는 사람입니다. 살아 있기 때문에 생명의 말씀에 관심을 쏟는 것입니다. 이것이 바울의 권면이 우리에 대해 알려 주는 바입니다.

이제 두 번째 주제로 나아가 이 권면이 복음에 대해 알려 주는 바를 살펴보겠습니다. 저와 여러분은 복음을 밝히도록 부름 받았습니다. 바울은 마치 그림을 그리듯이 아주 매력적으로 이 이야기를 하고 있습니다. 그는 복음을 "생명의 말씀"이라고 부릅니다. 얼마나 놀라운 표현입니까! 이 표현이 여러 시대에 걸쳐 반복되어 왔다는 사실을 여러분도 알 것입니다. 찬송가 작사가들도 이 표현을 썼습니다.

생명의 말씀,

평화를 전하는 말씀을 사랑하나이다.

—윌리엄 벌록William Bullock

헨리 윌리엄스 베이커Henry Williams Baker

우리가 하나님의 집에 모이기를 좋아하는 이유도 여기 있습니다. 그렇다면 이 말의 정확한 의미는 무엇일까요? 왜 우리는 복음을 전하거나 복음에 대해 사람들에게 이야기할 때마다 이것이 생명의 말씀임을 기억해야 할까요? 몇 가지 이유를 말씀드리겠습니다. 무엇보다 먼저 우리는 복음을 일개 철학으로 치환하려 드는 무서운 위험과 맞서 싸워야 합니다. 사도 바울도 이 위험을 알고 있었습니다. 그래서 골로새 교인들에게 "누가 철학과 헛된 속임수로 너희를 사로잡을까 주의하라"고 말한 것이며(골 2:8), 고린도 교인들에게 자신이 복음을 전할 때 "말의 지혜로 하지 아니함은 그리스도의 십자가가 헛되지 않게 하려 함"이었다고 말한 것입니다(고전 1:17).

복음을 사상과 개념의 집합체나 철학적인 관점으로 여기며 일개 철학으로 치환해 버리는 것이야말로 세상에서 가장 어리석은 짓입니다. 사람들은 삶을 바라보는 방식에 여러 가지가 있다고 말합니다. 철학에 여러 갈래가 있다고 말합니다. 순수한 유물론적 관점도 있고 이상주의적 관점도 있고 염세주의적 관점도 있다고, 기독교적인 관점도 그중의 하나라고 말합니다. 이처럼 복음을 일개 철학이나 수많은 사상과 개념 중 하나로 여기려는 것은 아주 매력적인 유혹입니다. 바울이 아덴에서 설교했을 때에도 사람들은 처음에 무슨 철학을 소개하는 줄 알았습니다. 사람들은 "이 말쟁이가 무슨 말을 하고자 하느냐?"라고 했습니다(행 17:18). 그들은 철학에 지대한 관심이 있었습니다. 요즘도 사람들이 이렇게 말할 때가 많습니다. 그들은 "기독교는 정말 흥미로워! 얼마나 매력적인 인생관인지 몰라!"라고 합니다. 또 성경에 대해서도 "정말 연구해 볼 만한 재미있는 책이다!"라고 합니다. 사랑하는 여러분, 성경을 단지 "재미있는" 책으로 보는 사람은 복음을 일개 철학으로 취급하는 것입니다.

그러나 실제로 성경을 읽어 보면 무서운 느낌이 듭니다. 개념과 사상과 사고의 영역 밑을 파고들기 때문입니다. 성경은 살아 있는 말씀입니다. "혼과 영과 및 관절과 골수를 찔러 쪼개"는 말씀입니다(히 4:12).

사도가 여기에서 말하는 바가 바로 그것입니다. 복음은 일개 철학이 아닙니다. 우리는 단순한 개념이나 사상을 세상에 전하는 것이 아닙니다. 그렇습니다. 이것은 생명의 말씀, 역사하는 말씀입니다. 능력이 넘치는 말씀, 강력한 말씀, 움직이는 말씀입니다. 여호와는 자신의 말씀이 "바위를 쳐서 부스러뜨리는 방망이"라고 예레미야에게 말씀하셨습니다 (렘 23:29). 그리스도의 복음은 "모든 믿는 자에게 구원을 주시는 하나님의 능력"입니다(롬 1:16). 복음은 살아 있습니다. 십자말풀이 같은 단순한 분석거리나 흥밋거리나 생각거리가 아니며, 일개 관점이나 철학이나 사상이나 이론이 아닙니다. 그렇습니다. 복음은 살아 있는 말씀입니다. 생명의 말씀입니다.

그렇다면 왜 복음을 생명의 말씀이라고 부를까요? 몇 가지로 대답해 보겠습니다. 첫째로, 복음은 **생명에 대해 알려 주는 말씀**이기 때문입니다. 더 구체적으로 자세히 설명해 보겠습니다. 복음이 가장 먼저 하는 일은 우리가 죽어 있음을 알려 주는 것입니다. 생명의 말씀이 항상 처음으로 하는 말이 이것입니다. 죽음부터 이야기하는 것입니다. 복음은 우리가 날 때부터 "허물과 죄로" 죽어 있었다고 말합니다(엡 2:1). 이렇게 죽은 상태로 세상을 살아가는 인간은 말씀이 찾아와야 비로소 자신이 영적으로 죽어 있음을 발견합니다. 말씀은 인간이 육신과 동물의 차원에서 살아왔다는 것을 깨우쳐 줍니다. 그리고 그것과 다른 종류의 삶이 있다는 것, 우리는 원래 하나님과 교통하며 살도록 지음 받은 존재라는 것을 알려 줍니다. "영생은 곧 유일하신 참 하나님과 그가 보내신 자 예수 그리스도를 아는 것이니이다"(요 17:3).

알다시피 우리는 수많은 가정 위에 살아갑니다. 사업이나 사람들을 만나는 일에 신경을 쓰며 바쁘게 지내느라 '무언가 다른 것', 영적인 것이 있다는 생각조차 하지 못합니다. 우리의 삶과 행동 바깥에 완전히 다른 영역이 있다는 생각조차 하지 못합니다. 우리는 영적으로 죽어 있으며 "허물과 죄로" 죽어 있습니다. 삶을 수평적으로만 바라볼 뿐 수직적으로 바라보지 못합니다. 저 위에 높은 차원이 있다는 것을 잊고 낮은 차원에서만 살아갑니다. 보이지 않는 실재, 유일하게 참된 실재에 대해 죽어 있습니다. 그런데 말씀이 찾아와 우리가 죽어 있음을 보여 줍니다. 생명의 말씀이 찾아와 죽음을 이야기하며 우리의 원래 상태를 폭로합니다.

그러나 감사하게도 이것이 전부는 아닙니다. 복음은 이처럼 우리에게 아무런 생명이 없음을 보여 준 후에, 다른 종류의 삶에 대한 이야기를 시작합니다. 복음은 단순히 힘을 내서 더 나은 삶을 살라고 권하지 않습니다. 그보다 훨씬 더 중요한 말을 해 줍니다. 이제껏 살아온 삶과 다른 삶을 살 수 있다고 말하는 것입니다. 주님이 니고데모에게 하신 말씀을 보면 이 점을 명확히 알 수 있습니다. 니고데모는 아주 유능한 이스라엘의 지도자이자 선생이었습니다. 율법에 정통한 사람이었을 뿐 아니라 고매한 도덕의 소유자였습니다. 주님을 지켜보던 그는 어느 날 밤에 찾아와 이렇게 말했습니다. "랍비여, 우리가 당신은 하나님께로부터 오신 선생인 줄 아나이다. 하나님이 함께하시지 아니하시면 당신이 행하시는 이 표적을 아무도 할 수 없음이니이다"(요 3:2). 요컨대 "제게는 없는 것이 당신에게는 있군요. 무언가 특별한 게 있어요. 그것이 대체 무엇입니까?"라고 물은 것입니다. 그 질문에 주님이 어떻게 대답하셨는지 기억합니까? "진실로 진실로 네게 이르노니 사람이 물과 성령으로 나지 아니하면 하나님의 나라에 들어갈 수 없느니라. ······내가 네게 거듭나야 하겠다 하는 말을 놀랍게 여기지 말라"(요 3:5, 7). 그에게는 새로운 생명, 새로운 출생이 필요하다는 것입니다. 생각이나 행동만으로는 안 된다는 것입니다. 하나님이 그에게 무언가를 해 주셔야 한다는 것입니다. 위로부터 나게 해 주셔야 한다는 것입니다. 성령으로 나게 해 주셔야 한다는 것입니다.

복음은 바로 이 삶에 대해 알려 줍니다. 이 세상에서 살아가는 동안에도 이를테면 완전히 새로운 삶을 시작할 수 있다고 말합니다. 하나님이 하나의 용어나 명제가 아닌 실재가 되시는 삶, 하나님을 아는 삶을 시작할 수 있다고 말합니다. "영생은 곧 유일하신 참 하나님과 그가 보내신 자 예수 그리스도를 아는 것이니이다"(요 17:3). 복음은 성령을 통해 하나님과 우리 주 예수 그리스도로 더불어 사귈 수 있다고 말합니다. "우리의 사귐은 아버지와 그의 아들 예수 그리스도와 더불어 누림이라"(요일 1:3). 요한은 첫 번째 서신에서 자신이 편지를 쓰는 것은 바로 이런 삶을 살게 하고 이런 사귐을 누리게 하기 위해서라고 했습니다. 복음은 우리의 출생이 어떠하든, 지금까지 얼마나 엉망으로 살아왔든 상관없이 새 생명을 받을 수 있다고, '새사람'이 될 수 있다고 말합니다. 자기 자신조차 놀랄 만큼 새로운 사람이 될 수 있다고 말합니다. 의지가 아무리 박약한 사람이라도 악의 구덩이와 소용돌이에서 벗어나 저 높이 있는 새 길로 걸어갈 힘과 능력을 받을 수 있다는 것입니다.

복음은 육신을 가지고 이 세상에서 사는 동안에도 이렇게 놀라운 영적인 삶을 시작할 수 있다고 말하는 데서 더 나아가, 우리가 어떻게 이런 삶을 얻을 수 있게 되었는지도 알려 줍니다. 복음은 우리가 무덤에서 일어날 수 없을 만큼 허물과 죄로 죽어 있었다고 말합니다. 그러나 감사하게도 하나님의 독생자이신 나사렛 예수가 하늘의 영광을 떠나 인간의 모든 한계를 안고 이 땅에 오셨다고 말합니다. 그뿐 아니라 구덩이 속까지 내려와 우리 죄를 지시고 우리를 속죄하셨다고 말합니다. 그는 하나님과 우리 사이를 가로막고 있던 담—지금까지 우리 눈을 가리고 있던 담—을 허무시고 다시 살아나셨습니다. 우리와 같이 되심으로 우리를 붙잡아 주셨습니다. 우리는 그의 본성을 받고, 그의 생명을 받습니다. 그가 보내신 성령을 통해 능력과 지각을 얻어 성장해 나갑니다. 생명의 말씀되신 그리스도께서 이 모든 것을 우리에게 주십니다.

이 시대에 저와 여러분이 세상에 제시해야 할 말씀이 바로 이것입니다. 우리의 임무는 영적으로 죽어 있는 것이야말로 사람들의 주된 문제임을 알리는 것입니다. 이 사실을 생각하며 그들을 크게 긍휼히 여겨야 합니다. 그래서 저도 사람들이 살아가는 방식을 비난하지 않는 것이며, 언급할 때에도 아픈 마음으로 하는 것입니다. 그들은 그렇게 살 수밖에 없습니다. 영적인 생명이 없이 죽어 있기 때문에 어쩔 수가 없습니다. 우리는 이런 실상을 보여 주고, 다른 삶의 가능성을 알려 주어야 합니다. 그리스도 안에서 어떻게 이 다른 삶이 가능해졌는지 말해 주어야 합니다. 이처럼 복음은 생명에 대해 알려 주는 말씀입니다.

또한 복음은 **생명을 주는 말씀**이기도 합니다. 야고보는 말합니다. "그가 그 피조물 중에 우리로 한 첫 열매가 되게 하시려고 자기의 뜻을 따라 진리의 말씀으로 우리를 낳으셨느니라"(약 1:18). 베드로도 말합니다. "너희가 거듭난 것은 썩어질 씨로 된 것이 아니요 썩지 아니할 씨로 된 것이니 살아 있고 항상 있는 하나님의 말씀으로 되었느니라"(벧전 1:23). 이것은 중생하게 하는 말씀, 다시 태어나게 하는 말씀, 새 생명을 주는 말씀입니다. 진리의 말씀은 생명의 씨로 사람들의 영혼에 심겨지고 이식되어 생명을 줍니다. 얼마나 놀라운 일입니까!

말씀이 하는 일을 한 가지 더 말씀드리겠습니다. 복음은 **삶을 지탱하는 말씀**, 삶을 먹이는 말씀, 삶을 떠받치는 말씀입니다. 베드로의 말을 다시 들어 보십시오. "갓난아기들같이 순전하고[섞이지 않고] 신령한 [말씀의] 젖을 사모하라." 왜 사모해야 합니까? "이는 그로 말미암아 너희로 구원에 이르도록 자라게 하려 함이라." 말씀에는 영적 비타민이 가득 들어 있습니다. 한정된 분량의 영양만 제공하는 합성식품이 아닙니다. 말씀은 생명을 줍니다. 자라고 싶다면 이 젖을 먹어야 합니다. 이 젖에는 생명을 주고 유지시키는 성분이 들어 있습니다. 이 젖을 먹으면 몸이 자라고 커지며 성장합니다. 근육이 강해지고 생명의 질이 높아집니다.

마지막으로, 복음은 우리에게 주신 **이 삶을 어떻게 살아야 하는지 보여 주는 말씀**입니다. 이 점은 이미 살펴보았습니다. 복음은 어떻게 행해야 할지 비추어 주는 등이요 빛입니다. 재앙과 위험을 드러내고, 하나님과 우리의 관계를 보여 주며, 그가 원하시는 삶이 어떤 것인지 알려 줍니다.

복음은 이 모든 측면에서 생명의 말씀입니다. 바울에 따르면, 하나님은 특히 이 시대에 우리를 이 일로 부르고 계십니다. 우리는 생명의 말씀을 밝혀야 합니다. 어떻게 밝혀야 합니까? 이에 대해서는 어느 정도 답변을 드렸습니다. 우리는 먼저 우리의 존재로 말씀을 밝혀야 합니다. 흠이 없고 순전하며 책망할 것이 없는 사람이 되어야 합니다. 우리 안에 있는 생명을 보여 줌으로써 지켜보는 사람들이 "저들이 가진 게 대체 뭐지? 어떻게 저렇게 평온한 거야? 대체 무슨 일이 있는 거야?"라고 묻게 만들어야 합니다. 우리는 무디D. L. Moody처럼 살아야 합니다. 최근에 우드로 윌슨Woodrow Wilson 대통령의 이야기를 읽었는데, 하루는 이발소에 갔을 때 어떤 사람이 쑥 들어왔다고 합니다. 약간 뚱뚱하고 볼품없는 사람이 었는데, 그가 들어서는 순간 이발소 전체 분위기가 확 바뀌면서 대화의 내용까지 바뀌어 버렸습니다. 그것은 분명하고도 확실한 변화였습니다. 그 뚱뚱한 사람이 나가자 우드로 윌슨은 이발사에게 물었습니다. "저 사람이 누군가?" 이발사는 "드와이트 무디입니다"라고 대답했습니다. 무디는 이발소에서 설교하지 않았습니다. 그저 그리스도인으로서 그 자리에 있었을 뿐입니다. 그런데도 광채가 났습니다. 존재 자체만으로 생명의 말씀을 밝힌 것입니다.

감사하게도 이것은 무디 같은 사람한테만 국한된 일이 아닙니다. 세상이 듣도 보도 못한 아주 평범한 사람들 사이에서도 일어나는 일입니다. 예컨대 저는 공군에 간 한 젊은이의 이야기를 들었습니다. 어느 날 밤, 술에 취한 동료 몇 사람이 그를 함부로 대했습니다. 그런데도 남자답게 불평하지 않는 모습을 보고, 무리의 주동자가 큰 영향을 받아 기독교에 관심을 갖게 되었습니다. 그는 이 젊은이가 가진 것이 무엇인지 알고 싶었습니다. 자신도 그렇게 되고 싶어서 그 젊은이와 예수 그리스도의 복음에 관심을 보이기 시작했습니다. 저는 이런 경험을 한 사람들을 많이 알고 있습니다. 제가 말하는 생명의 말씀을 밝히는 일이란 바로 이런 것입니다. 사람들이 보고 "대체 저게 뭐지?"라고 할 만한 일을 하면, 그들이 찾아와 물을 것이고 말씀을 전할 기회가 생길 것입니다.

이처럼 우리는 우리의 존재로 생명의 말씀을 밝힐 뿐 아니라 복음 자체도 정확하게 알고 있어야 합니다. 복음을 설명해 줄 수 있어야 합니다. 괴로워하는 영혼을 도와줄 수 있어야 합니다. 어떻게 그리스도인이 되는지 알려 줄 수 있어야 하며, 그 의미가 무엇인지 설명해 줄 수 있어야 합니다. 사람들에게 하나님의 생명을 주고 그의 거룩한 임재 앞에 영원히 서도록 준비시켜 주는 생명의 말씀을 밝혀야 합니다.

사랑하는 그리스도인들이여, 일어나 행합시다. 말씀의 횃불을 들고 흔들어 세상의 어둠을 밝힙시다. 사람들이 어둠의 나라에서 빛의 나라로, 하나님이 사랑하시는 아들의 나라로 옮겨 갈 수 있게 합시다. 세계 역사상 이처럼 어둡고 어려운 시대에 빛이 되고 빛을 전하는 자가 된다는 것은 얼마나 큰 특권입니까!

생명의 말씀을 밝혀 나의 달음질이 헛되지 아니하고
수고도 헛되지 아니함으로 그리스도의 날에 내가 자랑할 것이
있게 하려 함이라. 만일 너희 믿음의 제물과 섬김 위에
내가 나를 전제로 드릴지라도 나는 기뻐하고 너희 무리와 함께
기뻐하리니 이와 같이 너희도 기뻐하고 나와 함께 기뻐하라.
내가 디모데를 속히 너희에게 보내기를 주 안에서 바람은
너희의 사정을 앎으로 안위를 받으려 함이니 이는 뜻을 같이하여
너희 사정을 진실히 생각할 자가 이밖에 내게 없음이라.
그들이 다 자기 일을 구하고 그리스도 예수의 일을 구하지 아니하되
디모데의 연단을 너희가 아나니 자식이 아버지에게 함같이
나와 함께 복음을 위하여 수고하였느니라. 그러므로 내가 내 일이
어떻게 될지를 보아서 곧 이 사람을 보내기를 바라고
나도 속히 가게 될 것을 주 안에서 확신하노라.
그러나 에바브로디도를 너희에게 보내는 것이 필요한 줄로
생각하노니 그는 나의 형제요 함께 수고하고 함께 군사 된 자요
너희 사자로 내가 쓸 것을 돕는 자라. 그가 너희 무리를 간절히
사모하고 자기가 병든 것을 너희가 들은 줄을 알고 심히 근심한지라.
그가 병들어 죽게 되었으나 하나님이 그를 긍휼히 여기셨고
그뿐 아니라 또 나를 긍휼히 여기사 내 근심 위에 근심을 면하게
하셨느니라. 그러므로 내가 더욱 급히 그를 보낸 것은
너희로 그를 다시 보고 기뻐하게 하며 내 근심도 덜려 함이니라.
이러므로 너희가 주 안에서 모든 기쁨으로 그를 영접하고
또 이와 같은 자들을 존귀히 여기라. 그가 그리스도의 일을 위하여
죽기에 이르러도 자기 목숨을 돌보지 아니한 것은
나를 섬기는 너희의 일에 부족함을 채우려 함이니라.

빌립보서 2:16-30

18. 죽는다 해도

빌립보서 연구가 이제 2:16-30에 이르렀습니다. 평소에는 현미경으로 들여다보듯이 살펴보았다면, 이번에는 망원경으로 바라보듯이 살펴보려 합니다. 보다시피 사도의 논의는 16절 중간에서 잠깐 끊어집니다. 그는 지금까지 그리스도인이 사는 삶의 본질―하나님이 우리 안에서 행하신다는 것과 우리의 구원을 이루어 나가야 한다는 것―과 성육신 같은 아주 높은 차원의 교리를 이야기했습니다. 구원을 이루라는 하나의 진술을 통해 이처럼 중대한 교리의 문제들을 제기했습니다. 그런데 16절 중간에서 돌연 개인적인 문제로 화제를 바꾸는 것처럼 보입니다. 사도는 자기 이야기를 하기 시작합니다. 디모데를 보내 그들의 상태와 형편이 어떤지 직접 들을 뿐 아니라 그들을 돕고 강건케 하기를 얼마나 바라는지 모른다고 이야기합니다. 더 나아가 디모데를 보내기 전에 에바브로디도부터 보내겠다는 말도 합니다(이 편지는 에바브로디도가 전달했을 것입니다). 그리고 더 구체적으로, 에바브로디도가 중병이 들어 거의 죽을 지경에 이르렀는데 하나님의 긍휼로 회복되어 돌려보낼 수 있게 되었다는 소식도 전합니다.

얼핏 보면 지금껏 살펴본 여러 가지 내용과 확연한 대조를 이루는 것 같습니다. 우리는 하늘과 하늘에서 오신 독생자에 대해 고찰했습니다. 그런데 토머스 칼라일Thomas Carlyle이 말한 "무한하고 광대한 것"에서 갑자기 누가 어디를 방문하는 문제나 병으로 앓아눕는 문제 등 일상적이고 평범한 차원으로 뚝 떨어져 버리는 것입니다. 마치 논의가 완전히 끊겨 버린 것 같습니다. 그러나 저는 총 15절에 이르는 본문을 종합적으로 서둘러 살펴보면서, 사실은 논의가 끊긴 것이 아님을 밝히고자 합니다. 사도는 본문에서 실제적인 문제들을 다룹니다. 그러면서도 철저히 교리적인 관점을 견지하고 있으며, 앞에서 더 분명하고 확실한 교리적·신학적 설명으로 진리를 설명했던 것처럼 여전히 진리를 설명하고 있습니다.

이미 살펴보았듯이, 사실상 사도 바울이 교리를 떠나서 할 수 있는 말은 하나도 없습니다. 그의 삶에서 교리와 실제는 분리되지 않고 통합되어 있습니다. 이를테면 "여기까지는 그리스도인으로서 편지를 쓴 것이고, 이제부터는 인간적인 이야기를 해 보겠다"라는 식으로 나누지 않는다는 것입니다. 그는 교리와 실제가 양분될 여지를 두지 않습니다. 그리스도인은 "지금까지는 그리스도인으로서 이야기했는데, 이제부터는 인간적으로 이야기하겠다"라고 말할 수 없습니다. 그리스도인은 하나로, 전체로 통합되어 있습니다. 우리 삶을 그렇게 인위적으로 양분하는 것은 우리가 그리스도인이 아니라고 선언하는 것과 같습니다. 기독신앙은 모든 활동영역, 모든 범주에 영향을 끼치게 되어 있습니다. 우리는 통합된 한 존재로, 단일한 존재로 반응해야 합니다. 본문을 살펴보면, 사도가 가장 일상적인 문제들을 다룰 때에도 교리를 토대로 삼는다는 사실을 알 수 있습니다. 어떤 인물에 대해 소개할 때나 감옥에 있는 자기 심정을 밝힐 때나 교리적인 용어를 사용합니다.

그러므로 다음과 같이 말할 수 있습니다. 본문의 내용은 앞서 나온 주장의 실증이요 실례입니다. 사도는 12절부터 16절에 걸쳐 그리스도인에 대해 놀라운 서술을 했습니다. "너희는 하나님의 자녀다. 행동의 측면에서나 모습의 측면에서나 바깥 세상과의 관계라는 측면에서나 너희가 하나님의 자녀라는 이 사실을 기억해야 한다. 두렵고 떨림으로 너희의 큰 구원을 이루어 나가야 한다"라고 했습니다. 그리고 실제를 다루는 이 본문에서 그 모든 교리가 자기 삶에 어떻게 나타나는지, 디모데와 에바브로디도의 삶에는 어떻게 나타나고 빌립보 교인들의 삶에는 또 어떻게 나타나는지 보여 주고 있다고 저는 생각합니다.

'교리와 실제 중 어느 쪽이 더 중요한가?'는 아주 흥미로운 토론거리가 될 만합니다. 물론 둘 다 비할 데 없이 중요하다는 점에서는 어리석은 질문이지만 말입니다. 이 질문에 대한 대답은 각자의 상태와 형편에 따라 크게 달라집니다. 육체적으로나 정신적으로나 영적으로 건강한 시기에는 아무것도 섞이지 않은 순수한 형태의 명료한 교리 그 자체를 좋아합니다. 교리를 붙잡고 씨름하면서 자극도 받고 위로도 받습니다. 그러나 모든 면에서 지치고 피곤할 때, 성경은—감사하게도 성경은 우리를 잘 아는 것 같습니다—똑같은 교리를 실제적인 형태로 일깨워 줍니다. 이를테면 움직이는 교리를 보여 주는 것입니다. 그러면 정신적으로 큰 노력을 기울일 필요 없이 그저 보기만 하면 됩니다. 그 매력적인 삶의 모습을 보면서 "그리스도인으로 산다는 건 참으로 멋진 일이구나! 오늘은 성육신 교리를 붙들고 씨름하지 못하지만, 바울과 빌립보 교인들에게 감동을 받는구나" 하면 됩니다. 다시 말해서 성경에는 산도 있고 골짜기도 있습니다. 놀라우리만큼 다양해서, 우리의 기분과 상태가 어떻게 변하든 항상 도움을 받을 수 있습니다. 말하자면 교리든 실제든 선택해서 도움을 받을 수 있는 것입니다. 어느 쪽을 선택하든 같은 일을 살짝 다르게 하는 것에 불과합니다. 영적인 대학에서 열심히 씨름하고 연구하기도 하고, 잠깐 배움을 밀어 놓고 휴가를 즐기기도 하는 것입니다.

제가 보기에는 이것이 지금 함께 고찰하고 있는 참으로 흥미롭고 매력적인 본문에 접근하는 방법입니다. 신약성경에는 그리스도인의 삶의 본질을 보여 주는 매력적인 그림들이 여럿 나옵니다. 본문도 그중 하나로서, 교회의 삶을 아주 훌륭하게 그려 주고 있습니다. 고대세계에 그러했듯이 이런 교회는 세상을 정복합니다. 고대인들은 다른 데서 보지 못했던 모습을 그리스도인들의 사회에서 보았습니다. 본문에도 살짝 나오지만, 이런 삶의 모습이 이웃과 동네와 지역에 어떤 영향을 끼쳤을지 상상해 보십시오! 역사상 이런 일이 많이 있었습니다. 부흥이 일어날 때마다 이런 일이 있었습니다. 제가 볼 때 현재 세상에 꼭 필요한 것이 바로 이런 일입니다.

오늘 본문을 가장 효과적으로 요약하는 방법은, 여기 전체적으로 묘사된 그리스도인의 삶의 특질과 본질에 대한 전체적인 그림을 살펴보는 것입니다. 그것을 잠깐 살펴보도록 합시다. 본문이 언급하는 내용은 크게 두 가지입니다. 첫째로, 이 삶은 주 예수 그리스도께서 다스리시는 삶입니다. 본문을 읽어 보면 이 사실을 바로 알 수 있습니다. 특히 19절과 24절이 이 점을 부각시키고 있습니다. "내가 디모데를 속히 너희에게 보내기를 주 안에서 바람은 너희의 사정을 앎으로 안위를 받으려 함이니"(19절). "나도 속히 가게 될 것을 주 안에서 확신하노라"(24절). 그리스도를 떠나서 무슨 생각을 한다는 것은 바울에게 불가능한 일이었습니다. 그는 무슨 결정을 내리든 항상 그리스도를 중심으로 생각했습니다. 그리스도께서 그의 삶 전체를 다스리셨습니다. 디모데를 보낼지 말지 결정하시는 분도 주 예수 그리스도였습니다.

소극적으로 설명하면 다음과 같습니다. 이 말을 할 때 바울이 어떤 위치에 있었는지 상기해 보기 바랍니다. 그는 로마 감옥—그 당시 황제는 네로였을 것으로 추측됩니다—에 갇혀 있었습니다. 그런데 흥미롭게도 바울은 네로 치하에서 일어날 수 있는 일들을 전혀 고려하지 않습니다. 네로는 그의 삶을 통치하는 자가 아니기 때문입니다. 혹시 바울이 "그래, 나는 죄수다. 황제가 대체 어떻게 할지 모르겠다. 그는 변덕스러우니, 갑자기 성질이 나서 그리스도인들을 다 죽이라고 명령할지도 모른다. 결국 모든 게 그의 명령에 달려 있다" 했을 것이라고 생각하는 이가 있을지도 모르겠습니다. 그러나 그렇지 않았습니다! 물론 그는 네로의 죄수였습니다. 그러나 실질적으로 자신은 주 예수 그리스도의 종[노예]이라는 것입니다. 네로의 군병들에게 묶여 있는 처지지만, 그럼에도 디모데를 보낼지 말지 결정하시며 자신이 직접 빌립보로 갈 수 있을지 없을지 결정하시는 분은 주 예수 그리스도시라는 것입니다.

그리스도인의 삶의 큰 특징이 바로 이것입니다. 주 예수 그리스도의 뜻을 따르고 그 뜻에 순복하며 그 뜻에 매여 사는 것, 그 통제 아래 사는 것입니다. 바울은 그리스도와 교통했습니다. 그렇기 때문에 그의 뜻을 알았고, 그의 뜻을 떠나 행동하지 않았습니다. 그의 뜻이 그의 시각 전체를 다스리고 지배했습니다. 바울은 오직 그만 기쁘시게 하기 원했고, 자기가 하는 일이 분명 그의 인도와 지도 아래 있음을 인식했습니다. 이것은 지금 우리를 향한 부르심인 것이 분명합니다. 우리는 주님과 상관없이 혼자서 결정을 내릴 위험이 있습니다. 인생의 많은 일들을 단순한 상식의 관점에서만 바라보기 쉽습니다. 물론 상식이 필요하지만, 궁극적으로 상식도 주 예수 그리스도의 뜻 아래 있어야 합니다. 그리스도와 우리의 관계가 모든 행동과 움직임에 반영되어야 합니다. 매사에 그의 다스림을 받아야 하며, 그의 실제적인 통치권을 인정해야 합니다.

그 실례는 이미 살펴보았습니다. 바울이 교리를 다루는 부분에서 "하늘에 있는 자들과 땅에 있는 자들과 땅 아래에 있는 자들로 모든 무릎을 예수의 이름에 꿇게 하시고 모든 입으로 예수 그리스도를 주라 시인하여 하나님 아버지께 영광을 돌리게 하셨느니라"고 했던 것을 기억할 것입니다. 사도는 그 이야기를 지금 실제적인 차원에서 하고 있습니다. "네로를 겁내지 마라. 가이사의 권력이 아무리 대단하다 해도 결국은 주 예수 그리스도의 지배 아래 있다. 주 예수 그리스도와 그분의 결정이 네로의 결정을 좌우한다. 그리스도의 뜻이 만물을 다스린다"라는 것입니다. 이에 비추어 역사를 읽어 보면, 이 말이 사실임을 입증하는 사례를 수없이 발견할 것입니다. 구약성경을 읽어 보십시오. 주의 말씀이 어떻게 왕과 군주들에게 임했는지, 하나님이 어떻게 그들을 통치하시고 다스리셨는지 보십시오. 신약성경과 그 후의 기독교회사에서도 같은 사례들을 찾아볼 수 있습니다. 오, 다시 이런 생각을 하게 된다면 얼마나 좋을까요! 오, 세상 역사에 등장하는 일이든 등장하지 않는 일이든 모든 것이 결국 주 예수 그리스도의 손 아래 있음을 지금 안다면 얼마나 좋을까요! 그는 옥문을 여실 수도 있고, 통치자의 마음을 바꾸실 수도 있습니다. 그가 하실 수 없는 일은 하나도 없습니다. 중요한 것은 그의 뜻입니다. 궁극적으로 그의 뜻을 무너뜨릴 것은 아무것도 없습니다. 이것이 첫 번째 원리입니다.

이제 두 번째 원리로 나아가 봅시다. 이 원리도 처음에는 모순되게 보일 것입니다. 그리스도인의 삶은 아주 높고 고상하면서도 자연적이고 인간적입니다. 금욕주의 사상의 모든 근거를 결정적으로 날려 버리는 성경본문이 있다면 바로 이 본문입니다. 이 본문은 '참된 그리스도인은 인간적인 감정이 없는 초자연적인 존재'라는 생각이 얼마나 잘못된 것인지 보여 줍니다. 그리스도인은 자연적인 존재가 되면 안 되는 것처럼 생각하면서 '자연적인 것'의 반대를 '부자연적인 것'으로 여기는 태도를 바로잡아 주고, '자연적인 것'의 반대는 '영적인 것'이며 영적인 사람이라고 해서 자연적이지 않은 것은 아님을 깨우쳐 줍니다. 본문을 살피면서 이 점을 밝혀 보겠습니다. 예컨대 사도가 19절에서 하는 말에 주목하기 바랍니다. "내가 디모데를 속히 너희에게 보내기를 주 안에서 바람은 너희의 사정을 앎으로 안위를 받으려 함이니." 바울은 빌립보 사람들을 염려했습니다. 알다시피 사도는 놀라운 믿음의 소유자입니다. "내게 사는 것이 그리스도니 죽는 것도 유익함이라"는 말까지 할 수 있는 사람입니다. 어떤 의미에서 그리스도와 함께 하늘의 영역에서 사는 사람이라고 할 수 있습니다. 그런데도 디모데를 보내 직접 소식을 듣고 싶다는 것입니다. 얼마나 자연적이고 인간적인 모습입니까!

　26절에 나오는 에바브로디도의 이야기도 보기 바랍니다. "그가 너희 무리를 간절히 사모하고 자기가 병든 것을 너희가 들은 줄을 알고 심히 근심한지라." 바울이 자신의 형제요 함께 수고하는 자요 같은 종이라고 말한 이 사람 에바브로디도도 대단한 주의 종이었습니다. 그리스도의 일을 위해 목숨까지 내놓을 정도로 훌륭한 그리스도인이었습니다. 사도는 "자, 너희도 알겠지만 에바브로디도는 향수병에 걸려 친구와 친지들이 기다리는 빌립보로 간절히 돌아가고 싶어 했다. 자기가 로마에서 중병에 걸렸다는 소식에 너희가 걱정하고 염려한다는 말을 듣고는 더 돌아가고 싶어 했다"라고 말합니다. 이렇게 굉장한 그리스도인도 향수병에 시달렸다는 것입니다!

　애석하게도 자연스러운 감정을 다 잃어야만 그리스도인이 된다고 여기는 듯한 사람들이 있습니다. 실제를 다루는 이 본문은 어떤 의미에서 그런 입장을 부인하고 비난한다고 말할 수 있습니다. 해외 선교현장에 부르심을 받았는데, 부모님과 그렇게 멀리 떨어져 살 수 있을까 하는 생각으로 선뜻 나서지 못할 수 있습니다. 그럴 때 자신을 형편없는 그리스도인으로 치부하면 안 됩니다. 향수병 따위는 걸리지 않아야 온전한 그리스도인이 되는 것처럼 생각하지 마십시오. 이렇게 대단한 하나님의 종도 향수병에 시달렸으며 친구들을 한 번 더 만나기를 고대했다는 것을 기억하십시오.

더 구체적인 예를 들어 보겠습니다. 27절에서 사도는 말합니다. "그가 병들어 죽게 되었으나 하나님이 그를 긍휼히 여기셨고 그뿐 아니라 또 나를 긍휼히 여기사 내 근심 위에 근심을 면하게 하셨느니라." 몇 시간씩 소설을 읽거나 마음을 움직이는 감동적인 일에 몰두하는 이들이 있습니다. 그러나 감히 말하건대, 어떤 문학이나 오락도 이 위대한 인물의 말보다 장중한 감동을 주지는 못하며 사람의 감정과 정서 깊은 곳을 뒤흔들지는 못합니다. 그는 "내게 사는 것이 그리스도니 죽는 것도 유익함이라"고 말할 수 있는 사람이며, 그리스도를 위해 기꺼이 모든 것을 희생할 각오가 되어 있는 사람입니다. 그런데도 "내 사랑하는 형제가 중병에 걸려 죽는 줄 알았는데, 하나님이 그 친구뿐 아니라 나를 불쌍히 여기셔서 근심 위에 근심을 면해 주셨다"라고 고백하는 것입니다. 친구가 병들자 사도는 마음이 무겁고 아팠을 것입니다. 잠시나마 홀로 남겨진 듯한 느낌이 들었을 것입니다. 오, 이 교리를 한 번 더 강조해야겠습니다. 그리스도인은 결코 부자연적인 사람들이 아닙니다. "땅에 있는 지체를 죽이라"는 것은 하나님이 우리 안에 심어 주신 이런 감정들을 다 죽여 없애라는 뜻이 아닙니다(골 3:5). 그는 우리를 인간으로 만드셨습니다. 하나님이 주신 것을 왜곡하는 게 죄이지, 고귀하고 참된 감정은 그리스도인의 삶에 있는 것이 당연합니다. 바울은 중병에 걸린 사랑하는 형제를 걱정했고 그의 목숨을 연장해 주신 하나님께 감사를 드렸습니다. 하나님이 "내 근심 위에 근심을 면하게" 해 주셨다면서 안도했습니다. 친구의 회복에서 주 예수 그리스도의 놀라운 위로를 느꼈습니다.

28절을 보십시오. "그러므로 내가 더욱 급히 그를 보낸 것은 너희로 그를 다시 보고 기뻐하게 하며 내 근심도 덜려 함이니라." 이 말에도 인간적인 면모가 나타나 있지 않습니까? "너희도 알겠지만 내가 에바브로디도를 돌려보내는 것은 너희가 얼마나 기뻐할지 알기 때문이다. 너희가 기뻐하면 나도 근심을 덜게 된다. 에바브로디도의 얼굴을 보고 기뻐할 너희를 생각하면 모든 시름을 잊고 주 안에서 기뻐하게 된다"라는 것입니다. 더 이상의 설명은 필요 없으리라 생각합니다. 그리스도의 다스림을 받는 놀라운 삶, 하늘의 영역에 거하는 삶은 아주 자연스러운 삶이라는 점을 여러분도 충분히 이해했을 것입니다. 그리스도인의 삶은 워즈워스가 '종달새에게To the Skylark'라는 시에서 묘사한 특징을 가장 잘 보여주는 예입니다.

솟구치되 결코 방황치 않는 지혜자의 표상이여,
하늘과 땅의 특징을 공히 지닌 자답구나!

하늘과 땅의 특징은 서로 모순되지 않습니다. 바울은 보이지 않는 영역까지 솟구칠 수 있는 사람이었지만, 두 발은 항상 땅을 딛고 있었습니다. 그에게는 '육신을 못 박는 것은 곧 모든 감정과 은사를 못 박는 것'이라고 생각하는 부자연스럽고 기괴한 사람의 모습이나 잘못된 금욕주의자의 모습이 없었습니다. 그렇습니다. 그리스도인의 삶에는 항상 "하늘과 땅의 특징"이 공히 나타납니다. 오, 우리의 평범하고 단조로운 매일의 삶에 주의 영광뿐 아니라 아름다움이 나타나고 드러난다면!

'그리스도인의 삶에는 자연적인 요소가 있다'는 말이 의미하는 바가 또 있습니다. 보다시피 사도 바울은 하나님의 능력으로 그토록 굉장한 기적들을 행했지만 정작 에바브로디도의 병은 고칠 수 없었던 것이 분명합니다. 현재 이 주제에 대해 아주 잘못된 가르침이 퍼져 있음을 여러분도 알 것입니다. 어떤 병이든 믿기만 하면 고침받을 수 있는 것처럼 오도하는 자들이 있습니다. 그러나 에바브로디도는 고침받지 못했습니다. 바울도 그를 고치지 못했습니다. 그렇습니다. 감사하게도 기적적인 치유라는 것이 있고 우리도 그것을 진심으로 믿지만, 그렇다고 우리가 필요를 느낄 때마다 기적적인 치유가 일어나는 것은 아닙니다. 치유는 전적으로 주 예수 그리스도께 달린 일입니다. 그가 뜻하시느냐 아니냐에 달린 일입니다. 에바브로디도가 죽음의 문턱까지 갔는데도 바울은 고칠 수 없었고, 에바브로디도 자신도 기도로 나을 수가 없었습니다. 오직 하나님이 긍휼을 베푸심으로 나은 것입니다.

이 점을 명심합시다. 겉보기에는 모순된 것 같지만, 사실은 모순되지 않습니다. 이 모든 것을 지배하는 법칙은 한 가지입니다. 즉, 성령의 모든 은사는 성령의 통치권과 주권 아래 있다는 것입니다. "이러이러한 때 나는 기적적으로 고침받을 것"이라고 말하는 사람은 성경 교리를 부인하는 것입니다. 사람은 그렇게 말할 권리가 없습니다. 은사를 주시는 분은 성령이십니다. 누구를 기적적으로 고치고 누구를 고치지 않을지 결정하시는 분은 성령이십니다. 그는 때로 죽음을 허락하시기도 합니다. 어떤 사람이 기적적인 치유를 받지 못했거나 병에 걸려 죽었다고 해서 그의 믿음이 부족하다고 말해서는 절대 안 됩니다. 그것은 전적으로 주 예수 그리스도의 주권 아래 있는 일이기 때문입니다. 모든 일은 그의 결정에 달려 있습니다.

본문에 나오는 놀라운 가르침의 또 다른 측면이 있는데, 이 자리에서는 그 큰 항목들만 말씀드리도록 하겠습니다. 에바브로디도의 삶을 자세히 살펴봅시다. 25절에 세 가지 표현이 나옵니다. 일차적으로는 에바브로디도에게 해당되는 말이지만, 모든 그리스도인에게 공히 해당되는 말이기도 합니다. "그러나 에바브로디도를 너희에게 보내는 것이 필요한 줄로 생각하노니 그는 나의 형제요 함께 수고하고 함께 군사 된 자요 너희 사자로 내가 쓸 것을 돕는 자라." 이것은 그리스도인에 대한 완벽한 세부묘사입니다. 무엇보다 먼저 우리는 **형제**입니다. 이것은 우리 모두 하나님의 자녀라는 뜻입니다. 우리는 정치집회나 문화집회에 모이는 갖가지 부류의 사람들과 다릅니다. 그런 집회에서는 각기 다른 경험을 제시하는 각기 다른 유형의 사람들이 당면문제에 대한 공통의 관심으로 묶였다가 집회장을 나가는 순간 흩어집니다. 그러나 그리스도인은 그렇지 않습니다. 바울이 교리 부분에서 이미 말했듯이, 우리는 하나님의 자녀이기에 형제가 되었습니다.

본문에도 나오듯이, 이 관계는 여러 가지 방식으로 표출됩니다. 저는 다음과 같이 말하고 싶습니다. 단순히 서로 "형제"라고 부른다고 해서 우리가 한 그리스도인임을 알릴 수 있는 것은 아닙니다. 기계적으로 "형제"라고 부르기만 할 것이 아니라 진짜 형제의 사랑을 나타내야 합니다. 가족들은 매번 "형", "동생"이라고 부르기보다 이름을 부릅니다. 가족관계와 형제관계는 호칭이 아닌 행동으로 나타나는 것입니다. 본문이 그 점을 분명히 보여 주고 있습니다. 서로 얼마나 염려해 주는지 보십시오. 빌립보 교인들은 에바브로디도를 바울에게 보내 감옥에 있는 동안 시중을 들게 했습니다. 이렇게 형제애를 나타냈습니다. 그토록 에바브로디도를 아끼면서도 위대한 사도의 필요를 채우고자—형제간의 애틋한 사랑으로—먼 길을 떠나보낸 것입니다. 바울은 디모데 또한 아들처럼 자신을 섬겼다고 말합니다. 그리고 자신은 자신대로 빌립보 사람들을 염려했습니다. 그래서 에바브로디도가 로마에서 아주 요긴하고 도움이 되었음에도 돌려보냈습니다. 빌립보 사람들의 필요를 우선시한 것입니다. 형제간이란 이런 것입니다. 혈연의식과 서로를 향한 지대한 관심이 행동으로 나타나는 것입니다.

둘째로, 바울은 그를 **함께 수고하는 자**라고 부릅니다. '동역자'라고 번역할 수 있는 이 말 또한 모든 그리스도인을 완벽하게 설명해 주는 말입니다. 사도는 무엇보다 우리가 하는 일이 누구의 일인지 알아야 한다고 말합니다. 그러면서 에바브로디도는 **그리스도의 일을 위하여** 병이 들어 거의 죽을 지경에 이르렀던 반면, 어떤 이들은 "다 자기 일을 구하고 그리스도 예수의 일을 구하지 아니"했다고 말합니다(21절). 우리는 함께 수고하는 자입니다. 왜 함께 수고합니까? **그의** 일이기 때문입니다. 우리는 한 주인을 위해 함께 일하는 자들입니다. 이 점을 잊어서는 안 됩니다. 교리 부분에서 살펴보았듯이 우리가 하는 일은 "생명의 말씀을 밝히는 일"이며, 사람들에게 현재의 위험한 처지를 알리고 그리스도인의 삶으로 인도하는 일입니다.

어떤 정신과 방식으로 이 일을 해야 하는지도 주목하기 바랍니다. 이번에도 20, 21절에 나오는 소극적인 측면부터 다루도록 하겠습니다. 바울이 디모데를 보내는 이유는 이것입니다. "이는 뜻을 같이하여 너희 사정을 진실히 생각할 자가 이밖에 내게 없음이라." 요컨대 "주위에 그리스도인들이 많지만 너희에게 보낼 만한 사람은 디모데밖에 없다"는 것입니다. 그는 디모데 외의 사람들에 대해 "그들도 그리스도인들이요 여러모로 좋은 사람들이라는 것을 인정한다. 그러나 그들은 예수 그리스도의 일보다 자기 자신과 자신의 일을 더 염려한다"라고 말합니다. 이것은 교회의 입장에서 볼 때 특히 안타까운 일입니다. 애석하게도 오늘날 그런 그리스도인들이 많습니다. 그리스도를 위해 일한다는 것은 다른 것이 아닙니다. 그를 첫자리에 모셔야 한다는 것을 알고, 자기와 자기 안위와 자기 이익을 돌보지 않는 것입니다. 이 또한 실제 사례입니다. 바울은 2장 첫머리에서 "각각 자기 일을 돌볼뿐더러 또한 각각 다른 사람들의 일을 돌보"라고 했습니다. 그 규칙이 여기 적용된 것입니다. 바울은 정확히 그 규칙대로 했습니다. 자신에게 에바브로디도가 필요한데도 빌립보로 돌려보냈습니다. 우리도 우리 자신과 자신에 대한 염려를 제쳐 놓고 그를 위해 일해야 합니다.

바울은 16절과 17절에서 이 일의 특징을 기술합니다. "생명의 말씀을 밝혀 나의 달음질이 헛되지 아니하고 수고도 헛되지 아니함으로 그리스도의 날에 내가 자랑할 것이 있게 하려 함이라. 만일 너희 믿음의 제물과 섬김 위에 내가 나를 전제로 드릴지라도 나는 기뻐하고 너희 무리와 함께 기뻐하리니." 이것을 보면 바울이 그리스도인의 삶과 섬김을 하나님께 드리는 제사로 여겼음을 알 수 있습니다. 유대인들이 제사를 드릴 때 짐승을 잡고 일종의 제사주로 포도주를 부음으로써 희생제사 위에 전제를 드린 사실을 알 것입니다. 바울은 자신과 빌립보 사람들의 경우를 거기에 빗대고 있습니다. 요컨대 "너희는 너희 자신과 너희가 하는 모든 일을 하나님께 제사로 바치고 있다. 내가 죽어 피를 흘리게 된다면, 좋다, 나는 기꺼이 너희 찬양의 제사 위에 나를 전제로 드렸다고 생각하겠다"라는 것입니다. 우리가 세상에서 하는 일을 이런 관점으로 바라보다니, 정말 굉장하지 않습니까!

또한 우리는 **함께 군사 된 자**입니다. 이것은 저와 여러분이 살아 계신 하나님의 군대라는 뜻입니다. 우리는 통치자들과 권세들과 이 어둠의 세상 주관자들 및 하늘에 있는 악의 영들과 싸우는 사람들입니다. 오늘날 세상에 인간을 넘어뜨리고 그 영혼을 멸하려 하는 악한 세력이 있다는 것, 하나님과 하늘에 맞서 싸우는 악한 세력—보이지 않는 강력한 영적 세력—이 있다는 것을 압니까? 우리는 그들과 맞서 싸울 특권을 받은 군사입니다. 또한 잘못된 교리와 교회 안팎의 오류와도 맞서 싸우는 군사입니다. 앞서 보았듯이, 바울은 1장에서 복음의 신앙을 위하여 협력하라고[싸우라고] 말합니다. 저와 여러분도 이 싸움을 싸워야 합니다. 교리를 순전하게 지키기 위해, 성도들에게 단번에 주신 믿음을 지키기 위해 열심히 싸워야 합니다.

무엇보다 우리는 바울과 디모데와 에바브로디도의 영광스러운 정신을 공유함으로 함께 군사가 되어야 합니다. 바울은 그리스도를 위해 만반의 준비를 갖추고 있으며 필요하다면 죽을 각오까지 되어 있다고 말합니다. 또 자신이 유일하게 의지할 수 있는 디모데도 자기를 돌보지 않고 예수 그리스도의 일을 생각한다고 말합니다. 에바브로디도는 또 어떻습니까? 자, 그는 그리스도의 일을 하다가 거의 죽기에 이르렀으면서도 자기 목숨을 돌보지 않았습니다. 바로 이것입니다. 모든 것을 뒤로한 채 왕과 조국을 위해 기꺼이 목숨을 걸고 전쟁터에 나서는 군인의 정신이 바로 이런 것 아닙니까? 제가 볼 때 이 세대의 비극은 국가적인 차원에서는 이런 정신을 가진 사람을 기꺼이 찬양하면서도, 정작 우리 하나님과 그리스도의 영원하고도 영광스러운 나라와 관련해서는 이런 정신을 보여 주지 못한다는 데 있습니다. 군인들은 전시에 왕과 조국을 위해 목숨을 바칠 것을 독려받습니다. 그렇다면 우리는 더더욱 그리스도를 위해 목숨을 바칠 각오를 해야 하지 않겠습니까? 그런데 우리는 그리스도인이라는 이유로 혹시라도 동료들의 비웃음을 사게 될까 봐, 모임 장소에 들어설 때 의미 있는 눈길을 받게 될까 봐 두려워합니다. 미미한 수준의 핍박조차 두려워하는 것입니다.

오, 우리 그리스도인 형제들은 부끄러워해야 합니다. 하나님의 능력 있는 종으로서 그리스도와 그의 일을 위해 목숨까지 바칠 각오를 했던 바울과 디모데, 에바브로디도를 본받읍시다. 전투는 지금도 계속되고 있습니다. 격렬하고 맹렬한 싸움이 계속되고 있습니다. 우리 모두 함께 군사 된 자로서 대오에서 이탈하지 않겠다고, 비틀거리거나 낙오하지 않겠다고 다짐합시다. 어떤 요구, 어떤 대가를 치른다 해도, 설령 죽는다 해도 개의치 않고 우리 영광의 왕 되신 주 예수 그리스도를 위해 기꺼이 일어나 싸우겠다고 다짐합시다.

2부

평안의 삶

그리하면 모든 지각에 뛰어난 하나님의 평강이
그리스도 예수 안에서 너희 마음과 생각을 지키시리라

빌 4:7

끝으로 나의 형제들아, 주 안에서 기뻐하라.

빌립보서 3:1

1. 참된 기쁨

빌립보 교회에 보내는 편지가 3:1에서 방향을 틀어 일종의 전환점을 맞이한다는 것은 의심의 여지 없는 사실입니다. 이 명령의 진의를 놓고 교회 초창기부터 많은 논의와 논쟁이 있었습니다. 그 구체적인 내용까지 다룰 필요는 없겠지만, 성경연구라는 관점에서 볼 때 사도가 염두에 두었던 정확한 의도를 분석하는 것은 흥미로운 일입니다. 어떤 이들은 바울이 용건을 마치고 편지를 맺으려고 "끝으로 나의 형제들아, 주 안에서 기뻐하라"라는 말을 쓰다가, 문득 더 하고 싶은 말이 떠올랐을 것이라고 생각합니다. 그래서 3장부터 4장 첫 단락까지 그 말을 한 다음, 4:4에서 다시 "주 안에서 항상 기뻐하라. 내가 다시 말하노니 기뻐하라" 하면서 앞서 다루었던 주제로 되돌아간다는 것입니다. 이렇게 해석하는 이들은 3장부터 4장 첫 단락까지의 논의 전체를 후기後記로 보는 것이 아니라 뒤늦게 떠오른 생각으로 간주합니다.

자, 이것은 궁극적으로 그리 중요한 문제가 아닌 만큼 논쟁까지 벌일 필요는 없을 것입니다. 이 편지의 기법技法은 흥미로운 주제지만 중요도에서는 가장 떨어지는 주제입니다. 앞서 말한 이들의 분석에서 제가 받아들이기 힘든 부분은 사도가 말한 내용에 대한 설명입니다. 제가 볼 때 바울은 우리가 첫 설교에서 서신 전체를 개관하며 지적하고자 했던 주제를 여기에서 다시 요약하는 것에 불과합니다. 바울은 주 안에서 기뻐하는 법을 빌립보 교인들에게 가르치기 위해 이 편지를 썼습니다. 이것이 빌립보서의 주제요 메시지입니다. 매우 현실적인 사람이었던 바울은 기쁨을 빼앗아 가기 쉬운 다양한 요인들부터 이야기합니다. 그 어려움들을 한 가지씩 살펴 나가면서 극복하는 방법을 알려 줍니다. 1장에서 그가 자신의 투옥과 관련하여 무슨 말을 했는지 기억할 것입니다. 그는 이 일로 인해 빌립보 교인들이 낙담할 것을 알았습니다. 그래서 자신의 상태에 대해 여러 가지 이야기를 하면서 그들의 시각을 바로잡아 주었습니다. 그는 "나 때문에 걱정하지 마라. 내게 산다는 것은 곧 그리스도를 의미하기 때문에 죽어도 유익하다"라고 했습니다. 사느냐 죽느냐는 자신에게 그리 중요한 문제가 아니라는 것입니다.

그리고 나서 거짓 형제들이 일으킨 문제에도 불구하고 빌립보 교인들은 기뻐할 수 있다고, 동기가 잘못되긴 했으나 여하튼 결과적으로는 그리스도가 전파되셨기에 자신 또한 기뻐한다고 말합니다. 그리고 연이어 그들이 당하고 있는 핍박을 언급하며, 그럼에도 기쁨을 잃지 않으려면 어떻게 해야 하는지 알려 줍니다. 빌립보의 그리스도인들 사이에도 어느 정도 시기와 질투가 있었던 것 같습니다. 사도는 2장 서두에서 이 문제를 다루면서, 성육신에 대한 뛰어난 서술을 통해 놀라운 대책을 내놓습니다. "너희 안에 이 마음을 품으라"는 것입니다. 그러면 기쁨을 지킬 수 있다는 것입니다. 그리고 다시 한 번 자신의 부재不在가 야기하는 문제를 꺼내며, 자신이 없다고 해서 낙담하거나 고민할 필요가 없음을 지적합니다. "너희 안에서 행하시는 이는 하나님"이시며 그가 친히 자기의 기쁘신 뜻을 위하여 너희에게 소원을 두고 행하게 하"시기 때문에 바울 자신이 없어도 구원의 역사는 계속될 것이라고 말합니다(2:13). 그러면서 빌립보 교인들은 또 빌립보 교인들대로 어떻게 구원을 이루어 나가야 하는지 이야기합니다. 그리고 마지막으로, 에바브로디도의 병 때문에 염려하던 그들을 위로하면서 에바브로디도뿐 아니라 디모데도 함께 보내겠다고 말합니다.

이처럼 여러 가지로 기쁨을 지키는 방법을 알려 준 바울은 3:1에서 다음과 같이 일단락을 짓습니다. "끝으로―'그 밖에'라고 옮겨도 좋습니다―나의 형제들아, 주 안에서 기뻐하라. 너희에게 같은 말을 쓰는 것이 내게는 수고로움이 없고 너희에게는 안전하니라." 그러면서 사도는 이 주제와 관련된 또 다른 내용을 상기시킵니다. 뛰어난 선생이자 심오한 심리학자로서, 다루는 김에 한 번 더 기쁨의 주제를 상기시키는 것입니다. 그는 '주 안에서 기뻐하라'라는 위대한 주제로 돌아갑니다. 마치 "이왕 다루는 김에 좀 더 살펴보자. 이것은 그만큼 중대한 문제다"라고 말하는 듯합니다. 그러면서 교회에 풍파를 몰고 올 수 있는 문제, 즉 유대교인들과 거짓 선생들이 자신을 따라다니며 어린 교회들 안에 지적, 신학적 혼동을 일으키고 있는 문제를 언급합니다.

제가 보기에는 이것이 이 서신의 전환점에 대한 가장 자연스러운 해석입니다. 즉, 1절은 동일한 중심 주제의 연장이자 되짚기에 불과하다는 것입니다. 음악의 영역에서 비슷한 예를 찾아볼 수 있습니다. 예컨대 교향곡에는 하나의 중심 주제가 있습니다. 작곡가가 하는 일은 그 주제에 거듭 변화를 주는 것입니다. 그러다가 주제에서 벗어나기도 하고, 아예 주제를 잊은 것처럼 보이기도 하지만 결국은 항상 그 주제로 돌아오게 되어 있습니다. 모든 서신 중에 가장 서정적인 이 서신에서 바울이 하고 있는 일도 그것입니다. 그는 여기에서 한 번 더 자신의 중심 주제―다른 모든 문제를 고찰할 때 항상 기준으로 삼는 주제―를 상기시키고 있습니다. 이것이 이 권면의 배경입니다. 이 배경을 염두에 두는 것이 중요합니다.

이제 이 분명한 권면 자체에 집중해 봅시다. 이것은 바울이 처음부터 하고 싶었던 말이었습니다. 그래서 여러 가지 형태로 권하다가, 1절에서 아예 노골적으로 밝히는 것입니다. 이것은 권면이자 명령입니다. "끝으로 나의 형제들아, 주 안에서 기뻐하라……." 이 권면은 세 측면으로 나누어 살펴볼 수 있습니다. 무엇보다 먼저 주 안에서 기뻐한다는 것이 무슨 뜻인지 고찰해야 합니다. 그 다음에 당연히 따라나오는 질문은 왜 주 안에서 기뻐해야 하느냐 하는 것입니다. 그리고 세 번째는 어떻게 주 안에서 기뻐하느냐 하는 것입니다.

첫 번째 질문부터 살펴봅시다. "주 안에서 기뻐하라"라는 말의 의미가 무엇입니까? 가장 먼저 생각할 점은, 이미 밝혔듯이 이것은 명령이라는 사실입니다. 우리의 상태에 대한 묘사가 아니라 행동을 촉구하는 권면이라는 것입니다. 기쁨을 주관적인 상태나 기분으로 여기는 경향이 있습니다. 물론 궁극적으로는 맞는 말이지만, 바울이 여기에서 기뻐하라고 명령하며 요구하는 것을 볼 때, 기쁨이 순전히 수동적으로나 주관적으로 경험하는 상태만은 아니라는 점을 분명히 알 수 있습니다. 가만히 앉아서 문득 기쁨이 생기기를 믿고 기다리기만 하면 안 된다는 것입니다! 그렇습니다. 기뻐하기 위해 우리가 할 수 있는 일을 찾아서 해야 합니다. 갑자기 우리 속에 무슨 변화가 생기거나 무슨 일이 일어나서 아주 행복해진다는 식의 암시는 이 말에서 전혀 찾아볼 수 없습니다.

'기뻐하는 그리스도인의 삶'이라는 주제는 종종 엄청난 혼란을 불러일으킵니다. 이렇게 말해도 될지 모르겠지만, 많은 그리스도인들이 기쁨을 누리지 못하고 불행하게 살고 있습니다. 그들은 기쁜 일이 생겨야 기쁜 것 아니냐고 생각합니다. 우리가 기쁨을 통제할 수는 없다고, 우리 스스로 기쁨을 만들어 낼 수는 없다고, 기쁨과 즐거움은 수많은 힘과 요소들―일부는 내적인 요소들이지만 대부분은 외적인 요소들―이 상호작용하며 영향을 끼침으로 생겨난다고 믿습니다. 그 결과에 따라 자신의 행불행이 좌우된다는 것입니다. 신약 서신서가 계속 폭로하고 지적하는 잘못이 바로 이것이라고 저는 생각합니다. 여기에서 바울이 명령하는 것만 보아도 알 수 있습니다. 우리는 기뻐해야 하며, 기뻐할 수 있습니다.

이 점을 지적했으니, 여기에서 즉시 발생하는 두 가지 위험도 밝혀야겠습니다. 첫 번째 위험은 감정을 직접 공략해서 인위적으로 기쁜 상태를 만들려 하는 것입니다. 굳이 설명이 필요 없을 만큼 우리 모두 잘 알고 있는 일 아닙니까? 기쁨과 행복은 감정의 영역에 속한 것 아니냐고, 기뻐하라는 명령을 받았으니 행복한 상태에 이르기 위해 마땅히 감정과 관련된 시도를 해야 하는 것 아니냐고 묻는 이가 있을 수 있습니다. 이 목적을 위해 사람들이 어떤 다양한 방법을 사용하는지 우리는 잘 알고 있습니다. 예컨대 공적 집회나 예배에서 얼마나 자주 이런 시도를 하는지 생각해 보십시오. 집회 인도자나 그 비슷한 위치에 있는 사람이 말합니다. "자, 우리가 맨 처음 해야 할 일은 집회와 모임의 분위기를 잘 조성하는 것입니다. 좋은 찬송과 연주와 노래로 사람들을 행복하고 즐겁게 해 줍시다. 냉랭하고 비참한 심정으로 찾아온 이들을 따뜻하고 행복하게 해 줍시다." 그래서 밝고 신나는 찬송으로 마음을 즐겁게 하려 듭니다. 바로 이런 것이 제가 말한 바 감정을 직접 공략하는 것입니다. 그들은 이 목적을 달성하기 위해 감정을 자극해서 인위적으로 기쁨을 만들어 내려 합니다.

저는 이것이 사도의 가르침도 아니고 신약성경의 가르침도 아님을 밝히고자 합니다. 아니, 신약성경에 비추어 볼 때 오히려 이렇게 감정을 직접 공략하는 것이야말로 우리가 저지를 수 있는 잘못 중에 가장 위험한 잘못임을 입증할 수 있습니다. 자꾸 이런 시도를 하다 보면 반드시 잘못된 가르침이나 이런저런 사교에 빠지게 되어 있습니다. 행복감을 얻을 방법은 많습니다. 약물을 복용할 수도 있고 상황을 조작할 수도 있으며 예컨대 환상과 환각의 세계나 사이비 세계를 헤매 다닐 수도 있습니다. 방법은 거의 무한대로 많습니다. 기독교적인 관점에서 볼 때, 이것이야말로 오늘날 세상의 주된 문제가 아닐 수 없습니다. 세상은 괴로움과 불행으로 가득 차 있습니다. 끔찍한 사건들이 오늘날 삶을 위협하고 있습니다. 그런데도 이런 문제를 현실적으로 직시하고 기독교가 제시하는 극복의 방법을 채택하기는커녕, 의도적으로 괴로움을 외면한 채 기쁨과 행복과 평화를 찾아 인위적인 행복감과 쾌락을 만들어 내는 것입니다. 세상만 이런 잘못을 저지르고 있는 것이 아닙니다. 우리 그리스도인들도 똑같은 잘못을 저지르고 있습니다. 우리가 지켜야 할 철칙은 행복감이나 기쁨을 얻기 위해 감정적인 본성을 직접적이고 즉각적으로 자극해서는 안 된다는 것입니다.

또 한 가지 피해야 할 위험은 밝고 행복하고 유쾌하게 보이고자 애쓰는 것입니다. 제가 볼 때 그리스도인이라면 당연히 기뻐해야 한다고 생각하며 그렇게 믿는 이들이 많습니다. 그리스도인이 되면 슬프고 비참해지는 듯한 인상을 주는 그리스도인들이 있습니다. 특히 19세기에 그런 이들이 아주 많았습니다. 존 밀턴John Milton이 "즐거움을 비웃으며 고된 나날"을 보낸다고 묘사했던 이들이 바로 그런 이들입니다. 요즘 사람들은 그런 이들이 기독교와 신약성경의 가르침을 잘못 대변했다고, 그리스도인은 이 세상에서 유일하게 참된 행복을 알 수 있는 사람들이라고 생각합니다. 그래서 밝고 유쾌한 모습으로 '그리스도인이 되는 것은 멋진 일'이라는 인상을 주기 위해 항상 노력합니다.

제가 볼 때 이것은 감정을 직접 공략하는 잘못의 두 번째 형태입니다. 여러분은 어떨지 모르겠지만, 저로서는 항상 유쾌하고 행복한 인상을 주려고 애쓰는 이들보다 더 불편한 이들이 없습니다. 행복한 인상을 주려고 애쓰는 사람과 정말 행복한 사람은 확실히 다르지 않습니까? 정말 행복한 사람은 누가 보아도 알 수 있습니다. 본인이 굳이 말하지 않아도 절로 알 수 있습니다. 그러나 일부러 노력하는 사람은 그렇지가 못합니다. 행복한 척 연기하고 있다는 느낌, 의무감으로 노력하고 있다는 느낌이 듭니다. 속이 다 들여다보입니다. 그들이 보여 주는 기쁨이 생생하거나 본질적이지 않다는 것, 얄팍하다는 것을 금세 알 수 있습니다.

바울은 이처럼 '기계적인' 기독교의 전형이 되라고 권하는 것이 아닙니다. 그렇습니다. 사도 바울이 이런 사람이었다거나 이런 사람이 되도록 가르쳤다는 것은 생각조차 할 수 없는 일입니다. 그는 세상 사람들이 누리는 그 어떤 기쁨보다 큰 기쁨을 알았던 사람이었습니다. 그러면서도 동시에 "이 장막에 있는 우리가 짐 진 것같이 탄식"한다고 고백하던 사람이었습니다(고후 5:4). 그리스도인에게는 이 요소가 반드시 있어야 합니다.

이처럼 우리는 주 안에서 기뻐하라는 명령을 받았다고 해서, 감정의 영역을 직접 공략하여 기뻐하려고 애쓰는 잘못을 범해서는 안 됩니다. 그러면 어떻게 해야 합니까? 자, 무엇보다 기쁨은 그리스도 안에서 자신이 어떤 자리에 있는지 알 때 생겨납니다. 예수 그리스도 안에서 하나님과 나의 관계에 집중할 때 그 산물로—거의 부산물로—생겨나는 것입니다. 이 요점은 다른 요점들을 살펴볼 때 더욱 명확히 부각될 것입니다. 첫 번째 요점을 요약해 봅시다. 그리스도인이 기뻐해야 한다는 것은 아주 분명한 사실입니다. 이 권면이 오늘날만큼 중요했던 적은 기독교회 역사와 세계 역사상 거의 없었다고 말하고 싶습니다. 세상은 행복해지기 위해 상용하는 각종 약물과 화려한 외양에도 불구하고 심각한 불행 속에 허우적대며 기쁨에 이르는 비결을 찾아 헤매고 있습니다. 그런데 우리의 주장은 그리스도인 외에는 아무도 참으로 기뻐할 수 없다는 것, 따라서 우리야말로 이 시대에 가장 확실한 기쁨의 증언을 할 수 있다는 것입니다. 우리는 주님이 제자들에게 하신 말씀이 문자 그대로 사실임을 세상에 보여 주고 있습니까? "세상에서는 너희가 환난을 당하나 담대하라[기뻐하라]. 내가 세상을 이기었노라"(요 16:33). 주님은 실제 삶을 통해 우리가 사실이라고 믿는 바를 보여 주며 세상을 이길 것을 요구하십니다.

사도 바울도 여러 차례 같은 이야기를 했습니다. 그는 로마의 그리스도인들에게 말했습니다. "내가 확신하노니 사망이나 생명이나 천사들이나 권세자들이나 현재 일이나 장래 일이나 능력이나 높음이나 깊음이나 다른 어떤 피조물이라도 우리를 우리 주 그리스도 예수 안에 있는 하나님의 사랑에서 끊을 수 없으리라"(롬 8:38-39). 이것이 우리의 자리입니다. 저와 여러분이 부름 받은 자리입니다. 우리가 받은 명령, 우리에게 주어진 특권은 오늘날 세상의 실상에도 불구하고, 상황과 상관없이 기뻐하는 모습을 보여 줌으로써 세상에 충격을 주고 그들의 죄를 드러내며 그들을 그리스도께로 이끄는 것입니다. 이 말이 사실이라면, 이것을 시금석 삼아 우리의 신앙고백을 철저히 검증해 볼 수 있습니다. 우리는 기뻐하고 있습니까? 우리는 그리스도인을 자처하는 사람들입니다. 기뻐하는 것은 그리스도인이 된 후에 나타나는 결과인 동시에 그리스도인이 반드시 따라야 할 권면입니다. 그리스도인에게는 실제로 기뻐하라는 명령이 주어져 있습니다. 그런데 우리는 과연 기쁨을 누리고 있습니까? 이 위대한 말씀이 우리에게도 해당된다고 말할 수 있습니까?

이 주제는 여기까지 다루기로 하고, 이제 두 번째 질문을 드리겠습니다. 우리는 왜 주 안에서 기뻐해야 합니까? 이번에도 사도는 풍성한 답변을 주고 있습니다. 우리가 주 안에서 기뻐해야 할 이유는 많습니다. 첫번째 이유는 이미 살펴보았습니다. 기뻐하라는 명령을 받았기 때문에 기뻐해야 하는 것입니다. 그러나 그것이 이유의 전부는 아닙니다. 우리는 주님을 위해, 주 안에서 기뻐해야 합니다. 세상에 오신 우리 주 예수 그리스도 안에 있는 큰 구원은 하나님이 친히 이루신 것입니다. 하나님이 친히 계획하시고 설계하신 것입니다. 하나님이 아들을 세상에 보내셨습니다. 이 일이 세상에서 어떻게 이루어지는지 보려고 하늘의 천사들도 이를테면 고개를 빼고 구경하고 있다고 성경은 말합니다. 에베소서 3:10에는 이에 대한 바울의 서술이 나옵니다. "이는 이제 교회로 말미암아 하늘에 있는 통치자들과 권세들에게 하나님의 각종 지혜를 알게 하려 하심이니." 하늘에 있는 통치자들이 교회를 보면서 하나님의 각종 지혜를 알게 된다는 것입니다. 구원은 하나님의 작품입니다. 하나님이 친히 구원과 기독교 복음을 세상에 보내 주셨고 우리 삶 속에 보내 주셨습니다.

이처럼 '구원은 하나님이 하시는 일'이라는 것이 저와 여러분이 기뻐해야 할 가장 큰 이유입니다. 비참하게 사는 그리스도인이 하나님의 명예를 나타낼 수 있겠습니까? 항상 믿음을 변명하기에 급급한 사람이 그리스도 안에 있는 큰 구원과 하나님의 명예를 나타낼 수 있겠습니까? 그런 모습으로 하나님의 각종 지혜를 보여 줄 수 있겠습니까? 베드로는 베드로전서 2장에서 하나님이 우리를 어두운 데서 불러내어 그의 기이한 빛에 들어가게 하신 것은 그의 아름다운 덕과 영광을 선포하게 하려 하심이라고 했습니다(9절). 이것이 구원의 목적입니다. 저와 여러분은 하나님의 영광을 나타내는 더없이 귀한 특권을 가진 자들로, 이 특권을 행사하는 최고의 방법이 바로 그리스도인으로서 세상을 이기는 삶, 환난 속에서도 기뻐하는 삶을 보여 주는 것입니다. 이것이 우리가 기뻐해야 할 두 번째 이유입니다.

세 번째 이유는 명백합니다. 우리는 다른 사람들을 위해 기뻐해야 합니다. 이 점은 이미 다루었기 때문에 더 이상 언급하지 않겠습니다. 지금과 같은 때에 우리가 반드시 감당해야 하는 의무는 비참과 불행 속에서 이런저런 답을 찾아다니지만 계속 실망만 하는 사람들, 그래서 절대 손대면 안 될 방법으로 삶에서 이탈할 생각까지 하는 사람들을 위해 주 안에서 기뻐하며 사는 것입니다. 인생 속에서 패배하고 좌절한 사람들 한가운데 우뚝 서서, 기쁨을 촉구하는 새로운 삶, 다른 삶의 빛을 발하는 것, 사람들이 그 삶을 보고 "내가 바라던 삶이 바로 저기 있구나" 하게 만드는 것이 우리의 할 일입니다.

더 나아가 우리 자신을 위해서도 주 안에서 기뻐해야 합니다. 사도가 이 점에 대해 어떻게 말하는지 알려 드리겠습니다. 어떻게 보면 이것이 빌립보서의 큰 주제라고 할 수 있습니다. 사도가 직접 이 점을 강조하고 있기 때문에 저는 그 내용만 요약해 드리겠습니다. 우리 자신을 위해 기뻐해야 하는 이유는 두 가지입니다. 주 안에서 기뻐하는 것이야말로 우리 앞에 있는 대다수의 위험에 대한 가장 큰 방어막임을 아십니까? 느헤미야는 "여호와로 인하여 기뻐하는 것이 너희의 힘"이라고 말합니다(느

8:10). 이것은 심리학적으로도 명백한 원리입니다. 우리는 불행할 때보다 행복할 때 훨씬 더 일을 잘 수행합니다. 행복할수록 일이 더 수월해집니다. 그리스도인의 삶도 마찬가지입니다. 진심으로 주 안에서 기뻐하는 그리스도인은 그렇지 못한 그리스도인보다 세상의 삶에서 어려움을 덜 겪게 마련입니다. 중심이 흔들리는 사람은 남들과 부딪치기 전에 이미 문제를 떠안고 있는 것이나 다름없습니다. 그리스도인의 삶을 순탄하고 자유롭게 사는 방법은 기초부터 바로잡는 것입니다.

그러나 이것이 전부는 아닙니다. 사도가 이 편지에서 다루었던 여러 가지 위험들을 보십시오. 주 안에서 기뻐하는 것은 그릇된 동기로 그리스도를 전파하는 형제들에 대한 가장 큰 방어막이라고 그는 말했습니다. 그가 자신과 자신의 설교 때문에 기뻐했다면, 사람들의 공격에 큰 상처를 입었을 것입니다. 그러나 감사하게도 자신이나 자신의 평판이 아닌 주님을 위해 설교했기 때문에, 상처를 입히려는 사람들에게 아무런 영향도 받지 않았습니다. 주 안에서 기뻐했기 때문에 그런 공격이 먹히지 않은 것입니다. 우리가 그토록 예민한 것은 자의식과 자존심 때문 아닙니까? 우리가 그토록 쉽게 상처를 받는 것은 바로 이 때문입니다. 그러므로 우리에게 필요한 대책은 자기 자신을 생각지 말고 주 안에서 기뻐하는 것입니다. 우리는 우리 자신을 위해 일하는 사람들이 아니라 주님을 위해 일하는 사람들입니다. 바울은 2장에서 말합니다. "아무 일에든지 다툼이나 허영으로 하지 말고 오직 겸손한 마음으로 각각 자기보다 남을 낫게 여기고 각각 자기 일을 돌볼뿐더러 또한 각각 다른 사람들의 일을 돌보아……"(3-4절). 스스로 종이라고 생각하는 사람은 모든 것을 잃어도 낙망치 않습니다. 전부 주님을 위해 맡은 것이지 자기 것이 아니기 때문에 설사 다 잃는다 해도 자신으로서는 잃은 것이 없습니다.

기쁨은 다른 위험에도 방어막 역할을 합니다. 알다시피 빌립보 사람들은 앞으로 바울 없이 어떻게 살아가야 할지 막막했습니다. 그들은 바울을 인도자와 교사 그 이상으로 생각하는 경향이 있었습니다. 바울은 말합니다. "내 안에서 기뻐하지 말고 주 안에서 기뻐해라. 내가 사느냐 죽느냐는 중요치 않다. 주님이 너희와 늘 함께 계시잖느냐?" 참된 기쁨은 이러한 위험에 방어막 역할을 합니다.

계속해서 3장을 살펴보면 아주 중요한 또 한 가지 이유를 찾아 볼 수 있습니다. 유대교인들은 자신들이 유대인으로서 할례를 받았다는 사실을 자랑했으며 자신들의 도덕성을 비롯한 여러 가지 요소들을 자랑했습니다. 그러나 그 결과는 결국 불행과 비참이었습니다. 이에 대한 유일한 치료책 역시 주 안에서 기뻐하는 것입니다. 이처럼 참된 기쁨은 사면의 온갖 공격에 방어막 역할을 합니다.

주 안에서 기뻐해야 할 다섯 번째 중요한 이유는 오직 이 기쁨만이 우리를 실망시키지 않는다는 데 있습니다. 다른 기쁨과 행복의 토대는 그것이 무엇이든, 우리 자신이든 성공이든 능력이든 세상 학식이든 가정이든 자녀든 결국은 우리를 실망시키게 되어 있습니다. 무엇이든 마찬가지입니다. 결국 다 사라지고 나 혼자 덩그러니 남게 됩니다. 세상의 삶을 마치는 순간, 아무것도 가져갈 수 없다는 사실이 드러납니다. 벌거벗은 영혼만 빈손으로 남아, 그동안 죽음의 강 너머 가져갈 수 없는 것들을 의지하며 살아왔음을 깨닫게 됩니다. 죽음의 고독이 밀어닥칩니다.

요한복음 16:32에서 주님은 말씀하십니다. "보라, 너희가 다 각각 제 곳으로 흩어지고 나를 혼자 둘 때가 오나니 벌써 왔도다. 그러나 내가 혼자 있는 것이 아니라 아버지께서 나와 함께 계시느니라." 결국 우리도 이런 순간을 맞이할 것입니다. 시험이 닥치면 세상에서 얻었던 것들은 전부 사라지고 이 기쁨만 유일하게 남는다는 사실, 이 기쁨은 그 순간에도 우리를 저버리거나 떠나지 않는다는 사실을 확인할 것입니다. 주님은 약속하십니다. "내가 결코 너희를 버리지 아니하고 너희를 떠나지 아니하리라"(히 13:5). 내 기쁨이 주 안에 있는 것이라면, 그 무엇도 나를 해칠 수 없습니다. 우리 주 그리스도 예수 안에 있는 하나님의 사랑에서 나를 끊어 낼 수 없습니다. 사람들은 바울을 옥에 가두었지만 그 속에 있는 그리스도인의 기쁨은 빼앗지 못했습니다. 그를 핍박하고 때리고 중상하며 그의 평판과 모든 것을 빼앗고자 덤벼들었지만 아무 소용이 없었습니다. 참된 기쁨은 인간이 결코 손댈 수 없는 것, 인간과 인간의 온갖 음모 및 해치려는 시도 너머에 있는 것입니다. 이 기쁨은 결코 사라지지 않습니다. 누구도 빼앗아 갈 수 없습니다.

우리는 주 안에서 기뻐하고 있습니까? 무엇보다 실제적인 이 질문의 답은 아주 간단합니다. 세 가지 명제로 정리해 보겠습니다. 여기 나오는 명령에 따라 주 안에서 기뻐하는 길은 무엇보다 먼저 다른 기쁨의 원천들을 배제하는 것입니다. 이것은 소극적이지만 본질적인 명제입니다. 빼앗길 수 있는 것에 기쁨의 원천을 두고 있다면 얼른 바로잡아야 합니다. 세상에 사는 그리스도인으로서 세상의 삶 자체는 피할 수 없지만, 세상에 소속되지는 말아야 합니다. 세상과 세상이 주는 것들에 얽매이지 말아야 합니다. 그런 것들의 힘에 휘둘리지 않도록 극히 조심해야 합니다. 그 자체에 무슨 문제가 있기 때문이 아닙니다. 그 자체로서는 다 합당한 것들이며 대부분 하나님이 주신 것들이지만, 그럼에도 혹시 내 기쁨의 중심을 차지하고 있지는 않은지 항상 살피고 주시하며 바로잡아야 합니다. 늘 그 위험성을 인식하고 상기하면서, 안전하지 않은 토대에 온 에너지를 쏟는 일이 없게 해야 합니다.

다음은 적극적인 명제로서, 주를 묵상해야 한다는 것입니다. 주를 생각하지도 않으면서 주 안에서 기뻐할 수는 없습니다. 내 마음을 사로잡고 매혹시키기 쉬운 것들을 의도적으로 외면하고, 주를 깊이 생각해야 합니다. 히브리서 기자의 중대한 대답도 이것 아닙니까? "모든 무거운 것과 얽매이기 쉬운 죄를 벗어 버리고 인내로써 우리 앞에 당한 경주를 하며 믿음의 주요 또 온전하게 하시는 이인 예수를 바라보자"(히 12:1-2). 주를 생각하십시오. 주께 시선을 고정시키십시오. 주를 바라보아야만 주 안에서 기뻐할 수 있습니다.

세 번째이자 마지막 명제는 이것입니다. 우리는 그가 우리를 위해 하신 일, 크고 놀랍고 영광스러운 일을 살펴보고 묵상해야 합니다. 과거로 돌아가 십자가를 바라보아야 합니다. 십자가에 달리시기까지 주님이 겪으신 모든 고난을 살펴보아야 하며 십자가가 주님께 무슨 의미가 있는지 상고해야 합니다. 성경을 읽으면서 "이것은 일개 철학이나 사상이나 우화가 아니다"라고 선포해야 합니다. 그가 하늘 궁전을 떠나 자신을 낮추신 이야기, 비틀거리며 골고다 언덕을 올라가 마침내 십자가에 달리신 이야기를 전부 읽어야 합니다. 그가 감내하신 모든 일을 살펴보면서 "이 모든 일을 날 위해 하셨다"라고 고백해야 합니다. 이것이 주 안에서 기뻐할 수 있는 길입니다. 이처럼 그가 우리를 위해서 이미 하신 일을 상고한 다음에는 그가 지금 우리를 위해 하고 계시는 일도 기억해야 합니다. 바울은 앞서 그가 "너희[우리]에게 소원을 두고 행하게" 하신다고 말한 바 있습니다(빌 2:13). 그는 이 일을 시작하셨을 뿐 아니라 지금도 계속하고 계십니다. "너희 안에서 착한 일을 시작하신 이가 그리스도 예수의 날까지 이루실 줄을 우리는 확신하노라"(빌 1:6).

사랑하는 여러분, 그가 어떻게 여러분의 삶에 들어오셔서 상황을 바꾸시고 소망과 확신을 주셨는지 생각하면 참으로 놀랍고 신기하지 않습니까? 그는 이러한 방법들로 성령을 통해 일하고 계시며 앞으로도 계속 일하실 것입니다. 이 사실을 깊이 알면 알수록 더욱 기뻐하게 됩니다. 마지막 때를 고대하며 모든 것이 완성될 날을 기다리게 됩니다. 역사의 큰 그림을 보고 세상의 혼란과 혼돈과 괴로움과 싸움과 아수라장을 보면서, 그가 지금도 일하고 계신다는 사실과 마침내 그 목적을 이루시리라는 사실을 생각하게 됩니다. 그리스도가 다시 오셔서 모든 원수를 물리치시고 그 나라를 세우시는 마지막 완성의 때가 오고 있습니다. 그때 "의가 있는 곳인 새 하늘과 새 땅"(벤후 3:13), 영광스러운 새 하늘과 새 땅이 펼쳐질 것이며, 주를 믿고 주 안에서 기뻐하던 자들이 그와 함께 영원토록 다스릴 것입니다.

이 사실을 상고하는 것이야말로 기뻐하는 길이 아니겠습니까? 바로 이것이 "주 안에서 기뻐하라"라는 권면의 의미입니다. 가만히 앉아서 절로 기쁜 마음이 생기길 바라서는 안 됩니다. 인위적인 자극으로 기쁜 감정을 만들어 내서도 안 됩니다. 주 안에서 기뻐하는 길은 주와 그의 구원을 묵상하는 것입니다. 그가 전에 하신 일과 지금 하고 계시는 일, 장차 하실 일을 바라보는 것입니다. 이것을 참으로 아는 사람은 기뻐하지 않을 수 없습니다. 그가 여러분을 일으켜 주실 것입니다. 세상과 세상의 온갖 괴로움 앞에서도 웃게 해 주실 것입니다. 죽음 앞에서도 웃게 해 주실 것입니다. 죽음은 사랑하는 주님이 계신 곳과 그 영광으로 들어가는 작은 문에 지나지 않습니다. "끝으로 나의 형제들아, 주 안에서 기뻐하라."

하나님의 성령으로 봉사하며 그리스도 예수로 자랑하고
육체를 신뢰하지 아니하는 우리가 곧 할례파라.

빌립보서 3:3

2. 참된 예배

사도의 여러 서신을 보면 그리스도인에 대한 정의들이 많이 나오는데, 3절도 그중에 하나입니다. 그는 계속해서 이 말을 정의 내릴 필요가 있다고 생각했습니다. 편지를 받아 보는 이들은 이미 복음을 듣고 믿음을 가진 자들이었으며 회심하여 교인이 된 자들이었지만, 그렇다고 복음의 가르침과 교리를 완전히 이해한 것은 아니었습니다. 초대교회 시대 이후 계속해서 교회에 혼란을 야기했던 이단의 대부분이 바로 이 시기에 생겨났습니다. 사도는 평생 그들과 큰 싸움을 벌여야 했습니다. 그래서 이처럼 거듭해서 그리스도인의 정의를 내려 주는 것입니다. 그는 "이러저러한 것들을 믿는 자는 당연히 그리스도인이 아니다. 그리스도인이 된다는 것은 다음과 같은 것이다"라고 말하면서, 그리스도인의 정의를 내려 주었습니다. 3절에서 하고 있는 일도 그것입니다.

사도의 편지에 이런 정의가 나올 때마다 정확히 어떤 방식으로 그렇게 하는지 살펴보면 아주 흥미로울 뿐 아니라 깊은 교훈까지 얻을 수 있음을 여러분도 알 것입니다. 바울이 3절에서 그리스도인의 정의를 내리는 것은 빌립보 교인들의 기쁨과 행복을 위해서입니다. 지난번에 우리는 빌립보서 3:1—"끝으로 나의 형제들아, 주 안에서 기뻐하라"—을 다루면서 이것이 빌립보서 전체의 주제라는 사실과, 바울은 빌립보 교인들이 기쁨을 누릴 뿐 아니라 그 기쁨을 붙잡고 지킬 수 있도록 돕기 위해 이 편지를 썼다는 사실을 지적했습니다. 이미 살펴보았듯이 바울은 빌립보 교인들을 공격하며 그들의 행복을 위협하는 여러 가지 문제들을 다루었습니다. 그리고 이제 여기에서 빌립보 교회의 기쁨을 쉽게 방해할 수 있는 또 한 가지 문제를 언급합니다.

이번에는 바울이나 빌립보 교인들에게 일어난 사건이 문제가 아니라, 이른바 유대교인들에게서 비롯된 파괴적인 거짓 가르침과 오류가 문제였습니다. 그들은 초대교회들을 돌아다니면서, 사도가 "참된 기독교 전체를 뿌리부터 완전히 뒤엎는다"고 지적해 마지않던 가르침과 교리를 그리스도의 이름으로 전했습니다. 그래서 바울이 이처럼 격렬하게 문제를 제기하는 것입니다. 단순한 논쟁은 그의 일차적 관심사가 아니었다는 점을 분명히 밝혀야겠습니다. 그는 논쟁 자체에는 아무런 관심이 없었고 토론을 위한 토론도 좋아하지 않았기에, 정말 중요한 사안이 아니면 논쟁을 벌이지 않았습니다. 그런데 여기에서 지금 이 문제를 제기하는 것은, 유대인들의 교리를 받아들일 경우 그리스도 안에 있는 빌립보 교인들의 신분 자체가 무너져 버리기 때문입니다.

이 주제의 중요성을 사도가 얼마나 강조하는지 여러분도 알아챘을 것입니다. 사도는 적어도 네 가지 다른 방식으로 중요성을 강조합니다. 첫째로, 그는 이미 말한 내용을 다시 반복하겠다고 합니다. "너희에게 같은 말을 쓰는 것이 내게는 수고로움이 없고……." 학식 높은 주석가들은 이 구절을 놓고 고민을 많이 합니다. 여기에서 "같은 말"이란 무엇을 가리키는 표현일까요? 지금은 사라지고 없는 또 다른 편지를 가리키는 표현일까요? 아니면 다른 두세 편지에서 했던 말을 가리키는 표현일까요? 신학자들은 모든 학식을 동원하여 이 문제와 씨름하고 있습니다.

그러나 제가 생각하는 확실한 설명은, 바울이 그들과 함께 지낼 때 했던 말을 가리킨다는 것입니다. 사실 바울은 반복을 좋아합니다. 거의 모든 서신에 반복이 나옵니다. 요컨대 그가 여기에서 말하는 바는 이것입니다. "전에 여러 차례 했던 말을 또 반복하겠지만, 그렇다고 양해를 구하지는 않겠다. 이렇게 반복하는 편이 너희에게 안전하기 때문이다. 이것은 아주 중요하고 긴요한 일이기에 반복해서 또 말해야겠다." 이 또한 바울이 얼마나 깊이 있고 지혜로운 선생인지 보여 주는 사례입니다. 그리스도인들로 하여금 자기 믿음의 기초가 확실하고 흠 없이 온전하다고 착각하게 만드는 것보다 더 교활한 시험은 없습니다. 실제로 바울은 다른 서신에서 그리스도인들이 믿음의 원리에 확실치 못한 탓에 편지를 쓴다고 밝히기도 했습니다. 겉보기에는 완전히 건전한 믿음을 가진 것 같아도, 행동을 보면 기초부터 잘못되었음을 여실히 알 수 있었기 때문입니다. "오, 그래요. 난 이미 오래전에 그리스도인이 되었습니다. 믿음으로 의롭다 하심을 얻는다는 메시지는 물론이요 모든 메시지를 알고 있지요"라고 말하는 이들이 있습니다. 그러나 이런 말을 한다는 것 자체가 이미 바른 길에서 벗어나 절망적인 상태에 있다는 증거입니다. 그리스도인으로서 일정한 삶의 수준에 도달했으니 예수 그리스도 복음의 첫째가는 원리를 굳이 상기하지 않아도 된다는 생각은 아예 하지도 마십시오. 반복은 필수입니다. 진리에서 미끄러져 나갈 위험, 기초가 잘못되었는데도 올바르다고 착각할 위험은 늘 있습니다. 그래서 바울이 같은 말을 반복하는 것에 대해 양해를 구하지 않는 것입니다.

바울이 이 주제의 크나큰 중요성을 강조하기 위해 사용한 두 번째 방식은 세 번 거듭해서 "삼가라"는 말을 쓴 것입니다. "개들을 삼가고 행악하는 자들을 삼가고 몸을 상해하는 일을 삼가라." 사도의 입장에서 볼 때 이것은 지나친 과장이 아닙니다. 워낙 긴요한 문제이기 때문에 무슨 수를 써서라도 그 무서운 위험성을 일깨워야 합니다. 그래서 "삼가라, 삼가라, 삼가라"는 플래카드 내지는 경고문을 높이 들고, 반복을 통해 위험성을 각인시키는 것입니다.

그 다음으로 사용한 방식은 거짓 선생들에 대해 격한 표현을 쓴 것입니다. 원래 바울은 격한 사람이 아닙니다. 사도행전에 나오는 연설들을 읽어 보면 그가 얼마나 부드러운 사람이었으며 한결같이 정중하게 말하는 사람이었는지 알 수 있습니다. 그는 쉽게 남을 매도하지 않았습니다. 그런데도 이런 강한 언어를 쓴 데에는 그만한 이유가 있습니다. 그가 이처럼 거짓 선생들을 "개들"이라고 부른 것은 그들의 가르침이 얼마나 위험한지 알았기 때문입니다. 그들은 바울이 아닌 자신들이 참 복음을 전한다고 하면서, 다른 이들을 전부 개라고 폄하했습니다. 그래서 바울이 거꾸로 그들을 개라고 부른 것입니다. 그들은 실제로 개처럼 굴었고, 개처럼 물어뜯으며 파괴했습니다.

또한 바울은 그들을 "행악하는 자들"이라고, 즉 교회와 그리스도인들을 뒤엎고 분열과 당파를 조장하는 악을 행하는 자들이라고 말합니다. 그 일은 악한 것이었습니다. 이것이 그들이 전한 교리에 대한 바울의 평가였습니다. 그리고 마지막으로 그들은 "몸을 상해하는 일"을 한다고 지적합니다. 이것은 일종의 말장난이라고 할 수 있습니다. 그들이 전하는 것은 할례circumcision지만, 실제 의도와 관심은 "몸을 상해하는 일concision", 즉 신체를 훼손하는 데 있다는 것입니다. 진정한 할례파는 오히려 그리스도인들이라고 바울은 말합니다. 이 격한 표현 역시 사도가 얼마나 이 문제를 심각하게 여겼는지 보여 주는 분명한 증거입니다.

네 번째로 바울은 그리스도인의 요건을 적극적으로 제시함으로써 이 문제의 중요성을 강조합니다. 여기에서 우리는 앞서 지적했던 요점으로 돌아가게 됩니다. 이 편지를 받는 이들은 이미 그리스도인이었습니다. 바울은 1:4-10과 2장에서 그리스도인에게 해당되는 고상하고 놀라운 사실들을 이야기한 바 있습니다. 그럼에도 그는 거짓 선생들의 교활함을 놓치지 않는 영적 전문가로서, 다시 한 번 그들에게 참된 그리스도인이 어떤 사람인지 알려 주고 있습니다. 그는 그리스도인에 대해 삼중의 정의를 내립니다.

자, 지금까지 이 주제의 엄청난 중요성을 살펴보았는데, 그 내용을 요약하면 다음과 같습니다. 사도에 따르면, 우리의 현재 신분과 영원한 신분은 그리스도인의 요건—그리스도인의 기본 요소—을 분명히 아느냐 모르느냐에 달려 있습니다. 바울은 이 부분을 크게 염려하며, 이 부분이 잘못되면 영원한 미래를 그르치게 된다고 경고합니다. 그래서 항상 우리를 오도하려 드는 거짓 가르침을 피하는 일이 그토록 중요한 것입니다.

두 번째 이유가 있습니다. 이 또한 바울이 크게 염려하는 부분입니다. 그리스도인이 참된 기쁨을 누리며 사느냐 못 사느냐는 교리를 정확히 아느냐 모르느냐에 달려 있습니다. 교리를 확실히 모르는 것보다 더 쉽게 그리스도인의 기쁨을 빼앗아 가는 요인을 저는 알지 못합니다. 본인은 정말 믿는다고 생각하지만 잘못된 가르침을 믿는 탓에 바울이 말하는 주 안의 기쁨을 맛보지 못하는 이들이 얼마나 많은지 모릅니다. 심지어 그리스도인이 기뻐하는 것을 거의 죄악시하는 이들도 있습니다. 기뻐하라는 권면이 신약성경에 그토록 많이 나오는데도, 그리스도인은 평생 고개를 푹 숙인 채 탄식하며 살아야 한다고 생각하는 것입니다. 그런 이들은 오직 자기 자신만 바라볼 뿐 주님을 바라보지 못합니다. 기초적인 사실들조차 이해하지 못합니다. 교리를 분명하고 확실하게 아는 것이 그토록 중요하다고 주장하는 이유가 여기 있습니다. 주 안에서 기뻐할 수 있는 유일한 길, 그리스도 안에서 주어지는 혜택을 온전히 누릴 수 있는 유일한 길은 교리를 확실하게 아는 것입니다.

이 일이 얼마나 시급하고 중요한지 모릅니다! 우리는 심각한 불확실성의 시대에 살고 있습니다. 오늘날 평안하고 안정된 마음, 자유로운 마음으로 예배드리지 못하는 그리스도인들이 많습니다. 과거에 의지했던 것들을 다 빼앗기는 막막한 상황이 닥쳤을 때 중요하게 부각될 한 가지 문제는 '나는 과연 하나님을 알고 있느냐, 그에게 기도할 수 있느냐' 하는 것입니다. 기도할 수 있으려면 자신의 신분부터 확인해야 합니다. 기도하려고 무릎을 꿇었는데 자신이 그리스도인인지 아닌지, 기도할 자격이 있는지 없는지조차 알 수가 없고 기초적인 사실들조차 의심이 된다면 어떻게 그 토대 위에 기도의 집을 세우겠습니까? 위기의 순간에는 이런 것들을 차분히 확인해 볼 여유가 없습니다. '나는 그리스도인'이라는 확신을 가지고 곧장 하나님께 나아갈 수 있어야 합니다. 그래서 바울이 그토록 이 부분을 염려하는 것입니다. 그가 빌립보 교인들에게 말하는 요지는 이것입니다. "이 첫 번째 문제가 확실히 해결되어 있으면, 무슨 일이 닥치든 하나님과 너희 사이는 흔들리지 않는다. 그 무엇도 하나님과 너희 사이를 갈라놓지 못한다. 그러니 지금 너희가 서 있는 자리부터 확인해 보아라."

우리에게도 이 문제가 강력하게 제기될 때가 온다고 저는 말하는 바입니다. 이것은 예언이 아닙니다. 이렇게 불확실한 시대에 누가 감히 예언을 하겠습니까? 그러나 그냥 세상을 관찰하기만 해도 하나님을 아는 일 외에 그 어떤 것도 중요치 않을 시기, 오직 하나님을 아는 일만 중요해질 시기가 오리라는 징조가 무수히 눈에 띄지 않습니까? 그래서 그리스도인이 된다는 말의 의미를 정확히 아는 것보다 중요한 일이 없다고 말하는 것입니다. 그러므로 저 또한 사도 바울처럼 여러분이 밝히 알기까지 이 주제에 계속 주의를 환기시키는 것에 대해 양해를 구하지 않겠습니다. 이것이 우리 모두에게 "안전"한 일이기 때문입니다.

이미 상기시켰듯이 사도는 지금 유대교인들의 문제를 다루면서 이 말을 하고 있습니다. 그들은 이 교회 저 교회 돌아다니면서 그리스도를 믿는 것만으로는 충분치 않다고 가르쳤습니다. "유대인이 되어야 하고, 할례를 받아야 한다"라고 가르쳤습니다. 새로 생긴 이방인들의 교회를 찾아가 이런 메시지를 전했습니다. "오, 그렇다. 너희는 바울이 전한 복음을 믿고 있다. 하지만 그는 복음을 충분히 가르치지 않았다. 참된 그리스도인이 되려면 할례도 받아야 하고, 성전 예배에 대해서도 알아야 한다. 제사를 전부 폐해 버리면 안 된다. 제사는 여전히 필요하다. 그리스도도 믿고 제사도 드려야 한다"라고 했습니다. 이것이 그들의 메시지였습니다. 이에 대해 바울은 그리스도인에 대한 삼중의 정의로 반박합니다.

물론 저와 여러분이 그때와 똑같은 거짓 가르침을 듣고 있는 것은 아닙니다. 그러나 저변에 깔린 원리는 똑같은 가르침을 듣고 있습니다. 그리스도인에 대한 바울의 정의를 계속 연구하다 보면, 우리가 순전히 학문적인 관심으로만 이 주제를 살피는 것은 아님을 분명히 알게 됩니다. 예컨대 빅토리아 시대처럼 편안한 시절이라면 그럴 수 있을지도 모르겠습니다. 그러나 오늘날 우리 앞에 있는 상황은 빌립보 교인들의 상황처럼 위협적입니다. 그렇기 때문에 그리스도인에 대한 바울의 삼중적인 정의를 참으로 주의 깊게 살펴보아야 하는 것입니다.

바울이 말하는 그리스도인의 첫 번째 특징은 "성령 안에서 하나님을 봉사[예배]"한다는 것입니다. 또는 "하나님의 성령으로 봉사"한다고 번역할 수도 있습니다(어느 쪽이 더 정확하다고 단정 짓기는 어렵습니다).* 사실 어느 쪽으로 번역하든 괜찮습니다. 본질적으로는 둘 다 같은 내용을 담고 있기 때문에 아무런 문제가 되지 않습니다. 다시 말씀드리겠습니다. 참된 그리스도인지 아닌지 알아보려 할 때 가장 먼저 확인해야 할 것은 예배입니다. 우리의 예배관, 예배에 대한 정의는 무엇입니까? 실제로 우리는 어떤 의미에서 하나님을 예배하고 있습니까? "정말 우리한테 그런 초보적인 문제를 제기하는 겁니까?"라고 묻는 이가 있을지도 모르겠습니다. 제가 이런 질문을 드리는 것은, 스스로 예배한다고 믿는다고 해서 참으로 예배하는 것은 아니라는 단순한 사실을 사도 자신이 너무나도 분명히 밝히고 있기 때문입니다.

참된 예배와 반대되는 잘못된 예배가 있습니다. 보다시피 사도는 지금 유대교인들의 거짓 가르침을 반박하면서 이 말을 하고 있습니다. 그가 빌립보 교인들에게 말하는 요지는 이것입니다. "그들은 스스로 '할례파'라고 하면서 자신들이 옳은 것처럼 행세하고 있다. 그들이 노상 하는 말은 너희도 할례를 받아야 하며 유대교의 의식과 전례와 성전 예배로 돌아가야 한다는 것이다. 하지만 그런 식으로는 참된 예배를 드릴 수 없다. 우리야말로 성령 안에서 하나님을 예배하는 할례파다." 이 말이 무슨 뜻일까요? 자, 첫째로 그리스도인은 성령 안에서 하나님을 예배하는 자들, 유대교인들이 말하는 다른 방편들이 필요치 않음을 아는 자들입니다. 하나님은 그분께 나아가는 새로운 길, 다른 방법을 주셨습니다. 이제

---

* 우리말 성경 개역개정판은 후자로 번역하고 있다.

는 이 방법으로 나아가야 합니다. 옛 방법은 폐기되었습니다. 옛 방법 자체가 잘못되었다는 말이 아니라, 이제는 그리스도인이 되었기 때문에 더이상 그 방법이 필요치 않다는 것입니다. 그런데도 옛 방법으로 돌아가는 것은 그리스도를 부인하는 짓입니다. 이것이 바울의 메시지입니다.

이것은 오늘날에도 그대로 해당되는 주제임이 분명합니다. 최근에 예배에 대해 많은 논의가 있었고, 예배를 엄청나게 강조하는 교파도 생겨났습니다. 전에 어떤 회의에 참석했다가 영국 국교회에 속한 훌륭한 인물의 말을 들었는데, 그는 누구를 공격할 의도 없이 이런 말을 했습니다. "우리 국교도와 비국교도의 실질적인 차이점은 우리가 예배를 강조한다는 데 있습니다." 그는 전례와 참된 예배를 구별치 못했던 것이 분명하다고밖에 볼 수 없습니다. 그는 국교회가 설교와 말씀을 전하는 일보다 형식과 의식에 더 관심을 기울인다는 뜻에서 그 말을 한 것입니다. 그는 예배의 모든 부분이 하나님에 대한 경배임을 잊고 있었습니다.

제가 이 예를 든 것은 제가 설명하는 말의 의미를 설명하기 위해서입니다. 지난 50여 년의 역사를 뒤돌아보면서 교회에 유입된 경향들을 살펴보면 아주 흥미롭습니다. 제가 여기에 관심을 갖는 것은 교회의 현 상태 때문입니다. 영국에 그리스도인이 너무 적다는 사실을 다들 개탄하리라 확신합니다. 영국 교회에는 아무 문제가 없다고, 거의 모든 영국 국민이 그리스도인 아니냐고 말하는 이들도 있습니다만, 대부분은 그렇게 주장하지 않으리라 생각합니다. 그리스도인과 교회가 중시되지 않고 국가의 영적인 삶이 쇠락하는 현실을 우리는 목도하고 있습니다. 여기에서 바로 떠오르는 질문은 "왜?"라는 것입니다. 자, 제가 볼 때 이 현상은 그동안 더 정교한 예배 형식과 기도서와 전례로 회귀하려는 경향이 강화되어 왔다는 사실과 무관치 않습니다. 건물, 특히 화려한 건물을 높이 세우려는 경향이 나타나고 있으며, 기계적인 형식의 예배와 삶으로 회귀하려는 경향이 나타나고 있습니다.

제가 볼 때 국교회뿐 아니라 비국교회에도 최근 이런 경향이 두드러지고 있는 형편입니다. 이런 경향은 일정한 예배관에서 비롯된 것이므로 함께 살펴볼 필요가 있습니다. 사람들은 훨씬 더 자유롭게 예배하고 기도하며 하나님을 찬양했던 조상들을 비웃고, 예배의 형식과 위엄을 크게 강조하며 각인시키고 있습니다. 과거의 예배를 멸시하며 마치 그런 예배에는 위엄이 없는 것처럼 착각하고 있습니다. 오늘날 그들이 말하는 예배는 하나의 형식으로 회귀하고 있으며, 사람들은 그것을 참된 예배로 믿고 있습니다. 큰 교회 예배에 참석할 때마다 사람들이 단지 특정 형태의 건물에 감명 받는 게 아닌가 싶어 늘 딱한 생각이 듭니다. 사람들이 정말 예배하는지 아닌지 검증하려면 그들의 행동을 지켜보면 됩니다. 예배는 특정 형태의 건물에서 받는 감명과는 아무런 상관이 없습니다. 이교도도 자기들의 신전에서 경이감을 느낄 수 있습니다. 그렇다고 그것이 참된 예배입니까?

다시 말해서 그들은 외양과 실제를 착각하고 있으며, 참된 경건이 아니라 경건의 모양만 갖추려 하고 있습니다. 참으로 예배하는 자는 경건하게 새벽기도회에 참석하고 나머지 시간은 자기 것으로 주장하는 사람이 아니라, 마음과 영을 다해 예배하는 사람입니다. 본인은 예배의 의미를 분명히 안다고 생각하지만, 실제로는 오해하고 있을 위험이 늘 있습니다.

이런 명백한 위험들을 지적하는 것 외에, 훨씬 더 개인적이고 직접적인 질문을 드리겠습니다. 우리 각자의 예배는 어떻습니까? 우리의 예배에는 전례나 의식이나 형식이 없습니다. 그렇다고 우리의 예배는 무조건 참되고 옳은 것처럼 단정해서는 안 됩니다. 직접적으로 묻겠습니다. 여러분은 하나님을 참으로 예배하고 있습니까? 그리스도인의 첫 번째 특징은 하나님의 영으로 예배하는 것─이것이 참된 예배입니다─이라고 바울은 말합니다. 무슨 뜻입니까? 자신이 정말 사도가 말하는 방식으로 예배하는지 아닌지 검증해 볼 수 있는 질문을 알려 드리겠습니다.

첫 번째 질문은 이것입니다. 나는 의무감으로 예배합니까, 예배하고 싶은 열망으로 예배합니까? 늘 해야 하는 일이라서 예배합니까, 속에서 우러나와서 예배합니까? 보다시피 사도는 '그리스도인이란 성령의 역사로 예배하는 자들, 예배가 의무가 아니라 열망인 자들'이라고 정의합니다. 둘째로, 약간 다른 표현을 사용해 보겠습니다. 성령으로 하나님을 예배한다는 것은 억지로 예배하는 것이 아니라 마음이 움직이고 이끌려서 예배한다는 뜻입니다. 이것이야말로 엄밀한 검증 방법 아닙니까? 우리는 대부분 억지로 교회에 다닌 경험이 있습니다. 주로 어릴 때 그랬습니다. 좀 더 나이가 든 후에도 부모님 때문에 교회에 다녔거나, 늘 "교회 가라"는 말을 듣고 자란 탓에 교회에 다닌 분들도 있을 것입니다. 다니고 싶지 않은데 그러면 안 될 것 같아서 마지못해 다닌 것입니다. 이렇게 억지로 예배하는 것과 마음이 움직이고 이끌려서, 무언가 속에서 나를 재촉하며 끌고 가서 예배하는 것은 완전히 다른 일 아닙니까? 기도해야 한다는 생각 때문에 기계적으로 침대 곁에 무릎을 꿇는 것과, 성경을 읽거나 길을 걷거나 묵상하다가 절로 무릎을 꿇게 되는 것은 완전히 다른 일입니다. 무언가가 내 마음을 움직입니다. 내 마음을 뒤흔듭니다. 성령의 인도가 느껴집니다. 이렇게 내면이 움직이고 사로잡히며 이끌리는 것을 인식하는 것이 성령으로 드리는 예배의 특징입니다.

하나님의 성령으로 드리는 예배는 냉랭하거나 형식적이지 않습니다. 늘 뜨겁고, 사랑이 넘치며, 자유롭습니다. 바울이 로마 교회에 편지를 쓰면서 이 점을 어떻게 묘사했는지 기억할 것입니다. "우리에게 주신 성령으로 말미암아 하나님의 사랑이 우리 마음에 부은 바 됨이니"(롬 5:5). 성령이 우리 안에 계시면 반드시 하나님의 사랑이 부어지게 되어 있습니다. 하나님을 향한 사랑 때문에 냉랭하고 형식적인 기도나 말만 화려한 기도를 드리지 못합니다. 그렇습니다. 그것은 성령으로 드리는 예배의 특징이 아닙니다. 성령으로 드리는 예배에는 뜨거움이 있습니다. 설렘과 흥분이 있습니다. 자유가 있습니다. 딴생각은 나지도 않을 정도로 예배와 찬양에 빠져듭니다. 차가운 형식에 갇히지 않습니다. 성령의 뜨거움이 있습니다.

좀 더 구체적으로 설명해 보겠습니다. 성령으로 하나님을 예배하면 예배할수록 이런저런 방편에 덜 의지하게 됩니다. 여기에서 '방편'이란 건물이나 전례, 또는 사제나 그 밖의 사람들을 가리킵니다. 성도들의 전기나 로마 가톨릭 신앙을 여전히 고수했던 이들—그러나 제가 보기에는 완전히 복음적이었던 이들—의 생애를 읽어 볼 때 예외 없이 발견하는 사실은, 그들이 복음적인 의미에서 하나님을 알고 예배하면서부터 기도서와 전례와 형식을 벗어나 마음으로 기도하기 시작했다는 것입니다. 그들은 속에서 우러나오는 대로 기도했습니다. 18세기 감리교 부흥운동 때도 그러했습니다. 형식적인 교회 예배 때보다는 기도회에서 하나님을 예배하기가 더 쉽다는 것을 다들 알리라 생각합니다. 그러나 영적인 사람이 될수록 친구들도 덜 의지하게 됩니다. 하나님 앞에 홀로 있을 때에도 친구들과 함께 모일 때와 똑같은 자유와 해방감을 느낍니다.

좀 더 나아가 봅시다. 영으로 참된 예배를 드리고 있는지 아닌지 검증해 볼 방법이 또 있습니다. 영으로 하나님을 예배하는 사람은 하나님을 자신과 동떨어진 추상적 관념으로 생각하거나 아득히 멀리 있는 철학적 개념에 가까운 존재로 생각지 않습니다. 영으로 예배하는 사람은 하나님의 임재를 깨닫습니다. 하나님이 곁에 계심을 압니다. 성령의 인도를 받는 자는 전능자의 임재를 인식합니다. 이것이 영적인 예배의 시금석입니다!

마지막 검증 방법을 말씀드리겠습니다. 어쩌면 이것이 가장 좋은 방법일지도 모르겠습니다. 한편으로는 경건한 두려움과 경외감을 가지고, 또 다른 한편으로는 양자의 영을 가지고 "아빠 아버지"라고 부르짖는다면, 영으로 하나님을 예배하고 있다고 확신해도 좋습니다. 앞서 제가 말한 내용에는 전적으로 동의하지만, 이 점에서 걸려 넘어지는 이들이 있습니다. 그래서 제가 이 점을 강조하는 것입니다. 그들은 말합니다. "전례나 형식이나 외양에 대해 당신이 한 말은 다 옳아요. 난 당신이 말하는 예배의 자유를 믿습니다." 그들은 소리를 지르고 탬버린을 치는 예배가 자유로운 예배이며 진짜 예배라고 생각합니다.

그러나 전례와 형식과 의식의 반대가 곧 육체는 아닙니다. 참된 영적 예배는 육체나 육체적인 관습과 아무 상관이 없습니다. 하나님의 성령으로 예배하는 사람, 영으로 예배하는 사람은 주님이 사마리아 여인에게 말씀하신 바를 확실히 인식합니다. "하나님은 영이시니 예배하는 자가 영과 진리로 예배할지니라"(요 4:24). 하나님의 임재를 아는 사람은 그의 거룩하심과 자신의 무가치함을 깨닫습니다. 그렇기 때문에 하나님 앞에 성큼 달려가지 못합니다. 쉽게 친밀하게 굴거나 그 앞에서 소리를 지르면서 육신적으로 행동하지 못합니다. 그렇습니다. 히브리서 기자는 참된 예배에는 "경건함과 두려움"이 있어야 한다고 말합니다(히 12:28). 그러면서도 "다시 무서워하는 종의 영을 받지 아니하고 양자의 영을 받았으므로……아빠 아버지라고 부르짖"습니다(롬 8:15). 이것이 궁극적이고 참된 의미의 영적 예배입니다. 하나님의 거룩하심을 깨달아 경외감과 두려움으로 다가가면서도, 그가 내 아버지이심을 알기에 "아빠 아버지"라고 부르는 것입니다. 나는 하나님이 추상적인 관념이 아님을 압니다. 아버지로서 나를 사랑해 주시는 것과 나를 구원하시려고 아들까지 보내 주신 것을 압니다. 하나님은 내 머리카락까지 다 세실 정도로 나를 생각 하고 계십니다. 나에게 생기는 일 중에 하나님이 모르시는 일은 하나도 없습니다.

오, 이러한 기준들로 자신을 점검해 봅시다! 우리의 예배는 이런 예 배입니까? 우리는 성령으로 하나님을 예배하고 있습니까, 아니면 형식 과 외양으로 예배하고 있습니까? 어쩌다 한 번 기도하고 성경 읽는 것이 전부입니까, 아니면 성령이 나를 다루시는 것을 느낍니까? 우리는 성령 의 인도를 느끼고 있습니까? 하나님의 영으로 인도함을 받는 자는 하나 님의 아들입니다(롬 8:14). 성령이 그를 인도하시고, 자유를 주시며, 사랑 의 불을 붙여 주십니다. 우리는 하나님을 알고 그를 사랑하며 "아빠 아버 지"라고 부르고 있습니까? 예배에 대한 잘못된 개념과 관점에 의존하면 절대 안 됩니다. 우리야말로 성령으로 하나님을 예배하는 할례파라는 사실을 깨닫기 바랍니다.

하나님의 성령으로 봉사하며 그리스도 예수로 자랑하고
육체를 신뢰하지 아니하는 우리가 곧 할례파라.

빌립보서 3:3

3. 모든 것이 그리스도 안에

바울이 3절에서 그리스도인에 대해 특별한 정의를 내린 것은 이른바 유대교인들이 빌립보 교인들에게 전한 거짓 가르침에 대응하기 위한 조처였습니다. 이 점을 상기하면서 3절을 계속 고찰해 봅시다. 어떤 의미에서 이 정의는 배경을 알아야만 온전히 이해할 수 있기 때문에, 이 점을 염두에 두는 것이 중요합니다. 3절의 정의는 확실히 논쟁을 불러일으킬 만합니다. 이것은 적극적인 진술인 동시에 바울의 다른 말들과 모순이 되는 진술이며, 긍정인 동시에 부정입니다. 바울이 이런 정의를 내린 배경을 살펴보면, 여기에 왜 이런 이중적인 요소가 담겨 있는지 알 수 있습니다.

사도가 이토록 짧은 구절 안에 그리스도인에 대한 완벽하고도 온전한 정의를 담아 낸 것을 보면 놀랍습니다. 이 정의에는 어느 한군데 부족한 구석이 없습니다. 이 정의에 비추어 정직하게 검토해 보면, 자신이 과연 그리스도인인지 아닌지 머리와 가슴으로 분명하고 확실하게 확인할 수 있습니다. 이 한 구절에 언급된 요소들은 각각 다 중요하고 본질적인 것들입니다. 구체적으로 다시 한 번 살펴봅시다.

첫 번째 요소는 당연히 하나님에 대한 우리의 태도입니다. 항상 이 것을 출발점으로 삼아야 합니다. 자신이 그리스도인인지 아닌지 알아보려 할 때, 자신의 삶이나 기분이나 체험을 출발점으로 삼아서는 안 됩니다. 단순히 "나는 지금 행복한가? 성공적인 삶을 살고 있는가? 죄를 짓고 있지 않은가?"를 물어서는 안 됩니다. 물론 이런 질문으로도 그리스도 인인지 아닌지 어느 정도는 점검할 수 있지만, 이것을 출발점으로 삼거나 여기에만 머무는 사람은 분명히 아주 위험한 상태에 있는 것입니다. 체험은 온갖 종류의 망상에서도 나올 수 있기 때문에—거짓 가르침에서도 나올 수 있습니다—그리스도인의 정의를 내릴 때 체험을 출발점으로 삼을 것이 아니라, 하나님과 우리의 관계를 출발점으로 삼아야 합니다. 이것이 2장에서 살펴본 내용입니다. 우리는 "하나님의 성령으로" 예배하는 자들입니다. 신약성경은 자주 율법 조문과 영을 대조하곤 합니다. 3절에서 즉시 발견하게 되는 것은 성부 하나님에 대한 교리와 성령에 대한 교리입니다. 영으로 하나님을 예배하지 않는 사람은 그리스도인이 아니라고 바울은 말합니다. 성령이 역사하셔야만 참된 예배를 드릴 수 있습니다.

첫 번째 진술을 살펴보았으니, 이제 두 번째 진술도 살펴봅시다. 그는 "하나님의 성령으로 봉사"하는 자야말로 할례파라고 한 다음, 두 번째로 "그리스도 예수로 자랑"하는 자가 할례파라고 말합니다. 다시 말해서 우리가 그리스도인인지 아닌지 검증해 볼 수 있는 두 번째 중대한 시금석은 주 예수 그리스도에 대한 우리의 태도가 어떤 것이냐, 즉 주 예수 그리스도가 우리 삶에서 어떤 위치를 차지하고 계시느냐 하는 것입니다. 사도가 늘 반복하는 말이 여기에도 나옵니다. 사도가 이 문제에 얼마나 몰두하는지는 이미 살펴보았습니다. 여러 번 지적했듯이 바울은 '그리스도에 중독된 사람'이었습니다. 그는 그리스도를 이야기하지 않고 넘어가는 법이 없었습니다. 항상 그리스도를 이야기했습니다. 이것은 자명한 사실입니다. '그리스도인'이라는 이름 자체만 보아도 '그리스도인이란 그리스도를 절대적인 중심에 모신 사람들'임을 알 수 있습니다. 우리는 영으로 하나님을 예배하는 사람들입니다. 그렇습니다. 예배의 큰 특징은 주 예수 그리스도가 차지하시는 위치에 있습니다.

사도는 여기에서 인상적인 방식으로 이 점을 언급합니다. 그러나 유감스럽게도 흠정역KJV 번역은 약간 손질할 필요가 있습니다. 그 번역이 옳지 않거나 바르지 않기 때문이 아니라, 사도가 전달하려 했던 의미의 미세한 차이를 담아 내지 못했기 때문입니다. 바울은 3:1에서 "끝으로 나의 형제들아, 주 안에서 기뻐하라rejoice in the Lord"라고 말합니다. 그리고 3절에서 다시 "하나님의 성령으로 봉사하며 그리스도 예수를 기뻐하고rejoice in Christ Jesus……"라고 말합니다. 흠정역은 1절과 3절에서 '기뻐하다rejoice'라는 같은 단어를 쓰는데, 원래는 같은 단어가 아닙니다. 바울이 3절에서 사용한 단어는 단순히 기뻐한다는 뜻이 아니라 기쁨을 특별한 방식으로 표출한다는 뜻입니다. 제가 이 점을 강조하는 것은 이 진술의 논쟁적인 배경 때문입니다. 바울은 지금 다른 사람들, 즉 잘못된 교리를 가르친 유대교인들의 문제를 다루고 있습니다. 그래서 3절에서 다른 단어를 사용하는 것입니다.

그렇다면 바울은 어떤 뜻에서 그리스도인은 "그리스도 예수를 기뻐"하는 사람이라고 말한 것일까요? 자, 여기 나오는 "기뻐하고"는 "자랑하고"라고 번역하는 편이 더 낫습니다.* "하나님의 성령으로 봉사하며 그

* 우리말 성경 개역개정판은 후자로 번역해 놓았다.

리스도 예수로 자랑하고" 또는 "그리스도 예수를 영광스러워하고", "그리스도 예수를 자랑스러워하고"라고 번역해도 좋습니다. 그러나 무엇보다 좋은 번역은 "그리스도 예수에 대해 큰소리로 이야기하고"입니다. 물론 그리스도 예수를 자랑하는 것이나 그를 기뻐하는 것이나 같은 말이지만, 미묘한 의미의 차이가 있습니다. 다른 이들, 즉 유대교인들은 그리스도 예수가 아닌 다른 것들을 자랑했습니다. 자신들이 유대인이라는 사실과 할례를 받았다는 사실, 율법을 지켰다는 사실을 자랑했습니다. 그런데 우리 그리스도인은 그런 것들이 아니라 그리스도 예수를 자랑하는 사람들이라고 바울은 말합니다. 유대인들은 자랑했습니다. 자랑이 그들의 큰 특징이었습니다. 그래서 사도는 일부러 그 단어를 사용하고 있습니다.

고린도전서 1장에도 같은 단어가 나옵니다. 바울은 그들 가운데 능한 자가 많지 않고 문벌 좋은 자가 많지 않은 것은 "아무 육체도 하나님 앞에서 영광스러워하지[자랑하지] 못하게 하려 하심이라"고 말합니다 (29절, KJV). 여기 쓰인 단어가 3절에서 "기뻐하고"라고 번역된 바로 그 단어입니다. 고린도전서 1장 마지막 절에도 이 단어가 나옵니다. "기록된 바 영광스러워하는[자랑하는] 자는 주 안에서 영광스러워하라[자랑하라] 함과 같게 하려 함이라" (KJV). 같은 단어가 두 번이나 '기뻐하다' 대신 '영광스러워하다'로 번역된 것입니다. 이것은 당연한 일입니다. 물론 저는 여기에서 '영광스러워하다glorieth' 대신 '자랑하다boast'라는 단어를 썼으면 더 좋았을 것이라고 생각합니다.* "자랑하는 자는 주 안에서 자랑하라, 주를 영광스러워하라, 주를 자랑스러워하라, 주에 대해 큰소리로 이야기

* 우리말 성경은 전부 '자랑하다'로 옮겨 놓았다.

하라"는 것입니다.

사도가 그리스도 예수 안에서 기뻐하라고 말한 의미가 바로 이것입니다. 이것은 아주 깊이 있는 진술로서, 우리는 그 깊이를 헤아리고자 애써야 합니다. 이것은 단순히 믿으라는 뜻이 아닙니다. 물론 그런 뜻도 있지만, 그보다 훨씬 더 깊은 뜻이 담겨 있습니다! 어떤 사람이나 왕조나 국가를 믿는다고 해서 곧 그 대상을 자랑스러워하는 것은 아닙니다. 단순히 믿는 것과 자랑하고 기뻐하는 것은 완전히 다른 일입니다! 이런저런 대의를 믿고 기꺼이 일반적인 차원에서 지원하는 이들은 많습니다. 그러나 어떤 이들은 그 정도에 멈추는 것이 아니라, 그 대의를 향한 열정에 타올라 적극적으로 열과 성을 다하며 심지어 목숨조차 아까워하지 않습니다. 그들은 자신이 믿는 바를 자랑스러워하며 영광스러워합니다. 그리스도 예수 안에서 기뻐한다는 것은 바로 이런 뜻입니다.

이것이 그리스도인의 태도요 참된 신자의 특징이라고 바울은 말합니다. 그리스도인은 그리스도 예수를 자랑하는 사람들, 그리스도를 뽐내는 사람들입니다. 단순히 믿는 사람들이 아닙니다. 그리스도를 생각하기만 해도 온몸이 떨리는 사람들입니다. 다시 말해서 그리스도가 자신의 전부인 사람들입니다. 그렇기 때문에 모든 명예와 영광을 그리스도께 돌리길 열망합니다. 또는 다음과 같이 설명할 수도 있습니다. 자랑하는 사람들은 원래 그리스어 단어에 담긴 뜻처럼 언제나 큰소리로 이야기한다는—저는 이렇게 번역하는 것이 좋다고 말씀드렸습니다—특징이 있습니다. 자기가 얼마나 괜찮은 사람인지 여기저기 큰소리로 떠들고 다니는 사람을 흔히 '자랑쟁이'라고 합니다. 이 번역에 따르자면, 그리스도인은 항상 그리스도를 이야기하고 그리스도를 찬양하는 사람, 만인에게 그리스도의 이야기를 들려 주고 싶어 하는 사람입니다. 그리스도가 얼마나 놀라우신 분인지 알리고 싶어 하는 사람, 항상 그를 칭송하며 그에게 영광과 명예를 돌리는 사람입니다. 입만 열면 그리스도를 이야기하는 사람입니다. 도무지 입을 다물고 있지 못합니다. 항상 그리스도를 이야기합니다.

자신들이 유대인이라는 사실만 줄기차게 내세웠던 유대교인들과 3절 이후에 나오는 바울의 모습이 얼마나 대조되는지 보십시오. 바울은 유대인들이 무엇을 자랑하는지 잘 알고 있었습니다. 저는 그가 이 서신을 쓰면서 유대교인들뿐 아니라 회심 이전의 자기 모습—자부심에 넘쳤던 모습—도 염두에 두었으리라 봅니다. '자랑하다'라고 번역되는 이 그리스어에 주목하며 바울의 모든 서신을 조사해 보면—성경학자들에게 이 작업을 권하는 바입니다—아주 흥미로울 것입니다. 그러면 바울이 이 단어를 얼마나 중요하게 사용했는지 알 수 있습니다. 그는 다음 절에서 연이어 말합니다. "그러나 나도 육체를 신뢰할 만하며 만일 누구든지 다른 이가 육체를 신뢰할 것이 있는 줄로 생각하면 나는 더욱 그러하리니"(4절). 바울은 이 말을 자주 했습니다! 육체를 신뢰하는 것이 자신의 큰 특징이었다는 것입니다. 그러나 이제는 더 이상 육체를 신뢰하지 않는다는 것입니다. 주 예수 그리스도를 자랑한다는 것입니다. 그리스도를 뽐낸다는 것입니다. 그리스도를 이야기한다는 것입니다. 그는 고린도 사람들에게 말했습니다. "내가 너희 중에서 예수 그리스도와 그가 십자가에 못 박히신 것 외에는 아무것도 알지 아니하기로—그리스도 예수만 기뻐하고 영광스러워하며 자랑하고 뽐내기로—작정하였음이라"(고전 2:2).

영광스러워하고 기뻐한다는 말뜻이 정말 이런 것이라면, 우리의 주제를 더 분명히 하기 위해 던져야 할 질문이 있습니다. 그리스도인은 왜 이처럼 그리스도를 자랑해야 하는 것일까요? 그 이유가 무엇일까요? 왜 이것이 그리스도인의 특징이자 엄밀한 시금석이 되는 것일까요? 저는 서슴없이 이것을 시금석으로 제시하는 바입니다. 저는 그리스도가 그 사람의 삶에서 어떤 위치를 차지하시느냐 하는 것이야말로 그리스도인과 비그리스도인을 가르는 중대한 시금석이라고 생각합니다. 그리스도가 우리 삶의 중심과 핵심을 차지하고 계십니까? 우리 삶에서 절대적인 위치를 차지하고 계십니까? 그렇지 않으면 그리스도인이 아니라고 신약성경은 말합니다. 갑자기 누군가 "사실은 그리스도는 없다"라고 말하면 어떨 것 같습니까? 그래도 살아가는 데 아무 지장이 없을 것 같습니까? 이 정의에 따르면 그런 사람은 그리스도인이 아닙니다. 그렇다면 그리스도인이 이처럼 주 예수 그리스도를 자랑하고 영광스러워해야 하는 이유가 무엇일까요? 자, 사실은 복음 전체가 그에 대한 답변이지만, 그중에서도 중심적인 답변 몇 가지만 짚어 보겠습니다. 물론 여러분이 이미 익히 알고 있는 내용일 수도 있지만 "너희에게 같은 말을 쓰는 것이 내게는 수고로움이 없고……"라고 말했던 사도 바울을 따라 저도 양해를 구하지는 않겠습니다. 더구나 주 예수 그리스도에 대한 이야기를 싫증 날 정도로 많이 들었다고 느끼는 사람은 기초부터 다시 점검해 보는 것이 좋습니다. 성도들, 하나님의 백성들은 아무리 그의 덕을 찬양하며 그 영광과 기이함을 말하고 또 말해도 싫증 내지 않습니다.

우리는 왜 그리스도만 자랑해야 합니까? 첫째로, 그리스도 자신 때문입니다. 그리스도는 다른 모든 이들 위에 뛰어나신 분입니다. 내가 그리스도를 자랑하고 영광스러워하는 것은 그가 하나님의 독생하신 아들이시기 때문입니다. 바울이 2장 앞부분에서 말하는 바가 바로 그것입니다. 그는 하나님의 아들이 하늘에서 이 땅으로 내려와 죄 있는 육체의 모양과 종의 형체를 취하시고 그 모든 일을 행하신 놀라운 과정을 묘사합니다. 그를 보고 그가 하신 모든 일을 본 사람, 그 의미를 깨달은 사람은 그를 자랑하고 영광스러워하며 뽐낼 수밖에 없습니다.

이처럼 첫 번째 이유는 그분 자신에게서 찾아볼 수 있습니다. 사실은 이 이유 하나만으로도 충분합니다. 우리는 모두 영웅을 숭배하는 성향을 가지고 있습니다. 사람을 자랑하고 세상의 위인이나 지도자나 높은 신분에 있는 이들을 찬양할 때가 얼마나 많습니까? 그들과 거의 아무런 친분이 없는데도 자랑스러워하면서 늘 그들을 알리려 합니다! 자, 이 예를 무한대로 확장해 봅시다. 여기 성육신하여—육체를 가지고—세상에 와서 한 인간으로 사셨던 하나님의 아들 주 예수 그리스도가 계십니다. 그를 자랑하고 싶다면, 이 사실을 자랑하고 싶다면, 자신이 성령의 역사로 이 사실을 깨달았다는 것을 자랑하고 싶다면, 여러분은 그에게 속한 사람이며 그와 친분이 있는 사람입니다. 그리스도의 위대함과 기이함과 영광을 자랑하십시오.

첫 번째 이유가 전부는 아닌 만큼, 또 다른 이유도 살펴보기로 합시다. 그리스도인은 성육신의 목적이 우리를 죄에서 구원하여 하나님과 화목케 하려는 데 있음을 알기 때문에 그리스도를 영광스러워합니다. 사실 성육신은 그 자체만으로도 찬송하고 자랑하기에 부족함이 없는 크고도 위대한 사건입니다. 그런데 성육신의 의미와 목적까지 깨달을 때, 그가 우리와 우리의 죄를 위해, 모든 측면에서 우리를 구원하고 해방하기 위해 무슨 일을 하셨는지 깨달을 때, 얼마나 더 자랑하고 싶겠습니까? 신약성경은 그리스도가 우리를 구원하기 위해 오셨다고 말합니다. 이 사실을 깨달은 사람은 이 위대한 사도처럼 그리스도 외에 중요한 것은 하나도 없다고 고백할 것입니다.

좀 더 개인적인 차원에서 설명해 봅시다. 그리스도를 자랑한다는 것이 무슨 뜻인지 모든 사람이 알게 되기를 진심으로 바라기 때문에 개인적인 차원에서 설명하지 않을 수가 없습니다. 물론 진리를 객관적으로 바라보는 일도 필요합니다. 그러나 객관적인 눈으로만 바라보면 자랑하고 싶은 마음이 생기지 않습니다. 자신의 구원이 전적으로 그리스도께 달려 있음을 깨달아야 자랑하고 싶어집니다. 바울은 갈라디아서 2:20에서 "나를 사랑하사 나를 위하여 자기 자신을 버리신 하나님의 아들"이라는 표현을 썼습니다. 하나님의 아들이 인간의 죄를 지고 십자가에 친히 못 박히신 광경은 놀라운 것입니다. 그 자체만으로도 무릎을 꿇고 경배하며 찬양하기에 충분합니다. 그러나 그 그리스도가 바로 날 위해, 나 같은 사람을 위해 못 박히셨다는 사실, 내가 십자가 사건에 연루되어 있다는 사실까지 알고 나면, 그 기이함에 넋을 잃게 됩니다. 바로 날 위해 그 모든 일을 하셨다고 자랑하며 그리스도를 내 자랑거리로 삼게 됩니다. 십자가야말로 하나님이 나를 구원하신 방법이라는 것, 다른 방법은 없다는 것을 깨닫고, 그리스도를 영광스러워하게 됩니다.

이 모든 것이 의미하는 바가 무엇입니까? 자, 신약성경은 무한히 다양한 방법으로 대답하고 있습니다. 첫째로, 나는 오직 그리스도 안에서 나의 문제와 부족함을 발견합니다. 사도 바울은 주 예수 그리스도를 만나기 전까지 자기만족을 위해 살았습니다. 그것은 근본적으로 잘못된 삶이었습니다. 그는 바른 시각을 갖게 된 후, 자신이 자랑하던 모든 것이 쓰레기였음을 깨달았습니다. 그리스도를 알기 전에 그는 바보들의 낙원에서 살았습니다. 스스로 의롭다고 착각하면서, 자신에게는 아무 문제도 없다고 자부하면서 살았습니다. 그가 말하는 요지는 이것입니다. "그리스도가 아니었다면 나는 계속 그렇게 살았을 것이다. 그는 내 실상과 잘못을 보여 주었고, 내가 얼마나 위험한 자리에 있는지 보여 주었다." 그리스도가 가장 먼저 하시는 일이 이것입니다. 우리의 죄와 부족함을 보여 주시며, 우리가 얼마나 절망적인 곤경에 빠져 있는지 알려 주십니다.

그러나 감사하게도 이것이 전부는 아닙니다. 자신이 곤경에 빠졌음을 깨닫는 순간, 우리는 본능적으로 스스로 바로잡아 보려고, 스스로 죄와 죄책을 처리해 보려고 애를 씁니다. 그러나 자기 힘으로 하나님 앞에 서고자 분투하는 것보다 더 사람을 절망시키고 낙담시키는 일, 사람의 영과 혼을 참으로 죽이는 일을 저는 알지 못합니다. 우리는 스스로 설 수 없습니다. 바울도 같은 경험을 했습니다. 스스로 서 보려고 씨름하던 끝에, 이 문제에서도 역시 해답은 그리스도이심을 다시금 발견했습니다. 십자가 죽음의 전적인 의미를 깨달았으며, 그리스도가 십자가에서 자신을 하나님 앞에 합당한 자로 세워 주셨음을 깨달았습니다. 그것은 스스로 할 수 없는 일이었고, 다른 누구도 해 줄 수 없는 일이었습니다. 그는 "하나님께서 그리스도 안에 계시사 세상을 자기와 화목하게" 하셨다는 것, "죄를 알지도 못하신 이를 우리를 대신하여 죄로 삼으"셨다는 것을 알았습니다(고후 5:19-21). 이것은 다 바울이 직접 한 말들입니다. 그는 하나님이 예수를 "화목제물로 세우셨"다고 말합니다(롬 3:25). 그것은 하나님이 갈보리에서 행하신 일로 인해 이제 용서받을 수 있게 되었다는 뜻입니다. 하나님은 그의 죄를 그리스도께 담당시키셨고, 그리스도 안에서 벌하셨습니다. 그래서 그는 사함을 받았고 해방되었습니다. 이것이 십자가의 의미입니다. 바울은 그 의미를 알게 되면서 평안과 안식을 찾았으며, 자신이 하나님과 화목케 되었음을 깨달았습니다.

이처럼 하나님과 화목케 되면 새로운 삶, 새로운 힘, 새로운 능력, 새로운 관점, 새로운 시각, 새로운 지각이 생겨납니다. 모든 것이 새로워집니다. 그런데 인간은 자기 힘으로 절대 할 수 없는 이 일을 하려 드는 것입니다! 고린도전서 1장 끝부분을 보면 바울도 이것이 말로 다 표현할 수 없는 놀라운 일임을 알았던 것 같습니다. 그래서 다음과 같이 말합니다. "너희는 하나님으로부터 나서 그리스도 예수 안에 있고 예수는 하나님으로부터 나와서 우리에게 지혜와 의로움과 거룩함과 구원함이 되셨으니"(고전 1:30). 이보다 더 위대한 일이 있을까요? 그리스도가 모든 것입니다. 알파와 오메가시고, 시작이요 나중이시며, 출발점이요 종착점이시고, 만유 안에 계신 만유이십니다. 그리스도 안에서 우리는 온전해집니다. 여러분의 영혼에 이보다 더 필요한 일이 있습니까? 그리스도 안에 모든 것이 다 있습니다. "그 안에는 신성의 모든 충만이 육체로 거하시고"(골 2:9). 이생에서든 내세에서든 인간의 영혼에 필요한 것은 전부 그리스도 안에 있습니다. 용서가 필요합니까? 그리스도 안에 있습니다. 하나님과 화목케 되어야 합니까? 그리스도 예수가 하나님과 인간 사이의 유일한 중재자가 되어 주십니다. 새로운 삶과 새로운 본성이 필요합니까? 그리스도가 친히 주십니다. 힘과 능력이 필요합니까? 그리스도가 성령을 통해 주십니다. 하나님 앞에서 날 변호해 줄 분이 필요합니까? 하나님 우편에 그 변호인이 계십니다. 죽어서 하나님께 심판 받는다는 생각만 해도 온몸이 떨립니까? 그리스도가 자신의 의로 옷 입혀 주시고 흠 없이 서게 해 줄 것을 보장해 주십니다. 또 무엇이 더 필요합니까? 그리스도는 모든 것입니다. 선지자요 제사장이요 왕이십니다. 만유 안에 계신 만유이십니다.

그는 저 산 밑의 백합,
빛나는 새벽별,
이 땅 위에 비길 것이 없도다.*

이 사실을 믿는 자는 그리스도를 자랑할 수밖에 없습니다. 그리스도가 모든 것입니다. 지혜와 지식과 명철입니다. 인생과 하나님과 세상을 바라보는 눈입니다. 바울은 그리스도 안에서 이 모든 것을 발견했습니다. 이전과 완전히 다른 시각을 얻었습니다. 전에는 이방인을 개 취급했지만, 이제는 이방인들이 교회로 속속 들어오는 광경을 기쁘게 지켜보고 있습니다. 구원 계획이 전부 밝혀지고 진행되는 모습을 지켜보고 있습니다.

여기에서 간단히 질문할 것이 있습니다. 우리에게도 그리스도는 이런 분이십니까? 우리는 그를 자랑하고 있습니까? 영광스러워하고 있습니까? 그리스도야말로 우리의 모든 것이라고, 그리스도 없이 우리는 아무것도 아니라고 정직하게 말할 수 있습니까? 그리스도 없이는 그리스도인의 삶을 살 수도 없고 그런 삶을 살 엄두조차 내지 못한다고 말할 수 있습니까? 그는 생명이십니다. "내가 곧 길이요 진리요 생명이니 나로 말미암지 않고는 아버지께로 올 자가 없느니라"라고 말씀하십니다(요 14:6). 무엇을 바라보든, 무엇을 생각하든 그리스도가 꼭 필요합니까? 어떤 의미에서 그를 통하지 않고서는 기도도 할 수 없음을 알고 있습니까? 그가 우리 삶의 중심과 우리 마음의 보좌를 차지하고 계십니까?

이처럼 그리스도인의 두 번째 큰 특징은 그리스도 예수를 자랑하는 것이라고 사도는 말합니다. 그리스도인은 사도처럼 "그러나 내게는 우리 주 예수 그리스도의 십자가 외에 결코 자랑할 것이 없으니—여기에서도 '자랑하다'라는 단어를 쓰고 있습니다—그리스도로 말미암아 세상이 나를 대하여 십자가에 못 박히고 내가 또한 세상을 대하여 그러하니라"라

* 찬송가 88장.

고 고백하는 사람입니다(갈 6:14). 그리스도 외에는 그 누구든 그 무엇이든 한 순간이라도 자랑하지 않는 사람입니다.

주가 지신 십자가를

나는 자랑하노라.

성경 중의 모든 말씀

거기 중심 되었네.*

—존 바우링John Bowring

이 찬양에 공감합니까? 그렇다면 여러분은 그리스도인입니다. 그리스도인의 정의에 부합하는 사람이며, 그리스도 예수를 자랑하는 사람입니다.

그리스도인의 마지막 특징—"육체를 신뢰하지 아니하는 우리"—에 대해 간단히 말씀드리겠습니다. 바울이 앞서 그토록 영광스러운 진술을 한 다음 이 말을 하는 이유는 무엇일까요? 저는 바울이 빌립보 사람들을 노리고 있는 위험을 알았기에 하나님에 대한 태도가 어떠해야 하는지 알려 준 다음, 그들 자신에 대한 태도가 어떠해야 하는지를—"육체를 신뢰하지" 말라는 것을—알려 주었다고 생각합니다. 이 부분에 대해서는 몇 가지 큰 항목만 말씀드려도 충분할 것입니다. 첫째로, 이 말은 자신이 유대인임을 자랑하지 않는다는 뜻입니다. 전에는 자랑했지만—"히브리인 중의 히브리인"인 것을 자랑했지만—"이제는 더 이상 내가 유대인이라는 사실을 신뢰하지 않는다. 내가 전적으로 신뢰하는 분은 오직 그리스도뿐이다"라는 뜻입니다. 자신의 국적을 신뢰하는 것은 그리스도의 복음

* 찬송가 148장 1절.

을 부인하는 짓입니다. 우리는 국적에서 자유로운 사람들입니다. 우리는 우리를 하나님과 화목케 해 주시는 그리스도 안에서 다시 태어났습니다. 이것이 우리의 자랑입니다. 자신의 집안이나 베냐민 지파 출신이라는 것이나 유대인이라는 것이나 영국인이라는 것은 전혀 자랑거리가 되지 못합니다. 출신은 중요치 않습니다.

바울이 고린도전서 1장에서 보여 주듯이 다른 요소들도—예를 들면 교육이나 훈련 같은 요소들도—마찬가지입니다. 훌륭한 훈련을 받아 남들보다 뛰어난 사람이 되었다고 구원받는 것은 아닙니다. 세상에서 가장 훌륭한 교육을 받았다고 그리스도를 아는 것이 아닙니다. 정치와 경제에 열정을 품고 좋아한다고 구원받는 것이 아닙니다. 바울은 남들보다 뛰어난 사람이었습니다. "열심으로는 교회를 박해하고 율법의 의로는 흠이 없는 자라"(빌 3:6). 그러나 그는 그것을 신뢰하지 않았습니다. 세상의 철학과 명철과 지혜를 믿지 않았습니다. 실제로 그런 것들이 얼마나 교활한 원수 노릇을 하는지 모릅니다! 우리가 털어 버려야 할 마지막 요소는 지성—철학과 명철과 사상에 대한 자랑—입니다. 우리는 이런 것에 자부심을 느낍니다. 그러나 바울은 더 이상 이런 것을 신뢰하지 않는다고, 육체를 신뢰하지 않는다고 말합니다. 그리스도만 신뢰하지 않고 이런 것을 신뢰하는 사람은 위험한 자리에 있는 것입니다. 그리스도는 처음이요 나중이십니다. 처음부터 나중까지 신뢰해야 합니다. 나는 그리스도 안에서 구원받았고, 그리스도 안에서 거룩하게 되었습니다. 그리스도 안에 모든 것이 있습니다. 지혜와 의와 거룩함과 구원이 있습니다. 어떤 형태, 어떤 모습으로든 육체를 신뢰하지 말고 그분만 전적으로 의지해야 합니다.

바로 이것이 그리스도인의 정의입니다. 마지막으로 한 가지 더 말씀드릴 것이 있습니다. 사도는 여기에서 우리—"하나님의 성령으로 봉사하며 그리스도 예수로 자랑하고 육체를 신뢰하지 아니하는 우리"—야말로 할 례파라고 말합니다. 이것은 하나님이 구약시대에 옛 언약을 통해 이스라엘 백성에게 주신 모든 위대한 약속, 아브라함에게 주신 약속, 이삭과 야곱과 이후의 자손들에게 거듭 확인해 주신 약속, 이스라엘에게 특별하게 주신 모든 약속을 이제 우리에게 주신다는 뜻입니다. 각 나라에 흩어져 있는 우리 그리스도인들이 바로 할례파입니다. 영으로 하나님을 예배하며 육체를 신뢰하지 않는 하나님의 이스라엘입니다. 하나님이 처음에 이스라엘 백성에게 주셨던 모든 은혜의 약속들은 이제 교회와 그리스도인들에게 주어져 있습니다.

다시 말해서 그리스도인이 이 모든 약속의 후사입니다. 다른 이들은 후사가 아닙니다. 주님이 말씀하셨듯이 이스라엘 백성은 그를 거절하고 자격을 잃었기 때문에 약속을 빼앗겼습니다. 이제 그 약속은 하나님 나라의 열매 맺는 백성, 곧 교회의 것이 되었습니다. 바울이 하는 말이 바로 이것입니다. "우리가 곧 할례파라." 오, 여전히 자신들이 할례파라고 주장하는 유대인들의 비극이여! 은혜롭고 영광스러운 약속의 후사는 그들이 아니라 우리 그리스도인들입니다. 우리야말로 하나님 나라의 시민으로서 그리스도와 함께 다스릴 사람들이며, 영원한 나라, 영원한 세계의 복을 한없이 누릴 사람들입니다. 이 얼마나 큰 특권입니까! 바로 우리가 할례파이며 하나님의 백성입니다. 이러한 우리의 신분은 하나님의 성령으로 예배하며 그리스도 예수로 자랑하고 어떤 형태로든 육체를 신뢰하지 아니함으로 입증됩니다.

그러나 나도 육체를 신뢰할 만하며 만일 누구든지 다른 이가
육체를 신뢰할 것이 있는 줄로 생각하면
나는 더욱 그러하리니 나는 팔 일 만에 할례를 받고
이스라엘 족속이요 베냐민 지파요 히브리인 중의 히브리인이요
율법으로는 바리새인이요 열심으로는 교회를 박해하고
율법의 의로는 흠이 없는 자라.
그러나 무엇이든지 내게 유익하던 것을
내가 그리스도를 위하여 다 해로 여길뿐더러 또한 모든 것을
해로 여김은 내 주 그리스도 예수를 아는 지식이 가장
고상하기 때문이라. 내가 그를 위하여 모든 것을 잃어버리고
배설물로 여김은 그리스도를 얻고 그 안에서 발견되려 함이니
내가 가진 의는 율법에서 난 것이 아니요
오직 그리스도를 믿음으로 말미암은 것이니
곧 믿음으로 하나님께로부터 난 의라. 내가 그리스도와 그 부활의
권능과 그 고난에 참여함을 알고자 하여 그의 죽으심을 본받아
어떻게 해서든지 죽은 자 가운데서 부활에 이르려 하노니
내가 이미 얻었다 함도 아니요 온전히 이루었다 함도 아니라.
오직 내가 그리스도 예수께 잡힌 바 된 그것을 잡으려고 달려가노라.
형제들아, 나는 아직 내가 잡은 줄로 여기지 아니하고
오직 한 일 즉 뒤에 있는 것은 잊어버리고 앞에 있는 것을 잡으려고
푯대를 향하여 그리스도 예수 안에서 하나님이 위에서 부르신
부름의 상을 위하여 달려가노라.

빌립보서 3:4-14

4. 그리스도인의 삶

제가 볼 때 이 본문은 각 부분을 세세히 다루기 전에 전체 맥락부터 살펴보아야 합니다. 본문은 3:1-3의 내용, 특히 3절을 자세히 설명하고 있습니다. 알다시피 사도는 3절에서 "하나님의 성령으로 봉사[예배]하며 그리스도 예수로 자랑하고 육체를 신뢰하지 아니하는 우리가 곧 할례파라"고 주장했습니다. 4-14절은 이 말씀의 의미를 아주 영광스럽고 훌륭하게 설명해 주는 일종의 해설이라고 할 수 있습니다. 다시 말해서 사도는 이 본문을 통해, 그리스도인이 된 이방인들에게 침투하여 '참된 그리스도인이 되려면 그리스도를 믿을 뿐 아니라 유대인이 되어 할례를 받고 유대 관습을 따라야 한다'고 오도했던 유대교인들의 거짓 가르침과 주장을 결정적으로 무너뜨려 버립니다.

그의 논리는 이것입니다. 유대교인들은 스스로 히브리인이요 유대인이라는 사실을 중요하게 내세우면서 자신들의 선행과 그 밖의 요소들을 자랑했습니다. 그런데 바울은 그런 자랑을 해도 되는 사람이 있다면 바로 자기 자신이라고 말하면서, 자신이 과거에 어떤 사람이었으며 무슨 일을 했는지 열거합니다. 물론 그가 이렇게 하는 유일한 목적은 과거 자신의 모습과 주 예수 그리스도 안에서 새롭게 얻은 특질을 대조해서 보여 주려는 데 있었습니다. 실제로 본문은 그리스도인이 된다는 것이 무엇을 의미하는지 확실하게 알려 주는 가장 인상적인 진술임이 분명합니다. 사도는 자신의 삶과 비그리스도인의 삶을 대조함으로써 그리스도인의 삶이 과연 어떤 것인지 적극적으로, 훌륭하게 제시하고 있습니다. 지금부터 그 내용을 함께 살펴봅시다.

그런데 제 경험상 한 가지 주의드릴 것이 있습니다. 이것은 사도에게만 해당되는 내용이 아니라 그리스도인 모두에게 해당되는 내용입니다. 저는 이런 본문을 대할 때마다 "아, 그렇지요. 바울이니까 당연히 그렇지요. 하지만 우린 바울이 아니거든요"라고 말하는 이들을 자주 보았습니다. 그들은 다메섹 사건이 바울만의 독특한 경험이었듯이, 그가 그리스도인으로서 겪은 다른 일들도 전부 그만의 경험인 것처럼 오해합니다.

그러므로 이 점을 명확히 짚고 넘어가는 것이 참으로 중요합니다. 물론 다메섹 사건은 바울만의 독특한 경험입니다. 알다시피 바울은 그리스도인들을 핍박하고 학살하려고 다메섹으로 가던 길에 부활하신 주님을 만났습니다. 환상이 아니라 육안으로 본 것입니다. 그는 자신이 실제로 부활하신 주님을 보았다고 말합니다. 이처럼 부활하신 주님이 바울에게 나타나신 것은 그를 사도로 세우시기 위함이었던 것이 분명합니다. 육안으로 직접 부활하신 주를 보는 것은 사도의 분명한 표지였습니다. 그래서 바울이 이처럼 특별하고 놀라운 방식으로 주를 본 것입니다. 그는 고린도전서 15:8에서 "만삭되지 못하여 난 자 같은 내게도" 주님이 나타나셨다고 했습니다. 다른 그리스도인들은 바울이 다메섹 길에서 부활하신 주를 본 것처럼 주를 보지 못하며, 그런 일이 일어날 것을 기대해서도 안 됩니다. 그것은 그리스도인에게 필수적인 경험이 아닙니다. 그리스도인이 되는 데 꼭 필요한 경험도 아닙니다. 오직 사도로 부르심을 받을 때에만 필요한 경험입니다.

그러나 오늘 본문에서 바울은 사도가 아닌 그리스도인 신자로서 이야기하고 있습니다. 아마 누구보다 사도 자신이 특별 취급 받기를 원치 않을 것입니다. 디모데전서 1:15에서도 "죄인 중에 내가 괴수"라고 하지 않습니까? 그는 여느 그리스도인들처럼 자신도 하나님의 은혜로 그리스도 안에서 구원받은 한낱 죄인임을 공공연히 밝힙니다. 그러므로 우리가 바울처럼 다메섹 사건을 경험하지 못했다는 사실을 강조하면서, 이 놀라운 진술에 이의를 제기해서는 안 됩니다. 그렇습니다. 평범한 그리스도인이라면 누구나 바울이 여기에서 말하는 경험을 할 수 있습니다. 그리스도인을 영적인 사람과 평범한 사람, 예외적인 사람과 보통 사람으로 구분하는 로마 가톨릭의 잘못된 방식을 고집하면 안 됩니다. 신약성경은 그런 구분을 하지 않습니다. 우리는 모두 같은 위치에 있는 사람들입니다. 형식은 다르지만 동일한 구원을 경험한 자들이고, 동일한 목적을 위해 싸우는 자들입니다.

바울을 특별 취급함으로써 도전을 회피하려는 이들과 논쟁한 적이 많았던 터라, 간단히 주의를 드렸습니다. 이제 바울이 말하는 내용 자체를 살펴봅시다. 앞서 말했듯이, 이번에는 이 놀라운 진술의 전체 맥락만 다루도록 하겠습니다. 물론 구체적인 부분들도 다루어야 하겠지만, 먼저 종합적인 시각으로 그리스도인의 삶을 조망하며 큰 원리들을 강조하는 일이 중요하다고 생각합니다.

바울이 그리스도인의 삶과 경험에 대해 전체적으로 말하는 바가 무엇입니까? 첫째로 그가 말하는 바는, 우리가 그리스도께 붙잡혀 있고 지배당하고 있으며 붙들려 있다는 것입니다. 12절을 보십시오. "내가 이미 얻었다 함도 아니요 온전히 이루었다 함도 아니라. 오직 내가 그리스도 예수께 잡힌 바 된 그것을 잡으려고 달려가노라." 제가 12절을 먼저 다루는 것은 논리적 순서상 이 일이 앞서기 때문입니다. 이것은 분명 다메섹 사건을 염두에 둔 말이 아니냐고 물을 수 있습니다. 저도 인정합니다. 바울은 다메섹 사건을 계기로 그리스도인이 되었기 때문에 늘 그 일을 염두에 둘 수밖에 없었습니다. 그가 여기에서 말하는 요지는 이것입니다. "나는 자부심과 자기 의에 가득 찬 교만한 바리새인으로서, 그리스도인을 핍박하는 것이 곧 하나님을 섬기는 길이라는 확신으로 다메섹을 향해 가고 있었다. 그런데 갑자기 한 번도 보지 못했던 엄청난 빛이 쏟아졌다. 그리고 주님을 뵈었다. 그날 이후 죽 그가 날 붙잡고 계시며 사로잡고 계시고 붙들고 계신다. 나는 그에게 잡힌 바 된 그것을 잡기 위해 달려가고 있다."

이것은 바울뿐 아니라 모든 그리스도인에게 해당되는 중대한 원리입니다. 우리는 다메섹 사건 같은 최고의 경험을 하고 싶어 합니다. 그러나 복음은 누구나 그렇게 갑자기 회심해야 한다고 말하지 않습니다. 그보다는 사도가 말하는 바, 붙잡히는 경험이 무엇인지 아는 일이 중요합니다. 갑자기 회심했느냐 아니냐는 중요치 않습니다. 어떻게 회심했든 상관이 없습니다. 회심의 방법과 형태는 무궁무진합니다. 중요한 점은 자신이 붙잡히고 사로잡혔다는 사실을 아느냐는 것입니다. 이것은 그리스도인에게 반드시 있어야 하는 특징입니다.

다시 말해서 그리스도인은 스스로 관심의 대상을 붙잡는 사람이 아니라, 오히려 그 대상에게 붙잡힌 사람입니다. 얼마나 강한 힘에 붙잡혀 있는지 알기에 한눈을 팔지 못하는 사람입니다. 이것이 지나친 표현은 아닐 것입니다. 저는 이것이야말로 가장 정교한 시금석이라는 생각을 가끔 합니다. 벗어나고 싶은데 꽉 붙잡혀 있어서 옴짝달싹하지 못하는 느낌이 들 때가 있지 않습니까? 한 유명한 찬송가가 이 느낌을 잘 표현해 놓았습니다. "오, 사랑이 날 붙잡고 놓아 주질 않네." 그렇습니다. 어리석음과 무지와 죄에 빠져 그에게서 벗어나고 싶어 할 때에도 절대 놓아 주시지 않습니다. 꽉 붙잡고 있는 손을 펴지 않으십니다.

바울이 새롭게 시작한 삶의 첫 번째 특징이 이것이었습니다. 그는 말합니다. "나는 스스로 유대교를 버리고 기독교를 택한 것이 아니다. 기독교에 대해 듣다 보니 흥미가 생겨서 관련 자료를 읽고 외부자의 입장에서 객관적이고 가볍게 토론하려는 것이 아니다. 절대 아니다! 그리스도인은 그러지 못한다. 그리스도인의 첫 번째 특징은 자신이 완전히 붙잡혀서 꼼짝하지 못한다는 사실을 문득 깨닫는 것이다. 그는 붙잡히고 붙들린다. 그리고 잡힌 바 된 그것을 잡기 위해 달려간다."

이것이 그리스도인의 기본적인 특징입니다. 말로 설명하기는 어렵지만, 반복컨대 우리의 신분을 철저히 검증하기에 이보다 더 좋은 시금석을 저는 알지 못합니다. 여러분은 가방을 손에 쥐듯 기독신앙을 쥐고 있습니까? 아니면, 오히려 여러분이 종으로 지배당하고 소유당하며 사로잡히고 붙잡혀 있어서 가끔 벗어나고 싶다는 어리석은 죄의 욕망을 느낄 때에도 도저히 벗어날 수 없음을 느끼고 있습니까? 신약성경이 묘사하는 그리스도인은 항상 이렇습니다. 하나님이 자신을 다루고 계신다는 것, 하나님이 자신에게 무언가를 행하셨다는 것, 하나님이 자신에게 다가오시고 자신의 삶에 간섭하신다는 것을 압니다. 전모를 다 이해하지는 못해도 하나님이 행하고 계신다는 것은 압니다. 우리는 붙잡힌 사람들입니다. 이것이 첫 번째 특징입니다.

이 새로운 삶의 두 번째 특징은—지금은 전반적인 원리만 다루고 구체적인 내용은 나중에 다시 다루겠습니다—시각과 가치관이 완전히 바뀐다는 것입니다. 이것이 7-8절의 큰 주제이자, 바울이 줄기차게 반복하는 주제입니다. 그는 유대인이요 자부심 넘치는 바리새인으로서 완벽했던 자신의 과거를 열거한 후, 이렇게 말합니다. "그러나 무엇이든지 내게 유익하던 것을 내가 그리스도를 위하여 다 해로 여길뿐더러 또한 모든 것을 해로 여김은 내 주 그리스도 예수를 아는 지식이 가장 고상하기 때문이라. 내가 그를 위하여 모든 것을 잃어버리고 배설물로 여김은 그리스도를 얻고."

그는 자신에게 완전한 변화와 전환이 일어났다고 말합니다. 높은 곳에 올라가 보니 모든 것이 다르게 보였다고 말합니다. 다음과 같이 설명해 보겠습니다. 기독신앙은 삶의 부가물이 아닙니다. 기존의 것에 덧붙이는 한 가지가 아닙니다. 기독신앙은 반드시 삶의 중심을 차지하게 되어 있습니다. 기독신앙이 삶 전체를 다스리지 않는 사람은 그리스도인이 아닙니다. 다른 이들의 삶과 똑같은 삶에 기독교만 하나 추가하여 그리스도인의 모양새를 갖춘다고 해서 그리스도인이 되는 것은 아닙니다. 그렇습니다. 그리스도인이 된다는 것은 곧 자신의 존재와 실존의 중심 및 핵심에 새로운 요소가 들어와 모든 것을 다스리게 된다는 뜻이라고 바울은 말합니다. 그리스도인은 근본적인 변화를 겪습니다. 자신도 그 사실을 인식합니다. 시각 자체가 달라져 버립니다. 서슴없이 말하지만 8절에 나오듯이 전에 유익하던 모든 것을 "해"로 보게 됩니다.

사도는 여러 서신을 통해 이 점을 자세히 설명하는데, 저는 그것이 당연하다고 생각합니다. 그리스도인이 된다는 것은 내 존재의 중심, 즉 신약성경이 말하는 마음(성경에서 마음은 감정 자체나 감정이 일어나는 곳을 가리키는 말이 아니라 인격의 중심을 가리키는 말입니다)이 깊은 영향을 받는다는 뜻입니다. 이처럼 인격의 중심이 영향을 받으면 나머지도—생각이나 느낌이나 의지도—따라서 다 변하게 되어 있습니다. 사도가 말하는 그리스도인은 바로 이런 사람입니다.

고린도후서 5장에는 좀 더 노골적인 표현이 나옵니다. "그런즉 누구든지 그리스도 안에 있으면 새로운 피조물이라. 이전 것은 지나갔으니 보라, 새 것이 되었도다"(17절). 말 그대로 사실입니다. 마음속에 있던 모든 것이 바뀌어 버립니다. 바울은 7-8절에서 "유익"과 "해"라는 관점으로 이 점을 설명합니다. "그러나 무엇이든지 내게 유익하던 것을 내가 그리스도를 위하여 다 해로 여길뿐더러." 본문을 주의 깊게 살펴보면 바울이 이 말을 여러 차례 반복하는 것을 알 수 있습니다. 그는 전에 이익인 줄 알았던 것들이 사실은 손해였다고 말합니다. 이 굉장한 거래를 설명하기에 이보다 더 좋은 표현은 없었습니다.

그리스도인이 되면 어떤 점에서 삶이 완전히 변할까요? 자, 바울이 본문에서 대답해 주고 있습니다. 그는 완전히 새로운 시각으로 자기 자신을 보게 되었습니다. 전에는 그토록 자랑스러웠는데, 이제 보니 부끄러웠습니다. 전에는 남들보다 나은 줄 알았는데, 이제 보니 죄인 중의 괴수였습니다. 이것이야말로 완전한 변화 아닙니까! 그리스도인은 누구나 이런 변화를 경험합니다. 그리스도인으로서 자라갈수록 자기 마음의 부패함을 깨닫습니다. 그리스도인이라고 하면서도 이것을 모른다면 아주 심각한 문제가 있는 것입니다. 바울은 도덕적인 면에서 누구의 고소에도 떳떳한 사람이었음에도, 빛을 받은 후에 자신의 죄와 부패한 실상에 괴로워하며 "오호라, 나는 곤고한 사람이로다! 이 사망의 몸에서 누가 나를 건져 내랴?"라고 부르짖었습니다(롬 7:24).

하나님을 바라보는 시각도 바뀌었습니다. 하나님에 대한 자신의 생각이 얼마나 부족하고 형편없는 것이었는지 알게 되었습니다. 신앙을 바라보는 시각도 바뀌었습니다. 전에는 외적인 신앙에 만족했지만 이제는 영적인 본질을 알게 되었습니다. 하나님께 어떻게 나아가야 하는지에 대한 생각도 완전히 바뀌었습니다. 자기 의와 공로를 내세워 나아가는 것이 아니라 은혜의 보좌 앞에 엎드려 "나의 주, 예수 그리스도"를 부르게 되었습니다.

그리고 또 무엇이 달라졌습니까? 삶 자체, 인생관 자체가 달라졌습니다. 그는 바리새인이자 훌륭한 선생으로서 자신의 신분에 자부심을 가지고 있었으며 앞길 또한 창창했습니다. 그런데 이제 어떤 인생관을 갖게 되었습니까? 자, 바울은 앞서 자신의 인생관을 이렇게 밝힌 바 있습니다. "이는 내게 사는 것이 그리스도니"(1:21). 거짓된 삶의 동기들은 다 사라졌습니다. 그리스도를 더 잘 알고 더 진실히 섬기는 것만이 유일한 열망이 되었습니다. 삶의 목적과 의미 자체가 완전히 달라져 버렸습니다. 또 1장에 나오듯이 죽음에 대한 생각도 완전히 달라졌습니다. 죽음은 그에게 대단한 사건이 아니었습니다. 오히려 그리스도와 함께 있게 된다는 점에서 더 좋은 일이었습니다. 이방인에 대한 생각도 바뀌었습니다. 이스라엘 나라 밖의 개로 여겼던 그들을 이제는 사랑하는 형제요 영원한 기업을 함께 이을 후사로 자랑스러워하게 되었습니다.

이처럼 바울은 완전히 변화된 모습을 보여 줍니다. 그러나 바울만 살펴볼 것이 아니라 우리 자신도 살펴보아야 합니다. 그리스도인은 그 정의상 모든 점에서 비그리스도인들과 완전히 다른 시각을 가진 자들입니다. 자신에 대한 시각, 하나님에 대한 시각, 하나님 앞에 나아가는 방식에 대한 시각, 삶에 대한 시각이 전부 다릅니다. 특히 오늘날 이 점이 중요하다고 저는 생각합니다. 새로운 원리의 지배를 받는 우리는 모든 사건을 남들과 다르게 바라보아야 합니다. 비그리스도인들과 본질적으로 다른 태도를 가지고 바라보아야 합니다. 죽음에 대한 시각이나 남들을 바라보는 시각이 완전히 달라야 합니다.

이미 살펴보았듯이 바울은 전에 자신에게 유익하던 모든 것들이 사실은 해로운 것이었다고 말합니다. 이것은 이스라엘 자손에게 주신 하나님의 율법을 비난하는 말일까요? 하나님이 그들에게 주신 유대교 신앙을 비난하는 말일까요? 그렇지 않습니다. 바울은 그런 것들 자체가 잘못되었다고 말하지 않습니다. 그의 요지는 "전에는 그것들을 의지했고 그것들에 대해 잘못된 시각을 가지고 있었으며 그것들이 유익하다고 생각했는데, 알고 보니 해로운 것이었다. 이제는 그것들이 그리스도와 나 사이를 가로막는다는 것을 알기 때문에 쓰레기로 여기고 있다"라는 것입니다.

그리스도인은 이 말의 의미를 정확하게 이해합니다. 세상에는 죄도 아니고 해롭지도 않은 좋은 것들이 많이 있습니다. 그러나 전에 유익하게 여겼던 그런 것들이 사실은 훨씬 더 좋은 것을 빼앗아 간다는 사실을 알기에 이제는 해로 여기는 것입니다.

그 다음 원리는 이 진리, 그리스도인을 지배하고 있으며 붙잡고 있는 진리를 위해 다른 것들은 기꺼이 내놓거나 희생할 수 있다는 것입니다. "그러나 무엇이든지 내게 유익하던 것을 내가 그리스도를 위하여 다 해로 여길뿐더러 또한 모든 것을 해로 여김은 내 주 그리스도 예수를 아는 지식이 가장 고상하기 때문이라. 내가 그를 위하여 모든 것을 잃어버리고 배설물로 여김은 그리스도를 얻고." 이것은 과장이 아닙니다. 말 그대로 사실입니다. 그리스도인이 된 바울에게는 그 어떤 것도 의미가 없었습니다. 그래서 바리새인의 대단한 자부심도 내버렸습니다. 그는 매우 지적인 사람이었고 학문이 출중한 사람이었으며 가말리엘 문하에서 공부한 최고의 학자이자 뛰어난 율법 선생이었습니다. 그런데 그리스도인이 된다는 것은 그 모든 자부심을 버리고 바보 취급을 자처한다는 뜻이었습니다. 그는 자기 민족에게 배척당했습니다. 든든했던 장래도 다 날아갔습니다. 전부 사라져 버렸습니다. 그럼에도 그는 반감이 아닌 깊은 만족감을 느꼈습니다. 그의 용어를 차용하자면 이 거래에 아주 만족했던 것입니다. 그의 장부에 새로 기입된 항목은 과거 장부 한쪽에 열거되어 있던 항목 전부를 합친 것보다 무한히 더 값진 것이었습니다.

물론 핍박도 당해야 했습니다. 그는 고린도후서 1장에서 그리스도를 위해 어떤 고난을 받았는지 이야기합니다. 그는 아주 기쁘게 그 고난을 감당했습니다. 저는 그가 입은 손해 중에 가장 큰 손해는 아마도 다음과 같은 것이 아니었을까 가끔씩 생각하곤 합니다. 그는 아주 지적인 사람으로서 유대인들이 기를 쓰고 덤벼도 동등하게 상대할 수 있었을 뿐 아니라 능히 압도할 수 있었습니다. 그런데도 나머지 인생을 이방인들 틈에서, 그것도 무지한 이방인들 틈에서 보내야 했습니다. 그들은 대부분 노예와 종들로서, 바울의 영적인 탁월함은 고사하고 육신적인 탁월함조차 알아보거나 이해하지 못하는 이들이었습니다. 그래서 바울은 직접 장막을 만드는 노동을 하며 살아야 했습니다. 제가 보기에는 이렇게 삶의 수준을 확 낮추어 자신을 알아보지 못하는 사람들과 함께 지내야 했던 것이야말로 가장 큰 시험이 아니었을까 싶습니다. 그러나 그는 이렇게 사는 것을 기뻐했고 자랑스러워했습니다. 모든 것을 잃었지만, 기쁘게 잃었노라고 고백했습니다.

그 이유가 무엇일까요? 이것이 마지막 원리입니다. 이제껏 우리가 말해 온 모든 일을 가능케 하는 것은 오직 한 가지입니다. 바울이 말하는 바 "내 주 그리스도 예수를 아는 지식" 때문인 것입니다. 이 한 가지가 그 모든 변화를 설명해 줍니다. 이 지식이 바울을 다스렸고 바울의 시각을 바꾸어 놓았습니다. 이 지식 때문에 그는 기꺼이 모든 것을 포기했습니다. 이 지식이 왜 그토록 놀랍고 고상한 것일까요? 사실 이런 질문을 던지는 것 자체가 어리석습니다만, 그래도 몇 가지로 간략하게 대답해 보겠습니다.

이 지식이 가장 고상한 이유는 그 본질 때문입니다. 이 지식 때문에 바울은 세상에서 가장 영광스러운 분을 즉각적이고 직접적으로, 인격적으로 만날 수 있었습니다. 바울은 가말리엘 문하에서 공부한 사람으로서 위대한 신학자들을 만났고 그리스 철학자들과도 교류했습니다. 그러나 그가 새롭게 만난 분은 그들과 범주 자체가 다른 분이었습니다. 우리도 평생 동안 여러 위대한 인물들을 만날 수 있습니다. 그러나 이 지식은 사람이 아닌 하나님을 만나게 해 줍니다. 주 예수 그리스도를 만나 그와 교제하며 교통하게 해 줍니다. 이토록 위대하신 분을 만나게 해 준다는 점에서 이 지식은 가장 고상합니다.

또한 이 지식 때문에 바울은 하나님의 놀라운 구원 방법을 이해할 수 있었습니다. 물론 인간의 지식을 폄하할 필요는 없습니다. 철학도 훌륭하고 놀라운 학문입니다. 문학작품을 읽거나 음악을 비롯한 여러 관심 분야를 즐기는 것도 좋은 일입니다. 그러나 아무리 뛰어난 지식이라도 성경에 나오는 구원 계획 옆에 나란히 놓고 보면 빛이 바래 버립니다. 이처럼 놀라운 하나님의 구원 계획을 알려 준다는 점에서 이 지식은 가장 고상합니다.

또 무슨 이유가 있을까요? 바울은 이 지식이 자신에게 해 준 일을 염두에 두고 이 말을 한 것이 분명합니다. 이 지식은 그를 지옥에서 구해 주었고 건져 주었습니다. 지옥 길을 가고 있던 자신을 영원한 저주에서 구원해 주었습니다. 이처럼 영벌에서 구원하여 영생에 합당한 자로 만들어 주는 지식, 자신이 죄 사함 받은 것과 하나님과 화목케 된 것을 깨우쳐 주는 지식보다 더 고상한 지식이 있을까요! 내 양심이 깨끗해졌다는 것, 나에 대한 기록이 수정되었다는 것, 하나님이 자비로 나를 용서하시고 내 죄를 삭제하셨다는 것을 아는 지식에 비할 지식이 있을까요! 이것이야말로 가장 고상한 지식 아닙니까! 또한 이 지식은 평강과 기쁨을 줍니다. 고요하고 평온한 마음과 세상이 알 수도 없고 줄 수도 없고 빼앗아 갈 수도 없는 기쁨을 줍니다. 새로운 삶과 인간답게 살아갈 수 있는 힘을 줍니다. 바울은 이것을 얻었습니다.

또한 이 지식은 장차 일어날 일을 알려 주며 장래의 약속을 알려 줍니다. 하나님의 자녀가 된 자는 후사, 곧 그리스도와 함께하는 후사가 된다는 사실을 알려 줍니다. 이 세상과 죽음과 무덤 너머에 어떤 영광스러운 삶이 있는지 보여 줍니다. 그리스도인으로서 하나님과 영원토록 함께할 완전한 삶이 어떤 것인지 보여 줍니다. 바울은 바로 이것을 보았기 때문에 다른 모든 것을 지극히 하찮고 무의미하게 여긴 것이며 "배설물과 쓰레기"로 여긴 것입니다. 이것이야말로 가장 고상한 지식입니다. 그 본질 자체 때문에 고상한 지식, 우리에게 해 준 일 때문에 고상한 지식, 장차 해 줄 일 때문에 고상한 지식입니다.

부족하고 간단하게나마 그리스도인의 삶에 나타나는 놀라운 특징들을 대강 살펴보았습니다. 이제 한 가지 묻겠습니다. 여러분도 이런 삶을 살고 있습니까? 하나님이 여러분을 다루심을 알고 있습니까? 하나님의 손이 여러분을 누르는 듯한 느낌을 받은 적이 있습니까? 하나님이 여러분을 꽉 붙잡고 다루고 계셔서 도저히 벗어날 수 없다는 생각이 듭니까? 여러분이 그분을 잡고 있는 것이 아니라 그분이 여러분을 잡고 있다는 생각이 듭니까? 여러분은 믿지 않는 주변 사람들과 완전히 다른 시각으로 인생을 바라보고 있습니까? 다른 것들을 전부 포기할 만큼 값진 것을 알고 있습니까? 신약의 복음을 생각할 때마다 바울처럼 내 주 그리스도 예수를 아는 지식이 가장 고상하다는 사실을 인정하게 됩니까? 정말 여러분에게도 그리스도가 주입니까? 그렇다면 여러분은 그리스도인입니다. 그리스도는 친히 저와 여러분의 주가 되셨습니다. 값을 치르고 우리를 사셨습니다. 그렇기 때문에 우리를 꼭 붙잡고 절대로 놓지 않으십니다.

그 안에서 발견되려 함이니 내가 가진 의는
율법에서 난 것이 아니요
오직 그리스도를 믿음으로 말미암은 것이니
곧 믿음으로 하나님께로부터 난 의라.

빌립보서 3:9

5. 하나님의 의

3:4-14에서 바울은 빌립보 교인들에게 "내 주 그리스도 예수를 아는 지식이 가장 고상하기 때문"에 그리스도인이 되기 전에 자랑하던 모든 것을 이제는 해로 여긴다고 말했습니다. 그리고 9절에서 그 지식이 고상한 이유를 한 가지 더 밝히고 있습니다. 다른 모든 것은 감히 비교할 생각도 들지 않을 만큼 이 이유는 바울에게 가슴 벅찬 것이었습니다. 그러므로 우리도 여기에 집중할 필요가 있습니다. 9절에서 바울이 말하는 것은 의의 문제와 관련된 지식입니다. 성경에 익숙한 사람이라면 성경에 계속 등장하는 "의"라는 단어를 아주 잘 알 것입니다.

의가 무엇입니까? 어떤 의미에서 이것은 사도에게 늘 문젯거리였다고 할 수 있습니다. 의는 우리가 하나님 앞에 어떻게 설 수 있느냐 하는 질문과 관련되어 있습니다. 이것은 역사의 초창기에 욥이 이미 제기했던 오래된 질문이기도 합니다. "인생이 어찌 하나님 앞에 의로우랴?"(욥 9:2) 바로 이것이 문제입니다. 세상에 사는 우리가 어떻게 심판하시는 하나님 앞에 설 수 있겠습니까? 이것이 우리의 문제입니다. 그런데 사도는 복음에서 그 대답을 발견했습니다. 그랬기 때문에 다른 것들이 전부 하찮게 보인 것이며, 과거에 그토록 기뻐하고 자랑하던 모든 것들이 쓰레기가 되어 버린 것입니다. 이 위대한 대답을 찾지 못하도록 가로막고 있었다는 점에서 그것들은 전부 "해"였습니다.

물론 의는 신약성경, 특히 서신서의 두드러진 주제이기도 합니다. 특히 사도 바울이 이 주제를 중대하게 다루었습니다. 의는 바울의 중심 교리로서, 그는 자신의 서신 거의 모든 곳에서 이 교리를 설명하고 있습니다.

예컨대 고린도전서 1장 마지막 부분을 보십시오. "너희는 하나님으로부터 나서 그리스도 예수 안에 있고 예수는 하나님으로부터 나와서 우리에게 지혜와 의로움과 거룩함과 구원함이 되셨으니." 고린도후서 5:21에도 같은 말이 나옵니다. "하나님이 죄를 알지도 못하신 이를 우리를 대신하여 죄로 삼으신 것은 우리로 하여금 그 안에서 하나님의 의가 되게 하려 하심이라." 갈라디아서 3장에서도 같은 교리를 설명합니다. 그러나 아마도 이 주제를 다루는 고전적인 본문은 로마서 3장일 것입니다. 물론 로마서 처음부터 실천 부분 이전까지 내내 이 주제를 다루지만, 특히 3장에서 집중적으로 다루고 있습니다. 3:20 이후는 의의 주제를 다루는 탁월한 본문입니다.

바울의 모든 시각 중에서도 의를 이해하는 시각만큼 독특한 것이 없습니다. 사실 이 주제보다 더 그를 흥분시키는 것은 없었습니다. 그의 입에서 가장 많은 찬송이 터져 나온 때는 바로 의를 생각할 때였습니다. 사실상 의는 사도의 교리 전체를 이해하는 열쇠라고 할 수 있습니다. 의에 대한 가르침을 분명히 모르면, 그의 어떤 가르침도 이해할 수 없습니다. 의는 바울의 첫째가는 중심 주제입니다. 의의 교리로부터 그가 가르치는 다른 모든 교리가 나옵니다. 의의 교리가 모든 교리의 중심을 차지하고 있습니다.

한 걸음 더 나아가, 오랜 교회 역사상 우리 주와 구주 되신 예수 그리스도를 통해 하나님 앞에 의롭다 하심을 얻는다는 이 교리만큼 중대한 결과를 불러온 교리는 없다고 말할 수 있습니다. 성 아우구스티누스St. Augustinus가 제기한 중요한 교리도 이것이었습니다. 이 교리를 깨닫는 순간, 그의 인생은 완전히 뒤집혀 버렸습니다. 이 교리는 마르틴 루터Martin Luther의 인생도 변화시켰습니다. 그는 로마 가톨릭 신앙—인간의 노력과 공로로 하나님 앞에서 의를 얻으려 한다는 점에서 유대교로 회귀한 것에 불과했던 낡은 신앙—을 가지고 있었습니다. 그런데 9절에서 바울이 선포하는 이 교리를 깨달았을 때 그의 삶이 바로 바뀌었고 종교개혁이 일어났습니다. 바로 이 진리가 강력했던 당시 로마 가톨릭 교회뿐 아니라 오래 쌓여 온 전통 전체에 반기를 들게 만들었습니다. 이 지식이 가장 고상하다는 확신이 있었기에 그는 홀로 모든 전통에 맞설 수 있었습니다. 그는 이 진리를 가지고 교회에 계속 도전장을 내밀었습니다. 이 진리를 알았기에, 자신의 모든 소유뿐 아니라 목숨까지 기꺼이 내놓았습니다. 이 진리는 모든 영역에 혁명을 일으켰습니다. 사람들이 참으로 이 진리를 깨달을 때마다 똑같은 일이 일어났습니다. 이후 교회 역사와 세상 역사 대부분은 바로 이 교리로 설명될 수 있습니다. 이것은 핵심 교리입니다.

또 다른 예를 원한다면, 존 웨슬리John Wesley의 생애를 보기 바랍니다. 이 진리를 깨달은 순간, 그의 삶 역시 영적으로 뒤집혀 버렸습니다. 설교가 완전히 새로워졌고, 그 결과 우리가 익히 알고 있는 역사가 일어났습니다.

이 교리를 고찰할 때 항상 고려해야 하는 배경을 이해할 수 있도록 몇 가지 예를 들었습니다. 좀 더 강하고 노골적인 질문을 드리겠습니다.

우리도 사도 바울처럼, 그리스도 예수 안에서 의롭다 하심을 얻는다는 이 교리야말로 이제껏 들은 어떤 말보다 놀랍고 경이롭고 가슴 벅찬 말이라고 고백할 수 있습니까? 바울은 그렇게 고백했습니다. "이것은 엄청난 교리다!"라고 선언했습니다. 그리스도 안에서 얻은 이 지식이 너무나 고상하기 때문에 다른 것들은 전부 쓰레기요 해요 쓸데없는 것들로 보인다고 말했습니다.

아마도 이 위대한 교리에 접근하는 가장 좋은 방식은 "의"라는 말의 정의부터 내리는 것이리라 생각합니다. 제가 알고 있는 정의 중에 가장 좋은 정의는 이것입니다. "의는 정의와 의를 공히 가리킨다Righteousness signifieth both justice and righteousness." 즉, 의는 법대로 하는 것입니다. 자, 이 말은 두 가지로 설명할 수 있습니다. 첫째는 법에 정해진 대로 재판하고 판결하는 것입니다. 둘째는 법이 명하는 바에 순종하는 것입니다. 앞서 말한 로마서 3장에서 바울은 이 두 가지 의미로 "의"라는 단어를 사용합니다.

법을 집행한다는 의미의 의는 25-26절에 나옵니다. "이 예수를 하나님이 그의 피로써 믿음으로 말미암는 화목제물로 세우셨으니 이는 하나님께서 길이 참으시는 중에 전에 지은 죄를 간과하심으로 자기의 의로우심을 나타내려 하심이니 곧 이때에 자기의 의로우심을 나타내사 자기도 의로우시며 또한 예수 믿는 자를 의롭다 하려 하심이라."

여기에서 의는 '정의'를 가리킵니다. "곧 이때에 자기의 의로우심을 나타내사"라는 말은 하나님이 정의로우시다는 뜻입니다. 그리스도가 십자가에서 죽으심으로 하나님이 정의롭게 죄를 사하실 수 있게 되었다고 바울은 말합니다.

법이 명하는 바에 순종하는 두 번째 의미의 의는 20-22절에 나옵니다. "그러므로 율법의 행위로 그의 앞에 의롭다 하심을 얻을 육체가 없나니 율법으로는 죄를 깨달음이니라. 이제는 율법 외에 하나님의 한 의가 나타났으니 율법과 선지자들에게 증거를 받은 것이라. 곧 예수 그리스도를 믿음으로 말미암아 모든 믿는 자에게 미치는 하나님의 의니 차별이 없느니라."

우리의 의는 법에 순종하는 것이고, **하나님의** 의는 법대로 판결하시는 것입니다. 하나님은 법을 정하신 분입니다. 하나님은 우리를 용서하실 때에도 자신의 의, 또는 정의를 나타내십니다. 이 두 가지 의미를 분명히 알지 못하면 로마서 3장을 제대로 이해할 수가 없기 때문에 좀 더 설명해 보겠습니다. 하나님의 입장과 우리의 입장에 따라 의의 의미가 두 가지로 나뉜다고 생각하면 더 확실하게 이해가 될 것입니다.

이제 제기되는 질문은 이것입니다. 그렇다면 우리는 어떻게 하나님의 거룩한 법을 따를 수 있습니까? 어떻게 그 법의 요구를 온전히 만족시킬 수 있습니까? 우리를 비롯하여 세상에 태어난 모든 인간은 하나님의 법을 따라야 합니다. 좋든 싫든 하나님의 통치를 받아야 하며, 그 법의 통치를 받아야 합니다. 좋든 싫든 이것이 현실입니다. 특정 나라에 태어난 사람은 누구나 그 나라 법의 통치를 받게 마련입니다. 자신이 아무리 신경 쓰지 않는다 해도 그 법 아래 살게 되어 있으며, 때로 그 법에 따라 고소당하게 되어 있습니다. 마찬가지로 우리는 태어나는 순간부터 하나님이 정하신 법의 통치를 받습니다. 하나님이 법을 제정하시고 공포하셨습니다. 우리는 모두 그 법 아래 살고 있습니다. 그렇다면 문제는 이것입니다. 하나님의 정의가 요구하는 바에 부합하려면 어떻게 해야 합니까? 이 세상에서 어떻게 살아야 마지막 순간 그 법의 요구 앞에 영원한 복이 보장된 답변을 내놓을 수 있습니까? 이것이 우리의 문제입니다.

바울은 3장의 마지막 분석에서 그 방법은 두 가지밖에 없다고 말합니다. 첫째는 자신이 예전에 따랐던 유대인의 방식대로 하는 것입니다. 이것은 우리에게도 아주 익숙한 방법입니다. 체계는 다르지만 원리는 똑같다는 점에서, 유대인의 법 아래에서 의를 추구했던 과거의 바울이나 주 예수 그리스도를 믿어야 할 필요성을 느끼지 못하는 현대인이나 다를 바가 없습니다. 가장 흔하고 치명적인 이 장애물 때문에 사람들이 복음을 믿지 못한다는 말에 모두 동의할 것입니다. 오늘날 평범한 사람들에게 그리스도인이 된다는 것이 무엇을 의미하는지 물어 보십시오. 제가 크게 오해하고 있지 않다면, 거의 대부분 무언가를 하거나 무언가를 하고자 노력하는 것이라고, 즉 인간적인 노력의 차원에서 대답할 것입니다. 이것은 바울이 버린 유대인들의 옛 방식을 현대적으로 표현한 말에 지나지 않습니다.

이 점을 염두에 두고 옛 방식의 특징을 검토해 봅시다. 그 특징은 이중적입니다. 첫째는 바울이 여기에서 말하는 바로 이것입니다. 과거에 그는 자기 자신과 자신의 노력을 의지했고 "율법의 의"를 의지했습니다. 그렇습니다. 스스로 의로워지고자 노력한 것입니다. 그것은 자신과 자신의 고상함에 의존한 의였습니다. 그는 율법, 특히 의식儀式과 관련된 율법을 부지런히 지켰습니다. 자기 힘으로 노력한 것입니다.

둘째는 의식과 관련된 율법의 명령을 따름으로써 외적인 의를 얻으려 했다는 것입니다. 바울은 6절에서 율법의 의로는 자신이 아무런 흠도 없었다고 말합니다. 이것은 그의 자랑거리였습니다. 그는 "팔 일 만에 할례를 받고 이스라엘 족속이요 베냐민 지파요 히브리인 중의 히브리인이요 율법으로는 바리새인이요 열심으로는 교회를 박해하고 율법의 의로는 흠이 없는 자"였습니다(5-6절). 바울은 어떤 의미에서 흠이 없었다고 말하는 것일까요? 자, 그가 알게 된 사실은 이것입니다. 과거에 그는 율법에 자신을 비추어 볼 때 아무런 흠이 없고 하나님 앞에 능히 설 만하다고 생각했습니다. 그러나 사실은 의식과 관련된 명령만 외적으로 흠 없이 지킨 것에 불과하다는 점을 알게 되었습니다.

유대인의 율법은 번제와 희생 제사를 드리고 일정한 규례를 지키도록 명령합니다. 바울은 이 같은 외적이고 표면적이며 기계적인 명령, 의식에 관련된 명령을 곧 하나님의 법으로 착각했습니다. 이 영역에서 그는 흠이 없었습니다. 그러나 오직 이 영역에서만 흠이 없었습니다. 바울은 자신이 그토록 자랑하던 의가 명실공히 자기 의에 불과한 것이었음을 깨달았습니다. 하나님의 법 자체를 지킨 것이 아니라, 하나님의 법을 자기가 이해하고 해석한 법으로 대체해 놓고 자신의 그 부족한 해석을 준수했음을 깨달은 것입니다. 바울은 이 이야기를 자주 했습니다. 그는 로마서 10장에서도 아주 명확하게 밝히고 있습니다. "형제들아, 내 마음에 원하는 바와 하나님께 구하는 바는 이스라엘을 위함이니 곧 그들로 구원을 받게 함이라. 내가 증언하노니 그들이 하나님께 열심이 있으나 올바른 지식을 따른 것이 아니니라. 하나님의 의를 모르고 자기 의를 세우려고 힘써 하나님의 의에 복종하지 아니하였느니라"(1-3절). 동족인 유대인의 비극은 스스로 하나님을 기쁘시게 한다고 착각하는 데 있었습니다. 그들은 자신들이 이룬 의가 곧 하나님이 요구하시는 의라고 생각했지만, 사실은 하나님의 의를 모른 채 자기 의만 세운 것에 불과했습니다.

물론 이것은 바리새인들의 전적인 문제이기도 했습니다. 주님도 계속 이 점을 지적하셨습니다. "아, 너희 권위자들은 율법을 다루는 선생을 자처하지만 사실은 너희 전통을 섬기는 것에 불과하다. 너희는 하나님의 법을 인간의 전통과 견해로 대체해 버렸다." 바울도 그랬습니다. 쉽게 자신은 아무런 흠도 없다고 생각했으며, 남들보다 낫다고 자부했습니다. 그러다가 사실은 하나님의 법을 지킨 것이 아니라 하나님의 법에 대한 자신의 부족한 생각을 지킨 것에 불과했음을 문득 깨달았습니다. 그것은 자기 의였습니다.

이미 살펴보았듯이, 이것은 비극적인 태도인 동시에 아주 흔한 태도입니다. 사람들은 그리스도의 십자가 죽음을 왜 믿어야 하는지 모르겠다고, 자신들이 볼 때 그것은 부도덕한 죽음이었다고 말합니다. "하나님이 원하시는 건 분명 자기가 할 수 있는 선한 일을 하면서 선한 삶을 사는 것"이라고 말합니다. 그러나 제 대답은 그렇지 않다는 것입니다. 그렇게 말하는 사람들에게 해 줄 말은 이것뿐입니다. 그들은 스스로 법을 세우고 만든 다음, 그것이 하나님의 법이라고 주장하면서 하나님의 법을 지키노라 자부합니다. 그러나 그것은 자기 의에 불과합니다. 자기 의를 세우려고 하나님의 의에 복종하지 않는 것입니다.

일정한 명령들과 하나님의 법을 기계적이고 표면적으로 일치시켜서는 안 된다는 점을 바울은 알았습니다. 하나님의 법은 "너는 마음을 다하고 뜻을 다하고 힘을 다하여 네 하나님 여호와를 사랑하라"라는 것이었습니다(신 6:5). 그는 로마서 7:7-9에서 이 이야기를 합니다. 율법과 그 요구의 영적인 본질을 깨달았을 때, 하나님이 요구하시는 바가 전적인—온 존재와 마음을 다하는—충성임을 깨달았을 때, 자신은 무거운 정죄감에 짓눌려 "죽었"다고 고백합니다.

또한 그는 율법이 죄에 대해 심판을 선고한다는 사실도 알았습니다. 여호와는 "범죄하는 그 영혼은 죽으리라"라고 말씀하셨습니다(겔 18:4). 이것이 하나님의 법입니다. 범죄한 자는 하나님에게서 분리되어 영적인 죽음을 당하게 되어 있습니다. 율법은 먼저 적극적인 계명을 주고 그것들을 지키도록 요구합니다. 그리고 그것을 지키지 못한 것에 대해서는 심판을 선고합니다. 이처럼 율법에는 두 가지 측면이 있습니다. 바울은 자신이 두 가지 측면에서 다 실패했음을 분명히 알았습니다.

자, 그렇다면 바울은 무슨 의미에서 이 지식이 가장 고상하다고 말한 것일까요? 복음의 진정한 메시지, 그리스도가 선포하신 메시지의 놀라운 점이 여기 있습니다. 이 메시지가 전하는 의의 특징은 이것입니다. 첫째로, 이 의는 하나님의 의입니다. "내가 가진 의는 율법에서 난 것이 아니요 오직 그리스도를 믿음으로 말미암은 것이니 곧 믿음으로 하나님께로부터 난 의라." 우리가 이 말의 의미를 정확히 이해하고 있는지 확인해 봅시다. 하나님이 의의 문제를 해결하시는 방법을 볼 때, 이것은 내 의가 아니라 하나님의 의임을 알 수 있습니다. 하나님은 우리에게 의를 요구하시고 청구하시는 것이 아니라 거저 주십니다. 그래서 바울이 이렇게 감격에 겨워 어쩔 줄 모르는 것입니다. 인간은 하나님께 죄를 지어 놓고, 자기 의를 세워 그를 기쁘시게 하려 들지만 그렇게 할 수가 없습니다. 그런데 놀랍게도 하나님은 이렇게 타락한 인간, 무력한 인간, 죄에 빠진 인간에게 거저 의를 주겠다고 말씀하십니다.

'믿음으로 의롭다 하심을 얻는다'는 교리의 핵심이 여기 있는 만큼, 확실하게 살펴볼 필요가 있습니다. 복음은 단번에 율법의 요구를 채울 수 있는 방법, 하나님이 그 정의를 훼손시키시지 않고서도 우리를 용납하실 수 있는 방법을 보여 줍니다. 거듭 말하지만, 율법은 자기에게 순종하고 자기를 존중하며 살 것을 요구합니다. 동시에 우리가 그렇게 살지 못하는 것을 고발합니다. '율법'의 정의에는 이 두 가지가 다 포함되어 있습니다. 내 죄값을 면하려면 무슨 조처를 취해야 합니다. 내가 율법을 지키고 존중할 수 있으려면 적극적으로 율법에 동의하게 만드는 무언가가 속에 생겨나야 합니다. 이것이 우리가 해결해야 할 문제입니다. 복음은 이 이중적인 측면에서 하나님이 나에게 무슨 일을 해 주시는지 알려 줍니다. 이처럼 이 의는 하나님이 주시는 것이므로 내 의가 아니라 하나님의 의입니다. 이것이 이 의의 첫 번째 특징입니다.

두 번째 특징은 하나님이 이 의를 그리스도 안에서 주신다는 것입니다. "그 안에서 발견되려 함이니……오직 그리스도를 믿음으로 말미암은 것이니……." 그리스도 안에서 일어난 일을 믿음으로써 나는 의로워집니다. 그리스도 안에서 의의 문제가 전부 해결되는 것입니다. 이 또한 바울이 즐겨 이야기한 주제입니다. 예를 들어 고린도전서 1:30에 나오는 위대한 진술을 보십시오. "예수는 하나님으로부터 나와서 우리에게 지혜와 의로움과 거룩함과 구원함이 되셨으니." 그리스도 안에 모든 것이 다 있습니다. 바로 이것이 하나님의 구원 방법이요 의를 주시는 방법입니다. 이 땅에 살면서 하나님과 그의 거룩한 법을 거슬러 죄를 지은 우리는 율법의 이중적인 요구를 받게 되어 있습니다. 율법은 죄에 대해 죽음을 선고합니다. 나는 그 죄값을 치러야 합니다. 또한 율법은 "나를 지키고 존중하는가?"라는 질문도 던집니다. 그런데 나는 그렇게 하지 못합니다.

그렇다면 그리스도는 이 문제를 어떻게 도와주실까요? 그 대답은 이것입니다. 그리스도는 세상에 오셨습니다. 여자에게서 나셨고 율법 아래 나셨습니다. 하나님의 아들이면서도 인간이 되어 세상에 태어나셨습니다. 그는 이 땅에서 율법 아래 사는 내내 하나님의 법에 온전히, 절대적으로 순종하셨습니다. 그 어떤 측면, 그 어떤 구체적인 부분에서도 하나님의 법을 저버린 적이 없었습니다. 그는 최고의 순종, 최고의 충성을 보여 주셨습니다. 완벽하고 온전한 의, 적극적인 의를 이루셨습니다. 그리고 첫 번째 종려주일에 자발적으로 예루살렘을 향해 나아가, 자발적으로 십자가에 달리셨습니다.

왜 그렇게 하셨습니까? 율법의 요구를 채우기 위해서였습니다. 그는 죄가 없으셨습니다. 순결하셨으며 온전히 의로우셨습니다. 율법은 그를 고소할 수 없었고 어떤 흠도 찾아낼 수 없었습니다. 그런데도 그는 자발적으로 우리 죄를 지셨습니다. 하나님은 나무에 달린 그의 육신 안에서 우리 죄를 벌하셨고, 우리 죄의 책임을 그에게 지우셨습니다. 이처럼 하나님이 아들에게 죄값을 물리심으로써, 죄값에 대한 율법의 요구가 채워졌고 의를 행하라는 적극적인 요구도 채워졌습니다. 그리스도는 죄값도 치르시고 의의 요구도 채우심으로써 온전한 의를 이루셨습니다. 그런데 복음의 경이롭고 놀라운 메시지는 바로 그 의를 하나님이 우리에게 주신다는 것입니다. "내가 가진 의는 율법에서 난 것이 아니요 오직 그리스도를 믿음으로 말미암은 것이니 곧 믿음으로 하나님께로부터 난 의라." 이를테면 하나님이 죄인을 돌아보시면서 "자, 온전한 의가 여기 있다. 네 모습은 예전 그대로지만 그럼에도 너에게 이 의를 주겠다"라고 말씀하시는 것입니다. 이것이 복음의 제안입니다. 바울은 이것을 알았습니다. 자신은 아무것도 하지 않았는데도, 예전 모습 그대로인데도 그 의를 받아 누리게 된 것입니다. 그는 이 복음만이 자신의 유일한 소망임을 알았으며 이 복음을 따름으로 구원을 받았습니다. 하나님은 그를 용서하시고 의롭다 해 주셨습니다. 바로 이것이 믿음으로 하나님께로부터 나는 의입니다.

명확히 짚고 넘어갈 점이 있습니다. "믿음으로"라는 것은 우리 믿음이 일부라도 의에 기여한다는 뜻이 아닙니다. 의는 전적으로 그리스도 안에 있는 것으로서, 율법을 만족시키기 위해 우리가 할 수 있는 일은 하나도 없습니다. 죄값을 치를 수도 없고 율법의 요구를 완전히 채울 수도 없습니다. 의는 그리스도 안에만 있는 것입니다. 그리스도가 우리 의입니다. 모든 것이 그리스도 안에 있습니다. 믿음은 나를 의롭게 하지 못합니다. 단지 의를 받게 하는 장치의 역할을 할 뿐입니다. 의는 하나님께로부터 나는 것입니다. 하나님이 의를 주십니다. 그 의를 받는 방법이 바로 믿음으로 그리스도와 연합하는 것이라고 바울은 말합니다. "그 안에서 발견되려 함이니." 나는 그를 믿음으로 그의 일부가 됩니다. 믿음으로 그 안에 거하고 그에게 속함으로써, 그와 신비한 연합을 이룸으로써 그의 것을 전부 내 것으로 받아 누리게 됩니다. 그의 의를 내 의로 받아 누리게 됩니다.

이처럼 신자는 그리스도가 누리시는 큰 혜택을 자신도 전부 받아 누립니다. 바울이 이 사실을 이토록 서정적으로 표현해 놓은 것을 보면 놀랍지 않습니까? 여러분은 그 의미를 알고 있습니까? 이것은 저와 여러분이 율법을 어긴 죄값을 치르지 않아도 된다는 뜻입니다. 더 나아가 순종의 상까지 받게 된다는 뜻입니다. 로버트 레이튼Robert Leighton 대주교는 이렇게 말했습니다. "그렇다. 율법 전체를 만족시켰기에 신자는 모든 범법 행위에 대해 무죄하다." 이것이 의의 교리에 담긴 의미입니다. 그리스도 안에 있으면 하나님이 우리를 무죄한 자로 여기실 뿐 아니라 율법을 온전히 지킨 자로 여겨 주십니다. 그리스도는 율법을 지키셨고, 나는 그 그리스도 안에 있습니다. 예전 모습 그대로임에도 그의 완전한 삶과 속죄의 죽음이 끼치는 혜택을 받아 누립니다. 이것이 의의 교리입니다. "내세울 것 하나 없이 내 모습 이대로."* 나는 내세울 것이 없습니다. 하나도 없습니다. 자기 힘으로 무언가를 하려 드는 것은 의의 교리를 부인하는 행동입니다. 여러분은 아무것도 할 수 없습니다. 그리스도가 이미 모든

---

* 찬송가 339장 1절 다시 옮김.

것을 하셨습니다. 하나님은 그의 의를 우리에게 주겠다고, 선물로 주겠다고 하십니다. 하나님이 요구하시는 것은 우리의 의가 아니라 하나님 자신이 주시는 의입니다. 그러므로 더 이상 우리의 노력과 수고와 행위를 의지하면 안 됩니다. 천 년을 더 산다 해도 지금보다 더 하나님 보시기에 의로워질 수 없음을 알아야 합니다. 물론 은혜 안에서 더 자랄 수는 있습니다. 그럼에도 죽음의 자리에 이르렀을 때 여러분의 유일한 소망은 그리스도 안에 있는 의입니다. 그리스도 안에 모든 것이 있습니다. 여러분이 할 수 있는 일은 오직 그를 믿는 것뿐입니다. 신약성경의 이미지를 빌려 말하자면, 그리스도의 의로 옷을 입고 죄의 가리움을 받아야 하는 것입니다.

주님은 계시록 3:18에서 라오디게아 교인들에게 흰 옷을 사서 입을 것을 권하셨습니다. 또 19:7-8에는 빛나고 깨끗한 세마포 옷을 입은 신부의 모습이 나옵니다. 옷은 그리스도의 의를 상징합니다. 복음은 이 메시지를 전하고 있습니다. 바울이 이 메시지에 왜 그토록 가슴 벅차 했는지 이제 알겠습니까? 바리새인으로서 자기 의를 세우려 했던 바울은 하나님이 그 의를 주신다는 사실을 불현듯 깨달았습니다. 수도원 독방에서 기도하며 자기 의를 이루고자 했던 루터가 '하나님이 그리스도 안에서 모든 것을 주셨다'는 사실을 순식간에 깨달았던 일도 생각해 보십시오. 무슨 짓을 해도 우리 힘으로는 의를 이룰 수 없습니다. 오직 그리스도만 온전히 의로우십니다. 하나님은 그의 의를 나에게 주십니다. 믿음으로 그리스도와 하나가 될 때, 그의 모든 것은 곧 내 것이 됩니다. 율법을 지키신 분은 그리스도지만, 그 상은 내가 받을 것입니다. 믿음으로 하나님께로부터 나는 의―"내 주 그리스도 예수를 아는 지식"―가 가장 고상한 것은 바로 이 의 때문입니다.

내가 그리스도와 그 부활의 권능과 그 고난에 참여함을
알고자 하여 그의 죽으심을 본받아 어떻게 해서든지
죽은 자 가운데서 부활에 이르려 하노니.

빌립보서 3:10-11

6. 바울의 큰 열망

이미 살펴보았듯이, 본문 전체의 목적은 주 예수 그리스도가 이미 이루신 일 외에 다른 것을 기독교 신앙에 덧붙이려 하는 온갖 유형의 종교를 고발하려는 것입니다. 지난번에 우리는 9절을 살펴보면서, 이 "지식이 가장 고상"한 첫 번째 근본적인 이유가 하나님이 그리스도 안에서 우리에게 주시는 의에 관한 진리에 있음을 알았습니다. 바울은 이 진리를 상고할 때마다 감격에 겨워 어쩔 줄 모르며, 이 영광스러운 지식에 대해 수많은 표현을 쏟아 냅니다. 그러면서도 그는 이것이 첫 부분에 불과하다고 말합니다. 첫 부분이요 아주 긴요한 부분이지만, 감사하게도 전부는 아니라고 말합니다. 그의 입장은 이 모든 것, 모든 고상한 지식이 주 예수 그리스도 안에—그의 완전한 순종의 삶과 대속의 죽음에—있음을 자신이 깨달았다는 것입니다.

그는 이 지식들을 상고하면서, 또 다른 지식이 있음을 발견했습니다. 그리스도 안에 있는 더 깊은 지식, 바울이 더욱 알고 싶어 했던 그 지식이 10절과 11절에 나옵니다. 그는 다른 모든 것을 해로 여기게 만드는 그 지식을 자신이 얼마나 열망하는지 밝히고 있습니다. 그의 말에는 마치 끈에 묶인 개가 달려 나가려는 것 같은 간절함이 배어납니다. 그만큼 바울은 그 지식을 알고 싶어 했습니다. 그 지식을 이해하고 싶어 했고, 그 지식에 붙잡히고 싶어 했습니다.

이 더 깊은 지식과 관련하여 바울이 가장 먼저 하는 말은 그리스도를 더 잘 알고 싶다는 것입니다. "내가 그리스도[를]······알고자 하여." 이 말을 분명히 파악하는 것이 아주 중요합니다. 바울은 그리스도에 대해 더 많이 알고 싶다고 말하지 않습니다. 그리스도와 관련된 몇 가지 지식을 더 얻고 싶다고도 말하지 않습니다. 물론 어떤 점에서는 그것도 원했지만, 여기에서 그가 원하는 것은 그 이상입니다. 그는 주님을 인격적으로 더 많이, 더 친밀하게 알기를 갈망했습니다.

여기에서 바울이 말하는 단계는 아주 분명합니다. 그는 주님의 삶과 죽음을 보면서 그 일이 없었다면 자신이 아무것도 얻지 못했으리라는 사실을 깨달았습니다. 아무 소망도 없고 기댈 데도 없었으리라는 사실을 깨달았습니다. 요컨대 "주님이 날 위해 이 땅에 사셨고 또한 죽으셨음을 안다. 또 감사하게도 그가 무덤에 머물러 계시지 않음을 안다. 죽음을 이기고 다시 살아나 제자들에게 보이시고 하늘로 올라가셨음을 안다"라는 것입니다. 다메섹 길에서 문자 그대로 그리스도를 본 바울은 평생 그 순간을 잊지 못했습니다. 그는 부활하신 영광의 주님을 직접 보았고 그의 음성도 직접 들었습니다. 어떤 의미에서 그는 다메섹의 이 첫 경험이 더 강렬해지고 깊어지기를 바랐다고도 말할 수 있습니다.

이 경험이 사도행전과 바울서신에 어떻게 기록되어 있는지 살펴보면, 그의 의도를 훨씬 더 분명히 알 수 있습니다. 다메섹으로 가는 길에서 그는 놀랍게도 부활하신 주님을 만나 교통하며 교제하는 경험을 했고, 그가 말씀하시는 음성을 들었습니다. 예수와 직접 접촉한 것입니다.

그 후에도 바울은 주님의 환상을 몇 번 보았다고 성경은 말합니다. 주님은 성전에 나타나 그에게 말씀하셨습니다. 그것은 분명한 사실이었습니다. 바울은 자신이 부활하신 영광의 주께 직접 메시지를 받았다는 것을 알았습니다. 또 사도행전에는 고린도에 있을 때 완전히 불리한 상황에서 복음을 전하느라 어려움을 겪는 이야기가 나옵니다. 그래서 도저히 사명을 감당할 수 없을 것 같은 낙담과 절망에 빠져 있을 때—바울도 낙담한 적이 있습니다—주님이 밤에 나타나 말씀하셨습니다. "두려워하지 말며 침묵하지 말고 말하라. 내가 너와 함께 있으매 어떤 사람도 너를 대적하여 해롭게 할 자가 없을 것이니 이는 이 성중에 내 백성이 많음이라" (행 18:9-10).

또 바울은 고린도후서 12장에서 자신이 아는 한 사람이 14년 전에 셋째 하늘에 이끌려 가서 이루 표현할 수 없는 말을 들었다고 이야기하는데, 그것은 바로 바울 자신의 경험이었습니다. 그는 실제로 육신과 세상을 벗어나 기이하고 아름다운 세계로 이끌려 가서 주님과 직접 교통하는 경험을 했습니다. 이것은 일반적으로 말하는 신비주의가 아니라 기독교적인 신비주의입니다. 인간이 단순히 무한한 세계와 일체감을 느낀 것이 아니라 영광의 주님과 직접 교통한 것입니다. 바울은 이것을 갈망한다고 말합니다. 그리스도를 알고 싶다고, 더 잘 알고 싶다고 말합니다.

일상생활에서 그 완벽한 예를 찾아볼 수 있습니다. 전혀 모르는 사람을 소개받았는데 한눈에 반했다면, 나중에 소개해 준 친구를 만났을 때 이렇게 부탁할 것입니다. "그 사람 다시 한 번 만나보고 싶은데. 만나서 좀 더 알아보고 싶어." 바울이 말하는 바가 바로 이것입니다. 그는 주님을 만나 그와 교통했습니다. 이제 그의 인생에서 중요한 일은 그 경험을 더욱 더 많이 하는 것입니다. 주님과 더 직접적이고 인격적인 교통과 접촉을 하게 되기를 그는 늘 고대하고 갈망했습니다.

이것은 사도 바울뿐 아니라 우리 모두에게 해당되는 이야기입니다. 이 점을 명확히 짚고 넘어갑시다. 우리가 바울처럼 부활하신 주님을 눈으로 보기는 힘듭니다. 이미 살펴보았듯이 그것은 바울만의 독특한 경험이었습니다. 그는 사도로 부르심을 받았고 사도는 그 정의상 부활의 증인이 되어야 하기 때문에 다메섹 길에서 부활하신 주님을 본 것입니다. 그는 고린도전서 15장에서 말합니다. "나는 다른 이들처럼 부활하신 주님이 지상에 계시던 40일간 그를 뵙지 못하고 나중에 뵈었다. 그 특별한 만남을 통해 나는 사도가 되었다." 우리가 해야 할 경험은 그렇게 직접 보는 것이 아니라 부활하신 주님과 인격적이고 실제적이고 생생하게 교제하고 교통하는 것입니다. 그리스도인으로서 할 수 있는 말이 고작 "나는 그리스도에 대한 이러저러한 사실들을 믿는다"라는 것밖에 없는 사람은 그리스도 안에서 아주 어린 갓난아이입니다. 물론 그에 관한 사실들도 믿어야 하고, 객관적으로도 그를 믿어야 합니다. 그러나 그리스도인은 그 정도에서 멈추지 않습니다. 참된 그리스도인은 이 같은 교제와 생생한 교통을 경험합니다.

환상도 반드시 보아야 하는 것은 아닙니다. 물론 환상을 보는 그리스도인들이 있는 것은 분명한 사실입니다. 성도들의 생애를 읽어 보면 하나님의 사람들이 가끔 환상을 보았던 것을 알 수 있습니다. 그렇다고 그것을 탐해서는 안 됩니다. 우리가 탐해야 할 것은 이 인격적인 교류와 교제와 교통입니다. 감사하고 영광스럽게도 이 경험은 우리도 할 수 있습니다. 직접 보지는 못하더라도, 직접 음성을 듣지는 못하더라도, 황홀경에 빠지지는 못하더라도, 그런 경험은 하나도 못하더라도, 헨리 트웰스 Henry Twells처럼 고백할 수 있습니다.

주님 모습 보지 못한들 어떻습니까?
주님 가까이 계신 줄 알고 느끼나이다.

또는 다른 찬송가 작사가처럼 말할 수도 있습니다.

매순간 주가 필요하오니
가까이 계시옵소서.
주 함께 계시면
시험도 힘을 잃사옵니다.[*]
―애니 서우드 호크스Annie Sherwood Hawkes

그렇습니다. 나는 그를 보지 못했습니다. 환상도 보지 못했고 내 귀에 말씀하시는 음성도 듣지 못했습니다. 그러나 감사하게도 이런 고백을 할 수 있습니다. 그가 계심을 알고 그의 임재를 느낄 수 있습니다. 바울이 여기에서 말하는 바가 이것이며, 우리가 탐하고 갈망해야 할 바 또한 이것입니다.

"그리스도[를]······알고자 하여." 오, 그에 관한 사실들만 믿는 것이 아니라 실제로 그의 임재를 느낍니다. 혼자 기도할 때, 성경을 읽을 때, 이같은 내용들을 묵상할 때, 나 말고 다른 분이 계신 것을 감지합니다. 혼자가 아닌 듯한 느낌, 주님이 말씀하고 계시는 듯한 이상한 느낌이 듭니다. 귀에 무슨 소리가 들리는 것이 아닌데도 메시지를 알아듣습니다. 주님이 무슨 말씀을 하시는지 이해합니다. 그가 옆에서 자신이 한 어떤 일

---

[*] 찬송가 500장 2절 다시 옮김.

에 대해 격려해 주시는 것을 알아차립니다. 야단을 치시거나 책망해 주시는 것을 알아차립니다. 그가 기이하고 영광스럽게 나타나 가까이 나아오라고, 더 많은 시간을 함께 보내자고 초청하시는 것을 느낍니다. 바로 이런 것입니다. 사도가 말하는 교제가 이런 것입니다.

"내가 그리스도[를]……알고자 하여." 그는 부활하셨고, 살아 계십니다. 사도는 직접 그를 보았습니다. 오늘날 우리도 믿음으로 주님과 교통할 수 있습니다. 바울은 주님과 더욱 교통하기를 갈망했습니다. 이제 우리가 던질 질문은, 우리도 더욱 교통하기를 갈망하느냐 하는 것입니다. 저는 우리 그리스도인들에게 중요한 한 가지가 바로 이것이 아닐까 하는 생각을 점점 더 많이 하게 됩니다. 아니, 참된 그리스도인과 세상 사람들의 차이점이 바로 이것이라고 믿습니다. 사람은 무언가를 바라게 되어 있습니다. 누구나 무언가를 갖고 싶어 합니다. 저와 여러분에게도 온갖 종류의 열망이 있습니다. 제가 하고 싶은 말은 그리스도인이라면 마땅히 "내가 세상 무엇보다 갈망하는 일은 주님을 더 아는 것이다. 그에 비하면 다른 갈망들은 전혀 중요치 않다. 내 소유를 다 팔고 지위와 신분을 다 버려서라도 더 깊은 지식과 더 참된 이해, 더 친밀한 교통을 얻을 수 있다면 기꺼이 그렇게 하겠다"라고 말해야 한다는 것입니다. 이것이 시금석입니다. 바울은 이것을 경험했습니다. 우리도 다 이것을 경험해야 합니다. 이 지식은 그리스도를 더 알게 한다는 점에서 세상 전부보다, 세상의 모든 부와 재산과 가능성을 다 합친 것보다 훨씬 더 고상합니다.

이처럼 바울의 첫 번째 열망은 그리스도를 아는 것이었습니다. "내가 그리스도[를]……알고자 하여." 그리고 그 다음 열망은 그리스도를 닮는 것이었습니다. 10절은 이렇게 이어집니다. "그 부활의 권능과 그 고난에 참여함을 알고자 하여 그의 죽으심을 본받아." 논리적으로 어떻게 연관이 되는지 알겠습니까? 흠모하는 이를 만나면 그 사람을 닮고 싶은 마음이 본능적으로 솟아나게 되어 있습니다. 주님과의 관계에서도 마찬가지입니다. 주님을 더 알고 싶어 하는 사람은 자연히 그를 더 닮고 싶어 하게 되어 있습니다. 바울도 늘 그랬습니다.

본문에서 그는 그리스도를 닮기 전에 필요한 일 세 가지를 알려 줍니다. 그 첫 번째가 "부활의 권능"을 알아야 한다는 것입니다. 사도는 이 표현을 좋아했습니다. 여기에 등장하는 개념이 바울 서신에 얼마나 자주 나오는지 찾아보십시오. "그리스도 안"은 그가 가장 좋아했던 표현입니다. 그리스도인은 "그리스도 안"에 있는 사람들입니다. 바울은 이 말의 의미가 무엇인지 설명해 줍니다. 그는 그리스도의 소유 된 자들, 따라서 "그리스도 안"에 있는 자들은 그리스도와 함께 죽었다는 담대하고 놀라운 진술을 합니다. 그리스도가 죽으셨을 때 함께 죽었다는 것입니다. 이처럼 그리스도인은 그와 함께 죽었을 뿐 아니라 그가 살아나실 때 함께 살아났다고 바울은 말합니다. 그리스도 안에 있으면 당연히 그렇게 됩니다. 믿음으로 그에게 속해 있다면, 그의 것이 되었고 그의 몸이 되었다면, 그에게 일어난 일은 전부 나에게도 일어난 것입니다. 우리는 세례를 받음으로써 그와 함께 장사되었고, 새로운 생명을 얻어 그와 함께 살아났습니다.

바울의 설명 중에서도 최고의 설명을 원한다면 로마서 6장을 보십시오. 첫 다섯 장에서 그가 강조하는 중대한 교리는 믿음으로 의롭다 하심을 얻는다는 것입니다. 자기 자신이나 자신의 공로를 의지하면 안 됩니다. 우리는 그리스도 안에서, 그가 하신 일을 힘입어 구원을 받습니다. 이 교리를 설명하고 나서 바울은 로마의 똑똑한 자들이 제기할 법한 이의를 다룹니다. "그 교리는 알겠습니다. 그런데 그처럼 행위는 하나도 중요치 않고 오직 믿음으로 의롭다 하심을 받는다면 마냥 죄를 지어도 은혜가 풍성히 나타나겠네요? 당신의 논리대로 모든 것이 그리스도 안에 있다면, 내가 하고 싶은 대로 다 하고 살아도 그 피로 덮어 주시고 용서해 주실 테니 괜찮지 않습니까?'

바울은 "아, 너희가 그런 어이없는 말을 하는 것은 의의 교리와 그리스도가 십자가에서 죽으신 의미를 전혀 모르기 때문이다"라고 말합니다. 그리고 6장에서 이 문제를 설명합니다. "로마인들아, 이것을 알라. 너희가 그리스도 안에 있고 그와 함께 죽었다면, 이제 새 생명을 얻은 것이다. 그러니 이제 그와 함께 부활의 삶을 살아야 한다." 빌립보서 3:10에서 말하는 바도 이것입니다.

그렇습니다. 믿음으로 의롭다 하심을 얻는다는 교리를 아는 자들은 이른바 '도덕폐기론'에 빠질 염려가 없습니다. 그리스도를 알고자 하는 자는 그를 더 닮고 싶어 하게 마련입니다. "저는 죄의 충동을 느끼는 약한 사람으로, 사방에서 유혹을 받으며 살고 있습니다. 죄와 사탄과 악에 맞추어 짜여 있는 세상에서 도덕적으로 바르게 살기란 여간 힘든 일이 아닙니다. 그런데 이런 세상에서 나사렛 예수가 살았던 삶을 살라니, 그건 도저히 불가능한 요구입니다"라고 말하는 사람에게 뭐라고 대답하겠습니까? 그럴 때 내놓을 수 있는 대답이 바로 "부활의 권능"입니다. 그리스도는 부활로 그 권능을 나타내셨습니다. 그리고 이제 그 권능을 우리에게도 주겠다고 하십니다. 아무리 약한 사람도 그 권능을 받을 수 있습니다. 그 권능은 능히 우리를 새 생명으로 일으켜 세워서 그리스도와 동행하게 할 수 있습니다.

바울은 로마서 7장에서 이 점을 아주 극적으로 묘사하고 있습니다. 사실 빌립보서의 이 말씀은 로마서 6-8장을 아주 짧게 요약한 것에 지나지 않습니다. "내가 할 수 있는 일이 무엇인가?"라고 바울은 묻습니다. 더 나은 사람이 되고 싶고 그리스도인답게 살고 싶은데 그럴 수가 없습니다. 하나님의 법을 정말 사랑하고 그 법이 옳다는 것을 알고 있으며 그 법대로 살고 싶은 마음도 있는데 "내 지체 속에서 한 다른 법이 내 마음의 법과 싸워 내 지체 속에 있는 죄의 법으로 나를 사로잡"아 버립니다(23절). "오호라, 나는 곤고한 사람이로다. 이 사망의 몸에서 누가 나를 건져 내랴?"(24절) 이에 대한 대답은 한 가지뿐입니다. "우리 주 예수 그리스도로 말미암아 하나님께 감사하리로다"(25절). 죄와 사탄과 죽음을 이기신 분, 승리하여 부활하신 분은 능히 나를 건져 내실 수 있습니다. 나는 그의 권능을 받아 누릴 수 있으며, 부활하신 주님의 생명에 나타난 권능을 경험할 수 있습니다. 자신이 그리스도 안에 있음을 깨닫고 그리스도를 더욱 알아 가는 사람은 그의 강력한 권능이 자기 속에 흘러들어와 자아와 죄를 떨치고 일어나게 해 주는 것, 즉 "부활의 권능"을 감지합니다.

또 무엇이 필요할까요? 그리스도를 닮기 위해 꼭 필요한 두 번째 요소는 "그의 고난에 참여"하는 것입니다. 무슨 뜻입니까? 바울은 왜 기껏 부활에 대해 이야기하다가 다시 그리스도의 고난으로 되돌아가는 것입니까? 제 경험으로 볼 때 이것은 논리적으로 완벽한 순서입니다. "나는 그리스도를 닮기 전에 먼저 그리스도 안에 있기를 원한다. 오직 부활의 권능만이 그를 닮게 해 줄 수 있다"는 것입니다. 주님을 닮는 사람은 그가 겪으신 일을 자신도 세상에서 겪게 되어 있습니다. 주를 닮는다는 말에 담긴 의미가 이것입니다. 세상은 죄로 가득 차 있어서 하나님의 아들도 세상에 오셨을 때 고난을 받으셨습니다. 그는 거룩하시고 세상은 죄로 가득 차 있었기 때문에 고난을 피할 수가 없었습니다. 만약 예수 그리스도가 완전한 분이 아니었다면 고난을 받지 않으셨을 것입니다. 인자가 땅 위에서 겪으신 고난은 전적인 죄의 결과였습니다. 바울은 우리가 그를 닮아 갈수록 그가 받으신 고난도 받게 된다고 말합니다.

사실 이 점을 생각하면 두렵고 무섭습니다. 바울은 고난 속에서 사실상 불평하고 있던 디모데에게 편지를 쓰면서 "나의 벗 디모데야, 거꾸로 생각해야 한다. 오히려 고난받는 것을 기뻐해야 한다"라고 했습니다. "무릇 그리스도 예수 안에서 경건하게 살고자 하는 자는 박해를 받으리라"(딤후 3:12). 그리스도도 같은 말씀을 하셨습니다. "제자가 그 선생보다, 또는 종이 그 상전보다 높지 못하나니……집 주인을 바알세불이라 하였거든 하물며 그 집 사람들이랴?"(마 10:24-25) 야고보도 "내 형제들아, 너희가 여러 가지 시험을 만나거든 온전히 기쁘게 여기라"라고 권합니다(약 1:2).

주인이 가신 길을
종이 어찌 따르지 않으랴?
—호레이셔스 보나Horatius Bonar

바울이 말하는 바가 바로 이것입니다. 그는 "거룩해질수록—그리스도를 닮아 갈수록—그가 겪으신 일을 나도 겪게 된다"라고 말합니다.

주님은 "간고를 많이 겪었으며 질고를 아는 자"였습니다(사 53:3). 아버지께서 만드신 세계를 죄가 어떻게 망쳐 놓았는지 보면서 주님은 영혼의 고통을 느끼셨습니다. 죄의 추하고 더러운 모습을 보면서 아픔과 슬픔을 느끼셨습니다. 주님과 주님의 삶에 가까이 다가가는 사람 역시 세상의 죄를 보면서 아픔과 슬픔을 느끼게 되어 있습니다. 우리는 세상의 죄를 보면서 고통을 느끼고 있습니까? 분노를 느끼느냐고 묻는 것이 아닙니다. 단순히 도덕적인 사람도 죄를 보면 분노를 느낄 수 있으며, 실제로 분노를 느끼는 경우가 많습니다. 그러나 주님은 분노를 느끼신 것이 아닙니다. 그는 아픔과 슬픔을 느끼셨고, 무거운 부담을 느끼셨습니다. 바울은 이러한 주님의 고난에 참여하고 싶다고 말합니다. 그뿐 아니라 우리는 주님을 닮아 갈수록, 그를 이해하지 못하고 "저를 없이 하소서, 십자가에 못 박으소서"라고 외치는 자들에게 핍박을 받기 쉽습니다. 주님처럼 살겠다는 바울의 말에는 이 일 역시 포함되어 있습니다. 주님이 세상에서 당하신 일을 어느 정도나마 똑같이 당하는 사람은 자신이 그의 삶을 살고 있음을 확인할 수 있습니다.

그 다음으로 바울이 하는 말은 "그의 죽으심을 본받"겠다는 것입니다. 이것은 하나님께 순종하되, 필요하다면 주님처럼 목숨까지 기꺼이 내놓겠다는 뜻입니다. 하나님과 그의 거룩한 계명에 충성하기 위해서라면 주저 없이 죽겠다는 뜻입니다. 주님은 충성이 요구될 때 기꺼운 마음으로 주저 없이 목숨을 내놓음으로써 하나님의 거룩한 뜻을 이루셨습니다. 바울은 "나 역시 죄에 대해, 세상에 대해, 하나님께 속하지 않은 모든 것과 하나님께 반하는 모든 것에 대해 죽은 자가 되겠다. 주님이 그리하셨듯이, 필요하다면 목숨까지 기꺼이 내놓겠다"라고 말합니다.

간단히 말해서, 그리스도를 닮는 길에는 세 단계의 과정이 있습니다. 그 과정은 부활의 권능을 알고, 그의 고난에 동참하며, 그의 죽음을 본받는 것입니다. 마지막으로, 바울의 궁극적인 열망은 그리스도와 영광을 함께하는 것이었습니다. "내가 그리스도와 그 부활의 권능과 그 고난에 참여함을 알고자 하여 그의 죽으심을 본받아 어떻게 해서든지 죽은 자 가운데서 부활에 이르려 하노니." 각 단계가 어떻게 연결되는지 보일 것입니다. 그와 더 교통하고 그를 더 닮아 가다가 마침내 영원히 그와 함께

하게 되는 것입니다. 바울은 이 과정에서 벗어날 수가 없었습니다. 각 단계를 제대로 이해했는지 한번 확인해 봅시다.

9절 칭의: 그의 의를 주심
10절 성화
11절 영화

이것은 필연적인 과정이며 변개되지 않는 과정입니다. 의롭다 하심을 받았는데 거룩하게 되지 않거나 영화롭게 되지 않는 일은 있을 수 없습니다. 바울이 로마서 8장에서 이 점을 어떻게 설명하는지 기억할 것입니다. "하나님이 미리 아신 자들을 또한 그 아들의 형상을 본받게 하기 위하여 미리 정하셨으니 이는 그로 많은 형제 중에서 맏아들이 되게 하려 하심이니라. 또 미리 정하신 그들을 또한 부르시고 부르신 그들을 또한 의롭다 하시고 의롭다 하신 그들을 또한 영화롭게 하셨느니라"(29-30절). 이것이 정해진 과정입니다. 이 과정은 그리스도 안에서 진행됩니다.

이제 "어떻게 해서든지 죽은 자 가운데서 부활에 이르려 하노니"라는 말의 의미를 분명하게 알아봅시다. "하지만 난 이 땅 위에 살았던 모든 사람이 마지막 날에는 결국 부활하는 줄 알았는데요"라고 말하는 이가 있을 것입니다.

그 말이 맞습니다. 죽은 자들의 전체적인 부활이 있습니다. 언젠가 모든 사람이 다 부활할 것입니다. 그것은 피할 수 없는 일이며, 하나님이 인류에게 정해 놓으신 일입니다. 그러나 바울이 여기에서 말하는 부활은 그런 전체적인 부활이 아니라, 우리가 방금 살펴본 의미의 부활입니다. 바울이 고대했던 부활은 둘째 사망과 지옥의 멸망으로 이어지는 부활이 아닌 의인의 부활, 바른 자들의 부활, 영광으로 이어지는 부활, 주님과 함께 영원토록 함께 지내게 될 부활이었습니다.

그는 모든 그리스도인이 마침내 부활하여 죄에서 완전히 해방될 날을 고대했습니다. 놀랍게도 그런 부활이 있을 것입니다. 저와 여러분이 그리스도인이라면 모두 그런 부활을 경험할 것입니다. 죄의 흔적은 전부 사라질 것입니다. 악한 생각, 악한 상상도 전부 사라질 것입니다. 우리는 죄와 잘못으로 얼룩지지 않은 모습, 점도 없고 티도 없는 모습으로 나타날 것입니다. 하나님도 우리에게서 흠을 찾지 못하실 것입니다. 우리는 하나님처럼 영화롭고 완전해질 것입니다. 바울은 3장 마지막 절에서 이렇게 정리하고 있습니다. "그는 만물을 자기에게 복종하게 하실 수 있는 자의 역사로 우리의 낮은 몸을 자기 영광의 몸의 형체와 같이 변하게 하시리라." 우리가 바라보고 있는 그분이 이런 일을 해 주신다는 것입니다. 이처럼 우리의 혼과 영뿐 아니라 몸도 죄에서 벗어날 날이 다가오고 있습니다. 그날이 되면 불완전한 구석이 한 군데도 없을 것입니다. 우리는 새로운 영광의 몸을 입을 것입니다. 주님처럼 될 것입니다. 요한은 이렇게 말합니다. "장래에 어떻게 될지는 아직 나타나지 아니하였으나 그가 나타나시면 우리가 그와 같을 줄을 아는 것은 그의 참모습 그대로 볼 것이기 때문이니"(요일 3:2).

영광에서 영광으로 변하리.
천국에 이르러
경배와 사랑과 찬양으로
주 앞에 우리 면류관 벗어던질 때까지.*
—찰스 웨슬리Charles Wesley

바울은 무엇보다 이날—장차 임할 영광스러운 부활의 날—을 고대했습니다. 그는 로마서 8장에서도 같은 말을 합니다. 모든 피조물이 그날을 고대한다고, 짐승과 새와 꽃들까지 탄식하며 그날을 기다린다고 말합니다. 그날이 오면 온 세상이 새로워질 것입니다. 새 하늘과 새 땅이 펼쳐질 것입니다. 모든 만물이 그 영광의 표적이 나타나는 날—영화가 완성되는 날—을 기다리고 있습니다.

그리스도는 완전한 삶을 사셨고, 대속의 죽음을 죽으셨습니다. 무덤에 장사되셨다가 부활하여 영광 가운데 들어가셨으며, 지금도 영광 가운데 살아 계십니다. 그리스도 안에 있는 모든 자들도 분명 그와 같은 영광을 얻게 될 것입니다. 이 사실을 알면 알수록 사도 바울처럼 그날을 더욱 사모하며, 다른 것들은 전부 하찮은 쓰레기로 취급하게 될 것입니다. 그러한 영광을 바라보고 있는 자의 눈에 세상 나라와 그 모든 영광이 뭐 그리 대단하게 보이겠습니까? 그는 "어떻게 해서든지 죽은 자 가운데서 부활에 이르"기만을, 그 영광에 들어가기만을 열망할 것입니다.

* 찬송가 55장 4절 다시 옮김.

내가 이미 얻었다 함도 아니요 온전히 이루었다 함도 아니라.
오직 내가 그리스도 예수께 잡힌 바 된 그것을 잡으려고
달려가노라. 형제들아, 나는 아직 내가 잡은 줄로 여기지 아니하고
오직 한 일 즉 뒤에 있는 것은 잊어버리고 앞에 있는 것을 잡으려고
푯대를 향하여 그리스도 예수 안에서 하나님이 위에서 부르신
부름의 상을 위하여 달려가노라.

빌립보서 3:12-14

7. 최종목표

어느 모로 보나 이것은 매우 비상하고 중요한 본문입니다. 저는 사도의 이 말이 여러 면에서 가장 널리 알려져 있을 뿐 아니라 많은 논란과 오해도 야기해 왔다고 생각합니다.

12-13절은 사도가 자신의 신앙과 입장을 밝히는 가운데 나온 말입니다. 전체적인 배경은 여러분도 기억할 것입니다. 사도는 유대교인들의 입장과 기독신앙의 입장을 대조하면서, 자기 경험을 한 예로 제시했습니다. 그 자신이 유대교인들의 입장에서 하나님 보시기에 받으실 만한 사람이 되고자 애쓰는 삶을 살다가 예수 그리스도 안에 있는 진리를 깨달은 장본인이기 때문입니다.

이 두 입장이 얼마나 선명하고 감동적이며 극적인 대조를 이루는지 모릅니다! 그리스도 안에 있는 고상한 지식을 얻고 난 후에 다른 모든 것은 바울의 눈에 하찮게 보였을 뿐 아니라 오히려 방해거리로 보였습니다. 그리스도를 얻고 그 안에서 발견되기 위해서라면, 율법에서 난 의가 아니라 오직 그리스도를 믿음으로 말미암는 의, 곧 믿음으로 하나님께로부터 난 의를 얻기 위해 필요하다면, 그나마 남은 것도 기꺼이 버리겠다고—이미 그렇게 많이 버렸으면서도—바울은 말합니다. "그리스도와 그 부활의 권능과 그 고난에 참여함을 알고자 하여 그의 죽으심을 본받아 어떻게 해서든지 죽은 자 가운데서 부활에 이르"는 것이 자신의 열망이라고 말합니다. 그러고 나서 우리가 함께 살펴보고자 하는 이 본문이 이어집니다.

이것은 바울이라는 한 인물의 관점에서만 보더라도 중요한 본문입니다. 바울 자신이 고찰할 가치가 충분한 주제입니다. 그는 모든 시대를 통틀어 가장 위대한 인물이자 모든 면에서 세상 역사에 우뚝 솟아 있는 지성입니다. 본문은 그와 그의 입장을 좀 더 분명하게, 제대로 이해하도록 도와준다는 점만으로도 충분히 중요합니다. 그러나 지금 우리는 이론적인 흥미로 위대한 사도를 살펴보려는 것이 아닙니다. 물론 신학적, 심리학적 관점에서 사도를 살펴보는 것도 매력적인 일이기는 하지만, 우리가 지금 이 본문에 관심을 갖는 것은 이 본문이 우리와 아주 밀접한 관련이 있기 때문이며 우리의 상태와 현 위치에 대해 중요한 점을 알려 주기 때문입니다.

바울이 타고난 재능의 소유자이자 독보적인 사도였던 것은 맞습니다. 그러나 그가 여기에서 그리스도인으로서 말하고 있는 내용은 다른 그리스도인들에게도 그대로 해당된다는 사실을 알아야 합니다. 무엇보다 사도 자신이 이 점을 분명히 밝히고 있습니다. 그는 계속 "우리"라는 표현을 쓰면서 다른 그리스도인들을 전부 포함시킵니다. 오늘 본문에서는 자기 이야기를 하느라 일인칭을 쓰고 있지만, 그 내용은 모든 그리스도인에게 해당되는 것이며 따라서 모든 그리스도인이 경험해야 하는 것입니다. 그러므로 사도가 무슨 말을 하는지 정확하게 알아보는 일이 아주 중요합니다.

우리의 경험은 무엇을 믿느냐에 달려 있으며, 무엇을 믿느냐에 따라 달라집니다. 따라서 복음이 우리에게 주는 것이 무엇인지에 대해 잘못된 믿음을 가지고 있으면 경험 역시 잘못된 길로 가기 쉽습니다. 그리스도인의 삶과 경험에 발생하는 어려움 가운데 다수가—대대수는 아니더라도—교리를 알지 못하는 데서 비롯되며, 영광스러운 복음이 우리에게 열어 준 가능성을 알지 못하는 데서 비롯됩니다. 그렇기 때문에 사도가 여기에서 자신과 자신의 경험에 대해 실제로 무슨 말을 하는지 살펴보는 일이 꼭 필요한 것입니다.

사도가 하는 말이 무엇입니까? 사람들의 견해는 대체로 두 가지로 갈리는데, 저는 각기 상반되는 그 두 가지 의견 모두 틀렸다고 말하는 바입니다. 첫 번째 견해는 바울이 구원을 확신하지 못해서 이런 말을 했다는 것입니다. 구원의 확신 문제로 논쟁해 본 사람, 특히 성경 지식을 가진 이들과 논쟁해 본 사람은 구원의 확신을 가지지 못한 이들이 '자기만' 구원을 확신하지 못한다고 말하는 것이 아니라 '누구나' 구원을 확신할 수 없다고 주장한다는 사실을 알 것입니다. 그럴 때 그들이 즐겨 인용하는 구절이 바로 이것입니다. "위대한 사도도 구원을 확신하지 못했는데 누가 확신하겠느냐?'라는 것입니다. "'형제들아, 나는 아직 내가 잡은 줄로 여기지 아니하고'라는 바울의 말이 바로 그런 뜻 아닌가? 마침내 구원받기를 바란다는 뜻 아닌가? 이 구절뿐 아니라 앞에서도 이미 암시하지 않았는가? '어떻게 해서든지'라는 말은 확신하지 못한다는 뜻 아닌가? 이처럼 사용된 표현 자체가 이 위대한 사도조차 구원과 죄 사함을 확신하지 못했고 자신이 하나님의 자녀임을 확신하지 못했다는 사실을 보여 주지 않는가? 그는 마침내 구원받기를 바랐을 뿐, 구원받았다고 확신한 것은 아니었다."

이것은 자주 제기되는 주장입니다. 그러나 제가 볼 때 이 주장은 성경의 중대한 원리와 곧바로 충돌하게 되어 있습니다. 어려운 본문을 만났을 때, 성경 전체의 가르침에 비추어 살펴보지 않고 그 본문에만 근거해서 교리를 끌어낼 위험이 늘 있습니다. 저는 '사도가 사용한 표현은 그가 구원을 확신하지 못했다는 견해의 근거가 되지 못한다'는 점을 얼마든지 입증할 수 있습니다. 실제로 사도가 구원을 확신하지 못했다고 주장할 경우, 다른 여러 서신에서 그토록 확실하고 분명하게 단언했던 내용을 본인 스스로 뒤집어 버렸다는 결론을 내려야 합니다. "내가 믿는 자를 내가 알고 또한 내가 의탁한 것을 그날까지 그가 능히 지키실 줄을 확신함이라." 이것은 디모데후서 1:12에서 사도가 직접 한 말입니다. 또 로마서 8:38-39에서는 다음과 같이 말합니다. "내가 확신하노니 사망이나 생명이나 천사들이나 권세자들이나 현재 일이나 장래 일이나 능력이나 높음이나 깊음이나 다른 어떤 피조물이라도 우리를 우리 주 그리스도 예수 안에 있는 하나님의 사랑에서 끊을 수 없으리라."

여러분도 알겠지만, 바울은 이 서신 1:6에서도 "너희 안에서 착한 일을 시작하신 이가 그리스도 예수의 날까지 이루실 줄을 우리는 확신하노라"라고 했습니다. 이것이 과연 확신 없는 이의 말일까요? 그는 연이어 21절에서도 "이는 내게 사는 것이 그리스도니 죽는 것도 유익"하다고 했으며, 23절에서는 "내가 그 둘 사이에 끼었"는데 한편으로는 "차라리 세상을 떠나서 그리스도와 함께 있는 것이 훨씬 더 좋은 일"이라고 했습니다. 다시 묻겠습니다. 이것이 과연 자기 신분을 확신하지 못하는 이의 말입니까? 마침내 구원받기만을 바라는 이의 말, 모든 것에도 불구하고 어떻게든 구속받기만을 바라는 이의 말입니까? 오히려 정반대입니다. 사도는 충만한 확신, 넘치는 확신으로 그리스도 안에 있는 자기 자신과 자신이 얻은 신분을 밝혔습니다. "하나님이 미리 아신 자들을 또한 그 아들의 형상을 본받게 하기 위하여 미리 정하셨으니 이는 그로 많은 형제 중에서 맏아들이 되게 하려 하심이니라. 또 미리 정하신 그들을 또한 부르시고 부르신 그들을 또한 의롭다 하시고 의롭다 하신 그들을 또한 영화롭게 하셨느니라"(롬 8:29-30). 이것은 바울이 직접 한 말입니다. 또한 그는 로마서 8:33에서 묻습니다. "누가 능히 하나님께서 택하신 자들을 고발하리요?" 아무도 고발하지 못한다는 것입니다. 그렇습니다. 바울은 구원을 자신했고 확신했습니다. "하나님의 성령으로 봉사하며 그리스도 예수로 자랑하고 육체를 신뢰하지 아니하는 우리가 곧 할례파라." 이렇게 빌립보서뿐 아니라 다른 모든 서신을 볼 때, 이 본문을 구원을 확신하지 못해서 쓴 말로 해석하는 것은 터무니없는 일입니다.

이번에는 다른 사람들이 제기하는 또 하나의 견해, 방금 훑어 본 견해와 정반대되는 견해를 살펴보겠습니다. 이 견해를 가진 자들은 바울이 구원을 확신했다는 데 동의합니다. 구원은 절대적으로 확신했는데, 아직 인생 여정이 끝나지 않아서 죽은 자들의 최종적인 부활에 이르지 못했기 때문에 이 말을 했다고 봅니다. 단순히 "형제들아, 나는 어떻게 해서든지 부활에 이르려 하지만 아직은 이르지 못했다"라는 뜻에서 이 말을 했다는 것입니다.

이 또한 심히 잘못된 견해일 뿐 아니라 우스운 견해인 것이 분명합니다. 사도가 고작 "난 아직 살아서 인생 여정을 계속하고 있다"라는 말이나 하려고 친필, 혹은 대필로 빌립보에 편지를 쓴 셈이 되기 때문입니다. 그것은 쓸데없는 짓입니다. 당연히 살아 있으니까 이 편지를 쓴 것입니다. 자신이 살아 있다는 사실을 굳이 밝힐 필요가 없습니다!

이처럼 두 가지 견해 다 받아들일 수 없다면, 우리는 사도의 말을 어떻게 해석해야 할까요? 자, 제가 볼 때 바울이 10-14절에서 주로 말하는 바는 세 가지입니다. 첫째로, 바울은 그리스도가 자신을 붙잡으셨고 지금도 붙잡고 계신 것은 특별한 목표에 도달케 하시기 위함이라고 말합니다. "내가 이미 얻었다 함도 아니요 온전히 이루었다 함도 아니라. 오직 내가 그리스도 예수께 잡힌 바 된[붙잡힌 바 된, 붙들린 바 된] 그것을 잡으려고[붙잡으려고, 손에 쥐려고] 달려가노라." 이것이 첫 번째 중대한 진술입니다. 다시 말해서 그 유명한 다메섹 사건 때 주 예수 그리스도께서 자신을 갑자기 붙잡으셨다는 것입니다. 사로잡으셨다는 것입니다. "잡힌 바apprehended" 되었다는 말의 의미가 바로 이것입니다. 흠정역이 번역되었던 시대만큼 자주 사용되지는 않지만 지금도 이 말은 같은 의미로, 즉 경찰이 조사를 위해 사람을 체포한다는 의미로 사용됩니다. 바울은 자신이 그리스도께 체포되었다고 말합니다. 그리스도의 손에 붙잡혔고, 지금까지 붙잡혀 있다고 말합니다.

알다시피 이 일이 일어난 데에는 한 가지 이유, 특정한 이유가 있었습니다. "오직 내가 그리스도 예수께 잡힌 바 된 그것을 잡으려고 달려가노라." 그리스도는 이 특별한 이유 때문에 바울을 붙잡으셨습니다. 저는 이 사실이 바울의 말을 이해하는 열쇠라고 생각합니다. 주님이 바울을 붙잡으신 목적이 무엇입니까? 무엇 때문에 다메섹 길에서 그를 붙잡으셨습니까? 어떻게 보면 바울이 이미 그 이유를 밝혔다고 할 수 있습니다. 그리스도가 그를 사로잡으신 것은 단순히 그의 죄를 사하시고, 자기 의를 세우려는 시도를 포기하게 하시기 위함이 아니었습니다. 단순히 교회를 더 이상 박해하지 못하게 하시거나 어긋난 길에서 구해 주시며 풀어 주시기 위함이 아니었습니다.

그렇다면 왜 그를 붙잡으셨을까요? 자, 여기에는 적극적인 이유가 있습니다. 주님이 바울을 비롯하여 모든 그리스도인을 구원하시는 것은 특별한 목표에 도달케 하시기 위함입니다. 10절은 그 목표를 이렇게 설명하고 있습니다. 그리스도가 우리를 구원하신 것은 그를 충분히, 온전히 알게 하시기 위해서입니다. 그를 닮게 하기 위해서이며, "그 부활의 권능과 그 고난에 참여함을 알게 하"기 위해서이고, "그의 죽으심을 본받게 하"기 위해서입니다. 사도는 이 진리를 아주 즐겨 가르쳤습니다. 그는 디도서에서 말합니다. "모든 사람에게 구원을 주시는 하나님의 은혜가 나타나 우리를 양육하시되 경건하지 않은 것과 이 세상 정욕을 다 버리고 신중함과 의로움과 경건함으로 이 세상에 살고 복스러운 소망과 우리의 크신 하나님 구주 예수 그리스도의 영광이 나타나심을 기다리게 하셨으니 그가 우리를 대신하여 자신을 주심은 모든 불법에서 우리를 속량하시고 우리를 깨끗하게 하사 선한 일을 열심히 하는 자기 백성이 되게 하려 하심이라"(딛 2:11-14). 여기에도 빌립보서의 이 본문과 같은 생각이 담겨 있습니다.

바울이 자기 앞에 있다고 말한 목표, 자신이 잡힌 바 된 이유라고 밝힌 그 목표는 그리스도를 깊이 알고 그와 온전히 교통하는 것이었습니다. 죄책에서만 구원받는 것이 아니라—그는 죄책에서 구원받았음을 확신했습니다—죄의 권세와 오염에서도 구원받는 것, 그리스도처럼 살고 그리스도처럼 죽는 것, 범사에 그와 같이 되는 것이었습니다. 주 예수 그리스도의 삶을 자신의 삶으로 그대로 재현하는 것이었습니다. 바로 이 목표를 위해 자신은 사로잡혔다고 바울은 말합니다. 이것이 그의 첫 번째 진술입니다. 주님은 이 목표를 향해 가게 하시려고 어느 날 오후 다메섹으로 가고 있던 바울을 붙잡으셨습니다. 그후 이것—이 목표에 도달하는 것—이 사도의 열망이 되었습니다.

그의 두 번째 진술은, 그런데 아직 이 목표에 도달하지 못했다는 것입니다. 오, 그렇습니다. 자신이 구원받았다는 것은 알고 있습니다. 최종적으로 구원받으리라는 것도 더없이 확신하고 있습니다. 그는 지금 그리스도 안에 있으며, 장래에도 그와 함께 있을 것입니다. 이것은 의심의 여지 없는 사실입니다. 그는 모든 것을 포기했습니다. 다른 의에 대한 믿음도 버렸습니다. 오직 그리스도 예수를 믿음으로 말미암는 의만 붙잡고 있습니다. 그는 자신의 최종 운명을 알고 있습니다. 바울은 이 부분에서 만족하지 못했던 것이 아니라, 자신을 붙잡고 있는 목표―그리스도를 직접 경험함으로 알게 되는 것, 그리스도의 삶과 생활을 닮는 것―에 도달하지 못했다는 점에서 만족하지 못했던 것입니다. "내가 이미 얻었다 함도 아니요……." 이미 말씀드렸듯이, 이것은 자신이 아직 이 땅에 살아 있기 때문에 부활에 이르지 못했다는 뜻이 아닙니다. 그렇습니다. 그가 알고 싶었던 것은 "그리스도와 그 부활의 권능"이었습니다. "나는 아직 그 지식을 얻지 못했다. 그래서 그 지식을 얻으려고 계속 달려가고 있다"라는 것입니다. 세 번째 진술은 이처럼 자신을 붙잡고 있는 목표에 아직 도달하지 못했기에, 그 목표에 도달하기를 갈망하며 그 일을 위해 온힘을 쏟는다는 것입니다. "앞에 있는 것을 잡으려고 푯대를 향하여……달려가노라."

이것이 사도가 말하는 세 가지 내용입니다. 그는 먼저 그리스도인의 목표, 그리스도인의 열망이 무엇인지 규정합니다. 그리고 자신이 아직 그 목표에 도달하지 못했음을 고백한 다음, 자기 인생의 유일한 관심사가 그 목표에 도달하는 것임을 밝히면서 그것을 위해 필요한 모든 노력을 다하고 있다고 말합니다. 사도가 말한 내용을 살펴보았으니, 이제 이 내용을 기초로 교리를 끌어내 봅시다. 다시 말해서 사도의 이야기를 우리 자신에게 적용해 보자는 것입니다.

이 주제와 관련하여 많은 혼란이 야기되고 있습니다. 서로 두 진영으로 갈려서 정확하지 않은 주장들을 쏟아내고 있습니다. 한쪽에서는 사도의 주장을 넘어서는 말을 하고, 다른 한쪽에서는 사도의 주장에 못 미치는 말을 합니다. 이 두 가지 위험이 상존하고 있습니다. 한쪽에서는 구원의 확신을 이야기하지 말라고, 마침내 구원에 이를 것을 바라보면서 다만 최선을 다하라고 말합니다. 또 다른 쪽에서는 그리스도인은 이 세상에서 이미 온전해지기 때문에 그 점을 확실하게 밝혀야 한다고 주장합니다. 이제부터 사도는 어느 쪽 주장도 하지 않는다는 것, 이 두 가지 주장과는 사뭇 다른 이야기를 한다는 것을 살펴보겠습니다. 이 교리는 다음과 같이 설명할수 있습니다.

첫째로, 우리는 이 세상에서 온전해질 수 없습니다. 그것은 불가능한 일입니다. 위대한 사도 자신의 경우만 보아도 단번에 충분한 답을 얻을 수 있습니다. 그렇게 강력한 하나님의 사람도 "내가 이미 얻었다 함도 아니요 온전히 이루었다 함도 아니라"라고 말했습니다. 바울도 온전하지 못했습니다.

"하지만 15절에서는 '우리 온전히 이룬 자들'이라고 말하지 않습니까?"라고 묻는 이가 있을 것입니다.

사도가 불과 몇 절 사이에 모순되는 말을 할 리는 없습니다! 15절에 나오는 "온전히"는 제한적인 단어로서, 사도는 여러 곳에서 이 단어를 사용합니다. 예컨대 고린도전서 2장을 보면 "그러나 우리가 온전한 자들 중에서는 지혜를 말하노니"라는 구절이 나옵니다(6절). 여기에서 "온전한 자들"이란 어린 자들에 비해 좀 더 성숙한 자들을 가리키는 표현입니다. 사도는 고린도 사람들이 그리스도 안에서 아직 어린아이요 "육신에 속한 자"라서 더 높은 차원의 교리를 전할 수 없다고 말합니다(고전 3:3). 요컨대 '좀 더 나은 자들, 성숙한 자들에게 지혜를 말하겠다'라는 것입니다. 빌립보서 3:15에서 하는 말도 같은 것입니다. "우리 온전히 이룬 자들"은 절대적인 의미가 아니라 상대적인 의미에서 한 말입니다. 그에 비해 12절의 "온전히"는 절대적으로 온전하다는 뜻입니다. 절대적인 의미에서 '나는 아직 온전해지지 못했다. 아직 그 상태에 이르지 못했다'라는 것입니다.

위대한 사도는 자신의 삶에 만족하지 못했던 것이 분명합니다. 그를 아주 불만스럽게 만드는 요소들이 삶 속에 남아 있었습니다. 더 자세히 살펴볼 필요 없이, 또한 굳이 다른 성경을 찾아볼 필요 없이―다른 성경도 얼마든지 찾아볼 수 있지만―이 한 구절만으로도 이 세상에서 온전해진다는 것은 불가능하다는 결론을 내릴 수 있습니다. 대체 무슨 자격으로 세상에서 온전해졌다고 주장하는 것입니까? 사도는 그렇게 주장하지 않았습니다.

"그렇다면 하나님은 왜 우리를 이 땅에서 온전케 하시지 않는 겁니까?"라고 묻는 이가 있을 것입니다. 그 질문에 대한 최종적인 대답, 유일한 대답은 "모른다"라는 것입니다. 우리가 아는 바는 오직 하나님이 성령의 역사로 우리를 온전케 하셔야만 온전해질 수 있다는 것입니다. "그런데 왜 그렇게 하시지 않느냐고요?"라고 캐물을지 모르겠습니다. 그러나 인간으로서 던져서는 안 되는 질문이 있는 법입니다. 우리는 그저 하나님이 그렇게 하시지 않기로 정하셨다는 사실만 알 뿐입니다.

몇 가지 이유를 추측해 볼 수는 있습니다. 이 땅에서는 죄가 계속 영향력을 행사하기 때문에 우리를 낮추어서 자랑하지 못하게 하시려고, 전적으로 하나님만 의지해야 함을 잊지 않게 하시려고 불완전한 모습으로 두시는 것일 수 있습니다. 우리는 실패할 때 하나님께 돌아갑니다. 자신의 불완전함을 느낄 때 하나님과 교통합니다. 이스라엘 자손도 그랬습니다. 아마도 이것이 하나님이 일하시는 방식인 것 같습니다. 저는 전모를 알지 못합니다. 다만 위대한 사도가 스스로 온전치 못하다고 말했다는 사실을 인정하고, 따라서 우리도 이 세상에서는 온전해질 수 없다는 결론을 내릴 뿐입니다.

소극적인 차원에서 설명해 보겠습니다. 이 세상에서 이미 온전해졌다는 주장은 두 가지 오류에 토대를 두고 있습니다. 첫째로, 그들은 자신을 제대로 검토해 보지 않습니다. 온전한 상태에 이르렀다고 주장하는 사람들—과거에도 그런 사람들이 있었습니다—은 일반적으로 자신을 제대로 검토해 보지 않고 그런 말을 하는 것입니다. 그들은 몇 가지 죄를 짓지 않았다는 이유로 자신들이 온전하다고 말합니다. 자기 마음속이나 상상의 세계는 아예 검토해 볼 생각도 하지 않습니다. 그들은 행동뿐 아니라 마음상태도 온전해야 한다는 사실을 알지 못합니다.

두 번째 오류는 기준이 너무 낮다는 것입니다. 그들은 옛날 사람들이 짓던 몇 가지 죄를 이제는 짓지 않는다는 이유로 자신들이 옛날 사람들보다 낫다고 생각합니다. 또 주변 사람들과 비교해 보아도 자신들이 낫기 때문에 온전함에 이르렀다고 생각합니다. 그러나 그 기준은 너무 낮습니다. 사도의 기준은 어떠했는지 알려 드리겠습니다. 그리스도인이라면 적어도 그 정도 기준은 세워야 합니다. 사도의 기준은 그리스도와 온전히 교통하고 교제함으로써 그를 아는 것이었습니다. 죄를 짓지만 않는 것이 아니라 생각하지도 않고 꾀하지도 않고 건드리지도 않도록 우리를 구원해 주는 부활의 권능, 죄의 모든 오염과 권세와 죄책에서 우리를 구원해 주는 부활의 권능을 아는 것이었습니다. 이것이 기준입니다. 그의 고난에 참여하고 그의 죽으심을 본받아야 합니다. 이 기준에 이미 도달했다고 정직하게 주장할 수 있는 사람은 아무도 없을 것입니다.

그 다음 명제는 온전케 되는 일과 완전한 성화는 갑자기 이루어지지 않는다는 것입니다. 저는 당연히 이것을 다음 명제로 제시해야 한다고 생각합니다. 완전주의를 가르치는 자들은 어느 한순간 온전해질 수 있다고 설득합니다. 집회나 모임에서 실제로 이런 일이 일어났다는 말이나 누가 축복을 받아 온전해졌다는 말도 종종 합니다. 사람이 한순간에 바뀌었다는 것입니다.

그러나 사도의 말은 그 교리를 부인합니다. 그는 "달려가노라"라고, "오직 한 일 즉 뒤에 있는 것은 잊어버리고 앞에 있는 것을 잡으려고 푯대를 향하여……달려가노라"라고 말합니다. 여기에는 갑작스러운 요소가 없습니다. 사도는 앞으로 나아가며 전진하는 모습을 묘사합니다. 한 걸음씩 앞으로 계속 달려 나가는 사람의 모습을 보여 줍니다. 바울을 비롯한 신약성경의 기자들이 이 주제를 설명할 때 사용한 좋은 예는 "그리스도 안에 있는 어린아이들"의 예입니다. 여기에는 한 걸음 한 걸음, 한 단계 한 단계 성장하고 발전해 나간다는 개념이 담겨 있습니다. 또는 바울이 사용한 다른 예, 꽃과 풀의 예도 보기 바랍니다. 그는 씨 뿌리는 농부에 대해 이야기하는데(예를 들면 고전 3:6-7), 거기에도 같은 개념이 담겨 있습니다. 온전함이나 완전한 성화가 갑자기 이루어진다는 생각은 아예 하지도 말아야 합니다. 모임이나 집회를 통해 하나님의 사랑을 새롭게 발견할 수는 있습니다. 그러나 온전함이나 완전한 성화를 이루는 일과 그 일은 전혀 다른 것입니다. 온전함에 이르는 사도의 방법은 "달려가"는 것이었습니다. 한 걸음 한 걸음, 한 단계 한 단계 열심히 앞으로 나아가는 것이었습니다.

이것은 그 다음 중요한 원리로 연결됩니다. 이 일이 점진적으로 이루어진다는 말에는, 우리도 가만히 있지 말고 적극적으로 나서야 한다는 의미가 담겨 있습니다. 완전주의를 가르치는 자들은 거의 항상 가만히 있으라고 가르칩니다. 거룩함을 추구하고 성화를 위해 애쓰되 "두 손을 놓고 하나님이 하시게 하라"는 것입니다. 그러나 사도는 반대로 "달려가노라"라는 표현을 씁니다. "오직 한 일 즉 뒤에 있는 것은 잊어버리고……달려가노라." 또 디모데전서 6:12에서는 "믿음의 선한 싸움"을 싸우라고 말합니다. 이런 표현들은 구원의 영역에서 그리스도인이 큰 역할을 감당해야 한다는 점을 암시합니다. 의와 칭의의 영역에서는 우리가 아무것도 하지 못하며 아무것도 할 수 없습니다. 이 사실은 아무리 강조해도 지나치지 않습니다. 칭의는 전적으로 그리스도가 하시는 일입니다. 그러나 일단 구원받고 새 생명을 얻은 후에 성화를 점진적으로 이루어 나가는 단계에서는 가만히 있으면 안 됩니다. 성경은 우리에게 적극적으로 나설 것을 권합니다.

이 교리의 마지막 원리는, 자신의 부족함을 인식하는 것이 구원의 확신을 빼앗기는커녕 오히려 어떤 의미에서 확신의 토대가 되어 준다는 것입니다. 어떻게 그렇게 되는지 말씀드리겠습니다. 저는 오직 바울처럼 고백하는 사람만이 구원받은 자요 생명을 가진 자라고 말하고 싶습니다. "그리스도와 그 부활의 권능과 그 고난에 참여함을 알고자 하여 그의 죽으심을 본받"는 것이 자신의 큰 열망이라고 말하는 사람은 세상에 거의 없습니다. 사람들은 이런 것에 아예 관심도 보이지 않습니다. 이런 것을 열망하지 않습니다. 오히려 거의 정반대되는 것에 관심을 갖습니다. 그런 사람들 틈에서 "나는 만족스럽지 못하다. 나는 내 부족함을 안다. 내 죄를 느낀다. 내 모습은 바르지 않다. 오호라, 나는 곤고한 사람이다!

누가 이 사망의 몸에서 나를 건져 낼까?"라고 말하는 사람은 영적인 생명을 가진 자임이 분명합니다.

진리의 빛에 비추어 자신을 살펴볼 때, 여러분도 바울처럼 아직 얻지 못했고 이루지 못했고 붙잡지 못했다고, 아직 갈 길이 멀다고 느끼며 앞으로 더 달려 나가길 소망하게 됩니까? 그렇다면 영적인 생명이 있는 것입니다. 이런 열망을 느끼는 사람은 자신이 그리스도인인지 아닌지 의심할 필요가 없습니다. 그 자체가 그리스도인이라는 증거이기 때문입니다.

마지막으로 몇 가지 질문을 드림으로써 메시지를 적용해 보겠습니다. 우리는 우리 삶에 만족하고 있습니까? 사도 바울은 만족하지 못했습니다. 그를 보십시오. 그의 삶을 보십시오. 그는 그리스도를 직접 만나고 환상을 보고 음성을 들은 사람입니다. 셋째 하늘에 올라가 본 사람이요 주야로 복음을 전한 사람입니다. 그런데도 만족하지 못했습니다. 우리는 만족하고 있지 않습니까? 예배당 근처에는 얼씬거리지도 않는 대다수 사람들보다 낫다는 단순한 이유로 자신은 괜찮다고 안심하고 있지 않습니까? 자신의 삶에 자족하고 있지 않습니까? 그렇다면 사도와 달라도 너무나 다른 것입니다. 우리는 앞으로 계속 나아가길 갈망하고 있습니까? 하나님의 위대한 종 바울은 앞으로 계속 달려가려 했고, 목표에 도달하기 위해 애를 썼습니다. 우리도 그렇게 앞으로 달려가고 있다고 말할 수 있습니까? 그 일에 온힘을 쏟고 있다고 말할 수 있습니까?

자, 이것이 사도가 가르치는 중대하고도 긴요한 교리입니다. 그리스도인은 구원을 확신합니다. 하나님의 원래 의도를 분명히 알고, 자신이 그 의도에 미치지 못함을 압니다. 그 의도에 맞는 사람이 되기를 갈망하며, 그 목표에 도달하기 위해 온힘을 쏟습니다. 하나님이 완전주의라는 거짓 교리에서 우리를 구해 주시기 원합니다. 바울이 분명하게 입증한 이 원리, 궁극적인 기준에 대한 깨달음, 그것을 향한 갈망, 거기 도달하기 위해 노력을 다하려는 결심을 우리 속에 심으시고 자라나게 해 주시기를 원합니다.

내가 이미 얻었다 함도 아니요 온전히 이루었다 함도 아니라.
오직 내가 그리스도 예수께 잡힌 바 된 그것을 잡으려고
달려가노라. 형제들아, 나는 아직 내가 잡은 줄로 여기지 아니하고
오직 한 일 즉 뒤에 있는 것은 잊어버리고 앞에 있는 것을 잡으려고
푯대를 향하여 그리스도 예수 안에서 하나님이 위에서 부르신
부름의 상을 위하여 달려가노라.

빌립보서 3:12-14

8. 오직 한 일

지난번에는 주로 신학적이라고 할 만한 관점에서 본문을 살펴보았습니다. 알다시피 사도는 여기에서 개인적인 이야기를 하고 있습니다. 사실 그는 개인적인 이야기를 거의 하지 않는 사람입니다. 예컨대 자신의 사도 직분을 규정해야 하거나 교사로서 권위를 의심받는 경우처럼 꼭 필요할 때만 개인적인 경험을 활용합니다. 여기에서 자기 이야기를 꺼내는 것도, 이것이 초기 여러 교회에 큰 혼란을 불러온 유대교인들과 논쟁하기에 가장 좋은 방법이었기 때문입니다.

　지난번에는 일반적인 관점에서 바울이 그리스도인의 입장에 대해 무슨 말을 하는지—그리스도인은 궁극적인 구원을 확신하면서도 현 위치에는 만족하지 않는다는 점—살펴보았습니다. 이번에는 좀 더 실제적인 차원에서 그리스도인의 입장을 살펴보겠습니다. 사도는 신학적인 관점에서 자신의 상태를 서술하는 데 그치지 않고, 기독교적 삶의 방법론이라 할 만한 내용을 자세히 설명하고 있습니다. 다른 어떤 서신보다 여기에 바울의 영적인 삶과 생활훈련이 상세히 나옵니다. 이 점에서 이 세 구절은 최고의 가치를 갖습니다. 사도는 자신이 매일 일상적으로 하는 일을 살짝 보여 줍니다. 현 위치에 만족하지 못하는 그리스도인이 어떻게 사는지, 자신이 바라보는 최종목표를 향해 어떻게 달려가는지 알려 줍니다.

이처럼 이 세 구절은 실제적인 차원에서 아주 중요한 본문이며, 하나님께 감사드려야 할 본문입니다. 제가 볼 때 우리는 대부분 이 위대한 사도를 오해하는 경향이 있습니다. 우리와는 완전히 다른 삶을 살았던 사람으로, 따라서 우리와는 아무 상관도 없고 도움도 되지 않는 사람으로 쉽게 치부해 버리는 것입니다. 물론 바울에게 특출한 요소가 많았던 것은 사실입니다. 출신도 특출했고, 타고난 재능도 특출했으며, 받은 교육도 특출했습니다. 특출하고 특별한 방식으로 회심했고 환상도 보았습니다. 이러한 특이한 경험들 때문에, 신약성경에서 그와 관련된 말씀을 읽을 때 자칫 그를 기적 같은 삶을 살았던 독보적이고 경이로운 인물로 간주해 버리기 쉬운 것입니다.

바울도 우리 평범한 그리스도인들처럼 갈등하고 씨름했으리라고 생각하기란 아주 어렵습니다. 저는 우리 대부분이—어떤 이들은 특히 더—사도의 삶을 너무 이상화하는 바람에 그리스도인의 삶을 살아가는 데 본보기나 실례로 삼지 못하고 있다고 생각합니다. 그런데 이 짧은 본문에서 바울은 그런 오해를 불식하고 있습니다. 저는 바울이 정해진 계획대로 꾸준히 나아가는 것을 얼마나 중시하는지 아주 분명하게 보여 준다고 생각합니다. 그의 삶은 기적적인 사건의 연속이 아니었습니다. 바울이 이런 인물이 된 것은 기본적인 원리를 잘 따랐기 때문입니다. 이 점에서 그의 사례는 우리에게 큰 도움이 됩니다.

실제적으로 묻겠습니다. 바울이 경험했던 것을 똑같이 경험하고 싶습니까? 삶에 대해 바울처럼 말하고 싶습니까? 무슨 일이 닥치든 상관없다고 말하고 싶습니까? 옥에 갇히든 죽임을 당하든 중요치 않다고, "어떠한 형편에든지 나는 자족하기를 배웠"다고 말하고 싶습니까(4:11)? "내게 능력 주시는 자 안에서 내가 모든 것을 할 수 있"다고 말하고 싶습니까 (4:13)? 바울은 그것을 경험했습니다. 자신에게 물어봅시다. 바울이 경험했던 것을 나도 경험하고 싶습니까? 그렇다면 어떻게 그런 경험을 할 수 있겠습니까? 어떻게 그런 자리에 도달할 수 있겠습니까?

저는 사도가 직접 대답해 주고 있다고 생각합니다. 사도가 경험했던 것을 똑같이 경험하려면 그가 살았던 삶을 똑같이 살아야 합니다. 성도들의 전기에 나오는 놀라운 일들을 똑같이 경험하려면 그들이 살았던 삶을 똑같이 살아야 합니다. 그들이 전부 같은 유형의 삶을 살았다는 것은 아주 흥미로운 사실입니다. 1세기 성도의 전기를 읽든 20세기 성도의 전기를 읽든 그들의 삶에는 항상 몇 가지 핵심적인 특징이 나타납니다. 그들은 늘 같은 방식으로 살았습니다. 바로 그 삶의 방식이 이 세 구절에 완벽하게 나와 있습니다.

이제 본문을 자세히 살펴봅시다. 제가 강조하고 싶은 것은 바울의 삶을 지배했던 두 가지 원리입니다. 첫 번째로 선명하게 부각되는 원리는 자기 경험에 의존해서 살지 않는다는 것입니다. 성경에는 그가 회심한 이야기와 환상을 본 이야기, 셋째 하늘에 이끌려 가서 말로 표현할 수 없는 것을 보고 들은 이야기가 나옵니다. 그런데 이 사람의 삶에 나타나는 분명한 특징은 그러한 경험들에 의존하지 않았다는 것입니다. 실제로 고린도후서 12장을 보면, 이런 것들을 자랑할 수 있지만 자랑하지 않노라고 분명히 밝히고 있습니다. 오히려 그는 자신의 병약함과 연약함, 눈에 보이는 삶의 어려움들을 자랑했습니다. 그는 자신이 그토록 특출한 경험을 했음에도 한편으로는 육체에 가시를 지니고 살았다고 말합니다. 그는 그 가시를 없애 달라고 구했습니다. 세 번이나 구했는데도 없애 주시지 않았습니다. 그는 잠시 당황했습니다. 그러나 "내 은혜가 네게 족하도다"라는 주의 말씀을 듣고 이해하게 되었습니다. 그가 마침내 깨달은 원리는 "이는 내가 약한 그때에 강함이라"는 것이었습니다(고후 12:10).

우리가 기억해야 할 첫 번째 원리가 바로 이것입니다. 과거의 경험에 의존해서 살려 하다가 혼란에 빠지는 그리스도인들이 많습니다. 그들은 자기 경험을 곱씹으며 거기에서 무언가를 끌어오려고 합니다. 이를테면 현재 수입 없이 과거의 자산만 가지고 사는 사람과 같습니다. 바울은 그런 태도를 비판합니다. 그것은 바울의 방식이 아니었습니다. 그는 과거를 붙잡거나 경험을 의지하지 않았습니다. 적극적으로 미래를 향해 달려갔습니다.

이것은 거룩함과 영성에 대한 바울의 생각을 떠받치는 두 번째 원리로 이어집니다. 그 원리는 그리스도인은 수동적으로 살지 않는다는 것입니다. 지난번에 다루었으니 오늘 또 다시 다룰 필요는 없을 것입니다. 그러나 바울이 살았던 영적인 삶의 방식을 고찰하려면 이 점을 꼭 기억해야 합니다. 그가 무릎을 꿇고, 또는 가만히 앉아 깊이 묵상하면서 많은 시간을 보냈다고 생각하면 안 됩니다. 그가 살았던 방식은 거룩함과 성스러움에 대한 로마 가톨릭적 관점에서 비롯된 '영적인 삶의 방식'—'영혼의 어두운 밤'이나 묵종, 금욕을 포함하는—과 아무런 상관이 없었습니다. 지금 이 본문을 보든 또 다른 본문을 보든, 사도의 삶에서 그런 요소는 전혀 찾아볼 수 없습니다. 실제로 그는 수동적인 삶과 완전히 반대되는 삶을 살았습니다.

이 두 가지 원리를 기억하면서, 바울이 어떻게 살았는지 살펴봅시다. 어떤 의미에서 바울의 삶은 그가 빌립보 교인들에게 권하는 삶의 실례라고 할 수 있습니다. 알다시피 바울은 2:12-13에서 그들에게 어떻게 살아야 하는지 알려 주었습니다. "그러므로 나의 사랑하는 자들아, 너희가 나 있을 때뿐 아니라 더욱 지금 나 없을 때에도 항상 복종하여 두렵고 떨림으로 너희 구원을 이루라. 너희 안에서 행하시는 이는 하나님이시니 자기의 기쁘신 뜻을 위하여 너희에게 소원을 두고 행하게 하시나니." 이것이 그의 방식입니다. 그리스도인의 삶에는 명백한 역설이 존재합니다. 우리가 해야 할 일이지만, 하나님이 우리 안에서 행하시지 않으면 우리도 행할 수 없습니다. 하나님이 하시는 일이지만, 새 생명을 받은 우리는 또 우리대로 감당해야 할 몫이 있습니다. "……너희 구원을 이루라. 너희 안에서 행하시는 이는 하나님이시니……." 사도가 실제로 살았던 삶의 방식이 그 완벽한 예입니다.

바울은 곳곳에서 이 이야기를 하고 있습니다. 예컨대 앞서 고찰한 1장을 보기 바랍니다. 그는 빌립보 교인들에게 "너희 안에서 착한 일을 시작하신 이가 그리스도 예수의 날까지 이루실 줄을" 확신한다고 말합니다(6절). 그럼에도 불구하고 1:9에서는 "내가 기도하노라. 너희 사랑을 지식과 모든 총명으로 점점 더 풍성하게 하사……"라고 밝힙니다. 결국 구원받는다는 사실과 하나님이 지금 행하고 계신다는 사실을 확신시킨 다음, 그들 또한 행하고 일해야 한다고 말하는 것입니다.

이것이 우리가 이제부터 살펴볼 구체적인 삶의 방식 배후에 있는 원리입니다. 다음과 같이 생각해 봅시다. 그리스도인의 삶에 나타나는 특징이 무엇입니까? 사도에 따르면 저 멀리 있는 목표, 주님이 보여 주신 목표에 도달하기 위해 계속 싸우고 분투하며 애쓰고 노력하는 것입니다. 바울이 어떤 표현들을 쓰는지 소개해 보겠습니다. 저는 단지 그가 이 세 구절에서 사용하는 단어에 한두 마디씩만 덧붙이려 합니다. 그는 먼저 "달려가노라I follow after"라고 말합니다. 이미 잡았거나 완전해진 것이 아니라 계속 달려간다는 것입니다. 이것이 한 가지 표현입니다. 14절에는 또 다른 표현이 나옵니다. "……달려가노라 I press toward." 흥미로운 점은 둘 다 원래는 같은 단어라는 것이고,* 더 흥미로운 점은 6절에 이미 이 단어가 나왔다는 것입니다. 그가 회심 이전의 삶에 대해 했던 이야기를 기억할 것입니다. "열심으로는 교회를 박해하고……" 여기에서 "박해하고"라고 번역된 단어가 바로 여기에서 "달려가노라"라고 번역된 단어입니다.

이 단어는 사도의 삶의 특징 내지는 본질을 완벽하게 담아 내고 있습니다. 사도행전 9장의 회심 사건을 읽어 보면 그가 얼마나 열심히, 또 열정적으로 교회를 핍박했는지 분명하게 알 수 있습니다. 그는 예루살렘의 지도자들을 찾아가 다메섹의 그리스도인들을 박해할 공적인 권한과 문서를 요청했습니다. 바울보다 더 이 일에 열의를 보이며 열심을 낸 사람이 없었습니다! 그는 그리스도인들을 미워했고, 그들을 무너뜨리기 위한 수고를 마다치 않았습니다. 그렇게 위협과 살기가 등등한 채 교회를 박해하고자 다메섹으로 가던 길에 주님을 만났습니다. 그리고 그때부터 그리스도인의 삶을 살기 시작했습니다. 한때 그리스도인들을 잡기 위해 그토록 쫓아다니고 추격하며 샅샅이 뒤졌던 사람이 이제는 그리스도께 잡힌 바 된 그것을 잡기 위해 달려가기 시작한 것입니다. 이처럼 "달려가노라", "박해하고……"라는 말은 그리스도인으로서 바울이 어떻게 살았는지 그 삶의 모습을 보여 줍니다.

그러나 바울은 이에 만족하지 않고, 자신의 열심과 열의와 열정을 담아낼 또 다른 단어를 덧붙입니다. "형제들아, ……오직 한 일 즉 뒤에 있는 것은 잊어버리고 앞에 있는 것을 잡으려고……." 여기 나오는 "잡으려

* 우리말 성경 개역개정판은 둘 다 같은 말로 옮겨 놓았다.

고$^{\text{reaching forth}}$"는 "달려가노라"보다 훨씬 더 강한 표현입니다. 바울은 익히 알려진 그리스 운동경기를 예로 들고 있습니다. 그는 달리기 선수의 모습을 묘사합니다. 이것은 훌륭한 펜화입니다. 결승선을 향해 손을 내뻗는 선수의 모습이 눈에 선히 보이는 듯합니다. 달리기 선수의 염원이 무엇인지 여러분도 알 것입니다. 그는 결승선을 향해 손을 내뻗으며 달립니다. 그렇게 한다고 무슨 도움이 되는 것은 아니지만, 그만큼 간절히 이기고 싶은 것입니다. 결승선에 손이라도 먼저 대고 싶은 것입니다. 그는 결승선을 향해 손을 내뻗으며 달리고 또 달립니다. 이것이 "잡으려고"라는 말에 담긴 의미입니다.

바울은 이런 달리기 선수 같은 그리스도인이었습니다. 여러분도 그의 열의가 느껴질 것입니다. 그는 무언가를, 영광스러운 가능성을, 상^{賞}을 보았고, 그것을 얻고 싶어 했습니다. 그래서 달리고 또 달렸습니다. 있는 힘껏 앞으로 손을 내뻗었습니다. 회심하기 전 교회를 박해하는 데 쏟았던 힘을 여기에 다 쏟았습니다. 자기 앞에 있는 영광스럽고 굉장한 것을 얻기 위해 전력을 다해 질주했습니다. 이것이 그리스도인의 삶에 나타나는 특징이자 본질입니다. 그리스도인은 누구나 이러해야 한다고 사도는 말합니다.

그러나 단지 이 모습만 묘사하고 넘어간다면 저는 설교자로서 임무를 다하지 못하는 것입니다. 여기에서 반드시 던져야 할 질문이 있습니다. 우리에게도 이런 모습이 있습니까? 다들 무언가에 열광해 본 경험이 있을 것입니다. 사람은 누구나 천성적으로 열의를 가지고 있습니다. 그런데 그 열의가 그리스도인의 최종목표를 향하고 있느냐 하는 것이 문제입니다. 바울은 그랬기에 확신 있게 "내게 사는 것이 그리스도니 죽는 것도 유익함이라"라고 말할 수 있었습니다. 그리스도가 모든 것이었기에 확신과 자신감을 가지고 단언할 수 있었습니다.

자, 이것이 그리스도인의 삶에 나타나는 전반적인 특징 내지는 본질입니다. 이제 그 다음 질문, 훨씬 더 실제적인 질문을 드리겠습니다. 우리는 어떻게 그 목표에 도달할 수 있습니까? 목표를 보았고 알았다면, 그 목표를 바라보고 있고 그 목표를 위해 달리고 있다면, 어떻게 거기에 도달할 수 있습니까? 바울은 어떤 방법을 썼습니까? 어떻게 달렸습니까? 어떤 원리에 입각해서 달렸습니까? 몇 가지 용어로 설명해 보겠습니다. 본문에 다 나오는 내용입니다. 첫 번째 용어는 **자기 검토**입니다. 바울은 "아직 내가 잡은 줄로 여기지" 않는다고, "내가 벌써 얻었다고 생각하지" 않는다고 말합니다. 이것은 자기를 검토해 보았다는 뜻입니다. 바울은 자기를 검토하는 사람이었습니다. 이것은 중대한 주제입니다. 이제부터 언급할 네 가지 요점은 다 각각 따로 연구해도 좋고 한꺼번에 묶어서 연구해도 좋은 주제입니다. 그러나 우리는 위대한 청교도 시대였던 16세기가 아닌 20세기에 살고 있으므로, 각 주제를 두세 차례에 걸쳐 연구하지 못하고 이렇게 급하게, 지나치듯이 다룰 수밖에 없습니다!

자기 검토는 오해하기 쉬운 주제입니다. 바울이 자기 검토를 했다는 것은 그가 병적으로 자기 내면을 들이팠다는 뜻이 아니며, 노상 자기의 영적 맥박과 체온을 점검했다는 뜻도 아닙니다. 그렇습니다. 이것은 자신에 대해 몇 가지 가정을 해 놓고 그에 근거해서 살았다는 뜻이 아닙니다. 그는 항상 기준을 바라보았고 그 기준으로 자신을 재 보았습니다. 그리스도인들이 당면한 가장 큰 위험 한 가지는 자신에 대한 가정에 만족하면서, 자신은 이미 일정한 수준에 도달했으므로 아무 문제가 없다고 간주하는 것입니다. 제 말이 부당한 것은 아니라고 믿습니다. 자기만족이야말로 가장 큰 위험 아닙니까? 몇 가지 죄를 짓지 않으니 아무 문제가 없다고 하면서, 더 이상 자신을 검토하려 들지 않습니다. 회심했다는 사실에 만족하며 주저앉아 버리기가 얼마나 쉬운지 모릅니다. 바울은 항상 자신을 살펴보고 검토하면서, 목표를 향해 잘 달려가고 있는지 확인했습니다. 이렇게 늘 자기를 검토했기 때문에 만족감에 빠지지 않았습니다. 그는 다른 사람들에게도 이렇게 할 것을 권합니다. "자기를 검토해라. 자기가 믿음 안에 거하고 있는지 확인해 보라"라고 말합니다.

우리는 늘 자기를 검토할 필요가 있습니다. 그렇게 하도록 격려하는 것이 설교의 한 가지 역할입니다. 저는 설교의 사명이 질문을 던지는 데 있다고 생각하는데, 설교자가 가장 먼저 던져야 할 질문이 바로 "자기를 얼마나 자주 검토하는가?"입니다. 자기를 검토하기 싫습니까? 우리는 자기 모습을 직시하는 사람입니까, 아니면 양심을 달래려고 선행이나 이런저런 봉사를 열심히 하면서 회피하는 사람입니까? 이것이 첫 번째 핵심 요소입니다. 성령께 우리를 감찰해 주시기를 구해야 합니다. 이 부분에 대해 깊이 생각해 보아야 합니다. 필요하다면 자신의 분명한 약점들도 적어 보아야 합니다. 자유케 하는 온전한 율법의 거울 앞에서 솔직하고 정직하게 자기 자신과 대면해야 합니다. 자기 자신을 검토해 보아야 합니다. 바울은 자기를 검토하면서 "나는 아직 내가 잡은 줄로 여기지" 않는다고 했습니다.

이제 서둘러 두 번째 용어를 살펴보도록 합시다. 그것은 **집중력**입니다. "오직 한 일"이라는 말이 바울의 집중력을 보여 주고 있습니다. 달리기 선수의 예를 다시 살펴봅시다. 달리기 선수는 주변 경치에 관심을 갖지 않습니다. 산의 경치나 울타리에 핀 예쁜 꽃들에 눈이 팔리면 우승할 수가 없습니다. 선수는 오직 한 일에만 집중해야 합니다. 이와 관련하여 아주 매력적이고 완벽한 예가 될 만한 기사를 신문에서 읽은 적이 있습니다. 한 농학자가 농장을 돌아보기 위해 차를 몰고 좁은 길을 가다가 양치기 개가 몰고 오는 양 떼와 부닥쳤습니다. 어떻게 양 떼를 피해 갈 것인가 하는 것이 문제였습니다. 농학자는 양치기 개가 이 상황에 아주 훌륭하게 대처했다고 말합니다. 개는 차를 피해 양 떼를 몰고 가면서 잠시도 눈을 떼지 않고 앞뒤로 분주히 뛰어다니며 수를 헤아렸습니다. 그때 재미있게도 근처 농가의 작은 테리어 한 마리가 달려와 짖어대면서 싸움을 걸었습니다. 농학자는 양치기 개가 시끄럽게 짖어대는 테리어를 위엄 있게 무시했다고 했습니다. 자기가 해야 할 일—차 옆으로 양 떼를 몰고 가야 한다는 것—을 알았기에 무시한 것입니다. 개는 "오직 한 일"을 했습니다.

그리스도인도 그래야 합니다. 산만해지면 안 됩니다. 세상에 우리를 산만하게 만드는 흥밋거리—개중에는 정당한 것들도 있고 그렇지 못한 것들도 있습니다—가 얼마나 많은지 모릅니다. 그러나 사도 바울처럼 되려면 그런 것들을 거들떠보지 말아야 합니다. 오직 한 일에만 집중해야 합니다! 주위를 두리번거리지 말고 주위를 분산시키는 이런저런 것들에 한눈을 팔지 말아야 합니다. 오직 목적지만 바라보아야 합니다. 그런 사람은 그리스도인의 삶을 살다 말다 하지 않습니다. '집중력'이라는 관점에서 과연 우리의 모습이 어떠한지 하나님은 아실 것입니다. 결심은 줄기차게 하지만 실천은 못하는 경우가 대부분 아닙니까? 결심이 지속되는 기간이 불과 얼마 되지 못합니다. 출발은 하지만 결국 도중에 주저앉는다는 것을 우리는 다 압니다. 그리스도인의 삶을 살다 말다 하는 것입니다! 그러나 사도는 "오직 한 일"에 집중한다고 말합니다. 그의 삶은 규칙적이고 지속적이었습니다. 아무 훈련 없이 그리스도인의 삶을 살 수는 없습니다. 자신을 조절해야 하고, 시간을 잘 분배해야 합니다. 이렇게 적대적인 세상에서 영적인 삶을 훈련하지 않으면 반드시 곤란에 빠진다는 사실을 잊지 말아야 합니다.

세 번째 큰 원리는 "뒤에 있는 것은 잊어버"린다는 것입니다. 이번에도 당연히 바울의 정확한 의도를 파악하는 일이 가장 중요합니다. 이것은 고의적으로 과거의 경험을 잊으라는 말이 아닙니다. 사도가 자신의 회심 사건을 잊었다거나—사도는 절대 그 일을 잊지 않았습니다—과거의 모든 사건을 잊었다는 말이 아닙니다. 절대 그런 말이 아닙니다. 그러면 무슨 말일까요? 과거의 경험에 의존하지 말라는 것입니다. 자기만족에 빠져 계속 뒤를 돌아보면서 자랑하고 뿌듯해 하지 말라는 것입니다! 달리기 선수도 마찬가지입니다. 달리기 선수의 임무는 출발선에서 얼마나 멀리 달려왔는지 돌아보는 것이 아니라 저 앞의 결승선이 얼마나 남았는지 확인하는 것입니다. 뒤를 돌아보려는 유혹이 얼마나 큽니까!

물론 뒤를 돌아보는 일이 꼭 필요한 경우도 있습니다. 여러분도 등산할 때 뒤를 돌아본 적이 많을 것입니다. 정상을 올려다보면 한숨이 절로 나오지만 뒤를 돌아다보면 기분이 좋아집니다. 많이 올라왔다고 감탄하면서 걸음만 멈추지 않는다면 뒤를 돌아보아도 전혀 문제가 되지 않습니다. 지금 사도가 경고하는 바가 바로 이것입니다. 늘 뒤를 돌아보면, 앞으로 빠르고 안전하게 전진하기가 쉽지 않습니다. 집회에 다니면서 자신의 회심 이야기를 반복해서 간증하는 것이 듣는 이들에게는 좋을지 몰라도 본인에게는 몹시 해로운 이유가 여기 있습니다. 뒤를 돌아보며 과거의 경험이나 성취를 이야기하는 일을 부추기는 것은 그것이 무엇이든 사도가 말하는 중대한 원리와 충돌합니다. 그렇습니다. "뒤에 있는 것은 잊어버"려야 합니다. 좀 더 노골적으로 말씀드리겠습니다. 설사 옳은 일이라 해도 자기만족에 빠져 뒤를 돌아보지 마십시오. 설사 그리스도를 위해 큰 희생을 했더라도 잊어버리십시오. 다 잊어버리고 앞에 있는 것만 생각하십시오! 바울이 말하는 바가 이것입니다. 자신을 대견해 하는 마음으로 뒤를 돌아보게 만드는 것은 그것이 무엇이든 영적인 진보를 막는 장애물입니다.

마지막 원리, 최고의 원리는 당연히 '목표와 상에 시선을 집중하는 일이 중요하다'는 것입니다. 나머지 원리들은 다 여기에 절로 따라오는 것 아닙니까? 바울의 가장 큰 비결이 바로 이것이었습니다. "오직 내가 그리스도 예수께 잡힌 바 된 그것을 잡으려고 달려가노라." 사도는 항상 그것을 보았습니다. 목표를 본 것입니다. 그랬기에 당연히 과거에 이룬 것들을 돌아볼 여유가 없었습니다. 그의 성취는 훌륭하고 놀라운 것들이었습니다. 맞습니다. 그러나 앞에 있는 목표와 비교하면 초라하고 하찮기 그지없었습니다! 목표를 바라보는 사람은 우월감을 느끼려고 남들과 자기를 비교하지 않습니다. 그는 자기가 얼마나 부족한 사람인지 압니다. 그렇기 때문에 시기하거나 질투하지 않습니다. 뒤를 돌아볼 생각도 하지 않습니다. 오직 목표에 도달하려 할 뿐입니다. 사도는 그 목표에서 눈을 떼지 않았습니다.

그렇다면 그 목표가 무엇일까요? 앞에서 이미 살펴보았습니다. "내가 그리스도와 그 부활의 권능과 그 고난에 참여함을 알고자 하여 그의 죽으심을 본받아……." 의인의 마지막 부활에 참여하여 영광 가운데 들어가는 것, 이것이 바울의 목표이자 그가 중요하게 여긴 "오직 한 일"이었습니다. 지금까지 살펴본 내용을 한 구절로 요약해 보겠습니다. "위에서 부르신 부름the high calling의 상을 위하여 달려가노라." 어떤 번역본은 여백에 "위로 부르신 부름the upward calling"이라고 옮겨 놓았습니다. 어떻게 번역하든 거기 담겨 있는 사상은 같습니다. 위에서 부르신 부름이라고 해도 좋고, 위로 나아오라는 부름이라고 해도 좋습니다. 이 부름은 우리를 일으켜 세우고 불러내서 하나님 앞에 있는 최종적인 영광으로 나아가게 만듭니다.

바로 이것이 마지막 비결입니다. 죄로 가득 찬 주변 세상과 자신을 비교하면 안 됩니다. 경주에서 자신보다 뒤처져 있는 것이 분명한 다른 그리스도인들과 비교해서도 안 됩니다. 그렇습니다. 우리는 그리스도를 알고, 그와 같이 되며, 그와 영원히 함께하도록 부름 받고 사로잡힌 바 되고 붙잡힌 바 된 사람들입니다. 그리스도인은 이 목표만 바라보며, 이 목표에서 눈을 떼지 않습니다. 이 목표에 도달하는 것 외에 중요한 일은 아무것도 없기에 항상 손을 앞으로 내뻗으며 달려갑니다. 자기 자신과 자신의 성취를 검토하고 목표에 최대한 집중하면서, 이제까지 있었던 일들을 다 잊고 앞으로 달려갑니다.

저는 사도가 이런 방식으로 그리스도인의 삶을 훈련했다고 생각합니다. 그 훈련의 결과가 그의 모습으로 나타난 것입니다. 이 목표를 의도적으로 진지하게 상기하지 않고 넘어가는 날이 하루도 없어야 합니다. 나는 영광에 들어가도록 작정된 사람입니다. 그리스도 안에 있는 사람이며, 그리스도 안에서 온전케 될 사람입니다. 이것이 나의 목표입니다. 나는 그리스도를 알고 있습니까? 그와 같이 되고 있으며 그를 닮아 가고 있습니까? 그의 죽음을 본받고 있습니까? 바로 이 목표를 위해 그리스도가 나를 붙잡으셨습니다. 마땅히 이것을 내 삶의 중심이자 내 모든 열망의 과녁으로 삼아야 합니다.

우리 모두 이 목표를 보게 해 주시기를, 이 목표에 매료되고 사로잡히게 해 주시기를, 오직 이 목표만—그리스도 예수 안에서 하나님이 위에서 부르신 부름의 상만—바라보게 해 주시기를 원합니다.

그러므로 누구든지 우리 온전히 이룬 자들은 이렇게 생각할지니
만일 어떤 일에 너희가 달리 생각하면
하나님이 이것도 너희에게 나타내시리라.
오직 우리가 어디까지 이르렀든지 그대로 행할 것이라.
형제들아, 너희는 함께 나를 본받으라. 그리고 너희가 우리를
본받은 것처럼 그와 같이 행하는 자들을 눈여겨보라.
(내가 여러 번 너희에게 말하였거니와 이제도 눈물을 흘리며
말하노니 여러 사람들이 그리스도의 십자가의 원수로 행하느니라.
그들의 마침은 멸망이요 그들의 신은 배요
그 영광은 그들의 부끄러움에 있고 땅의 일을 생각하는 자라.)

빌립보서 3:15–19

9. 믿음과 행동

사도 바울은 본문과 그 다음 두 절에서 방금 전 자기 자신에 대해 말한 내용을 빌립보 교인들의 상황에 적용하고 있습니다. 그는 4-14절에서 유대교인들이 야기한 난제를 다루기 위해 자기 자신과 자신의 경험을 예로 들었습니다. 자신이 어떻게 유대교를 떠나 그리스도인이 되었는지 이야기한 다음, 우리가 몇 번의 설교를 통해 살펴보았던 것처럼 그에 대한 자세한 설명을 덧붙였습니다.

그러나 바울의 의도는 단순히 자기 이야기를 하는 데만 있지 않았습니다. 그의 관심은 어떻게 빌립보 교인들을 도울까 하는 데 있었습니다. 언제 어느 때 죽임을 당할지 모르는 처지였기에, 빌립보 교인들이 장차 어찌 될지 걱정하지 않을 수 없었습니다. 그는 단순한 한 가지 예로 자신의 사례를 소개했습니다. 사도의 목적은 그 사례의 내용을 빌립보 교인들에게 적용함으로써 그들 또한 자신의 삶과 행동을 지배했던 원리에 따라 살게 하려는 데 있었습니다. 그래서 방금 이야기한 자신의 경험을 요약함으로써 다시 한 번 강조하며 빌립보 교인들에게 적용하는 것입니다.

어떻게 하면 사도처럼 행복하고 충만하며 성공적인 그리스도인의 삶을 살 수 있는지 알고 싶은 사람, 사도가 특별하게 누렸던 그리스도인의 삶을 자신도 누리고 싶은 사람은 사도가 본문에서 말하는 그대로 따라 해야 합니다. 이 주제를 고찰하기에 가장 좋은 방법은 바울이 명확하게 밝히고 있는 여러 가지 요점과 원리를 짚어 보는 것이라고 생각합니다. 그것부터 하나씩 설명한 다음 배후에 있는 정신을 살펴보도록 하겠습니다. 본문이 다루는 중대한 주제는 신앙과 실천, 믿음과 행위의 관계입니다. 그러나 그 원리에 비추어 사도의 가르침을 살펴보기 전에, 그가 열거하는 요점부터 한 가지씩 짚어 보는 것이 좋겠습니다.

바울이 가장 먼저 하는 말은 올바로 믿어야 한다는 것입니다. "그러므로 누구든지 우리 온전히 이룬 자들은 이렇게 생각할지니……." 여기 나오는 "생각"[마음mind]은 사도 바울이 즐겨 쓰는 단어입니다. 보다시피 본문에도 이 단어가 계속 나옵니다. 사도는 16절에서 "오직 우리가 어디까지 이르렀든지 그대로 행할[생각할] 것이니라"라고 하며, 19절에서도 "땅의 일을 생각하는 자"라는 말로 합당치 못한 신자들에 대한 설명을 마무리 짓고 있습니다. 또 2장에서도 같은 단어를 사용합니다. 빌립보 교인들에게 서로 배려하고 도울 것을 권하면서 "너희 안에 이 마음을 품으라"라고 하는 것입니다. 그는 로마서 8장에서도 육신에 속한 사람과 영에 속한 사람의 차이점이 육신의 일을 생각하느냐 영의 일을 생각하느냐에 있음을 지적합니다(롬 8:5). "생각"은 표현력이 풍부한 단어지만, 일반적으로는 단순히 흥미를 느끼는 정도가 아니라 지대한 관심을 쏟는 것을 의미합니다. 그 일에 많은 시간을 투자하는 것, 그 일에 대해 단호한 결정을 내리는 것을 의미합니다. 그래서 제가 이것을 하나의 원리로 제시하는 것입니다.

우리는 무엇보다 먼저 자신이 올바로 믿고 있는지 확인해 보아야 합니다. "그러므로 누구든지 우리 온전히 이룬 자들은……"이라고 바울은 말합니다. "내가 이미 얻었다 함도 아니요 온전히 이루었다 함도 아니라"라는 12절 말씀을 다루면서 설명했기 때문에 "온전히"라는 말의 의미를 다시 설명할 필요는 없을 것입니다. 이 말은 12절에서는 절대적인 의미로, 15절에서는 상대적인 의미로 사용되고 있습니다. 15절에 나오는 "온전히 이룬 자들"이란 성숙한 어른의 상태에 이른 사람들, 그리스도인의 삶에 진보가 있는 사람들을 가리킵니다. 우리 온전히 이룬 자들이 분명히 알아야 할 것이 무엇입니까? 자, 빌립보서 네 장 중에 가장 신학적인 3장이 대답해 주고 있습니다.

바울은 빌립보 교인들이 무슨 일이 있어도 피해야 할 주된 오류가 두 가지 있다고 경고합니다. 그가 먼저 길게 다루는 것은 유대교의 오류입니다. 그가 말하는 요지는 이것입니다. "너희는 할례를 받아야 참된 그리스도인이 된다고 믿고 그렇게 가르치는 자들의 말을 기꺼이 듣는데, 그 말대로 할례를 받으면 그리스도인으로서 신분을 잃게 된다. 이처럼 기독교 신앙을 오해하고 있는 자들에게는 아무리 그리스도인의 삶을 살라고 권면해도 소용이 없다." 다시 말해서 이것은 3절의 반복이라고 할 수 있습니다. "하나님의 성령으로 봉사하며 그리스도 예수로 자랑하고 육체를 신뢰하지 아니하는 우리가 곧 할례파라." 이 점을 분명히 알아야 합니다. 그리스도인의 요건이 무엇인지 헷갈리면 안 됩니다. 유대교의 오류에 빠지지 않도록 조심하십시오!

바울은 자신의 경험을 대강 이야기하면서, 두 번째 위험을 지적합니다. 빌립보 교인들은 완전주의의 오류도 분명히 알아야 했습니다. 유대교와 완전주의, 둘 다 피해야 했습니다. 유대교는 인간의 공로로 구원받을 수 있다고 믿었기에 혈통이나 교육이나 민족을 의지했습니다. 그러나 사도는 이처럼 순전히 육신적이고 육체적인 것들을 단번에 내버렸다고 말합니다. 우리도 육체적인 것들을 의지하는 위험을 피해야 하며 그리스도인이 영적인 나라의 백성임을 기억해야 합니다. 땅의 일이 아니라 하늘의 일을 "생각"해야—하늘의 일에 전념해야—합니다.

이처럼 유대교가 한 가지 위험이라면, 또 한 가지 위험한 오류는 완전주의입니다. 완전주의에는 이른바 '도덕폐기론'이 거의 항상 따라옵니다. 본문을 보면 빌립보 교회의 생명력과 평화와 안녕을 위협하는 자들이 있었던 것이 분명합니다. 스스로 완전한 상태에 도달했다고 믿으며, 죄나 결함이 드러나도 거리낌 없이 변명하거나 별 문제 아니라는 식으로 넘어가는 자들이 초대교회에 있었습니다(이런 자들은 그 후에도 가끔씩 등장했습니다). 그들은 죄를 짓는 것은 육신이므로 자신들은 아무런 잘못이 없다고 했습니다. 이것이 도덕폐기론의 핵심입니다. 그리스도 안에만 있다면 무슨 짓을 해도 괜찮다는 것입니다. 참된 그리스도인이라면 어떻게 살든 상관없다는 것입니다.

그러나 바울은 두 가지 사실을 분명히 알라고 경고합니다. "그러므로 누구든지 우리 온전히 이룬 자들은 이렇게 생각할지니." 여기에서 "이렇게 생각"하라는 것은 우리 신분이 어디에 기초하고 있는지 분명히 알라는 뜻입니다. "너희도 내 말—달려가라, 주저앉아 쉬지 말라, 이미 도달하고 이루었으니 현재의 완전한 상태만 유지하면 된다고 주장하지 말라는 말—에 동의해야 한다"라고 바울은 말합니다. "그렇다. 우리는 이 세상에 사는 동안 저 앞에 있는 푯대와 상과 목표를 향해 줄기차게 달려가야 한다"라고 말합니다. 이룬 것이 있다고 해서 자축하지 말고 계속 달려가라고 말합니다. "이렇게 생각"하라고 말합니다. 유대교인들과 완전주의자들의 덫을 단번에 물리치라고 말합니다.

사도가 빌립보 교인들에게 이 편지를 썼을 때나 지금이나 마찬가지입니다. 항상 교리와 믿음에서부터 출발해야 합니다. 그리스도인이라는 우리 신분의 토대와 기초를 제대로 모르면 그리스도인의 삶도 제대로 살 수 없습니다. 사도의 말에 동의해야 하며, 무엇보다 이런 문제들을 바로 이해하는 것이 우선임을 깨달아야 합니다. 그리스도인이 된다는 말의 의미를 정확하게 알아야 합니다. 우리의 기초는 성경의 가르침에 있기 때문에 견고하다는 사실을 알아야 합니다. 이것이 첫 번째 원리입니다.

바울은 서둘러 두 번째 요점으로 나아갑니다. 첫 번째 요점만큼 중요한 두 번째 요점은, 이러한 믿음에 일치하는 행실이 있어야 한다는 것입니다. "오직 우리가 어디까지 이르렀든지 그대로 행할 것이라." 여기에서 "그대로 행할 것이라"는 말은 우리가 옳고 바르다고 동의하는 그 믿음에 따라 행동하라는 뜻입니다. 사도는 특히 이 점을 집요하게 지적합니다. 아무리 바른 믿음이 있어도 그 믿음대로 살지 않으면 아무 소용이 없다고 모든 서신에서 이야기합니다. "그러므로 누구든지 우리 온전히 이룬 자들은 이렇게 생각할지니 만일 어떤 일에 너희가 달리 생각하면 하나님이 이것도 너희에게 나타내시리라." 바울은 절대적으로 중요한 핵심 교리가 있다고 말합니다. 그런 교리는 이견이나 재론의 여지가 없도록 분명하게 알아 두어야 합니다. 그러나 그와 달리 명쾌한 판단을 내릴 수 없는 문제들도 있습니다. "만일 어떤 일에 너희가 달리 생각하면……." 이처럼 그리스도인의 삶이나 신앙에 명쾌하지 않은 측면들이 있더라도 그 때문에 신앙과 신앙의 삶을 놓치지 말라는 것입니다.

이것은 아주 유익한 원리인 것이 분명합니다. 사도는 여러 가지 어려움과 지적인 혼동에 대해 "행하라!"는 해법을 내놓습니다. "너희가 확실히 알고 있는 핵심 교리를 실천에 옮겨라. 그러면 그 밖의 문제들은 하나님이 알려 주실 것이다." 명쾌한 판단을 내릴 수 없는 문제들을 논하느라 시간을 낭비하지 마십시오. 신앙과 관련하여 그리스도인들 사이에도 의견이 분분한 문제들이 있습니다. 그 문제들이 무엇인지 세세히 밝힐 필요는 없을 것입니다. 한 가지만 예로 들자면, 기독교 정부에 대한 견해는 저마다 다릅니다. 영국인들에게 익숙한 이 주제에 대해서는 어느 쪽이 옳으니 그르니 단정할 수가 없습니다. 그러나 믿음으로 의롭게 하신다는 교리에 대해서는 어느 쪽이 옳고 그른지 말할 수 있어야 하고 말해야만 합니다. 사도는 여기에서 이 두 범주를 구분하고 있습니다. 믿음으로 의롭게 하심을 얻는다는 것과 영혼의 구원에 인간의 공로가 무익하다는 것은 의심의 여지 없이 분명한 사실입니다. 이것은 우리가 늘 마음에 새겨야 하는 명확한 교리입니다.

그러나 그렇게 명쾌하지 않은 문제들도 있습니다. 예를 들어 세례의 형태라든지 예언적인 가르침에 대한 해석은—전천년설이니 후천년설이니 무천년설이니 하는—명쾌하지 않은 문제입니다. 이에 대해서는 "이것이 진리고 저것은 진리가 아니다"라고 단정지을 수가 없습니다. 얼마든지 서로 다른 견해를 내놓을 수 있으며, 실제로 역사적으로도 하나님의 성도들은 서로 다른 견해를 내놓곤 했습니다. "자, 핵심 교리를 붙잡고 그대로 행하라. 성실하게 이렇게 하는 사람은 지금 분명하고 확실하게 알지 못하는 문제가 있어도 언젠가 하나님이 분명히 알려 주실 것이다"라고 바울은 말합니다. 물론 구체적으로 언제 알려 주시는지는 말하지 않습니다. 그러나 결국 분명히 가르쳐 주신다는 것입니다.

이것이 두 범주를 구분하는 방법입니다. 구원에 절대적으로 필요한 교리들은 항상 마음에 새겨야 합니다. 그러나 그렇지 않은 문제들도 있습니다. 물론 개중에도 중요한 문제가 있을 수 있지만, 구원에 꼭 필요한 것은 아닙니다. 이 두 범주를 예리하게 구분하는 것이 그리스도인의 삶을 살아가는 지혜의 핵심입니다. 본질적인 문제를 비본질적인 문제로 취급하지 마십시오. 비본질적인 범주의 문제를 본질적인 문제로 취급하지 마십시오. 명쾌한 판단을 내릴 수 없는 문제와 그리스도인의 생활에 핵심적이고 중요한 문제를 헷갈리면 안 됩니다.

교회사를 익히 아는 사람이라면 이 원리의 중요성을 알 것입니다. 확실한 결론을 낼 수 없는 문제를 정통신앙의 기준으로 삼고, 그 문제에 완전히 동의해야 서로 교제할 수 있다고 고집하다가 불행한 삶을 살게 된 그리스도인들의 사례를 보지 않았습니까? 이 점에 관한 사도의 가르침을 따르지 않은 탓에 교회가 얼마나 큰 피해를 입었는지 모릅니다. "그러므로……이렇게 생각할지니 만일 어떤 일에 너희가 달리 생각하면 하나님이 이것도 너희에게 나타내시리라." 그렇습니다. 유대교를 멀리하십시오! 완전주의를 멀리하십시오! "그대로 행할 것이라." 여러분이 확실히 알고 있는 바대로 행동하십시오. 의심의 여지 없는 교리들을 실천에 옮기십시오. 재론의 여지 없는 핵심 교리에 따라 살기 위해 항상 주의하고 애쓰십시오. 이 말에 동의하는 분들은 저처럼 기독교 교리의 균형감각과 건전함에 감탄을 금치 못할 것이며, 대부분의 이단과 교회의 부적절한 분열은—적절하고 합리적인 차이와 부적절한 분열을 구분해야 합니다—바로 이 가르침을 이해하지 못하는 데서, 즉 핵심적인 것과 주변적인 것, 절대적인 것과 분명치 않은 것을 구분하지 못하는 데서 비롯된다는 사실을 알 것입니다.

바울의 그 다음 조언은 좋은 예를 본받으라는 것입니다. "형제들아, 너희는 함께 나를 본받으라." 이번에도 우리는 사도의 겸양과 그 가르침의 탁월성에 놀라지 않을 수 없습니다. 그는 늘 교리에 관심을 집중합니다. 그런데 여기에서 빌립보 교인들을 돕기 위해 그가 하는 말의 요지는 이것입니다. "지금까지는 이론적인 가르침을 노골적이고 직설적으로 전달했다. 그런데 거기 담긴 뜻이 무엇이냐고 묻는다면 이렇게 말하겠다. 나를 본받아라. 나를 비롯한 여러 선생들을 본받아라." 여기에서 바울이 말하는 선생들 중에는 2장에 등장하는 에바브로디도와 디모데도 포함되어 있는 것이 거의 확실합니다. 그들은 빌립보 교회를 가르치고 세우는 일을 도운 사람들로서, 바울은 앞에서 이미 그들에 대해 언급한 바 있습니다. 그리고 여기에서 빌립보 교인들이 알고 있는 바로 그 사람들을 바라보라고 권하는 것입니다.

사도가 자신뿐 다른 이들도 본받으라고 하는 데 주목하십시오. "너희는 함께 나를 본받으라. 그리고 너희가 우리를 본받은 것처럼 그와 같이 행하는 자들을 눈여겨보라." 사도가 단지 겸손해서 이 말을 했다고 생각하는 사람들의 의견에 저는 동의하지 않습니다. 그는 서슴없이 자신도 본받으라고 말합니다. 사도의 입장에서 볼 때 이것은 자만심의 발로가 아니라 문자 그대로의 사실입니다. 주 예수 그리스도께 구원을 받은 후, 그를 기쁘시게 하는 데 온 생애를 바쳐 온 이 사람에게는 자신을 본받고 닮으라고 말할 자격이 충분히 있습니다. 실제로 사도의 편지에는 이런 말이 자주 나오는데, 영적인 정신을 조금이라도 가진 사람이라면 절대 그가 교만해서 이런 명령을 한다고 생각지 않을 것입니다. 실제로 바울보다 더 겸손한 사람은 찾아볼 수 없습니다. 그는 "한 가지 예, 한 가지 본보기를 들어 주겠다. 그것은 바로 나의 삶이다"라고 말할 만한 삶을 살았습니다. 그래서 "내가 이미 얻었다 함도 아니요 온전히 이루었다 함도 아니라. 오직 내가……달려가노라"라고 말한 다음, "너희도 나처럼 살길 바란다. 나는 내 삶이나 내가 이룬 것들에 만족치 않고 푯대와 목표를 향해 달려가고 있다. 나를 본받아라. 나처럼 살아라. 나뿐 아니라 에바브로디 도나 디모데처럼 살아라"라고 말하는 것입니다. 이처럼 사도는 빌립보 교인들에게 위대하고 영광스러운 본보기를 따르라고 권합니다.

훌륭한 본보기를 따르는 것이야말로 참된 그리스도인의 삶을 살도 록 도와주는 가장 실제적인 방법 아닙니까? 성도들의 생애나 훌륭하고 경건한 인물들의 전기를 읽는 것이야말로 최종목표에 도달하도록 도와 주는 가장 유익한 방법 아닙니까? 이보다 더 격려가 되는 값진 일은 없다 고 저 또한 확실히 증언할 수 있습니다. 전기를 읽으면 진리가 현실에 어 떻게 적용되는지 알 수 있습니다. 이론적으로 배운 내용을 어떻게 해석 하고 실천해야 하는지 알 수 있습니다. 위대한 옛 성도들에 대해 모르는 이들이 많다는 것이야말로 오늘날 교회의 가장 안타까운 모습이 아닌가 합니다. 우리 조상들은 옛 성도들에 대해 잘 알고 있었습니다. 많은 시간 을 들여 옛 성도들에 대한 책을 읽었습니다. 위대한 전기를 읽는 일은 지 금도 유익합니다. 전기를 읽고 공부하는 것이야말로 최고로 유익한 일 인 것이 분명합니다. 전기를 읽으면 사도의 권면대로 그들을 본받을 수 있습니다.

바울의 마지막 조언은 나쁜 예를 보고 경각심을 느끼라는 것입니다. "내가 여러 번 너희에게 말하였거니와 이제도 눈물을 흘리며 말하노니 여러 사람들이 그리스도의 십자가의 원수로 행하느니라. ……땅의 일을 생각하는 자라." 좋은 본보기를 따르는 것도 필요하지만 나쁜 삶의 예를 관찰하는 것도 똑같이 중요합니다. 성경에는 그런 예들이 많이 있습니 다. 바로 이런 이유에서 성경이 나쁜 예들을 기록해 둔 것이 분명합니다. 하나님의 백성들이 그 예를 보고 큰 경고를 받게 하려는 것입니다. 성경 에는 가인의 이야기도 나오고, 소돔과 고모라 사람들의 이야기도 나오고, 이스라엘 자손의 예도 나옵니다. 성경은 우리를 위해 이처럼 다양한 사례들을 기록해 둔 것이 분명합니다. 우리는 이처럼 성경을 통해 경건치 못하게 살았던 자들의 이야기를 듣고, 그들이 어떤 일을 겪었는지 알게 됩니다.

교회사에서도 그런 예들을 많이 찾아볼 수 있지 않습니까? 과거 교회의 위대한 역사를 살피면서, 사도의 권면대로 긍정적인 예와 부정적인 예들을 찾아보는 것보다 값진 일은 없습니다. 사도는 여기에서 성공적이고 행복하고 충만한 그리스도인의 삶을 살 수 있는 방법을 알려 줍니다. 긴요한 교리들을 마음에 확실히 새겨 두라고 말합니다. 그렇게 확신한 것을 행동으로 옮기라고 말합니다.

바울은 신앙과 실천의 관계에 대한 교리를 거듭 짚어 줍니다. 이와 관련해서 제가 사도의 핵심적인 가르침으로 여기는 내용을 말씀드리겠습니다. 첫째로 확실한 사실은, 언제나 믿음이 행동을 결정한다는 것입니다. 사도와 그 동료들은 "이렇게 생각"했기 때문에 그 생각에 맞는 삶을 살았습니다. 바울은 유대교의 오류를 깨닫고 그 오류에서 구원받았기 때문에 우리가 알고 있는 그런 삶을 살았습니다. 그는 그리스도에 관한 명확한 진리를 깨달았고 완전주의의 오류를 알았습니다. 이처럼 그가 붙잡은 진리가 그리스도인으로서 달려가는 행동을 하게 만들었습니다.

마찬가지로 세상 사람들이 합당치 못한 삶, 마침내 멸망할 삶을 사는 것 또한 믿음의 결과물입니다. "땅의 일을 생각"하기 때문에 그에 맞는 삶을 사는 것입니다. 그들의 진정한 관심사는 세상과 세상의 삶입니다. 마음과 관심과 흥미와 생각이 전부 이 땅에 매여 있습니다. 바울은 그런 자들의 "신은 배요 그 영광은 그들의 부끄러움"이라고 말합니다. 그들이 왜 그런 부끄러운 삶을 살까요? "땅의 일을 생각"하기 때문입니다. 결국 믿음과 신앙이 행동을 결정하게 되어 있습니다.

지금 우리가 살고 있는 현대세계가 이 사실을 뼈아프게 입증하고 있으며 증명하고 있지 않습니까? 대다수 사람들이 어떻게 행동하는지 보십시오. 왜 그렇게 행동합니까? 자, 간단한 대답은 잘못된 믿음 때문이라는 것입니다. 교육이나 문화나 그 밖의 대책으로 사태를 해결할 수 없는 이유가 여기 있습니다. 지난 50여 년간 세상의 문제는 "그렇다, 기독교는 받아들일 수 있다. 하지만 기독교의 교의나 교리는 신경 쓸 필요가 없다"라고 말해 온 데 있습니다. 기독교의 윤리는 붙잡습니다. 산상설교는 기꺼이 칭송합니다. 그러나 나사렛 예수가 하나님의 아들이시라는 말, 그의 성육신과 십자가 죽음에 대한 말에는 귀를 틀어막습니다. 이처럼 세상은 어리석게도 기독교 교리는 무시한 채 기독교 윤리의 좋은 점만 고수하면 된다고 믿고 있습니다. 그러나 성경이 믿음과 기독교의 가르침에 대해 말하는 바에 따르면, 그것은 불가능한 일입니다. 십계명을 지킬 필요를 못 느끼면서 하나님을 믿는다고 말하는 것은 우스운 짓입니다. 하나님을 믿지 않는 자에게 십계명을 믿으라고 하는 것도 우스운 짓입니다. 이것이 첫 번째 계율입니다. 신앙이 행동을 결정합니다. 현대세계는 이것이 분명한 사실임을 풍성히 보여 주는 사례들의 전시장입니다.

약간 표현을 달리 하여 두 번째 원리를 설명해 보겠습니다. 행동은 그 사람이 가진 믿음의 본질과 가치를 가장 잘 보여 주는 지표입니다. 다시 말해서, 한 사람의 행동을 보면 그의 믿음을 알 수 있습니다. 사도가 그리스도인들에게 자신의 행동이 믿음에 걸맞은 것인지 확인해 보라고 계속해서 권면하는 이유가 여기 있습니다. 그는 디도서 2:3에서 "[합당하게] 거룩하며as becometh holiness"라는 표현을 쓰면서, 이 원리를 근거로 거룩한 생활을 하라고 권면합니다. "믿는다고 말하면서 실제 행동은 정반대로 하면 되겠느냐?"라는 것입니다. 신약성경 역시 이 원리를 근거로 정결하고 거룩한 삶을 살라고 권면합니다.

그리스도가 세상 나라에서 우리를 구하시려고 우리 죄를 위해 죽으신 것을 믿는 사람이 어떻게 죄에 계속 거할 수 있겠습니까? 그것은 심각한 모순입니다. 사도는 세상적인 삶을 사는 사람의 신앙과 믿음은 헛것이라고 서슴없이 주장합니다. "스스로 속이지 말라. 하나님은 업신여김을 받지 아니하시나니"(갈 6:7). 지적인 주장을 아무리 많이 한다 해도 삶이 그 주장과 반대된다면, 그의 믿음은 완전히 헛것이며 사실상 믿음이 아닙니다. 예컨대 야고보나 바울이나 입으로 하는 말만 들으면 똑같습니다. 표현방식만 다를 뿐, 말하는 내용만 들으면 차이를 알 수 없습니다. 그들의 믿음과 신앙고백이 진짜 가치 있는 것인지 최종적으로 증명하고 입증해 주는 것은 결국 그들의 행동입니다.

한 사람의 믿음과 행동을 궁극적으로 검증할 수 있는 마지막 시금석이 있는데, 그것은 십자가입니다. "내가 여러 번 너희에게 말하였거니와……여러 사람들이 그리스도의 십자가의 원수로 행하느니라." 바울이 어떤 이들을 그리스도 십자가의 원수라고 표현하는 데 주목하십시오. 선한 삶을 삶으로써 하나님과 바른 관계를 맺을 수 있다고 주장하는 자들은 그리스도 십자가의 원수입니다. 자신을 구원하는 것은 그리스도의 십자가가 아니라고 주장하는 것이나 다름없기 때문입니다. "오직 십자가만 나를 구원한다"라고 말하는 사람은 십자가의 친구입니다. 그러나 이 말에 무엇을 덧붙이거나 덜어 내는 사람은 십자가의 원수입니다. 이것이 우리가 유대교인들과 도덕주의자들을 정죄하는 최종적인 근거입니다. 자기 노력으로 하나님 앞에 바로 설 수 있다고 말하는 사람은 전부 십자가의 원수이며 십자가의 영광을 훼손하는 자들입니다.

또한 행동으로도 십자가의 원수가 될 수 있다고 사도는 말합니다. 잘못된 삶을 사는 자들에 대해 이야기하면서, 그들은 탐욕과 정욕과 육신의 본성을 신으로 섬기고 그것을 위해 사는 자들이며 "땅의 일을 생각"하는 자들이라고 지적합니다. 그들도 그리스도 십자가의 원수라는 것입니다. 실제로 그런 자들이 십자가를 가장 부끄럽게 만들지 않습니까? 십자가를 말하고 그리스도가 자기를 위해 죽으셨다고 말하면서 부도덕하게 사는 자들을 본 적이 있습니까? 저는 술에 잔뜩 취한 채 그리스도가 자기를 위해 죽으셨다고 말하는—말하자면 십자가를 전하는—남자를 본 적이 있습니다. 그의 행동은 자신이 하는 말과 어긋났을 뿐 아니라 사실상 자신이 십자가의 원수임을 증명하고 있었습니다. 그는 십자가를 부끄럽고 수치스럽게 만들었습니다.

십자가를 믿는다고 고백하는 사람은 정말 조심해야 합니다. 사실은 자신이 십자가의 원수, 사람들로 하여금 십자가를 조롱하고 모욕하며 비웃게 만드는 원수라는 것을 행동과 행실로 나타낼 수 있습니다. 더 나아가 십자가의 목적과 역할을 실제로 부인하는 결과를 낳을 수도 있습니다. 바울이 디도에게 한 말을 들어 보십시오. "그가 우리를 대신하여 자신을 주심은……우리를 깨끗하게 하사 선한 일을 열심히 하는 자기 백성이 되게 하려 하심이라"(딛 2:14). 주님이 왜 십자가에서 죽으셨습니까? 왜 갈보리로 나아가셨습니까? 여기 그 대답이 있습니다. 사람들을 죄와 허물과 부끄러움에서 건져 내서 "선한 일을 열심히 하는 자기 백성이 되게" 하기 위해서입니다. 그런데 선한 일을 열심히 하지 않고 세상적이고 육신적이고 죄에 매인 삶을 산다면, 그는 그리스도 십자가의 원수인 것이 분명합니다.

이처럼 십자가야말로 나의 믿음과 행동, 신앙과 실천의 관계를 검증하는 마지막 시금석입니다. 우리 그리스도인들의 책임이 얼마나 막중합니까! 이 둘 사이의 긴밀한 연관성을 늘 주의 깊게 살펴보아야 합니다. 십자가를 우리 삶의 시금석으로 삼을 때에만 방황하지 않습니다. 십자가가 절대 없어서는 안 될 나의 전부라고 말할 수 있습니까? "그리스도가 내 죄를 사하셨고, 죄로 가득 찬 이 세상에서 나를 구원하여 하나님의 자녀로 삼아 주셨으며, 영원히 그와 함께 누릴 영광을 위해 지금도 준비시키고 계심을 믿는다"는 것을 삶으로 선포하고 있습니까?

믿음이 행동을 결정합니다. 내 행동은 곧 내 믿음의 진술이요 내 믿음의 선포입니다. 십자가에 대해 무슨 말을 하는지 들어 보면 믿음과 행동을 최종적으로 검증할 수 있습니다. 하나님이 우리 모두 믿음과 행동이 하나로 통합된 삶을 살게 해 주시기를 원합니다.

그러나 우리의 시민권은 하늘에 있는지라.
거기로부터 구원하는 자 곧 주 예수 그리스도를 기다리노니
그는 만물을 자기에게 복종하게 하실 수 있는 자의 역사로
우리의 낮은 몸을 자기 영광의 몸의 형체와 같이 변하게 하시리라.

빌립보서 3:20-21

10. 천국 시민

본문의 또 다른 번역—개역성경^{RV}에 가까운 번역—은 이것입니다. "그러나 우리의 시민권은 하늘에 있는지라. 거기로부터 구원하는 자 곧 주 예수 그리스도를 기다리노니 그는 만물을 자기에게 복종하게 하실 수 있는 자의 능력으로 우리의 부끄러운 몸을 자기 영광의 몸의 형체와 같이[자기 영광의 몸에 맞추어] 변하게 하시리라."

본문이 이 위대한 장의 최절정을 이룬다는 말에 모두 동의하리라 확신합니다. 지금까지 우리는 몇 차례의 설교를 통해 빌립보서 3장을 고찰하면서 가끔씩 불거져 나오는 개인적인 이야기들을—개중에는 이 위대한 사도가 한 말 중에 가장 엄청난 말들도 포함되어 있었습니다—살펴보았습니다. 3장은 위대하고 고상하며 놀라운 내용으로 가득 차 있습니다. 유일무이한 사도의 경험 이야기가 나오고, 그리스도인에 대한 명쾌하고도 분명한 정의가 여러 번 나옵니다. 유대교와 완전주의를 비롯한 잘못된 가르침들을 배격하는 심각한 모습도 나옵니다. 그러나 그 모든 것을 관통하는 최고의 특징은 그리스도인의 삶과 신분에 대해 가슴 벅찰 만큼 엄청난 개념이 나온다는 것입니다. 바울은 본문에서 이 모든 내용을 아우르며 영광스럽고 장엄한 절정을 만들어 내고 있습니다.

우리는 이러한 관점에서 20-21절에 접근하고자 합니다. 이 두 구절은 바울이 3장에서 전개해 온 위대한 논증의 요약으로 보아야 합니다. 따라서 '20-21절은 그리스도인이 된다는 말의 의미를 다시금 일깨워 주는 본문'이라는 평가가 전적으로 옳습니다. 여기에는 신약 복음서의 입장이 핵심적으로 들어 있습니다. 앞서 보았듯이 사도는 빌립보 교인들에게 자신을 본받으라고 권합니다. "나를 본받아라. 나와 함께 이 길을 가는 모든 이를 본받아라"라고 권합니다. 그리고 부정적인 예를 들어 이 점을 강조합니다. "내가 여러 번 너희에게 말하였거니와 이제도 눈물을 흘리며 말하노니 여러 사람들이 그리스도의 십자가의 원수로 행하느니라." 사도는 그들을 최후에 기다리는 것은 우리 앞에 있는 저 영광이 아니라 멸망이라고 말합니다. 그들의 신은 주 예수 그리스도가 아니라 육체의 탐욕과 정욕이며 그들의 영광은 우리를 기다리는 저 영화가 아니라 수치라고, 그들은 땅의 일을 생각한다고 말합니다. 이것이 그들의 궁극적인 문제라고 말합니다. 결국 그가 내리는 결론은 "우리의 시민권은 하늘에 있는지라"라는 것입니다. 다시 말해서 그는 빌립보 교인들에게 그리스도인의 신분이 어떤 것인지에 대해 특별히 더 영광스러운 정의를 알려 주면서, 계속해서 거룩하게 살 것과 성화의 길을 달려갈 것을 마지막으로 호소하고 있습니다.

본문을 자세히 살펴보기 전에 이 중대한 원리를 염두에 두는 일이 중요하다고 생각합니다. 우리의 시민권이 하늘에 있다는 사실을 기억해야 합니다. 이것은 신약성경이 거룩하게 살 것을 호소할 때 전형적으로 제시하는 근거입니다. 자신이 누구인지 알라는 것입니다. 서슴없이 말하는 바, 신약성경이 말하는 거룩함과 일반적인 도덕이 서로 갈라지는 지점이 여기입니다. 도덕이 늘 관심을 기울이는 것은 행동 그 자체입니다. 그래서 술을 마시는 문제나 그 밖의 문제를 다룰 때 각각의 경우에 맞는 근거를 제시합니다. 도덕이 하는 일은 그 행동을 했을 때 불리한 점이 무엇인지 보여 주는 것뿐입니다. 복음도 그런 점을 부인하는 것은 아니지만, 그것을 근거로 호소하지는 않습니다. 신약성경은 몸에 좋지 않으니 술을 마시지 말라고 하지 않습니다. 기독교의 가르침은 "너희는 천국 시민이요 하나님의 자녀이기 때문에 술 취하면 안 된다"는 것입니다. 이처럼 기독교는 더 높은 차원의 근거를 제시합니다. 이미 말했듯이, 이 점을 항상 기억해야 합니다. 제가 이 점을 강조하는 것은 안타깝게도 신약성경이 말하는 거룩함과 일반적인 도덕을 혼동하고, 원리는 무시한 채 세부사항에 매달리며, 신약성경이 도덕과 완전히 다른 맥락에서 우리의 삶과 생활과 거룩한 행동에 관심을 쏟는다는 사실을 모르는 탓에 교회와 기독교 운동이 크게 훼손되었다고 믿기 때문입니다. 기독교는 유대교와 다릅니다. 유대교의 관심은 율법의 세부항목들에 있지만, 기독교의 관심은 율법 그 자체에 있으며 그리스도인의 지위와 신분 그 자체에 있습니다.

이 중대한 원리를 절대 놓치면 안 된다는 사실을 기억하면서, 바울이 그리스도인에 대해 무슨 말을 하는지 살펴봅시다. 이 주제는 금세 눈에 띄는 두 항목으로 나누어 살펴보는 것이 가장 좋습니다. 그리스도인은 여기에 나오는 이런 삶을 살아야 합니다. 바울을 본받아야 하며, 함께 그리스도인의 삶을 살고 있는 자들을 본받아야 합니다. 첫째는 우리의 현재 신분 때문에 그렇게 해야 하고, 둘째는 장차 우리가 소망하는 모습이 있기 때문에 그렇게 해야 합니다. 첫째 이유부터 살펴봅시다. 그리스도인은 누구입니까? 사도가 무엇보다 먼저 내놓는 대답은 천국 시민이라는 것입니다. 흠정역은 "우리의 교제conversation는 하늘에 있는지라"라고 옮겨 놓았고, 어떤 이들은 "우리는 하늘의 식민植民이라"라고 옮겨야 한다고 주장하기도 하는데, 둘 다 같은 뜻입니다. 제가 볼 때 여기에서 강조해야 할 중요한 단어는 "있는지라is"입니다. 우리의 시민권이 지금 하늘에 **있다는** 것입니다. 제가 이 단어를 강조하는 것은, 사도가 "하늘에서 우리의 시민권을 얻을 것이라"라고 말하지 않았다는 점을 지적하고 싶어서입니다. 우리는 이미 시민권을 얻었습니다!

다시 말해서 바울이 여기에서 사용하는 "있는지라"라는 말에는 '지금 이미 존재하고 있고 나타나고 있다'라는 뜻이 담겨 있다는 것이 권위자들의 일치된 의견입니다. 또는 J. B. 라이트푸트Lightfoot 박사처럼 "우리의 시민권은 지금도 하늘에 있는지라"라고 옮겨도 좋습니다. 우리는 이미 시민권을 얻었습니다. 장차 시민권을 얻을 것이 아니라 이미 시민권을 얻었습니다. 우리는 여기에서 신약의 주요한 기초 교리와 마주치게 됩니다. 이 말은 중생과 거듭남의 교리를 달리 표현한 것에 불과합니다. 그리스도인에 대해 이렇게 엄청나게 설명해 놓은 구절들을 읽다 보면, 현재 흔히 회자되고 있는 그리스도인의 정의는 참으로 보잘것없고 부적절할 뿐 아니라 거의 모욕적이라는 생각까지 들지 않습니까? 그리스도인을 고작 도덕적인 삶이나 사는 괜찮은 사람 정도로 보다니요! 도덕적인 삶을 이렇게 낮추어 말하면 안 될지도 모르겠습니다. 물론 논쟁을 벌일 심산으로 이런 말을 하는 것은 아닙니다. 그리스도 안에 있는 영광스러운 삶, 사도가 살았던 영광스러운 삶을 간절히 사모하기 때문에 이런 말을 하는 것입니다. 그리스도인의 삶을 고작 선량한 삶이나 평범한 사람들보다 약간 나은 삶 정도로 여기는 것을 보면 울고 싶습니다. 그리스도인은 이미 천국 시민입니다. 소속이 바뀌고 신분이 격상된 사람들입니다.

이 주제를 완벽하게 설명해 주는 또 다른 구절을 찾아보겠습니다. 예컨대 바울이 에베소서에서 하는 말을 보십시오. "긍휼이 풍성하신 하나님이 우리를 사랑하신 그 큰 사랑을 인하여 허물로 죽은 우리를 그리스도와 함께 살리셨고(너희는 은혜로 구원을 받은 것이라) 또 함께 일으키사 그리스도 예수 안에서 함께 하늘에 앉히시니"(엡 2:4-6). 그리스도인은 이미 그리스도 예수와 함께 하늘에 앉아 있는 사람들입니다. 영적인 의미에서 이미 하늘에 앉아 있는 천국 시민입니다. 같은 이야기를 골로새서에서는 어떻게 달리 표현하고 있는지도 보십시오. "그가 우리를 흑암의 권세에서 건져 내사 그의 사랑의 아들의 나라로 옮기셨으니"(골 1:13).

이것은 인간의 이해를 뛰어넘는 엄청난 개념입니다. 고난 중에 있던 빌립보 교인들은 자신들이 이미 그리스도 안에서 하늘에 앉아 있는 천국 시민이라는 말을 이해하기가 힘들었습니다. 우리도 마찬가지입니다. 그러나 이것은 우리가 무엇보다 먼저 붙잡아야 하는 개념입니다. 무슨 귀화증명서를 가지고 천국 시민이 되는 것이 아닙니다. 세상에서는 법적인 절차를 밟아 국적을 옮깁니다. 그러나 그 사람 자체가 달라지는 것은 아닙니다. 신약성경이 말하는 천국 시민의 개념은 그런 것과 다릅니다. 우리는 아예 다시 태어남으로써, 즉 출생을 통해 천국 시민이 됩니다. 돈을 내고 시민권을 얻는 것이 아닙니다. 법적인 절차를 밟아 시민이 되는 것이 아닙니다. 시민으로 다시 만들어지는 것입니다. 새사람이 되는 것입니다. 신의 성품을 물려받은 하나님의 자녀로 태어나는 것입니다. 우리는 새로운 혈통으로 다시 태어남으로써, 오직 이 한 가지 방법으로만 하나님의 나라 시민이 됩니다. 그러므로 그리스도인과 비그리스도인은 본질적으로 다른 존재라는 것이 바울의 주장입니다.

물론 사도는 그 반대편에 있는 사람들, 즉 합당치 못한 삶을 사는 이른바 그리스도인의 원수들도 염두에 두고 있습니다. 요컨대 "그들이 사는 삶을 살 생각은 아예 하지도 말아라. 너희는 그들과 소속이 다르다. 그들은 세상 나라 시민이고 너희는 천국 시민이다"라는 것입니다. 이것이 신약성경의 입장입니다. 그리스도인으로서 그 이름에 합당한 삶을 사는 사람은 비그리스도인과 본질적으로 다른 존재입니다. 그들보다 조금 나아지거나 겉모습만 달라지는 것이 아니라 완전히 다른 존재로 다시 태어납니다. 우리는 새 시민권을 얻어 그리스도 안에 거하는 사람들이며, 그리스도 안에서 그와 함께 하늘에 앉아 있는 사람들입니다. 최종적으로 그곳에 도착할 때까지 이런저런 일들을 겪겠지만, 그때나 지금이나 우리는 변함없는 천국 시민입니다. 죽고 나면 우리의 몸도 변화될 것입니다. 그러나 영은 지금도 하늘에 있습니다. 우리는 이미 하늘에 속해 있는 사람들입니다. 그리스도인에 대한 바울의 자세한 설명을 계속 살펴보면 이 점을 더욱 분명히 알 것입니다.

자, 그렇다면 시민권이라는 말의 의미는 무엇일까요? 사도는 왜 이런 표현을 썼을까요? 이 주제를 가장 잘 설명하는 방법은 앞서 대조되었던 두 부류의 사람들을 더 자세히 살펴보는 것이라고 생각합니다. 신약의 가르침에 따르면, 모든 살아 있는 인간은 두 나라 중 한 곳에 속해 있습니다. 하늘의 나라와 세상 나라, 하나님의 나라와 사탄의 나라, 둘 중 한 곳에 속해 있는 것입니다. 사도를 비롯한 신약기자들은 이 세상 신인 사탄의 나라, 사탄의 왕국에 대해 이야기합니다. 불신자들의 삶을 다스리는 공중의 권세 잡은 자와 흑암의 나라—이것은 신약 기자들이 실제로 사용하는 용어입니다—에 대해 이야기합니다. 그 나라의 반대편에 또 다른 나라, 하나님의 나라, 하늘의 나라, 사랑하는 아들의 나라, 빛의 나라가 있습니다. 두 나라 사이에 중간지대나 중립지대는 없습니다. 하나님의 나라에 속하지 않았다면 사탄의 나라에 속한 것입니다. 둘 중에 하나입니다. 바울은 우리의 시민권이 하늘에 있다는 사실을 강조함으로써 우리가 다른 나라에 충성을 맹세하는 시민임을 밝히고 있습니다.

이 나라의 첫 번째 특징은 여러분이 충성을 바치는 국가 지도자, 즉 왕에게서 찾아볼 수 있습니다. 바울은 이 부분에서도 두 가지를 대조하고 있습니다. 세상 나라 시민들의 신은 "배"입니다. 이것은 그들이 본능과 탐욕과 정욕을 좇아 산다는 뜻입니다. 그들은 이런 것들의 다스림과 통제를 받으며, 이런 것들에 충성을 바칩니다. 사람이 자신의 시간과 돈과 힘을 어디에 쓰는지 살펴보면 그가 무엇에 충성하는지 알 수 있습니다. 주님은 산상설교에서 마음이 있는 곳에 보물이 있고 보물이 있는 곳에 마음이 있다고 말씀하셨습니다. 시간과 돈과 힘을 어디에 쓰는지 살펴보면 그 사람의 신이 무엇인지, 또는 누구인지 곧바로 알 수 있습니다. 그리스도인은 하나님과 주 예수 그리스도를 왕으로 섬기는 자들입니다. 그분을 삶의 가장 높은 자리에 모시는 자들, 그분께 충성을 바치는 자들, 그분 외에는 그 무엇도, 그 누구도 섬기지 않는 자들입니다. 이 점에서 그리스도인은 비그리스도인과 완전히 다른 존재입니다. 하나님이 자기 삶을 지배하고 계심을 인식하는 것, 하나님이 기뻐하시는 일과 그의 뜻을 첫 번째 관심사로 삼는 것이 그들의 변함없는 특징입니다.

도덕적인 관점에서 보아도 이 두 부류는 완전히 다릅니다. 하나님을 생각하지 않는 사람도 도덕적으로 흠 없는 삶을 살 수 있으며, 하나님을 고려하지 않는 사람도 많은 선을 행하며 존경받는 삶을 살 수 있습니다. 그러나 그리스도인은 다르다고 바울은 말합니다. 그리스도인은 하나님과 관계를 맺고 있는 사람입니다. 하나님이 그들의 왕이시기 때문에 당연히 하나님을 생각하지 않을 수 없습니다.

두 번째 특징은 세상의 법과 완전히 다른 법을 지키면서 산다는 것입니다. 그리스도인은 비그리스도인과 다른 체제 하에서 다른 종류의 삶을 삽니다. 예컨대 로마서 6장에 나오는 바울의 위대한 논증을 보십시오. 그리스도인이 되기 전에는 죄와 사탄의 지배를 받습니다. 그러나 그리스도인이 된 후에는 더 이상 그 지배를 받지 않습니다. 다시 말해서 인간의 자유의지를 운운하는 것보다 우스운 짓은 없습니다. 그렇습니다. 우리는 죄 가운데 태어나 죄와 사탄의 지배를 받습니다. 그래서 사람들이 점점 더 깊이 죄에 빠져드는 것입니다. 인간은 죄를 지을 수밖에 없는 죄의 종입니다. 주님은 누가복음 11:21에서 무장을 하고 자기 집과 소유를 안전하게 지키는 강한 자에 대해 말씀하십니다. 사탄은 사람들의 삶을 통제하고 있습니다. 그러면서도 "너희는 자유롭다"라고 설득합니다.

작금의 국제관계와 정치세계를 살펴보면 이 점을 쉽게 이해할 수 있습니다. 독재를 하면서도 국민들에게 "너희는 자유롭다"라고 설득하는 나라가 있습니다. 사탄이 하는 짓도 그런 것입니다. 사람들을 자신의 지배 아래 묶어 놓고서도 "너희는 자유롭다"라고 설득합니다. 그러나 그리스도인은 사탄의 지배에 매여 있지 않습니다. 하나님의 나라로 탈출해서 다른 법의 통치를 받고 있으며, 다른 규율과 규칙을 따르고 있습니다. 삶 자체가 아예 다르게 편성되어 있습니다. 말 그대로 하나님이 옛 나라에서 끌어내 새 나라로 옮겨 놓으셨습니다. 새 나라 시민으로 완전히 새로운 규범을 배우게 하셨습니다. 나라가 달라지면 관습이나 규칙도 달라지게 마련입니다. 하나님의 나라와 사탄의 나라는 그 본질 자체가 다릅니다. 하나님의 나라 시민이 된 자들은 완전히 새로운 눈으로 삶을 바라봅니다. 새 법—자유롭게 하는 온전한 율법—을 알게 되었기 때문에 상황을 보는 눈도 달라질 수밖에 없습니다.

세 번째로 중요한 점은 이 시민권을 가진 자들에게는 세상 사람들과 다른 권리와 특권이 주어진다는 것입니다. 한 나라의 시민은 시민 아닌 자들이 할 수 없는 것을 합니다. 그리스도인으로서 살아갈 때 이 점이 아주 중요합니다. 우리는 천국 시민으로서 보좌 앞에 나아가 왕을 뵙고 직접 간구하며 요청할 수 있는 자격을 얻었습니다. 성경은 그 이야기로 가득 차 있습니다. 성경은 하나님이 자기 백성에게 특별한 관심을 쏟으신다고 말합니다. 하나님은 아모스를 통해 오직 "너희만을 알았"다고 하셨습니다(암 3:2). 물론 하나님은 다른 나라들도 알고 계셨습니다. 이 말은 이스라엘만 친밀하게 여기셨다는 뜻입니다. 하나님은 자기 백성을 특별히 염려하시고 생각하시며, 그들과 유일무이한 관계를 맺으십니다. 신약성경은 이 점을 자세히 설명하고 있습니다. 주님도 친히 그리스도인들에게 "너희에게는 머리털까지 다 세신 바 되었"다고 하셨습니다(마 10:30). 우리가 겪는 일 중에 하나님이 모르시는 일은 하나도 없습니다. 하나님 아버지는 우리에게 친밀한 관심을 쏟으십니다.

오늘날이야말로 이 사실을 숙고하고 묵상해야 할 때가 아닙니까? 언제 어디에서나, 설사 땅 끝에서 대적에게 둘러싸여 꼼짝 못할 처지가 되었거나 상상할 수 없는 최악의 상황에 몰렸을 때에도 변함없이 왕께 나아갈 권리가 여러분에게 있습니다. 시편 기자가 말한 그대로입니다. "땅 끝에서부터 주께 부르짖으오리니"(시 61:2). 천국 시민에게는 당연히 이런 권리와 특권이 주어집니다.

어떻게 보면 좀 더 실제적인 차원에서 중요한 사실, 특히 오늘날 강조해야 할 사실을 살펴보겠습니다. 이 시민권이 뜻하는 바가 무엇입니까? 자, 하늘에 우리의 시민권이 있다는 바울의 말은 이 세상과 세상사에 아무 관심도 갖지 말라는 뜻이 아닙니다. 우리는 세상과 영적인 관계를 맺어야 합니다. 바울은 이 점을 강조합니다. 이 세상과 세상의 삶에 마땅히 관심을 가지되, 세상 사람들과는 다른 방식으로 관심을 가지라는 것입니다. 다시 말해서 그리스도인은 세상에 살지만 세상에 속해 있지는 않은 사람들입니다. 진부하게 들리지만, 얼마나 심오한 말인지 모릅니다. 그리스도인도 세상 사람들처럼 세상에서 살지만 세상에 속해 있지는 않습니다. 이 가르침을 담고 있는 찬송가가 많이 있습니다. 그런 찬송가에 자주 나오는 표현은 이 세상은 우리 집이 아니라는 것입니다. 그리스도인은 집에서 멀리 떠나 있는 사람들입니다.

나는 나그네,
천국이 내 집일세.

이것은 옛 작사가의 고백이면서, 모든 그리스도인의 고백이기도 합니다.

지난 백 년간 이 가르침은 많은 비웃음을 샀습니다. 그럼에도 그리스도인은 자신들이 식민에 불과함을 알아야 합니다. 우리의 시민권, 우리의 집은 하늘에 있습니다. 이런 의미에서 우리는 세상적으로 살면 안 됩니다. 오직 이 세상이 하나님의 것임을 믿으며, 인간이 그 세상을 엉망으로 만드는 것을 보고 탄식한다는 점에서만 세상에 관심을 가져야 합니다. 우리는 이 세상이 유일하다고 생각지 않으며, 이 세상의 삶이 유일하기 때문에 안주해서 즐겨야 한다고 생각지 않습니다. 절대 그렇게 생각지 않습니다! 그리스도인은 이 세상이 하나님의 것이므로 악을 억제해야 한다고 믿습니다. 또한 자신이 이 세상에 속하지 않았다고 고백하는 사람은 세상의 삶 속에 도사리고 있는 위험, 세상의 허물과 죄와 교만과 더러움을 알아야 합니다. 제가 점점 더 확신하게 되는 결론은 '세상의 삶을 어떻게 바라보느냐 하는 것이야말로 참된 그리스도인인지 아닌지 알아보는 가장 온전한 시금석'이라는 것입니다. 일정한 신앙의 조항들을 믿는다고 말하는 것은 척도가 되지 못합니다. 새로운 본성을 받아 새사람이 된 그리스도인은 반드시 비그리스도인과 다른 눈으로 세상의 삶을 바라보게 되어 있습니다. 이것은 철저하고도 확실한 시금석입니다. 그리스도인은 세상의 삶 속에 도사리고 있는 위험을 알아채며, 그 위험을 항상 의식합니다. 사도 바울의 용어를 빌리자면, 그리스도인은 세상 사람과 다르게 "생각"합니다. 다른 데 관심을 쏟습니다.

세상이 강조하는 것들에 익숙한 사람에게는 이상하게 들리겠지만, 신약의 그리스도인들은―위대한 부흥과 각성의 시대에 살던 모든 그리스도인들도―땅엣것이 아니라 위엣것을 생각하고 사모했습니다. 마음에 들든 들지 않든 이것이 사실입니다. 앞서 말했듯이 이것은 삶에서 물러나 세상사에 아무런 관심도 보이지 않는다는 뜻이 아닙니다. 그들의 마음이 하늘에 고정되어 있다는 뜻입니다. 그들은 보이지 않는 것을 바라봅니다. 더 나아가 하늘의 시민권을 가지고 있다는 사실에 자부심을 느낍니다. 시민권은 항상 자부심을 심어 준다는 것을 우리 모두 잘 알고 있습니다. 오늘날 가장 심오한 사상가들은 모든 문제의 주된 원인이 국권에 대한 자부심에 있다고 지적합니다. 상당히 일리 있는 지적임이 분명합니다. 그런 자부심은 아주 위험할 수 있습니다. 어쨌든 시민권은 자부심을 심어 주게 되어 있습니다. 진정한 시민은 자신이 그 나라의 시민이라는 사실을 자랑스러워합니다. 그 사실을 최우선으로 여기고 자랑스러워하며, 그것을 지키기 위해서라면 목숨이든 무엇이든 내놓을 각오를 합니다.

그리스도인들이여, 세상 사람들이 자신의 시민권을 위해 목숨을 바치듯이 하늘의 시민권을 위해 목숨을 바칠 각오가 되어 있습니까? 저는 지금 이 두 가지가 반대된다고 말하는 것이 아닙니다. 지상의 어떤 신분보다 하늘의 시민권에 무한히 더 큰 자부심을 느껴야 된다는 것입니다. 우리는 천국에 자부심을 느껴야 합니다. 우리의 신분에 합당하게 살 수 있기를 무엇보다 열망해야 합니다. "영국은 오늘 모든 국민이 자기 의무를 다하기를 기대합니다"라는 말이 있습니다. 하나님과 천국이 기대하는 바도 그것입니다! 비록 집에서 멀리 떠나 있지만, 그 위대한 나라의 명예와 위엄이 여러분의 손에 달려 있음을 기억하십시오. 여러분과 소속이 다른 사람들이 주위에 가득 있습니다. 그들은 여러분을 보고 여러분의 나라를 판단할 것입니다. 그러므로 자신이 누구인지 기억하고, 천국 시민이라는 이 높은 부르심에 합당하게 살라고 바울은 말합니다.

마지막으로 그리스도인의 소망에 대해 간단히 살펴봅시다. 그리스도인이 거룩하게 사는 것은 소망이 있기 때문입니다. 이것이야말로 가장 크고 영광스러운 위로이자 격려입니다. 지금 이 세상에서 살고 있는 우리의 처지나 바울이 여기에서 묘사하고 있는 빌립보 교인들의 처지나 다를 바가 없습니다. 우리는 심히 적대적인 세상에서 살고 있습니다. 사탄과 죄가 통제하는 세상, 온갖 악한 세력이 우리와 대치하는 세상에서 살고 있습니다. 더구나 우리 자신도 완벽하지 못합니다. "내가 이미 얻었다 함도 아니요⋯⋯형제들아, 나는 아직 내가 잡은 줄로 여기지 아니하고." 우리는 여전히 약점과 결점을 가지고 있는 사람들입니다. 몸도 문제를 일으킵니다. 우리는 연약하게 질병에 노출되어 살다가 결국은 죽게 되어 있습니다. 이것이 세상에 살고 있는 우리의 처지입니다. 우리는 원수들과 자신의 연약함과 안팎의 여러 문제에 둘러싸여 살아갑니다. 그런데도 과연 앞으로 달려갈 수 있을까요? 이런 처지에 천국 시민임을 강조하는 것이 도움이 되겠습니까? 오히려 조롱으로 들리기 십상일 것입니다.

그러나 바울은 그렇지 않다고 말합니다. "우리의 시민권은 하늘에 있는지라. 거기로부터 구원하는 자 곧 주 예수 그리스도를 기다리노니 그는 만물을 자기에게 복종하게 하실 수 있는 자의 역사로 우리의 낮은 몸을 자기 영광의 몸의 형체와 같이 변하게 하시리라." 무슨 뜻인지 알겠습니까? 바울의 이 말이야말로 우리의 궁극적인 위로입니다. 우리는 고대하는 바가 있습니다. 그가 다시 오실 것입니다. 오셔서 지옥을 정복하실 것입니다. 모든 적—사탄, 죄, 악, 허물—을 밟으실 것입니다. 흑암의 나라에 속한 모든 것을 최종적으로 물리치시고 완전히 멸하실 것입니다. 우리는 구원하는 자 곧 주 예수 그리스도를 바라보는 사람들입니다. 먹고 살기가 힘들어질 수도 있고, 상황이 더 나빠질 수도 있습니다. 박해를 받을 수도 있고 다른 나라의 그리스도인들이 겪고 있는 일을 겪을 수도 있습니다. 모든 일을 겪을 수 있습니다. 이에 대해 우리가 내놓는 대답은 이것입니다. 지옥이 아무리 사납게 날뛰고 세상이 맹위를 떨치며 온갖 짓을 다할지라도, 우리는 구원하는 자 곧 예수 그리스도가 오실 것을 알고 있습니다. 그가 하늘 보좌에서 일어나 왕으로 세상에 다시 오실 것입니다. 그 모든 것을 최종적으로 이기시고 가장 높은 자리에서 통치하실 것입니다.

그뿐만이 아닙니다. 그가 오시면 어떤 의미에서 훨씬 더 놀라운 일을 해 주실 것입니다. 신약성경은 내가 하나님 앞에 서서 거룩한 천사들을 보고 구주를 친히 뵙는 장면, 그 영광의 장면을 보여 줍니다. 하늘과 땅이 새로워질 것과 모든 것이 새로워질 것을 생각할 때 절로 나오는 질문은 이것입니다. "나 같은 사람이 어떻게 그런 곳에서 살 수 있으며 그런 영광스러운 곳에 거할 수 있을까?" 그 대답이 여기 있습니다. 바울은 주님이 우리의 낮은 몸—부끄러운 몸—을 변하게 해 주신다고 말합니다. 흠정역이 이 부분을 "추한 몸vile body"이라고 옮겨 놓은 것은 유감스러운 일입니다. 바울이 이 표현을 쓴 것은 연약한 지금의 몸과(바울 자신도 몸이 연약했습니다. 그리고 어떤 이들은 몸 때문에 죄를 짓기도 합니다) 장차 변할 영광스러운 몸의 차이를 나타내기 위해서입니다. 주님은 모든 부끄러운 것에서 우리를 구원해 주실 것입니다. 나는 모든 부끄러운 것을 벗어 던지고 새로운 몸을 입을 것입니다. 바울은 다메섹 길에서 영광중에 계신 부활하신 주님을 보았습니다. 그 몸의 광채를 못이겨 땅에 엎어졌습니다. 그런데 우리도 그런 몸을 갖게 된다고 그는 말합니다. 변화산에서 주님께 나타났던 영광이 우리에게도 나타날 것입니다. 하나님 앞에서 영원히 지내도 될 만큼 영화로워질 것입니다. 우리는 그 일을 고대하는 사람들입니다. 지금은 약할 수도 있고, 지쳐 있을 수도 있고, 자신의 불완전함을 절감할 수도 있습니다. 그러나 계속 달려가라고, 우리 힘으로 이 일을 하는 것이 아니라고, 주님이 오셔서 친히 해 주신다고 사도는 말합니다. 이것이 그의 마지막 호소입니다. "달려가라. 저 먼 곳에서 눈을 떼지 말고 앞으로 달려가라. 영광을 고대해라. 주를 기다려라"라는 것입니다. "거기로부터 구원하는 자 곧 주 예수 그리스도를 기다리노니[바라보노니]." "기다리노니"는 참 광장한 단어입니다! 다른 것은 일절 돌아보지 않는다는 뜻을 가진 단어, 끈기 있게 기다리며 간절히 기대하고 고대한다는 뜻을 가진 아주 강력한 단어입니다.

바울은 이것을 근거로 거룩하고 성별된 삶을 살 것을 호소합니다. 그리스도인은 천국 시민입니다. 천국에 속한 자들입니다. 우리 왕이 돌아오실 날이 다가오고 있습니다. 그날이 오면 우리는 기업을 얻을 것이며 완전히 변화될 것입니다. 죄와 죄가 끼친 영향, 죄가 낳은 결과들은 전부 사라질 것입니다. 완전하고 영광스러운 몸으로 영원히 하나님과 함께 영광중에 거할 것입니다. 이것이 우리가 다시 태어나서 얻은 권리이자 신분입니다. 더 호소하지 않아도 그리스도와 그의 십자가 안에 있는 영광 및 높은 부르심에 합당하게 살고 싶지 않습니까? 오직 그리스도를 위해 살고 싶지 않습니까?

그러므로 나의 사랑하고 사모하는 형제들,
나의 기쁨이요 면류관인 사랑하는 자들아, 이와 같이 주 안에 서라.
내가 유오디아를 권하고 순두게를 권하노니 주 안에서 같은 마음을
품으라. 또 참으로 나와 멍에를 같이한 네게 구하노니
복음에 나와 함께 힘쓰던 저 여인들을 돕고
또한 글레멘드와 그 외에 나의 동역자들을 도우라.
그 이름들이 생명책에 있느니라.

빌립보서 4:1-3

11. 교회의 삶, 교회의 일

이제 4장의 첫 세 구절을 다룰 차례가 되었습니다. 1절 맨 처음에 나오는 "그러므로"는 사도가 3장 말미에서 했던 말과 이제부터 할 말이 서로 긴밀히 연결되어 있음을 알려 줍니다. 우리는 3장에서 주님이 재림하여 원수를 이기시고 세상의 악을 제하실 뿐 아니라 만물을 자기에게 복종하게 하실 수 있는 큰 능력의 기운으로 우리 부끄러운 몸을 자기 영광의 몸의 형체와 같이 변하게 하신다는 사실을 알았습니다. "그러므로……"라고 사도는 말을 잇습니다. 여기에도 사도의 특징이 나타납니다. 그는 교리를 위한 교리를 가르치는 데 그치지 않고 항상 적용으로 연결합니다. 여기에서도 방금 말한 교리를 적용하고 있습니다.

저는 사도 바울의 사고가 이렇게 전환되는 지침에서 항상 특별한 묘미를 느낍니다. 사도의 위대성이 교리 선포에 있는지, 적용에 있는지는 단정 지어 말할 수 없습니다. 솔직히 아무리 고민해도 결론을 내리지 못하겠습니다. 두 측면 다 매력적이고 인상적입니다. 사실 사도는 교리를 말하든 적용을 말하든 항상 교리에 토대를 둡니다. 이처럼 그가 교리의 관점에서만 문제를 다룬다는 점을 생각하면, 교리의 중대한 선포를 객관적인 측면에서 제시할 때나 실제적이고 즉각적이고 주관적인 측면에서 설명할 때나 사실은 큰 차이가 없다고 할 수 있습니다.

지금부터 우리는 적용을 다룰 것입니다. 그러나 이 적용 또한 교리와 가르침으로 가득 차 있다는 사실을 여러분이 깨닫길 바라며, 바울은 교회 안의 다툼이라는 문제도 오직 전체적인 진리의 큰 맥락 안에서만 다룬다는 사실을 다시금 확인할 수 있길 바랍니다. "그러므로"라는 이 연결어가 있기 때문에 "거기로부터"—하늘로부터—다시 오실 주님, 곧 "구원하는 자"를 기다린다고 했던 3장의 내용을 기준으로 삼아, 바울이 지금부터 하는 말을 살펴보아야 합니다. 또한 그가 그리스도인은 이미 천국 시민이라는 사실을 강조했다는 점도 기억해야 합니다. 바울은 우리가 "장차" 시민이 될 것이 아니라 이미 시민이 되었다고 말합니다. 그의 말대로 우리는 천국 시민이 되었기 때문에, "그러므로" 이제 이 특정한 문제를 다룰 수 있습니다.

사도는 여기에서도 기독교 교리를 이야기합니다. 그가 이렇게 하는 것은 빌립보 교회의 특정한 문제 때문이었습니다. 그는 아무리 사소한 문제라도 교회의 전체적인 특징과 연결 짓지 않고서는 다루는 법이 없습니다. 교회의 본질과 그 삶의 특징에 대한 훌륭한 묘사가 여기에 나오는 것도 그 때문입니다. 그런데 그 묘사의 과정에서 또 다른 결과가 한 가지 나타나고 있습니다. 바울은 의식하지 못했겠지만, 그 자신의 모습까지 훌륭하게 묘사한 셈이 된 것입니다. 솔직히 말하자면, 저는 이 세 구절을 생각하고 묵상할 때마다 두 부분으로 나누어 살펴보고 싶은 충동을 느낍니다. 목회자로서 바울의 모습과 그가 섬긴 교회의 모습 두 가지로 나누어 살펴보고 싶은 것입니다. 그러나 혹 다른 교리와 함께 다루면서 다루게 되면 모를까, 이번에는 바울의 모습을 상세히 다루지 않겠습니다. 그럼에도 바울이 교회에 당부하고 있는 방식만큼은 언급하지 않을 수가 없습니다. "그러므로 나의 사랑하고 사모하는 형제들, 나의 기쁨이요 면류관인 사랑하는 자들아, 이와 같이 주 안에 서라." 그는 여기에서도 "나의 사랑하고"라는 표현을 씁니다. 목회자와 교인의 관계는 마땅히 이러해야 합니다. 목회자라면 이런 말씀을 읽으면서 초라하고 부끄러운 마음을 느껴야 마땅합니다. 목사와 교인 사이에는 격렬하게 타오르는 사랑이 있어야 합니다. 빌립보 교인 대부분은 바울의 설교를 듣고 하나님 나라에 들어온 사람들이었습니다. 그래서 바울은 그들을 "나의 기쁨이요 면류관"이라고 부릅니다. 그들은 그 위대한 날에 바울이 쓸 승리의 관이었으며 화관이었습니다. 바울은 그들을 깊이 사랑했습니다. 그래서 이처럼 서로 사랑하는 친밀한 관계를 특별하게 그려 내고 있는 것입니다.

사도의 놀라운 겸손도 보기 바랍니다. 유오디아와 순두게에게 어떤 식으로 말하는지 보십시오. 그는 명령하지 않고 권면합니다. 최고의 전도자요 선생인 위대한 사도가 두 여자에게 서로 화합하라고 부탁하는 것입니다. 사도는 "제발 이러이러하게 해 주겠느냐?"라고 말합니다. 명령할 수도 있지만 명령하지 않습니다. 그들의 수준에 맞추어 부탁합니다. 이 자리에서 본격적으로 다루지는 않겠지만, 본문은 고귀한 하나님의 사람의 특징을 탁월하게 보여 주고 있습니다.

이제 이 세 구절이 교회의 본질과 특징에 대해 어떤 교리를 가르치는지 집중적으로 살펴보겠습니다. 사도는 빌립보 교회의 두 여자 유오디아와 순두게의 문제를 해결해야 했습니다. 무슨 이유에선지 두 여자가 다투는 바람에 교회에 문제가 발생했습니다. 늘 그랬듯이 교회를 사랑하고 온전히 세우기 원했던 바울은 이 문제를 해결해야 했습니다. 그리고 그가 택한 방법은 교회와 관련된 교리에 비추어 이 문제를 살펴보는 것이었습니다. 오, 교회가 이 점을 항상 기억하기만 했어도 얼마나 많은 문제를 피할 수 있었을까요! 아무리 사소하고 하찮은 문제라도 항상 큰 맥락에서 살펴보아야 합니다. 교회에 독립적인 문제란 없습니다. 어떤 문제든 교회의 본질에 비추어 살펴보아야 합니다. 바울이 여기에서 하고 있는 일이 바로 그것입니다.

그는 교회와 관련하여 주요한 점 세 가지를 이야기합니다. 첫째는 교회의 임무로서, 사도는 그 임무가 복음에 힘쓰는 것이라고 말합니다. 바울은 유오디아와 순두게를 "복음에 나와 함께 힘쓰던 저 여인들"이라고 지칭합니다. 그는 이미 편지 서두에서 이런 생각을 밝힌 바 있습니다. 그는 1:5에서 빌립보 교인들이 "첫날부터 이제까지 복음을 위한 일에 참여"한 것에 대해 감사를 표했습니다. 그들은 바울과 함께 일했고 바울과 함께 수고했습니다. 복음 안에서 서로 교제하고 동역했습니다. 그는 8절에서도 "내가 예수 그리스도의 심장으로 너희 무리를 얼마나 사모하는지 하나님이 내 증인"이라고 말하며, 7절에서도 "내가 너희 무리를 위하여 이와 같이 생각하는 것이 마땅하니 이는 너희가 내 마음에 있음이며 나의 매임과 복음을 변명함과 확정함에 너희가 다 나와 함께 은혜에 참여한 자가 됨이라"라고 말합니다. 27절에서도 마찬가지입니다. 사도는 이 모든 구절에서 동일한 이야기를 하고 있습니다.

복음에 힘쓰는 일이 교회의 주요 임무인 것이 분명합니다. 선교가 교회의 주요 임무입니다. 이것이 바울의 변함없는 교회관이며, 신약성경이 그리고 있는 교회의 모습입니다. 교회는 죄와 사탄의 통제 아래 있는 세상, 하나님을 대적하는 세상, 자신도 모르게 멸망으로 달려가고 있는 세상에서 살아가는 그리스도인들의 집합체입니다. 그러니 교회가 해야 할 일이 무엇이겠습니까? 복음을 선포하는 것, 복음을 세상에 말하는 것, 세상의 죄와 절망적인 실태를 알려 주고 구주와 유일한 구원의 길을 알려 주는 것입니다. 이것이 교회가 해야 할 일입니다. 바울은 고대세계를 두루 다니면서 이 일을 했고, 가는 곳마다 교회를 세웠으며, 다른 그리스도인들도 나가서 같은 일을 하도록 권했습니다. 그는 빌립보 교인들이 자신과 함께 이 일을 한 것에 대해 하나님께 감사를 드렸습니다. 빌립보 교인들은 바울을 도왔습니다. 그들은 선교의 동역자였습니다.

사도행전은 그 이야기로 가득합니다. 사도들뿐 아니라 가장 평범한 그리스도인들이 박해를 받아 흩어졌고, 가는 곳마다 말씀을 전했습니다. 1세기 초대교회의 기록을 보면 평범한 그리스도인들이 먼저 복음을 널리 전파했다는 감동적인 증언을 얼마든지 찾아볼 수 있습니다. 그들은 복음을 말하고 매일 그 복음에 따라 삶으로써 복음을 널리 전파했습니다.

굳이 다른 기록을 찾아볼 필요 없이 이 세 구절만 살펴보아도 분명히 알 수 있습니다. 바울이 "참으로 나와 멍에를 같이"했다고 말하는 사람과 복음에 힘쓰던 두 여인과 글레멘드와 다른 동역자 모두가 이 일을 했습니다. 선교는 교회의 임무일 뿐 아니라 모든 그리스도인의 임무입니다. 우리는 모든 선교해야 하는 사람들입니다. 사람들이 유행처럼 그리스도인 되기를 좋아해서 예배당과 성당을 가득 채웠던 오래전에 교회는 이 특별한 진리를 망각하는 위험에 빠졌습니다. 오늘날에도 그렇게 될 위험이 다분합니다. 과거 어느 때보다 오늘날이야말로 그리스도인들이 각자의 중요성을 깨달아야 하며, 매일의 삶과 생활 속에서 이 좋은 소식을 전파해야 합니다.

복음을 전하는 방법은 다양합니다. 누구나 강단에서 복음을 전해야 하는 것은 아닙니다. 기도함으로, 설교와 복음 전파를 위해 기도하며 사람들의 영혼을 위해 기도함으로 복음을 전할 수 있습니다. 삶으로 증언할 수도 있습니다. 장사를 하거나 직장에서 일하는 모습을 통해 증언할 수 있습니다. 우리를 보면서 '저 사람은 어딘가 다르다'라고 느끼는 사람들에게 그 이유를 설명해 줄 수 있습니다. 또한 하나님의 말씀이 전파되는 곳에 사람들을 데려갈 수도 있고, 자신이 직접 그런 예배에 참석할 수도 있습니다. 바울은 빌립보 교인들이 다 이 일을 도왔다고 말합니다. 그들은 분명히 지금 말한 이런 방법들로 이 일에 참여했을 것입니다.

여러분이 이 자리에 와 있음으로 복음 전파에 참여하고 있음을 아십니까? 여러분의 존재는 설교자에게 격려가 됩니다. 솔직히 저는 이런 절박한 시대에 어쩌다 한 번 하나님의 집에 오는 것으로 만족하는 이들을 이해할 수가 없습니다. 오랫동안 교회에 나오지 않던 사람이 어쩌다 나왔을 때 아직도 복음 듣는 일의 능력을 믿는 이들이 많은 것을 보면 감명을 받을 것입니다. 그러므로 그리스도인들이여, 자신에게 아무 은사도 없다고 생각한다면 무엇보다 교회에 오십시오. 생명책에 이름이 기록된 자가 예배에 참석하는 것은 복음 전하는 일에 큰 도움이 됩니다.

그뿐 아니라 사도는 자신의 개인적인 필요를 채워 줌으로써 복음 전파를 도운 이들이 있음을 모든 서신에서 분명하게 밝힙니다. 예를 들어 오네시보로라는 사람을 보기 바랍니다. 바울은 디모데후서 1:16에서 자신이 로마에 갇혀 있었을 때 오네시보로가 찾아와 만나 준 일로 인해 감사하고 있습니다. 바울은 워낙 탁월한 인물이라서 이런 방문이 필요 없었을 것이라고 오해할 수도 있습니다. 그러나 그는 자신이 사슬에 매여 있었을 때 이 사람이 찾아와 준 것 때문에 감사했습니다. 오네시보로는 어느 정도 의기소침해져 있었던 위대한 사도를 격려해 주었습니다. 이처럼 복음을 전할 수 있는 방법, 복음을 널리 전파하는 일에 함께 수고할 수 있는 방법은 무수히 많습니다.

무엇보다 우리는 그리스도인답게 삶으로써 사람들로 하여금 복음에 새로운 관심을 갖게 하고 매력을 느끼게 할 수 있습니다. 우리와 만난 이들이 '저 사람은 어딘가 다르다'라고 생각하고 그 이유를 궁금해 하게 만들 수 있습니다.

훨씬 더 중요한 부분을 살펴봅시다. 복음에 함께 힘쓰는 것은 교회의 중대한 임무입니다. 지금부터 이 임무를 수행하는 데 꼭 필요한 요소들을 살펴보겠습니다. 바로 이것을 알려 주려는 데 본문의 취지가 있습니다. 첫 번째 필수 요소는 그리스도의 주권을 깨닫는 것입니다. 사도가 간절히 바라는 바가 무엇인지 보십시오. "내가 유오디아를 권하고 순두게를 권하노니 주 안에서 같은 마음을 품으라." 그리스도의 주권을 항상 출발점으로 삼아야 합니다. 사도는 늘 이것을 기준으로 호소합니다. 빌립보 교회에 일어난 작은 문제를 다루면서도 바울 자신을 위해 이 문제를 해결하라고 하지 않습니다. 두 여자에게 "너희가 내 교회를 망치는구나"라고 하지 않습니다. 자신의 평판을 위해 이 문제를 해결하라고 하지 않습니다. 절대 그렇게 하지 않습니다! 그는 "주 안에서", 주를 위해 해결할 것을 권합니다. 그들 자신을 위해 해결하라거나 빌립보 교회의 평판을 위해 해결하라고 하지 않습니다. 신약성경도 절대 그렇게 하지 않습니다. 항상 주의 이름으로 호소합니다. 아마 신약의 그리스도인들은 우리만큼 지역교회에 관심이 없었을 것입니다. 우리는 자기 교회, 자기 교파를 내세우기 좋아하며, 항상 개인적인 차원에서 이야기를 합니다. 그러나 사도는 "주 안에서" 해결하라고, 이 당연한 이유 때문에 해결하라고 말합니다. 이것은 주의 일이라고 말합니다.

1:6의 강력한 말씀을 기억합니까? 이것은 주의 일입니다. 주가 시작

하신 일이며, 2장에 나오듯이 주가 진행하시는 일입니다. "너희 안에서 행하시는 이는 하나님이시니 자기의 기쁘신 뜻을 위하여 너희에게 소원을 두고 행하게 하시나니." 최종적으로 이 일을 완성하시는 분도 주님이십니다. 확실히 이 또한 놀라운 사실입니다. 교회가 이 사실에 주목하기만 했어도 교회사 자체가 달라졌을 것입니다. 주님이 교회에 은혜를 주시지 않았다면 우리는 이렇게 모일 수 없었을 것입니다. 교회는 우리 것이 아닙니다. 주님이 교회에서 영광을 받으셔야 하며 높임을 받으셔야 합니다. 그가 교회의 가장 높은 자리에 계십니다. 우리는 그의 통제를 받아야 하며 어떤 결정이든 그 앞에서 내려야 합니다. 그리스도가 친히 자기 피로 교회를 사셨습니다. 교회는 그의 것입니다. 교회에 생기는 일은 그것이 무엇이든 이 관계 속에서 해결해야 합니다. 우리가 이 점에 주의하기만 해도 대부분의 어려움이 저절로, 즉시 사라질 것입니다.

사도의 두 번째 권면, 즉 교회의 두 번째 핵심 원리는 "주 안에 굳게 서라"는 것입니다. 이 또한 바울이 중요하게 사용하는 표현입니다. 그는 고린도 교회에도 같은 말을 했습니다. "깨어 믿음에 굳게 서서 남자답게 강건하라"(고전 16:13). 빌립보 교인들에게도 앞서 이 말을 했습니다. "오직 너희는 그리스도의 복음에 합당하게 생활하라. 이는 내가 너희에게 가 보나 떠나 있으나 너희가 한마음으로 [굳게] 서서……"(1:27). "서서"는 "견고히 서서"라고 옮겨도 좋습니다. 전부 같은 뜻입니다. "주 안에 굳게 서라"고 말하는 바울의 의도는 무엇일까요? 이 표현은 "믿음 안에 굳게 서라"는 말로도 바꿀 수 있는데, 이 두 표현 사이의 연속성이 보입니까? 교회의 임무는 선교입니다. 교회는 복음을 전해야 합니다. 사람들에게 좋은 소식을 알리고 구원을 전해야 합니다. 그런데 믿음의 확신이 없으면 이 일을 할 수 없습니다. 바울은 서로서로 굳게 서라고 하지 않습니다. 주 안에, 믿음 안에 굳게 서라고 합니다.

논란의 소지가 있는 말을 해야겠습니다. 오늘날 초교파적 통합에 대한 논의가 많이 나오고 있고, 그 논의의 전반적인 정신에 다들 동의하고 있습니다. 그러나 저는 주 안에 굳게 서라는 이 진리가 통합보다 앞선다고 주장하는 바입니다. 어떻게 제가 주님의 신성을 부인하는 자와 더불어 견고하고 굳게 설 수 있겠습니까? 어떻게 초자연적인 역사나 기적을 믿지 않는 자와 어깨를 나란히 할 수 있겠습니까? 어떻게 대속을 부인하는 자와 함께 줄 맞추어 나아갈 수 있겠습니까? 그렇습니다. 사도는 단순히 함께하라고 말하지 않습니다. 적군에 맞서 공동전선을 펴라고도 하지 않습니다. 절대 그러지 않습니다! 자신의 기준 안에 굳게 서는 것이 아닙니다. 서로 힘을 합치는 것이 아닙니다. 진리 안에, 주님 자신에 대한 진리 안에 굳게 서야 합니다. "굳게 서라. 타협하지 말라"라고 바울은 말합니다. 진리 안에 굳게 서십시오. 여러분이 알고 있는 바 옳은 것을 붙드십시오. 주님께 맨 앞자리를 드리십시오. 주님께 충성하며 그 안에 굳게 서 있는 사람은 진리와 교리를 분명하게 알지 못하는 다수의 군대보다 큰 일을 할 수 있습니다.

더 나아가, 주 안에 굳게 서지 못하면 복음도 전할 수 없습니다. 자신도 확신하지 못하는 메시지를 어떻게 남에게 전하겠습니까? 교회의 힘은 메시지와 성령의 능력에서 나옵니다. 오, 이 사실을 잊을 때가 얼마나 많은지요! 교회를 고도로 조직화하는 일에 집중하려는 유혹, 교인 수가 많아야만 영향을 끼칠 수 있다고 생각하려는 유혹이 얼마나 심한지 모릅니다. 그러나 역사는 그런 생각을 뒤엎고 있습니다. 백여 년 전에 교회는 사람들로 가득 찼습니다. 그런데도 오늘날 이런 처지로 전락해 버렸습니다. 숫자로는 설복할 수 없습니다. 오직 진리로만 설복할 수 있습니다.

진리를 맨앞에 두는 일이 중요합니다. 진리 안에, 메시지 안에 굳게 서야 합니다. 그렇지 않으면 능력이 나오지 않습니다. 서로 상냥하고 친절하게 대하는 것으로는 죄에 빠진 세상을 설복할 수도 없고, 사람들을 예수께 데려올 수도 없습니다. 그 일은 오직 진리로만 가능합니다. 이것이 두 번째 원리입니다.

그 다음 원리는 "같은 마음을 품으라"는 것입니다. "내가 유오디아를 권하고 순두게를 권하노니 주 안에서 같은 마음을 품으라." 이 또한 교회가 어떤 곳인지 보여 주는 완벽한 그림입니다. 자, 여기 교회가 있습니다. 교회의 임무는 선교입니다. 교회는 모든 일을 주를 위해 해야 하며, 바른 메시지를 지키는 일에 집중해야 합니다. 어떤 식으로든 이 일과 관련하여 장난을 치거나 타협을 해서는 안 됩니다. 바울이 3장에서 다룬 이단의 위험이 바로 그런 것이었습니다. 그것은 교회 외부에서 들어온 위험이었습니다. 그런데 빌립보 교회에는 그것 말고도 다른 위험이 있었습니다. 두 여자 사이에 다툼이 생긴 것입니다. 사도는 파를 나누어 경쟁하는 그들에게 그만 다툴 것을 권하고 있습니다. 그런 다툼은 교회의 증언을 망치고 증거를 해치며 바울이 힘쓰고 있는 모든 일을 뒤엎기 때문입니다.

그러므로 외부의 이단뿐 아니라 내부에서 사역을 망치는 교묘한 시험도 막아야 합니다. 사도는 소극적인 측면부터 이야기합니다. 유오디아와 순두게처럼 파를 나누지 말라는 것입니다. 그들은 서로 말을 섞지 않았고, 주변 사람들에게 나쁜 영향을 끼쳤습니다. 수군거리며 함께 일하려 하지 않았습니다. 사도는 "너희가 모두 주의 다스림을 받고 있다는 사실과 오직 주의 은혜로 교회 안에 들어오게 되었다는 사실을 생각한다면 이렇게 다투지 않을 것"이라고 말합니다. "그만 다투라!"고 말합니다.

바울이 적극적인 측면에서는 무슨 이야기를 하는지도 살펴봅시다. 그가 사용하는 흥미로운 단어들만 짚어 보아도 충분하리라 생각합니다. "또 참으로 나와 멍에를 같이한 네게 구하노니 복음에 나와 함께 힘쓰던 저 여인들을 돕고." 여기에서 "나와 멍에를 같이한"이라는 말의 의미를 놓고 의견이 분분합니다만, 사도가 말하려는 바는 "사랑하는 나의 조력자인 네가 이 여인들이 서로 화합하도록 잘 돕길 바란다"는 것입니다. 사도가 이 사람을 묘사하는 말이 특히 매력적입니다. 그는 "참으로 나와 멍에를 같이한 네게" 이 일을 부탁한다고 말합니다. 눈앞에 어떤 장면이 떠오르지 않습니까? 양 끄트머리가 가죽으로 감싸여 있고 가운데 가로대가 있는 긴 막대를 소 두 마리가 나란히 메고 가는 장면을 상상해 보십시오. 멍에를 멘 소들이 쟁기질을 잘하려면 서로 보조를 맞추어 나아가야 합니다. 그런데 여기 나오는 이 사람이 그처럼 바울과 멍에를 같이 메고 있다는 것입니다. 이 사람은 항상 바르게 일했으며 바울과 힘을 합쳐서 일했습니다. 교회에 필요한 정신이 바로 이것입니다.

바울은 두 여자도 한때는 바르게 일했다고 말합니다. "네게 구하노니 복음에 나와 함께 힘쓰던[일하던] 저 여인들을 돕고." 유오디아와 순두게의 비극이 바로 이것입니다. 한때는 사도와 함께 복음에 힘쓰면서 도움의 손길을 아끼지 않았습니다. 흠정역이 여기에서 "일하던labourcd"이라는 단어를 쓰는 것은 유감스러운 일입니다. 사도는 또 다른 이들을 가리켜 "동역자들fellow-labourers"이라고 하는데, 그리스어에서 두 단어는 각기 다른 말입니다. 바울이 실제 하려는 말은 "전에 나의 동료 선수로서 함께했던 이 여인들을 도우라"는 것입니다. 그는 한 팀이 함께 경기하는 모습—올림픽 경기를 비롯한 운동경기 모습—을 그리고 있습니다. "우리가 승리한 비결은 팀에 먼저 충성한 데 있었다. 너희는 자기 명예를 위해 경기하지 않고 팀을 위해 움직였다. 너희는 동료 선수였다"라는 것입니다. 바울은 유오디아와 순두게가 한때 주님과 교회의 유익을 위해 모든 것을 희생했다고 말합니다. "다시 그 모습으로 돌아가도록 도우라"고 말합니다.

이것이 한 팀의 정신입니다. 함께 움직여야 합니다. 바울이 연이어 말하듯이, 함께 힘쓰는 자가 되어야 하고 동역자가 되어야 합니다. 최고의 기준을 제시하자면, 사도 바울처럼 되기를 열망해야 합니다. 바울이 사랑의 영에 감싸여 있는 모습, 교인들을 사랑하는 모습, 겸손한 모습이 보일 것입니다. 앞서 살펴보았듯이 그는 두 여자에게 명령하는 것이 아니라 권면하고 있습니다. 거의 눈물을 흘리는 심정으로 그들의 수준에 맞추어 말하고 있습니다. "부탁한다. 제발 이 문제를 해결하라"고 권하고 있습니다.

그의 지혜와 분별력도 보기 바랍니다. 그는 두 여인에게 명령하는 것이 아니라 **탄원하며** 권면합니다. 그리고 자신과 멍에를 같이 메고 있다고 표현한 그 사람에게도 부탁합니다.* 교회에 필요한 정신이 바로 이것—분별력을 가지고 사람들을 대하는 것—입니다. 왜 이 정신이 그토록 중요할까요? 바로 이 부분에서 교회가 제대로 처신하지 못하면 성령이 근심하시고, 성령이 근심하시면 능력이 사라지며, 따라서 선교의 임무를 감당할 수 없기 때문입니다. 그뿐 아니라 교회가 이 정신을 잃는 것은 곧 스스로 전하는 메시지를 부인하는 일이며 무엇보다 주님을 부끄럽게 만드는 일입니다. 결국 교회는 주님의 것이기 때문입니다.

이처럼 교회의 핵심 원리는 그리스도의 주권을 알며, 진리에 굳게 서

---

* 그리스어에서 "권하노니beseech"(2절)와 "구하노니intreat"(3절)는 각각 다른 단어로서, 전자가 후자보다 강한 뜻을 가지고 있다. NIV는 각각 "탄원하노니plead", "청하노니ask"라고 번역해 놓았는데, 후자의 번역이 마틴 로이드 존스 박사의 요점을 훨씬 더 잘 드러낸다고 할 수 있다.

고, 온갖 종류의 교묘한 시험에 맞서 이 정신을 지키는 것입니다. 이제 마지막 중대한 요점, 즉 이 임무를 수행하는 데 격려가 되는 말씀을 살펴보겠습니다. 이것은 정말 영광스러운 말씀입니다! 바울은 말합니다. "권하노니……저 여인들을 돕고 또한 글레멘드와 그 외에 나의 동역자들을 도우라. 그 이름들이 생명책에 있느니라." 이 구절의 실제 의미가 "이 여자들과 글레멘드와 내가 이름을 모르는 다른 이들을 도우라. 나는 그들의 이름을 잊었지만 그렇다고 문제 될 것은 없다. 생명책에 이미 그들의 이름이 적혀 있기 때문이다"라고 한다면 지나친 말로 들리겠습니까? 이것은 최고의 격려입니다. 주님이 전도여행에서 돌아온 제자들에게 뭐라고 하셨는지 기억합니까? 제자들은 의기양양하고 자랑스럽게 말했습니다. "주여, 주의 이름이면 귀신들도 우리에게 항복하더이다." 그러나 주님의 대답은 "귀신들이 너희에게 항복하는 것으로 기뻐하지 말고 너희 이름이 하늘에 기록된 것으로 기뻐하라"라는 것이었습니다(눅 10:17, 20).

사랑하는 그리스도인들이여, 이처럼 생명책에 우리 이름이 기록되는 것이야말로 우리의 가장 큰 열망이요 가장 귀한 특권입니다. 자, 이것은 우리에게 격려가 됩니다. 하나님이 다 아신다는 것입니다. 여러분이 하는 일을 세상도 모르고 교회도 모를 수 있습니다. 여러분이 남몰래 조용히 일하고 있을 때 마귀가 다가와 "뭐야? 왜 이런 일을 하느라고 애쓰는 거야? 앞에 나서서 눈에 띄는 일을 해야 사람들이 알아준다고. 그런데 지금 뭐하는 거야? 차라리 집에 가만히 처박혀 있어!"라고 말할 수 있습니다. 그럴 때 기억해야 할 사실이 바로 '내 이름은 생명책에 기록되어 있다'는 것입니다. 여러분이 하는 일을 목회자나 다른 사람들은 몰라도 하나님은 아십니다. 여러분이 하는 일을 전부 기록해 두십니다. 은밀히 보시는 그 아버지가 만인 앞에서 여러분에게 상을 주실 것입니다. 하나님이 재판장이시라는 사실도 기억하십시오. 그는 기록해 놓은 책을 펴시고 한 치의 오차도 없이 공정한 판단을 내리실 것입니다. 드러나게 일한 자들이 여러분보다 더 칭찬받으리라고 생각지 마십시오. 세상에서는 그럴지 몰라도 하나님 앞에서는 그렇지 않습니다. 여러분은 공정한 판단을 받을 것입니다. 하나님은 가장 보잘것없는 행동도 다 아시고 기록해 놓으십니다. 그는 절대적으로 공평하신 분입니다. 절대 두려워할 필요가 없습니다. 사람들이 뭐라 하든지 신경 쓰지 마십시오. 주님이 우리의 재판장이시며 우리의 주인이십니다.

더 나아가 여러분이 받을 상은 확실하고도 영광스럽다는 사실 또한 기억하기 바랍니다. 생명책에 이름이 기록된 사람은 영광으로 나아가게 되어 있습니다. 사람들이 나를 어떻게 대하는지는 궁극적으로 중요치 않습니다. 바울은 위대한 본문인 고린도전서 15장 마지막 절에서 이 점을 단번에 요약해 주고 있습니다. "이는 너희 수고가 주 안에서 헛되지 않은 줄 앎이라." 그러므로 다음과 같이 하십시오.

가서 계속 일하라. 재물을 허비하고 너 자신도 허비하라.
네 기쁨은 아버지의 뜻을 행하는 것이니.
—호레이셔스 보나

여러분의 이름이 생명책에 기록되어 있습니다. 그 특권을 알고 있고 붙잡고 있다면 주의 영광을 위해 계속 일하십시오.

주 안에서 항상 기뻐하라. 내가 다시 말하노니 기뻐하라.

빌립보서 4:4

12. 항상 기뻐하라*

사도 바울의 이 유명한 권면을 고찰하기 전에 기억해야 할 중요한 사실
은 '초대교회 이야기, 더 나아가 신약 서신서 전체를 이해하려면 갓 태어
난 예루살렘 교회에 성령을 부어 주신 사건을 기준으로 삼아야 한다'는
것입니다. 성령 강림은 성경에 기록된 결정적인 사건들과 연속선상에
있는 역사적 사건입니다. 이스라엘과 구약 역사, 즉 아브라함을 부르시
고 이스라엘 자손을 애굽에서 불러내시며 홍해와 요단 강을 건너게 하신
것과 연속선상에 있는 사건이며, 성육신과 그리스도의 출생, 죽음, 부활,
승천과 연속선상에 있는 사건입니다.

우리는 성령 강림을 마음에 깊이 새겨 두고 절대 잊지 말아야 합니
다. 이 사건을 떠나서는 사도행전이나 신약 서신서를 전혀 이해할 수 없
기 때문입니다. 어떤 이는 사도행전을 마땅히 '성령행전'이라고 불러야
한다고 주장하기도 합니다. 그렇게 부르든 부르지 않든 성령이 초대교
회의 삶을 지배하셨다는 것은 분명한 사실입니다. 사도행전을 보면 "성

* 이 설교는 1948년 성령강림절에 전해졌다.

령이 말씀하시지 않았다"라거나 "성령이 말씀하셨다" 또는 "성령이 지시하셨다"라는 표현이 거듭 나오는 것을 볼 수 있습니다. 성령의 능력이 교회의 삶을 지배했던 것입니다.

신약 서신서가 보여 주는 모습도 마찬가지입니다. 서신서와 사도행전은 성령의 역사와 영향으로 이루어지는 삶이 어떤 것인지 보여 줍니다. 갈라디아서 5장에 나오는 바울의 표현을 빌리자면, 그리스도인의 삶은 곧 성령의 열매입니다. 성령의 역사와 영향으로 맺히는 열매입니다. 신약성경은 때로 노골적으로 이 사실을 밝힙니다. 갈라디아서 5장이 그 한 가지 예로서, 바울은 "성령의 열매는 사랑과 희락과 화평과 오래 참음과 자비와 양선과 충성과 온유와 절제"라고 명확히 밝히고 있습니다(22-23절). 다름아닌 성령이 이러한 성품 내지는 삶의 유형을 만들어 내신다는 것입니다. 이렇게 노골적인 본문은 아니어도 같은 교리를 담고 있는 본문들이 서신서 곳곳에 나옵니다. 서신서가 묘사하는 삶의 모습이나 그리스도인답게 살라는 호소는 전부 성령의 교리에 그 토대를 두고 있습니다. 또는 성령의 교리를 당연히 전제하고 있다고 말해도 좋습니다.

완벽한 예를 들어 보겠습니다. 우리가 지금 연구하고 있는 빌립보서 4장을 읽어보십시오. 성령이라는 호칭이 나오지 않기 때문에 대충 읽으면 성령 교리와 아무 상관 없는 본문처럼 보일 수 있습니다. 그러나 잠깐 기다리십시오! 바울이 말하는 바가 무엇입니까? 그가 첫 세 구절에서 말하는 것은 사랑입니다. 그는 1절에서 빌립보 교인들을 "나의 사랑하고 사모하는 형제들"이라고 부릅니다. 그리고 알다시피 2-3절에서는 유오디아와 순두게에게 서로 사랑하고 협력할 것을 간곡히 요청하며, 다른 교인들에게도 그들을 도울 것을 부탁합니다. 이처럼 1-3절은 사랑에 대한 위대한 주석註釋이라고 할 수 있습니다.

또한 4절에서는 "주 안에서 항상 기뻐하라"라고 하면서 기쁨을 이야기하고, 다음 절에서는 "너희 관용을 모든 사람에게 알게 하라"라고 하면서 인내를 이야기하며, 연이어 "아무것도 염려하지 말라"라고 하면서 "하나님의 평강"을 이야기합니다. 사랑과 기쁨과 인내와 평강을 이야기하는 것입니다. 이것은 제가 강조하는 요점의 완벽한 실례입니다. 바울이 성령의 삶에 대한 교리를 노골적으로 밝힐 때가 있습니다. 그러나 그렇게 하지 않는 경우에도 언제나 배후에 그 교리가 깔려 있습니다. 그리스도인의 삶에 대한 신약의 교리를 이해하려면 이 점을 기본적으로 알아야 합니다. 빌립보서 4장은 성령의 열매―사랑, 희락, 화평 등―에 대한 주석입니다. 4절을 이해하려면 이러한 배경지식이 반드시 필요합니다. 바울은 4절에서 성령의 열매인 기쁨을 강조합니다. "주 안에서 항상 기뻐하라. 내가 다시 말하노니 기뻐하라."

아마도 이 명령보다 더 대표적인 신약의 교리는 없을 것입니다. 이것은 신약을 관통하는 교리입니다. 기쁨은 최초의 그리스도인들이 살았던 삶의 가장 큰 특징이었습니다. 알다시피 주님은 제자들에게 세상이 빼앗지 못하는 기쁨을 주겠다고 약속하셨습니다. "내가 이것을 너희에게 이름은 내 기쁨이 너희 안에 있어 너희 기쁨을 충만하게 하려 함이라"(요 15:11). "지금은 너희가 근심하나 내가 다시 너희를 보리니 너희 마음이 기쁠 것이요 너희 기쁨을 빼앗을 자가 없으리라"(요 16:22).

사도행전을 읽어 보면, 가장 힘들고 어려운 상황 속에서도 참으로 기뻐하는 놀라운 모습에 깊은 인상을 받게 됩니다. 사도행전은 사람들이 붙잡혀 옥에 갇히고 매질을 당한 후에도 그 이름을 위해 능욕 받는 일에 합당한 자로 여겨 주심을 감사하며 찬양했다고 말합니다. 그들은 환난 중에도 기뻐했습니다. 사도행전의 이야기는 그들이 원수들의 악의와 온 세상의 반대 속에서도 여전히 기뻐했음을 보여 줍니다.

서신서를 읽어 보아도 기쁨이라는 이 크고 주된 특징이 그들의 삶 곳곳에 나타났던 것을 알 수 있습니다. 로마서 14:17에 나오는 바울의 말을 읽어 보십시오. "하나님의 나라는 먹는 것과 마시는 것이 아니요 오직 성령 안에 있는 의와 평강과 희락이라." 베드로도 초대교회 교인들에게 편지를 쓰면서 "예수를 너희가 보지 못하였으나 사랑하는도다. 이제도 보지 못하나 믿고 말할 수 없는 영광스러운 즐거움으로 기뻐하니"라고 말합니다(벧전 1:8). 요한계시록도 세부적인 내용에 매달리지 않고 전체적인 메시지를 살펴보면 같은 의도로 기록되었음을 알 수 있습니다. 어려움과 역경과 시험과 환난 속에서도 기뻐하도록 그 당시 교회와 이후 모든 시대의 교회를 가르치기 위해 기록된 것입니다.

이처럼 모든 성경이 기쁨을 이야기하지만, 앞서 말했듯이 빌립보서는 특히 기쁨을 중심 주제로 삼고 있습니다. 어떤 환경에서도 기뻐하는 법을 가르치려는 것이 바울의 실제 의도였습니다. 그가 어떻게 그리스도인의 기쁨을 빼앗아 가기 쉬운 여러 문제들을 열거하면서 한 가지씩 해결했는지는 이미 살펴보았습니다. 맨 처음 문제는 바울에 대한 빌립보 교인들의 염려였습니다. 바울은 1장에서 이 문제를 다루었습니다. 또한 교회 내의 여러 가지 요인으로 인한 불일치의 문제도 그리스도의 겸손과 성육신이라는 위대한 예를 통해 해결했습니다. "너희 안에 이 마음을 품으라. 곧 그리스도 예수의 마음이니." 그뿐 아니라 2장에서는 빌립보 교회의 걱정거리였던 에바브로디도의 와병이라는 문제를 다룹니다. 3장에서는 '이단과 잘못된 삶, 잘못된 믿음이 어떻게 기쁨을 빼앗아 가는가?'라는 중대한 질문을 다루었습니다. 그리고 그 다음으로 다룬 문제가 유오디아와 순두게의 다툼이었습니다.

이처럼 기쁨은 바울이 중대하게 다룬 주제입니다. 그는 계속 이 주제로 돌아가고 있습니다. 이 편지는 마치 교향악과 같습니다. 이 교향곡의 주제는 기쁨입니다. 바울은 여러 가지 형태의 변주를 거쳐 다시 본 주제로 돌아가곤 합니다. 그는 3장 초두에서 이미 이 주제를 밝힌 바 있습니다. "끝으로 나의 형제들아, 주 안에서 기뻐하라……." 그러나 그것으로 끝내지 않고, 4:4에서 다시 "주 안에서 항상 기뻐하라. 내가 다시 말하노니 기뻐하라"라고 말합니다. 계속해서 이 주제를 반복하는 것입니다. 그 이유가 무엇일까요? 빌립보 교인들이 무엇보다 기쁨을 누리길 바랐던 바울의 심정이 분명하게 보이지 않습니까? 기쁨은 그리스도인의 기업입니다. 그리스도인이 불행하게 사는 것은 바울이 볼 때 크나큰 비극이었습니다. 그것은 그들의 신앙고백을 부인하는 것이었습니다. 중요한 무언가를 놓치는 것이었습니다. 믿음의 가장 영광스러운 측면을 빼앗기는 것이었습니다. 사도는 그것을 그냥 두고만 볼 수가 없었습니다. 사실 그는 생사 여부가 불투명한 상황에 처해 있었습니다. 더 살 수 있을지 없을지 알 수 없었고, 죽는 게 나은지 사는 게 나은지도 판단할 수 없었습니다. 그 와중에서 그가 한 말이 이것입니다. "살든 죽든 나의 변함없는 관심사는 너희가 바로 서는 것이며, 너희뿐 아니라 주 예수 그리스도를 믿는 모든 참 신자에게 주시는 성령의 기쁨을 빼앗기지 않는 것이다."

이제 이 문제를 다루기 위해 한 가지 질문을 드리겠습니다. 우리는 이 기쁨을 알고 있습니까? 우리 삶에 이 기쁨이 나타나고 있습니까? 실제로 이 기쁨을 누리고 있습니까? 주 안에서 기뻐하고 있습니까? 성령 교리와 오순절 강림 사건을 염두에 두고, 지금부터 이 문제를 살펴봅시다. 첫 번째 원리부터 말씀드리겠습니다. 그것은 기쁨의 본질입니다. 기뺌의 특징이 무엇입니까? 두 가지에 주목할 필요가 있습니다. 첫째로, 기쁨은 적극적인 것입니다. 이 점은 특히 강조할 필요가 있는데, 그리스도인의 특징인 기쁨과 단순한 소극적 체념을 잘 구별해야 하기 때문에 그렇습니다. 제가 사도처럼 자꾸 같은 말을 반복하는 이유는, 스토아철학의 소극적 체념의 정신을 그리스도인의 용기나 견고함이나 기쁨과 착각하는 것이야말로 이 시대의 가장 심각한 위험이라고 생각하기 때문입니다. 사도는 자신에게 닥치는 일들을 소극적인 태도로 감내하는 태도를 옹호하지 않습니다. 그렇습니다. 기쁨은 본질적으로 적극적인 것입니다. "기뻐하라. 내가 다시 말하노니 기뻐하라." 이 명령은 마치 소집 나팔 소리와 같습니다. 그리스도인의 기쁨은 자극적이고 선동적인 것입니다. 절대 소극적이고 수동적인 것이 아닙니다.

다시 말해서 기쁨은 단순히 무관심한 상태가 아닙니다. 워낙 미묘한 주제이므로 이 또한 반복해서 강조할 필요가 있습니다. 인류가 과학적이 되면서 심리적인 해결을 영적인 해결로 착각하는 교활한 시험에 빠질 위험성도 점점 더 커지고 있다고 저는 생각합니다. 무슨 뜻인지 설명해 보겠습니다. 아이는 유쾌한 감정이든 불쾌한 감정이든 만족이든 불만이든 자기 감정을 그대로 표출합니다. 원시적인 사람들일수록 감정에 솔직한 법입니다. 그러나 인간이나 세상이나 나이가 들수록 자기 감정을 숨기려는 성향이 생겨납니다. 어느 정도는 그렇게 해도 별 문제가 되지 않습니다. 그러나 그런 성향이 '그리스도인은 곤란한 일이 생겨도 무관심해야 한다'는 느낌이나 생각으로까지 연결된다면, '자, 이 세상에서 상처받지 않고 살아가려면 누가 뭐라고 하든, 무슨 일이 어떻게 벌어지든 개의치 않는 무관심을 방어기제로 삼아야 한다'는 생각으로까지 연결된다면 진짜 위험해질 수 있습니다. 그리고 실제로도 위험해지고 있습니다. 이런 사람들은 무관심의 방어막만 있으면 무슨 일이 생겨도 크게 흔들리지 않을 수 있다고 생각합니다.

그러나 사도가 말하는 태도는 그런 태도가 아닙니다. 무관심의 방어막 뒤에 숨어 버리는 사람은 기뻐할 수가 없습니다. 소극적으로 체념해 버리는 스토아주의자는 기뻐할 수가 없습니다. 바울이 말하는 것은 적극적인 기쁨입니다. 역동적인 기쁨이며, 감정의 요소가 개입된 기쁨입니다. 이 기쁨은 우리를 속박하지 않습니다. 그 속에 힘이 있고 생명이 있습니다. 기쁨은 환희의 영입니다. "기뻐하라." 기쁨은 분명 역동적이고 적극적인 것입니다!

우리가 주목해야 할 두 번째 특징은, 이 기쁨은 특정한 기쁨이라는 것입니다. 이것은 주 안에 있는 기쁨입니다. "주 안에서 항상 기뻐하라. 내가 다시 말하노니 기뻐하라." 신약성경은 심리적 공감은 해 주되, 단순히 행복을 권유하거나 힘을 내라고 말하지 않습니다. 절대 그러지 않습니다. 기독교 용어로 된 심리학적 가르침보다 더 예수 그리스도의 복음을 우습게 만드는 것은 없다고 거듭 말하는 이유가 여기 있습니다. 단순히 힘을 내게 하려고 복음을 제시하거나 잠시 더 행복해지게 하려고 무슨 일을 하는 것은 그리스도의 복음을 부인하는 짓입니다. 우리는 오직 주 안에서 기뻐해야 합니다. 스토아주의자의 방법은 필요 없습니다. 이 기쁨은 직접적이고 즉각적인 것입니다. 주님 안에 있는 것입니다.

다시 말해서 그리스도인의 기쁨은 기독교의 진리와 교리에 굳건히 뿌리박고 있는 기쁨입니다. 바울이 "주 안에 서라"라고 말한 후에 "주 안에서 기뻐하라"라고 말한 점에 주목하십시오. 주 예수 그리스도에 관한 교리에 기초하지 않은 기쁨은 기쁨이 아닙니다. 우리를 행복하게 해 주는 것들은 얼마든지 많이 있습니다. 술만 마셔도 행복해질 수 있고 기쁨에 넘칠 수 있습니다. 그러나 그것은 주님의 기쁨과 아무 상관 없는 의미의 기쁨입니다. 바울이 말하는 것은 이런 일반적인 의미의 기쁨이 아니라 특정한 의미의 기쁨입니다. 그는 단순히 우리가 행복한지 아닌지에 관심을 두지 않습니다. 오직 그의 관심은 그리스도인이라면 마땅히 기뻐해야 한다는 이 사실에 있습니다.

그리스도인의 기쁨이 지닌 본질을 대강 살펴보았으니, 이제 이 기쁨의 장애물을 알아봅시다. 기쁨의 장애물은 많습니다. 한 편의 설교로 다 다룰 수 없는 것이 분명하니, 본문이 언급하는 분명한 장애물들만 골라서 살펴보겠습니다.

가장 먼저 기쁨의 기제 자체가 작동하지 못하도록 막는 장애물, 기쁨이 오는 길을 막고 기쁨을 얻는 방법을 차단하는 장애물이 있습니다. 어떤 이들은 아예 처음부터 지적인 난관에 봉착합니다. 사도가 대놓고 "주 안에서 기뻐하라"라고 명령한다는 사실에 걸려 넘어지는 것입니다. "바울은 갈라디아서 5장에서 사랑과 희락과 화평 등이 성령의 열매라고 설명합니다. 그런데 이제 와서 나더러 기뻐하라니, 그러면 어떻게 그것을 성령의 열매나 역사라고 말할 수 있습니까?" 이것은 우리가 익히 알고 있는 논리입니다. 그리스도인이 사는 삶의 두 가지 유형, 즉 능동적인 삶과 수동적인 묵상의 삶 사이의 표면적인 충돌은 교회 초기부터 있었습니다. 그리스도인의 삶은 항상 행동과 연결되는 삶이어야 한다고 믿는 이들과 신비하고 금욕적인 관상의 삶이어야 한다고 믿는 이들 간의 대립이 처음부터 있었던 것입니다.

그러나 성경을 자세히 살펴볼수록 이 두 가지가 전혀 모순되지 않는다는 사실을 알게 됩니다. 갈라디아서 5장을 보십시오. "성령의 열매는 사랑과 희락과……"라고 말하기 전에 "너희는 성령을 따라 행하라. 그리하면 육체의 욕심을 이루지 아니하리라"라고 말하는 것을 알 수 있습니다(5:16). 한 장에 두 가지 요소가 함께 나오는 것입니다. 둘 사이의 표면적인 모순은 다음과 같이 해결됩니다. 나는 기쁨을 창조하거나 만들어 낼 수 없습니다. 맞습니다. 그러나 성령이 내 안에서 지시하시고 인도하시는 말씀을 듣고 순종할 때, 그리스도인의 삶을 실제로 살아갈 때, 성령의 교리에 의거해서 살아갈 때, 성령이 기쁨의 열매를 내 삶에 심어 주십니다. 곧바로 행동에 돌입한다고 해서, 또는 단순히 관상의 자리에 머무른다고 해서 기쁨이 생기는 것이 아닙니다. 둘 중 하나만 하면 분명히 실패하게 되어 있습니다. 둘 다 해야 합니다. 진리를 묵상하면서 실천해야 합니다. 그럴 때 성령이 우리 삶에 기쁨을 부으십니다. 이것은 단순한 이론이나 가르침이 아닙니다. 성도들의 생애를 통해 충분히 입증된 실제입니다. 그리고 감사하게도 우리도 직접 검증해 볼 수 있습니다. 그리스도인의 삶 속에서 문자 그대로, 실제로, 지금 이 기쁨을 누릴 수 있습니다.

그리스도 안에서 기쁨을 얻지 못하는 두 번째 원인은 그리스도와 바른 관계를 맺지 못하는 데 있습니다. "주 안에서"라는 말을 강조하는 이유가 이것입니다. 오늘날 자신이 얼마나 가난하고 공허하고 죽어 있는지 참으로 깨닫지 못한다는 한 가지 이유 때문에 주님의 기쁨을 누리지 못하는 이들이 많습니다. 구원의 기쁨을 누리지 못하는 이들은 대부분 자신에게 구원이 얼마나 필요한지 모르는 자들입니다. 역설적으로 들릴 수 있지만, 정말로 그렇습니다! 주님은 산상설교에서 이 점을 완벽하게 짚어 주셨습니다. "심령이 가난한 자는 복이 있나니 천국이 그들의 것임이요……의에 주리고 목마른 자는 복이 있나니 그들이 배부를 것임이요"(마 5:3, 6). 알다시피 주리고 목마른 자가 배불리 채움을 받는 법입니다. 심령의 거지가 한없는 영적인 부요함과 풍성함을 누리는 법입니다.

자신이 얼마나 비참한 죄인인지 모르기 때문에 주님의 기쁨 또한 모르는 이들이 많습니다. 그리스도가 없어서 너무나 불행했던 사람만이 그리스도 안에서 행복해질 수 있습니다.

다시 말해서 자기 자신과 자신의 공로를 의지하는 사람은 구원의 기쁨을 알 수 없습니다. 그런 사람은 여전히 자기 힘으로 그리스도인의 삶을 살 수 있고 하나님과 바른 관계를 맺을 수 있다고 생각합니다. 그러나 주님의 기쁨으로 충만해지려면 완전히 빈손으로 나아가야 하며, 자신이 아무 소망 없는 비참한 죄인임을 알아야 합니다. 자기가 할 수 있는 일이 하나도 없음을 깨닫고 완전히 가난하고 무력한 모습으로 주님께 나아가야 합니다. 그러면 주님의 기쁨을 알 수 있습니다. 그 전까지는 안 됩니다. 또 달리 표현하면, 그런 사람은 주님께 자신을 전적으로 맡기지 못하기 때문에 기쁨을 누리지 못합니다. 이 두 가지가 반드시 있어야만 기쁨을 누릴 수 있습니다. 신약성경이 절망과 재앙 가운데 있는 우리의 실상을 보여 줄 때 자신의 죄를 깨닫고 한없이 비참해지는 경험을 해야 합니다. 그리고 빈손으로 그리스도께 나아가 그의 자비와 관대함, 사랑과 긍휼에 자신을 맡기며 다음과 같이 고백해야 합니다.

빈손 들고 앞에 가
십자가를 붙드네.*
—오거스터스 탑레이디Augustus Toplady

손에 무언가 잡고 있으면 주님께 채움을 받을 수가 없습니다. 모든 것을

* 찬송가 188장.

놓아야 주님의 기쁨을 받을 수 있습니다.

이후 교회 역사에서도 풍성한 증거를 찾아볼 수 있습니다. 자신의 원래 모습에 대해 가장 비참한 고백을 했던 사람들이 그리스도 예수 안에서 가장 큰 기쁨을 맛보았습니다. "나는 죄와 악함이 가득하게 찼으나"라고 고백했던 자들이 "주의 은혜 크도다"라고 소리쳤습니다.* 반면에, 자신이 악한 죄인임을 인정하지 않는 자들은 그리스도인의 풍성한 삶을 맛보지 못했습니다. 이 부분부터 바로잡아야 합니다. 그리스도와 바른 관계를 맺어야 합니다. 그렇지 않으면 그가 주시는 기쁨도, 행복도, 평강도, 사랑도, 아무것도 맛볼 수 없습니다.

이 장애물은 다음 장애물로 연결됩니다. 주님과 바른 관계를 유지하지 못하기 때문에 기쁨을 잃는 이들이 많습니다. 기쁨은 얻어야 할 뿐 아니라 지켜야 합니다. 자신의 영혼과 인간관계를 바르게 지켜야 합니다. 교회 안에서 다투었던 두 여자는 분명히 기쁨을 잃었을 것입니다. 영혼이 온전하고 깨끗하지 않으면 주님의 기쁨을 누릴 수 없습니다. 성령이 근심하시고 떠나 버리시기 때문입니다. 주님의 기쁨을 누리고 싶으면 자신의 영을 바르게 지켜야 합니다.

더 나아가 바른 실천도 계속해 나가야 합니다. 바른 길로 행하면서 살아야 합니다. 바울이 갈라디아 교인들에게 한 말을 보면 분명히 알 수 있습니다. 어긋난 행동을 하고 죄를 지으면 주님의 기쁨을 누리지 못합니다. 주님이 친히 말씀하셨듯이 "하나님과 재물을 겸하여 섬기"기는 불가능합니다(마 6:24). 주님의 기쁨을 원하면 다른 것은 버려야 합니다. 성령 안에서 행하십시오. 성령의 인도를 따르십시오. 그러면 성령의 기쁨

* 찬송가 441장.

이 임할 것입니다.

바울이 그 다음으로 말하는 바는 "너희 관용을 모든 사람에게 알게 하라"라는 것입니다. 그리고 이 점은 자신이 앞서 이미 다루었기 때문에, 곧바로 다음 주제로 넘어가 그리스도와 기도로 교제하며 만남의 끈을 놓치지 말 것을 명령합니다. "다만 모든 일에 기도와 간구로, 너희 구할 것을 감사함으로 하나님께 아뢰라." 자기 영혼만 살필 것이 아니라 그리스도께 아뢰는 시간을 가지라는 것입니다. 이것이 기쁨의 근원입니다. 주님만이 진정으로 우리를 행복하게 해 주실 수 있습니다. 우리는 그리스도인의 삶에 대해 얼마나 무지한지 모릅니다! 그래서 다른 것들을 많이 의지합니다. 그러나 성도들이 살았던 삶의 비결은 항상 주님과 대화하고 교제하는 시간을 가지며 주님을 묵상하는 시간을 갖는 것이었습니다. 이 만남이 끊어지지 않게 해야 합니다. 기쁨의 근원, 기쁨의 원천으로 나아가야 합니다. 기꺼이 자주 나아가야 합니다.

또한 우리는 상황에 휘둘리지 않음으로써 주님과 만남이 끊어지지 않게 해야 합니다. 사건과 상황에 휘둘리는 것이야말로 가장 흔히 기쁨을 빼앗기는 원인입니다. 많은 일들이 주님과 우리 사이에 끼어들어 그의 임재와 기쁨을 빼앗아 갑니다. 오, 이런 일들이 얼마나 쉽게 우리를 근심하게 하고, 염려로 주저앉게 만드는지요! 걱정스러운 생각들이 우리를 사로잡습니다. 근심거리가 끊이지 않고 달려드는 것 같습니다. 그래서 계속 걱정합니다. 그러면서 불행해집니다. 정신이 아득해지면서 온갖 고민에 휩싸입니다.

우리의 기쁨을 빼앗아 가는 요소들을 살펴보았으니, 이제 적극적인 측면도 생각해 봅시다. 이런 요소들이 기쁨을 빼앗아 간다면, 기쁨을 지킬 수 있는 방법은 무엇일까요? 대답은 아주 간단합니다. 주님께 집중하지 못하게 막는 것은 무엇이든 피하라는 것입니다. "주 안에서 항상 기뻐하라." 주님을 바라보십시오. 주님을 생각하십시오. 주님을 묵상하십시오. 주님이 어떤 분이시며 무슨 일을 하셨는지 생각하십시오. 그의 죽음과 부활을 묵상하고 그가 성령을 보내 주신 일을 묵상하십시오. 주님이 장차 하실 일, 인생을 향한 신약성경의 설계와 계획, 최후의 결과, 아무도 빼앗을 수 없는 영광스러운 소망을 생각하십시오. 이것이 비결입니다. 주님을 묵상해야 합니다. 그가 어떤 분이신지, 얼마나 영광스러운 일을 하셨는지 묵상해야 합니다.

마지막으로 묻겠습니다. 이 기쁨은 계속 유지될 수 있을까요? 이 기쁨을 항상 누린다는 것이 과연 가능한 일일까요? 바울의 대답은 "그렇다!"라는 것입니다. "주 안에서 항상 기뻐하라. 내가 다시 말하노니 기뻐하라." 다른 기쁨에 대해서는 이렇게 말할 수 없습니다. 다른 기쁨과 행복의 원천은 얼마 가지 않아 말라붙게 되어 있습니다. 어리석게도 일에서 기쁨을 찾는 이들이 있습니다. 굳이 복음이 없어도 일이 잘 풀리는 동안에는 별 문제가 되지 않습니다. 그러나 여러분, 그 일을 하지 못하게 되는 날이 옵니다. 나이가 들고 병이 듭니다. 그래서 일을 놓게 된 사람들을 보면 얼마나 딱한지 모릅니다. 일할 때는 행복했지만 밀려난 후에는 자신을 주체하지 못합니다. 자신의 수고와 노력에서 기쁨과 행복을 찾는 사람은 그렇게 될 수밖에 없습니다.

또 성공해야만 행복해 하는 사람들을 생각해 보십시오. 그들에게 해 줄 말은 "왕관 쓴 사람은 편치 못한 법"이라는 것입니다. 그 왕관을 탐내는 다른 이들이 있습니다. 지금은 성공했을 수 있습니다. 그러나 다른 사람이 뒤를 바짝 쫓고 있습니다. 그 사람이 곧 여러분을 제치고 올라올 것입니다. 여러분의 힘은 빠지고 권력은 쇠할 것이며, 다른 사람이 그 자리로 밀고 들어올 것입니다. 이른바 전문가라는 사람들의 삶을 보면 참으로 딱합니다. 성공하고 성취했을 때는 행복합니다. 자기 분야에서 최고의 자리에 도달했을 때는 기쁨이 넘칩니다. 그러나 곧 하강곡선을 그리기 시작합니다. 올라가기보다 내려가기가 훨씬 더 어려운 법입니다. 그런 이들의 비애감이란 이루 말할 수 없는 것입니다! 이처럼 상황에 따라 기뻐하는 것은 정말 어리석은 일입니다. 우리는 "천지만물 모두 변하"는 세상에 살고 있기 때문입니다.* 상황은 얼마 가지 않아 여러분을 실망시키게 되어 있습니다. 상황에 기대서는 안 됩니다.

그렇습니다. 우리의 기대를 저버리지 않는 것은 오직 하나, 주 안에 있는 이 기쁨뿐입니다. 이 기쁨은 영혼과 그 운명에서 나오기 때문입니다. 안전하고 확실한 것, 그리스도 안에 있는 것, 그래서 세상이 손댈 수 없는 것에서 나오기 때문입니다. 이 기쁨은 어떤 세력도 손댈 수 없는 곳에 있습니다. 여러분은 다음과 같이 선언하면서 얼마든지 상황을 헤쳐나갈 수 있습니다. "상황은 언제든지 변할 수 있고 내 기대를 저버릴 수 있다. 그러나 나와 그리스도의 관계를 해칠 수 있는 것은 하나도 없다. 세상이 무슨 짓을 하든지 나와 주님의 관계는 든든하다." 바울이 뭐라고 주장했는지 기억합니까? "내가 확신하노니 사망이나 생명이나 천사들이나 권세자들이나 현재 일이나 장래 일이나 능력이나 높음이나 깊음이나 다른 어떤 피조물이라도 우리를 우리 주 그리스도 예수 안에 있는 하나님의 사랑에서 끊을 수 없으리라"(롬 8:38-39).

다시 말해서 감옥 안에서도 얼마든지 그리스도를 찾을 수 있다는 것입니다. 매질을 당하고 가진 것을 전부 빼앗겨도 여러분의 영혼과 영원

* 찬송가 531장 1절.

한 운명, 그리스도 안에서 여러분을 기다리고 있는 영광은 안전하다는 것입니다. 그것은 상황의 영향을 받지 않는 곳에 있습니다.

한 걸음 더 나아가, 실패하고 죄를 지었을 때에도 기뻐할 수 있는 방법을 알려 드리겠습니다. 제 말이 무모하게 들립니까? 절대 그렇지 않습니다. "주 안에서 항상 기뻐하라." 넘어지거나 죄를 지었을 때에도 기뻐할 수 있을까요? 기뻐할 수 있습니다. 그리스도인이 죄에 빠지면 성령의 정죄를 받고 비참해집니다. 그러나 참으로 성령의 인도를 받는 자는 그 자리에 주저앉는 것이 아니라 다시 그리스도께로 돌아갑니다. 갈보리 언덕을 찾아, 그가 흘리신 보혈을 찾아, 여전히 나를 씻어 주는 보혈을 찾아 돌아갑니다. 그리고 그렇게 돌아간 자신을 깨끗이 씻어 주신 것을 깨닫고 기뻐합니다. 참된 그리스도인, 성령이 거하시는 그리스도인은 반드시 기쁨을 회복하 게 되어 있습니다. 부끄러워하며 참회하는 마음으로 돌아갈 때, 자신의 무가치함을 깨닫고 회개하며 돌아갈 때, 주님은 그 죄와 실패를 뒤덮고도 남을 큰 사랑을 부어 주십니다. 그럴 때 그 사람은 주님의 사랑이 자신의 생각보다 훨씬 더 크다는 사실을 발견하고, 비록 죄를 짓고 실패했음에도 변함없이 기뻐하게 됩니다.

주 안에서 항상 기뻐하십시오. 살든지 죽든지, 죄를 지었든지 아니든지, 실패했든지 아니든지, 무슨 일이 닥치고 어떤 상황이 벌어지든 주 안에서 항상 기뻐하십시오. 내가 다시 말하노니 기뻐하십시오.

너희 관용을 모든 사람에게 알게 하라.
주께서 가까우시니라.

빌립보서 4:5

13. 관용

사도 바울의 여러 편지들을 읽을 때, 겉보기에는 우연히 나온 말 같지만 사실은 아주 명백한 논리적 체계에서 나온 발언과 진술들, 즉 편지를 쓸 때 사도가 분명 염두에 두었을 논리적 사고의 흐름에서 나온 발언과 진술들을 살펴보는 것보다 더 건설적이고 흥미로운 일은 없습니다. 4:1-4을 처음 읽는 사람은 사도가 정해진 순서 없이 생각나는 대로 중요한 명령들을 내리고 있다고 생각할지도 모릅니다. 그러나 자세히 들여다보면 각각의 명령들이 하나로 연결되어 온전한 유기적 통합체를 이루고 있음을 알게 됩니다.

다시 말해서 우리가 오늘 살펴볼 명령이 지난번에 함께 고찰했던 4절 말씀, 즉 "주 안에서 항상 기뻐하라. 내가 다시 말하노니 기뻐하라"라는 말씀과 직접 연결된다는 사실을 여러분도 알아챘으리라 생각합니다. 다들 동의하겠지만, 자기 심령의 문제나 인간관계의 문제만큼 쉽게 기쁨을 빼앗아 가는 요인은 없다는 점에서 이 두 명령은 직접 연결되고 있습니다. 기쁨의 문제에 관심을 쏟았던 바울은 기쁨을 빼앗아 가는 여러 가지 요인들을 다루는데, 이 또한 그 요인 중에 하나입니다. 소극적으로 말하자면, 자기 심령의 상태에 주의하되 특히 인간관계의 측면에서 주의해야만 기쁨을 빼앗기지 않는 것입니다.

그뿐 아니라 우리는 또 다른 관점에서 이 명령을 바라볼 필요가 있습니다. 사도는 빌립보 교인들의 행복과 기쁨에만 관심을 쏟았던 것이 아니라 그리스도인의 특징을 오롯이 드러내고 묘사하는 일에도 관심을 쏟았습니다. 바울이 이들을 얼마나 사랑했는지는 이미 살펴보았습니다. 그는 이들을 형제라고 지칭했습니다. "나의 사랑하고 사모하는 형제들, 나의 기쁨이요 면류관인 사랑하는 자들아." 이처럼 바울은 빌립보 교인들을 깊이 사랑했지만, 주님은 그들보다 훨씬 더 깊이 사랑했습니다. 그 사랑 때문에 초대교회 그리스도인들이 그리스도인의 삶을 온전하고 영광스럽게 살 수 있도록 여러 통의 편지를 통해 권면하지 않을 수 없었던 것입니다. 이 표현이 적절한지 모르겠지만, 그는 하나님이 빚어 내시는 구원 작품이 어떤 것인가를 그들에게 보여 주려 했습니다. 지난 설교에서 우리는 비참하고 불행한 그리스도인은 예수 그리스도의 복음을 제대로 보여 주지 못하며 그리스도인이 얼마나 충만하게 살 수 있는지도 보여 주지 못한다는 점에서 주님의 영광을 훼손한다는 사실을 지적했습니다. 이 말은 주 안에서 기뻐하라는 명령에도 해당되지만, 지금 우리가 고찰하는 이 명령에도 그대로 해당됩니다. 관용은 그리스도인의 본질적인 특징이기 때문입니다. 그리스도인이라면 마땅히 모든 사람에게 관용을 보여 주어야 합니다. 어떤 상황에서도 주 안에서 항상 기뻐하고 주를 자랑하며 즐거워하는 것이 그리스도인의 특징이듯이, 모든 사람에게 관용을 보여 주고 베푸는 것 또한 그리스도인이 반드시 보여 주어야 할 특징입니다.

이처럼 바울의 명령들은 서로 긴밀히 관련되어 있고 연결되어 있습니다. 관용이 없으면 주 안에서 진정으로 기뻐할 수 없습니다. 그리스도인의 특징이 완성되려면 관용이 있어야 합니다. 교회에서 친교 모임을 가질 때나 그리스도인의 삶에 관심 있는 이들이 만날 때 토론해 보면 좋을 질문이 있습니다. 4절의 명령과 5절의 명령 중에 과연 어느 쪽이 더 지키기 어렵겠습니까? 주 안에서 항상 기뻐하기가 더 어렵겠습니까, 모든 사람에게 관용을 베풀기가 더 어렵겠습니까? 이 주제를 한번 묵상해 보기 바랍니다. 그렇게 묵상할 때 도움이 될 만한 단서들을 알려 드리겠습니다. 저로서는 5절이 더 어렵게 느껴집니다. 주 안에서 항상 기뻐하는 것보다 모든 사람에게 관용을 베풀기가 더 어렵게 느껴지는 것입니다. 왜 그럴까요? 다음과 같은 이유 때문입니다. 4절에서 사도가 권하는 것은 일종의 상태입니다. 마땅히 그런 상태에 있어야 한다는 것입니다. 그런데 5절은 그 상태가 구체적으로 어떻게 적용되는지를 이야기합니다. 일반적으로 진리를 놓치지 않고 붙잡는 쪽보다 진리를 구체적으로 적용하는 쪽이 훨씬 더 어렵다는 말에 여러분도 동의할 것입니다.

무슨 뜻인지 한번 설명해 보겠습니다. 아마 모두 경험해 보았으리라 생각합니다. 자기 방에서 혼자 성경을 읽다가 주 안에서 기뻐하라는 명령을 발견했다고 합시다. 이렇게 자기 방에서 주 안에서 기뻐하라는 명령을 비롯한 사도의 말들을 묵상할 때에는 얼마든지 기뻐할 수 있습니다. 그런데 다른 사람을 만나거나 곤란하고 힘든 일에 부닥쳤을 때에도 계속 기뻐하기는 훨씬 더 어렵습니다. 일반적으로 이론을 받아들이기보다 실천하기가 더 어려운 법입니다. 그런데 5절은 적용에 해당되는 명령입니다. 다음과 같이 설명해 보겠습니다. 저는 주 안에서 항상 기뻐하는 것보다 "관용을 모든 사람에게 알게" 하는 것이 훨씬 더 어렵게 느껴집니다. 주 안에서 항상 기뻐하는 것은 나를 표출하는 일이지만, 관용을 보이는 것은 나를 억제하는 일이기 때문입니다. 서슴없이 말하는 바, 자신을 표출하기보다 억제하기가 항상 더 어려운 법입니다. 주 안에서 기뻐하는 것은 본질적으로 능동적인 일입니다. 하나님을 노래하고 싶어 하고 찬양하고 싶어 하는 것입니다. 자기 자신을 전부 드리는 것입니다. 그러나 "너희 관용을 모든 사람에게 알게 하라"라는 명령에는 억제의 요소가 들어 있습니다. 완전히 수동적인 명령은 아니지만(이것이 능동적인 명령이라는 점은 곧 밝히도록 하겠습니다) 수동적인 요소를 포함하고 있는 명령입니다.

또는 다음과 같이 설명할 수도 있습니다. 4절이 5절보다 쉬운 것은, 4절은 주님을 바라보라고 명령하는 반면 5절은 주님처럼 되라고 명령하기 때문입니다. 주님을 바라보고 묵상하면서, 주님이 하신 일을 생각하면서, 주님과 주님이 하신 일을 객관적으로 살펴보면서 기뻐하는 것은 쉬운 일입니다. 그러나 5절은 더 어려운 일을 명령합니다. 주님을 그대로 재현해 내라는 것입니다. 주님이 이 땅에서 보여 주신 모습 그대로 행동하고 처신하라는 것이며, 시험과 반대에 맞닥뜨릴 때에도 주님처럼 대응하라는 것입니다. 이처럼 5절은 여러 면에서 기독교 복음 중에서도 가장 높은 차원의 요구를 하고 있습니다. 어떤 의미에서 삶과 행동, 실천을 말하는 5절의 요구보다 더 높은 차원의 요구는 없다고 말해도 무리가 아닐 것입니다. 실제로 저는 환난 중에 기뻐하는 일보다 모든 사람에게 관용을 알게 하는 일이 훨씬 더 어렵다고 말하고 싶습니다.

사도가 예외 없이 늘 하는 방식대로 여기에서도 단순히 명령만 내리는 것이 아니라 그에 맞는 교리를 함께 설명한다는 점에 감사해야 할 이유가 바로 여기 있습니다. 교리의 전적인 중요성을 깨닫지 못하는 그리스도인보다 딱한 이는 없습니다. 사도가 명령을 내릴 때 항상 교리도 같이 이야기한다는 점은 이미 지적했습니다. 그는 4절에서도 단순히 "기뻐하라"라고 하지 않고 "주 안에서 항상 기뻐하라"라고 합니다. 이것이 교리입니다. 기뻐하되 "주 안에서" 기뻐하라는 것입니다. 5절에서도 사도는 단순히 "너희 관용을 모든 사람에게 알게 하라"라고 하지 않고 "주께서 가까우시니라"라는 말을 덧붙입니다. 이것은 강력한 교리로서, 저는 이 교리를 주신 것에 정말 감사를 드립니다. 이 교리의 의미를 충분히 이해하고 깨달아야 이 명령을 이행할 수 있습니다. 이것이 사도의 특징입니다. 무엇을 요구할 때 반드시 그 요구에 응할 수 있는 방법도 알려 줍니다. 우리가 올라가야 하는 지점을 가리킬 때 반드시 거기 올라갈 수 있는 힘의 원천도 알려 줍니다. 항상 두 가지를 같이 알려 줍니다. 신약성경의 관심은 그냥 어떤 삶을 살라고 명령하는 데 있지 않습니다. 항상 교리를 기본적이고 절대적으로 중요한 것으로서 함께 가르칩니다.

이러한 점들을 기억하면서 5절의 명령을 살펴봅시다. 바울이 말하는 관용이 무엇입니까? 적극적인 의미를 살펴보기 전에 두 가지 소극적인 의미부터 살펴봅시다. 첫째로, 바울이 말하는 관용은 동물적으로 타고난 좋은 본성을 가리키는 말이 아닙니다. 심리나 기질을 가리키는 말이 아닙니다. 둘째로, 그가 말하는 관용은 매사에 분명치 못하고 유약하며 안이한 태도를 가리키는 말도 아닙니다. 앞서 "주 안에 굳게 서라"라고 권한 것을 보면 알 수 있습니다. 바울의 명령들은 전부 한 맥락에서 살펴보아야 한다는 점을 잊지 마십시오. 5절도 그 일련의 명령에 속해 있습니다. 범사에 관용을 베푸는 자는 어떤 대가를 치르고라도 주 안에 굳게 서 있는 자입니다. 타협하는 자가 아닙니다. '내가 뭐 특별하다고 남한테 까다롭게 굴겠어?'라고 생각하는 자가 아닙니다. 딱히 자기 목적이 없는 탓에 만인의 연대를 부르짖는 자가 아닙니다. 그렇습니다. 그는 주 안에 굳게 서 있는 자입니다. 그러므로 '관용이란 진리와 삶을 비롯한 모든 일에 무심하고 모호하며 애매한 태도를 보이는 것'이라는 생각은 즉각 청산해 버립시다. 적절치 못하고 잘못된 의미에서 "여러 사람에게 여러 모습"이 되는 것(고전 9:22 참조), '절대평화주의'를 추구하며 모든 것을 희생하고 타협하는 것은 관용이 아닙니다. 절대 아닙니다! 그보다 더 사도의 위엄 있고 고매한 성품과 동떨어진 모습은 없습니다. 그렇습니다. 5절의 명령 이 훨씬 더 지키기 어렵습니다. 물론 천성적으로 관용적인 이들도 있다 는 사실을 인정합시다. 그러나 이 편지는 다양한 부류의 사람들에게 보 내는 것이었던 만큼, 천성을 가리키는 말은 아닌 것이 분명합니다. 오늘 날 교회처럼 빌립보 교회에도 온갖 부류의 사람들이 다 있었기 때문에 바울의 명령을 그렇게 단순하게 파악해서는 안 됩니다.

이제 적극적인 의미를 설명해 보겠습니다. "관용"에는 자신과 자신 의 심령을 통제한다는 의미가 담겨 있습니다. 관용은 자제력과 극기의 모습으로 나타나며, 자신의 심령과 행동을 다스리는 모습으로 나타납니 다. 관용이 있는 사람은 자기 권리를 끝까지 주장하지 않습니다. 이 구절 에 담긴 첫 번째 개념이 바로 이것입니다. 관용은 자기 권리를 끝까지 꼬 박꼬박 주장하지 않는 것입니다. 정말 중요한 것과 그렇지 않은 것을 구 별할 줄 아는 능력이며, 중요한 것은 굳세게 지키되 그렇지 않은 것은 합 리적으로 처리할 줄 아는 능력입니다. 내 몫을 최후까지 주장하는 것이 아니라, 때로 필요하다면 교회와 다른 이들을 위해, 무엇보다 주님을 위 해 마땅히 누릴 권리까지 양보하는 것입니다. "너희 관용을 모든 사람에 게 알게 하라." 심령이 영향을 받을 정도로 무언가에 몰두하거나 집착하 면 안 됩니다. 다시 말해서 관용은 무엇을 하느냐의 문제가 아니라 어떻 게 하느냐의 문제인 것입니다.

또 다른 방식으로 설명해 보겠습니다. '관용'은 쉽게 속상해 하지 않는 상태, 즉 너그러운 상태를 뜻하는 것이 분명합니다. "자, 너희는 다 교회의 지체이니 자기 심령과 마음과 자아를 잘 다스려서 쉽게 불쾌해 하거나 속상해 하지 말아라"라고 사도는 말합니다. 우리는 유오디아와 순두게의 사례를 통해 이 점을 이미 살펴보았습니다. 예민하고 섬세한 사람일수록 속상해 하기 쉽습니다. 이것은 우리가 다 경험으로 알고 있는 사실입니다. 주께서 우리를 불쌍히 여겨 주시기를! 쉽게 속상해 하지 않는 것은 크고도 놀랍고 고상한 그리스도인의 성품입니다. 어떤 이들은 공격을 받아도 예민하게 반응하지 않도록 자신을 잘 절제하고 통제합니다. 그렇다고 이것이 스토아주의의 무심함이나 소극적이고 수동적인 상태를 옹호하는 말은 아니라는 점을 분명히 짚고 넘어가야겠습니다. 그렇습니다. 관용은 본질상 적극적인 특질입니다. 관용이 있다는 것은 그리스도의 은혜가 그 속에 있어서 어떤 공격도 잘 소화해 내며 그로 인해 걱정하지 않는다는 뜻입니다. 쉽게 속상해 하지 않고 인내하며 견디고 오래 참는다는 뜻입니다.

그러나 이것이 전부는 아닙니다. 관용은 적극적으로 남을 배려하는 것입니다. 이 말의 단계별 정의를 알겠습니까? 첫째는 기꺼이 자기 권리를 양보하는 것입니다. 둘째는 거슬리고 힘든 사람을 대할 때 일종의 완충장치를 작동시키는 것입니다. 그러나 모든 사람에게 관용을 보이기 위해 해야 할 일이 한 가지 더 있습니다. 그것은 적극적이고 능동적으로 남을 배려하는 것입니다. 어떻게든 그들을 이해해 주며 그들의 행동을 변명해 주고자 애쓰는 것입니다. '지금 저 사람 형편이 많이 어렵잖아'라든지 '워낙 힘든 기질을 타고나서 그래'라고 생각해 주는 것입니다. 매번 상대방을 이해해 주며 감당하기 힘든 거친 행동이라도 무마해 주고자 애쓰는 것입니다. 내가 만나는 이들의 부족한 부분을 채워 주고자 의도적으로 노력하는 것입니다. 남들을 배려해 주고, 이해하고자 애를 쓰며, 더 나아가 도와주고 편의를 봐주는 것입니다. 이것이 '관용'이라는 말에 담긴 핵심적인 의미입니다.

좀 더 자세히 살펴봅시다. 사도가 어떤 사람이었는지에 주목하기 바랍니다. 그 인격의 특질에 주목하기 바랍니다. 그는 어떤 일에도 격하게 반응하지 않았습니다. 그리스도인은 상황과 조건을 불문하고 항상 모든 사람에게 관용을 보여야 합니다. 다음과 같이 설명해 보겠습니다. 그리스도인은 어떤 상황에서도, 심지어 기쁠 때에도 격하게 반응하지 않습니다. 행복할 때에도 모든 사람에게 관용을 보여야 합니다. 이에 대해 오래 설명할 필요는 없을 것입니다. 자기가 즐겁다고 해서 관용을 잃는 것이야말로 현대세계의 가장 뚜렷하고 안타까운 특징 아닙니까? 너무 좋으면 자제심을 잃고 정신도 잃어버립니다. 그러나 그리스도인은 그래서는 안 됩니다. 기쁠 때도 자제해야 하고 슬플 때는 더더욱 자제해야 합니다. 아무리 슬프고 비통해도 절대 격하게 반응하면 안 됩니다. 오해하지 마십시오. 자연스럽게 반응하지 말라는 뜻이 아닙니다. 그리스도인은 작위적인 사람들이 아닙니다. 그런 생각은 하지도 마십시오. 그리스도인은 기쁨을 알고 슬픔과 비통함도 알지만—아마 누구보다 잘 알 것입니다—그 감정에 지배당하지 않는 사람들입니다. 우리의 문제는 하늘에 닿을 듯 기뻐하거나 절망의 구렁텅이로 뚝 떨어져 버릴 때가 너무나 많다는 것입니다. 그리스도인은 그래서는 안 됩니다. 절대 격하게 반응해서는 안 됩니다. 기쁠 때나 슬플 때나 항상 자제해야 합니다. 너무 들떠도 안 되고 너무 가라앉아도 안 됩니다. 항상 균형감과 평정심을 유지해야 합니다. 자제해야 합니다.

중요한 말을 덧붙여야겠습니다. 그리스도인은 활기찬 사람들입니다. 절대 시무룩하거나 침울한 사람들이 아닙니다. 이번에도 그리스도인의 자제력과 스토아주의의 자제력을 구별할 필요가 있습니다. 스토아주의자는 그저 상황을 감내할 뿐이지만, 그리스도인의 관용에는 활기가 있습니다. 현대세계에는 스토아주의가 상당히 만연해 있습니다. 세상이 보여 주는 자제력은 놀랍기는 한데 냉랭합니다! 활기가 없습니다. 바울이 말하는 자제력은 그런 것이 아닙니다. 그리스도인은 자제할 때에도 행복해 하며, 기뻐할 때에도 관용을 보입니다. 완벽한 예를 한 가지 들어 보겠습니다. 바울은 고린도 교회에 편지를 쓰면서 이렇게 말합니다. "나 바울은 이제 그리스도의 온유와 관용으로 친히 너희를 권하고"(고후 10:1). 그리스도의 온유와 관용! 바울이 빌립보의 그리스도인들에게 권하는 것이 바로 이것입니다.

우리 모두 이 관용을 나타내도록 부름 받았다는 점을 다시금 강조하고 싶습니다. 바울은 기질적으로 균형 잡힌 사람들에게만 이 명령을 하는 것이 아닙니다. 그렇습니다. 천성이 충동적인 사람도 모든 이에게 관용을 베풀어야 합니다. 성격이 다 제각각인데 그럴 수 있느냐고, 이것은 불가능한 요구 아니냐고 묻는 이가 있을 것입니다. 저의 대답은 가능하다라는 것입니다. 증거를 보여 드리겠습니다. 최근에 이 점을 강하게 되새겨 볼 기회가 있었습니다. 위대한 기독교 정치가 윌리엄 글래드스턴William Gladstone의 기일을 맞이하여, 전에 글래드스턴 부인이 존 모건John Morgan에게 남편에 대해 이야기한 글을 읽었던 것이 기억난 것입니다. "그이에게 두 가지 면이 있었다는 걸 알아야 해요. 충동적이고 성급하고 참지 못하는 면이 있었는가 하면, 자제력이 정말 뛰어나서 중요한 문제가 아니거나 중요한 문제를 약화시키고 흔드는 것은 무엇이든 무시할 줄 아는 능력이 있었지요. 그이가 이런 극기심과 분별력을 갖게 된 건 스무서너 살 때부터 첫째는 타고난 성품으로 애쓴 덕분이고, 둘째는 '너희 관용을 모든 사람에게 알게 하라'라는 명령을 지키려고 수없이 씨름하고 기도하며 애쓴 덕분이지요." 글래드스턴은 놀랍고 고상한 그리스도인의 성품을 얻었습니다.

물론 최고의 예는 바로 주님이십니다. 사도 베드로는 이 점을 아주 명확하게 밝히고 있습니다. "그리스도도 너희를 위하여 고난을 받으사 너희에게 본을 끼쳐 그 자취를 따라오게 하려 하셨느니라. 그는 죄를 범하지 아니하시고 그 입에 거짓도 없으시며 욕을 당하시되 맞대어 욕하지 아니하시고 고난을 당하시되 위협하지 아니하시고 오직 공의로 심판하시는 이에게 부탁하시며"(벧전 2:21-23). 베드로는 앞서 이렇게 말한 바 있습니다. "사환들아, 범사에 두려워함으로 주인들에게 순종하되 선하고 관용하는 자들에게만 아니라 또한 까다로운 자들에게도 그리하라. ……죄가 있어 매를 맞고 참으면 무슨 칭찬이 있으리요? 그러나 선을 행함으로 고난을 받고 참으면 이는 하나님 앞에 아름다우니라"(벧전 2:18-20). 그렇습니다. 주님이 바로 이렇게 사셨습니다. 주님의 발자취를 따라가십시오. 주님처럼 행하십시오. "너희 관용을 모든 사람에게 알게 하라."

이제 두 번째 질문을 드리겠습니다. 우리는 누구에게, 어떻게 관용을 나타내야 합니까? 그 답은 실천을 통해, 우리의 삶과 다른 사람을 대하는 태도를 통해 나타내라는 것입니다. 그렇습니다. 모든 사람에게 관용을 나타내야 한다는 점을 한 번 더 강조해야겠습니다. 좋은 사람, 나쁜 사람, 다정하고 상냥한 사람, 잔인하고 거친 사람, 절친한 친구, 폭군 가리지 말고 모든 사람에게 나타내야 합니다.

또한 삶의 모든 분야와 영역에서 관용을 나타내야 합니다. 믿음을 위해 싸우고 주 안에 굳게 서 있으면서 관용을 나타내야 합니다. 다시 말해서 진리를 대변하되 관용으로 대변하라는 것입니다. 자기 심령을 주의 깊게 지켜보아야 하며, 시시콜콜한 것까지 따지고 드는 냉혹한 율법주의를 피해야 합니다. 정말 중요한 문제와 상대적으로 중요치 않은 문제를 구별할 줄 알아야 합니다. 사업장과 일터에서 이런 관용을 보여 주고 나타내야 합니다. 거래하는 방식에서 우리가 그리스도인이라는 사실을 나타내야 합니다. 그렇다고 법적으로 부당한 대우까지 감수하라는 뜻이 아닙니다. 그렇습니다. 사도 바울도 재판 없이 투옥된 데 반발하여 가이사에게 호소했습니다. 이처럼 부당한 대우까지 감수하라는 뜻이 아니라, 우리가 자신만을 위해 싸우지 않고 진리를 위해 싸운다는 점을 항상 분명히 드러내라는 것입니다. 때로는 이렇게 하기가 정말 어렵습니다! 거룩한 열심, 의로운 분노와 거칠게 비판하고 판단하는 마음을 구별하기가 정말 어렵습니다. 우리는 어느 때나 관용을 가지고 모든 사람을 대해야 합니다. 이렇게 관용을 나타내는 것이야말로 복음의 능력과 은혜를 입증하는 가장 강력한 증거라고 저는 말하고 싶습니다.

이제 관용을 나타내도록 격려하는 바울의 말을 살펴보면서 설교를 맺겠습니다. 우리는 어떻게 관용의 상태에 도달할 수 있습니까? 어디에서 도움을 얻을 수 있습니까? 여기 그 답이 있습니다. "주께서 가까우시니라." 이것이 바울이 알려 주는 바, 세상과 세상의 방식에 대한 관심을 점점 더 끊을 수 있는 방법입니다. 그리스도인은 삶을 완전히 새로운 눈으로 바라보며, 항상 모든 상황을 주님의 관점에서 바라봅니다. 그가 주신 구원에 비추어서, 그의 삶과 출생과 죽음과 부활과 승천에 비추어서 바라봅니다. 그가 이 땅에 다시 와서 모든 원수를 이기시고 완전히 새로운 질서를 이루신다는 사실에 비추어서 바라봅니다. 주께서 가까이 오고 계십니다.

주께서 항상 우리 곁에 가까이 계신다는 뜻으로 이 구절을 해석하는 이들이 있는데, 전체 맥락을 보면 전혀 그렇지 않습니다. 물론 주님은 항상 가까이 계십니다만, 여러 모로 볼 때 제가 말씀드린 해석이 훨씬 더 적합합니다. 우리는 무슨 일을 하든지 주님이 곧 오신다는 사실을 항상 기억해야 합니다. 물론 주의 강림은 늘 가까웠습니다. 맞습니다. 그러나 우리는 그때를 모르기 때문에 주님이 곧 오신다는 사실을 늘 염두에 두고 살아야 합니다. 그러면 관용을 베풀 수 있습니다. 주님이 곧 오신다는 사실을 늘 기억하는 사람은 이 세상과 세상의 삶이 초등학교 시절에 불과하다는 사실 또한 늘 기억하게 됩니다. 자신이 순례자와 나그네에 불과하다는 사실, 오늘 있다가 내일 떠날 사람이라는 사실을 기억하게 됩니다. 그러면, 이 사실을 항상 기억하면, 관용을 베풀 준비가 거의 다 된 것이나 다름없습니다. 세상과 세상의 삶이 전부라고 생각하는 사람은 당연히 거기에 집착합니다. 그러나 영원을 생각한다면 60년, 70년, 80년 인생이 뭐 그리 대단하겠습니까? "주께서 가까우시니라." 이 말씀을 기억해야 합니다.

이 말씀은 우리가 아닌 주님이 심판자시라는 사실을 상기시킵니다. 우리는 쉽게 사람을 판단합니다. 그러나 판단하실 분은 주님이십니다. 그가 가까이 오고 계십니다. 심판자는 내가 아닙니다. 이 사실을 기억하면 많은 문제가 절로 해결됩니다. 또한 이 말씀은 우리도 심판받는다는 사실, 우리의 삶과 행동에 대해 해명해야 한다는 사실을 상기시킵니다. 남을 판단하지 않도록 조심하십시오. 이에 대해 주님이 뭐라고 하셨는지 알 것입니다. "비판을 받지 아니하려거든 비판하지 말라. 너희가 비판하는 그 비판으로 너희가 비판을 받을 것이요 너희가 헤아리는 그 헤아림으로 너희가 헤아림을 받을 것이니라"(마 7:1, 2). 남을 정죄하고 싶을 때 여러분도 심판받는다는 이 사실을 기억하십시오. 주께서 가까이 오고 계십니다. 이 사실을 기억할 때 이 세상과 삶의 많은 일들을 너그럽게 받아들일 수 있습니다.

더 나아가 우리가 마땅히 복수하거나 처벌할 수 있다고 생각해서 직접 갚으려 들면 안 됩니다. 모든 인간이 주님 앞에 설 것이고, 주님이 우리에게 해를 끼친 자들과 악인을 심판하실 것입니다. 그러니 걱정하지 마십시오. 내가 즉시 갚아야 할 것처럼 생각지 마십시오. "내 사랑하는 자들아, 너희가 친히 원수를 갚지 말고 하나님의 진노하심에 맡기라. 기록되었으되 원수 갚는 것이 내게 있으니 내가 갚으리라고 주께서 말씀하시니라"라고 바울은 말합니다(롬 12:19). 이 말씀을 믿는다면 오히려 자신에게 해를 끼친 자를 불쌍히 여길 것이며, 그들이 하나님 앞에 설 것을 생각하고 떨리는 마음으로 관용을 베풀 것입니다.

마지막으로 다음과 같이 설명해 보겠습니다. 여러분은 지금 힘들고 어려운 시기를 지나고 있을지 모릅니다. 바울은 지금 그것을 과소평가하는 것이 아닙니다. 아주 가혹하고 무정한 대우를 받고 있을지도 모르고, 몹시 심각한 형편에 처해 있을지도 모릅니다. 무언가 끔찍한 상황을 견디고 있을지도 모르고, 밤낮으로 사람들에게 시달리고 있을지도 모릅니다. 그러나 지금 이 땅에서 무슨 일을 겪고 있으며 견디고 있든지, 주께서 가까이 오고 계십니다. 여러분에게 놀랍게 보상해 주기 위해 주께서 준비하고 계십니다. 그가 오셔서 영광의 통치를 시작하시면, 여러분은 그와 함께 거하며 통치할 것이고 그의 기쁨과 영광에 동참할 것입니다. 여러분, 여러분의 이름이 하늘에 기록되어 있다면, 여러분이 참으로 주께 속한 자들이라면, 확실하게 보상을 받을 것입니다. 감히 생각하지도 못하고 상상하지도 못할 영광스러운 기쁨이 여러분을 기다리고 있습니다. 그러니 그가 곧 오신다는 말씀, 그가 가까이 오고 계신다는 이 말씀을 기억하십시오. 그가 곧 오실 것을 바라보십시오.

한 번 더 말하겠습니다. 성경은 주님처럼 하라고 권합니다. 히브리서 기자는 주님이 다음과 같이 하셨다고 말합니다. "그는 그 앞에 있는 기쁨을 위하여 십자가를 참으사 부끄러움을 개의치 아니하시더니"(히 12:2). 야고보의 말도 들어 보십시오. "그러므로 형제들아, 주께서 강림하시기까지 길이 참으라. 보라, 농부가 땅에서 나는 귀한 열매를 바라고 길이 참아 이른 비와 늦은 비를 기다리나니 너희도 길이 참고 마음을 굳건하게 하라. 주의 강림이 가까우니라. 형제들아, 서로 원망하지 말라. 그리하여야 심판을 면하리라. 보라, 심판주가 문밖에 서 계시니라"(약 5:7-9).

다른 말을 더 할 필요가 있을까요? 이것은 심리학이 아닙니다. 범사에 관용을 나타내십시오. "주께서 가까우시니라." 이 맥락에서 모든 삶을 바라보십시오. 여러분이 아닌 주님이 심판자시라는 것을 안다면, 그가 자신과 자신의 백성들을 부당하게 대하고 해친 모든 자들, 여러분이 기도해 주었음에도 악으로 갚은 자들에 대해, 그 모든 죄와 악에 대해 원수를 갚으신다는 사실을 안다면, 그들을 위해 기도하십시오. 그리고 무엇보다 여러분이 주님과 함께 살게 될 것과 영원토록 그의 영광스러운 임재 안에 거하면서 그 앞에 있는 기쁨에 동참할 것에 대해 깊이 상고하십시오. 그렇게 여러분의 관용을 모든 사람에게 알게 하십시오.

아무것도 염려하지 말고 다만 모든 일에 기도와 간구로,
너희 구할 것을 감사함으로 하나님께 아뢰라.
그리하면 모든 지각에 뛰어난 하나님의 평강이
그리스도 예수 안에서 너희 마음과 생각을 지키시리라.

빌립보서 4:6, 7

14. 하나님의 평강

이것은 분명 현존하는 모든 문헌에 나오는 말 중에 가장 위대하고 고상한 위로의 말입니다. 사실 위로의 말은 성경 다른 곳에도 많이 나오지만, 실제 삶과 경험의 측면에서 볼 때 이 두 구절보다 더 하나님의 백성을 위로해 주는 말씀은 없을 것입니다. 지난 설교에서 우리는 불안한 심령과 제 뜻대로 하려는 욕심 때문에 기쁨을 잃을 때가 얼마나 많은지 보았습니다. 오늘 본문에서도 바울은 주님의 기쁨을 빼앗아 가는 가장 골치 아픈 문제를 다루는데, 그것은 바로 환경이나 사건에 휘둘리는 것입니다. 환경이나 사건에 휘둘려 기쁨을 잃을 때가 얼마나 많고도 잦은지 모릅니다! 사도는 이 문제를 궁극적으로 해결해 줍니다. 성경을 읽어 보면 놀라울 만큼 이 주제를 많이 다루고 있습니다. 신약 서신서 기자들이 모두 이 문제에 직면해 있었으며, 초대교회 그리스도인들이 이 문제를 잘 해결하도록 돕기 위해 편지를 썼다고 말해도 무방할 정도입니다. 그들은 힘겨운 세상에 살면서 많은 것을 참고 견뎌야 했습니다. 하나님의 부르심을 받은 서신서 기자들은 편지를 통해 이런 상황을 어떻게 이겨 나가야 하는지 알려 주었습니다. 이것이 신약성경의 큰 주제를 이루고 있습니다.

물론 구약성경에도 이 주제가 나옵니다. 예를 들어 시편 3편과 4편을 보십시오. 이 주제를 아주 완벽하게 다루고 있습니다. 어떤 의미에서 인생의 중대한 문제는 '어떻게 자고 쉴 것인가'라고 할 수 있습니다. 시편 기자는 자신이 누워서 잘 수 있었다고 말합니다(시 3:5). 눕는 것은 누구나 할 수 있습니다. 그러나 문제는 그렇게 누워서 잘 수 있느냐 하는 것입니다. 시편 기자는 대적과 어려움과 환난에 에워싸인 자신의 상황을 묘사합니다. 그런데도 주님을 신뢰하기에 자리에 누워서 잠이 들고 아무 탈 없이 아침에 깨어난다는 것이 그의 놀라운 간증입니다. 어떻게 그럴 수 있을까요? 주님이 함께하시고 돌보아 주시기 때문입니다.

이처럼 이것은 구약과 신약에 자주 등장하는 주제이자 가장 중요한 주제인 것이 분명합니다. 저는 이것만큼 그리스도인의 신분과 신앙을 철저히 검증해 주는 시금석은 없다고 생각합니다. 기독신앙에 동의한다고 해서 다 되는 것이 아닙니다. 성경을 읽고 교리를 발췌한 다음 "네, 저는 이것을 믿고 이 신앙에 따라 삽니다"라고 말한다고 해서 다 되는 것이 아닙니다. 모든 상황이 악화되어 절망으로 몰고 갈 때에도 신앙 때문에 그것을 이기고 승리하며 기쁨을 지키는 삶이 어떤 것인지 경험해야 합니다. 이것은 그리스도인의 신분을 검증해 볼 수 있는 정교하고도 세밀한 시금석이며, 본질적으로 실천의 영역에 적용되는 시금석입니다. 단순한 이론이 아닙니다. 여러분은 **실제로** 힘든 처지에 빠지고, **실제로** 힘든 상황에 처하며, **실제로** 힘든 일들을 겪습니다. 문제는 그런 때 과연 자신이 가지고 있는 신앙의 가치가 드러나느냐 하는 것입니다. 신앙이 있는 여러분은 신앙이 없는 사람들과 다르게 반응합니까? 이것은 평강과 위로를 얻는 일을 위해서도 중요한 질문이지만, 특히 요즘 같은 때 그리스도를 증언하는 일과 관련해서도 심히 중요한 질문입니다. 오늘날 사람들은 현실주의자와 실용주의자를 자처합니다. 그래서 우리가 하는 말이나 교리에는 전혀 관심이 없다고 말합니다. 그러나 승리하는 삶의 비결을 알고 있는 듯한 이들이 나타나면 곧바로 관심을 보입니다. 자신들이 불행과 좌절과 불확실성과 두려움 속에서 살고 있기에, 평안하고 안정되고 차분한 이들이 나타나면 언제든지 이목을 집중하는 것입니다. 이처럼 우리 각 사람이 주님의 기쁨을 지키고 행복해지기 위해서뿐 아니라 요즘처럼 어려운 시절에 그리스도를 증언하고 전하기 위해서도, 환경과 상황에 휘둘리지 않는 법을 알려 주는 사도의 이 훌륭한 진술을 주의 깊게 살펴보아야 합니다.

이 주제는 아주 간단히 나누어서 살펴볼 수 있습니다. 첫째로, 사도는 피해야 할 것을 한 가지 알려 줍니다. 상황에 휘둘리지 않기 위해 먼저 피해야 할 것이 있습니다. "아무것도 염려하지 말고." 이것은 소극적인 명령입니다. 염려에 빠지지 말라는 것입니다. "염려"가 무엇인지 확실하게 알아봅시다. 흠정역에는 "아무것도 개의치 말고^{Be careful for nothing}"라고 되어 있지만, "아무것도 걱정하지 말고"나 "아무것도 염려하지 말고"라고 번역하는 편이 더 낫습니다.* 여기에서 "염려"란 '염려가 가득한 상태'를 가리키는 말로서, 걱정과 불안에 시달리고 초조해 하며 노심초사한다는 뜻입니다. 주님도 산상설교에서 이 단어를 사용하셨습니다. 마태복음 6장에서 "염려하지 말라"라고 하신 말씀을 기억할 것입니다. 주님은 지나치게 걱정하지 말라, 노심초사하며 자꾸 생각하지 말라, 초조해 하지 말라고 하셨습니다. 이것이 "염려"라는 말에 담긴 의미입니다.

덧붙이자면, 성경은 어디에서도 평상적인 삶의 대비책조차 마련해

---

* 우리말 성경 개역개정판은 후자로 옮겨 놓았다.

놓지 말라거나 상식적으로 행동하지 말라고 하지 않습니다. 두 손 놓고 게으르게 살라고 부추기지도 않습니다. 바울이 데살로니가 교회에 뭐라고 했는지 여러분도 알 것입니다. "누구든지 일하기 싫어하거든 먹지도 말게 하라"(살후 3:10). 이처럼 "염려"란 현명하게 미리 대비하고 준비하는 것을 가리키는 말이 아니라 걱정하고 괴로워하며 지치도록 근심하는 것을 가리킵니다. 무슨 수를 써서라도 이것만큼은 피해야 한다고 사도는 말합니다.

그러나 보다시피 사도는 소극적인 명령을 내리는 데 그치지 않습니다. 우리는 여기에서 아주 심오한 성경의 심리학을 만나게 됩니다. 사도는 우리가 어떻게 하다가 걱정 때문에 초조하고 우울한 병적 상태에 빠지게 되는지 보여 줍니다. 결국 이 모든 것의 원인은 마음과 생각에 있습니다. "모든 지각에 뛰어난 하나님의 평강이 그리스도 예수 안에서 너희 마음과 정신mind을 지키시리라"(KJV). 걱정과 병적인 근심, 불안을 만들어 내는 것은 마음과 생각입니다.

이것은 심오한 심리학입니다. 제가 이 점을 강조하는 이유는, 사도가 이 상태를 심리학적으로 어떻게 설명하는지 알아야만 그가 내놓는 대책도 적용할 수 있기 때문입니다. 다시 말해서 사도는 삶의 안팎에 있는 많은 요소들은 통제할 수 있어도 마음과 정신은 통제할 수 없음을 지적합니다. "걱정은 어떤 의미에서 너희의 통제범위 밖에 있는 것이다. 너희 뜻과 별개로, 너희 뜻을 거슬러 생기는 것이다." 우리의 경험으로 볼 때 참으로 맞는 말 아닙니까? 걱정에 빠졌던 때를 회상해 보십시오. 자기 의지로 그 걱정을 과연 떨쳐 낼 수 있었는지 생각해 보십시오. 그럴 때는 잠도 제대로 자지 못합니다. 잠만 잘 수 있다면, 마음과 정신이 작동하지 못하게 막을 수만 있다면, 자꾸 잠을 몰아내는 생각의 소용돌이를 막을 수만 있다면 온 세상이라도 주고 싶습니다. 그러나 마음과 정신은 우리가 가만히 잠들도록 내버려 두질 않습니다. 이처럼 마음과 정신은 우리의 통제범위 밖에 있는 것입니다. 이것은 참으로 심오한 심리학으로서, 사도는 주저 없이 이 심리학을 활용하고 있습니다. 여기에서도 우리는 인간의 실상을 있는 그대로 인정하는 성경의 놀라운 현실주의와 더할 나위 없는 솔직함을 발견하게 됩니다. 사도는 마음과 정신—또는 우리 존재의 심연—이 우리를 쉽게 걱정으로 몰아간다고 말합니다. 여기에서 "마음"이란 단순히 감정이 솟아나는 곳을 가리키는 말이 아니라 인격의 중심을 가리키는 말입니다. 흠정역에 나오는 "정신"은 "생각"으로도 번역할 수 있습니다.* 오, 우리는 모두 이런 상태를 경험한 적이 있습니다. 사도의 말이 무슨 뜻인지 정확하게 알고 있습니다. 마음은 감정을 느낍니다. 사랑하는 사람이 병들면 마음이 작동하기 시작합니다! 그 사람에 대한 관심과 사랑이 염려를 불러일으킵니다. 그 사람을 생각하는 만큼 염려가 커지는 것입니다. 어느 지점에서 마음과 감정이 끼어들기 시작하는지 여러분도 알 것입니다. 그뿐 아니라 상상력까지 작동합니다! 상상력만큼 자주 염려를 불러일으키는 원인은 없습니다. 어떤 상황이 발생합니다. 그 상황 자체만 생각하면 잠들지 못할 이유가 없습니다. 그런데 상상력이 작동하기 시작합니다. '이러저러하게 되면 어떡하지? 오늘 밤엔 그럭저럭 괜찮지만, 내일 아침에 갑자기 열이 오르거나 상태가 나빠지면 어떡하지?' 이런 상상에 휘둘려 생각이 꼬리에 꼬리를 물고 몇 시간씩 이어집니다. 그렇게 마음이 잠을 몰아냅니다.

정신과 순전한 생각의 영역에 이르면, 상상의 영역에서보다 더 많은

---

* 우리말 성경 개역개정판은 후자로 번역하고 있다.

가능성을 예측하며 본격적으로 대책을 강구하고 분석하기 시작합니다. '그런 일이 생기면 이러이러하게 대비해야 해. 아니면 저러저러하게 해야겠다.' 생각이 어떤 식으로 작동하는지 알겠습니까? 이처럼 마음과 정신은 우리의 통제범위 밖에 있습니다. 우리는 생각의 희생자입니다. 걱정에 휘말리면서 희생자가 되어 버립니다. 우리 안에 존재하되 통제는 받지 않는 마음과 정신, 이 두 세력이 우리를 다스리고 휘두릅니다. 사도는 무슨 수를 써서라도 이런 상태를 피하라고 말합니다. 그 이유를 일일이 말씀드릴 필요는 없을 것입니다. 다들 경험으로 잘 알고 있을 테니 말입니다. 한번 걱정에 휘말리면 이리저리 따져 보고 헤아려 보고 상상하느라 시간을 다 보냅니다. 그러면서 점점 더 무력해집니다. 사람들과 말도 하고 싶지 않습니다. 대화를 할 때에도 겉으로는 듣는 것 같지만 사실은 이런저런 궁리를 하느라 여념이 없습니다. 그뿐 아니라 우리의 증언도 무력해집니다. 완전히 무능해지며, 무엇보다 주님의 기쁨을 잃어버립니다.

이제 서둘러 두 번째 원리를 살펴봅시다. 이러한 내적 혼란에 빠지지 않으려면 어떻게 해야 할까요? 사도의 가르침은 무엇입니까? 본문은 기독교만의 분명한 특징을 보여 줍니다. 저는 별도의 설명 없이도 걱정에 대처하는 기독교의 방식과 심리학적 방식 또는 상식적인 방식이 어떻게 다른지 보여 드릴 수 있습니다. 제가 심리학을 야박하게 평가한다고 여기는 분들이 있을지 몰라서 잠깐 변명을 하겠습니다. 저는 심리학이야말로 기독신앙을 위협하는 가장 교묘한 위험 중에 하나라고 생각합니다. 기독신앙의 힘으로 산다고 말하지만, 사실은 신앙이 아니라 단순한 심리적 기제에 의지해서 사는 경우가 있습니다. 그런 사람들은 진짜 위기가 닥치면 그대로 무너져 버립니다. 우리가 전하는 것은 심리학이 아니라 신앙입니다.

걱정에 대처하는 기독교의 방식과 여타 방식 간의 차이를 알려 드리겠습니다. 걱정이 생길 때 어떻게 하라고 사도는 말합니까? 단순히 걱정하지 말라고 하지 않습니다. 상식과 심리학에서는 그렇게 말합니다. "걱정하지 말고 마음을 단단히 먹으라"라고 합니다. 그런데 사도가 이렇게 말하지 않는 데는 합당한 이유가 있습니다. 걱정거리가 있는 사람에게 아무리 걱정하지 말라고 해 봐야 아무 소용이 없음을 아는 것입니다. 덧붙이자면, 이것은 심리학적으로도 형편없는 대처법입니다. 의지가 강한 사람은 의식적으로 걱정을 억누르겠지만, 무의식에는 계속 걱정이 쌓일 것입니다. 이른바 억압의 상태가 되는 것입니다. 억압은 걱정보다 더 해롭습니다. 제가 바울의 '심리학'이 아주 중요하다고 말하는 이유가 여기 있습니다. 사람은 걱정하지 않을 수가 없습니다. 걱정하고 싶지 않아도 걱정하지 않을 수가 없습니다. 구제불능의 주정뱅이한테 아무리 술을 끊으라고 말해 봐야 소용없는 것과 같습니다. 주정뱅이는 술을 끊을 수가 없습니다. 술을 마시고 싶은 욕망과 정욕에 꼼짝없이 붙잡혀 있기 때문입니다. 또한 성경은 "네가 걱정하는 일은 일어나지 않을 테니 걱정하지 말라"고도 하지 않습니다. 이것은 대중적인 심리학의 표어이자 사람들이 좋게 평가하는 말입니다. "일어나지도 않을 일을 가지고 왜 걱정하느냐?"라는 것입니다. 그러나 걱정하는 제게 누가 그런 말을 한다면 저는 이렇게 대답하겠습니다. "아니, 그런 일이 **일어날 수도 있잖습니까?**" 바로 이것이 문제입니다. 그런 일이 실제로 일어나면 어떻게 할 겁니까? 여기에 문제의 핵심이 있습니다. "그런 일은 일어나지 않는다"라는 것은 전혀 도움이 되지 않는 말입니다.

또 한 가지 소극적인 이유는 이것입니다. 걱정하고 근심하는 불쌍한 사람에게 "아무 걱정하지 마세요. 걱정하는 건 잘못입니다. 걱정해 봐야 아무것도 달라지지 않아요"라고 쉽게 말하는 이들이 있습니다. 물론 전적으로 옳은 말이고 상식적인 말입니다. 심리학자들도 "걱정하느라 힘을 낭비하지 마십시오. 걱정한다고 달라질 건 없습니다"라고 합니다. 그러나 그런 말에 대한 저의 대답은 이것입니다. "아, 그렇지요. 그 말이 맞습니다. 하지만 그렇다고 근본적인 문제가 해결되는 건 아닙니다. 나는 지금 **생길지도 모르는** 일 때문에 걱정하고 있습니다. 걱정한다고 상황이 바뀌지 않는다는 말은 맞지만, 어쨌든 그런 일이 생길 가능성은 여전히 남아 있고 나는 그 가능성 때문에 걱정하는 거니까 근본적인 문제는 해결되지 않은 거지요. 당신 말이 전적으로 맞긴 하지만 내 입장은 하나도 달라질 게 없어요." 다시 말해서 바울이 말하는 "마음과 생각"—우리를 붙잡고 있는 세력—의 힘을 모르는 이런 방법들로는 결코 문제를 해결할 수가 없습니다. 심리학적이고 상식적인 방법들이 아무 소용 없는 이유가 여기 있습니다.

그렇다면 바울이 내놓는 대책은 무엇입니까? 그는 적극적인 명령의 형태로 대책을 제시하고 있습니다. "너희 구할 것을……하나님께 아뢰라." 이것이 그의 대답입니다. 걱정에 대처하는 방법을 구체적으로, 정확하게 아는 것이 매우 중요합니다. 사도는 "너희 구할 것을……하나님께 아뢰라"라고 합니다. 이렇게 말하면 고통을 당하고 있는 많은 이들은 소리칠 것입니다. "아, 그건 나도 해 봤어요. 나도 기도해 봤습니다. 하지만 당신이 말하는 평강은 얻지 못했어요. 응답도 받지 못했지요. 이제 나한테 기도하라는 말은 하지 마세요." 다행히 사도도 이런 사정을 알고, 기도에 필요한 특별한 지침을 주고 있습니다. "아무것도 염려하지 말고 다만 모든 일에 기도와 간구로, 너희 구할 것을 감사함으로 하나님께 아뢰라." 사도가 이 단어들을 마구잡이로 열거한 것 같습니까, 고심해서 신중하게 선택한 것 같습니까? 저는 사도가 우리 구할 것을 하나님께 아뢰는 방법을 보여 주기 위해 단어들을 신중하게 선택했다는 점을 능히 입증해 보일 수 있습니다.

어떻게 입증해 보일까요? 첫째로 그는 기도하라고 하면서, 기도와 간구와 감사를 구분하고 있습니다. 사도가 말하는 기도가 무엇입니까? 이것은 가장 보편적인 단어로서 하나님을 경배하고 흠모한다는 뜻입니다. 도저히 풀 수 없을 듯한 문제로 걱정이 되고 마음이 짓눌릴 때, 기도하기 위해 급하게 달려가서 탄원부터 하지 마십시오. 그러면 안 됩니다. 여러분이 구할 것을 하나님께 아뢰기 전에 먼저 기도하고 경배하고 흠모하십시오. 하나님 앞에 나아가십시오. 여러분의 문제는 잠시 잊으십시오. 다짜고짜 그 문제부터 아뢰지 마십시오. 여러분이 하나님과 대면하고 있다는 사실을 기억하십시오. "기도"라는 단어 자체가 대면한다는 개념을 내포하고 있습니다. 하나님 앞에 나아갈 때 그가 앞에 계시다는 사실을 생각하고 기억하십시오. 항상 이것이 첫 단계입니다. 구할 것을 아뢰기 전에 자신이 하나님을 대면하고 있다는 사실부터 기억하고, 하나님 앞에서 그를 흠모하며 마음을 쏟아 놓아야 한다는 점을 기억해야 합니다. 이것이 출발점입니다.

그 다음은 간구입니다. 기도에 이어 간구하라는 것입니다. 하나님의 하나님 되심으로 인해 그를 경배한 다음에, 그를 흠모하며 경배한 다음에 특정한 문제를 아뢰라는 것입니다. 사도는 간구하도록 격려합니다. 우리의 특정한 문제를 하나님께 내놓으라고, 간구는 정당한 기도의 일부분이라고 격려합니다. 하나님께 탄원하며 염려되는 특정한 문제를 내놓으라는 것입니다.

이제 우리는 구할 것을 아뢰는 단계에 좀 더 가까이 접근했습니다. 그러나 잠깐 기다리십시오. 아직 한 단계가 더 남았습니다. "기도와 간구로⋯⋯감사함으로." "감사"는 가장 중요한 단어입니다. 걱정에 빠졌을 때 가장 놓치기 쉬운 것이 바로 감사입니다. 사도가 단순히 전례典禮의 형식에 대한 관심으로 이런 단계들을 말하는 것은 아니라는 점을 굳이 설명하지 않아도 알 것입니다. 사람들이 단순히 전례의 측면에서 예배의 형식에 관심을 쏟는 것이야말로 큰 비극이 아닐 수 없습니다. 사도의 관심은 거기 있지 않습니다. 사도의 관심은 형식이 아닌 예배 그 자체에 있습니다.

그래서 감사가 꼭 필요한 것입니다. 원망하는 마음으로 기도하면서 하나님의 평강이 자기 마음과 생각을 지키실 것을 기대해서는 안 됩니다. 하나님이 우리를 대적하신다고 생각하면서 무릎을 꿇느니 차라리 자리를 박차고 일어나 나가는 편이 낫습니다. 그렇습니다. 우리는 "감사함으로" 나아가야 합니다. 하나님의 선하심을 의심 없이 믿어야 합니다. 의문이나 의구심 없이 믿어야 합니다. 적극적인 이유를 가지고 감사해야 합니다. 문젯거리와 고민거리를 가지고 나아가 무릎을 꿇을 때에도 '무엇으로 하나님께 감사드릴까?'를 생각해야 합니다. 의도적으로 감사해야 합니다. 생각하면 얼마든지 감사할 것이 있습니다. 이 점을 꼭 기억하십시오. '비록 지금 내가 어려운 처지에 놓여 있지만, 그래도 나를 구원해 주셨으니 감사하고 나와 내 죄 때문에 아들을 보내서 십자가에 죽게 하셨으니 감사하다. 그렇다. 내게는 해결해야 할 심각한 문제가 있다. 하지만 하나님은 날 위해 이미 그 모든 일을 하셨다. 나는 하나님이 아들이신 주 예수 그리스도를 세상에 보내 주신 것에 감사한다. 그리스도가 친히 내 죄를 지고 나무에 달리신 것에 감사하며, 날 의롭다 하시기 위해 다시 살아나신 것에 감사한다. 그 모든 일에 감사하면서 내 마음을 쏟아 놓아야겠다. 이미 주신 많은 축복에 대해 감사해야겠다'라고 생각해야 합니다. 마음과 힘을 다해 감사를 드리며 하나님을 찬양할 이유를 찾아야 합니다. 하나님이 우리 아버지이신 것과 우리 머리카락까지 다 셀 정도로 우리를 사랑하신다는 사실을 기억해야 합니다. 이런 것들을 생각하면서 감사함으로 마음을 쏟아 놓아야 합니다. 이처럼 우리는 하나님과 바른 관계를 맺어야 합니다. 하나님에 관한 진리를 알아야 하며, 사랑하고 찬양하며 예배하고 흠모하면서 굳건한 믿음을 가지고 하나님께 나아가 구할 것을 아뢰어야 합니다. 다시 말해서 바울이 주장하는 기도는 어둠 속의 절망적인 외침이나 생각할 겨를도 없이 미친 듯이 쏟아 내는 호소가 아닙니다. 우리가 영광스럽고 복되신 하나님을 경배하고 있다는 사실을 먼저 기억하고 생각해야 합니다. 이렇게 먼저 경배하고 나서 구할 것을 아뢰어야 합니다.

그 다음 원리는 하나님이 은혜로운 약속을 주신다는 것입니다. 우리가 무엇을 해야 하는지도 알아보고 걱정을 어떻게 다루어야 하는지도 알아보았으니, 이제 사도의 말대로 하는 자들에게 어떤 은혜로운 약속을 주시는지 살펴봅시다. 물론 이것은 최고의 약속이지만, 이 약속이 구체적으로 무엇에 대한 것인지 알아야 합니다. 이 약속에 주목한 적이 있습니까? 이 약속의 성격에 주목한 적이 있습니까? 이 약속은 여러분의 걱정거리에 대해 일언반구도 하지 않는다는 사실을 알고 있습니까? 바로 이것이 걱정에 대처하는 기독교만의 독특한 방식입니다. 사도가 "모든 일─모든 걱정거리─을 하나님께 아뢰라. 그러면 하나님이 다 없애 주시고 해결해 주실 것이다"라고 말합니까? 아닙니다. 바울은 그렇게 말하지 않습니다. 여러분의 걱정거리에 대해서는 입도 벙긋하지 않습니다.

그리스도인의 삶에서 가장 짜릿한 점이 바로 이것이라고 저는 생각합니다. 복음의 영광은 이처럼 환경이 아니라 우리의 상태에 집중하는 데 있습니다. 복음이 말하는 궁극적인 승리는 환경과 상관없이 흔들리지 않고 똑바로 서는 것입니다. 복음은 우리의 형편에 대해 언급하지 않습니다. 괴롭고 복잡한 문제들에 대해 이야기하지 않습니다. 일언반구 하지 않습니다. 내가 두려워하는 일들이 과연 닥칠지 닥치지 않을지는 알 수 없습니다. 바울은 내가 두려워하는 일이 생기지 않는다고 장담하는 대신, 그런 일이 생기든 생기지 않든 하나님이 나를 지켜 주실 것이라고 말합니다. 이로 인해 하나님께 감사드리십시오. 바로 이것이 승리입니다. 어떤 환경도 딛고 일어섭니다. 어떤 환경도 능히 이겨 냅니다.

이것은 중요한 원리입니다. 우리가 환경에 휘둘리는 것은 환경에 의존하기 때문이며, 환경을 지배하고 통제하길 원하기 때문입니다. 그러나 그것은 성경적인 대처법이 아닙니다. 사도가 말하는 대처법은 이것입니다. "너희 구할 것을……하나님께 아뢰라. 그리하면 모든 지각에 뛰어난 하나님의 평강이 그리스도 예수 안에서 너희 마음과 생각을 지키시리라." 하나님은 잠 못 들게 만드는 문제들로부터 여러분을 안전하게 지켜 주십니다. 그런 문제들이 여러분 속까지 침투해 들어오지 못하도록 막아 주시며, 그런 문제들 속에서도 평강을 누리도록 지켜 주십니다.

이것은 기도하면 기분이 나아진다는 뜻이 아님을 지적해야겠습니다. 이런 이유로 기도하는 사람은 부끄러워해야 합니다. 물론 심리학자들은 이런 이유로 기도를 활용하며, 문제가 생겼을 때 기도해 보라고 권합니다. 이것은 심리학적으로는 좋은 방법일지 몰라도, 기독교적으로는 아주 잘못된 생각입니다. 기도는 자기암시가 아닙니다.

또 이것은 '기도하라. 기도하는 동안은 문제에서 놓여나 잠시나마 한

숨을 돌릴 수 있다'라는 뜻도 아닙니다. 이 또한 심리학적으로는 좋은 방법일지 몰라도, 기독교적으로는 잘못된 생각입니다.

그뿐 아니라 '하나님과 그리스도에 대한 생각으로 마음을 꽉 채우면 다른 문제는 절로 잊힐 것이다'라는 뜻도 아닙니다. 이것도 심리학적으로는 좋은 방법일지 몰라도, 기독교와는 아무런 상관이 없는 생각입니다.

신중하게 말씀드리지만 '기도하라. 그러면 바뀔 것이다'라는 뜻도 아닙니다. 그렇습니다. 기도는 상황을 '바꾸는' 방편이 아닙니다. 사도는 여기에서 그렇게 말하지 않습니다. 그 또한 심리학적인 방법일 뿐, 복음과는 아무런 상관이 없는 생각입니다. 사도가 말하는 바는 "기도하고 너희 구할 것을 하나님께 아뢰면 하나님이 행하신다"라는 것입니다. 기도 자체가 무슨 일을 하는 것이 아니고, 여러분이 무슨 일을 하는 것도 아닙니다. 하나님이 하십니다. "모든 지각에 뛰어난 하나님의 평강이―하나님이 모든 것을 통해―그리스도 예수 안에서 너희 마음과 생각을 지키시리라."

"지키시리라"라는 표현에 대해 잠깐 말씀드리겠습니다. 이것은 수호하고 보호한다는 뜻입니다. 이 표현에 해당되는 말들은 많습니다. 이 표현을 보면 떠오르는 장면이 있습니다. 그것은 하나님의 평강이 우리 인생의 성채와 성벽을 돌면서 순찰하는 장면입니다. 우리는 그 성안에 살고 있습니다. 마음과 생각이 작동하기 시작하면 성 밖에서 스트레스와 걱정과 긴장이 마구 침투하려 듭니다. 그런데 하나님의 평강이 그것을 막아 줍니다. 우리는 성안에서 온전한 평강을 누립니다. 하나님이 이 일을 해 주십니다. 우리가 하는 것도 아니고, 기도가 하는 것도 아니고, 심리적 기제가 하는 것도 아닙니다. 하나님께 구할 것을 아뢰면 하나님이 이 일을 하시고 온전한 평강으로 지켜 주십니다.

"모든 지각에 뛰어난 하나님의 평강"이란 무슨 뜻일까요? 우리가 이해하지도, 상상하지도, 어떤 의미에서 믿지도 못할 평강이라는 뜻입니다. 그런 평강이 임한다는 것입니다. 그런 평강을 경험하고 누린다는 것입니다. 그런데 그 평강은 그리스도 예수 안에 있습니다. 무슨 말입니까? 주 예수 그리스도를 알고 그에 관한 사실들을 알 때 평강이 임한다는 것입니다. 로마서에서 논거를 찾아보겠습니다. "곧 우리가 원수 되었을 때에 그의 아들의 죽으심으로 말미암아 하나님과 화목하게 되었은즉 화목하게 된 자로서는 더욱 그의 살아나심으로 말미암아 구원을 받을 것이니라"(롬 5:10). "하나님을 사랑하는 자 곧 그의 뜻대로 부르심을 입은 자들에게는 모든 것이 합력하여 선을 이루느니라"(롬 8:28). "자기 아들을 아끼지 아니하시고 우리 모든 사람을 위하여 내주신 이가 어찌 그 아들과 함께 모든 것을 우리에게 주시지 아니하겠느냐?"(롬 8:32) "내가 확신하노니 사망이나 생명이나 천사들이나 권세자들이나 현재 일이나 장래 일이나 능력이나 높음이나 깊음이나 다른 어떤 피조물이라도 우리를 우리 주 그리스도 예수 안에 있는 하나님의 사랑에서 끊을 수 없으리라"(롬 8:38-39). 하나님이 우리를 위해 아들을 십자가에 죽도록 내어 주시는 최고의 일을 해 주셨는데 이제 와서 우리를 버리시겠느냐, 우리를 중도에 포기하시겠느냐는 것입니다. 이처럼 그리스도 예수를 통해, 그리스도 예수 안에서 모든 지각에 뛰어난 하나님의 평강이 우리 마음과 생각을 지켜 줍니다. 하나님은 이처럼 걱정에 무너지지 않는 평강과 자유를 보장해 주십니다.

마지막 원리인 약속의 포괄성에 대해 잠깐 말씀드리고 설교를 마치겠습니다. 바울은 아무것도 염려하지 말라고 합니다. "아무것도 염려하지 말고 다만 모든 일에……." 무엇이든 염려하지 말라는 것입니다. 무엇이든 상관없이 염려하지 말라는 것입니다. 사랑하는 그리스도인들이여,

여러분을 좌절시키는 것이 무엇이든, 여러분을 병적인 염려와 걱정의 희생자로 삼아 그리스도인으로서 살지 못하고 증언하지 못하도록 괴롭히며 망가뜨리는 것이 무엇이든, 그 일이 무엇이든 가리지 말고 하나님께 아뢰십시오. 그러면 모든 지각에 뛰어난 하나님의 평강으로 여러분의 마음과 생각을 보호하고 지키며 수호해 주겠다고 보장하십니다. 속에 있는 마음과 생각이 아무리 요동쳐도 영향을 받지 않도록 지켜 주겠다고 보장하십니다. 시편 기자처럼 여러분도 편히 누워 잘 수 있습니다. 온전한 평강을 누릴 수 있습니다. 실제로 이런 평강을 경험한 적이 있습니까? 지금도 이런 평강을 누리고 있습니까? 이 말씀은 여러분에게 하나의 이론입니까, 실제 현실입니까? 단언하는 바 2천 년에 달하는 기독교 역사, 교회 역사가 이 말씀이 사실임을 선포하고 있습니다. 성도들과 순교자들과 박해에 맞서 신앙을 지킨 자들의 이야기를 읽어 보십시오. 우리 시대에서도 동일한 증거를 찾아볼 수 있습니다. 몇 년 전까지 구세군 대장을 지낸 존 조지 카펜터John George Carpenter가 겪은 일을 최근에 읽었는데, 부부는 그토록 아끼고 자랑스러워했던 딸, 동양의 선교사로 청춘을 바친 사랑하는 딸을 잃을 형편에 처했습니다. 어느 날 갑자기 장티푸스에 걸린 것입니다. 당연히 그들은 기도했습니다. 그러나 무언가 설명할 수는 없지만 딸의 회복을 위해 기도할 수 없을 것 같은 느낌이 들었습니다. 부부는 여전히 기도했지만—"주님이 원하시면 이 아이를 고치실 수 있습니다"라고 기도했습니다—적극적으로 고쳐 달라고 하지 못하고 "원하시면 고치실 수 있습니다"라고만 했습니다. 그 이상은 구할 수가 없었습니다. 부부는 6주 동안 그렇게 기도했고, 어여쁜 딸은 마침내 숨을 거두었습니다. 딸이 죽던 날 아침, 존 카펜터는 아내에게 말했습니다. "오늘은 이상하게 마음이 편하네." 그러자 아내도 그렇다고 하면서 "이건 분명 하나님의 평강이에요"라고 덧붙였습니다. 참으로 그것은 하나님의 평강이었습니다. 하나님의 평강이 그들의 마음과 생각을 잔잔하게 지켜 주었고 낙심치 않게 해 주었습니다. 그렇습니다. 그들은 구할 것을 바르게 아뢰었습니다. 그리고 참으로 놀랍게도—자책감까지 느껴질 정도로—기이한 평온과 평강이 찾아왔습니다. 그들은 이해할 수가 없었습니다. "이건 분명 하나님의 평강"이라는 말밖에 할 수 없었습니다. 그리고 그 말이 맞습니다. 이 사실로 인해 하나님께 감사드리십시오. 이것은 우리가 설명할 수 없는 경험, 우리를 압도하는 경험입니다. 하나님은 전능하신 분입니다. 기도와 간구와 감사함으로 여러분의 구할 것을 아뢰십시오. 그러면 과연 그리스도 안에 있는 평강으로 여러분의 마음과 생각을 편안하고 평안하게 지켜 주실 것입니다.

끝으로 형제들아, 무엇에든지 참되며 무엇에든지 경건하며
무엇에든지 옳으며 무엇에든지 정결하며
무엇에든지 사랑받을 만하며 무엇에든지 칭찬받을 만하며
무슨 덕이 있든지 무슨 기림이 있든지 이것들을 생각하라.

빌립보서 4:8

15. 히브리 정신과 그리스 정신

이제 사도 바울이 빌립보 교인들에게 주는 마지막 권면을 살펴볼 차례가 되었습니다. "끝으로"라는 말에는 편지를 맺기 싫어하는 사도의 심정이 그대로 배어납니다. 그는 빌립보 교인들을 몹시 사랑했습니다. 사도가 그들에게 이토록 큰 애정을 품은 것은, 그와 빌립보 교회 사이가 각별했기 때문이기도 하고 빌립보 교회의 모습이 유난히 그의 마음을 사로잡았기 때문이기도 했습니다. 그런 교회에 편지를 쓰는 것은 즐거운 일이었습니다. 그래서 펜을 놓기 싫었지만 그렇다고 하염없이 쓸 수는 없었기에, 개인적인 성격의 언급 외에 일반적인 권면을 더 하면서 편지를 마무리짓고 있습니다. 이것은 잘 알려진 구절입니다. 예전에는 사람들이 성경구절을 액자에 넣어 벽에 걸어 놓곤 했는데, 그때 이 구절을 많이 걸어 놓았습니다. 그만큼 인용도 자주 됩니다. 그러나 동시에 사도 바울의 여러 말들 가운데서도 쉽게 오해를 사는 말이기도 합니다. 이 구절은 자주 오해를 받아 왔으며, 교회가 출범한 당시부터 큰 논란의 근거가 되어 왔습니다. 그렇기 때문에 이 구절을 살펴볼 때 어떤 접근법을 택하느냐 하는 것만큼 중요한 문제가 없습니다.

이처럼 접근법이 몹시 중요한 성경구절, 어떤 접근법을 택하느냐에 따라 해석이 달라진다고까지 말할 수 있는 성경구절들이 있습니다. 이 것은 주해와 해석에 관심 있는 이들이 반드시 유념해야 할 아주 중요한 원리입니다. 성경을 한 구절만 따로 떼어 살펴보면 위험합니다. 항상 전체적인 문맥 안에서 살펴보아야 합니다. 이런 구절들은 특히 더 그렇습니다. 예를 들어 8절을 살펴볼 때, 사도가 사용하는 단어와 용어들을 하나씩 보면서 각각의 정확한 의미를 찾아보는 것을 적절한 해석법으로 여길 수 있습니다. 그러나 저는 그런 해석법이 적절치 못하다는 점, 특히 이런 말씀은 어떤 접근법을 택하느냐가 최고로 중요하다는 점을 여러분에게 밝혀 드리고자 합니다. 다시 말해서 지금 우리 앞에 있는 질문은 이것입니다. 사도 바울이 8절에서 말하는 바가 정확히 무엇입니까? 이미 상기시켜 드렸듯이 이 질문을 던지는 즉시 우리는 기독교 초기부터 이어져 온 큰 논란에 휘말리게 됩니다. 이 질문에 어떻게 대답하느냐에 따라 그리스도인들은 두 무리로 갈라집니다.

8절은 기독교와 문화의 관계를 제기합니다. 이것은 아주 중요하고 중대한 문제이기 때문에, 대다수는 아니더라도 상당수 그리스도인들이 관심을 보이리라 믿습니다. 사실 이것은 현재 교회가 당면한 문제 중에서도 가장 긴급하고 시의적절한 문제이므로 일정한 결론을 내릴 필요가 있습니다.

이 주제의 배경을 알아보기 위해서는 역사적인 접근법이 필요합니다. 역사를 한참 거슬러 올라가 보면, 이것이 히브리 정신과 그리스 정신의 차이에서 비롯된 문제임을 알 수 있습니다. 그만큼 오래된 문제인 것입니다! 고대세계에는 두 가지 사고방식, 즉 히브리적 인생관과 그리스적 인생관이라는 아주 판이한 사고방식이 있었습니다. 어떻게 보면 성경에 등장하는 싸움—이후 교회사에도 분명히 등장하는 싸움—은 삶을 대하는 이 두 가지 태도 간의 갈등이라고 할 수 있습니다. 그렇다면 이 두 시각의 특징적인 차이가 무엇인지 간단하게 정리해 보겠습니다.

히브리 정신은 항상 역동적인 성향을 보이는 반면, 그리스 정신은 추상적인 성향을 보입니다. 히브리 정신은 행동과 활동을 통해 구원받는다고 믿지만, 그리스 정신은 사상을 통해 구원받는다고 믿습니다. 히브리적 시각의 정수라고 할 만한 구약성경은 하나님이 행하신 일들의 역사를 기록하고 있습니다. 이것이 히브리 정신의 구원관입니다. 히브리 정신은 구원의 사상이나 구원에 대한 사고 및 개념 대신 하나님의 행동과 개입을 강조합니다. 반면에, 그리스 정신에서는 모든 것이 사상의 문제로 귀결됩니다. 구원도 수동적으로 깊이 상고하는 사고 활동을 통해 완성되는 하나의 사상으로 바라봅니다. 사고와 사상을 통해 구원이 이루어진다고 보는 것입니다.

또 한 가지 중요한 차이점은 히브리인들은 감정적이고 열정적인 데 반해, 그리스인들은 감성적이며 조절을 중시한다는 것입니다. 이 차이점의 중요성을 여러분도 알 것입니다.

구약 선지서를 쓴 위대한 히브리 선지자들을 보면 감정이 풍부하고 움직임이 활발하며 기운이 넘치는 모습, 거세고 맹렬하게 꾸짖고 책망하는 모습을 발견하게 됩니다. 그러나 그리스인은 그런 열정이나 감정을 선호하지 않습니다. 감정을 차분히 조절해서 감상으로 가라앉히길 좋아하며, 매사를 질서정연하게 정돈하길 좋아합니다. 그리스인은 힘과 능력보다 아름다움과 질서와 정돈과 조절을 강조합니다. 이러한 히브리 정신과 그리스 정신의 본질적인 차이를 한마디로 표현하면, 예언과 교육의 차이라고 할 수 있습니다.

특히 오늘날 이 차이점이 얼마나 큰 중요성을 갖는지 여러분도 알 것입니다. 교회 안에서 교육 사역을 크게 벌여야 한다고 말하는 이들이 있는가 하면, 예언 사역이 가장 필요하다고 말하는 이들도 있습니다. 후자는 교육으로 사상을 알리는 일만으로는 부족하다고 주장합니다. 그렇습니다. 좀 더 근본적이고 깊은 차원의 사역, 즉 예언 사역이 필요하다는 것입니다. 이 두 가지 입장 중 어느 쪽을 택하느냐에 따라 교회 사역의 방향이 결정됩니다. 자신들의 사상만 알리면 된다는 현대인들의 주장과 꾸짖고 책망하고 정죄하고 회심시키는 예언의 능력, 즉 하나님의 강력한 행동이 필요하다는 주장이 어떻게 다른지 보일 것입니다. 이것이 우리가 고찰하려는 8절의 핵심 배경입니다.

우리는 역사를 거슬러 올라가 히브리 정신과 그리스 정신의 차이를 살펴보았습니다. 그런데 교회가 등장하면서 문제가 아주 첨예해졌습니다. 유럽과 그리스 세계에 복음이 전파되면서 큰 싸움이 시작된 것입니다. 히브리적 본질을 지닌 구원관에 그리스적 시각, 철학적 시각이 영향을 끼치면서 기존의 구원관을 조정하고 수정하려는 성향이 나타났습니다. 사도 바울 같은 이가 고린도 교회에 보내는 편지에서, 자신이 그리스도를 전할 때 "말의 지혜로 하지 아니함은 그리스도의 십자가가 헛되지 않게 하려 함이라"라고 애써 밝힌 이유가 여기 있습니다(고전 1:17). 그는 철학과 학문, 즉 그리스적 개념을 조심하라고 경고했습니다.

모든 권위자가 동의하듯이, 기독교 복음은 주후 300-400년 사이에 사활을 걸고 그리스 철학과 싸워야 했습니다. 교회는 예언을 강조하는 역동적인 복음을 또 하나의 철학으로—가장 위대하고 완벽한 최고의 철학이기는 했지만—바꾸어 놓으려는 사상과 맞서 싸워야 했습니다. 좀 더 후대로 내려와 이 싸움이 어떻게 계속되었는지 살펴봅시다. 이 싸움은

16세기와 17세기, 특히 16세기에 두드러지게 표출되었습니다. 종교개혁과 르네상스가 부딪쳤습니다. 학문의 부흥과 신앙의 부흥이 동시대에 일어나면서 큰 싸움이 벌어진 것입니다. 어떤 의미에서 그것은 마르틴 루터와 에라스무스Erasmus 두 인물로 대변되는 싸움이라고도 할 수 있었습니다. 한편에는 히브리 사상을 믿는 예언적 복음 전도자 루터가 있었고, 다른 한편에는 교육과 지식과 문화적 사상으로 무장한 에라스무스가 있었습니다. 두 사람 사이에 오간 편지들을 보면서 이와 관련하여 구체적으로 어떤 논의가 있었는지 살펴보면 아주 흥미롭습니다.

이 싸움은 17세기에도 이어져서 청교도와 국교도―일반적인 의미의 국교도―의 갈등으로 표출되었습니다. 단순하고 직접적이며 즉각적인 청교도의 예배관은 감정과 성령의 임재 앞에 떠는 경험과 하나님의 행하심을 강조한 반면, 국교도의 예배관은 형식과 의식, 전례, 아름다운 용어와 언어, 화려한 건물, 진선미에 대한 그리스적 개념을 강조했습니다. 이처럼 청교도와 국교도의 갈등으로 나타난 히브리 정신과 그리스 정신의 큰 싸움은 그 후에도 계속 이어지다가 19세기에 크게 불거지게 됩니다. 18세기에는 복음 각성운동의 영향으로 부흥과 회심, 하나님의 역사가 강조되면서 히브리 사상이 주도권을 잡았습니다. 오, 그러나 19세기에는 고전, 학문, 지식에 대한 새로운 관심과 이른바 '계몽주의'의 영향으로 그리스 사상이 서서히 다시 퍼져 나가면서, 성경 해석이 심각한 타격을 입기에 이르렀습니다. 오늘날 대부분의 신학 사상은 그리스적 구원관의 영향을 결정적으로 받은 것들입니다. 랄프 왈도 에머슨Ralph Waldo Emerson과 존 러스킨John Ruskin, 매튜 아널드Mattew Arnold 같은 19세기 인물들을 보십시오. 그들은 전형적인 그리스인들이었습니다. 히브리 정신을 강조했던 복음주의자들은 그들과 맞서 싸워야 했습니다. 이처럼 두 관점은 쉽없이 싸움을 계속해 왔습니다.

제가 이 사실에 주의를 환기시키는 것은, 영국을 비롯한 대부분의 나라에서 오늘날 교회가 이 지경이 된 이유가 전적으로 그리스 정신이 주도권을 잡은 데 있으며, 사상과 사고를 통해 하나님을 예배하자는 그리스적인 생각이 예언적 메시지를 강조하는 옛 생각을 밀어내고 세력을 얻은 데 있다고 확신하기 때문입니다. 그들은 이제 회심을 말하지 말라고 합니다. 예언의 시대에는 회심이 필요했을지 몰라도 이제는 필요 없다고 합니다. 그렇습니다. 기독교의 사상만 받아들이면 온 세계가 구원받는다는 것입니다. 이것은 히브리적 개념에 반대되는 그리스적 개념입니다.

물론 이 싸움은 지금도 진행중입니다. 오늘날에는 이른바 서구·유럽 문화와 기독교의 충돌로 나타나고 있습니다. 우리는 이 문제를 진지하고도 주의 깊게 조사해 보아야 합니다. 서구 문화를 주창하는 것이 교회의 사명이 되어 버리지 않았습니까? 그 자체로서는 아무런 문제가 없는 현대 문화에 딴지를 걸자는 것이 아닙니다. 교회의 사명이 단순히 이런 문화를 전파하는 것인지, 아니면 예언적인 히브리 복음, 즉 하나님의 행하심과 회심의 필요성을 전파하는 것인지 물으려는 것입니다.

우리는 단순히 삶과 행동의 유용한 지침이 될 만한 가치들을 선전하는 사람들입니까, 멸망과 심판을 전하는 사람들입니까? 우리는 하나님을 부르며 회개하고 자신을 낮춤으로써 그와 인격적인 관계를 맺고 있습니까? 이것이 문제입니다. 알다시피 우리는 지금 교회의 미래가 달려 있는 아주 중요한 시점에 살고 있습니다.

이것이 빌립보서 4:8이 제기하는 문제입니다. 8절을 볼 때 즉시 떠오르는 질문은 바울이 여기에서 말하는 바가 대체 무엇이냐는 것입니다. 평생 히브리적 관점을 가지고 살던 사람이 여기에서 돌연 그리스적 관점으로 돌아선 것이겠습니까? "자, 그리스 문화를 숙지해라. 시간을 들여 그리스 문화에 대해 생각해 봐라"라고 권하는 것이겠습니까? 우리는 이 질문에 대답해야 합니다. 알다시피 8절을 제대로 살펴보기 위해서는 어떤 접근법을 택하느냐가 아주 중요합니다. 8절은 그리스적 시각을 옹호하는 사람들이 가장 선호하는 구절입니다. 그들은 기독교와 문화의 관계를 논할 때마다 어김없이 이 구절을 제시하면서—사실 그들이 제시할 만한 구절이 이것 하나뿐입니다—사도 바울도 그리스 사상을 말한다고 주장합니다.

그러나 그들이 해결해야 할 난관이 한 가지 있습니다. 그들이 마지못해 이 난관을 인정하는 모습을 보면 재미있습니다. 바울은 "덕"이라는 단어를 사용합니다. "끝으로 형제들아……무슨 덕이 있든지……." 그들은 여기에 즉시 주註를 답니다. "굉장하다. 덕은 이방인들이 쓰는 단어였다. 사도가 여기에서 이 단어를 사용했다는 점이 놀랍지 않은가?" 그러나 그들이 인정하지 않을 수 없는 사실은 바울이 그리스 문화를 잘 알고 그리스 문화에 정통한 교양인이었다는 것이며, 그럼에도 바울 서신 중에 이 단어가 쓰인 본문은 여기뿐이라는 것입니다. 그리스인들은 덕을 믿었고, 그것을 철학의 토대로 삼았습니다. 덕을 행하도록 쉬지 않고 권하는 것, 즉 도덕적인 권면을 하는 것이 곧 그리스 철학이었습니다. 그런데 바울은 그 단어를 여기에서 딱 한 번만 사용합니다. 이 점이 그들을 곤혹스럽게 만듭니다.

이미 말씀드렸듯이 문제는 사도가 8절에서 말하는 바가 정확히 무엇이냐 하는 것입니다. 전통적인 접근법과 해석들이 많이 있습니다. 첫째는 이른바 감상적으로 접근해서 해석하는 것입니다. 이 구절을 직접 읽었거나 벽에 걸려 있는 것을 본 사람은 "정말 좋은 말씀이야!" 하면서 더 이상 생각하려 들지 않습니다. 이것은 심미적 접근이라고 할 수 있습니다. 8절을 소리 내서 읽으면서 "정말 좋은 말씀이야!" 하고 마는 것입니다. 이 접근법에 대해 오래 설명할 필요는 없을 것입니다. 사도가 절대 피하는 태도가 바로 이 감상적인 태도입니다. 정서적이고 열정적인 것이나 감정을 표현하는 것은 괜찮습니다. 그러나 감상적이 되어서는 안 됩니다. 감상은 기독교의 본질과 아무 상관이 없습니다.

두 번째 접근법은 이른바 '사고의 과학science of thought'이라는 측면에서 해석하는 것입니다. 제가 이 접근법을 중시하는 것은, 그리스도인들이 '사고의 과학'에서 사용하는 용어들과 기독교 복음 메시지를 혼동하는 경우가 허다하기 때문입니다. 그들은 아름다운 생각과 시와 좋은 문학과 음악으로 마음을 가득 채우라고 말합니다. 복음이 호소하는 바가 바로 이것이라고 말합니다. 사람을 고양시켜 주는 아름답고 사랑스러운 생각과 사고로 마음을 가득 채우다 보면, 우리를 침체시키는 무가치한 것들에서 해방되고 구원받는다는 것입니다.

여러분도 책과 신문에서 이런 접근법을 자주 접했을 것입니다. 밤에 잠들기 전, 마지막 순간에 아름다운 생각으로 마음을 가득 채우라는 것입니다. 그러면 잠도 잘 오고 우리의 삶과 시각에도 도움을 받을 뿐 아니라 한결 밝고 새로운 마음으로 아침에 일어날 수 있다는 것입니다. "문학과 음악을 비롯한 여러 가지 아름다운 것들로 주변을 가득 채우라. 그러면 더 나은 사람이 될 수 있다"라는 것이 이들의 주장입니다. 어리석게도 사도가 이런 태도를 옹호한다고 생각하여, 8절을 이런 측면에서 활용하는 그리스도인들이 있습니다. 사도가 말하는 좋은 것들로 마음을 가득 채우면 구원이 완성된다고 생각하는 것입니다. 그러나 이것은 사고의 과학입니다. 또는 정신 수양이라고도 할 수 있습니다. 이것은 전형적인 그리스적 시각입니다. 심리학으로서는 뛰어날지 몰라도, 기독교 복음은 매도하는 접근법입니다.

또 제가 반＊기독교적 해석이라고 부르는 접근법이 있습니다. 이것은 주님의 죽음과 부활을 통해서만 구원받을 수 있는 것은 맞지만 그 복음에 더하여 이런 방법도 보완해야 한다고, 이런 방법이 복음의 완성을 돕는다고 믿는 입장입니다. 선하고 아름답고 참된 사상을 골라서 그것을 생각하고 묵상하며 거기에 자신을 맡기면 죄를 짓지 않고 선하게 살 수 있으며 기쁨을 잃지 않고 행복하게 살 수 있다는 것입니다. 더 나은 사람이 될 수 있다는 것입니다.

그러나 이 모든 관점에 대한 대답은 "다 틀렸다!"라는 것입니다. 제가 이렇게 말하는 주된 이유가 두 가지 있는데, 하나는 일반적인 이유이고 또 하나는 바울이 8절에서 밝히는 특별한 이유입니다. 첫째로, 이런 관점들은 신약성경의 가르침을 오해하고 있습니다. 신약성경은 절대 사상을 숙고하라고 말하지 않습니다. 언제나 그리스도를 바라보라고 말합니다. 이것이 복음과 철학, 히브리 정신과 그리스 정신의 핵심적인 차이점입니다. 거듭 상기시키는 바, 바울은 십자가 교리가 일개 철학으로 뒤바뀌는 일을 가장 두려워했습니다. 그런데 이 일이 얼마나 쉽게 일어나는지 모릅니다! 예를 들어 '죽음은 삶에 꼭 필요한 것'이라든지 '희생의 원리' 등은 십자가 교리를 일개 철학으로 뒤바꾸는 말들입니다. 부활도 마찬가지입니다. 부활절 무렵이면 사람들이 '생명'을 감상적인 태도로 바라보면서, 땅에 떨어진 씨가 죽으면 생명이 죽음을 뚫고 싹튼다고, 부활이야말로 삶의 원리라는 증거가 사방에 나타난다고 말하지 않습니까?

그러나 신약성경은 절대 그런 식으로 말하지 않습니다. 신약성경의 관심은 사실에 있으며 구체적인 한 인물에 있습니다. 바울은 삶에 나타나는 보편적인 소생의 원리가 아니라 "그리스도와 그 부활의 권능을 알고자" 한다고 말합니다. 그렇습니다. 영원하신 하나님의 아들은 말 그대로 베들레헴의 한 아기로 태어나셨습니다. 그것은 사상이나 그리스 신화가 아니라 실제 일어난 사건이었습니다. 그는 고난을 참고 견디셨으며, 말 그대로 비틀거리며 골고다 언덕에 올라가 나무에 달리셨습니다. 그것은 사상이 아닙니다. 실제 일어난 사건입니다! 그를 보십시오. 그를 바라보십시오. 그는 죽었고, 사람들은 그를 장사지냈습니다. 돌을 굴려서 무덤 입구를 막아 놓았습니다. 그런데 그 돌을 치우고 그가 무덤에서 나오셨습니다. 말 그대로 육신으로 다시 나타나셨습니다. 신약성경이 시종일관 권면하는 것은 바로 이분을 살펴보라는 것입니다. 이 사실들을 살펴보라는 것입니다. 신약성경은 그가 모든 일을 다 이루셨다고 단언합니다.

어떤 이는 물을 것입니다. "당신 말이 다 맞다 해도, 사고의 과학 역시 도움이 되지 않습니까? 그 또한 좋은 발상 아닙니까? 아름다운 말과 생각과 음악으로 마음을 가득 채우면 아무래도 구원에 도움이 되지 않겠습니까?" 그렇지 않습니다. 그것은 마귀의 술수입니다. 마귀가 끼어들어 속이는 것입니다. 예수 그리스도의 복음에는 어떤 도움도, 보완책도 필요치 않습니다. 하나님이 그리스도 안에서 하신 일 외에 인간을 구원할 수 있는 것은 아무것도 없습니다. 그리스의 문화와 시각은 세상을 구원하는 데 실패했습니다. 그렇게 큰 일에 실패했는데, 작은 일에 도움을 청하겠습니까? 그런 생각은 아예 하지도 마십시오! "너희는 하나님으로부터 나서 그리스도 예수 안에 있고 예수는 하나님으로부터 나와서 우리에게 지혜와 의로움과 거룩함과 구원함이 되셨으니"(고전 1:30). 그리스도 자신이 생명이십니다. 그분께 무엇을 더해 드릴 필요가 없습니다. 그리스도 자신이 처음이요 나중이시며, 만유 안에 계시는 만유이십니다. 신성의 모든 충만이 육체로 거하시는 분입니다. 그리스 문화나 사고의 과학 같은 것은 필요 없습니다. 그리스도 안에 모든 것이 다 있습니다. 도움이나 보완책은 필요 없습니다.

물론 저는 지금 이론을 말하는 것이 아닙니다. 지난 백 년의 역사가 제 주장을 입증해 준다는 점을 분명히 보여 드릴 수 있습니다. 지난 백 년간 우리는 이런 말을 숱하게 들어 왔고, 그래서 예언적인 복음을 전하지 않았습니다. 하나님 앞에 전적으로 낮아져서 회개하고 회심해야 할 필요성을 강조하지 않았습니다. "악한 죄인"이라는 말을 즐겨 하지 않았습니다. 지나치게 정중하게 처신했습니다! 그리스 사상에 입각해서 일을 했습니다. 그 결과가 무엇입니까? 문화에 도움을 청한 결과가 무엇입니까? 현대세계를 보십시오. 사람들의 삶을 보십시오. 세상에 만연한 도덕적 혼란을 보십시오. 그렇습니다. 그런 입장은 이제 내버려야 합니다. 사람들은 아름다운 생각으로 마음을 가득 채우라는 말을 좋아합니다. 그리스적인 의미에서 8절을 활용하는 것은 그런 이들의 자부심에 영합하는 위험한 태도입니다.

제가 보여 드리고 싶은 점은, 그런 태도가 그리스도께서 십자가에서 이루신 일의 영광과 온전함을 훼손한다는 것입니다. 지금까지 논해 온 두 정신의 차이를 보면 알 수 있습니다. 예를 들어 두려움이나 좋지 못한 생각이나 질투심에 대처하는 문제를 살펴봅시다. 문제가 있는 사람들은 자기 혼자 남게 될까 봐 두려워하며 무슨 일이 생길까 봐 두려워합니다. 그리스 사상은 이런 부정적인 생각을 아름다운 생각에 종속시켜야 한다고 믿습니다. 혼자 있는데 두려움이 밀려오면 즉시 아름답고 사랑스럽고 순수한 것을 생각하라는 것입니다. 그런 생각들로 마음을 채우다 보면 두려움을 잊을 수 있고 통제할 수 있다는 것입니다. 그렇게 두려움을 제어해서 더 고상한 생각에 종속시킴으로써 두려움이나 합당치 못한 생각들을 떨쳐 내고 아름답고 사랑스러운 생각을 하게 된다는 것입니다.

그러나 신약성경은 그런 식으로 문제를 해결하지 않습니다. 그것은 정직하게 자신과 자신이 당한 시험을 직면하는 태도가 아니기 때문입니다. 그리스적인 방법은 당면한 문제에 대해 아예 생각을 하지 않는 것입니다. 그러나 기독교적인 방법은 그 문제를 똑바로 직시하는 것입니다. 기독교와 복음은 죄에 대해 생각하지 말라고 하지 않습니다. 오히려 죄를 직시하고 죄에 대해 생각하라고 말합니다. 이것이 이 주제의 핵심이자, 사람들이 천성적으로 히브리 정신보다 그리스 정신을 좋아하는 이유입니다. 두려움에 대처하는 기독교의 방법은 다음과 같습니다. 기독교는 여러분에게 다가와 묻습니다. "너는 그리스도인이라고 하면서 왜 이런 것을 두려워하느냐? 하나님이 너를 사랑하심으로 독생자를 보내 십자가에 죽게 하시고 너를 의롭다 하시려고 다시 살리신 것을 믿는다고 하면서, 왜 그를 신뢰하지 못하느냐? 이렇게 더 큰 일도 행하신 하나님이 당연히 너를 돌보시지 않겠느냐?" 복음은 "다른 문제는 다 잊고 아름다운 생각을 하라"라고 권하지 않습니다. "너는 그리스도인이라고 하면서 왜 그런 생각을 하느냐? 그런 생각이나 하고 그런 삶이나 살라고 그리스도께서 널 위해 죽으셨겠느냐? 네 실상을 보라. 네가 얼마나 부족한지 보라. 그리고 십자가에 달리신 그리스도의 얼굴을 바라보며 자비와 긍휼을 구하라"고 합니다. 이것이 기독교의 대처법입니다. 사고의 과학을 따르지 말고, 그리스도와 그가 날 위해 하신 일에 비추어 자신의 실상을 직시하라는 것입니다. 죄, 더럽고 추한 죄를 그리스도께 가져가라는 것입니다. 그의 거룩한 임재 앞에서 자신의 실상과 죄를 직시하고, 그의 권세를 진심으로, 절대적으로, 무조건적으로 믿으라는 것입니다.

이 모든 측면을 고려할 때, 바울이 8절에서 빌립보 교인들에게 하는 말은 곧 "복음이 너희 모든 생각과 행동을 통제하게 하라"라는 것입니다. 그들의 기쁨과 평강에 관심을 쏟았던 바울은 마지막으로 이렇게 말합니다. "지각에 뛰어난 하나님의 평강을 얻고 싶고 주님의 기쁨을 경험하고 싶다면, 앞서 말한 소극적인 측면에 더하여 이 적극적인 측면을 기억해야 한다. 복음이 너희 모든 삶과 생각과 행동을 통제하게 해라. 복음에 합하지 않은 것은 생각도 하지 마라." 사도는 이처럼 적극적으로 권면합니다. 복음에 합한 것을 생각하라는 것입니다. 참된 것, 궁극적인 의미에서 참된 것, 진지한 것, 경건한 것을 생각하라는 것입니다. 그리스도인은 자신들이 망할 죄인들로서 오직 그리스도의 십자가 죽음으로만 구원받을 수 있음을 알기에 본질적으로 진지해질 수밖에 없습니다. 이 사실을 알면 뼛속 깊이 진지해질 수밖에 없습니다. 근엄해진다는 뜻이 아닙니다. 진지해지고 경건해진다는 뜻입니다. 인생을 바라보는 시각에 진지함이 생긴다는 뜻입니다. 이런 사람은 올바를 수밖에 없습니다. 이런 사람의 생각은 정결하고 깨끗하며 순수합니다. 보는 이마다 사랑할 만큼 사랑스럽습니다. 좋은 평판과 칭찬을 들을 만합니다. 도덕성이 뛰어나고 덕이 있습니다. 진리를 실천함으로 도덕적인 인정과 칭송을 받습니다.

이것이 8절의 의미입니다. 그리스도인은 자신의 삶과 생각과 사상을 부활하신 주님의 강력한 통제 아래 두어야 합니다. 자신의 모든 생각을 주님께 복종시켜야 합니다. 고린도후서 10:5의 말씀처럼 모든 생각을 사로잡아 그리스도께 복종시켜야 합니다. 그리스도가 우리의 모든 정신과 생각을 통제하시게 해야 합니다. 그 자체로서는 아무 문제가 없는 일반 문화와 예수 그리스도 안에 있는 하나님의 영광스러운 복음을 혼동하는 교묘한 위험에 빠지지 않도록 조심합시다. 우리 모든 삶을 찬양받으실 구주께 드리는 예물과 증거로 삼읍시다.

너희는 내게 배우고 받고 듣고 본 바를 행하라.
그리하면 평강의 하나님이 너희와 함께 계시리라.

빌립보서 4:9

16. 하나님의 평강을 누리려면

8-9절은 사도가 빌립보 교인들에게 주는 마지막 권면이라는 점을 다시금 상기시키고 싶습니다. 우리는 이 본문이 유난히 포괄적이라는 사실을 알았습니다. 지난번에 살펴본 8절이 주로 강조한 것은 그리스도인의 사고─그리스도인은 무엇을 생각해야 하는지, 복음은 어떻게 그리스도인의 지적인 생활에 한계선을 그어 주며 삶에서 묵상해야 할 것들을 정해 주는지─였습니다. 9절은 이 마지막 권면의 또 한 가지 중대한 부분으로서 좀 더 실제적인 문제를 다루고 있습니다. 바울이 9절에서 강조하는 것은 행동과 행위의 영역에 관한 복음의 가르침입니다.

이 마지막 권면은 결코 잊을 수도 없고 잊어서도 안 되는 복음의 기본 원리를 일깨워 줍니다. 어떤 의미에서 사도가 지금까지 전달하려 했던 모든 내용을 요약하고 있다고도 할 수 있습니다. 그는 마치 다음과 같이 말하는 듯합니다. "이제 구체적인 이야기도 했고, 특정한 문제들도 처리했으며, 장차 닥칠 시험에 대한 대비도 마쳤다. 이 모든 이야기를 한마디로 요약하면, 복음이 너희 삶을 다스리게 하라는 것이다. 그러면 다 잘될 것이다." 이것은 복음의 기본 원리 두 가지를 일깨워 줍니다.

첫째로, 복음은 삶을 보완하는 부가물이 아니라 삶 전체를 다스리는 주체라는 것입니다. 이 점은 계속 반복해서 지적할 필요가 있습니다. 복음이 삶 전체를 통제하게 하라는 신약성경의 일관된 가르침을 간과한 채 기독교를 삶의 부가물로 여기게 될 위험, 교묘한 위험에 언제라도 빠질 수 있기 때문입니다. 그리스도인의 삶에는 복음의 다스림과 통제에서 벗어난 영역이 한군데도 없어야 합니다. 사도의 권면은 우리의 모든 생각과 지적인 활동을 사로잡아 주 예수 그리스도께 복종시켜야 한다는 고린도후서 10:5 말씀을 상기시킵니다.

이 땅 위의 삶은 두 범주로 나누어집니다. 우리의 존재는 생각과 행동으로 이루어져 있습니다. 사도는 이 두 범주 모두 복음의 통제를 받아야 한다고 가르칩니다. 그는 사고의 영역에서 복음이 어떤 특징을 갖는지 알려 줍니다. 복음은 오직 경건하고 옳고 정결하고 사랑받을 만하고 칭찬받을 만하고 도덕적으로 탁월하고 칭송받을 만한 것에 관심을 갖습니다. 행동의 영역에서도 마찬가지입니다. "너희는 내게 배우고 받고 듣고 본 바를 행하라." 우리의 생각도, 행동도 예수 그리스도 복음의 다스림을 받아야 합니다.

이처럼 그리스도인의 삶은 단순히 원래의 삶을 수정한 삶이 아니라 완전히 새로운 삶입니다. 그리스도인은 삶에 무엇을 추가한 사람이 아니라 중심 자체가 바뀌어 버린 사람, 완전히 달라져 버린 사람입니다. 이 이야기를 하염없이 할 필요는 없을 것입니다. 그러나 이것이 신약성경의 기본적인 가르침이라는 사실은 기억해야 합니다. "누구든지 그리스도 안에 있으면 새로운 피조물이라"(고후 5:17). 개선되거나 개조된 피조물이 아니라 새로운 피조물이라는 것입니다. 완전히 새로운 피조물이라는 것입니다. 완전히 다른 사람이라는 것입니다. 비그리스도인의 삶과 현격히 대조되는 삶을 사는 사람이라는 것입니다. 그리스도인은 예전처럼 생각하지 않고, 예전처럼 살지 않습니다. 새로운 힘과 목적이 그들의 존재를 다스리며, 그들의 생각과 행동을 통제하고, 삶 전체를 관장합니다. 이 중대한 권면이 말하는 바가 바로 이것입니다.

둘째로, 사도의 권면은 거룩함에 대한 신약성경의 교리가 어떤 것인지 명확하게 보여 줍니다. 신약성경은 거룩함과 성화에 대한 가르침을 율법적으로 제시하지 않습니다. 이 지점에서 헷갈리기가 쉽습니다. 신약이 말하는 거룩을 도덕으로 바꾸어 버릴 위험이 있는 것입니다. 그러나 거룩함과 도덕은 완전히 다릅니다. 신약성경은 규칙과 규범을 열거하지 않습니다. 이런저런 일들을 하라거나 하지 말라고 명령하지 않습니다. 그것은 율법이 하는 일입니다. 신약성경은 그렇게 하지 않습니다. 기독교 복음은 자신이 주는 축복을 진정으로 누리기 원하는 사람은 기본적으로, 또 필연적으로 거룩해질 수밖에 없다고 말합니다. 이에 대한 설명이라면 얼마든지 할 수 있습니다. 신약성경은 거룩함의 교리를 말할 때 그리스도인의 상식에 호소하고 이성에 호소합니다. "이것을 하라!"라는 식으로 무조건 명령하지 않습니다. 그렇습니다. 신약성경은 우리에게 다가와 "그리스도 복음의 축복과 충만함을 참으로 누리고 싶다면 이러이러하게 해야 한다"라고 권면합니다.

거룩하게 살지 않는 이들을 비난하지 말아야 하는 이유가 여기 있습니다. 제가 볼 때 신약성경은 그런 이들을 오히려 안쓰러워하는 것 같습니다. 그리스도인답게 살고자 애쓰지 않는다고 해서 비난할 필요가 없습니다. 그들은 그 자체로 이미 손해를 보고 있는 불쌍한 사람들이기 때문입니다. 그들은 복음의 가장 좋은 혜택을 놓치고 있습니다. 신약성경은 복음의 축복을 갈망한다고 하면서도 그 축복을 받기 위해 반드시 필요한 일들을 하지 않는 자들을 딱하게 여깁니다. 그들은 스스로 속고 있는 어리석은 자들입니다. 주님도 그런 자들을 모래 위에 집을 짓는 어리석은 사람이라고 말씀하시지 않았습니까? 이것이 거룩함과 성화의 교리를 선포하는 신약성경의 방식입니다. "여기 너희가 누릴 수 있는 축복이 있다. 이 축복을 받고 싶으면 이에 따르는 요구에 주목해라"라고 간곡히 호소하는 것입니다.

신약성경이 말하는 축복에는 항상 조건이 따릅니다. 달리 설명하면, 9절에서 가장 중요한 말은 "그리하면"입니다. "……행하라. **그리하면** 평강의 하나님이 너희와 함께 계시리라." 즉, "이같이 해야 이런 결과를 얻는다"는 것입니다. 이것이 축복을 제시하는 신약성경의 방법입니다. 성경을 처음부터 끝까지 읽어 보십시오. 모든 축복의 약속에 조건이 따름을 발견하게 됩니다. 구약 이스라엘 자손을 보면 알 수 있지 않습니까? 그들은 이 점에서 큰 잘못을 범했습니다. 하나님이 아브라함에게 주신 약속, 땅을 주시며 그 땅에서 살게 해 주시겠다는 약속에 조건이 붙어 있음을 잊은 것입니다. 이 원리를 보여 주는 계명이 있습니다. "네 부모를 공경하라. 그리하면 네 하나님 여호와가 네게 준 땅에서 네 생명이 길리라"(출 20:12). 하나님은 이스라엘 자손이 그의 계명을 지키고 그의 거룩한 뜻에 따라 살아야만 땅을 주겠다고 약속하셨습니다. 축복의 산과 저주의 산 이야기를 다시 읽어 보기 바랍니다(신 11:29). 주님께 순종하면 축복을 받지만 불순종하면 저주를 받게 되어 있었습니다. 이 어리석은 백성이 약속에는 항상 조건이 따른다는 이 사실을 잊고 자신들은 하나님의 백성이므로 하나도 걸릴 게 없다고 착각했던 것을 생각해 보십시오. 십계명의 서론 격인 출애굽기 19장도 보기 바랍니다. 같은 조건이 나오고 있습니다. 축복의 조건을 지키지 않는 사람은 축복을 바랄 자격이 없습니다.

　신약성경에서도 같은 원리를 찾아볼 수 있습니다. 산상설교에 나오는 팔복을 보십시오. "심령이 가난한 자는 복이 있나니……온유한 자는 복이 있나니……." 이런 자들이 복을 받는다는 것입니다. 그렇습니다. 축복에는 항상 조건이 따릅니다. 심령이 가난하고 온유해야 복을 받습니다. 의에 주리고 목말라야 배불리 먹습니다. 그리스도인이라고 무조건 배불리 먹는 것이 아닙니다. 그렇습니다. 주리고 목말라야 배불리 먹고 축복을 받습니다. 빌립보서 4:9은 이 원리에 대한 중요한 주해라고 할 수 있습니다.

　이제 9절을 몇 부분으로 나누어 분석해 보도록 합시다. 주제별로 쉽게 나누어서 살펴볼 수 있습니다. 9절이 가르치는 첫 번째 원리는 "행하라"라는 단어에 담겨 있습니다. 이것은 실천과 행위, 행동이라는 측면에서 매우 중요한 원리입니다. 사도는 말합니다. "자, 이런 것들을 듣고 배우고 보았으니 이제는 행해야 한다. 사랑하는 빌립보 사람들아, 너희도 미래가 불투명하고 나 또한 죄수로 로마에 갇혀 있는 것이 현실이다. 과연 너희를 다시 볼 수 있을지, 아니면 내일 당장 죽임을 당하게 될지 나는 알지 못한다. 그러나 분명히 아는 사실은, 너희가 이런 삶을 살고 이 가르침을 실천하는 한 아무것도 두려워할 필요가 없다는 것이다. 평강의 하나님이 너희와 함께 계실 것이며, 그 무엇도 너희를 해치지 못하게 지키실 것이다" 사도의 방법론이 얼마나 완벽한지 알겠습니까? 8절에서 그는 사고의 영역을 다룹니다. 아, 그러면서도 동시에 교묘한 위험─이론적인 지식에만 만족할 위험, 교리에만 만족할 위험, 아는 것을 실천하지 않을 위험─의 문제를 간파하고 있습니다.

　성경이 시종일관 강조하는 교리를 다시 한 번 역설해야겠습니다. 바리새인들의 문제가 바로 이것 아니었습니까? 그들은 스스로 율법에 정통하다고 생각했고 자신들의 지식을 의지했습니다. 그런데 문제는 그 율법을 실천하지 않는다는 데 있었습니다. 그들은 선생이었습니다. 맞습니다. 그러나 아는 것만으로는 충분치 않았습니다. 실행에 옮겨야 했습니다. 로마서 2장을 보면 이 원리에 대한 바울의 중요한 논증이 나옵니다. "유대인의 문제는 자신들에게 율법이 있으니 괜찮다고 여기는 것이다. 그러나 율법을 안다고 구원받는 것이 아니다. 율법대로 살아야 하나님과 바른 관계를 맺을 수 있다. 그런데 유대인들은 실천이 없는 지식을 의지한다. 이처럼 하나님의 계명을 안다는 사실만 의지하는 어리석은 자들아, 너희는 계명을 지켜야만 한다"라는 것입니다. 사도는 유대인들이 어떻게 하나님 앞에서 예수 그리스도를 영접하지 않는 죄를 짓게 되었는지 보여 줍니다.

야고보도 같은 이야기를 합니다. 알면서도 실천하지 않는 사람은 거울에 자기 모습을 비추어 보고서도 돌아서는 즉시 잊어버리는 사람과 같다는 것입니다. 야고보는 자유롭게 하는 온전한 율법을 보고 행하는 자가 복을 받는다고 말합니다(약 1:22-27). 하나님의 율법을 피상적으로 안다고 해서 만족해 버리는 것보다 더 심각한 위험이 없습니다. 주님도 "너희가 이것을 알고 행하면 복이 있으리라"라고 하셨습니다(요 13:17). 오, 그렇습니다. 단순히 알기만 한다고 복이 있는 것이 아닙니다. 그대로 행하고 매일 그렇게 살아야 복이 있습니다.

마태복음 7장에 나오는 중대한 경고도 듣기 바랍니다. 7장에는 반석 위에 지은 집과 모래 위에 지은 집의 비유가 나옵니다. 이 두 집이 대변하는 바가 무엇입니까? 주님은 "누구든지 나의 이 말을 듣고 행하는 자는 그 집을 반석 위에 지은 지혜로운 사람"이라고 하십니다(마 7:24). 반대로 그리스도의 말씀을 듣고 행하지 않는 자는 모래 위에 집을 지은 사람입니다. 어리석은 자는 복음의 축복이 무엇인지 들어서 알면서도 움직이지 않습니다. 그러면서도 자신에게는 아무런 문제가 없다고 생각합니다. 그러나 시련이 닥치면 그의 집은 무너지게 되어 있습니다. 그는 행하지 않습니다. 이론적으로 알고 학문적으로 안다는 사실에만 만족합니다. 사도는 마지막 권면을 통해 이 두렵고 무서운 잘못을 범하지 않도록 경고합니다. 그가 말하는 요지는 이것입니다. "너희는 내가 너희와 함께 지낼 때 이야기한 것들을 들었고 알았고 받아들였다. 단순히 내 말만 들은 것이 아니라 내가 어떻게 그 말대로 사는지도 보았다. 너희도 그렇게 살기 바란다. 안다고 만족하지 말아라. 매일 그대로 살아라. 그래야 평강의 하나님이 너희와 함께하신다."

저는 이와 관련하여 두 가지 주된 어려움이 있다고 생각합니다. 이 명백한 원리를 시험해 보지 않는 탓에 그리스도인의 삶에서 많은 것을 놓치는 이들이 적잖은데, 여기에 두 가지 이유가 있다고 보는 것입니다. 한 가지는, 천성적으로 이론적인 지식과 진리를 얻는 일 자체를 좋아하는 사람이 있다는 것입니다. 철학 서적이나 신학 서적 같은 책들을 즐겨 읽는 이들이 있습니다. 제 생각에도 실재와 진리를 고찰하는 것은 인간이 할 수 있는 최고의 지적 작업입니다. 이 진리가 설명해 주는 중대한 교리를 보십시오! 그러나 이런 이들이 빠지기 쉬운 가장 큰 위험은 이론적인 흥미를 느끼는 데만 만족해 버리는 것입니다. 그래서 성경을 배우는 학생으로서는 훌륭할지 모르지만, 삶은 형편없는 경우가 발생합니다. 아, 실제로 그런 사람들이 얼마나 많은지 모릅니다! 성경을 분석하고 검토하는 것이 삶의 주된 취미인 사람들은 이제껏 많이 있었습니다. 그들은 숫자나 여러 가지 주제에 관심을 갖지만, 신랄하고 무정하며 그리스도인으로서 초보적인 삶의 원리조차 지키지 않는 경우가 많습니다. 제가 이 이야기를 하는 것은 이것이야말로 현대인들이 복음에 등을 돌리는 주된 이유라는 말을 자주 듣게 되기 때문입니다. "신학 지식과 성경 지식으로 머리가 꽉 차 있었지만 일상생활은 형편없었던 빅토리아 시대 사람들처럼 되고 싶지 않다"라는 것입니다. 이런 비판이 정당화될 때가 많습니다. 지금 말한 유형의 사람들이 빠지기 쉬운 위험이 바로 이것입니다. 이론과 실천을 철저히 분리하게 만드는 것, 성경에만 몰두한 나머지 그 가르침을 적용하는 일은 잊게 만드는 것이야말로 사탄의 대표적인 술책입니다. 바울은 말합니다. "본 바를 행하라!"

두 번째 어려움은 이것입니다. 늘 자신의 체험이나 자신이 겪는 일을 중심으로 생각하기 때문에 구원의 복음이 주는 축복을 놓치는 이들이 있습니다. 그들은 특별한 체험을 기다리다가 세월을 다 보냅니다. 집회에서 큰 축복을 받았다는 이들의 말을 듣고 그런 집회가 열리기만 기다리는 이들이 많습니다. 그런 이들은 "제가 원하는 게 바로 이거예요. 저도 가서 복음의 큰 축복을 받을 겁니다. 그 집회에 가면 저도 같은 경험을 하게 되겠지요"라고 말합니다. 그러나 체험을 기다리는 것은 복음의 가르침을 부인하는 짓입니다. 체험을 기다릴 필요가 없습니다. 성경의 명백한 가르침을 실천하면 됩니다. 꼭 체험이 필요한 것이 아닙니다. 물론 어떤 집회에서 홀연히 진리를 깨닫게 될 수도 있습니다. 그것은 좋은 일입니다. 메시지가 가슴에 확 다가올 수도 있고, 특별한 체험을 하게 될 수도 있으며, 특별한 감정에 사로잡힐 수도 있고, 그 밖에 여러 가지 일들을 경험할 수도 있습니다. 그러나 성경의 교훈을 실천하지 않는 한 어떤 약속의 성취도 기대할 자격이 없다는 것이 신약의 가르침입니다. 사도 베드로는 자신의 설교를 맨 처음 들었던 사람들에게, 하나님께 순종하는 자가 성령을 받는다고 했습니다. 순종하지 않는 자는 성령의 축복을 기대할 자격이 없습니다.

이제 훨씬 더 실제적이고 직접적인 문제를 살펴봅시다. 저는 실천하지 않으면서 하나님의 평강이 늘 함께할 것을 기대할 수는 없다고 했습니다. 그렇다면 대체 무엇을 실천해야 할까요? 바울은 간단하게 대답합니다. "너희는 내게 배우고 받고 듣고 본 바를 행하라." 이것은 자만심의 표현이 아닙니다. 사도 바울은 능히 이런 말을 할 자격이 있었습니다. 그가 말하는 요지는 "감사하게도 나는 복음의 축복을 알고 있다. 너희도 알고 싶으면 내게 배우고 본 대로 행하라"라는 것입니다. 그는 자신이 그들과 함께 지낼 때 살았던 삶을 그들도 살라고 서슴없이 말합니다. 이것은 우리에게 매우 소중한 원리입니다. 우리는 성경을 읽고 성도들의 본보기를 살피면서, 우리가 무엇을 해야 하는지 찾아내야 합니다.

제 생각에 이것은 아주 중요할 뿐 아니라 흥미로운 주제입니다. 저는 거룩하고 경건한 이들의 전기를 읽을 때마다 그들에게 일정한 유형이 나타나는 것을 종종 확인하곤 합니다. 성도들은 놀라울 만큼 비슷한 모습을 보여 줍니다. 어떤 성도의 생애든지 골라서 읽어 보십시오. 그들이 항상 아주 간단한 몇 가지 원리에 기초해서 살았다는 사실을 발견할 것입니다. 이처럼 경건한 자들의 삶은 늘 아주 간단한 반면, 경건치 못한 자들의 삶은 복잡합니다. 죄는 항상 삶을 복잡하게 만듭니다. 태초에도 그랬습니다. 죄를 지은 인간은 그 죄를 감추려고 거짓말을 했습니다. 그러나 하나님께로 돌아가면 경건한 삶, 아주 간단한 삶을 살게 됩니다.

이처럼 바울이나 교회를 아름답게 장식했던 성도들의 삶을 살펴보면, 그들이 몇 가지 간단한 교훈에 철저히 주의했고 그 교훈에 따라 살았다는 것을 알 수 있습니다. 그 교훈이 무엇인지 말씀드리겠습니다. 제 말을 듣고 너무 유치하지 않나 생각할 수도 있지만, 자신을 한번 검토해 보면 바로 이 간단한 교훈을 실천하지 못하는 탓에 그리스도인의 삶에서 놓쳐 버리는 것이 너무나 많다는 사실을 인정하게 될 것입니다. 성도들이 한결같이 지킨 삶의 원리는 다음과 같습니다. 첫째로 중요한 것은 하나님에 대한 그들의 태도입니다. 성도들의 우선되는 특징은 하나님의 영광을 위해 살고 싶어 했다는 것입니다. 이것은 당연히 하나님을 더 잘 알고 싶어 하는 갈망으로 나타났습니다. 바울은 빌립보 사람들에게 말합니다. "너희가 나를 직접 보지 않았느냐? 내 삶의 큰 특징이 무엇이었느냐? '그리스도와 그 부활의 권능과 그 고난에 참여함'을 아는 것이야말로 나의 큰 열망 아니었느냐? 하나님을 영화롭게 하고 그를 더 잘 알고 싶어 하는 나의 큰 갈망이 너희 눈에 보이지 않았느냐?"

우리 삶에서 가장 중요한 것도 이것이라고 말할 수 있습니까? 우리는 관심사가 많습니다. 개중에는 정말 필요하고 지극히 합당한 관심사도 있습니다. 그러나 자신을 돌아볼 때 이 일이 가장 앞선다고, 하나님을 더 알아 가는 것이 최고의 열망이라고, 하나님의 영광을 위해 살고자 전력을 다한다고 말할 수 있습니까? 바울이나 아우구스티누스, 루터, 칼뱅, 웨슬리 같은 성도들의 삶을 보십시오. 바로 이것이 가장 큰 특징이었음을 알 수 있습니다. 좀 더 실제적인 질문을 던져 봅시다. 우리 자신을 어떻게 검증해 볼 수 있을까요? 자, 이 특징은 여러 가지 실제적인 모습으로 나타나게 되어 있는데, 그중에서도 가장 두드러진 것은 하나님이 그분 자신에 대해 계시해 놓으신 말씀을 최대한 많이 읽는다는 것입니다. "본 바를 행하라." 무엇을 행해야 합니까? 첫째로 행해야 할 일은 성경을 읽는 것입니다. 하나님을 알고 싶으면 하나님의 계시를 읽어야 합니다. 하나님을 알고 싶으면 반드시 그래야 합니다. 성경을 읽는 일에 시간을 투자하십시오. 성경을 알고자 애쓰십시오. 베드로가 말했듯이 갓난아기들같이 순전하고 신령한 젖을 사모하며, 그 젖을 먹고 자라십시오(벧전 2:2).

그 다음은 당연히 기도입니다. 좋아하는 사람이 있으면 그 사람과 되도록 많은 시간을 보내고 싶은 법입니다. 하나님을 더 알고 싶으면 하나님과 이야기하는 데 시간을 써야 합니다. 사적이나 공적으로 이런 것들을 구하며 기도하는 시간, 자신의 무가치함을 아뢰고 하나님을 더욱더 계시해 주시기를 구하는 시간이 얼마나 됩니까? "행하라." 평강의 하나님이 함께하시길 원한다면 무작정 체험을 기다릴 것이 아니라 행해야 합니다. 성경부터 읽으십시오. 그리고 기도를 시작하십시오. "하지만 기도가 안 돼요"라고 말할 수 있습니다. 그러면 기도가 안 된다고 아뢰십시오. 하나님을 더 많이 알고 싶고 하나님과 더 많이 시간을 보내고 싶다고 아뢰십시오. 이렇게 하는 것이 당연하지 않습니까? 바울은 이런 일들을 "행하라"라고 합니다.

여기에 필연적으로 따라오는 다음 특징은 자기 자신에 대한 태도입니다. 자기 죄를 아는 성도는 낮아지고 겸손해지며 자신의 결함을 쳐서 복종시키려고 온 힘을 다합니다. 어느 성도의 전기를 읽든지 같은 모습을 볼 수 있습니다. 우리는 어떻게 이렇게 될 수 있을까요? 자신을 검토함으로 이렇게 될 수 있습니다. 바쁜 세상에서 이런 시간을 내기란 아주 어렵습니다. 그러나 하나님 앞에서 자신을 낮추는 사람, 겸손한 사람은 자신과 자신의 삶을 검토하기 위해 시간을 냅니다. 성경에 비추어 검토합니다. 자신이 어느 지점에서 실패하는지 살펴봅니다. 자기 마음을 계속 조사하면서 숨은 문제를 찾아내 처리합니다. 성도들은 이처럼 자기 검토에 집중했습니다!

또 무슨 특징이 있을까요? 그 다음 특징은 자신이 살고 있는 세상에 대한 태도에서 나타납니다. 이 또한 반드시 나타나는 특징입니다. 성도들은 늘 세상을 하나님을 대적하며 영혼의 최고 관심사를 대적하는 죄의 장소로 여겼습니다. 그래서 세상의 영향을 받지 않고 세상적인 이기심과 욕심을 품지 않고자 최선을 다했으며, 실제로 그런 것들을 끊어 냈습니다. 그렇다고 이것을 율법으로 강요하는 것은 아닙니다. 바울과 다른 모든 성도들의 삶에 이런 특징들이 나타났다고 알려 드리는 것일 뿐입니다. 그들은 세상이 우리의 가장 크고 좋은 관심사들을 대적한다는 것, 그래서 결국은 우리를 주저앉힌다는 것을 알았습니다. 그것을 알았기에 모든 대가를 치르고 세상을 포기했습니다.

비그리스도인들에 대한 태도는 또 어떠했을까요? 죄와 사탄의 희생자로 여겨 안타까워하며 실상을 알려 주었습니다. 애써 그들을 깨우치려 했고, 그들의 영혼이 위험에 처해 있음을 경고했습니다. 핍박과 조롱을 무릅쓰고 충고를 아끼지 않았으며, 그리스도 예수 안에 있는 하나님의 진리를 보라고 호소하기를 주저치 않았습니다.

요컨대 성도들은 늘 삶을 하나의 여정으로, 순례 길로 여겼습니다. 스스로 광야를 지나는 나그네로 여기면서, 장차 이르게 될 하나님과 그의 영광에 시선을 집중했습니다. 그 목적지에 이르지 못하도록 가로막는 것, 방해하는 것은 무엇이든 피하고 오직 한 가지, 경건에 집중했습니다.

9절은 사실상 성경의 가르침을 요약하는 말에 지나지 않습니다. 성경에는 이렇게 성경의 가르침을 요약하는 말들이 여러 군데 나옵니다. 예컨대 바울은 디도에게 편지를 쓰면서 다음과 같이 요약해 줍니다. "경건하지 않은 것과 이 세상 정욕을 다 버리고 신중함과 의로움과 경건함으로 이 세상에 살고 복스러운 소망과 우리의 크신 하나님 구주 예수 그리스도의 영광이 나타나심을 기다리게 하셨으니"(딛 2:12-13). 그렇습니다. 우리가 실천해야 할 것이 바로 이것입니다.

실천의 중요성과 우리가 실천해야 하는 일들의 중요성을 살펴보았으니, 이제 실천할 때 받을 상을 알아봅시다. 그렇습니다. 이대로 행하면, "그리하면 평강의 하나님이" 여러분과 함께하실 것입니다. 제가 너무 편협해 보이고, 이런 삶이 너무 편협해 보입니까? 굳이 이렇게까지 살 필요가 없을 것 같습니까? 세상의 것들을 버리라, 성경을 읽으라, 기도하라는 것이 이런 삶에 대한 옹색한 대책 같습니까? 그러나 이렇게 해야 "평강의 하나님이 너희와 함께" 계신다고 복음은 말합니다. 대가가 너무 큽니까? 사랑하는 여러분, 남이 대신 선택해 주는 것이 아닙니다. 여러분 스스로 선택해야 합니다. 저는 "평강의 하나님이 함께 계시길 원하면 이렇게 행하라"라고밖에 말할 수 없습니다. 바울도 이렇게 했고 성도들도 늘 이렇게 했습니다. 어떤 이는 물을 것입니다. "7절에 나오는 하나님의 평강과 9절에 나오는 하나님의 평강이 무엇이 다릅니까? 6-7절에서는 하나님께 아뢰면 하나님의 평강이 우리 마음과 생각을 지키신다고 했는데, 여기에서는 또 평강의 하나님이 우리와 함께 계신다고 하네요."

본질적인 차이는 없습니다. 7절은 적용이고 9절은 일반적인 진술입니다. 바울이 말하는 요지는 이것입니다. "이렇게 살라. 그리하면 하나님이 친히 너희와 함께 계실 것이다. 그는 평강의 하나님이시다." 평강은 하나님의 큰 특징입니다. 하나님은 거룩하시기 때문에 그의 사랑 안에는 평강이 있습니다. 그는 평강의 하나님으로서 여러분과 평화를 누리고 싶어 하십니다. 그리스도가 우리 죄를 도말하심으로 우리는 하나님과 평화를 누리게 되었습니다. 또한 그리스도가 우리 삶에서 죄를 제하심으로 우리는 우리 자신과도 평화를 누리게 되었습니다. 압박과 긴장과 갈등에서 벗어나 기이한 평강을 얻게 되었습니다. 또한 다른 이들과도 평화를 누리게 되었으며, 상황이나 조건이나 환경과 상관없이 평강을 누리게 되었습니다.

이것은 약속입니다. 오, 얼마나 은혜롭고 영광스러운 약속입니까! 이렇게 빛 가운데 행하면 하나님이 동행하신다고 바울은 말합니다. 이 말이 상기시키는 장면이 있습니다. 우리는 그 옛날 에녹처럼 될 것입니다. "에녹이 하나님과 동행하더니"(창 5:24). 하나님은 에녹과 동행하셨습니다. 바울이 편지를 읽는 그리스도인들에게 주는 약속이 이것입니다. "이렇게 행하면 평강의 하나님이 너희와 함께 계실 것이다. 어려움이 닥쳐도 하나님이 해결해 주실 것이다. 무슨 일이 생기든 너희와 함께해 주실 것이다. 너희는 내게 배우고 받고 듣고 본 바를 행하라. 그리하면 평강의 하나님이 너희와 함께 계시리라." 이것은 우리가 살든지 죽든지 언제나 변함없는 약속입니다. "내가 결코 너희를 버리지 아니하고 너희를 떠나지 아니하리라"(히 13:5).

여러분도 그렇습니까? 여러분도 하나님을 알고 있습니까? 환난 날에 그가 여러분 곁에 계십니까? 병들어 아플 때, 괴롭고 불행할 때, 그가 함께해 주십니까? 이것은 놀라운 약속입니다! 그러나 이 약속에는 조건이 따릅니다. 앞서 말한 대로 행하십시오. 그러면 참으로 그가 여러분과 늘 함께 계실 것입니다.

내가 주 안에서 크게 기뻐함은 너희가 나를 생각하던 것이
이제 다시 싹이 남이니 너희가 또한 이를 위하여 생각은 하였으나
기회가 없었느니라. 내가 궁핍하므로 말하는 것이 아니니라.
어떠한 형편에든지 나는 자족하기를 배웠노니
나는 비천에 처할 줄도 알고 풍부에 처할 줄도 알아 모든 일
곧 배부름과 배고픔과 풍부와 궁핍에도 처할 줄 아는
일체의 비결을 배웠노라.

빌립보서 4:10-12

17. 자족을 배우라

빌립보서 4:10-12을 볼 때마다 예배 시간에 이 말씀을 읽고 곧바로 축도를 하면 참으로 적절하고 좋겠다는 생각이 듭니다! 강력한 사도가 그리스도인으로서 경험했던 최고의 경지를 이방인들에게 일깨워 주는 이 말씀, 귀하고도 고상한 이 말씀에 접근하는 것은 그 자체로 떨리는 일입니다. 그러나 아무리 두렵고 떨려도 우리는 분석하고 설명해야 합니다. 4:9에서 사도는 빌립보 교인들에게 주는 특별한 권면을 마칩니다. 그런데 이처럼 실질적으로 교리에 대한 가르침이 끝났음에도 그는 편지를 맺지 못합니다. 한 가지 할 말이 남았기 때문입니다. 그는 자신이 로마 감옥에 있는 동안 빌립보 교인들이 친구이자 형제인 에바브로디도를 통해 개인적인 선물을 보내 준 데 대해 깊은 감사를 전하고자 합니다.

이 또한 편지를 쓴 이유 중에 한 가지였습니다. 빌립보 교회는 사도에게 선물을 보냈습니다. 그것이 구체적으로 무엇이었는지, 돈이었는지 그 비슷한 무엇이었는지 성경은 밝히고 있지 않습니다. 어쨌든 에바브로디도는 빌립보 교회의 선물을 가지고 왔습니다. 그리고 이제 빌립보로 다시 돌아가려 합니다. 바울은 지금 그 편에 보낼 편지를 쓰고 있습니다. 교리 이야기를 마친 사도는 이처럼 선물을 보냄으로써 자신의 옥살이와 고난에 사랑과 위로를 표시해 준 이들에게 감사를 전하고 싶었습니다. 그래서 10절에서 20절까지 무려 열 절에 걸쳐 그 이야기를 하고 있습니다. 늘 느끼는 바지만, 사도가 어떻게 이 위대한 편지를 써 나가는지 그 구체적인 방식을 관찰해 보면 참 재미있습니다. 심지어 감사의 말에도 교훈과 관심이 가득 담겨 있습니다. 바울은 빌립보 교인들의 친절한 선물에 감사를 표하려 하다가 한 가지 문제에 봉착했던 것이 분명합니다. 친절하고 후한 사람들에게 감사를 표하는 데 무슨 문제가 있었겠느냐고 할 수 있지만, 바울은 분명히 문제에 봉착했습니다. 그래서 무려 열 절에 걸쳐 길게 이야기하고 있습니다. 그는 중대한 교리도 한두 구절로 간단히 처리하고 넘어갈 때가 많습니다. 그런데 빌립보 교회의 선행과 친절에 감사하는 말은 무려 열 절에 걸쳐 길게 하는 것입니다. 사도가 계속 같은 말을 반복하는 것도 눈에 띕니다. 앞에서도 "내가 궁핍하므로 말하는 것이 아니"라고 하더니, 뒤에서도 또 "내가 선물을 구함이 아니"라고 합니다. 그가 이렇게 한 데에는 일종의 논리적 근거가 있습니다. 그는 적절한 단어를 찾으려고 고심했던 것으로 보입니다.

바울의 고민은 이것이었습니다. 그는 진심으로 빌립보 교회의 친절에 감사하고 싶었습니다. 그러면서도 자신이 그런 친절의 표시를 초조하게 기다리거나 기대하지는 않는다는 점, 그들의 선량하고 후한 대접에 절대 의지하지 않는다는 점을 밝히고자 했습니다. 그래서 문제에 봉착한 것입니다. 그는 이 두 가지 의도를 동시에 전달해야 했습니다. 빌립보 교인들에게 감사를 전하면서도 실제로 그리스도인으로서 하나님을 의지하면서 살아온 자신의 삶을 조금이라도 손상시키거나 훼손하지 말아야 했습니다. 그래서 무려 열 절에 걸쳐 이야기하고 있는 것입니다. 이것은 바울이 다른 이들의 감정을 섬세하게 헤아리는 신사적인 그리스도인이었기 때문에 생긴 문제였습니다. 사도는 다른 이들의 감정을 헤아리는 참으로 훌륭한 신사였습니다. 그래서 자신의 깊은 감사를 전하고 그들의 친절에 얼마나 감동했는지 표현하는 동시에, 설사 선물을 보내지 않았더라도 '왜 저들이 나의 궁핍과 고난을 외면할까?' 하고 고민하지는 않았을 것이라는 점을 분명하게 밝히려 합니다. 바울은 자신이 절대 그런 상태에 있지 않음을 확실히 짚고 넘어가려 했습니다. 이 열 절은 사도가 이 문제를 어떻게 풀어 나가는지 보여 주고 있습니다.

우리가 알아야 할 사실은 기독교 진리가 우리의 모든 삶을 통치해야 한다는 것입니다. 기독교 복음은 그리스도인의 삶 전체를 다스립니다. 8절에서 보았듯이 그리스도인의 사고도 지배하고, 9절에서 보았듯이 행동도 지배합니다. 그리고 이 열 절은 다른 이의 친절에 감사할 때에도 그리스도인은 비그리스도인과 다르게 해야 한다는 것을 알려 줍니다. 감사할 때에도 그리스도인은 아무렇게나 감사하는 것이 아니라 그리스도인답게 감사해야 합니다. 사도는 친구들의 은혜에 감사의 마음을 표하면서도 주님의 은혜에 더 큰 감사의 마음을 표하고 있습니다. 항상 주님의 이름이 실추되지 않도록 애썼던 바울은 빌립보 교인들의 선물에 감사하려다가 혹시라도 주님 한분만으로 만족하지 못하는 듯한 인상을 주게 될까 봐 염려했습니다. 그에게는 이것이 첫 번째 관심사였습니다. 빌립보 교인들을 깊이 사랑했고 그들에게 크게 감사했지만 주님은 그보다 훨씬 더 사랑했기에, 그들에게 감사하려다가 혹시라도 주님 한분만으로 만족하지 못하고 결국 사람을 의지하는 것처럼 비칠까 봐 염려했습니다.

그래서 이 강력한 본문을 통해 놀라울 만큼 확신에 찬 어조로 주님이

으뜸이시며 모든 만족이 되신다고 선언하면서, 빌립보 교인들이 개인적으로 자신을 돌보아 주고 위로해 준 데 대해 감사와 고마움과 사랑을 표시하는 것입니다. 이 주제의 핵심은 11절과 12절에 나옵니다. 여기에도 교리가 담겨 있습니다. "내가 궁핍하므로 말하는 것이 아니니라. 어떠한 형편에든지 나는 자족하기를 배웠노니 나는 비천에 처할 줄도 알고 풍부에 처할 줄도 알아 모든 일 곧 배부름과 배고픔과 풍부와 궁핍에도 처할 줄 아는 일체의 비결을 배웠노라."

이제부터 바울이 선언한 이 위대한 교리를 살펴봅시다. 우리는 여기에서 두 가지 큰 원리를 찾아볼 수 있습니다. 첫째는 사도가 어떤 상태에 도달했느냐 하는 것이고, 둘째는 어떻게 그런 수준에 도달했느냐 하는 것입니다. 이 두 가지가 이 굉장한 말씀의 주제입니다.

먼저 사도가 어떤 상태에 도달했는지부터 살펴봅시다. 그는 "자족"이라는 단어로 그 상태를 묘사합니다. "어떠한 형편에든지 나는 **자족하기를 배웠노니.**" 이 단어의 정확한 의미를 파악하는 것이 중요합니다. "만족"이라는 흠정역 번역은 원래 그리스어의 의미를 충분히 전달하지 못합니다.* 바울이 말하려는 바는 자신이 "자족self-sufficient"한다는 것, 상황이나 조건이나 환경과 상관없이 충분히 자족한다는 것입니다. 이것이 흠정역에 "만족"이라고 번역된 말의 진짜 의미입니다. 사도는 자신의 처지나 상황이나 환경이나 사건에 좌우되지 않는다고 스스럼없이 말할 수 있는 상태에 도달했노라 단언합니다. 신약성경의 다른 부분에서 사도와 그의 삶에 대한 기록들을 찾아보면 이것이 단순히 수사적인 표현이 아님을 분명히 알 수 있습니다. 예를 들어 사도행전 16장을 보면, 바울이 이 편지

---

* KJV에는 "만족content"으로, 우리말 성경 개역개정판에는 "자족"으로 번역되어 있다.

의 수신처인 빌립보에 처음 갔을 때 일어난 흥미로운 사건이 나옵니다. 바울과 실라가 체포되어 매를 맞고 차꼬에 발을 묶인 채 감옥에 갇혔던 일을 여러분도 기억할 것입니다. 물리적으로 볼 때 두 사람은 최악의 상황에 처해 있었습니다. 그러나 그들은 그 상황에 영향을 받지 않고 "한밤중에……기도하고 하나님을 찬송"했습니다(행 16:25). 상황과 상관없이 "어떠한 형편에든지……자족"한 것입니다. 고린도후서 12장의 유명한 본문에서도 같은 말을 하고 있습니다. 바울은 자신이 어떻게 "육체의 가시"에 좌우되지 않는 법을 배웠는지 이야기합니다. 육체의 가시가 있었음에도 그는 자족했습니다. 또 그가 어떻게 디모데에게 이 원리를 붙잡으라고 권면했는지도 알 것입니다. "자족하는 마음이 있으면 경건은 큰 이익이 되느니라"(딤전 6:6). 요컨대 "자족하는 마음만한 것이 없다. 자족하는 마음만 있으면 전부를 다 가진 것이나 다름없다"라는 것입니다. 디모데전서를 쓸 무렵, 바울은 이미 노인이었습니다. 노인으로서 젊은 디모데에게 편지를 보내 "네가 가장 먼저 배워야 할 일은 상황이나 형편에 좌우되지 않는 것이다. 자족하는 경건을 갖는 것이다"라고 가르친 것입니다. 이 외에도 다른 예가 많습니다.

신약성경의 가르침은 바울뿐 아니라 모든 그리스도인이 이러한 상태에 도달해야 한다고 분명하게 단언합니다. 마태복음 6:34에서 주님이 하신 말씀을 기억할 것입니다. "그러므로 내일 일을 위하여 염려하지 말라." 주님은 먹고 입고 사는 문제로 너무 염려하고 걱정하지 말라고 하셨습니다. 이것은 어떤 일에도 좌우되지 않는 영광스러운 상태, 강력한 상태입니다. 우리 모두 이런 상태를 알고 경험해야 합니다. 이것은 좋은 의미의 자족입니다.

이 말의 의미를 분명하게 파악하는 것보다 중요한 일이 없습니다.

"자족"이라는 말은 사도의 가르침을 오해하게 만들기 쉽습니다. 기독교 복음이 '민중의 아편'에 불과하다는 도전을 정당화하는 빌미를 제공할 만한 해석을 하는 경우가 있습니다. 오늘날 많은 이들이 기독교 복음을 인류의 전진을 가로막는 장애물이자 진보의 걸림돌로, '민중의 마약'으로 취급하려는 경향이 있습니다. 그들은 기독교가 어떤 상황이든 무조건 참으라는 교리, 아무리 수치스럽고 불의한 일이 있어도 참으라는 교리를 가르친다고 말합니다. 이런 본문을 다음과 같이 오해하는 바람에 예수 그리스도의 복음에 대해 정치적으로 격렬한 반발이 일어났습니다.

> 부자는 성안에,
> 가난한 자는 성문에 산다.
> 하나님이 사람을 높거나 낮게 만드시고
> 신분을 정해 주셨다.
> —C. F. 알렉산더Alexander

이것은 사도의 가르침을 완전히 부인하는 허튼소리에 불과합니다. 그런데도 이런 식으로 해석하는 경우가 얼마나 많은지 모릅니다. '저 멀리 푸른 초장 있네' 같은 찬송을 지은 사람이 이렇게 성경의 가르침을 모독하는 시를 쓴 것이 유감스러울 따름입니다. "부자는 성안에, 가난한 자는 성문에 산다"니, 그러면 영원히 정해진 신분에 따라 살라는 말입니까? 성경은 절대 그렇게 가르치지 않습니다. '더 나아지려고' 노력하지 말고 가난에 만족하며 살라고 하지 않습니다. '모든 사람은 하나님 앞에서 평등하며 공평한 기회를 얻을 권리가 있다'는 전제에 반대하는 말씀은 성경에 하나도 없습니다. 오늘 본문 같은 말씀이 마치 그런 말씀인 것처럼 잘못 해석하는 바람에 그리스도의 교회는 심각한 해를 입었습니다.

그렇다고 상황에 무관심하라는 뜻도 아닙니다. 그것은 이방 스토아 주의의 소극적인 체념에 불과합니다. 기독교의 입장은 절대 그런 것이 아닙니다. 그렇다면 자족한다는 것은 대체 무슨 뜻일까요? 상황에 지배 당하거나 좌우되지 않는다는 것입니다. 합법적이고 공정하게 상황을 개 선할 수 있다면 모든 방법을 동원해서 그렇게 한다는 것입니다. 그러나 설사 그럴 수 없다 해도, 괴롭고 힘든 처지를 벗어날 길이 전혀 없다 해 도 거기에 지배당하고 주저앉지 않는다는 것입니다. 상황이 우리를 지 배하거나 우리의 행불행을 좌우하지 못한다는 것입니다. "어떠한 형편 에 처하든지 거기 지배당하지 않는 상태에 도달하라"라고 사도는 말합 니다. 그리고 자신은 이미 그런 상태에 도달했다고 단언합니다. "어떠한 형편, 어떠한 상황에서도 나는 통제권을 가지고 있다. 내가 상황을 지배 하지, 상황이 나를 지배하지 못한다. 나는 자유를 얻었다. 해방되었다. 내 행복은 무슨 일이 일어나느냐에 따라 좌우되지 않는다. 내 생명, 내 행복, 내 기쁨, 내 경험은 주변 상황이나 내게 닥치는 일들에 달려 있지 않다."

이것이 사도의 주장입니다. 사도는 자신의 주장이 포괄적인 것임을 강조하려 했습니다. 다시 그의 말을 살펴보십시오. 전체적인 진술을 한 다음, 구체적으로 무슨 이야기를 하는지 보십시오. "나는 비천에 처할 줄 도 알고 풍부에 처할 줄도 알아 모든 일 곧 배부름과 배고픔과 풍부와 궁 핍에도 처할 줄 아는 일체의 비결을 배웠노라." 사도는 이런 것들을 배 웠다고 말합니다. 자신의 주장이 포괄적인 것임을 분명하게 밝히고 있 습니다. 그가 어떻게 서로 반대되는 상황을 열거하는지 봅시다. 그는 비 천한 것이 무엇인지, 배고프고 궁핍한 것이 무엇인지 알았습니다. 반대로 풍부한 것이 무엇인지, 배부르고 넉넉한 것이 무엇인지도 알았습니다. 둘 중에 어느 쪽 상황에 처할 때 상대적으로 자족하기가 더 어려운지를 놓고 토론해 보면 재미있을 것입니다. 비천할 때 자족하기가 더 어렵겠습니까, 풍부할 때 자족하기가 더 어렵겠습니까? 과연 우리가 이 질문에 대답을 할 수 있을지 모르겠습니다. 둘 다 어렵기는 매한가지입니다. 비천해졌을 때 과연 원망하거나 근심하지 않을 수 있을까요? 당장 먹을거리와 입을거리가 없는데 참아 낼 수 있을까요? 직장과 일터에서 낮아졌을 때, 어떤 식으로든 굴욕을 당했을 때에도 전과 똑같은 마음을 유지할 수 있을까요? 자신이 두 번째 자리로 밀려나는 것, 상처받는 것, 모욕당하는 것, 또는 다른 이들이 이런 일을 당하는 모습을 보는 것, 물리적으로 궁핍해지거나 고통을 겪는 것—비천해지는 것이 무엇이며 배고픈 것이 무엇인지, 어떤 점에서 궁핍하다는 것이 무엇인지 경험하는 것—은 참으로 힘겨운 일입니다. 이런 일을 당할 때에도 원망하거나 불평하거나 짜증내거나 괴로워하지 않는 법, 근심하고 걱정하지 않는 법을 찾는 것이야말로 인생의 큰 과제입니다. 그런데 바울은 그 비결을 배웠다는 것입니다. 실제로 그는 온갖 종류의 시련과 환난을 겪으면서도 거기 휘둘리지 않았습니다.

또 다른 측면을 살펴봅시다. 바울은 자신이 "풍부에 처할 줄도 알"았다고 말합니다. 배부른 것이 무엇이며 넉넉히 누리는 것이 무엇인지 알았다는 것입니다. 이런 상황에서 자족하는 일 또한 어렵습니다. 부자가하나님을 계속 의지하는 마음을 품기란 매우 어려운 일입니다. 모든 일을 스스로 해결하고 처리할 만큼 부유한 사람은 하나님을 잊어버리기 쉽습니다. 사람들은 대부분 힘들 때 하나님을 떠올립니다. 궁핍해야 기도가 나오지, 모든 것이 풍족하면 금세 잊어버립니다. 어느 쪽이 더 어려운

지 여러분 스스로 판단해 보십시오. 바울은 둘 중 어느 쪽이든 자신은 상관없다고 말합니다. 가난하다고 침체되지도 않고, 부하다고 들뜨거나 해이해지지도 않는다고 말합니다. 자신은 상황에 좌우되지 않는다고, 그런 의미에서 자족한다고 말합니다. 자신의 삶은 상황에 지배당하지 않으며 자신 또한 상황에 자유롭다고 말합니다. "풍부"하든 "궁핍"하든 아무 상관이 없다고 말합니다.

그리고 더 나아가 "모든 일"에 자유롭다고 말합니다. 여기에서 "모든 일"이란 모든 상황, 모든 사건을 아우르는 말이며 구체적인 측면과 전체적인 측면을 다 아우르는 말입니다. 바울은 의도적으로 이 두 가지를 나누어 이야기하고 있습니다. 어떤 경우든 한계가 없음을 말하고 싶어서 그렇게 한 것입니다. 그는 "이러이러한 구체적인 경우에 나는 자족한다"라고 말한 다음, "종합적으로 말해서 무슨 일이 닥치든 나는 자족한다. 그런 일들에 좌우되지 않는다. 그런 일들은 내 삶과 행복과 기쁨을 결정 짓거나 지배하지 못한다"라고 덧붙입니다.

사도에 따르면 이것이 그리스도인의 삶이요 그리스도인이 살아가는 방법입니다. 이 강력한 말씀을 직시하는 것이 우리에게 유익합니다. 우리는 불확실한 시대에 살고 있습니다. 우리가 가장 먼저 배워야 할 중대한 교훈은 어떻게 환경이 우리의 내적인 평강과 기쁨을 건드리지 못하게 하느냐 하는 것입니다. 오늘날처럼 이 교훈을 배우기 힘들었던 시대는 없었습니다. 지금은 생활 전체가 너무 조직화되어 있기 때문에 자족하는 그리스도인의 삶을 살기가 거의 불가능합니다. 원래 우리는 우리에게 닥치는 일들과 주변에서 일어나는 일들에 의지하는 존재이기 때문에 이런 삶을 살기가 굉장히 어렵습니다. 라디오와 텔레비전이 등장하면서 그에 대한 의존도가 점점 더 높아지고 있습니다. 신문, 영화, 오락에 대한 의존도도 높아지고 있습니다. 세상은 모든 면에서 우리의 삶을 조직화하고 있으며, 우리는 세상이 제공하는 것들을 점점 더 많이 의지하고 있습니다. 제2차 세계대전이 발발한 지 얼마 되지 않아 등화관제가 처음 실시되었던 때 벌어졌던 상황이 그 좋은 예입니다. 이른바 '등화관제의 권태'에 대한 일화들이 있습니다. 사람들은 집에서 아무것도 하지 않고 연달아 며칠 밤을 지내기가 얼마나 힘든지 경험했습니다. 영화나 연극을 비롯한 여러 가지 오락거리에 의존해서 살다가 갑자기 모든 것이 끊어져 버리자 시간을 대체 어떻게 보내야 할지 알 수가 없었던 것입니다. 이것은 본문에 나오는 바울의 모습과 정반대되는 모습입니다. 그런데 이런 경향이 오늘날 점점 더 심화되고 있습니다. 우리는 남들이 우리를 어떻게 대하느냐에 점점 더 좌우되고 있습니다.

오, 슬프게도 세상의 전체적인 모습만 이런 것이 아닙니다. 그리스도인 개개인의 모습도 마찬가지입니다. 영적인 차원에서 현재 당면한 가장 큰 위험은 모임에 의지하는 것이라고 말하고 싶습니다. 일종의 '모임 중독자'들이 나타났습니다. 거의 항상 모임에 나가는 것처럼 보이는 그리스도인들이 있습니다. 물론 모임은 아주 유익한 것입니다. 제 말을 오해하지 말기 바랍니다. 오직 주일예배만 가야 한다는 뜻이 아닙니다. 이런저런 모임도 중요합니다. 그러나 어쩌다 아파서 집에 머물게 될 때 시간을 어떻게 보내야 할지 모를 만큼 모임에 의지하면 안 됩니다. 기독교 모임—또는 기독교적인 분위기—을 과도하게 의지할 수 있습니다. 주로 청년들이 관련된 기독단체 회원들의 '누수' 현상에 대해 어떤 분과 이야기를 나눈 적이 있습니다. 이것은 아주 현실적인 문제입니다. 기독단체의 분위기에 둘러싸여 지낼 때는 관심을 갖고 열심을 내던 청년들이 불과 몇 년 만에 교회에서 이탈해 버립니다. 이런 '누수'가 발생하는 원인이 대체 무엇일까요? 많은 경우 특정한 교제에 지나치게 의지했던 것이 문제입니다. 그러다가 세상에 나가거나 교제할 그리스도인들이 없는 타 지역에 가게 되면 갑자기 흥미가 떨어지면서 넘어져 버리는 것입니다. 사도는 그래서는 안 된다고 경고합니다. 또한 교회 봉사나 간증 같은 수 단을 의지하는 위험에도 빠지지 않도록 조심해야 합니다. 사도는 주변 상황에 좌우되지 않는 상태에 도달해야 한다고 권면합니다. 이 영광스 러운 자족의 마음을 키워 나가라고 권면합니다.

알프레드 노스 화이트헤드Alfred North Whitehead 교수는 종교를 정의하면 서 중요한 진리를 이야기했습니다. "종교란 고독을 어떻게 다루느냐로 나타난다." 결국 혼자 있을 때 모습이 자신의 진짜 모습입니다. 어떤 의 미에서 저는 서재에 혼자 앉아 있는 쪽보다 강단에서 설교하는 쪽이 더 쉽습니다. 사람들도 대부분 혼자 있을 때보다 다른 그리스도인들과 함 께 있을 때 주님의 임재를 누리기가 더 쉬울 것입니다. 바울은 자신이 누 리는 상태를 우리도 누리기 원했습니다. 그는 어떤 일에도―지금 일어나 고 있는 일이든 장차 일어날 일이든―좌우되지 않게 해 주신 주님을 사랑 했습니다. 어떤 상황, 어떤 사건을 만나든지, 어느 곳에 가서 무슨 일을 겪든지 상관없이 그는 자족했습니다. 비천하든 풍부하든 궁핍하든 넉넉 하든 상관없이 이 생명, 그리스도와 함께 감추어진 생명을 놓치지 않았 습니다.

본문에 나오는 두 번째 주제, 즉 사도가 어떻게 이런 수준에 도달했 는지 간략하게 살펴봅시다. 이 부분에서도 그는 아주 흥미로운 진술을 하고 있습니다. 그는 "배웠노니I have learned"라고 말합니다. 더 좋은 번역은 "배우게 되었노니I have come to learn"입니다. 바울이 이런 말을 한 것이 참 감 사합니다. 우리처럼 바울도 처음부터 이런 상태였던 것은 아닙니다. 그도 배워서 이렇게 되었습니다. 그는 흥미로운 단어를 하나 더 쓰고 있습니다. "배부름과 배고픔과 풍부와 궁핍에도 처할 줄 아는 일체의 **비결을 배웠노라** instructed." 모든 권위자들이 동의하는 바, 이것은 '비결을 전수받았다, 비법을 알게 되었다, 비밀을 알게 되었다'는 뜻입니다.

바울은 자신이 어떻게 이런 상태에 도달하는 법을 배웠는지 알려 줍니다. 신약성경에 나오는 여러 가지 암시를 보면, 옥에 갇힌 상태에서 자족한다는 것이 바울에게 특히 힘든 일이었으리라는 점을 쉽게 짐작할 수 있습니다. 그는 천성적으로 섬세하고 자부심이 넘치는 사람이었을 뿐 아니라 아주 활동적인 사람이었습니다. 그런 사람이 꼼짝없이 옥에 갇혀 지내는 것보다 화나는 일은 없었을 것입니다. 그는 로마 시민으로 성장했음에도 속박을 당했으며, 뛰어난 지성인들이 아닌 노예들 틈에서 인생을 보내야 했습니다. 그런데 대체 어떻게 그 모든 일을 감당할 수 있었을까요? 아, 그는 그 방법을 배웠다고, 그 비법과 비밀을 배워서 알게 되었다고 말합니다.

어떻게 배웠을까요? 제가 대답해 보겠습니다. 첫 번째 대답은 순전히 경험으로 배웠다는 것입니다. 고린도후서 12장, 그중에서도 특히 "육체의 가시"에 대해 이야기하는 9-10절만 보면 알 수 있습니다. 바울은 그 가시가 싫었습니다. 그 가시와 씨름하며 세 번이나 뽑아 주실 것을 구했습니다. 그러나 하나님은 뽑아 주시지 않았고, 그는 받아들일 수가 없었습니다. 자꾸 조바심이 났습니다. 계속 설교하고 싶은데 육체의 가시가 가로막았기 때문입니다. 그때 배운 교훈이 바로 "내 은혜가 네게 족하도다"라는 것이었습니다. 그는 하나님이 자신을 어떻게 다루시는지 경험함으로써 이 일을 이해하게 되었습니다. 이처럼 바울도 배워서 알게 되었습니다. 우리도 경험으로 배웁니다. 배우는 것이 더딜 때, 하나님은 그 자비하심으로 병을 주시기도 하고 때로는 우리를 넘어뜨리시기도 합니다. 이 위대한 교훈을 가르치시고 이 위대한 상태로 인도하시는 데 필요한 일들을 허용하십니다.

그러나 경험으로만 배우는 것은 아닙니다. 바울은 중요한 논증을 통해 이 진리를 배웠습니다. 여러분이 직접 적용할 수 있는 그 논증의 단계를 알려 드리겠습니다. 제가 생각하는 사도의 논리는 다음과 같습니다. 그는 생각했습니다.

1. 형편은 항상 바뀌게 마련이므로, 형편에 의존하면 안 되는 것이 분명하다.

2. 최고로 중요한 것, 가장 중요한 것은 내 영혼이며 하나님과 나의 관계다. 이것이 첫째다.

3. 하나님은 내 아버지로서 나를 염려하고 계시며 내게 일어나는 모든 일을 알고 계신다. 내 머리카락까지 다 세고 계신다. 이 사실을 절대 잊으면 안 된다.

4. 하나님의 뜻과 그 길은 큰 비밀이지만, 그가 무엇을 뜻하시고 허락하시든 다 나의 유익을 위한 것임을 안다.

5. 인생의 모든 상황은 하나님의 사랑과 선의 표출이다. 나는 하나님의 선하심과 자비하심이 매번 어떻게 나타나는지 보면서 놀랄 준비를 하고 복 받을 준비만 하면 된다. 하나님의 길은 우리의 길과 다르다(예컨대 바울이 육체의 가시와 관련하여 배운 중대한 교훈이 무엇입니까? "내가 약한 그때에 강함이라"라는 것입니다. 그는 하나님의 은혜가 육체의 약함을 통해 나타난다는 것을 배웠습니다).

6. 그러므로 상황과 형편을 그 자체로서만 볼 것이 아니라, 하나님이 내 영혼을 온전하게 만들어 마침내 완성시키시는 과정의 일환으로 보아야 한다.

7. 지금 내 형편이 어떠하든지 다 일시적인 것이고 지나가는 것에 불과하다. 그리스도와 함께 궁극적으로 날 기다리고 있는 저 영광과 기쁨은 결코 빼앗아 가지 못한다.

저는 바울이 이렇게 추론하고 논증했으리라 생각합니다. 그는 기독교의 진리와 복음에 비추어 자신의 형편과 상황을 직시했고, 이러한 논리적 단계와 순서를 따라 생각했습니다. 그 다음에 따라오는 결론은 "무슨 일이 생기든 나는 변하지 않는다. 무슨 일이 닥치든 나는 흔들리지 않는다"라는 것입니다.

여기에서 선명하게 떠오르는 중대한 원리가 있는데, 그 원리는 바울이 그리스도 안에서, 늘 그리스도 안에서만 기쁨과 만족을 찾는 법을 배웠다는 것입니다. 이것이 이 주제의 적극적인 측면입니다. 우리는 그리스도를 의지하는 법을 배워야 하며, 그것을 배우기 위해 그를 아는 법을 배우고 그와 교통하는 법을 배우며 그에게서 기쁨을 찾는 법을 배워야 합니다. 분명하게 짚어서 말씀드리겠습니다. 그리스도에 관한 글들을 읽는 데 과도한 시간을 쓰는 이들이 있습니다. 그러나 아무것도 읽지 못할 날이 올 수 있습니다. 아니, 실제로 그런 날이 오고 있습니다. 그것은 시험입니다. 그때에도 여전히 행복할 수 있겠습니까? 귀가 멀거나 눈이 멀어도 기쁨의 샘이 마르지 않을 만큼 지금 주님을 잘 알고 있습니까? 항상 주님께 아뢰고 그의 말씀을 들으며 그를 즐거워할 정도로 잘 알고 있습니까? 상황이 어찌 되든 주님과 나의 관계를 항상 의지하고 있기 때문에 괜찮습니까? 사도는 그랬습니다. 어떤 상황에도 좌우되지 않을 만큼 사도와 그리스도 사이에 크고도 깊은 친밀감이 있었습니다.

마지막으로 저는 그리스도가 보여 주신 뛰어나고 온전한 본을 바라보았던 것이야말로 사도가 이 교훈을 배우는 데 큰 도움이 되었으리라고 생각합니다. "예수를 바라보자. 그는 그 앞에 있는 기쁨을 위하여 십자가를 참으사 부끄러움을 개의치 아니하시더니"(히 12:2). 바울은 예수를 바라보았습니다. 예수 자신을 바라보았고, 예수가 보여 주신 온전한 본을 바라보았으며, 그 본을 따라 살았습니다. "우리가 주목하는 것은 보이는 것이 아니요 보이지 않는 것이니 보이는 것은 잠깐이요 보이지 않는 것은 영원함이라"(고후 4:18).

그리스도인들이여, 여러분도 "어떤 상황에 처하든지 자족하는 법, 환경에 좌우되지 않는 법을 배웠다"라고 말할 수 있습니까? 이런 상태가 과연 어떤 것인지 알고 있습니까? 이것을 우리의 첫째가는 목적으로 삼읍시다. 이것을 열망합시다. 이 복된 상태에 이르도록 있는 힘껏 노력합시다. 이것을 열망하지 않을 수 없을 만큼 삶이 힘겨운 분들이 있을 것입니다. 그러나 지금 편한 환경에서 사는 사람도 결국은 이 땅과 이 땅의 모든 것이 사라질 때 영혼만 혼자 남아 죽음과 영원한 운명을 맞이하게 될 것입니다. 인생에서 가장 중요한 일은 그때 과연 그리스도처럼 말할 수 있느냐 하는 것입니다. "그러나 내가 혼자 있는 것이 아니라 아버지께서 나와 함께 계시느니라"(요 16:32).

하나님이 그 무한한 은혜로 이 중대하고 긴요한 교훈을 배우게 해 주시기를 원합니다. 그것을 위해 오거스터스 탑레이디의 말로 자주 기도합시다.

숨 쉬며 사는 지금이나
눈 감고 죽을 그 순간이나
내가 모르는 길로 올라가

심판하시는 주를 뵈올 그때나

만세 반석 열린 틈에

나를 숨겨 주소서.*

내게 능력 주시는 자 안에서 내가 모든 것을 할 수 있느니라.

빌립보서 4:13

18. 최종해결책

이 위대한 사도가 이방인들에게 보내는 모든 서신에는 귀를 의심케 할 만큼 굉장한 말들이 무수히 등장하는데, 13절도 그중에 하나입니다.

사도 바울의 편지를 읽을 때, 본론이 끝남과 동시에 중요하고 강력한 이야기가 다 끝난 것으로 여기는 것보다 더 큰 잘못은 없습니다. 추신으로 덧붙여지는 내용까지 늘 주의 깊게 보아야 합니다. 편지 어느 구석에 보석이 박혀 있을지 모릅니다. 진리에 대한 놀라운 통찰과 교리를 심오하게 밝혀 주는 말들이 인사말, 추신 가리지 않고 편지 곳곳에 박혀 있습니다.

13절은 이 편지의 추신이라고 할 수 있습니다. 9절에서 본론을 마친 다음, 빌립보 교인들이 개인적인 선의로 선물을 보내 준 데 대해 감사를 표하는 부분이기 때문입니다. 그러나 앞서 살펴보았듯이, 이 감사 또한 교리와 관련되어 있습니다. 물론 빌립보 교인들에게 감사하고 싶은 마음도 컸지만, 사도 자신이 그리스도로 만족한다는 사실과 남들이 자신을 생각해 주든 그렇지 않든 주 안에서 아무 부족함이 없다는 사실을 빌립보 교인들이나 다른 이들에게 알리려는 마음이 훨씬 더 컸습니다. 그 맥락에서 이 말이 나온 것입니다.

13절은 귀를 의심케 할 만큼 굉장한 말입니다. "내게 능력 주시는 자 안에서 내가 모든 것을 할 수 있느니라." 이 말에는 승리감과 겸손함이 다 배어납니다. 얼핏 보면 자랑하는 말 같습니다. 그런데 다시 읽어 보면 주님께 가장 영광스럽고 빼어난 찬사를 바치고 있음을 알게 됩니다. 이것은 사도가 즐겨 사용했던 역설적 표현입니다. 사실 기독교의 진리는 근본적으로 항상 역설을 담고 있습니다. 기뻐하고 자랑하라고 하면서, 동시에 겸손하고 낮아지라고 합니다. 그러나 두 가지는 서로 모순되지 않습니다. 그리스도인은 자신이 아닌 주님을 자랑하는 사람들이기 때문입니다.

바울은 이 말을 즐겨 했습니다. 예컨대 갈라디아서 말씀을 보기 바랍니다. "그러나 내게는 우리 주 예수 그리스도의 십자가 외에 결코 자랑할 것이 없으니"(6:14). 고린도후서 말씀도 보십시오. "자랑하는 자는 주 안에서 자랑할지니라"(10:17). 한편으로는 자랑하라고 권면합니다. 맞습니다. 그러나 주 안에서 자랑하라고 합니다.

이처럼 13절은 역설적인 말로서, 이 말을 살펴보기에 가장 좋은 방법은 다른 번역을 찾아보는 것입니다. "내게 능력 주시는 그리스도 안에서 내가 모든 것을 할 수 있느니라"라는 흠정역 번역은 어떤 점에서 아주 정확하기는 하지만, 사도가 의도했던 미묘한 의미는 전달하지 못합니다. 저는 다음의 번역이 더 낫다고 생각합니다. "내게 계속 힘을 불어넣어 주시는 분이 있어 나는 강하니라[강해졌느니라]." 원래는 "그리스도"라는 말이 없다는 것이 권위자들의 공통된 견해지만, 그렇다고 움찔할 필요는 없습니다. 바울이 실제로 가리키고 있는 분이 그리스도시기 때문입니다. 바울이 하려는 말은 자기 힘으로 무슨 일을 할 수 있다는 것이 아닙니다. 자신에게 능력을 주시는 분 때문에 무엇이든 할 수 있고 모든 일을 할 수 있다는 것입니다. 다시 말해서 이것은 앞서 나온 내용에 대한 궁극적이고 최종적인 설명입니다. 알다시피 바울은 "어떠한 형편에든지 나는 자족하기를 배웠노니 나는 비천에 처할 줄도 알고 풍부에 처할 줄도 알아 모든 일 곧 배부름과 배고픔과 풍부와 궁핍에도 처할 줄 아는 일체의 비결을 배웠노라"라고 했습니다. 사도도 배워서 이렇게 되었습니다. 처음부터 늘 자족했던 것이 아닙니다. 어떠한 상태에서나 만족하는 법, 자족하는 법, 상황과 환경에 좌우되지 않는 법을 배운 것입니다. 이처럼 바울 같은 사람도 배워야 했습니다. 실제로 그는 자족의 비결을 '전수'받았다고 이야기합니다. 이것이 "일체의 비결을 배웠노니"라는 말에 담긴 의미입니다. 우리는 사도가 어떻게 이런 상태에 도달했는지도 살펴보았습니다. 경험을 통해, 기독교 신앙을 가지고 논리적으로 추론함으로써, 주님을 인격적으로 친밀하게 알아 감으로써, 주님과 주님이 보여 주신 영광스러운 본을 바라봄으로써 이 지식을 얻게 되었음을 알았습니다.

그런데 13절은 더 나아가 이에 대한 궁극적인 설명을 제공해 줍니다. "내가 찾은 진짜 비결은 내게 계속 힘을 불어넣어 주시는 분이 있어 나를 강하게 만들어 주신다는 것이다." 이것이 바울의 상태에 대한 최종 설명입니다. 사도가 항상 이 사실로 돌아간다는 점은 굳이 상기시키지 않아도 알 것입니다. 바울은 무슨 논증을 하든 이 사실로 돌아갑니다. 무슨 논증을 하고 토론을 하든 이 사실로 돌아갑니다. 모든 논의가 그리스도로 끝이 나고 그리스도 안에서 끝이 납니다. 그리스도가 모든 이야기의 귀결점이요, 바울의 삶과 모든 인생관에 대한 설명입니다. 바울이 여기에서 말하는 교리도 마찬가지입니다. 그리스도가 모든 환경, 모든 가능성, 모든 불의의 사건들을 넉넉히 감당하게 해 주신다는 것입니다. 바울은 이렇게 말하면서, 여러 모로 신약성경에서 가장 기본적인 교리라고 할 수 있는 내용을 소개합니다. 그리스도인의 삶은 결국 생명이요 능력이요 역동성입니다. 이 점을 잊기 쉽습니다. 그리스도인의 삶은 일개 철학이나 관점이나 취사선택해서 실천하는 가르침이 아닙니다. 물론 그런 면도 없지 않습니다. 그러나 그리스도인의 삶은 철학이나 관점이나 가르침을 훨씬 뛰어넘는 것입니다. 신약성경이 도처에서 가르치는 바에 따르면, 이 삶의 정수는 우리 속에 들어오는 강력한 힘에 있습니다. 또는 우리 속에서 약동하는 생명력에 있다고 해도 좋습니다. 이 삶의 정수는 역동성, 하나님의 역동성에 있습니다.

사도는 이 서신에서도 이미 여러 번 이 점을 강조했습니다. 그중에 몇 가지만 찾아보겠습니다. 그는 1장에서 "너희 안에서 착한 일을 시작하신 이가 그리스도 예수의 날까지 이루실 줄을 우리는 확신하노라"라고 합니다(6절). 요컨대 "너희 그리스도인은 바로 이런 자들임을 알아야 한다. 하나님이 너희 안에서 일을 시작하셨다. 하나님이 너희 안에 들어와 일하고 계신다"라는 것입니다. 그리스도인은 바로 이런 자들입니다. 무슨 이론을 선택해서 실천하는 사람들이 아닙니다. 하나님이 우리 안에서 일하시고 우리를 통해 일하십니다. 2:12-13도 보기 바랍니다. "두렵고 떨림으로 너희 구원을 이루라. 너희 안에서 행하시는 이는 하나님이시니 자기의 기쁘신 뜻을 위하여 너희에게 소원을 두고 행하게 하시나니." 하나님은 그 기쁘신 뜻을 위해 우리 안에 소원을 두고 행하게 하십니다. 우리의 가장 고상한 생각, 숭고한 열망, 의로운 의도는 다 하나님에게서 오는 것입니다. 하나님이 친히 그것들을 우리 속에 불어넣어 주십니다. 우리 혼자 움직이는 것이 아닙니다. 하나님이 움직이십니다. 바울이 3:10에서 "그리스도와 그 부활의 권능과 그 고난에 참여함을" 아는 것이야말로 최고의 열망이라고 말한 이유가 여기 있습니다. 그는 이 능력과 생명에 계속 관심을 쏟습니다.

다른 서신에서도 마찬가지입니다. 그가 에베소 교인들을 위해 기도한 내용이 무엇입니까? "그의 힘의 위력으로 역사하심을 따라 믿는 우리에게 베푸신 능력의 지극히 크심이 어떠한 것을 너희로 알게 하시기를 구하노라. 그의 능력이 그리스도 안에서 역사하사 죽은 자들 가운데서 다시 살리시고"(엡 1:19-20). 그는 연이어 2:10에서 "우리는 그가 만드신 바라. 그리스도 예수 안에서 선한 일을 위하여 지으심을 받은 자니"라고 말합니다. 그리고 3장 마지막 부분에서 위대한 진술을 합니다. "우리 가운데서 역사하시는 능력대로 우리가 구하거나 생각하는 모든 것에 더 넘치도록 능히 하실 이에게……." 이것이 신약성경이 가르치는 교리의 특징입니다. 이것을 모르는 사람은 그리스도인의 삶과 신분에서 가장 영광스러운 면을 놓치고 있는 것이 확실합니다. 그리스도인은 본질적으로 새 생명을 받은 자입니다. 제가 지치지도 않고 계속 인용하는 그리스도인의 정의, 존 웨슬리의 유명한 정의를 다시 생각해 봅시다. 웨슬리는 17세기 인물인 헨리 스쿠걸Henry Scougal의 책 제목—『인간의 영혼 안에 있는 하나님의 생명The Life of God in the Soul of Man』—에서 이 정의를 찾아냈습니다. 바로 이 생명이 사람을 그리스도인으로 만듭니다. 그리스도인은 단순히 선량하고 점잖고 도덕적인 사람이 아닙니다. 하나님의 생명이 그 속에 들어온 사람, 하나님의 에너지와 능력과 생명이 그 속에 들어온 사람입니다. 이것이 사람을 그리스도인으로 만듭니다. 바울이 여기에서 말하고 있는 바가 바로 이것입니다.

소극적인 측면에서 설명해 보겠습니다. 사도는 이 위대한 구절에서 자신이 스토아주의자가 되었다고 말하지 않습니다. 오랜 자기 수양으로 세상과 환경에 더욱 초연해지게 되었다고 말하지 않습니다. 훈련의 결과로, 수양을 통해 자신이 모든 일을 할 수 있고 모든 상황을 감당할 수 있게 되었음을 깨달았다고 말하지 않습니다. 결코 그렇게 말하지 않습니다. 다시 한 번 상기시키지만, 수양은 스토아주의자들이 하는 것입니다. 스토아주의는 한낱 이론이 아니라 많은 이들이 추종한 삶의 방식이었습니다. 스토아주의자들의 생애를 읽어 보면, 바로 이러한 시각을 가지고 있었기 때문에 세상사에 일종의 수동적인 초연함을 보였던 것을 알게 됩니다. 마음의 힘을 키워 육체를 통제하고 마음의 수양에 집중함으로써 주변에서 일어나는 일들에 대해 면역성과 초연함을 길렀던 인디언 고행 수도자들의 이야기를 듣거나 읽은 적이 있을 것입니다. 힌두교나 불교를 비롯하여 여러 동양 종교를 특징짓는 중대한 원리도 이것입니다. 동양 종교는 기본적으로 상황과 환경에 덤덤해지도록 도와주고, 주변 세상에 대한 초연함을 길러 주며, 상황에 휘둘리지 않고 살아 나가도록 도와주기 위해 생겨났습니다. 제가 지적하고 싶은 요점은, 사도가 가르치는 교리는 그런 게 아니라는 것입니다. 바울은 자신이 동양 신비주의자가 되었다고 말하지 않으며, 아무것에도 영향을 받지 않을 만큼 스토아 철학을 발전시켰다고도 말하지 않습니다.

제가 이런 소극적인 측면을 애써 강조하는 이유가 무엇일까요? 이런 가르침에 참으로 아무런 소망이 없기 때문이며, 이런 종교들은 결국 비관적일 수밖에 없기 때문입니다. 지난번에도 살펴보았듯이 스토아주의는 심각한 비관론에 불과합니다. 스토아주의의 결론은 세상에는 아무 소망이 없고 어차피 어떤 것에서도 도움을 받을 수 없으므로 되도록 상처받지 말고 최선을 다해 살아 나가라는 것입니다. 물론 동양의 종교들도 완전히 비관적이기는 마찬가지입니다. 그들은 물질을 악하게 보며,

육신도 본질적으로 악하게 봅니다. 만물을 악으로 봅니다. 그렇기 때문에 우리는 다만 고통을 최소화하여 살면서 윤회를 통해 모든 악을 벗어버리고 마침내 해탈의 경지에 이르게 되기를 바랄 뿐이라고, 절대적이고 영원한 세계에 영원히 흡수되고 동화되기를 바랄 뿐이라고 말합니다.

이것은 기독교 복음과 정반대되는 가르침입니다. 복음은 소극적이고 않고 적극적입니다. 물질을 본질적으로 악하게 보지 않으며, 세상도 물리적인 의미에서 본질적으로 악하다고 보지 않습니다. 우리는 소극적인 관점을 완전히 거부합니다. 무엇보다 그런 관점으로는 주 예수 그리스도께 영광과 존귀를 돌릴 수 없기 때문입니다. 바울이 가장 관심을 쏟는 부분이 이 부분입니다. 바울은 승리의 토대가 그리스도와의 연합에 있음을 보여 주려 합니다. 우리는 여기에서 다시 한 번 그리스도인의 정의로 돌아가게 됩니다. 그리스도인이 된다는 것은 단순히 그리스도의 가르침을 믿고 따른다는 뜻이 아니라, 그리스도와 긴밀히 연결됨으로써 그의 생명과 능력이 우리 안에서 역사하게 된다는 뜻입니다. 우리가 "그리스도 안에" 있다는 뜻이며, 그리스도가 우리 안에 계신다는 뜻입니다. 신약성경은 "그리스도 안"이나 "너희 안에 계신 그리스도" 같은 표현들을 사용합니다. 신약 서신서 곳곳에서 이런 표현들을 찾아볼 수 있습니다.

또는 다음과 같이 설명할 수도 있습니다. 바울은 그리스도가 자신에게 힘과 능력을 불어넣어 주심으로 모든 일을 할 수 있는 강한 사람이 되었다고 말합니다. 자기 혼자 살아가는 게 아니라는 것입니다. 자기 혼자 강한 적들과 승산 없는 싸움을 벌이는 게 아니라는 것입니다. 그리스도의 큰 능력이 자기 삶 속에 계속 들어와서 동력과 에너지와 힘이 되어 준다는 것입니다. "바로 그 힘으로 나는 모든 일을 할 수 있다"라고 바울은 말합니다.

13절은 바울의 여러 말 중에서도 가장 영광스러운 말인 것이 분명합니다. 그는 평생 숱한 고난을 겪었고, 이 편지를 쓸 때도 감옥에 갇혀 있었습니다. 그는 여러 모로 좌절을 겪었습니다. 박해를 받았고, 조롱과 멸시를 당했으며, 1장에 나오듯이 때로는 동역자들에게도 실망스러운 일을 당했습니다. 그뿐 아니라 감옥에 갇혀 있었습니다. 그의 처지는 아무리 용감한 사람이라도 낙심할 만한 것이었습니다. 게다가 언제 무참히 순교당할지조차 알 수 없었습니다. 그런데도 "내게 계속 힘을 불어넣어 주시는 분 안에서 나는 모든 것을 능히 견딜 수 있고 참을 수 있다"라고 강력하게 도전하는 것입니다.

요즘 같은 때 제가 제시하고 싶은 교리가 바로 이것입니다. 이런 시대에는 기독교 설교자와 교회가 마땅히 세상의 전반적인 상황에 대해 계속 발언해야 한다고 생각하는 이들이 있습니다. "세상이 이 지경인데 개인적인 경험 이야기나 해서야 되겠습니까? 그건 현실과 너무 동떨어진 태도 아닙니까? 설마 신문이나 라디오 뉴스도 접하지 않는 건 아니겠지요? 세상이 지금 어떻게 돌아가는지 알고 있습니까? 세계의 상황이나 각 국가의 상태에 대해 왜 아무 말도 하지 않는 겁니까!"라고 항의하는 이들이 많습니다. 그러나 그에 대한 저의 간단한 대답은 이것입니다. 저를 비롯한 다수의 설교자들과 온 교회가 세상의 상황에 대해 아무리 많이 발언해도 세상은 영향을 받지 않습니다. 오랜 세월 교회가 정치와 경제 상황에 대해 무수히 발언해 왔지만, 주목할 만한 변화는 일어나지 않았습니다. 설교의 임무는 그것이 아닙니다. 설교의 임무는 다음과 같이 말하는 것입니다. "사반세기 동안 벌써 두 차례의 세계대전을 겪은 세상, 앞으로 그보다 더 심각한 상황이 벌어질 수도 있는 이 불확실한 세상에서 우리가 던져야 할 질문은 '어떻게 그 모든 일에 직면할까? 어떻게 그 모든 일에 대처할 수 있을까?' 하는 것입니다." 설사 제가 국제정치에 대한 의견을 밝힌다고 한들 아무에게도 도움이 되지 않을 것입니다. 그러나 감사하게도 제가 할 수 있는 일이 있고, 제가 알려 드릴 수 있는 내용이 있습니다. 저는 그대로 따르고 행하기만 하면 사도 바울처럼 "나는 강하다. 무슨 일이든 다 감당할 수 있다. 평화로울 때든 전쟁이 벌어졌을 때든, 자유로울 때든 종살이를 할 때든, 익숙한 삶이 계속될 때든 완전히 다른 삶이 펼쳐질 때든 다 감당할 수 있다"라고 말하게 되는 비결을 알려 드릴 수 있습니다. 거듭 밝히지만, 13절은 수동적이고 소극적으로 불의를 묵인하라는 뜻이 아닙니다. 절대 그런 뜻이 아닙니다. 무슨 일이 생기든 다 감당할 수 있다는 뜻입니다.

성 바울이 했던 말을 과연 우리도 할 수 있을까요? 우리는 시험과 환난을 겪어 왔고, 아마 앞으로는 더 많이 겪을 것입니다. 그럴 때 이 사람 바울처럼 무슨 일이 닥쳐도 능히 감당할 힘과 능력이 있노라 말할 수 있을까요? 사도는 무엇이든 견딜 능력을 가지고 있었습니다. 대체 이 능력은 어떻게 얻는 것입니까?

이 문제와 관련하여 많은 혼동이 발생하고 있습니다. 제 바람은 그 혼동을 줄이는 것입니다. 평생 이 능력을 얻고자 애쓰지만 얻지 못하는 이들이 많습니다. 그들은 "그런 능력을 가진 그리스도인들을 만나 보긴 했지만, 나한테는 절대 생길 것 같지 않네요"라고 말하거나 "내 삶에 그런 능력만 생길 수 있다면 세상이라도 다 줄 용의가 있습니다. 그런데 대체 어떻게 해야 그런 능력을 얻을 수 있습니까?"라고 묻습니다. 이처럼 평생 이 능력을 얻고자 애쓰지만 얻지 못하는 이유가 무엇입니까? 저는 '나'와 '그'—사도가 말한 "능력 주시는 분"—의 바른 관계를 알지 못하고 깨닫지 못하는 데 주된 원인이 있다고 생각합니다. "내가 모든 것을 할 수 있느니라", "내게 계속 힘을 불어넣어 주시는 분을 통해 내가 모든 것을 할 수 있느니라" 또는 흠정역의 번역처럼 "내게 능력 주시는 그리스도 안에서 내가 모든 것을 할 수 있느니라"라는 이 말씀 자체에 문제의 핵심이 들어 있습니다. '나'와 '그리스도'의 바른 관계, 정확한 균형이 중요한 것입니다.

이 부분에서 많은 혼동이 발생합니다. 이 혼동의 첫 번째 원인은 '나'만 강조하는 데 있습니다. 이 문제는 이미 다루었습니다. 스토아주의자들이나 힌두교도, 불교도들이 하는 일이 바로 이것입니다. 정신 수양에 몰두하는 이들이 내내 하는 일도 이것입니다. 우리는 이런 가르침들이 왜 적절치 못한지 살펴보았습니다. 궁극적으로 이 가르침이 적절치 못한 이유는, 원래 의지력이 강한 사람, 의지력을 함양할 만한 시간을 낼 수 있는 사람만 실천 가능하기 때문입니다. 자신이 단순한 삶을 반대하는 주된 이유는 오직 백만장자만이 그런 삶을 살 수 있기 때문이라고 했던 G. K. 체스터턴Chesterton의 말에 저도 전적으로 동의합니다. 일단 수양할 시간이 있어야 하는데, 노동자는 그런 여가나 기회를 낼 수가 없습니다. 단순한 삶을 살려면 백만장자가 되어야 합니다. 수양을 강조하는 이 가르침은 더더욱 그렇지 않습니까? 원래 지적인 사람인데다가 시간과 여유까지 있다면, 몇 날 몇 주든지 집중해서 정신을 수양하고 영혼을 수양할 것입니다. 그러나 그런 여유도 없고 에너지도 없는 사람, 특히 지적이지 못한 사람에게 이런 가르침은 절대 복음이 될 수 없습니다. 이처럼 '나'를 지나치게 강조하는 데서 혼동이 발생합니다.

이것이 한 가지 잘못이라면, 또 한 가지 잘못은 다른 극단으로 치우치는 것입니다. '나'를 지나치게 강조하는 이들과 달리 '나'를 완전히 소거해 버리는 이들이 있습니다. 전에 종교잡지에서 읽었던 글을 예로 들어 설명해 보겠습니다. 그 글은 그리스도인을 다음과 같이 정의하고 있었습니다.

> 내 머리를 통해 그리스도가 생각하시고
> 내 음성을 통해 그리스도가 말씀하시며
> 내 마음을 통해 그리스도가 사랑하시고
> 내 손을 통해 그리스도가 도우신다.

오늘 본문에 입각하여 제가 할 수 있는 대답은 '헛소리'라는 것입니다. 헛소리일 뿐 아니라 기독교의 가르침을 우습게 만드는 소리입니다. "내 머리를 통해 그리스도가 생각하시고 내 음성을 통해 그리스도가 말씀하시며 내 마음을 통해 그리스도가 사랑하시고 내 손을 통해 그리스도가 도우신다"니, 그러면 '나'는 대체 어디에 있는 것입니까? '나'는 아예 사라지고 없습니다. 소거되고 없습니다. '나'는 더 이상 존재하지 않습니다. 이 인용구는 '그리스도인은 개성이 다 사라지고 오직 그리스도가 그의 여러 능력과 재능을 사용하시는 사람'이라는 가르침을 대변하고 있습니다. 그리스도인을 사용하시는 것이 아니라, 그리스도인의 머리와 음성과 마음과 손을 사용하신다는 것입니다. 바울이 여기에서 말하는 바는 그런 것이 아닙니다. 바울은 "내게 능력 주시는 자 안에서 내가 모든 것을 할 수 있느니라"라고 말합니다. 다른 서신에서 한 말도 읽어 보기 바랍니다. 갈라디아서 2:20에서 뭐라고 했는지 알 것입니다. "이제는 내가 사는 것이 아니요 오직 내 안에 그리스도께서 사신 것이라." 여기에 '나'가 소거되어 있습니까? "이제는 내가 사는 것이 아니요 오직 내 안에 그리스도께서 사신 것이라. 이제 내가 육체 가운데 사는 것은 나를 사랑하사 나를 위하여 자기 자신을 버리신 하나님의 아들을 믿는 믿음 안에서 사는 것이라." '나'가 여전히 존재하고 있습니다.

이처럼 바울이 여기에서 말하는 교리를 따르려면, 우리의 참된 위치를 지켜야 합니다. 그리스도인의 삶은 나 스스로 사는 삶, 내 힘만으로 사는 삶이 아닙니다. 그렇다고 '나'는 소거되어 사라지고 그리스도가 전부 다 해 주시는 삶도 아닙니다. 그렇습니다. 그리스도인의 삶은 "내게 능력 주시는 자 안에서 내가 모든 것을" 하는 삶입니다. 유명한 19세기 설교자가 이 본문을 설교하며 했던 말이야말로 이에 대한 최고의 설명이 되지 않을까 싶습니다. 옛 설교자들은 아주 극적인 방식을 사용해서 설교하곤 했습니다. 이를테면 설교단에서 사도와 직접 대화하는 듯 설교하는 식이었습니다. 이 설교자도 13절을 설교하면서 다음과 같이 말을 꺼냈습니다.

"내게 능력 주시는 자 안에서 내가 모든 것을 할 수 있느니라."

"잠깐만요, 바울 사도님, 지금 뭐라고 하셨습니까?"

"내가 모든 것을 할 수 있다고 했다."

"바울 사도님, 지금 자랑하시는 건가요? 당신이 슈퍼맨이라는 건가요?"

"아니, 내가 모든 것을 할 수 있다는 말이다."

설교자는 계속 대화를 이어 나갔습니다. 바울 스스로 모든 성도 중에 가장 작은 자라고 했던 말을 비롯하여 그가 했던 여러 말들을 인용해 가며 질문을 던졌습니다.

"보통 때 보면 참 겸손하시던데, 이제 와서 자신이 모든 것을 할 수 있다니, 드디어 슬슬 자랑을 시작하시는 건가요?"

바울이 마지막으로 하는 말은 이것입니다.

"그리스도 안에서 나는 모든 것을 할 수 있다."

"아, 죄송합니다. 제가 몰랐습니다. 두 분이 같이 계신 것을 몰랐네요."

저는 이것이 완벽한 설명이라고 생각합니다.

"그리스도 안에서 나는 모든 것을 할 수 있다."

"두 분이 같이 계신 것을 몰랐네요."

'나'만 있는 것도 아니고 '그리스도'만 있는 것도 아닙니다. '나'와 '그리스도'가 같이 있는 것입니다.

자, 이제 다음과 같이 설명해 봅시다. 이 능력에 바르게 접근하는 길이 무엇일까요? 주님이 바울에게 불어넣어 주신 이 능력, 그를 강하게 만들어 주고 모든 것을 견디며 참을 수 있게 해 준 이 능력을 어떻게 얻을 수 있습니까? 한 가지 비유를 들어 설명해 볼까요? 사실 어떤 비유도 완벽하지는 않기 때문에 좀 주저되고 떨리는 바가 있지만, 진리에 이르는 데 도움이 될 수 있으니 한번 이야기해 보겠습니다. 이 맥락에서 중요한 것은 접근법입니다. 군사 용어로 하자면 작전이라고도 할 수 있습니다. 이 말씀에는 '간접 접근' 작전을 쓰는 것이 아주 중요합니다. 군사작전을 세울 때 늘 적을 향해 곧장 돌진하는 것은 아닙니다. 반대편으로 가는 척하다가 돌아서서 공격할 때가 있습니다. 이것이 간접 접근 작전입니다. 이 말씀에 다가갈 때 필요한 작전이 바로 이것입니다.

한 가지 실례를 들어 설명해 보겠습니다. 그리스도인의 삶에 나타나는 능력의 문제는 육체적인 건강의 문제와 비슷합니다. 세상에는 건강을 위해 인생을 투자하는 사람들이 많습니다. 그런 사람들은 이 스파 저 스파 돌아다니며 이 의사 저 의사를 찾아가 갖가지 치료를 받는 데 시간과 돈을 투자합니다. 그들이 추구하는 것은 건강입니다. 만나기만 하면 건강 이야기를 합니다. 건강이 인생의 중대사입니다. 그런데도 사실 늘 건강하지는 못합니다. 대체 무엇이 문제일까요? 어떤 이들은 우선적인 건강의 원칙을 무시하다가 몸을 해칩니다. 너무 많이 먹고 너무 적게 움직여서 이상이 생기는 것입니다. 그들은 자연을 거스르는 삶을 삽니다. 과식으로 산酸이 분비되고 그 산이 쌓여 치료를 받아야 할 상태까지 이릅니다. 그런 이들에게 해 줄 말은 적게 먹고 많이 움직여야만 몸이 좋아진다는 것입니다. 삶과 생활의 기본 규칙, 우선적인 원칙만 지키면 다시 이상이 생기지 않는다는 것입니다. 그 규칙을 잊어버리기 때문에 부자연스러운 상태가 심화되고 치료까지 받아야 할 상태가 되는 것입니다. 저는 그리스도인의 삶에 나타나는 능력의 문제도 이와 비슷하다고 말하고 싶습니다. 건강은 바른 생활의 결과물입니다. 건강 그 자체를 직접 얻을 방법은 없습니다. 어떻게 보면 건강 자체에 대한 생각은 할 필요가 없습니다. 건강은 바른 생활의 결과물이기 때문입니다. 그리스도인의 삶에 나타나는 능력도 마찬가지입니다.

다른 예를 들어 보겠습니다. 설교의 문제를 생각해 봅시다. '설교의 능력'보다 더 자주 논의되는 주제는 없을 것입니다. 설교자는 "오, 내 설교에 능력이 생겼으면" 하면서 계속 무릎을 꿇고 능력을 구합니다. 저는 그것이 큰 잘못이 될 수 있다고 생각합니다. 내내 기도만 하고 준비를 하지 않는 것은 큰 잘못입니다. 설교의 능력을 얻는 방법은 주의 깊게 메시지를 준비하는 것입니다. 하나님의 말씀을 연구하십시오. 깊이 생각하고, 분석하고, 배열하십시오. 최선을 다해 그렇게 하십시오. 그렇게 준비된 메시지에 하나님의 축복이 임하기 쉽습니다. 직접적으로 접근할 것이 아니라 간접적으로 접근해야 합니다. 그리스도인의 삶을 살 수 있는 힘과 능력을 얻는 길도 똑같습니다. 우선적인 규칙과 법칙을 먼저 지켜야 합니다.

그러므로 우리는 사도의 가르침을 다음과 같이 요약할 수 있습니다. 사도처럼 능력을 얻는 비결은 신약성경을 읽으면서 그리스도 안에서 우리에게 무엇을 주시는지 찾아내고 배우는 것입니다. 그리스도께 직접 나아가는 것입니다. 그와 함께 시간을 보내고, 그에 대해 묵상하며, 그를 계속 알아 가는 것입니다. 바울도 이것을 열망했습니다. "내가 그리스도 [를]……알고자 하여." 그리스도와 계속 접촉하고 소통해야 합니다. 그를 아는 일에 집중해야 합니다.

또 무엇을 해야 할까요? 바울이 하라는 대로 해야 합니다. 방해가 될 만한 것은 피해야 합니다. 앞서 말한 예로 돌아가서, 건강해지고 싶으면 많이 먹지 말고 해로운 환경을 피하며 한기에 노출되지 말아야 합니다. 마찬가지로, 영적인 규칙은 무시한 채 한없이 능력만 구한다고 해서 능력이 생기는 것이 아닙니다. 그리스도인의 삶에 지름길은 없습니다. 핍박을 받으면서도 바울처럼 느끼고 싶다면 바울처럼 살아야 합니다. 바울이 하라는 것은 하고, 하지 말라는 것은 하지 말아야 합니다. 성경을 읽어야 하고, 연습을 해야 하고, 그리스도인의 삶을 충분히 살아야 합니다. 다시 말해서 바울이 8-9절에서 가르치는 대로 해야 합니다. 그리스도 안에 거하라는 신약의 교리에 담긴 의미가 바로 이것이라고 저는 생각합니다. '거한다'라는 말은 사람을 감상적으로 만들기 쉽습니다. 무언가 수동적으로 매달리는 일처럼 생각하게 만들기 쉽다는 것입니다. 그러나 그리스도 안에 거한다는 것은 그의 말씀을 적극적으로 따른다는 뜻이며, 쉬지 않고 기도한다는 뜻입니다. 거한다는 것은 엄청나게 역동적인 일입니다.

사도는 말합니다. "자, 이러이러하게 하면 그가 너희에게 힘을 불어넣어 주실 것이다." 이것은 참으로 엄청난 개념입니다. 일종의 영적 수혈을 받는 것과 같습니다. 바울이 가르치는 바가 바로 이것입니다. 어떤 이유로 피를 많이 흘린 환자가 있다고 합시다. 그는 의식을 잃은 채 숨만 헐떡이고 있습니다. 이런 상황에서는 아무리 약을 주어도 그 약을 흡수할 만한 피가 없기 때문에 소용이 없습니다. 지금 환자는 빈혈 상태에 빠져 있습니다. 그럴 때 할 수 있는 유일한 조처는 수혈입니다. 피를 넣어 주어야 합니다. 주 예수 그리스도가 바울에게 해 주신 일이 이것입니다. 그는 말합니다. "나는 정말 연약하다. 기운도 빠지고 생기라고는 하나도 남아 있지 않은 것 같다. 그런데 나와 연합하고 계신 주님이 힘을 불어넣어 주시는 것을 느낀다. 그는 내 상태와 형편을 아신다. 내 필요를 정확히 아신다. 오, 그가 얼마나 넘치게 공급해 주시는지! 주님은 '내 은혜가 네게 족하다'라고 하신다. 그러므로 나는 말할 수 있다. '내가 약할 그때에 곧 강함이니라.' 때로 나는 큰 능력을 느낀다. 아무것도 기대할 수 없는 상황에서도 그가 모든 것을 채워 주심을 경험한다."

그리스도인의 삶에서 맛볼 수 있는 낭만이 바로 이것입니다. 설교단보다 더 이 낭만을 누릴 수 있는 곳은 없습니다. 설교에는 확실히 낭만이 있습니다. 종종 말했지만, 세상에서 가장 낭만적인 장소가 바로 설교단입니다. 저는 무슨 일이 일어날지 모르는 상태에서 매주 설교단에 오릅니다. 고백컨대 이런저런 이유로 아무 기대감 없이 설교단에 오를 때도 있습니다. 그런데 그럴 때 갑자기 능력이 임합니다. 또 어떤 경우에는 준비를 많이 해서 자신 있게 설교단에 올랐는데 안타깝게 아무런 능력이 나타나지 않기도 합니다. 이로 인해 저는 하나님께 감사를 드립니다. 저는 그저 최선을 다할 뿐입니다. 능력을 주관하시는 분, 능력을 불어넣어 주시는 분은 하나님이십니다. 그는 하늘의 의사십니다. 내 상태가 어떻게 변하는지 잘 알고 계십니다. 내 안색도 살피시고 맥박도 재십니다. 내 설교가 부족함을 아십니다. 다 아십니다. 바울은 말합니다. "바로 그렇기 때문에 나는 내게 계속 힘을 불어넣어 주시는 분을 통해 모든 것을 할 수 있다."

이것이 처방전입니다. 능력을 구하며 기도하느라 애쓰지 마십시오. 사도가 말한 대로 하십시오. 그리스도인의 삶을 사십시오. 기도하십시오. 그리스도를 묵상하십시오. 그리스도와 함께 시간을 보내고, 그리스도 자신을 나타내 주시기를 구하십시오. 그리고 나머지는 염려하지 말고 맡기십시오. 그러면 그가 힘을 주실 것입니다. "네가 사는 날을 따라서 능력이 있으리로다"(신 33:25). 그는 우리보다 우리를 더 잘 아십니다. 우리에게 필요한 모든 것을 공급해 주십니다. 사도의 말대로 하십시오. 그러면 사도처럼 "내게 계속 힘을 넣어 주시는 분을 힘입어 내가 모든 것을 할 수 있느니라[강해질 수 있느니라]"라고 말할 수 있을 것입니다.

내가 선물을 구함이 아니요
오직 너희에게 유익하도록 풍성한 열매를 구함이라.
내게는 모든 것이 있고 또 풍부한지라.
에바브로디도 편에 너희가 준 것을 받으므로 내가 풍족하니
이는 받으실 만한 향기로운 제물이요 하나님을 기쁘시게
한 것이라. 나의 하나님이 그리스도 예수 안에서 영광 가운데
그 풍성한 대로 너희 모든 쓸 것을 채우시리라.

빌립보서 4:17-19

19. 모든 쓸 것을 채우시리라

빌립보 교인들은 로마에 갇혀 있던 사도에게 선물을 보냈습니다. 바울은 그에 대해 감사를 표하는데, 본문은 그 감사의 마지막 부분입니다. 그들의 선물―분명히 크고 후한 선물이었을 것입니다―을 가져온 에바브로디도는 이제 곧 빌립보로 돌아갈 것입니다. 바울은 그 편에 감사의 마음을 전하고 싶었습니다. 그가 감사하면서 말한 내용은 이미 고찰해 보았고, 거기 담긴 깊은 신학도 알아보았습니다. 또 바울이 빌립보 교인들을 무척 사랑했음에도 궁극적으로는 그들을 의지하지 않는다는 점을 밝히고자 했다는 것 또한 집중적으로 살펴보았습니다. 사도는 어떻게 그들에게 충분히 감사를 전하면서도 하나님의 영광을 손상시키지 않을 것인가 하는 문제에 부닥쳤습니다. 우리는 그가 어떤 방식으로 이 문제를 해결하는지 보았습니다. 그리고 이제 마지막 감사의 말을 살펴볼 차례입니다. 빌립보 교인들이 이 문제를 바른 관점으로 바라보길 바랐던 바울의 심정이 여기에도 여실히 드러나고 있습니다. 그가 자꾸 같은 말을 반복하는 이유가 바로 이것입니다. 그는 주님의 영광과 존귀와 명예를 지키고 싶었고, 자신이 그리스도 안에서 충분히 만족하고 있음을 알리고 싶었습니다. 이 점에 아무런 오해가 생기지 않기를 바랐습니다.

그러면서도 그들의 배려에 깊이 감사하는 마음 또한 전달하고 싶었습니다. 그래서 여기에서 대단한 치하의 말을 하면서, 오직 그들만 자신에게 선물을 보내 주었다는 점을 밝히고 있습니다. 이것은 그 자체로 중요한 주제지만, 그렇다고 계속 이 이야기만 할 수는 없습니다. 그럼에도 사도가 돈을 벌려고 복음을 전한다는 오해를 피하려 했다는 사실은 유념할 필요가 있습니다. 그는 고린도전서 9장과 고린도후서 11장에서도 같은 문제를 다룹니다. 사람들은 그가 돈을 벌려고 돌아다닌다는 의혹, 상업적인 의도를 가지고 돌아다닌다는 의혹을 품었습니다. 그러나 실제로 바울은 복음을 위해, 무엇보다 주님을 위해 어떤 수고비도 마다했습니다. 그리스도의 십자가를 팔아 돈을 번다는 말을 듣지 않으려고 자기 손으로 장막을 만들어 가며 경비를 충당했습니다.

이것은 중요한 주제입니다. 교회가 사도의 본을 기억하지 못해서 발생하는 문제가 얼마나 많은지 모릅니다. 교회는 세상에서 큰 부와 권력을 얻은 대신 영적인 능력을 잃었습니다. 어떤 이가 현명하게 지적했듯이, 교회는 "은과 금은 내게 없거니와"라고 말할 수 있을 때에만 사도 베드로의 기적을 재현할 수 있습니다. 그런데 은과 금이 많아지면서 세상의 권력기관, 기독교 용어를 쓰는 세속기관으로 전락해 버렸습니다. 더 이상 사람들 가운데 하나님의 능력을 행하지 못하고 있습니다. 이 문제는 이 정도만 다루고 넘어가겠습니다. 제가 강조하고 싶은 요점은, 사도가 자신이 살아가는 방식과 방법을 밝히면서 선물에 감사하는 마음을 전했다는 것입니다. 어떤 이유에서인지 다른 교회들은 바울의 고난을 돌아보지 않았습니다. 그런데 빌립보 교인들이 두 번이나 선물을 보내 준데 대해 그는 깊은 감사를 표합니다. 그러면서도 그의 마음 한구석에는 불편한 부분이 있었습니다. 그래서 "잘하였도다"라고 하면서 선물에 감사를 표하는 동시에 "내가 선물을 구함이 아니요" 하면서 다시 이 주제로 돌아오는 것입니다. 그들이 선물을 보낸 것은 잘한 일이었습니다. 그러나 선물이 있어야만 행복하고 선물이 없으면 불행하다는 식으로 오해해서는 안 되었습니다. 바울은 지금 그들의 후한 선물을 무시하는 것이 아닙니다. 하나님이 우리 주와 구주 되신 예수 그리스도를 통해 넉넉히 채워 주신다는 사실을 분명히 밝히려는 것입니다. 다시 말해서 '그리스도인이 이 땅에 살 때 필요한 모든 것은 하나님이 채워주신다'는 점을 빌립보 교인들에게 명심시키려는 데 주안점이 있습니다.

사도는 이와 관련하여 아주 재미있는 이야기를 합니다. 15절에 나오는 "주고받는"이라는 표현을 보십시오. 빌립보 교인들은 주었고 바울은 받았습니다. 그는 그리스도인의 후한 도움과 나눔 및 베풂과 관련된 세 가지 원리—그리스도인의 삶과 행실에 나타나는 베풂의 원리—를 분명하게 알려 줍니다. 첫째로, 후한 도움은 그리스도인의 신앙고백이 참된 것인지 아닌지 가늠할 수 있는 엄밀한 시금석입니다. 빌립보 교인들은 이런 점에서 훌륭한 그리스도인이었기에—그들은 선물을 보냄으로써 이 점을 입증했습니다—바울은 그들을 사랑했습니다.

그 당시 상황을 한번 재구성해 봅시다. 빌립보 사람들은 이방인이었고 사도 바울은 유대인이었습니다. 유대인과 이방인 사이에 어떤 악감과 분노와 증오가 있었는지는 여러분도 알 것입니다. 유대인은 이방인을 개 취급했고, 이방인은 유대인이 철학을 모른다는 이유로 거의 야만인 취급했습니다. 그런데 이런 사람들이 빌립보에 복음을 전하러 온 유대인의 말을 듣고 회심하여 한 교회를 이루었습니다. 그리고 그가 궁핍하다는 소식이 들리자 바로 선물을 보냈습니다. 두 번이나 그렇게 했습니다. 그 이유는 오직 한 가지, 그리스도인의 사랑 때문이었으며 복음과 복음의 의미를 알았기 때문이었다고 바울은 말합니다. 바울은 세상에서 가장 귀한 것을 전해 주었고, 그들은 그런 바울을 사랑했습니다. 그들은 바울 덕분에 하나님과 화평을 누리게 되었으며 새로운 사랑과 지각과 기쁨—바울이 여기에서 거듭 말하고 있는 기쁨—을 얻었습니다. 바울은 이 모든 것을 가능케 해 준 사람이었습니다. 그랬기 때문에 그가 궁핍과 고난을 겪고 있다는 소식이 들리자 무언가 보내지 않을 수 없었던 것입니다. 그들은 그리스도인의 사랑으로 선물을 보냈습니다.

신약성경은 자주 이 점을 강조합니다. 사도는 고린도 교인들에게도 이렇게 할 것을 가르쳤고, 주님도 시몬이라는 바리새인의 집에 들어가셨을 때 유명한 비유를 통해 이것을 가르치셨습니다. 죄인인 한 여자가 그 집에 들어와 주님의 발 앞에 엎드렸습니다. 그 여자는 눈물로 주님의 발을 씻고 머리털로 닦은 후 향유를 부었습니다. 그러나 집주인이었던 바리새인 시몬은 아무것도 하지 않았습니다. 그가 여자의 일을 마뜩잖게 여기는 줄 아셨던 주님은 두 사람이 빚을 지었다가 탕감 받은 이야기를 하시면서, 많은 빚을 탕감 받은 자가 더 많이 사랑하는 법이라고 하셨습니다. 요컨대 "이 여자는 자신이 무슨 은혜를 받았는지 알기에 이런 행동을 했다"라는 것입니다. 우리는 행동으로 사랑과 깨달음을 표현합니다. 이것은 자명한 원리입니다. 진정으로 복음을 믿으면 복음 전파를 세상에서 가장 중요한 일로 여기고 거기에 가장 큰 관심을 쏟을 것이 분명합니다. 교회 자금이나 선교 자금을 위해 사람들에게 직접 호소하는 일이 신약성경의 가르침에 위배되는 이유가 여기 있습니다. 그렇습니다. 이 시금석으로 자신을 점검해 보아야 합니다. 주님을 참으로 믿고 사랑하는 사람은 "나는 이렇게 할 수밖에 없다"라고 고백하게 만드는 힘을 느끼게 되어 있습니다. "하나님은 즐겨 내는 자를 사랑하시느니라"(고후 9:7).

이것이 바울이 말하는 첫 번째 원리입니다. 두 번째 원리―조심해서 말해야 할 원리, 그러나 사도가 아주 분명하게 밝히고 있는 원리―는 그리스도인의 나눔과 베풂이 사실은 놀라운 투자라는 것입니다. 17절에서 사도는 이렇게 말합니다. "내가 선물을 구함이 아니요 오직 너희에게 유익하도록 풍성한 열매를 구함이라." 이것은 매우 인상적인 말씀입니다. 바울이 말하는 내용은 이것입니다. "이렇게 너희가 나에게 선물을 보내 주니 참으로 고맙다. 그러나 내가 기쁜 것은 좋은 선물을 받았기 때문이 아니라 이 일로 너희 재산이 늘어나고 거기에 이자까지 붙을 것이기 때문이다." "가난한 자를 불쌍히 여기는 것은 여호와께 꾸어 드리는 것"입니다(잠 19:17).

신약성경은 여러 곳에서 이 원리를 가르칩니다. 주님은 누가복음 16:9에서 이렇게 말씀하셨습니다. "불의의 재물로 친구를 사귀라. 그리하면 그 재물이 없어질 때에 그들이 너희를 영주할 처소로 영접하리라." 주님이 가르치시는 바는 이것입니다. "세상에서 얻은 부와 돈을 잘 사용해라. 부와 돈을 제대로 사용하고 잘 사용하는 것은, 네가 쓰러질 때 영접해 줄 친구들을 하늘에 준비해 두는 것과 같다." 다시 말해서 지금 다른 이들을 돕는 것이 장래의 준비가 된다는 것입니다. 이처럼 그리스도인의 나눔과 베풂은 자신도 모르는 사이에 유익이 됩니다.

디모데전서 6장에도 같은 말이 나옵니다. 사도 바울은 이 세대의 부한 자들을 권면해서 남을 위해 그 부를 사용하게 하라고 말합니다. 왜 그래야 합니까? "이것이 장래에 자기를 위하여 좋은 터를 쌓아 참된 생명을 취하는" 일이기 때문입니다(17-19절). 겉보기에는 자신이 남에게 베풀어 준 것 같지만, 사실은 신비하고 놀랍게도 본인을 위해 재산을 쌓는 일이 되고 본인의 저축에 이자를 불리는 일이 된다고 바울은 말합니다. 이 문제는 신중하게 다룰 필요가 있습니다. 사도는 저축을 늘리려는 **목적으로** 선을 베풀라고 하지 않습니다. 주님이 누가복음 16장에서 말씀하시는 바도 그런 것이 아닙니다. 이것은 영광의 교리입니다. 그리스도인의 모든 행동은 궁극적으로 반향을 일으키게 되어 있습니다. 겉보기에는 주는 것 같은데 실제로는 받게 된다는 이 사실이 나눔을 영광스럽게 만듭니다.

세 번째 원리는 빌립보 교인들이 바울에게 선물을 보냈지만 실제로는 하나님이 받으셨다는 것입니다. 이것이 18절의 메시지입니다. "내게는 모든 것이 있고 또 풍부한지라. 에바브로디도 편에 너희가 준 것을 받으므로 내가 풍족하니 이는 받으실 만한 향기로운 제물이요 하나님을 기쁘시게 한 것이라." 무엇보다 영광스럽고 놀라운 사실이 바로 이것입니다. "너희 선물을 나만 받은 것이 아니라 하나님도 향기로운 제물로 받으셨다"라는 것입니다. 하나님은 이스라엘 자손이 제물을 바칠 때 그것을 "향기로운 냄새"로 받으셨습니다. 이것은 놀라운 묘사입니다. 제물에서 피어오르는 냄새를 하나님이 기쁘게 흠향하신다는 것입니다. 이것은 이스라엘 백성의 수준에 맞춘 표현으로서, 하나님은 그들이 이해할 수 있도록 이렇게 의인화된 표현을 사용하여 그들의 제물을 얼마나 기뻐하시는지 알려 주셨습니다. 꽃향기가 좋다는 것은 모두가 아는 사실입니다. 그런데 빌립보 교인들이 바울에게 보낸 선물이 하나님께 그런 향기와 같았습니다. 바울은 그들이 개인적으로 보내 준 특별한 선물에서 좋은 향기가 났다고 말합니다. 그들의 아름다운 행동이 뿜어 낸 이 향기가 하늘로 날아올라가 영원무궁한 보좌에 앉아 계신 하나님을 기쁘시게 했다고 말합니다.

주고받는 문제와 관련된 최고의 원리가 바로 이것입니다. 주님은 두 렙돈 곧 한 고드란트를 바친 여자의 이야기를 하시면서 단번에 이 원리를 정립하셨습니다. 여자가 헌금함에 동전 두 개를 넣는 장면에 주목하는 사람은 거의 없었고, 그 일을 아는 사람도 거의 없었습니다. 부자들은 엄청난 헌금을 바쳤습니다. 그러나 여자는 자신의 전 재산을 바쳤습니다. 그 작은 행동이 하늘로 올라갔고, 하나님이 그것을 보셨습니다. 그리스도인의 나눔도 마찬가지입니다. 기독교의 대의명분을 돕거나 다른 그리스도인을 개인적으로 도울 때, 그리스도를 사랑하는 마음으로 무언가를 베풀 때, 본인은 그저 그 명분이나 그 상대방을 도왔다고 생각하고 넘어갈 수 있습니다. 그러나 그 일은 단순히 그 차원에 머물지 않습니다. 하나님이 친히 주목해서 보시고 축복해 주십니다.

사도의 말을 죽 살펴보니, 교회가 어떤 식으로 일해야 하는지 보이지 않습니까? 교회에 자선바자회나 모금행사가 꼭 필요하다고 생각하는 것, 그리스도의 대의를 지키기 위해 세상과 세상의 오락적인 요소를 도입해야 한다고 생각하는 것, 단지 기금을 더 끌어모으기 위해 영적이지 못한 세상의 유명인들을 불러와야 한다고 생각하는 것은 그야말로 비극 아닙니까? 신약성경은 주고받는 모든 일을 하나님 앞에서, 그의 목전에서 하라고 가르칩니다. 우리가 주고받는 모든 일을 그가 보신다고, 그 모든 일을 향기로운 냄새로 받으신다고 가르칩니다. 이 사실에 무지한 것이야말로 이 시대의 비극이 아닐 수 없습니다.

어떤 의미에서 훨씬 더 중요하다고 해야 할 말을 덧붙여야겠습니다. 사도의 궁극적인 관심은 빌립보 교인들이 그리스도인으로 살아가면서 장차 무슨 일이 생길까, 어떻게 살까에 대해 죄가 될 만큼 병적으로 걱정해서는 안 된다는 점을 숙지시키려는 데 있습니다. 그는 19절에서 놀라운 원리를 제시합니다. "나의 하나님이 그리스도 예수 안에서 영광 가운데 그 풍성한 대로 너희 모든 쓸 것을 채우시리라." 바울은 어떻게 이런 말을 할 수 있었을까요? 그는 풍성한 그들이 궁핍한 자신에게 베풀어 준 것에 대해 감사하면서, 이 메시지를 전하고 있습니다. "빌립보 사람들아, 나는 옥에 갇혀 있는데 너희는 밖에 있어 이렇게 도와주니 참으로 고맙구나. 그러나 너희도 주지 못할 때가 올 수 있고, 입장이 바뀌어 궁핍해질 수 있다. 그러나 아무 걱정하지 마라. 어떤 형편, 어떤 처지가 되든지 나의 하나님이 너희 모든 쓸 것을 채워 주실 것이다. 내게도 그리하고 계신다. 나는 어떤 형편에서도 자족하는 법을 배웠다고 말했다. 너희도 이것을 배워야 한다. 이것을 배우는 비결이 바로 나의 하나님이 그리스도 예수 안에서 영광 가운데 그 풍성한 대로 너희 모든 쓸 것을 채워 주신다는 것이다."

이것이야말로 '그리스도인은 세상에서 어떻게 살아가야 하는가, 삶의 필요에 어떻게 대처해야 하는가' 하는 골치 아픈 문제에 대해 신약성경이 가르치는 중대한 교훈입니다. 이 말은 사도가 이제껏 한 말 중에서도 가장 놀라운 말입니다. 우리는 사도가 같은 주제에 대해 무슨 말을 했는지 살펴보았습니다. "……배웠노라." "내게 능력 주시는 자 안에서 내가 모든 것을 할 수 있느니라." 주님도 마태복음 6장의 산상설교에서 같은 것을 가르치셨습니다. "그러므로 내일 일을 위하여 염려하지 말라." 무엇을 먹을까, 무엇을 마실까 생각하느라 많은 시간을 쓰지 말라는 것입니다. "들의 백합화가 어떻게 자라는가 생각하여 보라. ……한날의 괴로움은 그날로 족하니라." 신약성경은 이 점을 여러 차례 반복해서 가르칩니다. 사도도 빌립보서에서 반복해서 가르칩니다.

굳이 밝히는 바, 여러분은 어떨지 몰라도 저는 이런 말씀들을 읽을 때마다 그리스도인들의 어리석음이야말로 주된 문제라는 생각을 하곤 합니다. 우리는 너무나도 쉽게 은혜의 풍성함을 잃어버립니다! 세상의 지혜로 하나님이 주시는 것들을 형편없이 제한하며, 구원의 기쁨과 그리스도인의 삶에 주시는 많은 영광을 잃어버립니다! 바울 같은 사람을 보십시오. 바울보다 더 행복했던 사람이 있습니까? 교회를 아름답게 수놓고 있는 수많은 성도들도 보십시오. 언뜻 보기에는 무모한 것 같지만 참으로 놀라운 삶을 살지 않았습니까! 자, 이 중대한 원리는 구약성경에도 등장합니다. 다윗은 말년에 "내가 증언한다. 나는 어려서부터 늙기까지 의인이 버림을 당하거나 그의 자손이 걸식함을 보지 못했다"라고 했습니다(시 37:25 참조). 이것은 바울의 진술과 짝을 이루는 말입니다.

이렇게 분석해 봅시다. 하나님은 우리의 모든 쓸 것을 채워 주겠다고 약속하십니다. 먼저 이 약속의 위대함, 이 공급의 위대함을 살펴봅시다. 그리스도인은 어떤 위치에 있는 사람입니까? 바울에 따르면, 하나님이 친히 염려해 주시는 사람입니다. 하나님이 친히 **나의 하나님**이 되어 주시는 사람입니다. 여기에서 끌어낼 수 있는 결론이 무엇입니까? 하나님이 우리를 책임져 주신다는 것입니다. 하나님이 우리의 자원을 대 주신다는 것입니다. 바울은 여기에서 그치지 않고 더 엄청난 말을 합니다. "영광 가운데 그 풍성한 대로" 주신다는 것입니다. 하나님의 공급에 영광스러운 풍성함이 있다는 것입니다. 하나님이 부요하시다는 것이 무슨 뜻일까요? 여기에 능히 대답할 사람은 아무도 없을 것입니다. "땅과 거기에 충만한 것과 세계와 그 가운데에 사는 자들은 다 여호와의 것이로다"(시 24:1). 성경은 가끔 이 주제를 다루는데, 여기에는 제가 주저 없이 '신적인 유머와 역설'이라고 부르는 요소가 들어 있습니다. 29편이나 50편 같은 시편을 보면 하나님이 자신들의 제물로 이득을 보신다고 생각하는 자들이 나옵니다. 하나님은 그런 자들에게 "이는 삼림의 짐승과 뭇 산의 가축이 다 내 것"이라고 하십니다!(시 50:10) 하나님은 만물의 주인이십니다. 무에서 유를 창조하신 분입니다. 하나님이 부요하시다는 것이 무슨 뜻입니까? 그가 영광스러우시다는 뜻입니다. 그 영광이 절대적이며 영원하다는 뜻입니다. "영광 가운데 그 풍성한 대로." 여러분에게 흥미롭고 매력적인 연구를 한 가지 권하고 싶습니다. 바울의 서신들을 죽 읽으면서 이 말씀의 병행구절들을 찾아보십시오. 예를 들면 "우리가 구하거나 생각하는 모든 것에 더 넘치도록 능히 하실 이" 같은 표현들을 찾아보십시오(엡 3:20). 그렇습니다. 하나님의 부요함은 말로 설명할 수 없는 것입니다. 그 은혜의 풍성함, 영광의 풍성함은 그야말로 무한한 것입니다.

그런데 바울은 이마저도 부족하다고 여겼는지 또 한마디를 덧붙입니다. "너희 **모든** 쓸 것을 채우시리라." 그의 공급에는 아무런 제한이 없습니다. 무엇이든 채워 주십니다. 성경을 왜곡하면 멸망에 이를 수 있기 때문에, 이런 말씀을 해석할 때에는 아주 조심해야 합니다. 하나님이 모든 것을 하실 수 있다는 말, 우리의 모든 쓸 것을 채우실 수 있으며 또 채우신다는 말은 문자 그대로 사실입니다. 그러나 우리의 쓸 것을 항상 우리가 결정하는 것은 아닙니다. 바울은 "나의 하나님이 너희 모든 허영을 채우시리라"라고 하지 않고 "나의 하나님의 너희 모든 **쓸 것**을 채우시리라"라고 말합니다. 진짜 우리에게 필요한 것과 우리 스스로 필요하다고 생각하는 것이 늘 일치하지는 않습니다. 그렇습니다. 하나님은 우리의 허영이 아니라 우리 모든 쓸 것을 채워 주겠다고 약속하십니다. 정말 필요한 것은 무엇이든 나의 하나님이 채워 주십니다. 이런 의미에서 그의 공급에는 아무런 제한이 없습니다.

사도는 하나님이 후히 주신다는 점을 알리기 위해 또 한 단어, "채우시리라"라는 단어를 사용합니다. 여기에서 "채우시리라"라고 번역된 그리스어와 18절에서 "풍족하니"라고 번역된 그리스어는 같은 말입니다. "내게는 모든 것이 있고 또 풍부한지라." 바울이 18절에서 말하는 바는 이것입니다. "나의 하나님이 그리스도 예수 안에서 영광 가운데 그 풍성한 대로 너희 모든 쓸 것을 풍족하게 채워 주실 것이다. 너희에게 정말 필요한 모든 것을 넘치도록 채워 주실 것이다."

이처럼 이 약속의 위대함에 대해 잠시 살펴보았는데, 이 위대한 약속이 바로 우리 그리스도인들에게 주어졌다는 사실을 충분히 인식하고 있는지, 마땅히 알아야 할 만큼 알고 있는지 모르겠습니다. 이 확실한 약속, 절대 모호하지 않은 약속이 하나님의 백성에게 주어져 있습니다. 부요하신 하나님이 우리 뒤에 계십니다. 그는 우리의 필요를 다 아십니다.

둘째로, 이 약속의 경계선을 말씀드리겠습니다. "나의 하나님이 그리스도 예수 안에서 영광 가운데 그 풍성한 대로 너희 모든 쓸 것을 채우시리라." 그렇습니다. 이 약속에는 분명한 경계선이 있습니다. 하나님이 모든 쓸 것을 채우신다는 이 약속은 모든 세상, 모든 사람에게 해당되는 것이 아닙니다. 그리스도 예수라는 경계선 안에만 해당되는 특별한 말씀, 특별한 약속입니다. 이 약속이 그리스도 안에 제한된다는 말이 거의 모순처럼 느껴질 수도 있습니다. 그리스도께 무슨 제한이 있을까요? 아니, 없습니다. 그런데 여기에서는 있다는 것입니다! 바울의 이 말은 하나님의 후하고 아낌없는 공급이 특별한 통로를 통해서만 이루어진다는 뜻입니다. 그 통로는 바로 그리스도 예수십니다. 저는 하나님이 악인과 선인, 불의한 자와 의로운 자 모두에게 해를 비추어 주심을 알고 있습니다. 그것은 하나님이 보편적으로 베풀어 주시는 은혜, 즉 일반은총입니다. 그러나 여기 나오는 이 약속은 특별한 것입니다. 오직 그리스도 예수라는 통로를 통해서만 받을 수 있는 인격적이고 개인적인 약속입니다. 하나님은 오직 예수를 통해서만 그 풍성한 은혜의 보화를 공급해 주십니다.

이것이 신약성경의 기본적인 가르침입니다. 하나님과 특별한 관계를 맺지 않은 사람은 이 약속을 받지 못합니다. 자신의 처지가 얼마나 절망적인 것인지, 자신의 상태가 얼마나 가망 없는 것인지 깨닫고 그리스도께 달려가 자신을 맡긴 사람, 그와 연합한 사람, 그 몸의 지체가 된 사람만이 이 약속을 받을 수 있습니다. 다른 사람은 안 됩니다. 이것은 그리스도 안에 제한되어 있는 약속입니다. 그리스도 예수와 관계를 맺고 그 안에 거하는 사람, 예수의 통로와 연결되어 있는 사람, 구원의 은혜를 받은 사람에게만 주어지는 약속입니다. 이처럼 이 약속은 아주 분명한 경계선을 가지고 있습니다. 무한한 약속인 동시에 그리스도라는 통로 안에, 그가 삶과 죽음과 부활로 이루신 일 안에 제한되어 있는 약속입니다. 그는 자기 백성을 불러 이 약속을 주십니다. 오직 그들에게만 이 약속을 주십니다.

이렇게 해서 이 약속의 위대함과 경계선을 살펴보았습니다. 이제 마지막 원리를 살펴볼 차례입니다. 그것은 이 약속의 확실성입니다. "나의 하나님이……채우시리라." 이 약속에는 의문의 여지가 없습니다. 우발적인 요소나 불확실한 요소가 전혀 없습니다. 바울은 "아마도"라든지 "혹시나"라고 말하지 않습니다. 절대 그렇게 말하지 않습니다! "**채우시리라!**" 바울의 요지는 이것입니다. "그가 분명히 채우신다. 내가 안다. 내가 확신한다. 이것은 확실한 하나님의 말씀이다." 바울은 그가 어떻게 채우실지 정확한 방법을 안다고 하지 않습니다. 우리는 그것을 알 수 없습니다. "하나님은 신비하게 움직이며 이적을 행하시네."* 그러나 조지 뮬러

George Muller 같은 인물들의 이야기를 읽어 보면 하나님이 일하시는 방식을 얼핏 짐작할 수 있습니다. 그는 때로 주기 위해 가져가십니다. 작게나마 이와 비슷한 경험은 모두 해 보았을 것입니다. 하나님은 채우시기 전에 비우시는 것 같습니다. 어쨌든 그는 채우시며, 또한 채우실 것입니다. 이 것만큼은 확실한 사실입니다. 절대적으로 확실한 사실입니다.

이 약속이 확실하다는 것을 뒷받침하는 근거가 무엇일까요? 제가 알려 드리겠습니다. 그리스도 안에 있는 사람은 하나님과 아주 특별한 관계를 맺고 있습니다. 신성한 성품에 참여하고 있습니다. 하나님의 권속입니다. 하나님의 가족으로 그에게 속해 있습니다. 이것은 믿기 힘들지만 분명한 사실입니다. 그리스도 안에 있는 자는 "하나님의 상속자요 그리스도와 함께한 상속자"입니다(롬 8:17). 놀라운 인격적 관계를 맺고 있는 자녀입니다. 하나님이 우리의 아버지십니다. 이 사실을 토대로 주님이 어떤 주장을 하셨는지 기억합니까? "너희에게는 머리털까지 다 세신 바 되었나니"(마 10:30). 이것만이 아닙니다. "너희가 악한 자라도 좋은 것으로 자식에게 줄 줄 알거든 하물며 하늘에 계신 너희 아버지께서 구하는 자에게 좋은 것으로 주시지 않겠느냐?"(마 7:11) 이것은 다 하나님이 아버지로서 우리를 염려하시며 우리에게 관심을 쏟으신다는 사실을 알려 주는 놀라운 말씀입니다. 표면적으로 보면 우리와 비슷합니다. 부모가 자녀들의 쓸 것을 얼마나 챙기는지 생각해 보십시오. 자녀들이 굳이 요청할 필요도 없습니다. 부모가 미리 다 살피고 있습니다. 자녀들이 미처 생각지 못하는 부분까지 살피고 있습니다. 우리가 그리스도 안에 있으면 하나님도 이렇게 해 주십니다. 우리 아버지로서 모든 쓸 것을 채워

* 찬송가 80장 1절 다시 옮김.

주십니다.

이보다 훨씬 더 중요한 근거가 있습니다. 바울은 로마서 5장과 8장에서 그 놀라운 근거를 제시합니다. 그 중대한 논거의 토대는 '중요한 문제가 해결되면 사소한 문제는 절로 해결된다'는 명제입니다. "곧 우리가 원수 되었을 때에 그의 아들의 죽으심으로 말미암아 하나님과 화목하게 되었은즉 화목하게 된 자로서는 더욱 그의 살아나심으로 말미암아 구원을 받을 것이니라"(롬 5:10). 필연적으로 그렇게 될 수밖에 없다는 것입니다. 그는 8:32에서도 이렇게 말합니다. "자기 아들을 아끼지 아니하시고 우리 모든 사람을 위하여 내주신 이가 어찌 그 아들과 함께 모든 것을 우리에게 주시지 아니하겠느냐?" 이것은 논란의 여지 없는 분명한 사실입니다. 하나님이 그토록 사랑하는 독생자를 잔혹한 갈보리 십자가에 매달아 몸을 찢고 피를 흘리게 하셨다면, 반역한 죄인들을 구원하고 용서하고 구속하시기 위해 그 모든 일을 하셨다면, 먹고 마시고 입는 사소하고 일시적인 문제에서 우리를 저버리시겠느냐는 것입니다. 절대 그럴 리가 없다는 것입니다. "너희 안에서 착한 일을 시작하신 이가 그리스도 예수의 날까지 이루실 줄을 우리는 확신하노라"(빌 1:6). 이렇게 큰일도 해 주셨으니 그보다 작은 일은 당연히 해 주신다는 것입니다. "나의 하나님이 그리스도 예수 안에서 영광 가운데 그 풍성한 대로 너희 모든 쓸 것을 채우시리라." 이 말씀이 요구하는 조건만 채운다면 영적인 부분뿐 아니라 물질적인 부분에서도 복된 안전감을 누릴 수 있습니다. 하나님의 약속은 확실합니다.

나의 하나님이 그리스도 예수 안에서 영광 가운데
그 풍성한 대로 너희 모든 쓸 것을 채우시리라.
하나님 곧 우리 아버지께 세세무궁하도록 영광을 돌릴지어다. 아멘.

빌립보서 4:19-20

20. 나의 하나님

지난 설교에서 살펴보았듯이, 사도는 빌립보 교인들의 미래가 지극히 안전하고 든든하다는 사실을 상기시키면서 그들을 위로합니다. 무슨 일이 생기고 무슨 상황이 벌어져도 바로바로 필요한 것을 친히 넘치도록 채워 주실 테니 아무 걱정하지 말라고 자신 있게 안심을 시킵니다. 우리는 그가 이 주장을 하면서 어떤 용어들을 사용하는지 보았습니다. 하나님의 위대하심, 한없는 부요하심과 풍성하심을 살펴보았습니다. 그리고 그 모든 것이 바로 그리스도를 통해 주어진다는 사실도 알았습니다. 바울의 확신은 그리스도의 죽음이라는 큰일을 행하신 하나님이 그리스도인의 삶을 시작한 자들을 저버리실 리가 없다는 강력한 근거에 기초한 것이었습니다. 바울은 이 근거를 제시하면서 빌립보 사람들에게 자신감과 확신을 심어 주었습니다.

이번에는 바울이 이 이야기를 해 나가는 특별한 방식에 집중하려 합니다. "**나의 하나님**이⋯⋯너희 모든 쓸 것을 채우시리라." "나의 하나님"이라는 표현은 1:3에도 나옵니다. "내가 너희를 생각할 때마다 **나의 하나님**께 감사하며." 바울은 다른 곳에서도 여러 차례 "내 하나님"이나 "내

주" 같은 표현을 사용합니다.

사도의 큰 특징이 바로 이것입니다. 여러 서신과 사도행전에 나오는 설교 및 연설들을 읽을 때마다, 우리는 그 모든 말에 묻어나는 친밀한 분위기에 깊은 감명을 받게 됩니다. 구구절절 개인적인 체험이 녹아 있습니다. 모든 글에서 따뜻하고 헌신적인 마음이 느껴집니다. 그의 서신을 놓고 이런저런 이야기를 할 수 있겠지만, 이 점만큼은 누구나 인정할 것입니다. 이 사람의 모든 글은 풍부한 개인적 체험에서 나온 것이 분명합니다. 사도의 편지에서는 현실과 동떨어진 학문적인 내용을 찾아볼 수 없습니다. 목가적이면서도 편지를 쓰는 이와 받는 이들 간의 사랑이 느껴질 뿐 아니라, 하나님과 주 예수 그리스도에 대한 언급에도 개인적인 친밀감과 헌신과 사랑이 절절이 묻어납니다. 실제로 "나의"와 "하나님"이라는 이 두 단어의 조합은 사도의 신앙생활에 나타난 중심적인 특징이 무엇인지, 모든 신약성경 저자들에게 나타나는 두드러진 특징이 무엇인지 일깨워 줍니다. 다시 말해서 이것은 교리와 경험이 완벽하게 어우러진 표현입니다.

제가 "오랫동안 교회를 괴롭혀 온 문제 대부분은 이 두 요소가 전부 있어야 한다는 점에 주의하지 못했기 때문이다"라고 말하는 데에는 충분한 이유가 있습니다. 우리는 한 가지만 강조하는 경향이 있습니다. 한 가지만 강조하고 다른 한 가지는 무시할 때가 많습니다. 어떤 이들은 교리만 부각시키고 강조합니다. 그들은 하나님에 대한 이야기를 합니다. 하나님에 대한 교리와 진리를 잘 알고 있으며 거기에 온 관심을 기울입니다. 하나님이 지속적인 공부와 연구의 과제이자 온 마음과 관심을 차지하는 큰 주제입니다. 이들은 성경이 하나님에 대해 어떤 교리를 가르치는지 잘 알 뿐 아니라 교회가 어떻게 수많은 종교회의를 거쳐 그 교리를 다듬어 왔는지도 잘 압니다. 학식과 지식이 많고 식견이 높습니다. 그러나 그들의 관심과 흥미가 순전히 학문적이고 이론적인 것이라는 느낌, 일종의 학문에 종사하는 것 같다는 느낌은 지울 수가 없습니다. 물리학을 연구하는 사람이 그 분야의 진리를 추구하듯이, 하나님에 대한 지식을 삶의 관심사이자 학문적 탐구의 영역으로 선택한 듯 보입니다. 그 결과, 당연히 '무미건조한' 신학이라는 인상을 받습니다. 지식과 교리와 진리에 대한 인식만 있을 뿐, 그 이상이 없는 듯한 인상을 받습니다. 그들의 말을 들으면 "나의 하나님"을 이야기한다는 생각이 들지 않습니다. 여러 가지 진리에 대해 말하지만, 존엄하고 지고한 어떤 존재에 대한 추상적 관념 내지는 나와 아무 상관 없는 개념처럼 들립니다. 그야말로 교리 그 자체에 불과한 것입니다.

그런가 하면 또 다른 극단으로 치우친 사람들도 있습니다. 그들은 개인적인 체험을 우선시하며 강조합니다. 자신들은 교리를 전혀 모른다고, 솔직히 관심조차 없다고 이야기합니다. 이들은 '무미건조한' 신학자들을 많이 비판합니다. 똑똑한 말로 논쟁하면서 궤변을 늘어놓지만 마음과 정신과 체험의 영역에 속한 개인적인 지식은 하나도 없다고 지적합니다. 그러면서 자신들이 체험하고 느낀 것, 직접 겪어서 알게 된 것들에 대해 이야기합니다. 그들의 강조점은 온통 자기 자신에게 있습니다. 자신이 직접 얻은 바가 있다는 것입니다. 분명히 체험한 바가 있다는 것입니다. 이들은 그것을 이야기하며, 그것에 근거해서 이야기합니다. 오로지 그것만 강조하면서 "교리 이야기는 하지 마세요. 나더러 하나님에 대한 교리나 성육신과 속죄 교리를 설명해 보라고 하지 마세요. 그런 건 난 모릅니다. 하지만 내가 분명히 느낀 게 있고 체험한 게 있습니다"라고 합니다.

이것이 요즘의 추세라는 제 말에 여러분도 동의할 것입니다. 어느 쪽이든 한쪽으로 치우쳐 있습니다. 그러나 이 위대한 사도를 비롯한 신약 성경의 저자들은 그렇지 않았습니다. 그들의 탁월함은 이 두 가지를 겸비한 데 있었습니다. 그들은 하나님에 대한 교리도 알았고, "나의 하나님"도 알았습니다. 교리와 체험, 객관적인 지식과 주관적인 지식을 **모두** 겸비했습니다. 진리를 훌륭하게 설명했을 뿐 아니라 체험과 경험적 지식도 풍부했습니다.

그리스도인 신자의 안전이라는 주제를 다루면서 사도가 상기시키는 점이 바로 이것입니다. 그가 그토록 확신하고 자신하는 궁극적인 토대가 여기 있습니다. 바울은 미래를 걱정하지 말라고 말합니다. "**나의** 하나님이 그리스도 예수 안에서 영광 가운데 그 풍성한 대로 너희 모든 쓸 것을 채우시리라"라고 말합니다.

이것은 아주 주의 깊게 분석해야 할 말씀인 것이 분명합니다. 먼저 한 가지 질문을 드리겠습니다. 우리는 습관적으로 "나의 하나님"이라는 말을 쓰고 있지 않습니까? 그리스도인이기 때문에 무의식적으로 이 말을 쓰고 있지 않습니까? 마음 깊은 곳에서부터 "참 놀라우신 나의 하나님!"이라는 말이 솟아납니까? 예수 그리스도를 **나의** 주라고 부르게 됩니까? 이것은 내 신앙생활과 그리스도인으로서의 삶에 자연스럽게 배어 있는 말입니까? 19절과 20절을 살펴보며 말씀드리겠지만, 바울은 "나의 하나님"이라고만 말하지 않습니다. "우리 하나님", 빌립보 교인들과 다른 모든 이들의 하나님이라고도 말합니다. "하나님 곧 우리 아버지"라고 말합니다.

여기에서 추론할 수 있는 사실이 몇 가지 있습니다. 첫째로, 사도는 자신이 아는 하나님을 이야기합니다. 몇 가지 부정명제를 통해 이 점을 강조해 보겠습니다. 본인은 하나님을 예배한다고 생각하지만 사실은 미신을 믿는 경우가 있습니다. 바울은 아덴 사람들이 그렇다고 했습니다. "아덴의 거리들을 다녀 보니 정말 미신이 많구나. 심지어 알지 못하는 신에게 바치는 제단까지 있다"라고 했습니다(행 17장 참조). 윌리엄 어니스트 헨리William Ernest Henley처럼 "어떤 신이든 나에게 굴하지 않는 영혼을 준 것에 감사한다"라고 말하는 이들이 있습니다. 그들은 하나님을 아는 것이 아니라 막연한 어떤 큰 힘의 존재를 믿는 것입니다. 이것은 어딘가 멀리 있는 엄청난 존재, 정의내릴 수 없는 존재를 인식하고 무서워하며 두려워하는 마음에서 비롯된 신앙입니다. 그러나 사도 바울의 예배와 신앙은 이처럼 신령한 존재를 인식한 데서 비롯된 것이 아니었습니다. 그런 미신적인 신앙이 아니었습니다. 그에게 하나님은 실재였습니다. 그는 하나님과 함께 일하고 대화하며 교통했습니다.

둘째는 이것입니다. 바울이 말한 하나님은 단순히 철학적인 신이 아닙니다. 이 또한 중요한 부정명제입니다. 철학적인 신이 있습니다. 신의 존재를 입증할 수 있다고 설득하며 가르치는 철학 학파들이 있고, 토마스 아퀴나스Thomas Aquinas가 정교하게 증명해 낸 신이 곧 하나님이라고 생각하는 이들이 있습니다. 철학자들은 신에 대해 많은 이야기를 합니다. 그러나 그들이 말하는 신은 하나의 추상적인 관념, 이를테면 체계나 체제를 유지하는 데 꼭 필요한 일종의 철학적 미지수 x 같은 것입니다. 철학자들은 신을 '궁극적인 실재' 또는 '절대자'라고 부릅니다. 이런 용어들을 쓰면서 자기 지식을 과시합니다! 그들은 "나의 하나님"을 이야기하는 비천한 그리스도인들보다 자신들이 더 우월하다고 생각하는 것 같습니다. 이것이 철학자들의 성향입니다. 제 말을 오해하지 말기 바랍니다. 저는 다만 순전히 철학적인 개념으로서의 신과 바울이 알았던 하나님, 그가 "나의 하나님"이라고 말하는 이 하나님을 혼동하는 것이 얼마나 위험한 일인지 지적하려는 것일 뿐입니다.

셋째로, 바울이 말하는 하나님은 신학적인 하나님도 아닙니다. 저는 지금 공정하게 말하고자 애쓰고 있습니다. 불행히도 신학적인 개념에 불과한 것을 하나님이라고 말하는 경우가 있습니다. 철학적인 하나님보다 진일보한 개념이기는 하지만, 여전히 사도가 말하는 하나님과는 다릅니다. 어떤 이들은 세상에서 가장 위대한 책이라는 이유로 성경에 관심을 갖습니다. 지적인 사람들에게 성경 연구보다 매력적인 일은 없습니다. 성경 관련 서적들을 읽어 보면 세계에서 가장 위대한 지성인들, 기원 후 등장한 가장 위대한 철학자들을 만날 수 있습니다. 이런 이들은 성경 연구에 지식을 접목시켜서 교리를 정교하게 설명하며, 계시의 하나님이 어떤 일들을 하셨는지 이야기합니다. 그러면서도 여전히 하나님을 추상적인 관념으로 여기며, 셰익스피어 희곡의 등장인물 같은 성경의 등장인물로 여깁니다. 희곡을 읽다 보면 등장인물이 너무 생생해서 마치 실제 인물처럼 느껴질 때가 많습니다. 그러나 당연히 실제 인물은 아닙니다. 셰익스피어가 상상으로 만들어 낸 가상인물일 뿐입니다.

그런데 하나님도 그런 식으로 생각하게 될 위험이 있습니다. 신학체계에 꼭 필요한 존재지만, 개인적으로 알고 있는 분은 아닌 것입니다. 신학은 강력한 지적 개념입니다. 참으로 위험한 것은 하나님을 그런 신학체계의 일부로 여기는 태도입니다. 그렇습니다. 사도가 여기에서 말하는 하나님, 계속 이야기하고 있는 하나님은 그런 하나님이 아닙니다. 바울은 하나님을 알았습니다. 그에게 하나님은 갑자기 나타나서 두렵고 무서운 일을 하는 어떤 영, 정의내릴 수 없는 모호한 영이 아니었습니다. 자신이 속한 유대민족의 역사를 이해하는 데 필요한 개념도 아니었습니다. 그렇습니다. 바울에게 하나님은 실재였습니다. 바울은 그를 알았습니다. 그 하나님은 "나의 하나님"이었습니다. 내가 아는 분, 내가 직접 아뢸 수 있는 분, 삶 그 자체보다 더 생생하신 분이었습니다. 사도 바울은 하나님을 알았습니다. 그러나 이것이 전부는 아니었습니다.

두 번째로 추론할 수 있는 주요한 사실은 그가 하나님을 사랑했다는 것입니다. 제가 과장하는 것이 아닙니다. "나의 하나님"이라는 표현에서 그의 사랑이 감지되지 않습니까? 그는 하나님을 알았을 뿐 아니라 자랑스러워했습니다. 하나님의 성품을 이야기했습니다. 그의 힘과 능력과 무한한 영향력을 알았지만 그 앞에서 떨지 않았습니다. 그 이유가 다음 절에 나옵니다. 바울에게 하나님은 "아버지"셨습니다. 이 또한 흥미로운 주제입니다. 바울은 자주 하나님을 "하나님 우리 주 예수 그리스도의 아버지"라고 불렀습니다. 이것은 "나를 본 자는 아버지를 보았거늘"이라는 주님의 말씀에 대한 주해라고 할 수 있습니다(요 14:9). 하나님은 이런 분이십니다. 우리 주 예수 그리스도의 아버지십니다. 우리 하나님이시며 우리 아버지십니다. 그래서 바울은 하나님을 사랑했습니다.

이것은 우리가 익히 알고 있는 말씀이며, 간단해 보이는 말씀입니다. 그러나 사실은 얼마나 심오한 말씀인지 모릅니다! 성경은 하나님을 사랑하라고 명령합니다. 수많은 원리와 말씀들을 믿고 받아들일 뿐 아니라 "마음을 다하고 뜻을 다하고 힘을 다하여 네 하나님 여호와를 사랑하라"라고 말합니다(신 6:5). 하나님을 사랑하라! 우리는 얼마나 쉽게 "나의 하나님" 같은 표현을 간과하고 넘어가 버리는지 모릅니다.

우리는 하나님을 사랑합니까? 아니면 저 위에서 우리를 내려다보며 감독하는 존재나 도저히 피할 수 없는 거대한 힘 내지는 우리 마음대로 못하도록 가로막고 방해하는 존재로 느낍니까? 하나님은 우리에게 이런 분입니까, 아니면 사랑하는 분입니까? 연인을 소중한 내 사람이라고 말하듯, 하나님을 소중한 "나의 하나님"이라고 말할 수 있습니까?

셋째로, 바울은 하나님의 성품을 이야기합니다. 다른 신들과 대조하면서 하나님이 어떤 분이신지 알려 줍니다. 지금 빌립보 사람들에게 이 편지를 쓰고 있다는 점, 사도가 빌립보에 가기 전까지 몇몇 유대인들과 유대교 개종자들을 제외한 모든 빌립보 사람들이 이교도였다는 점을 기억합시다. 그들은 이교신앙에서 개종한 자들이었습니다. 아덴처럼 빌립보에도 이방 신의 신전과 제단들이 있었습니다. 그들은 당연히 많은 신을 섬겼습니다. 다신교 사회에서 자라나 은이나 나무나 돌로 만든 신들을 섬겼습니다. 바울은 그들의 삶에 얼마나 큰 변화가 일어났는지 다시금 상기시키면서 "아무것도 걱정할 필요가 없음을 기억해라. 내가 이렇게 확신하는 것은 나의 하나님이 너희가 전에 섬겼던 신들과는 완전히 다른 분이시기 때문이다"라고 말합니다. 하나님은 무지한 자들이 여전히 분별없이 섬기고 있는 신들과 완전히 다른 분이시라는 것입니다. "나의 하나님"이시라는 것입니다. 바울은 하나님이 어떤 분이시며 그의 특징이 무엇인지 알려 줍니다. 그 특징이 무엇입니까? 지금 강조해야 할 특징은 두 가지입니다.

첫째로, 그는 유일한 참 하나님이시요 살아 계신 하나님이십니다. 바울은 여러 곳에서 이 점을 자세히 설명합니다. 그는 아덴 사람들에게 하나님은 금이나 은으로 만든 신전에 살지 않으시며 사람에게 의존하지 않으신다고 했습니다. 하나님은 영원하신 창조주이시자 조물주이시며 만물을 보전하시는 분입니다. 그 거룩함과 능력으로 영광을 나타내시는 분입니다. "나의 하나님"은 이런 분입니다. 이 점을 항상 명심해야 합니다. 그는 우리의 구주시요, 주 예수 그리스도의 아버지시며, 온 세상의 창조주이십니다. 하나님에 대한 교리가 중요한 이유가 여기 있습니다. 그는 영원부터 영원까지 계시는 분입니다. 무에서 유를 창조하신 분입니다. 그 앞에서 열방은 "통의 한 방울 물과 같고 저울의 작은 티끌"과 같습니다(사 40:15). 그는 유일하신 참 하나님, 살아 계신 하나님, 창조주 하나님이십니다. 철학자들이 생각하는 의미에서 "절대자"가 아니라 이런 의미에서 "절대자"이십니다. 다시 말해서 바울은 우리의 믿음이 미신적 신앙이 아니라는 사실, 상상으로 만들어 낸 신앙이 아니라는 사실을 일깨우려 합니다. "내가 말하는 하나님은 살아 계신 하나님"이시라는 것입니다. 인격이시라는 것입니다. 만물을 창조하시고 보전하실 뿐 아니라 지배하시고 통치하시는 분이라는 것입니다. "여호와께서 다스리신다"라는 것입니다. 자신이 말하는 이 하나님은 "결코 너희를 버리지 아니하고 너희를 떠나지 아니"하신다는 것입니다(히 13:5).

둘째로, 하나님은 언약하시는 분입니다. 언약의 하나님이십니다. 신명기 29장은 백성과 언약하시는 하나님에 대한 중대한 사상을 자세히 설명하며 강조하고 있습니다. 사도는 말합니다. "내가 말하는 하나님은 미신이나 철학으로 도달하는 하나님이 아니라 계시로 만나는 하나님이다. 그는 기쁘게 자신을 나타내시며 알려 주신다. 인간을 향한 큰 목적과 구원의 큰 계획을 알려 주신다. 그렇기 때문에 내가 이처럼 '나의 하나님'이라고 부를 수 있는 것이다."

이와 관련된 본문을 몇 군데 찾아보겠습니다. 창세기 17:8을 보십시오. "내가 너와 네 후손에게 네가 거류하는 이 땅 곧 가나안 온 땅을 주어 영원한 기업이 되게 하고 나는 그들의 하나님이 되리라." 여기에서 중요한 말은 "그들의"입니다. 하나님은 특별한 방식으로 "그들의 하나님"이 되겠다고 하십니다.

예레미야 31:33도 보기 바랍니다. "그러나 그날 후에 내가 이스라엘 집과 맺을 언약은 이러하니 곧 내가 나의 법을 그들의 속에 두며 그들의 마음에 기록하여 나는 그들의 하나님이 되고 그들은 내 백성이 될 것이라." 이것은 위대한 언약입니다. 하나님은 아브라함과 처음 이 언약을 맺으셨고, 그리스도가 오실 때까지 거듭 확인해 주셨습니다. 신약성경에 이르면 바울이 이 언약을 자세히 설명해 줍니다. 예를 들어 고린도후서 6:16을 보십시오. "우리는 살아 계신 하나님의 성전이라. 이와 같이 하나님께서 이르시되 내가 그들 가운데 거하며 두루 행하여 나는 그들의 하나님이 되고 그들은 나의 백성이 되리라." 새 언약을 다시 설명하고 있는 히브리서 8장도 중요한 본문입니다. "나는 그들에게 하나님이 되고 그들은 내게 백성이 되리라"(히 8:10). 하나님의 언약! 우리 조상들도 이 언약에 대해 많은 이야기를 남겼습니다. 그런데 안타깝게도 우리는 그것을 활용하지 못하고 있습니다. 하나님은 자신의 백성과 언약을 맺으셨습니다. "내 백성들아, 나를 너희에게 묶어 두겠다. 너희는 특별히 내 소유가 된 백성이니, 나는 다른 인간을 대하는 것과 다른 방식으로 너희의 하나님이 되겠다"라고 하셨습니다. 사도는 "그러므로 사랑하는 빌립보 교인들아, 장래에 대해 걱정하고 염려할 필요가 없다"라고 말합니다.

이제 또 다른 측면으로 강조점을 옮겨 봅시다. 하나님이 바울에게 헌신하셨듯이 바울도 하나님께 헌신했습니다. "나는 이 하나님을 알고 이 하나님께 나를 드렸다. 하나님과 언약을 맺었다"라고 했습니다. 언약에는 쌍방이 있게 마련입니다. 하나님도 언약하시지만 우리도 언약해야 합니다. 바울은 자신이 그렇게 했다고 말합니다.

마지막으로 "나의 하나님"이라는 말에는 자신이 직접 검증해 본 하나님이라는 뜻이 담겨 있습니다. 바울은 그를 알고 사랑했으며 그의 심오한 특징들을 알았을 뿐 아니라 "나의 하나님이⋯⋯너희 모든 쓸 것을 채우"신다는 것도 알았습니다. "나는 하나님을 알고 있다. 나는 지금 이론을 말하는 것이 아니다. 나는 내 모든 것, 내 모든 인생을 그분께 걸었다. 그분을 참으로 알았기에 그분께 나를 드렸다. 그분과 그분에 관한 진리에 내 모든 것을 걸었다. 그리고 단 한 번도 실망한 적이 없었다"라는 것입니다. 그는 한 번도 실망하지 않았습니다!

고린도후서 11장과 12장을 읽어 보면 바울이 무슨 일을 겪었는지 알수 있습니다. 그는 매질을 당했고, 파선을 겪었으며, 오해와 중상모략을 당했고, 돌에 맞아 거의 죽을 뻔했습니다. 그런데 그때마다 주님이 구해 주셨다고 그는 말합니다.

디모데후서에도 영광스러운 예가 나옵니다. "내가 처음 변명할 때에 나와 함께한 자가 하나도 없고 다 나를 버렸으나"(딤후 4:16). 대단한 사도였던 바울, 다른 이들을 위해 그렇게 복음을 전하고 숱한 사역을 하면서 고생했던 바울이 재판을 받을 때 아무도 함께해 주지 않고 그를 버렸습니다! 그런데도 바울은 말합니다. "그들에게 허물을 돌리지 않기를 원하노라. 주께서 내 곁에 서서 나에게 힘을 주심은⋯⋯주께서 나를 모든 악한 일에서 건져 내시고 또 그의 천국에 들어가도록 구원하시리니"(16-18절). 이처럼 사도는 "결코 너희를 버리지 아니하고 떠나지 아니하리라"라는 말씀을 자기 몸으로 직접 검증했습니다.

사도는 말합니다. "빌립보 사람들아, 나의 이 하나님이 너희 모든 쓸 것을 채우실 것이다." 하나님은 이런 분이시라는 것입니다. 자신이 직접 시험해 보았다는 것입니다. 검증해 보았다는 것입니다. 하나님은 한 번도 자신을 실망시키시거나 실수하시지 않았다는 것입니다. 이처럼 "나의 하나님"이라는 말에는 내가 아는 하나님, 내가 사랑하는 하나님, 내가 확실히 장담하고 보증할 수 있는 하나님이라는 뜻이 담겨 있습니다. 한 번도 실수하시지 않는 하나님, "볼지어다 내가 세상 끝날까지 너희와 항상 함께 있으리라"라고 말씀하시는 하나님이라는 뜻이 담겨 있습니다(마 28:20).

처음에 드렸던 질문을 다시 드리겠습니다. 여러분은 이런 의미에서 "나의 하나님"이라고 말할 수 있습니까? 하나님을 안다고 말할 수 있습니까? 하나님을 생생한 실재로, 살아 계신 분으로 느끼고 있습니까? 사랑하고 있습니까? 하나님이 어떤 분이신지 직접 검증해 보고 시험해 보았습니까?

그렇다면 대체 어떻게 해야 이런 경험을 할 수 있을까요? 지금 이 문제를 자세히 다룰 수는 없으니, 간단히 언급만 하고 넘어가겠습니다. 바울은 예수 그리스도를 통해 하나님께 나아감으로 이런 경험을 했습니다. 주님은 "내가 곧 길이요 진리요 생명이니 누구든지 나로 말미암지 않고는 아버지께로 올 자가 없느니라"라고 하셨습니다(요 14:6). 예수 그리스도 없이는 하나님을 알 수 없습니다. 철학적인 관념이나 논리적인 개념으로서 하나님은 알 수 있을지 모릅니다. 그러나 실제의 하나님을 알 수 있는 사람은 자신이 하나님을 모른다는 사실을 아는 자, 자기 힘으로는 결코 하나님을 알 수 없다는 사실을 아는 자입니다. 철저한 절망과 무력감 속에서 "저는 당신을 모릅니다"라고 외치는 자, 하나님께 자신을 맡기고 오직 책임져 주시기를 구하기만 하면 된다는 것을 믿는 자입니다. 철저한 무력감 속에서 그리스도께 나아가 하나님을 보여 달라고 구하는 자, 마침내 예수 그리스도를 통해 "나의 하나님"이라고 말할 수 있을 때까지 계속 구하는 자입니다.

바울처럼 하십시오. 하나님께 굴복하십시오. 이미 굴복했다면 그를 신뢰하십시오. 그러면 하나님을 알 수 있습니다. 그러나 그렇게 하지 않으면 하나님을 알 수 없습니다. 하나님은 순종하는 자에게 성령을 주십니다. 그리스도께 나아가 자신을 드림으로써 순종하는 자는 양자의 영을 받을 것이며, 하나님을 "아빠, 아버지", "나의 하나님"이라고 부르게 될 것입니다.

그리스도 예수 안에 있는 성도에게 각각 문안하라. 나와 함께 있는
형제들이 너희에게 문안하고 모든 성도들이 너희에게 문안하되
특히 가이사의 집 사람들 중 몇이니라.

빌립보서 4:21-22

21. 성도의 교제

사도는 일종의 두 번째 후기인 오늘 본문에서 자신과 동역자들, 로마 교인 모두의 인사를 빌립보 교인들에게 전하고 있습니다. 실제로 이런 인사는 사도의 모든 서신에 등장하는 것입니다. 그는 어디에 가든지 자신의 이름뿐 아니라 함께 있는 그리스도인들의 이름으로 편지를 썼습니다. 그런데 유독 이 후기가 흥미로운 것은, 특별히 아름다운 초대교회의 삶과 특징이 나타나 있기 때문입니다. 사도가 의도적으로 그러려고 했던 것은 아닙니다. 인사말을 전하다가 우연히—그러나 어떻게 보면 필연적으로—교회의 아름다운 모습을 보여 주게 된 것입니다.

신약성경에 나오는 이런 모습을 되찾는 것이야말로 오늘날 교회에 가장 필요한 일이라는 생각이 아주 강하게 들곤 합니다. 서신서에 나오는 초대교회의 특징들을 읽어 보면, 이후 교회와 너무나 확연히 다른 모습에 놀랄 것입니다. 전체적으로 교회가 형식적이고 관습적이 되어 버렸다는 것, 거의 죽어 버렸다는 것을 인정하지 않을 수 없습니다. 이 같은 신약성경의 본문들을 읽어 보면, 특히 인사말이나 후기를 살짝 읽어 보면, 그 당시 성도들이 얼마나 아름다운 교제를 나누었으며 함께 모여 하나님을 예배하고 복음을 살펴보며 삶을 나누었는지 알 수 있습니다. 그들 사이에 있었던 교제와 사랑, 각별한 친밀감과 배려를 금세 감지할 수 있습니다. 신약성경은 '교회는 그리스도의 몸'이라고 하면서, 각기 다른 지체들의 성격과 관계가 어떤 것인지 상기시킵니다. 신약 교회에 나타나는 교회의 생명력과 능력과 교제와 배려를 보면 가히 감동적입니다. 초대교회의 모임이 어땠을까 상상해 보고, 오늘날 교회의 전형적인 모임과 서로 비교해 보면 너무나 확연한 차이에 크게 놀랄 것입니다. 건물과 형식, 의식과 전례, 계급조직의 발달과 직책 등에 점점 더 관심을 쏟고 있는 오늘날의 추세를 신약성경에서는 전혀 찾아볼 수 없지 않습니까? 신약 교회는 일차적으로 한뜻을 가진 자들의 모임이었습니다. 친밀감과 사랑의 분위기가 넘치는 모임이었습니다. 형식적인 면모나 지난 백 년간 사람들이 그토록 강조해 온 위엄 같은 것은 전혀 없었습니다. 그들에게 형식은 중요치 않았던 것으로 보입니다. 그들의 관심은 본질에 있었습니다. 그래서 어떤 교회들은 집에서 모이기도 했습니다. 그들은 어디든 모일 수 있는 곳에서 모였습니다. 이런 식으로 함께 모인 자들이 곧 교회를 이루었습니다.

이 짧은 두 번째 후기는 이러한 교회의 모습을 살짝 보여 주고 있습니다. 여기에서 금방 눈에 띄는 것은 교제의 활기찬 모습과 연합의 정신입니다. 어느 지역, 어느 나라 출신인지는 중요치 않았습니다. 그들은 서로에 대한 관심과 염려와 놀라운 사랑으로 하나가 되었던 것 같습니다. 빌립보 그리스도인들은 로마 그리스도인들을 염려했고, 로마 그리스도인들은 빌립보 그리스도인들의 안부를 물었습니다. 어느 서신에서나 이런 모습을 찾아볼 수 있습니다. 저는 이 또한 그리스도인의 신분을 가늠할 수 있는 엄밀한 시금석이라고 생각합니다. 우리는 다른 그리스도인들에게 이런 특별한 관심을 가지고 있습니까? 그들의 소식을 궁금해 합니까? 그들이 어떤 형편에 있는지 알고 싶어 합니까? 그들이 고통을 겪을 때 염려합니까?

우리 시대의 상황과 신약 시대의 상황은 이상할 만큼 비슷합니다. 그래서 제가 이런 질문을 하는 것입니다. 고통당하는 세상의 수많은 그리스도인들, 우리처럼 자유롭게 예배드리지 못하는 다른 그리스도인들에 대해 한 번이라도 생각해 본 적이 있습니까? 초대교회의 두드러진 특징은 서로에게 관심이 많았다는 것이었습니다. 다른 이들에게 무슨 일이 생기지는 않았는지, 핍박을 당하는 것은 아닌지 늘 살폈습니다. 간절히 서로를 도우려 했고, 모든 나라 모든 민족에게 복음 전파하는 일을 거들려 했습니다. 이것이 초대교회 그리스도인들의 삶에 나타난 특징이었습니다. 이처럼 교회는 진정 그리스도의 몸이라는 사실, 위대하고 영화로우신 머리와 지체들이 특별하게 연합되어 있으며 각 지체들도 서로 특별하게 연합되어 있는 몸이라는 사실을 이 간단한 인사말은 분명하게 강조하며 부각시키고 있습니다.

이렇게 해서 바울의 인사말이 즉각적으로 상기시키는 바를 살펴보았습니다. 저는 여기에서 더 나아가 바울이 덧붙이는 말을 집중적으로 살펴보고 싶습니다. 그는 매우 의미심장한 말을 하고 있습니다. "그리스도 예수 안에 있는 성도에게 각각 문안하라. ……모든 성도들이 너희에게 문안하되 특히 가이사의 집 사람들 중 몇이니라." 여기 인상적인 내용이 나옵니다. 이 두 구절은 교회와 교인들의 모습을 보여 줍니다. 그런데 저는 이에 더하여 그리스도인과 관련된 아주 특별한 사실도 추가적으로 알려 준다고 생각합니다. 여러분이 마음에 잘 새길 수 있도록 몇 가지 명제로 정리해 보겠습니다.

첫째, 그리스도인이 된다는 것은 무엇인가? 성도가 되는 것이다.

둘째, 누구나 그리스도인이 될 수 있다.

셋째, 어떤 환경에서나 그리스도인이 될 수 있다.

첫째, 그리스도인이 된다는 것이 무엇인지 분명히 알아야 합니다. 그리스도인은 어떤 사람입니까? 사도는 성도라는 말을 거듭 사용함으로써 이에 대답해 줍니다. 이 부분에서도 교회가 모든 시대에 걸쳐 신약성경의 원형에서 이탈해 왔음을 금세 알 수 있습니다. "성도[성인saint]"라는 말을 들으면 특별한 유형의 교인, 유난히 "기독교적인" 교인이 떠오르지 않습니까? 오늘날 교회가 사용하는 "성도"의 의미는 신약성경에서 사용한 의미와 근본적인 차이가 있습니다. 우리는 종교개혁 이후 세대인데도 여전히 로마 가톨릭이 가르치는 "성도"의 개념에서 벗어나지 못하고 있습니다. 누가 우리를 성도 내지는 성인으로 생각할까 봐 자신은 절대 성인이 아니라고 손사래를 칠 때가 너무 많습니다!

그러나 이것은 신약성경에서 근본적으로 벗어난 태도입니다. 신약성경은 모든 그리스도인, 모든 교인이 성도라고 가르칩니다. 각 서신의 도입부를 읽어 보십시오. 로마의 성도들에게, 고린도의 성도들에게, 성도로 부르심을 받은 모든 자에게 편지를 쓴다는 말이 나옵니다. 모든 성도에게 문안한다는 말, 요즘 표현을 쓰자면 교회 성도 한 사람 한 사람에게 안부를 전해 달라는 말이 나옵니다. 다시 말해서 사도는 빌립보 교인 한 사람 한 사람을 성도로 부를 뿐 아니라 그들 모두를 성도로 대우한 것입니다. 그리스도인이면서 성도가 아닐 수는 없습니다. 그리스도인이라고 하면서도 자신은 성도가 아니라고 말하는 것은 성도의 정의를 제대로 모른다는 뜻입니다. 성도란 구별된 사람, 거룩한 사람이라고 성경은 말합니다. 신약성경을 읽어 보면 "거룩한 산"에 대한 언급들이 나오는데, 이것은 하나님이 그 산을 따로 구별하시고 성별하셨다는 뜻입니다. 산의 구조 자체가 바뀌었다는 뜻이 아닙니다. 하나님이 구별하셨다는 뜻입니다. "거룩한 기구"도 성전에서 성별해서 쓰는 기구를 가리킵니다. 기구에 피를 부어 성전에서만 쓰도록 구별한 기구를 가리킵니다.

신약성경에 나오는 "성도"의 의미를 이해하는 열쇠가 여기 있습니다. 첫째로, 성도는 전능하신 하나님이 세상에서 따로 불러내신 사람입니다. 우리는 죄와 허물 가운데 태어났습니다. 그런데 하나님의 은혜가 예수 그리스도 안에서 우리에게 임하여 우리를 사로잡았고, 우리를 찾아내서 따로 구별했습니다. 우리는 이처럼 하나님의 특별하고 거룩한 백성으로 구별된 사람들입니다. 하나님이 자기 백성으로 정해 놓으신 사람들입니다. 하나님은 그런 자들에게 특별한 관심을 기울이시며, 아주 특별한 목적에 그들을 사용하십니다.

이것이 신약성경이 가르치는 교인의 개념입니다. 하나님은 교회 밖에 있는 자들을 대하실 때와는 다른 방식으로 성도를 대하십니다. 이러한 "성도"의 일차적 의미, 우선적인 의미를 명심하는 것이 아주 중요합니다. 해야 할 일과 하지 말아야 할 일부터 생각하면 안 됩니다. 우리가 **누구인지부터** 생각해야 합니다. 우리는 이 무가치한 죄인을 하나님이 만지시고 흔드셨다는 것, 우리 속에 과거와는 다른 무언가, 보통사람들과는 다른 무언가가 생겨났다는 것을 압니다. 내 생각 속에 하나님이 계시고 내 안에 그를 더 참되게 섬기고 싶어 하는 마음이 있다면, 나는 성도가 맞습니다. 보통사람은 그런 마음이 없습니다. 육에 속한 사람은 하나님도 이해하지 못하고 성령이 하시는 일도 이해하지 못합니다. 육에 속한 사람은 하나님의 원수입니다. 대부분의 사람들은 신경 쓰지 않는 문제를 왜 우리는 신경 쓸까요? 하나님이 우리에게 무언가를 행하셨기 때문이라는 것 외에 다른 이유가 있습니까? 이처럼 그리스도인, 교회, 성도는 하나님이 자신의 크고 영광스러운 목적을 위해 따로 구별하신 사람들, 특별한 사람들입니다.

그 다음에 필연적으로 따라나오는 말은, 이 사실을 깨달은 자는 거룩한 삶을 살고자 한다는 것입니다. "성도"의 두 번째 의미는 거룩하고 경건한 삶, 하나님을 기쁘시게 하는 삶을 살고자 애쓰는 사람이라는 것입니다. 그리스도인이 된다는 것은 바로 이런 것입니다. 여기에서 강조점은 우리의 노력에 있지 않고 하나님이 우리를 구별하셨다는 인식과 자각에 있습니다. 성전의 기구가 구별되고 산이 구별된 것처럼, 우리도 다른 범주로 옮겨졌습니다. 그리스도인은 세상 사람들과 다른 특별한 사람들, 예외적인 사람들입니다. 하나님이 그들에게 행하신 일이 있기에 특별할 수밖에 없습니다. 신약의 그리스도인들처럼 우리도 자신이 구별되었다는 사실, 세상에 살고 있지만 따로 구별된 무리에 속해 있으며 다른 질서에 속해 있다는 사실을 기쁘게 여겨야 합니다.

두 번째 명제는 누구나 그리스도인이 될 수 있다는 것입니다. 제 말을 오해하지 말기 바랍니다. 저는 다음과 같은 과정을 거쳐 이 결론에 도달했습니다. 바울은 말합니다. "그리스도 예수 안에 있는 성도에게 각각 문안하라. 나와 함께 있는 형제들이 너희에게 문안하고 모든 성도들이 너희에게 문안하되 특히 가이사의 집 사람들 중 몇이니라." 여기에서 제가 추론해 낸 사실은, 유대인이나 이방인이나 다 그리스도인이 될 수 있다는 것입니다. 이 편지를 쓴 사도 바울은 유대인이었습니다. 그의 동역자들은 어떤 사람들이었습니까? 한 사람은 "사랑을 받는 의사 누가"였고, 또 한 사람은 데마였습니다. 그 외에도 바울이 언급하는 사람이 몇 사람

더 있습니다. 로마에는 유대인들도 있었지만, 다수는—아마 대다수였을 것입니다—이방인이었습니다. 더 세분해서 말하자면 가이사 집안을 섬기던 자들이 포함되어 있었습니다. 노예도 있었고 자유인도 있었을 뿐 아니라 황제와 연관된 이른바 귀족도 있었던 것입니다. 바로 이 점에 교회의 본질과 특성이 있습니다. 유대인이나 헬라인이나 종이나 자유인이나 남자나 여자나 다 그리스도 예수 안에서 하나입니다.

제가 누구나 그리스도인이 될 수 있다고 주장하는 이유가 여기 있습니다. 국적은 중요치 않습니다. 어느 나라에서 태어났느냐, 어떤 전통에 속해 있느냐는 문제가 되지 않습니다. 심리적 성향도 문제가 되지 않습니다. 스스로 뛰어난 지성의 소유자를 자처하면서, 사람은 그 성향에 따라 그리스도인이 되거나 그리스도인이 되지 않는 것이라고 주장하는 이들이 있습니다. 종교적인 성향—콤플렉스까지는 아니어도—이 있으면 그리스도인이 된다는 것입니다. 그들은 이런 식으로 신앙의 문제를 쉽게 일축해 버릴 수 있다고 생각합니다. 종교적인 성향과 기질이 있으면 그리스도인이 되는 것이고 그런 기질이 없으면 안 되는 것이니, 이 문제에 그리 신경 쓸 필요가 없다고 말합니다.

이에 대한 간단한 대답은 아무 서신서나 한번 펼쳐서 읽어 보라는 것입니다. 아니, 열두 사도만 살펴보아도 온갖 성향의 사람들이 교회에 있다는 사실, 문화가 서로 다른 사람들, 본질적으로 서로 다른 사람들이 한 소망을 가지고 교회에 모인다는 사실을 금세 알 수 있습니다. 이것이야말로 교회의 가장 영광스러운 특징 중 하나입니다. 이것은 결국 하나님의 행동이 우리를 그리스도인으로 만든다는 사실을 상기시킵니다. 하나님의 행동으로 인해 우리는 그리스도인이 됩니다. 성향이나 지성은 아무런 상관이 없습니다. 이것은 현실로 입증된 이론입니다. 교회에는 항상 온갖 유형의 사람들, 각기 다른 성격과 기질의 소유자들이 있었습니다. 오늘날도 마찬가지입니다. 교회에는 유대인도 있고 이방인도 있습니다. 과학적인 관점을 가진 이들도 있고 예술적인 관점을 가진 이들도 있습니다. 각기 다른 교육 수준, 각기 다른 이력, 각기 다른 문화에 속한 이들이 있습니다. 세상 어느 곳에 있는 교회든 다 마찬가지입니다.

교회가 세상에서 가장 낭만적인 곳인 이유가 여기 있습니다. 무슨 일이 일어날지 모릅니다. 그래서 모든 사람에게 소망이 있는 것입니다. 이 소망에서 "제외된" 사람은 아무도 없습니다. 제가 강조하고 싶은 표현은 이것입니다. "모든 성도들이 너희에게 문안하되 특히 가이사의 집 사람들 중 몇이니라." 가이사의 집 사람들, 고대 황실 특유의 삶을 살았을 황제의 집안 사람들이 교인 중에 있으리라고 누가 생각이나 했겠습니까? 이것은 믿을 수 없을 만큼 놀라운 일이었습니다. 다소의 사울이 회심했다는 소식을 처음 들었을 때 예수님의 제자들, 사도들조차 약간은 의심했던 것을 기억합니까? 그들은 "과연 그런 일이 일어날 수 있을까?"라고 물었고, "사울이 정말 그리스도인이 될 수 있을까?"라고 의심했습니다. 그런데 복음은 그 일을 해냈습니다. "가이사의 집 사람들 중 몇이니라."

중국내지선교회 총책임자의 짧은 중국 방문 보고를 들은 적이 있습니다. 무엇보다 놀라웠던 것은 감옥에서 본 교회라고 했습니다. 굉장한 사역이 계속되고 수많은 사람들이 회심함으로 감옥 죄수들 사이에 교회가 생겨났다는 것입니다. 한 독일 목사가 목격한 일도 들었습니다. 그는 가장 잔혹한 죄를 지은 전직 친위대들 사이에 오늘날 독일에서 가장 놀라운 역사가 일어나고 있더라고 했습니다. 수많은 이들이 과거 자신이 얼마나 끔찍한 짓을 했는지 깨닫고 회심하는 일들이 일어나고 있더라는 것입니다. "가이사의 집 사람들 중 몇이니라."

한 가지 예를 들어 적용해 보겠습니다. 제가 목회를 하면서 가끔씩 처리하게 되는 문제가 있습니다. 그리스도인 부모들이 자녀가 불신자와 결혼하는 데 관심을 보이거나 실제로 결혼하려 든다면서 상담하러 오는 것입니다. 그들은 자녀의 배우자감이 기독교에 아무런 관심도 없고 안식일도 지키지 않는다면서, 마치 세상이 다 끝난 것 같은 심한 절망감을 토로합니다. 그럴 때 제가 그분들에게 해 주는 말은 이것입니다. "여러분이 복음 안에 들어왔다면, 다른 사람도 회심할 수 있습니다. 얼마든지 회심할 수 있습니다." 다소의 사울—가장 회심할 것 같지 않았던 사람—도 회심했습니다. "가이사의 집 사람들"도 회심했습니다. 그리스도인들이여, 그 누구에 대해서도 회심의 가능성이 없는 것처럼 생각지 마십시오. 복음은 하나님의 능력입니다. 불신자와 결혼하는 문제에 부닥쳤다면 그의 회심을 위해 기도하십시오. 그러면 회심할 것입니다. 누구든지, 어디 있는 사람이든지, 종이든지, 자유인이든지, 하나님의 은혜가 임하면 그리스도인이 될 수 있습니다. 가이사의 집 사람들 중에도 성도가 있었다는 이 말씀을 기억합시다. 낙심하거나 복음을 부인하는 죄에 빠지지 않도록 이 말씀을 항상 마음에 새깁시다.

마지막으로, 어떤 환경에서나 그리스도인이 될 수 있습니다. "모든 성도들이 너희에게 문안하되 특히 가이사의 집 사람들 중 몇이니라." 이 점을 다소 강조하면서 분명하게 설명을 해야겠습니다. 어디에서나, 자발적으로 있게 된 곳이든 어쩌다가 있게 된 곳이든 상관없이 어떤 상황에서나 그리스도인의 삶을 살 수 있습니다. 다시 말해서 그리스도인으로 사는 데 특정한 환경과 상황은 필요치 않다는 것입니다. 세상에서 벗어나지 않으면 그리스도인이 되지 못할 것처럼 여기는 사람들이 있습니다. 수도원 생활을 고집하는 이들이 기본적으로 범하는 잘못이 바로 이

것입니다. "특히 가이사의 집 사람들 중 몇이니라." 이들의 환경은 상상할 수 없을 만큼 힘든 것이었습니다! 회심하면 꼭 직업을 바꾸거나 이사를 해야 하는 것처럼 생각하는 이들이 있습니다. 그러나 이 말씀이 주는 교훈은 어떤 환경에서나 그리스도인이 될 수 있다는 것입니다. 특정한 환경과 조건에서만 그리스도인으로서 살 수 있는 게 아니라는 것입니다.

본문에 나오는 "가이사의 집 사람들"에게 어떻게 이 교훈이 적용되는지 살펴보겠습니다. 그리스도인은 누구나 자기가 처한 곳에서 복음을 증언해야 할 사명이 있습니다. 우리는 각기 처한 곳이 다 다릅니다. 각기 처한 장소, 처한 환경이 다 다릅니다. 이렇게 표현해도 될지 모르겠지만, 자신이 처한 그곳에서 거기에 맞는 방법으로 증언할 방법을 찾는 기술을 익혀야 합니다. 오늘날에도 "가이사의 집 사람들"이 있습니다. 저는 교사나 의사, 간호사, 공무원을 비롯한 여러 부류의 사람들이 여기 속한다고 생각합니다. 성경에는 이 주제와 관련된 이야기가 많이 나옵니다. 왕의 술 관원이었던 느헤미야나 왕후였던 에스더의 이야기를 기억합니까? 에스더나 다니엘의 세 친구 역시 "가이사의 집 사람들"이었다고 할 수 있습니다. 특정한 상황에 처한 사람들은 자신에게만 해당되는 특정한 여건을 알아야 합니다. 가이사의 집 사람들처럼 그들도 자신의 특정한 여건을 알아야 했습니다. 지금 이 설교를 듣고 있을지 모르는 "가이사의 집 사람들"에게 말씀드리겠습니다. 여러분은 남들이 빠지지 않는 위험에 빠질 수 있습니다. 여러분이 지성인이라면 함께 일하는 동료들도 쉽게 복음을 조롱하고 모욕하기 쉬운 지성인들일 것입니다. 따라서 다른 그리스도인들의 비해 복음을 부끄러워하게 될 위험성이 더 클 수 있습니다. 집에 와서는 여러 가지 기독교 활동에 참여하지만, 일터에서는 복음에 대해 한마디도 하지 못할 수 있는 것입니다.

그 다음으로 빠지기 쉬운 위험은 성공하고 싶은 야망 때문에 원칙을 지키지 못하고 타협하는 것입니다. 올바른 야망은 나쁠 것이 없습니다. 그러나 그리스도인이라는 신분에 대해 타협하게 만드는 야망은 나쁜 것입니다. 여러분을 주의 깊게 지켜보는 눈들이 있기 때문에 특별히 조심해야 합니다. 다른 어떤 사람들보다 여러분을 주의 깊게 지켜보는 눈들이 있습니다. 화를 내는지, 신경질을 내는지, 일을 대충 하는지 지켜보며 판단하는 눈들이 있습니다.

또 여러분은 자신이 있는 자리에서 예외적인 기회를 얻을 수도 있습니다. 아이들을 보살필 수도 있고, 죽음과 영원한 세계에 대해 고민하기 시작한 환자들을 돌볼 수도 있습니다. 제가 일일이 설명하지 않아도 알 것입니다. 이처럼 예외적인 자리에 있는 그리스도인은 예외적인 기회를 얻은 것입니다.

이럴 때 여러분이 지켜야 할 법칙에 대해 한마디만 더 하겠습니다. 어떤 면에서 법칙은 오직 한 가지라고 할 수 있습니다. 항상 우선시해야 할 그 법칙은 바로 그리스도께 충성하는 것입니다. 그러면 잘못된 길로 빠지지 않을 것입니다. 언제나 그리스도께 먼저 충성하십시오. 그리고 최선을 다해 여러분의 일을 하십시오. 자기 일을 잘하는 그리스도인이 좋은 그리스도인입니다. 그리스도인 학생들이여, 최고의 성적을 받기 위해 노력하십시오. 일등이 되기 위해 노력하십시오. 그것도 그리스도를 훌륭하게 증언하는 방법입니다. 먼저 그리스도께 충성하고, 그 다음에 자기 일을 열심히 하십시오. 지혜로워지십시오. "너희는 뱀같이 지혜롭고 비둘기같이 순결하라"(마 10:16). 복음을 소개할 수 있고 증언할 수 있도록 지혜로워지십시오. 어리석은 사람이 되지 마십시오. 기계적으로 일하지 마십시오. 사람들의 골칫거리가 되지 마십시오. 그리스도인이라는 신분이 얼마나 독보적인 것이며 예외적인 것인지 기억하고, 참으로 복음을 증언할 수 있도록 지혜를 달라고 기도하십시오.

이처럼 그리스도께 충성하는 것이 항상 첫 번째라는 것을 기억하십시오. 특별한 자리에 있기 때문에 남들 위에 서려는 유혹을 받을 수 있고 실제로 그런 시도를 할 수 있습니다. "가이사의 집 사람들"도 처음에 이 시험을 겪었습니다. 이 첫 번째 법칙과 관련하여 큰 시험을 겪었습니다. 황제는 신을 자처하면서 모든 백성에게 "가이사가 주님이시다"라고 말하도록 명령했습니다. 누구보다 가이사의 집 사람들이 가장 먼저 그렇게 해야 했습니다. 관리들이 찾아와 "가이사가 주님이시다"라고 말하라고, 그리스도인이든 아니든 상관없으니 "가이사가 주님이시다"라고만 말하라고 했습니다. 그러나 그들은 그 명령을 거부함으로써 영원무궁한 영광을 얻었습니다. 그들은 "오직 한분, 주 예수 그리스도만 주님이시다"라고 했습니다. 그것이 원형경기장의 사자 밥이 되는 길인 줄 알았으면서도 그리스도께 충성하는 것을 첫자리에 두었습니다. 그들은 가이사의 집에서 자기 일을 했습니다. 그러다가 이렇게 결정적인 순간이 오자 다니엘과 에스더처럼 위험을 감수했습니다. 이 법칙을 지켜야 합니다. 목숨을 내놓는 한이 있어도 끝까지 그리스도께 충성해야 합니다.

마지막으로, 모든 "가이사의 집 사람들"에게 한 가지 격려의 말씀을 드리겠습니다. 여러분이 진실하게 충성하면, 초대교회 "가이사의 집 사람들"에게 일어났던 일이 여러분에게도 일어날 것입니다. 그들은 가이사의 집에서 각자 맡은 일을 했습니다. 그러다가 마침내 그리스도인의 입장을 공개적으로 밝혀야 할 상황에 부닥쳤고, 그로 인해 수많은 사람들이 죽임을 당했습니다. 그런데 후에 무슨 일이 일어났습니까? 가이사 자신이 그리스도인이 되었습니다. 어떻게 그렇게 되었을까요? 로마 황제와 황제의 고문들이 그리스도인들을 죽 지켜보다가 그렇게 되었습니다. 처음에 그리스도인들은 한줌의 무리에 불과했습니다. 그러나 그들은 성도이자 하나님의 백성으로서, 그의 이름을 위해 고난 받기에 합당한 자로 여겨 주시는 것을 최고의 명예로 여겼습니다. 고대세계는 그 모습을 죽 지켜보았고, 그러다가 마침내 가이사 자신이 그리스도인이 되기에 이른 것입니다. "순교자의 피는 교회의 씨"입니다. 이처럼 그리스도와 그의 진리를 지키는 자들은, 하나님이 자신의 증언을 높여 주시고 영광의 면류관을 씌워 주시며 영광 가운데 특별한 상급 주실 것을 확신해도 좋습니다.

"가이사의 집 사람들"에게는 예외적인 위험과 예외적인 기회가 다 주어져 있습니다. 그에게 충성하라는 절대 법칙을 지키는 사람은 자신의 저항과 노고가 결코 헛되지 않을 것을 확신해도 좋습니다. 이러한 교제, 성도의 교제, 하나님 백성의 교제에 참여하는 특권을 주신 하나님께 감사드리십시오.

주 예수 그리스도의 은혜가 너희 심령에 있을지어다.

빌립보서 4:23

22. 주 예수 그리스도의 은혜

이제 이 위대한 서신 빌립보서의 마지막 부분을 다룰 차례가 되었습니다. 이 부분의 번역은 흠정역보다 개역성경이 더 좋습니다. "주 예수 그리스도의 은혜가 너희 심령에 있을지어다."*이것은 이 편지의 마지막 말입니다. 사도는 자신이 그토록 소중히 여기는 사람들, 주 안에서 사랑하는 사람들을 위해 마지막으로 이 기도를 하고 있습니다. 이것이 그저 형식적인 맺음말이 아님을 아는 것이 아주 중요합니다. 그냥 가볍게 좋은 말을 쓴 것이 아닙니다. 전에도 자주 강조했듯이, 바울은 어떤 말이든 허투루 쓰는 법이 없습니다. 빌립보서를 죽 살펴본 지금, 다른 것은 몰라도 이 위대한 사도가 가볍게 하는 말이 한마디도 없다는 사실만큼은 꼭 알아야 합니다. 분명한 여담에도 교리가 가득 채워져 있습니다. 우리가 종종 의미를 따지지 않고 별 생각 없이 형식적인 말로 편지를 맺는 것과는 달리, 바울은 자신이 하는 말의 의미를 정확하게 알고 씁니다. 그는 이

---

*흠정역에는 "주 예수 그리스도의 은혜가 너희 모두와 함께 있을지어다"로 되어 있다. 우리말 성경 개역 개정판은 개역성경과 같이 번역해 놓았다.

마지막 말, 마지막 기도에서 다른 이들을 위해 드릴 수 있는 가장 포괄적인 기도를 드리고 있습니다.

알다시피 이것은 사도가 아주 즐겨 사용하는 말입니다. 갈라디아 교회와 빌레몬에게 보내는 편지도 같은 말로 끝을 맺고 있습니다. 약간의 차이는 있어도, 거의 대부분의 서신에서 이 말로 첫인사를 하거나 마지막 인사를 합니다. 사도는 말 그대로 주 예수 그리스도의 은혜가 그들의 심령에 있기를 구합니다. 그는 빌립보 교인들에게 하고 싶었던 모든 말을 이 한 문장에 압축시키고 있습니다. 빌립보서를 고찰하며 자주 확인했듯이, 그의 목적은 빌립보 사람들에게 힘을 주고 그들을 격려하려는 데 있었습니다. 사도는 그들도 구원의 기쁨을 누리길 바랐습니다. 그 경험이 얼마나 영광스럽고 설레는 것인지, 무엇에도 흔들리거나 요동치 않는 기쁨이 얼마나 놀라운 것인지 사도는 알았습니다. 그래서 옥에서도 기뻐할 수 있었습니다. 사도는 빌립보 사람들도 자신처럼 기뻐하길 바랐습니다. 자신이 살아서 그들을 다시 보게 될지, 아니면 그냥 죽임을 당하게 될지는 분명히 알 수 없었습니다. 그러나 자신의 생사와 상관없이 중요한 점은 빌립보 사람들이 진리를 잘 알고 깨달아 이 기쁨을 누려야 한다는 것이었습니다. "주 안에서 항상 기뻐하라. 내가 다시 말하노니 기뻐하라."

이것이 사도가 다룬 주제입니다. 그는 빌립보 사람들을 위해, 기쁨을 빼앗아 가기 쉬운 여러 가지 장애물과 문제들을 하나씩 짚어 가며 설명해 주었고 적극적인 권면도 해 주었습니다. 그것은 다 주 예수 그리스도가 주신 놀라운 구원을 한껏 누리며 살게 하기 위한 노력이었습니다. 그 마음이 이 마지막 문장에 가장 잘 나타나 있습니다. "주 예수 그리스도의 은혜가 너희 심령에 있을지어다." 이 말대로만 된다면, 이러한 구원만 경험한다면, 다른 축복은 절로 따라오게 되어 있습니다. 그렇기 때문에 무엇보다 주 예수 그리스도의 은혜가 우리와 함께하며 우리 심령을 다스리기를 바라고 구해야 하는 것입니다.

보다시피 이것은 바울의 중대하고도 포괄적인 진술입니다. 저는 이 진술을 세 부분으로 나누어 고찰하면서, 이 간구의 포괄성을 고찰해 보고자 합니다.

이미 살펴보았듯이, "주 예수 그리스도의 은혜"라는 표현이 바울의 편지에 자주 등장한다는 사실부터 기억할 필요가 있습니다. 사람들은 바울을 '믿음의 사도'라고 부르곤 하는데, 그것도 지극히 맞는 말입니다. 그러나 저는 '은혜의 사도'라는 말이 좀 더 어울리지 않을까 생각합니다. 은혜는 바울이 중대하게 다룬 주제이며 줄곧 사로잡혀 있었던 주제입니다. 그의 서신 어디어디에 이 말이 나오는지, 그가 이와 관련하여 어떤 말들을 하는지 살펴보면 정말 흥미진진하고 재미있습니다. 물론 어떤 의미에서 은혜는 인간이 도저히 설명할 수 없고 이해할 수 없는 말입니다. 결국 은혜는 내가 느껴야 합니다. 말로 정확하게 설명할 수가 없습니다. '이유 없이 그냥 베푸는 호의'라는 것이 그나마 가장 근접한 설명이 아닐까 합니다. 본문에 나오는 은혜가 바로 그런 것입니다. 아무 이유 없는 호의, 하나님 속에서 그냥 흘러나오는 호의, 아무 자격이 없는데 그냥 베풀어 주시는 호의인 것입니다. 인간의 선함과 고상함에 대한 대가로 주시는 것이 절대 아닙니다. 인간의 실상이나 실체와 아무 상관 없이 주목하여 보시고 복을 주시는 것입니다. 이것이 성경이 가르치는 은혜 교리의 핵심입니다. 하나님께 죄를 짓고 반역했는데도, 복을 받을 자격이 전혀 없는데도, 하나님은 인간을 주목하시며 그 무한한 은혜로 복을 주기로 작정하셨습니다.

바울의 편지 서두에 이 표현이 얼마나 자주 등장하는지 알 것입니다. "은혜와 긍휼과 평강이……" 이것은 아주 흥미로운 단어들입니다. 옛 신학자들은 이 단어들의 올바른 순서가 무엇인지를 놓고 즐겨 토론하곤 했습니다. 그들은 '은혜, 긍휼, 평강'이 격식에는 가장 잘 맞는 순서지만, 실제 하나님의 마음속 순서는 '긍휼, 은혜, 평강'일 것이라는 데 대체로 동의했습니다. 하나님이 하늘에서 세상과 인간을 내려다보셨을 때, 죄로 인해 비참하고 불행하고 불쌍하게 사는 것을 보고 가장 먼저 연민을 느끼셨다는 것입니다. 이것이 긍휼입니다. 하나님은 인간을 긍휼히 여기셨습니다. 이러한 긍휼과 연민 때문에 무언가 조치를 취하기로 작정하셨고, 그래서 은혜를 베푸셨습니다. 자격이 없는데도, 아무 자격이 없는데도, 은혜로 인간을 주목하여 보시고 사랑과 은총을 부어 주기로 작정하셨다는 것입니다. 이것이 그나마 은혜의 의미를 가장 비슷하게 설명하는 말입니다. 은혜는 아무 이유 없이, 그냥, 절로 하나님 속에서 흘러나오는 것입니다. 하나님 밖에 있는 무엇 때문이 아니라 하나님의 마음과 존재 속에서 절로 흘러나오는 것입니다. 그렇게 인간에게로 흘러나오는 하나님의 사랑이 바로 은혜입니다.

그 다음으로 "주 예수 그리스도"라는 말을 살펴봅시다. 빌립보서를 처음부터 다시 읽으면서 "주 예수 그리스도" 또는 "그리스도 예수"라는 말이 몇 번이나 나오는지 세어 보십시오. 그 횟수를 보면 놀랍기 그지없습니다. 그것만 보아도 바울의 신앙과 믿음과 삶의 중심이 주 예수 그리스도께 맞추어져 있었음을 분명히 알 수 있습니다. 물론 그는 성부 하나님을 섬겼습니다. 맞습니다. 그러나 그가 곳곳에서 가르치는 바는, 주 예수 그리스도 없이는 성부 하나님을 알 수 없다는 것입니다. 마르틴 루터는 다음과 같은 말로 즐겨 이 점을 설명하곤 했습니다. "예수 그리스도 외에 다른 하나님을 나는 모른다." 이것은 이단적인 말이 아닙니다. 루터의 의도는 '예수 그리스도 안에서만 하나님을 알 수 있다'는 것입니다. 주님도 친히 이렇게 말씀하셨습니다. "내가 곧 길이요 진리요 생명이니 나로 말미암지 않고는 아버지께로 올 자가 없느니라"(요 14:6). 그리스도가 중심이요 핵심입니다. 사도는 이 사실을 절대 잊지 않았습니다.

우리도 빌립보서를 죽 살펴 오면서 이 점을 여러 차례 강조했습니다. 바울은 다메섹의 경험을 한 번도 잊은 적이 없었습니다. 그는 그리스도를 미워하고 모독하며 사기꾼 취급했습니다. 그래서 온 힘을 다해 제자들을 죽여 없애려 했습니다. 그런데 주 예수 그리스도를 직접 만난 순간, 그리스도가 그의 삶을 장악해 버리셨습니다. 모든 경험의 중심을 차지해 버리셨습니다. 그 후 바울은 오직 그리스도를 위해 살았습니다. "이는 내게 사는 것이 그리스도니 죽는 것도 유익함이라." 왜 죽는 것도 유익하다고 했을까요? "그리스도와 함께 있는 것이 훨씬 더 좋"았기 때문입니다. 그는 "그리스도와 그 부활의 권능과 그 고난에 참여함을" 알기를 열망했습니다. 그리스도 자신을 고대했고, 그가 영광스럽게 나타나시기를 고대했습니다. 하늘로 돌아가신 그리스도가 다시 오셔서 우리 몸을 그 영광의 몸의 형체와 같이 변하게 해 주시기를 고대했습니다. 또한 "내게 능력 주시는 자 안에서" 모든 것을 할 수 있다고 자신했습니다. 이처럼 그리스도는 항상 그의 중심에 계셨습니다. 그는 이 마지막 말에서도 그리스도를 중심에 두고 있습니다. 그리스도를 떠나서 마지막 인사를 한다는 것은 그에게 있을 수 없는 일이었습니다.

제가 이 점을 굳이 언급하고 넘어가는 것은, 이 점이 그리스도인의 신분을 다시금 상기시켜 준다고 생각하기 때문입니다. 우리에게도 주 예수 그리스도는 이런 분입니까? 사도는 여기에서 다시 한 번 주 예수 그리스도, 나사렛 예수에 대한 중대한 교리를 명시하고 있습니다. 우리의 관심은 철학이나 이론에 있지 않습니다. 우리 믿음의 초점은 한 인격, 말 그대로 이 땅 위를 걸어 다녔던 한 인물에게 맞추어져 있습니다. "교묘히 만든 이야기를 따른 것이 아니요 우리는 그의 크신 위엄을 친히 본 자라" (벧후 1:16). 우리 신분을 좌우하는 분은 베들레헴의 아기였고, 나사렛의 목수였으며, 나이 서른에 설교를 시작해서 3년간 경의로운 일들을 행했던 청년 예수입니다.

바울은 사람의 모습을 가지고 사람들과 함께 살았던 이분이 바로 주여호와 하나님이시라고, 성자 하나님이시라고, 주 예수 그리스도시라고 가르칩니다. 예수는 주님이시요 하나님이십니다. 구원과 구속의 큰 계획을 완성해야 한다는 특별한 목적을 위해 하나님이 따로 구별해서 기름을 부어 세우신 메시아, 그리스도십니다. 보다시피 바울은 마지막 말, 마지막 기도에서 이 크고도 중심적인 교리, 즉 나사렛 예수의 하나님 되심과 그 유일무이한 신성에 대한 교리를 정면으로 제시하고 있습니다. 예수가 주시라는 것입니다. 하나님이시라는 것입니다. 구원을 위해 따로 구별된 메시아시라는 것입니다. 그의 출생과 죽음과 부활은 계획되어 있던 것이었습니다. 그가 친히 피를 흘림으로 인간을 정결케 하시고 하나님과 화목케 하시기로 이미 정해져 있었습니다. 그 모든 내용이 이 기도에 담겨 있습니다.

전체적으로 다시 살펴봅시다. "우리 주 예수 그리스도의 은혜"라는 말이 무슨 뜻일까요? 자, 사도가 이런 표현을 쓰는 것은 주 예수 그리스도의 은혜야말로 우리 구원의 시작이자 끝이기 때문입니다. 사도의 말중에 가장 영광스러운 말이라고 해야 할 고린도후서 8:9을 찾아보면 이점을 가장 잘 이해할 수 있습니다. "우리 주 예수 그리스도의 은혜를 너회가 알거니와 부요하신 이로서 너희를 위하여 가난하게 되심은 그의 가난함으로 말미암아 너희를 부요하게 하려 하심이라." 바로 이것입니다. 이 구절은 구원의 방법을 가장 완벽하게 요약해 주고 있습니다. 주 예수 그리스도의 은혜가 모든 일을 가능케 했다는 것입니다. 그 은혜가 없었다면 믿음도 없었고 구원도 없었다는 것입니다. 하늘의 영광을 누리시던 분, 영원한 아버지의 영광으로 충만하셨던 분이 세상에 내려와 스스로 가난해지셨습니다. 이 위대한 서신 2장을 다룰 때 이미 살펴보았으니, 지금 또 그 이야기를 할 필요는 없을 것입니다. "너희 안에 이 마음을 품으라. 곧 그리스도 예수의 마음이니 그는 근본 하나님의 본체시나 하나님과 동등됨을 취할 것으로 여기지 아니하시고 오히려 자기를 비워 종의 형체를 가지사 사람들과 같이 되셨고 사람의 모양으로 나타나사 자기를 낮추시고 죽기까지 복종하셨으니 곧 십자가에 죽으심이라."

바로 이것이 주 예수 그리스도의 은혜입니다. 이 은혜가 우리 구원의 시작이요 우리 구원을 지속시키는 힘이며, 믿음의 인내를 가능케 하는 토대이자 구원의 절정과 궁극적인 완성을 보장하는 유일한 근거입니다. "주 예수 그리스도의 은혜"가 처음부터 끝까지 구원을 책임집니다. "너희는 그 은혜에 의하여 믿음으로 말미암아 구원을 받았으니 이것은 너희에게서 난 것이 아니요 하나님의 선물이라"라고 사도는 말합니다(엡 2:8). 그러므로 "주 예수 그리스도의 은혜"라는 이 위대한 표현을 굳게 붙잡아야 합니다. 사도는 주 예수 그리스도 안에 있는 하나님의 은혜로운 목적을 경험케 하기 위해 이 표현을 쓰고 있습니다.

이제 두 번째 표현을 살펴봅시다. 사도는 "주 예수 그리스도의 은혜가 너희 심령에 있을지어다"라고 말합니다. 이 또한 아주 의미심장한 표현입니다. 왜 굳이 "너희 심령[영spirit]"이라고 하는 것일까요? 이에 적합한 대답은 하나뿐이라고 생각합니다. 심령은 우리 본질에서 가장 고상한 영역입니다. 중심적인 것, 가장 중요한 것은 결국 다 심령에 있습니다. 우리는 심령으로 하나님과 교통합니다. 우리에게는 몸과 혼과 심령이 있는데, 그중에 가장 고상한 것이 심령입니다. 몸은 동물적인 것이고, 혼은 인간을 서로 연결시키는 역할을 하는 것입니다. 그런데 심령은 인간이 타락했음에도 불구하고 하나님과 연결될 수 있는 일종의 고리가 되어 줍니다. 우리 안에 있는 심령을 온전히 채워 주실 수 있는 분은 오직 하나님뿐입니다. 심령은 우리의 존재와 본질에서 가장 고상한 것입니다. 죄를 짓고 타락했음에도 인간을 동물과 다르게 만들어 주는 것, 인간이 원래 하나님의 형상을 따라 그 모습대로 창조된 존재임을 상기시켜 주는 것이 바로 심령입니다. 결국 심령이 삶 전체를 다스린다는 말이 맞습니다. 사도가 의도적으로 "주 예수 그리스도의 은혜가 너희 심령에 있을지어다"라고 기도하는 이유가 여기 있습니다. 심령이 삶 전체를 다스린다면, 주 예수 그리스도의 은혜가 그 심령을 다스리시는 일이 가장 중요하지 않겠습니까? 그래서 사도가 이렇게 기도하는 것입니다.

소극적인 차원에서 설명해 보겠습니다. 무엇보다 심령이 중요합니다. 예컨대 행위보다 심령의 상태가 훨씬 더 중요합니다. 잠언 16:32이 이 점을 아주 잘 짚어 주고 있습니다. "노하기를 더디 하는 자가 용사보다 낫고 자기의 마음을 다스리는 자는 성을 빼앗는 자보다 나으니라." 얼마나 심오한 지혜의 말씀입니까! 우리는 심히 어리석게도 무엇을 하느냐가 가장 중요하다고 생각하는 경향이 있습니다. 그러나 고대의 지혜자들이나 본문에서 똑같은 지혜를 가르치는 사도 바울에 따르면, 심령을 다스리는 것이 무엇을 차지하는 것보다 훨씬 더 중요한 일입니다. 세상 역사에는 위대한 지성의 소유자들이 많이 있었습니다. 왕도 있었고,

제후도 있었고, 군사 지도자들도 있었습니다. 그러나 그들은 자기 심령을 다스리지 못해서 모든 것을 망쳐 버렸습니다. 무엇을 하는 능력이나 재능보다 더 중요한 것은 무엇이 되는 능력, 특히 자기 심령을 다스릴 줄 아는 능력입니다. 자신의 정신과 마음이 과연 참되고 올바른 상태에 있는지 알아보는 능력입니다.

또 한 가지 소극적인 명제를 이야기하자면, 외부에서 일어나는 일에 너무 많은 신경을 쓰는 것보다 자기 심령을 올바르게 지키는 것이 더 중요합니다. 이 또한 사도 바울이 이 말을 하면서 생각했던 점이라고 저는 확신합니다. 빌립보 사람들은 여러 가지 문제와 어려움에 둘러싸여 있었습니다. 바울은 말합니다. "그렇다. 수많은 일들이 생길 수 있다. 그러나 중요한 것은 그런 일들 자체가 아니라 너희의 상태다. 너희 심령만 바르게 지키면 무슨 일이 일어나도 괜찮다." 어떤 사람이 "중요한 것은 삶이 아니라 그 삶을 사는 자의 용기"라고 했는데 저는 이런 식으로 "용기"라는 말을 사용하는 것이 마음에 들지 않습니다. 오히려 사도가 말하는 방식이 더 좋습니다. 결국 삶에서 중요한 것은 '무슨 일이 일어나느냐'가 아니라 '그 일을 어떻게 바라보느냐'입니다. 심령만 바르게 지키면 주변에서 무슨 일이 일어나든 크게 좌우되지 않습니다. 사도가 이 서신 전체에서 주요하게 다룬 주제가 바로 그것입니다. 그는 옥에 갇혀 있었습니다. 어떤 의미에서 모든 것이 불리한 상황에 처해 있었습니다. 그러나 심령이 바른 상태에 있었기 때문에 그 모든 상황을 뛰어넘을 수 있었습니다. "주 예수 그리스도의 은혜"가 그의 심령을 다스렸습니다.

우리는 "하나님의 평강이……너희 마음과 생각을 지키시리라"라는 중대한 구절도 살펴보았습니다. 둘 다 같은 말씀입니다. 사도가 마지막 부분에서 말하는 요지는 이것입니다. "주 예수 그리스도의 은혜가 너희 심령에 있기를 기도한다. 그가 충만한 은혜로 너희 심령에 거하시고 너희 심령을 지키시면 무슨 일이 일어나도 괜찮다.”

또는 다음과 같이 설명해 보겠습니다. 삶의 여러 가지 어려움과 문제들은 대부분 잘못된 심령에서 비롯되지 않습니까? 과거의 삶을 돌아보면서 무엇이 자신을 불행하고 아프고 힘들게 했는지 찾아보십시오. 대부분 우리가 자초한 어려움이요 문제들이었음을 하나님 앞에서 정직하게 인정하게 되지 않습니까? 악한 생각이나 상상이나 욕망에 얼마나 많이 휘둘렸는지 모릅니다! 나쁜 마음과 원통한 마음, 시기와 질투 때문에 버겁고 힘들었습니다. 심령만 바르고 정결하게 지켰어도 세상에 살면서 겪은 불행한 일들과 비참한 일들을 상당수 피할 수 있었을 것입니다. 그래서 사도가 “주 예수 그리스도의 은혜가 너희 심령에 있을지어다”라고 기도하는 것입니다. 심령만 아름답고 온전하고 정결하게 지키면, 악한 생각이나 상상이나 질투나 시기나 나쁜 마음이나 원통한 마음이나 하나님을 향한 원망에 휘둘리지 않습니다. 바울이 심령을 특별히 강조하는 이유가 여기 있습니다.

끝으로, 세 번째이자 마지막 원리를 살펴보겠습니다. 주 예수 그리스도의 은혜는 우리와 우리의 심령에 어떤 일을 할까요? 몇 가지로 대답해 보겠습니다.

첫째로, 주 예수 그리스도의 은혜는 하나님이 그리스도인에게 허락하시는 모든 은혜를 누리게 해 줍니다. 고린도후서 8:7을 찾아보면 가장 잘 알 수 있습니다. “오직 너희는 믿음과 말과 지식과 모든 간절함과 우리를 사랑하는 이 모든 일에 풍성한 것같이 이 은혜에도 풍성하게 할지니라.” 바울은 여기에서 무제한으로 주시는 은혜를 이야기합니다. 주 예수 그리스도의 은혜가 있으면 그리스도인의 삶에 허락하시는 다른 은혜,

즉 믿음, 소망, 사랑, 지식, 총명을 비롯한 모든 은혜도 누릴 수 있습니다. 이 말을 달리 표현하면 "성령의 모든 열매가 너희 심령에 나타날지어다"라고 할 수 있습니다. 주 예수 그리스도의 은혜가 심령에 있으면, 바울이 말하는 지식—죄 사함을 아는 지식, 우리를 향한 하나님의 은혜로운 목적을 아는 지식—이 생겨납니다. 이것은 인간이 알 수 있는 지식 중에 최고의 지식입니다. 사도는 사랑하는 빌립보 사람들에게 말합니다. "나는 하나님이 너희에 대해 무슨 은혜로운 목적을 가지고 계신지 늘 알려 주고 싶었다. 너희가 어디 있든지 하나님 아버지께서 너희를 사랑하신다는 것, 너희는 하나님의 자녀로서 그의 큰 목적 안에 있다는 것, 그의 구원 계획 안에 있기에 마침내 저 무한한 세상에서 무궁한 영광을 누리게 된다는 것을 알려 주고 싶었다." 이처럼 주 예수 그리스도의 은혜는 다른 은혜도 전부 누릴 수 있게 해 줍니다. 이 은혜만 있으면 믿음, 소망, 사랑, 지식, 총명이 생겨나며 성령의 복된 열매가 맺기 시작합니다.

둘째로, 주 예수 그리스도의 은혜는 항상 우리를 구속^{拘束}합니다. 옛 신학자들에게 관심이 있는 분들은 그들이 항상 '구속하는 은혜'라는 항목을 두었다는 사실을 알 것입니다. 이 점이 얼마나 중요한지 모릅니다. 우리가 잘못된 방향으로 달려가거나 온통 자기 생각에 빠져 있을 때, 주 예수 그리스도의 은혜가 우리를 붙잡아 세워 줍니다. 주님은 한 번도 그런 잘못에 빠지시지 않았습니다. 온유하고 겸손한 모습으로 차분하고 침착하며 조화롭고 온전한 삶을 사셨습니다. 그는 온유하고 겸손하셨습니다. 그 모든 이야기가 사복음서에 나옵니다. 주님의 은혜가 우리 심령을 다스린다는 것은 우리도 주님처럼 살도록 우리를 구속하신다는 뜻입니다.

또 무슨 일을 할까요? 자, 셋째로, 주 예수 그리스도의 은혜는 다른 이들을 생각하도록 고무하며 격려합니다. 그래서 바울이 앞서 인용한 중대한 말을 한 것입니다. "우리 주 예수 그리스도의 은혜를 너희가 알거니와 부요하신 이로서 너희를 위하여 가난하게 되심은 그의 가난함으로 말미암아 너희를 부요하게 하려 하심이라"(고후 8:9). 바울은 가난한 성도들을 위해 연보를 준비하지 않은 고린도 교인들에게 이 편지를 썼습니다. 그의 요지는 이것이었습니다. "그리스도가 너희를 위해 이렇게 하셨다면 너희도 마땅히 가난한 형제들을 책임져야 하지 않겠느냐?" 이처럼 주 예수 그리스도의 은혜는 서로를 생각하게 만들고 사랑하게 만듭니다. 빌립보 사람들도 바울을 생각하고 사랑했습니다. 바울은 이 은혜가 앞으로도 계속 그들을 인도하고 지도하기를 기도합니다.

마지막으로, 주 예수 그리스도의 은혜는 우리를 세워 주고 받쳐 줍니다. 이 이야기는 2장에 이미 나왔습니다. 빌립보 교인들은 환난의 많은 시련 가운데서도 넘치는 기쁨을 누렸습니다. 어떻게 그럴 수 있었을까요? 그 대답은 주 예수 그리스도의 은혜가 그들을 세워 주고 받쳐 주었기 때문이라는 것입니다. 그들은 큰 시련의 시기를 지나고 있었습니다. 그러면서도 넘치는 기쁨으로 극심한 가난 중에 풍성한 연보를 했습니다(고후 8:2). 이것은 신약성경의 중대한 주제입니다. 고린도후서 12장은 이 주제를 더 완벽하게 보여 주고 있습니다. 바울은 육체의 가시를 없애 주시기를 구했습니다. 그러나 그가 세 번이나 기도한 끝에 배운 교훈은 "내 능력이 약한 데서 온전하여짐이라"라는 것이었습니다. 사도가 지금 빌립보 교인들에게 말하는 바가 바로 이것입니다.

주 예수 그리스도의 은혜는 어떻게 우리를 세워 주고 받쳐 줄까요? 그의 사랑을 확신하게 함으로, 온전한 평강을 줌으로, 우리 문제를 뛰어넘어서 앞에 있는 영광을 보게 함으로 우리를 세워 주고 받쳐 줍니다. 시편 63편 기자는 "주의 인자하심이 생명보다" 낫다는 위대한 고백을 했습니다. 오직 삶을 넉넉히 이긴 사람만이 이런 고백을 할 수 있습니다. "살다 보면 시련이 오게 마련입니다. 그렇습니다. 시련은 올 수밖에 없습니다. 그러나 그 시련들은 다 일시적인 것이고 지나가는 것입니다. 당신의 인자하심은 그렇지 않습니다. 절대 저를 저버리거나 내버리는 법이 없습니다"라는 고백을 할 수 있습니다. 바울도 직접 이것을 확인했습니다. 옥에 갇혀 있을 때나 배가 파선했을 때나 핍박을 받았을 때나 주 예수 그리스도의 은혜가 늘 함께해 주었습니다. 세상은 결코 이 은혜를 빼앗아 가지 못합니다. 참으로 "주의 인자하심이 생명보다" 낫습니다.

또는 다음과 같이 설명해 보겠습니다. 주 예수 그리스도의 은혜만 있으면 충분합니다. 다시 바울에게로 돌아가 봅시다. 그는 육체의 가시를 없애 달라고 세 번이나 기도했습니다. 그러자 주님은 "내 은혜가 네게 족하도다"라고 대답하셨습니다. 이 은혜로 충분하다는 것입니다. 그렇습니다. 가시는 여전히 남아 있습니다. 그러나 더 이상 문제가 되지 않습니다. 이 은혜만으로 충분합니다. 이 은혜가 끝까지 그를 이끌어 줄 것이기 때문입니다. 저는 이것이야말로 인생 최고의 축복이라고 생각합니다. "주 예수 그리스도의 은혜가 너희 심령에 있을지어다."

사랑하는 여러분, 우리는 불확실한 세상에서 불확실한 삶을 살아가고 있습니다. 언제 무슨 일이 일어날지 모릅니다. 거의 무한대의 가능성이 우리 앞에 펼쳐져 있습니다. 이 강력한 서신에 대한 고찰을 맺는 말로서 이보다 더 장엄한 말을 찾아낼 수 있을까요? 살 때와 죽을 때 무슨 일이 어떻게 닥치든지, 어떤 환경과 상황에 처하게 되든지, 어떤 모습의 삶을 살게 되든지, 주 예수 그리스도의 은혜만 있으면 충분합니다. 그 은혜가 여러분을 잡아 주고 받쳐 주며 환난 중에도 기뻐하게 해 줄 것입니다. 일으켜 주고 세워 주고 붙잡아 주며 지켜 줄 것입니다. 모든 필요를 채워 가며 끝까지 이끌어 줄 것입니다. 그리하여 마침내 하나님 앞에 흠 없이 온전한 모습으로, 영광 가운데 서게 해 줄 것입니다. "주 예수 그리스도의 은혜가 너희 심령에 있을지어다." 아멘!